湖南省新闻出版发展基金会资助项目

高速铁路

列车 – 轨道 – 桥梁系统
地震灾变模拟、机理与防控

Seismic disaster simulation, failure mechanism, prevention and
control of high speed railway train-track-bridge system

国 巍 余志武 蒋丽忠 ◎ 著

中南大学出版社
www.csupress.com.cn
·长沙·

图书在版编目(CIP)数据

高速铁路列车-轨道-桥梁系统地震灾变模拟、机理与
防控／国巍,余志武,蒋丽忠著. —长沙:中南大学
出版社,2022.3
　　ISBN 978-7-5487-4796-3

　　Ⅰ. ①高… Ⅱ. ①国… ②余… ③蒋… Ⅲ. ①高速铁
路－地震模拟试验－研究 Ⅳ. ①U239.5

　　中国版本图书馆 CIP 数据核字(2022)第 016906 号

高速铁路列车-轨道-桥梁系统地震灾变模拟、机理与防控
GAOSU TIELU LIECHE-GUIDAO-QIAOLIANG XITONG DIZHEN ZAIBIAN MONI、JILI YU FANGKONG

国　巍　余志武　蒋丽忠　著

□出 版 人	吴湘华	
□责任编辑	刘颖维	
□封面设计	李芳丽	
□责任印制	唐　曦	
□出版发行	中南大学出版社	
	社址:长沙市麓山南路	邮编:410083
	发行科电话:0731-88876770	传真:0731-88710482
□印　　装	湖南省众鑫印务有限公司	

□开　　本	787 mm×1092 mm 1/16	□印张 20.75	□字数 530 千字
□版　　次	2022 年 3 月第 1 版	□印次 2022 年 3 月第 1 次印刷
□书　　号	ISBN 978-7-5487-4796-3	
□定　　价	178.00 元	

作者简介

国巍，中南大学教授，博士生导师。现任高速铁路工程结构抗震研究所所长，教工高铁国家工程实验室党支部书记。国家"优青"项目、湖南省青年科技奖、中国交通运输协会科技创新青年奖获得者。致力于高速铁路工程结构抗震减震、智慧实验室与智能建造领域相关研究，主持国家自然科学基金、高速磁浮重大攻关项目等50余项。成果应用于我国高铁桥梁、高铁客站、国际首套地震下桥上行车试验系统、国际首套600公里时速高速磁浮走行性能测试系统。获国家技术发明二等奖、中国铁道学会科学技术特等奖、湖南省科技进步一等奖、湖南省科学技术创新团队奖等科技奖励。

余志武，中南大学教授，博士生导师。现任高速铁路建造技术国家工程研究中心主任。首批湖南省科技领军人才，湖南省先进工作者，全国优秀科技工作者，享受政府特殊津贴。长期致力于列车与地震作用下轨道-桥梁体系随机振动与服役安全科学研究、工程实践和人才培养。在列车与地震作用下车轨道-桥梁系统动力性能高精度分析、轨道结构高品质建造和轨道-桥梁体系服役状态高性能保持等方面取得了一系列创新成果。主持获国家技术发明二等奖2项，参与获国家科技进步二等奖3项，主持获省部级特等奖和一等奖6项。

蒋丽忠，中南大学教授，博士生导师。现任中南大学副校长，高速铁路建造技术国家工程研究中心常务副主任。教育部长江学者特聘教授，国家重点领域创新团队带头人，享受政府特殊津贴。多年来一直从事结构工程学科教学、科研与技术开发工作。围绕我国铁路提升工程建设需求，针对高速铁路桥梁减震隔震技术、地震作用下列车-桥梁耦合动力作用、钢-混凝土组合结构抗震性能及结构与基础的共同作用等领域的关键科学问题和技术难题开展了攻关研究，获国家技术发明二等奖1项、国家科技进步二等奖2项、省部级特等、一等、二等奖9项。

前 言 *Preface*

高速铁路已成为我国科技创新领域的一张亮丽名片，彰显了大国实力和我国科学技术水平。根据新修订的国家《中长期铁路网规划》，"八纵八横"高速铁路网正在建设，路网结构更加优化，骨干作用更加显著。确保安全运行是高速铁路可持续健康发展的根本要求与重要前提，对提升我国高速铁路技术的国际竞争力和国际形象也具有重要意义。为保障高速列车行车平顺性，高速铁路常采用"以桥代路"的设计理念，桥梁占线比高。随着我国高速铁路网向中西部地震区延伸，其面临严峻的地震风险。当前我国高速铁路建设已处于国际领先地位，但地震作用下高速铁路列车-轨道-桥梁系统的动力性能及行车安全等方面仍然处于研究阶段。本书聚焦于高速铁路列车-轨道-桥梁系统地震灾变研究，工作的开展得益于我国高速铁路建设重大需求，并致力于实际工程问题的解决。

本书主要介绍高速铁路列车-轨道-桥梁系统地震灾变的研究成果，具有以下特点：第一，采用开源共享、综合利用成熟计算平台的策略，开发了多平台协同计算的列车-轨道-桥梁系统仿真平台，区别于当前研究所开发的程序往往局限于各课题组内部、重复性工作较多的特点；第二，提出了在实验室内实现地震下高速铁路桥上行车性能测试的试验方法，分别开发了缩尺模型的物理模拟试验方法、可完成足尺模型试验的混合模拟试验技术；第三，在列车-轨道-桥梁系统地震研究中纳入了轨道结构，避免了以往研究和设计中将其视为惯性质量从而无法考虑轨道结构本身破坏的问题；第四，考虑到现有设计方法中很难直接考虑高速行驶的列车，本书建立了列车脱轨状态和结构速度响应的动态映射关系，提出了速度谱强度指标，可通过控制结构响应指标来保障行车安全，从而在结构设计层面考虑了高速行驶的列车安全性能。

本书内容共计8章，按照从数值模拟、试验技术、灾变机理到减震防控的逻辑进行组织。第1章是绪论，概述了高速铁路的发展以及最新的列车-轨道-桥梁地震相关研究进展，简单介绍了本书的研究工作；第2章是地震下高速铁路桥上行车性能数值模拟方法，概述了现有模拟方法和技术，详细介绍了笔者团队所开发的轮轨找点方法，基于OpenSees、Simpack和client-server技术的数值模拟方法及列车-轨道-桥梁模拟的移动单元方法，该章内容区别于以往数值模拟方法，最大程度利用了已有成熟平台和资源，旨在提高效率并实现了开源共享；第 3 章是地震下高速铁路列车–轨道–桥梁物理试验模拟方法，研究目标是在实验室内完成地震下桥上行车安全的物理试验测试，解决当前理论和数值仿真缺少试验和实测验证的问题，介绍了笔者团队近年来所开发的物理模拟方法和试验装备，该物理模拟方法综合利用振动台和列车走行实现了缩尺试验；第 4 章是高速铁路桥上行车实时混合模拟试验方法，从另外一个角度在实验室内实现了桥上行车试验研究，该方法区别于物理模拟方法的缩尺模型，可在实验室条件下实现足尺列车的桥上走行研究，该技术已扩展应用于 600 公里时速磁悬浮列车的桥上行车测试研究；第 5 章是高速铁路列车–轨道–桥梁系统地震灾变机理，考虑了远场地震动、近断层地震动特征，介绍了系统中关键构件，如桥墩、支座、轨道等在地震下的破坏特征与机理，提出了桥墩弯剪破坏下的剪切强度模型，描述了轨道的约束效应和破坏特征，介绍了震时、震后列车行车安全性和脱轨机理；第 6 章是地震下高速铁路桥上行车性能评估指标，详细评估了简支梁桥、大跨桥梁等桥上行车性能，提出了相应的行车安全速度限值，特别是提出了 *SI* 谱强度指标，该指标的提出为结构设计层面有效保障行车安全提供了基础；第 7 章是地震下高速铁路列车–轨道–桥梁系统减震防控技术，重点介绍了旋转摩擦阻尼器、组合耗能支座和调谐减震器等技术，提出了可实现性能化设计的基于能量的设计方法，综合减震技术和先进设计方法可以有效实现列车–轨道–桥梁系统的灾变防控，避免和减轻桥墩损坏、支座破坏、轨道破坏和列车脱轨等灾害。第 8 章是研究结论与展望，总结了已有成果，对未来行业发展、关键技术问题和解决思路提出了见解。

感谢课题组历届多位硕士和博士生的创新科研工作。本书的研究工作得到了国家自然科学基金委青年基金(No. 51108466)、面上项目(No. 51878674)、优秀青年基金(No. 52022113)、原铁道部、国铁集团和中国中铁重大重点课题的支持。同时，本书出版也得到了湖南省新闻出版基金会重点图书项目的资助，在此一并表示深切感谢。

著书立说是对一个知识体系有了自己的理解和认识，对某些问题有了独到且自成系统的解决方案。从这个角度来说，本书的研究工作还远远不够。但是仍希望通过本书为研究者、设计者和同行提供参考，促进交流和合作。限于时间和水平，书中难免有诸多不当和欠缺之处，敬请读者批评指正，不胜感谢。

作者

2021 年 12 月

目录
Contents

第 1 章

绪 论

1.1 概述

1.1.1 我国高速铁路发展历程

"交通强国，铁路先行"，铁路运输行业的发展水平是一个国家综合国力的有力侧写。当前国际上铁路运输发展有两条主线：一是货运重载化(重载铁路)，一是客运高速化(高速铁路)。高速铁路在方便人们出行、拉动经济增长等方面有着不可替代的优势。世界上首条高速铁路是 1964 年日本建造的东京至大阪的东海道新干线，其宣布了高速铁路时代的到来，并在全世界掀起一股高速铁路研究和建设的热潮。随后，法国、德国、西班牙、意大利和韩国等相继发展修建了自己的高速铁路。中国正式跨入高速铁路时代是 2008 年 8 月 1 日，以自主建设的第一条最高时速 350 km 的高速铁路——京津城际铁路开通运营为起点。随后我国进入高速铁路建设的飞速发展时期，并在世界范围内掀起一股高速铁路建设新高潮。经过十几年的发展，我国高速铁路建设取得了世界瞩目的成绩。根据国家铁路局官方网站上公布的数据，截至 2020 年底，我国铁路运营里程达到 14.63 万千米，其中高速铁路运营里程为 3.8 万千米，占世界高速铁路总里程的 70.3%，居世界第一位，成为世界上高速铁路里程最长、运输密度最大、成网运营场景最复杂的国家。

《中长期铁路网规划》(发改基础〔2016〕1536 号)更是提出，到 2025 年，力争铁路网规模达到 17.5 万千米左右；到 2030 年，高速铁路达 4.5 万千米左右，率先建成发达完善的现代化铁路网。当前我国高速铁路在先进装备、建造经验等方面已处于国际领先地位，高速铁路已经成为我国伟大复兴的亮丽名片，但在高速铁路整体技术方面仍需要提升，如地震作用下高速铁路列车-轨道-桥梁系统的动力性能及行车安全等研究仍然处于探索阶段，需要相关科研人员继续开展大量的研究工作。

1.1.2 我国高速铁路建设特点

目前，我国"八纵八横"的高速铁路网已初具规模，其具有速度等级高、线路里程长、分布范围广及桥梁占线比高等特点。在高速铁路的建设过程中，为了跨越江河湖泊、高山峡谷等自然障碍，为了满足高速铁路高平直、高平顺的要求，为了在不良地质段减少线路的不均匀沉降，为了节约土地资源减少耕地占用，为了提高线路的安全性、封闭性和解决与现有等级公路、城市道路的矛盾，常采用"以桥代路"的设计理念，使得桥梁占线比很高。

表 1-1 选取了我国部分高速铁路线路，汇总了其线路长度及桥梁占线比等数据；图 1-1 统计了我国典型高速铁路线路桥梁占线比情况。从表 1-1 和图 1-1 可知，平均桥梁占线比高达 53.0%，其中京沪高铁桥梁占线比达 80.5%，京津城际桥梁占线比达 87.7%，最高的广珠城际桥梁占线比已经达到 94.2%，列车几乎全程在桥上运行。

表 1-1 我国部分高速铁路线路桥梁占线比

线路名称	线路总长/km	桥梁长度/km	桥梁占线比/%	运营时间
京津城际	200	175.4	87.7	2008 年 8 月
广珠城际	142	133	94.2	2011 年 1 月
京沪高铁	1318	1061	80.5	2011 年 6 月
京港高铁	2193	1384	63.1	2012 年 12 月
沪昆高铁	2261	1207	53.4	2016 年 12 月
徐兰高铁	1360	822	60.5	2017 年 7 月
京哈高铁	1713	1269	74.1	2018 年 12 月

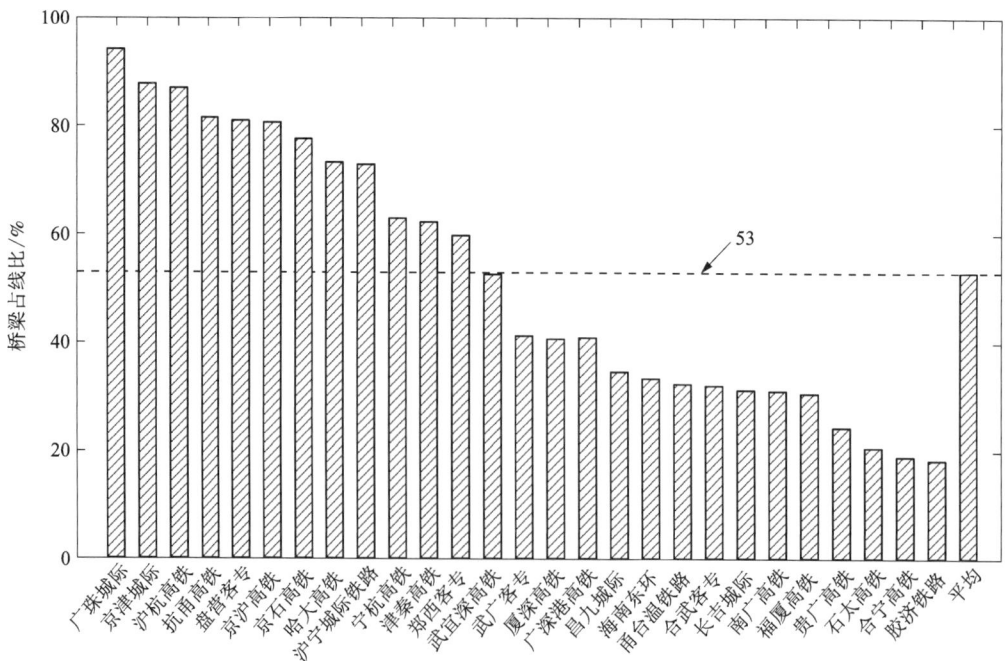

图 1-1 我国典型高速铁路桥梁占线比统计图

1.2　地震对高速铁路运营安全的影响

我国位于地中海—喜马拉雅火山地震带和环太平洋地震带交汇处，地震带分布范围广，地震活动频繁，是世界上地震灾害最为严重的国家之一。最近几十年更是频繁遭受强震危害，如 2008 年的四川汶川地震、2010 年的青海玉树地震、2013 年的四川雅安地震、2017 年的四川九寨沟地震等。历次强震都造成了严重的经济损失和人员伤亡，作为交通枢纽的桥梁是震时的生命线工程，必须确保其在震时与震后可以安全通行，否则，一旦桥梁在地震作用下损毁，将会给抢险救灾工作带来巨大困难，加重地震的次生灾害，给人民以及国家造成更大的损失。

从我国历史地震记录与高速铁路网分布情况可以看出，大部分高速铁路线路或沿着地震带修建，或存在跨越地震带的区段，其中尤以京津冀地区、华北和华中华东交界地区以及经济发达的沿海地区的高速铁路线路与地震带交汇最为严重。高的桥梁占线比，加上广泛分布的地震带，高速铁路线路不可避免地存在跨越地震带或沿着地震带修建等情况，致使震时、震后高速列车在桥上运行的概率大大增加。世界范围内较为著名的地震作用导致列车脱轨的事故主要有 3 次。①2004 年 10 月 23 日的日本新潟（Niigata）地震新干线脱轨事故，6.8 级强震导致行驶在浦佐—长冈区间的"朱鹮 325"号新干线列车 1 至 9 节列车脱离轨道，整车报废，线路停运，经济损失惨重，也打破了日本新干线 40 年无重大事故的神话，所幸 155 名乘客中无人罹难。②2010 年 3 月 4 日我国高雄发生 6.7 级地震，一辆北上的高速列车在行经台南新市路段时遭遇地震，造成一节列车两个轮子脱轨，地震发生后列车以时速 280 km 紧急刹车，所幸 300 名乘客均平安无事。③2016 年 4 月 15 日，日本熊本发生 6.5 级地震，导致一辆新干线列车脱轨，所幸车上并无乘客。

作为生命线工程之一的高速铁路，在地震发生后肩负人员抢救、物资运输等重大战略责任，一旦发生脱轨、停运等安全事故，将严重影响灾害救援及灾后重建。因此，研究地震作用下高速列车如何以合理的速度在桥上安全运行具有重大意义。

1.3　高速铁路列车、轨道和桥梁

1.3.1　电力动车组

1.和谐号电力动车组

和谐号电力动车组（China railway high-speed train）是 2004 年中国引进德国、日本等国高速动车组技术，在消化吸收再创新基础上生产的高速动车组系列的总称。和谐号电力动车组是我国铁路全面实施自主创新战略取得的重大成果，标志着我国铁路客运装备的技术水平达到了世界先进水平，其附属子型号包括 CRH1、CRH2、CRH3、CRH5、CRH6、CRH380，其侧视图如图 1-2 所示。

CRH380C 是继哈大高铁专用的 CRH380B 高寒动车组后的又一款高寒动车组，也是国内首款 16 辆大编组高寒动车。CRH380D 以庞巴迪 ZEFIRO380 超高速动车组为技术平台，设计运营速度为 380 km/h，最高运营速度为 400 km/h，最高试验速度超过 480 km/h。"和谐号"不仅意味着速度，它还标志着中国铁路对和谐理念的躬身践行。

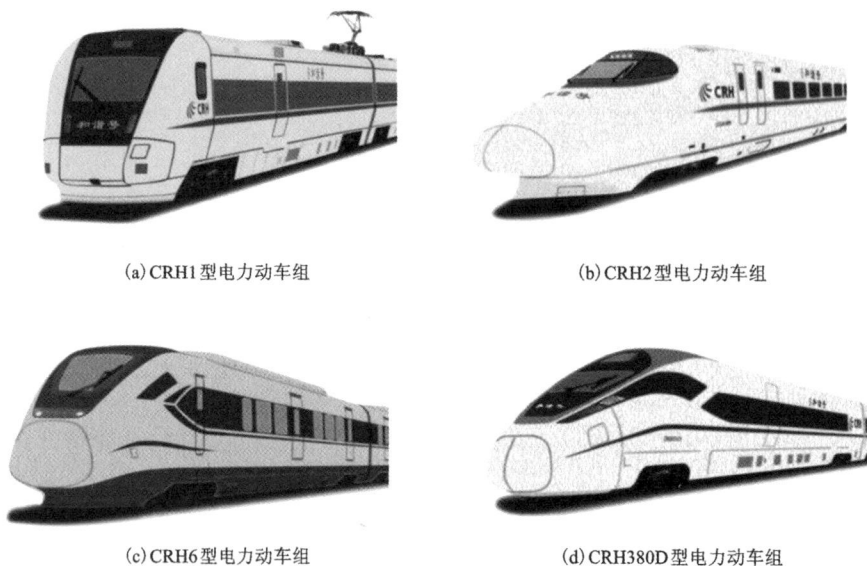

(a) CRH1 型电力动车组

(b) CRH2 型电力动车组

(c) CRH6 型电力动车组

(d) CRH380D 型电力动车组

图 1-2　部分和谐号电力动车组侧视图

2. 复兴号电力动车组

新一代标准高速动车组"复兴号"是我国自主研发、具有完全知识产权的新一代高速列车，它集成了大量现代高新技术，并在牵引、制动、网络、转向架、轮轴等关键技术上实现重要突破，是我国科技创新的又一重大成果。复兴号电力动车组有 CR400、CR300、CR200 三个系列。CR400 系列有 CR400AF、CR400AF-Z、CR400BF-GZ 等；CR300 系列有 CR300AF 和 CR300BF；CR200J 系列有 FXD1-J、FXD3-J、HXD1D-J、FXN3-J。复兴号电力动车组还有未量产的可变轨距动车组、双层动车组 CR400AF-S、卧铺动车组 CR400BF-E、货运动车组 CR400AF-H 等。部分复兴号电力动车组侧视图如图 1-3 所示。

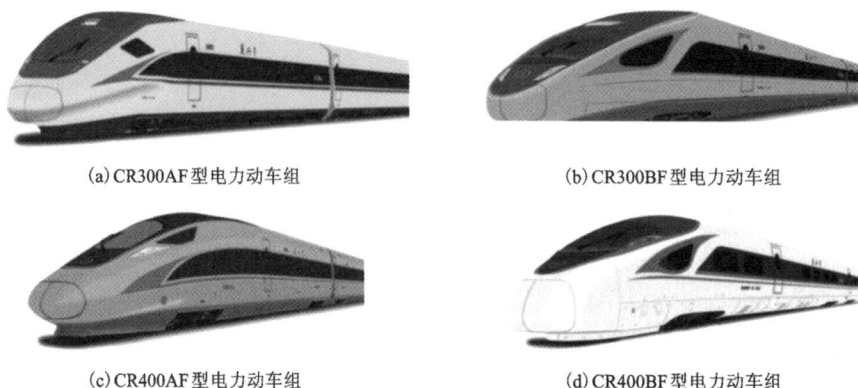

(a) CR300AF 型电力动车组

(b) CR300BF 型电力动车组

(c) CR400AF 型电力动车组

(d) CR400BF 型电力动车组

图 1-3　部分复兴号电力动车组侧视图

2021 年 5 月 30 日，翟婉明院士在中国科学院第二十次院士大会上表示，我国已启动时速 400 km 等级的 CR450 高速动车组研制以及成渝中线高铁线路建设规划，进一步保持在速度领域的领先优势。当前已开展和即将开展的 20 多项相关研究，方向包括运行智能控制、线桥隧关键技术、道岔选型、轨道结构适应性、客运装备关键技术及列车动力性能研究等。"复兴号"的成功研发和运营，标志着我国已全面掌握高铁核心技术，建立了基于自主知识产权的高速动车组技术平台和技术标准体系，迈出了从追赶到领跑的关键一步。

3. 车辆多体系统动力学模型

多体系统动力学作为研究机构运动的学科，其发展经历了刚体系统动力学和计算多体系统动力学两个主要阶段，如今已经形成了较为完善的理论体系。多体系统是指运动过程中彼此间存在相对运动的各个构件通过运动副连接起来组成的系统。多体系统可以是现实中的诸如机车、飞机等多种实体。目前多体系统动力学在机械、车辆、航天等领域都起着理论支持的作用。

列车在空间中的振动由沉浮、横摆、伸缩、点头、摇头、侧滚等基本振动形式构成，是一个复杂的多自由度空间振动系统。一辆列车一般由车体、构架、轮对、一系悬挂、二系悬挂等组成。轮对、转臂通过一系弹簧、减震器连接在构架上，构架又通过空气弹簧、横向减震器、竖向减震器、抗侧滚扭杆等和车体相连。根据刘汉云的研究，通常意义上单节列车可以看作由车体、转向架、轮对6个自由度的多个刚体组成的多体系统，如图1-4所示。车体与转向架通过二系悬挂连接，转向架与轮对通过一系悬挂连接，悬挂系统用线弹性弹簧和黏性阻尼模拟。列车动力模型总共有42个动力自由度，采用多刚体空间模型时将车体、转向架、轮对等视为刚体，车体与转向架、转向架与轮对之间的连接采用弹簧-阻尼系统模拟。其中单节列车的自由度定义见表1-2。列车模型的正视、侧视、俯视图见图1-5。

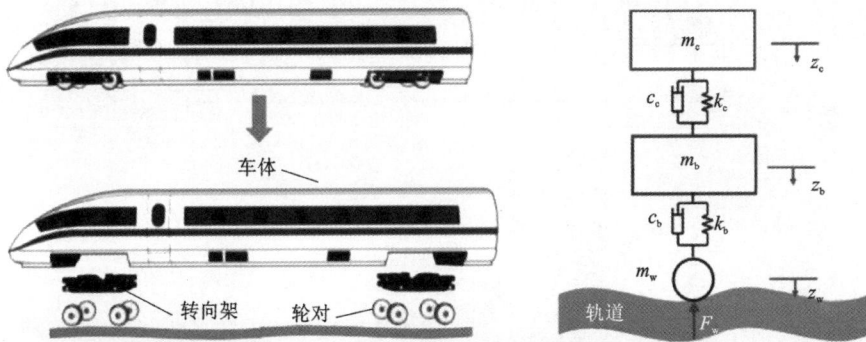

m_c—车体质量；c_c—二系悬挂阻尼；k_c—二系悬挂刚度；z_c—车体位移；z_b—转向架位移；m_b—轮对质量；k_b—一系悬挂刚度；m_w—轮对质量；z_w—轮对位移；c_b——系悬挂阻尼。

图1-4 列车系统及简化示意图

表1-2 单节列车自由度定义

DOF	伸缩	横移	浮沉	侧滚	点头	摇头
1号轮对	—	y_{w1}	z_{w1}	φ_{w1}	β_{w1}	ψ_{w1}
2号轮对	—	y_{w2}	z_{w2}	φ_{w2}	β_{w2}	ψ_{w2}
3号轮对	—	y_{w3}	z_{w3}	φ_{w3}	β_{w3}	ψ_{w3}
4号轮对	—	y_{w4}	z_{w4}	φ_{w4}	β_{w4}	ψ_{w4}
前转向架	—	y_{t1}	z_{t1}	φ_{t1}	β_{t1}	ψ_{t1}

续表1-2

DOF	伸缩	横移	浮沉	侧滚	点头	摇头
后转向架	—	y_{t2}	z_{t2}	φ_{t2}	β_{t2}	ψ_{t2}
车体	—	y_c	z_c	φ_c	β_c	ψ_c

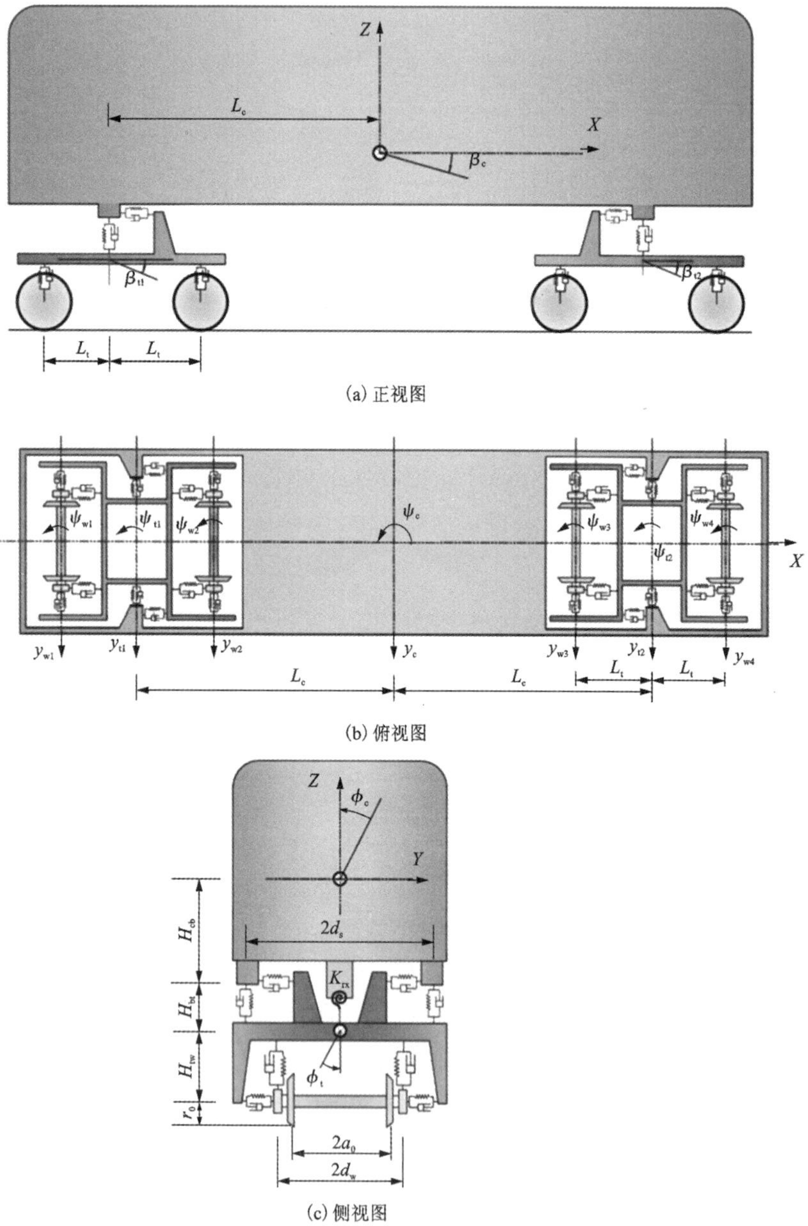

(a) 正视图

(b) 俯视图

(c) 侧视图

L_c—转向架中心距离的一半；L_t—转向架轮对中心距离的一半；ϕ_c—车体侧滚角；d_s—二系悬挂距离的一半；H_{tw}—转向架重心到一系悬挂的距离；H_{bt}—二系悬挂到转向架重心的距离；H_{cb}—车体重心到二系悬挂的距离；ϕ_t—转向架侧滚；a_0—轮对接触点距离的一半；d_w—一系悬挂横向距离的一半；r_0—二系悬挂到轮对接触点的距离；K_{rx}—抗侧滚刚度。

图 1-5　车体模型三视图

在列车建模过程中,采用如下基本简化与假定:

①车体、转向架、轮对均视为刚体。

②列车各部件在其平衡位置附近做小幅振动。

③车体、转向架、轮对不考虑沿行驶方向的振动,每个刚体有 5 个独立自由度,单节列车共计 35 个自由度。

④在接触找点计算过程中,允许轮对和钢轨发生重叠,重叠部分视为轮轨相互嵌入深度之半。

1.3.2 无砟轨道

1.国外无砟轨道发展现状

无砟轨道的发展起源于 20 世纪 60 年代,由于具有良好的整体性、稳定性、受力性等特点,被广泛地运用在高速铁路桥梁中。

德国的具有代表性的轨道为博格板型、雷达型和旭普林型 3 种。

博格板型无砟轨道是一种典型的纵连板式无砟轨道,其结构如图 1-6 所示。其最大的特点是采用纵连式板件间连续形式,采用侧向挡块保证轨道结构侧向的稳定性。这种无砟轨道的优点是整体性能好,能够适应复杂的荷载环境,但施工工艺复杂且建设成本高。

雷达型无砟轨道是由最初的 rheda 普通型无砟轨道发展而来的,由钢轨、高弹性扣件、带有桁架钢筋的双块式轨枕、现浇混凝土板和下部支承体系组成。

旭普林型无砟轨道结构属于轨枕埋入式无砟轨道,自下而上分为梁面混凝土保护层、底座板、隔离层以及道床板。

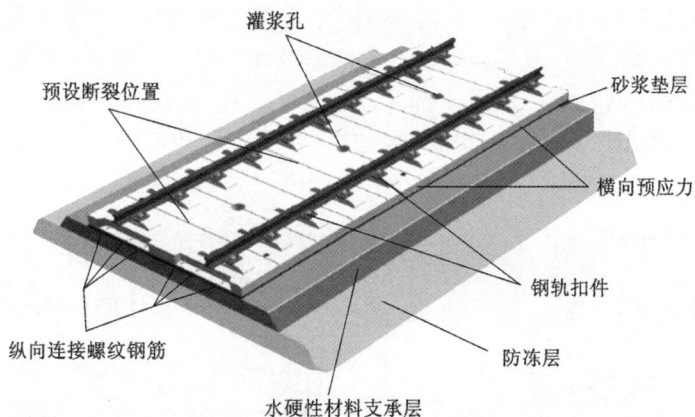

图 1-6 博格板型无砟轨道结构

日本研发了 RA 型板式无砟轨道(图 1-7),并在铁道技术研究所进行了性能试验。由于有砟轨道的累计塑性变形大、养护维修工作繁重等缺点,日本将板式无砟轨道作为其铁路建设的标准进行推广。20 世纪 90 年代,日本实现了板式无砟轨道结构形式的统一。随后又提出了减振型 G 型板式无砟轨道,作为标准形式广泛应用在铁路减振降噪区段。其特点是轨道板作为直接承力传力构件,传递列车荷载引起的钢轨和扣件的弯矩,并将竖向、横向荷载向下传递。CA 砂浆层作为缓冲调整层，为无砟轨道结构提供必要的弹性，且便于施工调节。混凝土底座则作为板式无砟轨道的主要承力构件，承担上部构件传递下来的列车荷载，同时抵抗并吸收下部基础变形。

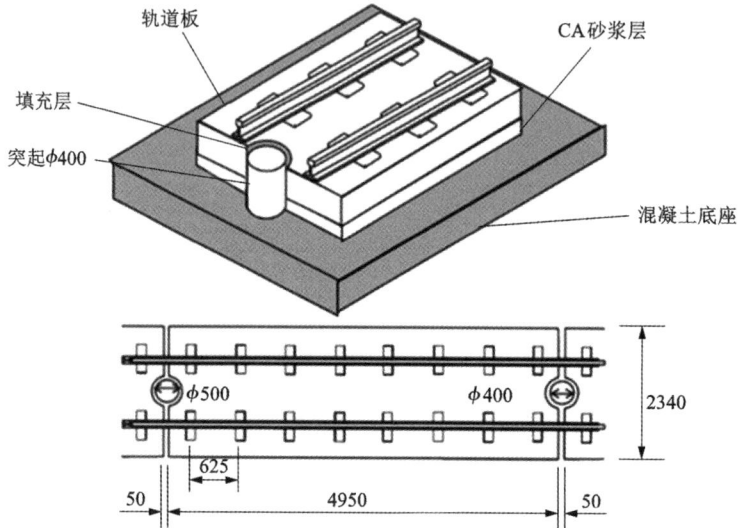

图 1-7　RA 型板式轨道结构

除了德国、日本外，其他国家也进行了无砟轨道的研究和试验。如英国的两种无砟轨道：PACT 型无砟轨道和 LVT 型无砟轨道（图 1-8）。PACT 型无砟轨道采用现场灌注的钢筋混凝土道床，钢轨直接与道床连接，轨底与混凝土道床之间设置连续带状橡胶垫板。LVT 型无砟轨道为减振型轨道，其在双块式轨枕的下部以及周围设橡胶套，在块底与套靴之间设置橡胶垫层，并在双块式轨枕周围以及下部灌注混凝土。此外，法国、韩国、荷兰等国家结合自身需求采用了不同结构形式的无砟轨道板结构，并逐渐应用在铁路上。

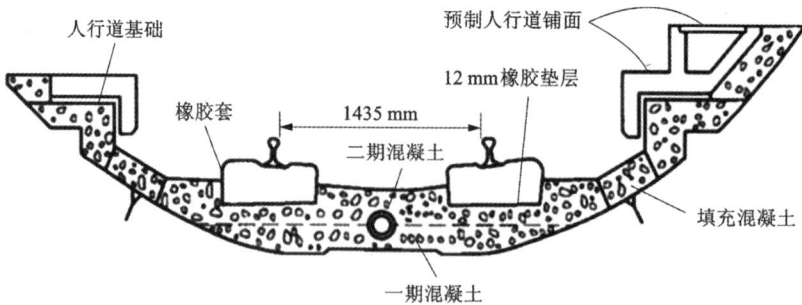

图 1-8　LVT 型无砟轨道结构

2. 国内无砟轨道发展现状

我国的无砟轨道研究起源于 20 世纪 60 年代，最初的轨道形式为混凝土支撑块式、整体灌注式等整体道床和框架式沥青道床等。无砟轨道具有整体性与稳定性强、刚度均匀性好、线路平顺性强等优点。因发展客运专线的需要，我国将板式、长枕埋入式和弹性支撑块式无砟轨道运用在铁路线上，同时，借鉴德国、日本等国家板式无砟轨道的设计和施工方面的成功经验，促进了我国无砟轨道在铁路线上的应用。2007 年，我国研发了特有的三类板式无砟轨道结构，分别为 CRTS Ⅰ、CRTS Ⅱ、CRTS Ⅲ 型板式无砟轨道。

CRTS Ⅰ 型板式无砟轨道结构主要由底座板、CA 砂浆层、混凝土凸形挡台、轨道板、扣件、钢轨及轨下设置充填层组成，如图 1-9 所示。CRTS Ⅰ 型板式无砟轨道结构为单元分块式结构，采用凸形挡台限位，CA 砂浆层作为调整结构。CRTS Ⅰ 型板式无砟轨道主要应用于我国沪宁城际、广珠高铁、哈大客专、哈齐客专等。

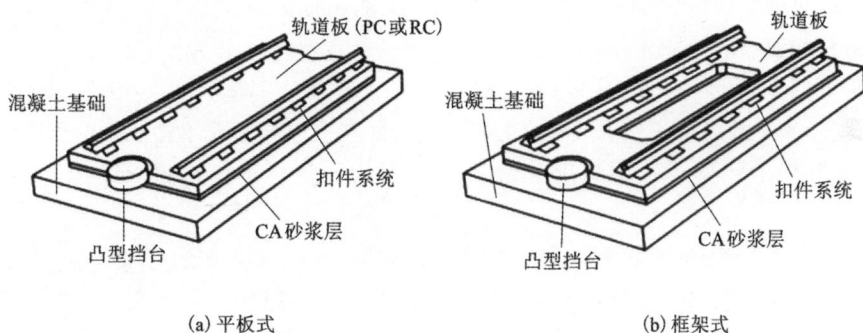

(a) 平板式　　　　　　　　　(b) 框架式

图 1-9　CRTS Ⅰ 型板式无砟轨道结构

CRTS Ⅱ 型板式无砟轨道结构主要由滑动层、底座板、轨道板、CA 砂浆层、扣件以及钢轨等构件构成，如图 1-10 所示。CRTS Ⅱ 型板式无砟轨道结构主要在我国京津城际、京沪高铁、沪杭客专等高速铁路和客运专线上有着广泛的应用。

CRTS Ⅲ 型板式无砟轨道结构是我国在综合国内外先进轨道技术的基础上进行技术消化吸收再创新提出的新一代无砟轨道体系。CRTS Ⅲ 型板式无砟轨道主要由钢轨、扣件、预制轨道板、自密实混凝土(SCC)层、隔离层、弹性垫层和底座组成，如图 1-11 所示。

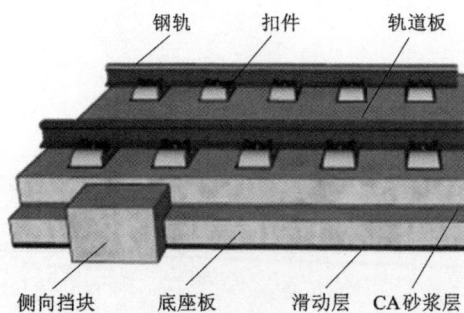

图 1-10　CRTS Ⅱ 型板式无砟轨道结构　　　图 1-11　CRTS Ⅲ 型板式无砟轨道结构

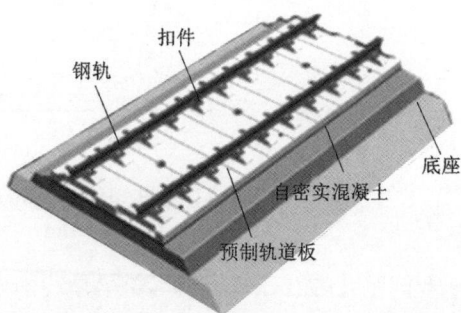

1.3.3 高速铁路桥梁结构

目前高速铁路线路中使用较多的桥梁类型有 4 类，即标准跨度桥梁、大跨度混凝土梁式桥及组合结构桥梁、大跨度上承式拱桥和大跨度缆索支承桥梁。

1.标准跨度桥梁

我国高速铁路桥梁上部结构设计通常采用 250 km/h、350 km/h 桥梁通用图，以便于标准化、工厂化施工，保证结构质量，加快施工速度。目前应用较多的跨径为 24 m、32 m、40 m，桥梁类型有简支箱梁、连续梁和钢构梁。其中 95% 左右的桥梁采用标准跨径的预应力混凝土简支箱梁。梁体以竖向基频为动力控制的主要指标，而梁体实测频率普遍高于理论值，满足梁体动力性能要求，避免桥梁和车辆产生较大的动力响应。闫龙彪等的研究表明，控制梁体混凝土最大压应力以控制徐变与应力在混凝土弹性范围内发展，同时严格控制梁体上下截面应力差，以实现对徐变等后期变形的精细控制，保证长期的舒适性，减小养护维修工作量，基本保证了桥墩刚度，控制了基础沉降。

刘勇等的研究表明，高速铁路箱梁主要分为 3 大类，分别是 300~350 km/h 客运专线无砟轨道箱梁，200~250 km/h 客运专线(兼顾货运)有砟轨道箱梁和 250 km/h 客运专线(城际铁路)有、无砟轨道箱梁。不同速度等级对应不同的设计标准，其构造物形式亦有较大的区别。

双线整孔的无砟轨道简支箱梁是我国现阶段 300~350 km/h 客运专线中应用最广泛的箱梁类型，桥上正线间距采用 5.0 m。在应用该梁型的各条线路中，京津城际、郑西客专、武广客专采用的简支箱梁桥面宽度为 13.4 m。经过 2008 年桥面系优化后，应用于石武、京石、沪杭、宁杭、杭甬、合蚌等客运专线中时，采用的桥面宽度则为 12.0 m。为利用现有施工设备和模板，除对桥面板宽度进行调整外，箱梁的其他外形尺寸与桥面系优化前一致，其具体尺寸如图 1-12 所示。

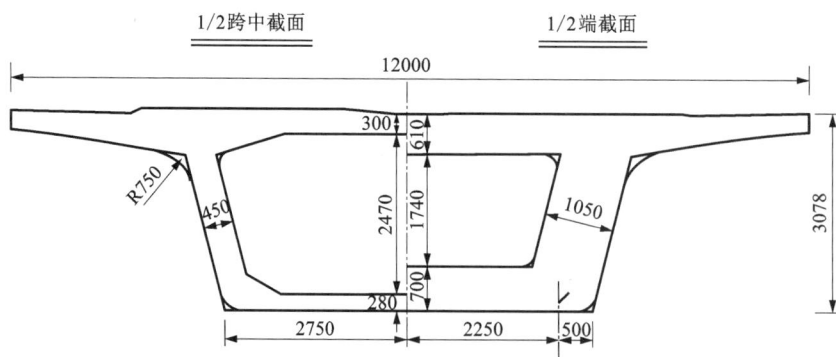

图 1-12 300~350 km/h 高速铁路双线无砟整孔简支箱梁截面

双线整孔的有砟轨道简支箱梁是我国现阶段 200~250 km/h 客运专线中应用最广泛的箱梁类型，桥上正线间距采用 4.6 m。在合宁、合武、甬台温、石太、福厦、厦深、南广等客运专线中均采用了图 1-13 所示截面形式。经过桥面系优化后，图 1-13 截面的桥面板宽由 13.0 m 优化为 12.2 m。

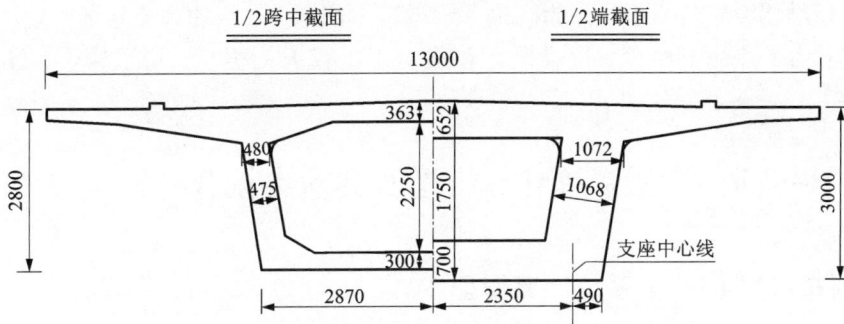

图 1-13 200~250 km/h 高速铁路双线有砟整孔简支箱梁截面

2. 大跨度混凝土梁式桥及组合结构桥梁

混凝土结构刚度大、噪声小、成本低、维修养护方便。根据我国国情，混凝土桥仍是大跨度桥梁优先考虑的桥型之一。徐变和收缩是造成大跨度混凝土桥施工误差的重要原因，也是重难点问题。现在国内大跨度混凝土梁体收缩徐变竖向变位的控制是通过控制恒载下梁体上下缘应力差等方法实现的，其具体手段是在混凝土连续结构上增加拱、桁、拉索等加劲结构。加劲结构承担了部分荷载，提高了结构的刚度，从而控制梁体的变位，同时也开辟了减小弹性变形以控制徐变的技术路径。以闫龙彪等众多学者为代表，我国已系统掌握了大跨度混凝土梁式桥及组合结构桥梁的设计技术，并对混合结构主梁、空腹式结构、轻质混凝土的应用开展了相关研究。

3. 大跨度上承式拱桥

大跨度上承式拱桥跨越能力强、刚度大、养护维修工作量小，是艰险山区高速铁路跨越 V 形沟谷的最佳桥型。主拱施工方法是限制其应用的主要条件，我国针对不同的地形、地质条件，对拱桥的施工方法和结构形式开展了相关的研究和探索，从而使拱桥的发展焕发出新的生机和活力。我国提出的钢管劲性骨架分段、分层主拱方法，极大地拓展了上承式拱桥的应用。在万州长江公路大桥成果的基础上，集中深化研究了主拱施工线形控制、截面应力重分布规律、徐变特性、施工工艺等关键技术问题，从而使拱桥设计和施工逐渐成熟。拱上结构采用中等跨度的连续结构来提高铁路拱桥的平顺性，通过选择合理的拱轴线和拱上结构布置减小拱的徐变变形。在动力性能分析中，综合考虑了温度、徐变和活载非对称加载的影响。另外，对拱桥合理宽度、悬臂灌注法、高强自密实混凝土应用、成桥线形动态调整技术等方面也开展了相关研究。

4. 大跨度缆索支承桥梁

通过对已建和在建的 40 余座铁路和公铁斜拉桥的研究、设计、探索和总结，我国已基本掌握铁路斜拉桥的刚度标准，特别是大跨度斜拉桥的设计技术和主要控制标准。目前国内以活载作用下的挠跨比和梁端转角来控制主梁的竖向刚度，主梁的横向刚度一般为竖向刚度的 2 倍。大跨度缆索支撑结构因其挠度变形曲线较和缓，挠跨比不宜成为主要关注的控制指标，影响行车安全和舒适的主要是刚度突变区域，如梁端、主塔、桥墩等，需要对局部范围的轨面变形进行限制。我国钢桥通过控制线路的最小曲线半径来控制梁体的横向变形。我国建造的铁路悬索桥较少，且由于缺乏对铁路悬索桥上列车运行的研究，目前主要按照斜拉桥的标准和桥上轨道结构要求进行设计。为解决其梁端转角问题，采用加劲梁连续布置、中跨悬吊的结构形式；为了控制其刚度，桥梁设计普遍采用了较大的恒载，自重较重，设计上较为保守。

1.4　列车-轨道-桥梁系统计算模型及其动力耦合

1.4.1　列车-轨道-桥梁系统计算模型

列车与结构动力相互作用的研究是从 19 世纪早期铁路出现后，人们注意到列车活载对桥梁的动力影响时开始的，至今已有近 200 年的历史。一方面，高速运行的列车会对所通过的结构物产生动力冲击作用，使结构发生振动，直接影响其工作状态和使用寿命；另一方面，结构的振动又会对运行列车的平稳性和安全性产生影响，使得结构的振动状态成为评价结构动力设计参数合理与否的重要指标。因此，有必要对列车结构动力相互作用系统进行综合研究，以便对结构的动力性能和结构上(中)运行列车的走行性作出动力分析和评估，确定它们在各种状态下的使用可靠性。这是合理进行工程结构设计的实际需要，对承受移动荷载的交通土建工程结构物的设计和建造具有十分重要的理论和实际意义。

高速列车-轨道-桥梁耦合系统是一个紧密联系的大系统，精细的高速列车-轨道-桥梁系统计算模型能够更准确地描述系统在荷载作用下的动力响应。几十年来，国内外学者围绕列车模型、轨道模型和桥梁模型以及轮轨相互作用开展了深入的研究，高速列车-轨道-桥梁耦合系统计算模型各组成部分模型日益精细和贴近实际。

1. 列车计算模型

随着计算技术的发展和列车-桥梁耦合振动研究的深入，列车模型的研究经历了由简单到具体，由简化到符合实际列车模型的发展过程。在列车-桥梁耦合振动研究初期，由于计算技术的限制和问题的复杂性，学者们往往只对列车模型进行简化。Krylov 和 Timoshenko 忽略列车的质量，将列车等效成移动的集中力或者移动的简谐荷载，研究了列车通过桥梁的振动问题。Inglis 同样将列车简化成移动的周期力和惯性力荷载，并在此基础上考虑了列车和桥梁的质量。Biggs 在 Inglis 的理论基础上提出了匀速移动的弹簧上质量列车模型，即列车由桥梁上密贴的移动质量和弹簧支承质量两部分组成。上述列车模型虽然不断地在改进，并且一定程度上能够反映列车过桥时桥梁的振动特性，但是跟真实的列车模型还有很大的差距，无法准确地反映车体各组成部分的响应特征。

20 世纪 60 年代之后，由于日本、美国等国家高速铁路的兴建和计算机技术的发展，列车-桥梁耦合振动理论研究进入了一个新的阶段，列车模型也日趋完善。1979 年美国学者 Chu 等人最早提出了由车体、转向架和轮对多刚体组成的复杂列车动力分析模型，每个刚体有 6 个空间自由度，刚体之间通过一系或二系悬挂系统连接。在之后的列车-桥梁耦合振动研究中，该列车模型建模思路得到了广泛的应用。不同学者根据不同研究内容所建立的列车模型在自由度、列车振动方向和列车中的非线性因素等方面有所区别。例如，Bhatti 等人建立了 21 自由度的多刚体货车列车模型，研究货车-简支桁梁桥的动力响应。随后王同乐改进了 Bhatti 的列车模型，建立了 23 自由度的列车模型，并求解了普通货车-钢桁架桥的冲击系数。日本学者 Wakui、Tabnabe、Matsuura 等人在他们编制的 DIASTARS 程序中采用多体系统动力学理论建立了 31 自由度的列车模型。翟婉明、蔡成标、陈果等人分别在列车–轨道垂向系统模型和空间列车–轨道系统模型中建立了 10 自由度的垂向振动的列车模型和 35 自由度的空间列车模型。

20 世纪 80 年代，多体系统动力学软件的出现（如 Simpack、ADAMS 等）大大提高了高速列车这一复杂机械系统建模的效率和准确性。1985 年，德国航空航天局（DLR）开发了基于相对递归算法的多体系统动力学软件 Simpack。1993 年，Simpack 从 DLR 分离出来，并由 INTEC 公司全面负责多体系统动力学软件 Simpack 的开发和市场运作。1996 年，INTEC 公司推出了世界著名的 WHEEL/RAIL 铁道模块。多体系统动力学软件采用相对坐标系和子结构建模方法，可快速建立精细的列车模型并且能够方便地考虑列车中的非线性因素。多体系统动力学软件建立的列车侧视图及局部细部图如图 1–14 所示。

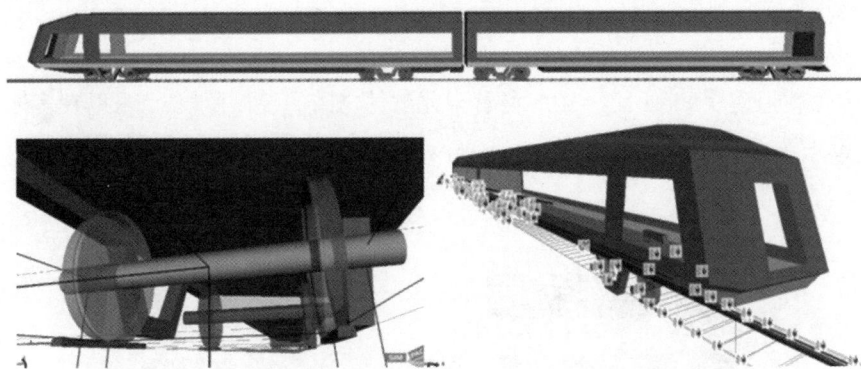

图 1–14 多体系统动力学软件建立的列车侧视图及局部细部图

2. 轨道计算模型

列车过桥时，列车–轨道系统通过轮轨作用互相联系，轨道结构将列车的振动传递至桥梁，因此，轨道结构的建模和准确描述是真实反映列车过桥时列车–轨道–桥梁耦合振动状态的基础。在列车–桥梁耦合振动研究初期，一些学者将轨道质量合并至桥梁，仅考虑轨道的参振质量，将桥梁的振动响应等效为轨道的振动响应。这种简化的轨道建模思路忽略了钢轨的变形、扣件系统及道床的弹性，也没有考虑轨道不平顺对车体的激励，因此无法准确地获知车体的动力性能，也无法获得轨道结构的动力响应。

20 世纪 70 年代，英国 Derby 铁路研究中心首次研究了列车与轨道基本参数对轮轨作用力的影响，提出了连续弹性基础支承的 Euler 梁模型。1982 年，Clark 在研究钢轨的波浪形磨耗对行车动态响应的影响时，提出了弹性点支承连续梁模拟轨道，其可以描述轨枕支承点的局部影响和纵向非均匀分布的轨道系统参数。同一时期，日本学者佐藤裕、佐藤吉彦和美国学者 Ahlbeck 等人建立了轮轨集总参数模型，该模型能够模拟具有分布参数特征的轨道结构。

20 世纪 90 年代，我国率先开展了列车–轨道耦合动力学的研究，将列车–轨道系统作为一个相互耦合的整体系统。翟婉明院士提出了多层连续弹性点支承梁模型，该模型将轨道结构的各组成部分分开考虑，更符合实际的轨道结构并能够较全面地反映轨道结构的振动规律。随着我国高速铁路的大规模建设，各种新型的无砟轨道因其良好的振动特性在高速铁路上得到了广泛的运用。因此，在轨道结构方面，国内学者将各种新型无砟轨道的建模作为研究重点。其中蔡成标等在无砟轨道的建模及其动力性能等方面做了深入研究。同时,得益于计算机技术的发展和有限元理论的完善,应用有限元方法对轨道结构进行建模是模拟轨道结构的一种新途径。

多体系统软件同样可用于模拟列车在各种轨道和服务条件下的动态行为。商业多体系统动力学软件通常采用简化的"移动轨道"模型以减少轨道系统的计算自由度和提高计算效率。该模型是由列车模型、轮对下移动的钢轨质量、轨枕和道砟的组合质量组成,三者通过线性弹簧和阻尼器连接,如图 1-15 所示。钢轨质量、轨枕和道砟的组合质量移动速度与列车运行速度相同,并且始终保持在同一断面内。钢轨质量、轨枕和道砟的组合质量拥有垂向、横向和在横断面转动三个自由度。多体系统动力学的传统"移动轨道"模型被广泛用于分析较长线路的轨道模型和计算列车的动力行为及低频的轮轨力。这种"移动轨道"模型虽然能够提高计算效率,但是存在不能体现钢轨的弯曲和扭曲行为及相邻钢轨间互相联系的变形等局限性。随着硬件功能的增加和 MBS 与有限元(FE)软件之间标准化接口的发展,多体动力系统可以考虑轨道结构的更多细部构件以及轨道结构的弹性。多体系统动力学软件 Simpack 通过配置其弹性轨道模块 Flextrack(MBS 与有限元软件之间的接口模块),可以在多体系统中建立弹性轨道模型。

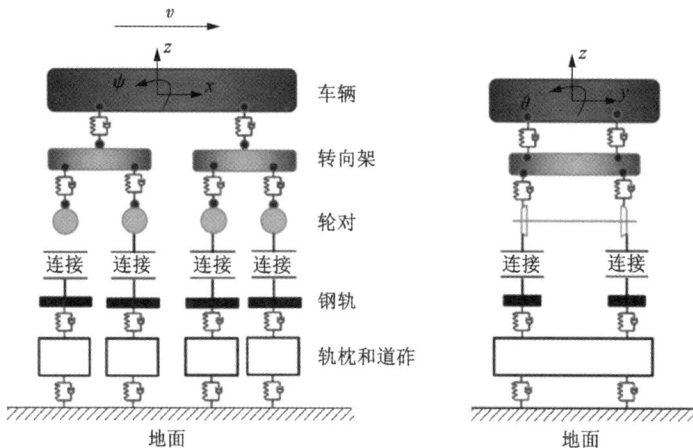

图 1-15 多体系统中传统的"移动轨道模型"

3. 桥梁计算模型

国内外学者通常运用有限元法或者模态坐标法分析桥梁结构的动力特性。有限元法是将复杂的桥梁结构通过有限个单元对其离散化,从而得到其质量矩阵、刚度矩阵和阻尼矩阵等,最终根据形成的动力方程求解其响应。其单元类型包括杆系单元、板壳单元和实体单元等。学者们根据研究重点,往往对复杂结构的桥梁建模进行不同程度的简化处理,然而简化模型的计算结果会存在较大的误差。因此,结合多种单元类型模拟复杂桥梁结构,根据各个构件的特性选取合适的单元,能够保证计算结果的准确性。但是这种较精细的建模方法建立的桥梁模型,往往包含大量的计算自由度,计算量较大。

模态坐标法则可用少数的模态数来描述结构的动力特性,具有计算自由度少、计算效率高的优点。模态坐标法只适用于求解线性结构的动力问题,并且无法准确描述结构的局部振动。同时，对于复杂的桥梁结构，需要利用多阶振型参与贡献描述其振动特性，导致计算量急剧增大。因此，对于复杂的桥梁结构，模态坐标法同样面临着计算效率低的问题。模态综合法结合了有限元法与模态坐标法两者的优势，不仅能够大量缩减结构的自由度数量，提高计算效率，而且边界条件容易确定。因为这些优点，模态综合法在列车-桥梁耦合振动研究中得到了广泛的运用。夏禾、张楠等人建立了多刚体列车模型，桥梁模型采用模态综合技术，进行了秦岭客运专线列车-桥梁耦合振动研究。崔圣爱在 ANSYS 中利用板壳单元和杆系单元建立了简支箱梁模型，通过模态综合法对桥梁进行自由度缩减，结合多体系统动力学软件 Simpack 和有限元软件 ANSYS 建立了列车-桥梁耦合振动分析模型，并结合实际工程讨论了轮轨接触模型、车速、轨道谱和阻尼比等多种因素对列车-桥梁耦合振动动力响应的影响。崔圣爱等人基于模态综合法建立的桥梁结构模型，虽然缩减了结构计算自由度，但是不能考虑地震作用下桥梁结构的非线性特性。地震作用下，桥墩和支座容易发生破坏，梁体往往保持弹性。

4. 轮轨相互作用模型

轮轨相互作用模型主要分为以下两类：基于垂向密贴假定或者蛇形波假定，将轮对的运动视为轨道的函数；基于弹性接触力学假定，采用 Hertz 弹性接触理论和 Kalker 线性蠕滑理论求解轮轨法向力和切向力。在第一类轮轨相互作用模型中，蛇形波假定认为轮对的运动是轨道的函数，不考虑轮轨间的相互作用，将实测的蛇形波作为列车-桥梁系统的输入，这是列车-桥梁耦合振动研究早期的简单方法。曾庆元院士等人将实测蛇行运动作为系统激励输入求解列车-桥梁耦合系统的动力响应。轮轨密贴假定指出在列车子系统的沉浮方向，轮轨间无相对运动，通过位移协调条件求解轮轨关系。张楠等人基于轮轨密贴假定，采用 Kalker 线性蠕滑理论，建立了列车-桥梁统一性的线性动力平衡方程组，验证了轮对蛇形波假定的正确性并讨论了蛇形波运动波长、波幅的影响因素。林玉森就轮轨密贴和弹性接触轮轨关系建立了列车-桥梁耦合振动系统，分析了地震作用下列车的走行安全。不同于第一类轮轨相互作用模型，第二类轮轨相互作用模型假定轮对的垂向自由度是独立的，轮对与钢轨可以分离，轮轨法向力一般基于 Hertz 理论求解，切向蠕滑力通常利用 Kalker 理论及其简化形式求解。日本学者 Wakui、Tabnabe、Matsuura 等人编制了 DIASTARS 程序，该程序竖向轮轨力基于 Hertz 理论求解，采用线性蠕滑理论求解横向力，桥梁采用模态分析法。崔圣爱结合多体系统动力学软件 Simpack 和有限元软件 ANSYS 建立了精细化的列车-桥梁耦合振动分析模型，轮轨相互作用力采用 Hertz 弹性接触理论和简化 Kalker 理论 FASTSIM 算法求解。日本学者 Masakazu Uno 等人在计算地震作用下的列车-桥梁动力响应时，轮轨横向力和竖向力分别采用赫兹非线性理论和线性摩擦理论求解。Ju 进一步提出了包含轮轨接触和分离模式的非线性移动轮对有限单元，研究了地震时高速列车在多跨简支梁桥上行车的动力行为。上述两类轮轨相互作用模型的适用条件及对列车-桥梁耦合振动系统振动响应的影响等方面有所差异。林玉森和李奇对比分析了两种模型的适用条件、计算效率、收敛性以及对列车动力特性和桥梁响应的影响等，给出了一些具有参考价值的结论。

1.4.2　列车-轨道-桥梁系统动力耦合及求解方法

列车-轨道-桥梁系统可以看成由列车系统和轨道-桥梁系统两个子系统组成，列车系统和轨道-桥梁系统通过轮对和钢轨之间的接触点传递相互作用力。但由于接触点位置的时变性，使得列车-轨道-桥梁系统动力方程的求解变得十分困难。过去几十年，高速铁路列车-轨道-桥梁系统动力相互作用问题引起了众多学者的广泛关注。

当前，针对列车-轨道-桥梁系统，广泛采用的求解方法大致可分为两类，即弱耦合法和强耦合法。

（1）弱耦合法

弱耦合法的典型代表为分离迭代法，其将列车系统和桥梁-轨道系统看成两个独立的子结构，通过轮轨接触点处力和位移的协调关系实现两个子系统间的耦联。通常两个子系统分开建模，如崔圣爱、Lietal、李君龙等采用 Simpack 建立列车模型，采用 ANSYS 建立桥梁-轨道模型；Aucielloetal 采用 Simpack 建立列车模型，采用 MATLAB 建立桥梁模型等来开展列车-桥梁动力计算。弱耦合法在每个计算时步内，两个子系统的动力方程是分开求解的，故子系统的质量、刚度、阻尼矩阵不会随时间变化。但为了保证整体系统的收敛性，两个子系统间需要进行迭代计算，通常其迭代收敛性难以保证。当然，如果时步足够小，也可以采用无迭代的弱耦合算法，但其计算效率会显著降低。

（2）强耦合法

强耦合法的典型代表为大系统法，翟婉明、曾志平将列车系统和桥梁-轨道系统看成一个大系统，进行统一的建模、计算、求解。其先由子矩阵组装获得整体系统质量、刚度、阻尼矩阵，代入系统的耦合振动方程，进行开展数值积分求解。余志武采用"对号入座"法则简化动力矩阵的组装系统过程。强耦合法在每一积分时步内，由于系统矩阵的时变特性，每时步系统需要重新生成动力矩阵，从而使得在一般通用有限元框架内实现列车-桥梁耦合振动分析变得困难。

1.4.3 轮轨几何接触关系

列车系统与轨道系统的耦合作用是通过轮轨接触关系（轮轨相互作用）实现的，而轮轨接触关系包括几何接触关系和力接触关系两大类。

1. 轮轨基本特征描述

在轮轨接触计算过程中，首先应该了解车轮踏面和钢轨轨头的特征。

（1）车轮踏面的特征

列车车轮与钢轨轨头接触区域称为踏面。踏面主要分为锥形踏面（TB 踏面）和磨耗型踏面两类。锥形踏面在早期的铁路上使用，我国的锥形踏面标准型面主曲线由斜度 1/20 和 1/10 的两条直线段组成。锥形踏面在长期运营过程中磨耗严重，但是在经过一定的走行距离后，车轮踏面与钢轨顶面相互磨合，磨耗后车轮踏面外形变化缓慢且趋于稳定，因而在此基础上发展出了磨耗型踏面。我国铁路部门目前采用的磨耗型踏面外形原型有 8 种，其中 LM 型踏面和 LM_A 型踏面使用较为广泛。LM 型踏面主要用于时速 160 km 的既有线，LM_A 型踏面主要用于高铁线路。我国高速铁路 CRH1、CRH、CRH380A、CR400A 均采用 LM_A 型踏面。

LM_A 型踏面外形几何尺寸如图 1-16 所示。LM 型踏面外形尺寸如图 1-17 所示。

由图 1-16 可知，LM_A 型踏面的主轮廓曲线由 3 个圆弧段和两个直线段组成，即轮缘根部 $R14$ mm 小圆弧段、$R90$ mm 过渡圆弧段、踏面中部 $R450$ mm 主接触圆弧段、外侧斜度 1/40 和 1/15 两直线段。过渡圆弧段是列车车轮踏面设计的关键，其值的合理性可大大减小列车运行过程中轮轨两点接触等非正常接触的概率。LM_A 型踏面的名义滚动圆半径 $R_0=460$ mm。

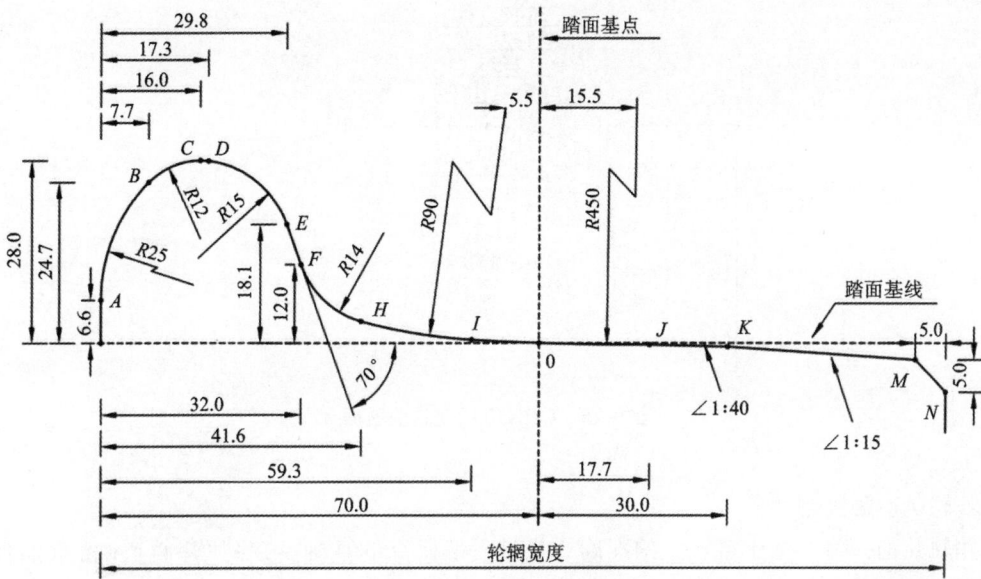

图 1-16 LM_A 型踏面

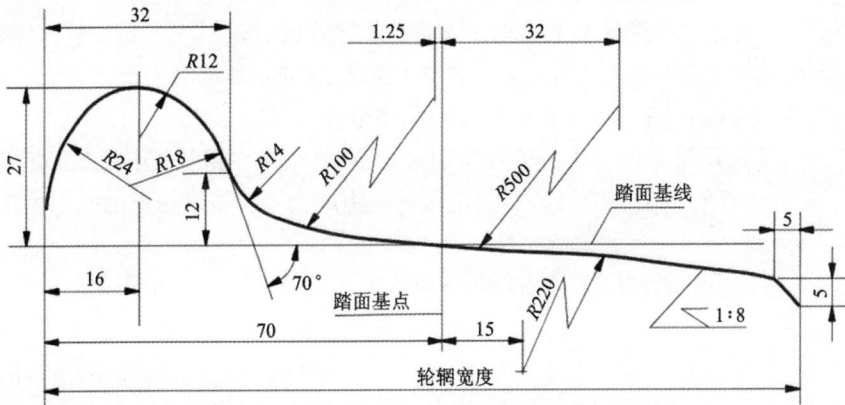

图 1-17 LM 型踏面

(2)钢轨轨头特征

钢轨轨头的外形是根据与之匹配的车轮踏面几何尺寸进行设计的,两者配合的好坏直接影响着列车运营过程的动力性能。我国铁路部门采用锥形踏面主要配合 50 kg/m 钢轨使用,磨耗型踏面主要配合 60 kg/m 钢轨使用。根据规范《高速铁路用钢轨》(GB/T 3276—2011),运营速度为 200 km/h 及以上高速铁路均采用 60 kg/m 热轧钢轨,即 CHN60 轨。其轨头截面形式尺寸如图 1-18 所示,轨头曲线由 1 段倾斜直线和 3 段圆弧组成,从外侧到内侧依次为 1/20 倾斜直线、$R13$ mm 圆弧、$R80$ mm 圆弧、$R300$ mm 圆弧,其中踏面轨顶宽度为 20 mm,整个轨头宽度为 70.8 mm。CHN60 钢轨在实际铺设中采用 1/40 的标准轨底坡。

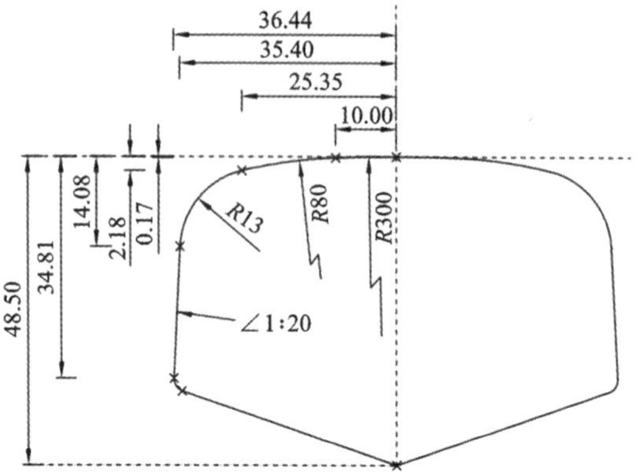

图1-18　CHN60钢轨轨头截面

2.轮轨接触找点

轮轨几何接触关系中接触点的准确寻找是后续研究的基础。在列车–轨道–桥梁耦合系统的求解过程中，真实高效地找寻轮轨相互作用点一直是轮轨接触几何的一个研究难点。其找点方式的准确性直接影响到轮轨相关接触参数的取值以及轮轨的相互作用力。轮轨接触关系计算，也就是寻找轮轨接触点的计算方法，主要有左、右轮轨等间距法和迹线法两种。等间距法是根据左、右轮轨外形的离散数据，依据数值计算出的轮对横移量和侧滚量计算出动力学计算所需要的轮轨接触参数：左、右轮轨接触角 δ_l 和 δ_r、实际滚动圆半径 R_{wl} 和 R_{wr}、轮轨接触点车轮曲率半径 ρ_{wl} 和 ρ_{wr} 及钢轨截面的曲率半径 ρ_{tl} 和 ρ_{tr} 等。

在确定轮轨接触几何关系时认为轮对和钢轨是刚性体，轮对相对于轨道没有摇头（平面问题）。左、右轮轨等间距法认为接触点处轮轨垂向距离为零，非接触点的垂向距离大于零。为方便理解，将轮对相对于接触位置竖向平移30 mm，算法的目标是找到左、右轮轨等间距的最小位移，轮对向下移动相同距离后最小距离点即为轮轨接触点。王阳提出算法的实现过程简要描述如下：

①根据列车数值计算结果，将轮对相对上一步位置横移 Δy_w，然后在横移后的位置上，按一定间距对车轮踏面与轨面的离散点进行遍历扫描，分别找到左、右轮轨的最小距离 ΔZ_{Lmin} 和 ΔZ_{Rmin}，并记录所在的横向位置为 y_{Lmin} 和 y_{Rmin}。

②比较 ΔZ_{Lmin} 和 ΔZ_{Rmin}：若 $\Delta Z_{Lmin} = \Delta Z_{Rmin}$，此时最小间距对应位置 y_{Lmin} 和 y_{Rmin} 即为轮对的接触点；若 $\Delta Z_{Lmin} \neq \Delta Z_{Rmin}$，此时轮对下移接触位置不是最小间距位置，还需要对轮对进行一定的转动调整轮对的位置，以满足轮轨接触条件。若 $\Delta Z_{Lmin} > \Delta Z_{Rmin}$，调整的转动角度大小 γ 为：

$$\gamma = \frac{\Delta Z_{Rmin} - \Delta Z_{Lmin}}{y_{Rmin} - y_{Lmin}} \tag{1-1}$$

③调整转动角度 γ 后，继续寻找左、右轮轨的最小距离。对数值计算来说，找到 ΔZ_{Lmin} 与 ΔZ_{Rmin} 完全相等的位置非常困难，因此可设置一个收敛性指标 ε，当两者之差满足式（1-2）即认为满足要求，否则重复步骤②进行迭代计算。

$$|\Delta Z_{Rmin} - \Delta Z_{Lmin}| < \varepsilon \tag{1-2}$$

④满足收敛性要求后可计算轮轨接触时的侧滚角 φ_w

$$\varphi_w = \varphi_{w0} + \sum_1^k \gamma_i \qquad (1-3)$$

式中：φ_{w0} 为初始轮对侧滚角；k 为迭代次数；γ_i 为第 i 次迭代的侧滚修正角度。以 $R60$ 轨和 LM_A 型踏面为分析对象，LM_A 型踏面的名义滚动圆半径也就是初始位置处滚动圆半径 $R_0 = 0.46$ m，踏面由曲率不同的 3 个圆弧段和 2 个直线段组成；$R60$ 轨的轨头由不同曲率的 3 个圆弧段和 1 个倾斜直线段组成，轨底坡为 1：40。图 1-19 为不同轮对横移量的轮轨接触点情况，最大横移量设为 ±30 mm，找点间距设为 0.5 mm。

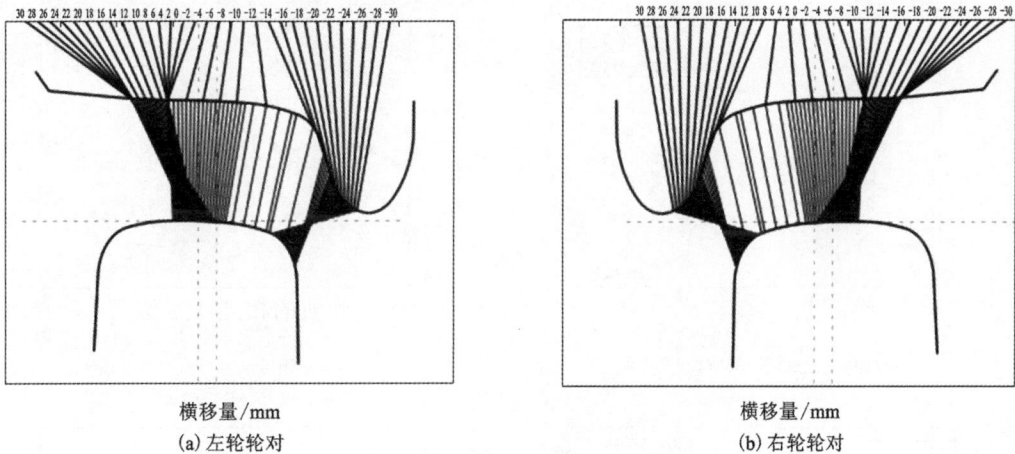

图 1-19　不同轮对横移量的轮轨接触点

轮轨接触动力参数左、右轮对滚动圆半径差之半 $(R_r - R_l)/2$ 和左、右轮对接触角差之半如图 1-20 所示。轮轨接触参数随不同横移量而发生变化，变化规律与车轮踏面和轨头截面参数有关。当横移量在 -10~10 mm 范围内时，左、右轮对滚动圆半径之差在 0 附近，这是由于

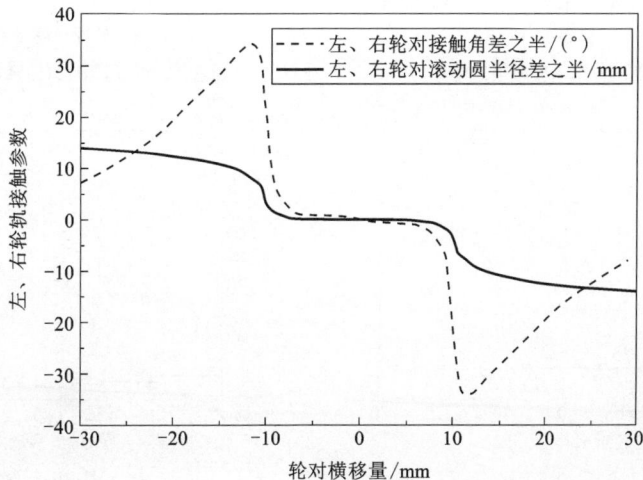

图 1-20　左、右轮轨接触参数关系

轨道截面与车轮踏面的直线段或曲率较小圆弧段之间相互接触造成的。当横移量绝对值为 10~12 mm 时，左、右轮对滚动圆半径之差迅速增加，这是由于轮对的轮缘与轨头接触，单侧轮对快速爬升，左、右轮对接触角之差迅速增加；之后随着横移量继续变化，左、右轮对滚动圆半径差的增速逐渐缓和。

计算轮轨蠕滑力时需要计算接触参数，计算方法见下一节。根据等间距找点算法可以确定接触点位置，接触参数如接触点轨道、轮对曲率半径可以依据 LM_A 型踏面和轨头的参数确定。接触参数可以在车轨动力分析计算中实时计算，也可以提前计算，待使用时查表插值以节省计算时间。轮轨接触参数随轮对横移量变化关系如图 1-21 所示，在动力计算中根据计

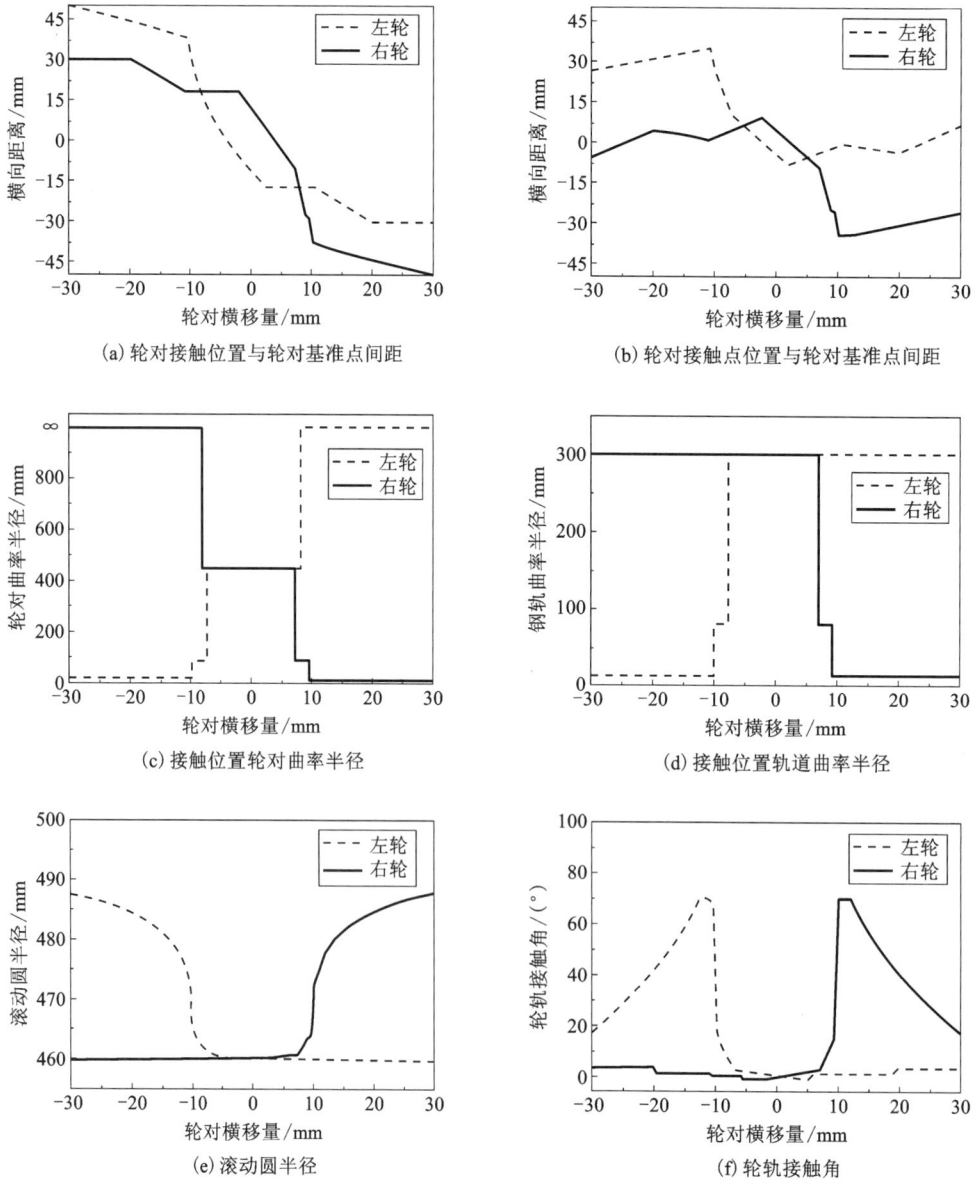

(a) 轮对接触位置与轮对基准点间距

(b) 轮对接触点位置与轮对基准点间距

(c) 接触位置轮对曲率半径

(d) 接触位置轨道曲率半径

(e) 滚动圆半径

(f) 轮轨接触角

图 1-21　轮轨接触参数随轮对横移量变化关系

算出的横移量插值计算接触参数。接触参数中，轮对曲率半径与轨道曲率半径随横移量分段变化，值得注意的是，当轮对横移绝对值大于 8 mm 时，轮缘远离侧轮对后曲率半径会变为无穷大，因为此时接触点在车轮踏面的直线段上；滚动圆半径与轮轨接触角随轮对的横移是连续变化的。

1.4.4　轮轨力接触关系

轮轨力接触关系可分为轮轨法向接触力及轮轨切向蠕滑力来阐述。

1. 轮轨法向接触力

计算轮轨法向接触力通常采用非线性 Hertz 接触计算模型，其根据轮轨之间的弹性压缩量（或称相互嵌入深度）获得轮轨间的相互作用力。轮轨间的弹性压缩量可采用下式进行计算：

$$\Delta Z_{l/r} = Z_{wl/r} - Z_{rl/r} - \Delta Z_{sl/r} - R_{zl/r} \tag{1-4}$$

式中：$\Delta Z_{l/r}$ 为轮轨间弹性压缩量，包括静压缩量；$Z_{wl/r}$ 为轮对上接触点竖向坐标值；$Z_{rl/r}$ 为钢轨上接触点竖向坐标值；$\Delta Z_{sl/r}$ 为集中力下接触点处产生的额外位移增量；$R_{zl/r}$ 为接触点处轨道竖向不平顺值。值得注意的是，$\Delta Z_{l/r}$ 为正表示轮对嵌入到轨道中，为负则表示轮轨分离。

在获得轮轨间弹性压缩量 $\Delta Z_{l/r}$ 后，即可采用下式计算法向接触力：

$$N_{l/r} \begin{cases} = \left[\dfrac{\Delta Z_{l/r}}{G} \right]^{\frac{3}{2}} & (\Delta Z_{l/r} > 0) \\ = 0 & (\Delta Z_{l/r} \leqslant 0) \end{cases} \tag{1-5}$$

式中：$N_{l/r}$ 为左、右轮轨法向接触力；$\Delta Z_{l/r}$ 为弹性压缩量；G 为接触常数，取值为

$$G \begin{cases} = 4.57 (R_{wl/r})^{-0.149} \times 10^{-8} & (锥形踏面) \\ = 3.86 (R_{wl/r})^{-0.115} \times 10^{-8} & (磨耗型踏面) \end{cases} \tag{1-6}$$

式中：$R_{wl/r}$ 为左、右轮对的实际滚动圆半径，在轮轨接触点确定后为已知值。

2. 轮轨切向蠕滑力

轮轨切向蠕滑力的计算已经有许多计算理论，普遍被接受的 Kalker 线性蠕滑理论已经是当前阶段最有效的计算方式。在 Kalker 线性蠕滑理论中，蠕滑力由蠕滑率和蠕滑系数相乘获得，然后对求得的蠕滑力进行 Shen-Hedrick-Elkins 非线性修正。

蠕滑率的概念最早由 Carter 提出，其定义为两滚动物体在接触处的相对速度差与平均速度之比。蠕滑现象始终存在于两个滚动接触的弹性体间，当两个物体存在相对运动或有相对运动的趋势时才显示出来。蠕滑的极限是滑动摩擦，此时蠕滑力满足库仑摩擦定律。通常情况下，蠕滑力小于库仑摩擦力限值。具体到列车子系统，由于轮对的周向速度并不严格等于列车轮对的前进速度，从而使得轮轨之间存在相互滑动，此时车轮在钢轨表面产生蠕滑，因此会产生切向的蠕滑力。

用 Kalker 线性理论计算蠕滑时，以轮轨接触椭圆中心 O_{RC} 为原点，建立 $O_{RC}\text{-}X^* Y^* Z^*$ 坐标系，如图 1-22 所示。$O_{RC}X^*$ 为车轮的前进速度方向，与 $O_{RC}X$ 轴重合；$O_{RC}Y^*$ 轴在轮轨的接触平面内，与 $O_{RC}Y$ 轴的夹角在左接触点为 $\delta_L - \theta_{rL} + \theta_0$，在右接触点为 $\delta_R - \theta_{rR} + \theta_0$；$O_{RC}Z^*$ 为接触平面法向。

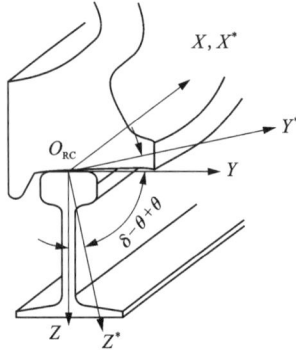

图 1-22　轮轨接触示意图(以右侧为例)

设在 O_{RC}-$X^*Y^*Z^*$ 坐标系中，车轮上的接触椭圆沿 $O_{RC}X^*$ 轴、$O_{RC}Y^*$ 轴和绕 $O_{RC}Z^*$ 轴的运动速度分别为 v_{xw}、v_{yw} 和 $v_{\psi w}$，在钢轨上接触椭圆的运动速度分别为 v_{xr}、v_{yr} 和 $v_{\psi r}$。则轮轨纵向蠕滑率(ξ_x)、横向蠕滑率(ξ_y)和自旋蠕滑率(ξ_ψ)在轮轨接触斑坐标系中定义为：

$$\begin{cases} \xi_x = \dfrac{v_{xw}-v_{xr}}{V_n} \\[2mm] \xi_y = \dfrac{v_{yw}-v_{yr}}{V_n} \\[2mm] \xi_\psi = \dfrac{\psi_w-\psi_{tr}}{V_n} \end{cases} \tag{1-7}$$

式中：ψ_w 为车轮上接触斑绕 Z 轴的旋转速度；ψ_{tr} 为钢轨上接触斑绕 Z 轴的旋转速度；V_n 为轮对左轮或右轮在钢轨上的名义前进速度，由下式计算

$$V_n = \frac{1}{2}\left(V + \frac{r}{r_0}V\cos\psi_w\right) \tag{1-8}$$

式中：V 为实际前进速度；r 为钢轨在接触点处滚动圆半径；r_0 为车轮实际滚动圆半径。

单点接触时，轮轨作用力一般采用 Kalker 线性理论计算，3.2.3 节将详细介绍。

1.5　高速铁路桥上行车动力性能

1.5.1　行车性能研究现状

1.发展历程

自 1825 年世界上第一条铁路在英国诞生至今，列车–桥梁耦合振动问题就一直备受研究者关注。列车在桥上运行时，移动的列车荷载将引起桥梁结构振动，振动的桥梁结构反过来又会影响整个列车系统，从而产生耦合作用，称为列车–桥梁耦合振动。列车–桥梁耦合振动是一个复杂的动力问题，严重时会导致列车脱轨与桥梁坍塌。列车–桥梁耦合振动的研究按时间顺序大致经历了三个发展阶段：

第一阶段，1825—1960 年，早期列车–桥梁耦合振动研究探索阶段。该阶段主要是以推导

列车-桥梁耦合振动问题的解析解和半解析解为主，并形成了"冲击系数""临界速度"等基本概念。

第二阶段，1960—2000 年，列车-桥梁耦合振动研究完善阶段。该阶段列车-桥梁耦合理论伴随着计算机的面世得到发展，随着计算手段的提升，有限元理论的完善，列车-桥梁系统中列车及桥梁模型有了极大进步，并直接催生了高速铁路的出现。

第三阶段，2000 年至今，列车-桥梁耦合振动研究融合成熟阶段。该阶段的列车-桥梁耦合理论发展是为了迎合世界上高速铁路的第二次建设高潮，主要原因是中国开始发展并研究高速铁路，理论上将列车动力学与轨道-桥梁动力学进行结合并形成真正的列车-桥梁耦合系统，从而更准确合理地获得列车-桥梁系统的动力响应，同时，列车-桥梁耦合理论开始向多灾害和随机分析发展。

2. 动力性能研究分类

（1）列车模型研究

列车模型发展具有典型的时代印记。20 世纪 60 年代之前，列车模型均比较简单以利于手算推导解析解和半解析解。20 世纪 60 年代后，随着晶体管计算机的出现与普及，再加上各类数值求解方法的发展和推广，列车模型建模也就越来越接近真实物理模型，各类多参数模型也相继被提出并用于实际工程计算。列车模型的大致发展历程是移动常力模型—移动简谐力模型—移动质量模型—半车模型—单节整车模型—编组列车；从一系悬挂模型到二系悬挂模型；从单自由度模型到多自由度模型；从多刚体模型到弹性车体模型，整体发展是越来越复杂。典型列车-桥梁耦合系统计算模型示意图如图 1-23 所示。列车-桥梁耦合系统列车模型演变历史如图 1-24 所示。

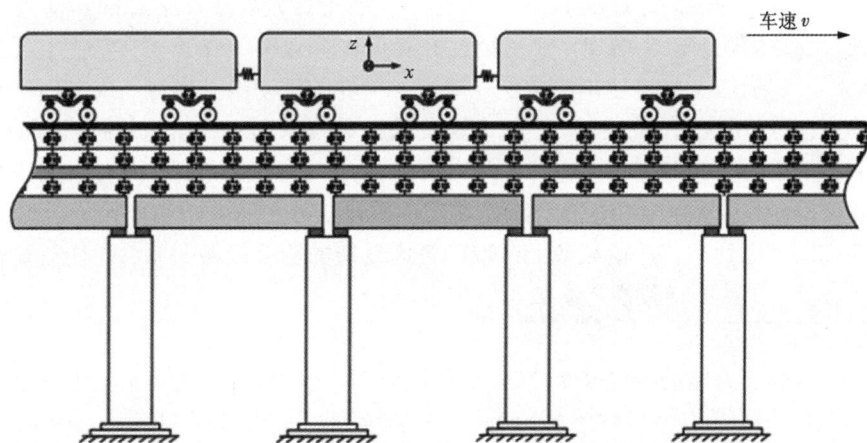

图 1-23 典型列车-桥梁耦合系统计算模型示意图

（2）桥梁模型研究

高速铁路桥梁的结构形式除标准简支梁外，通常都比较复杂，难以直接建立桥梁结构的运动微分方程获得其解析解，最常用的处理方式是采用有限元软件建立桥梁模型，然后导出桥梁结构的动力参数。在建立桥梁有限元模型时，常用的有限元单元种类有杆系单元（平面和空间）、板单元、壳单元、实体单元和桁段单元，其中平面和空间杆系单元及其修正单元最

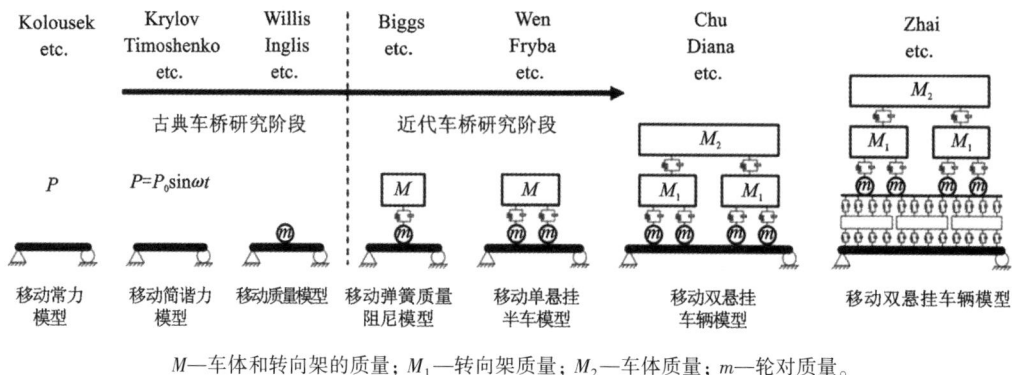

M—车体和转向架的质量；M_1—转向架质量；M_2—车体质量；m—轮对质量。

图1-24　列车-桥梁耦合系统列车模型演变历史

为常用。从计算精度和计算效率综合考虑，杆系单元已经能满足大部分列车-桥梁耦合振动研究需求，板单元、壳单元与实体单元会增加结构自由度，尤其对结构形式复杂的大桥、特大桥等，会严重增加计算机的计算负担，降低计算效率，需要消耗大量的计算时间。针对这一问题，曾庆元教授提出了桁段有限单元的思想，大量降低了结构的自由度，从而提高了结构计算效率。

（3）轨道模型研究

高速铁路轨道结构形式通常比较复杂，在建模时往往要进行适当的简化，常用的简化模型有等效集总参数模型、连续弹性基础梁模型和连续弹性离散点支撑梁模型。其中，连续弹性梁可以采用 Euler 梁模型或 Timoshenko 梁模型，两者的区别在于 Timoshenko 梁考虑梁的剪切应变和旋转惯性影响，但会增加计算复杂性并降低计算效率。在建模方法上，可分为直接建模法和有限元建模法。直接建模通常建立轨道各构件的运动微分方程，或采用已经推导好的轨道梁单元、列车-轨道-桥梁单元，该方法的缺点是当采用新的轨道结构模型时，需要重新推导轨道系统的运动微分方程，这将耗费大量的精力，适用性较差。而有限元法则直接通过软件进行建模，不需要推导相应的刚度、阻尼、质量矩阵，但由于当前市面上常用的商用有限元软件难以考虑列车移动荷载或无法准确考虑复杂的轮轨接触关系，往往需要将有限元模型进行模态导出，从而导致模态阶数难以确定。

（4）轮轨关系研究

轮轨技术是高速铁路的关键技术之一。而轮轨关系是轮轨技术的核心，也一直是列车动力学研究的重要课题，其中轮轨接触几何关系是后续列车系统求解的基础。1926 年，Carter 首次提出滚动接触理论，奠定了用蠕滑率与蠕滑力分析轮轨接触关系的基础。他采用半空间弹性圆柱体假定，成功解决轮轨二维弹性接触问题，给出了轮轨接触斑的黏着区与滑动区的划分状态，获得了纵横向蠕滑率的计算公式。20 世纪 60 年代，基于 Carter 的研究，Johnson 与 Vermeulen 获得了无自旋状态下三维滚动接触的纵、横向蠕滑率与切向蠕滑力之间的变化关系，并用试验论证了轮轨接触理论的正确性。后一个集轮轨滚动接触理论于大成者是荷兰教授 Kalker，自 20 世纪 60 年代到 21 世纪初，Kalker 先后提出了线性蠕滑理论、简化理论、三维非线性精确滚动接触理论等，并开发了 FASTSIM、DUVOROL、CONTACT 等适用于轮轨滚动接触的计算软件，其中 CONTACT 软件一直沿用至今，Kalker 为轮轨滚动接触理论研究作出了杰出贡献。沈志云教授考虑轮对自旋及非线性修正，提出了国际上广泛使用的"沈氏理论(Shen-Hedrick-Elkins理论模型)"。金学松教授在轮轨滚动接触理论和试验方面均开展了较深入的研究，并将研究成果汇总到其著作《轮轨蠕滑理论及其试验研究》及相关论文中。

(5)轨道不平顺激励研究

轨道不平顺是列车-桥梁耦合系统的主要激励源之一，会直接影响到轮轨作用力、列车振动、行车乘坐舒适性及安全性，通常采用单边功率谱密度描述。而轨道不平顺功率谱通常是从既有线实测获得。典型的轨道不平顺如图1-25所示。常用的轨道不平顺谱有德国的适用于普速铁道的高干扰谱、适用于高速铁路的低干扰谱；美国的6级轨道不平顺谱；日本新干线谱；中国的普通线路和高速线路轨道谱等。由于列车-桥梁耦合振动分析通常是在时域内进行的，因此需要将轨道不平顺谱转换到时域内。从随机轨道不平顺谱转换到时域轨道里程样本可以采用二次滤波法、三角级数法、白噪声滤波法、ARMA模型法等。

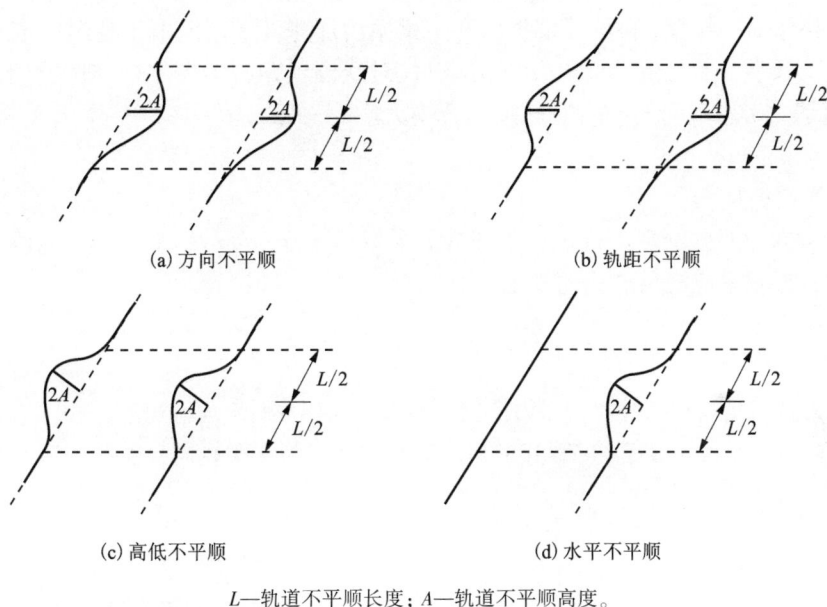

(a)方向不平顺 (b)轨距不平顺

(c)高低不平顺 (d)水平不平顺

L—轨道不平顺长度；A—轨道不平顺高度。

图1-25 典型轨道不平顺示意图

(6)多灾害作用下列车-桥梁耦合振动研究

实际运营的高速铁路线路及列车可能遭遇各种荷载及环境作用，如地震荷载、风荷载、雪荷载、温度荷载、碰撞荷载以及各种环境因素等作用。在这些荷载作用下，轨道、桥梁等结构以及其上运行的列车会受到不同程度的影响，进而影响列车-桥梁耦合系统的振动特性及行车安全性。过去受限于理论及计算能力等因素，相关研究进展缓慢，近年来，伴随着高铁的再次繁荣以及计算机技术的快速发展，多灾害作用下列车-桥梁耦合振动研究重新被学者重视。

(7)随机列车-桥梁耦合振动研究

有研究表明，列车-桥梁耦合系统在实际运营中表现出随机振动特性。朱艳、谈遂的研究中大量的实测结果也佐证了这一结论。这主要是因为列车-桥梁耦合系统在结构参数和输入激励方面均存在随机性，如下部轨道-桥梁结构的阻尼比、材料弹性模量、扣件的支撑刚度等表现出一定的随机性；而列车–桥梁耦合系统的输入激励中，轨道不平顺和地震激励也表现为强随机性，轮轨接触关系也具有一定的随机性，系统多种随机性的叠加，使得列车–桥梁耦合系统的响应也表现出随机特性，这引起了大量学者的关注和研究。早期列车–桥梁耦合随机振动研究主要采用随机移动荷载法，但受当时理论和计算手段的限制，且因移动荷载没有考虑机车结构影响，研究获得的相关结论与真实情况存在一定差别，尤其是随着现代高速铁路的迅速发展，桥梁、轨道、列车的结构形式以及结构材料都发生了巨大变化，相关研究不再具有实际应用价值，但具有一定的理论指导意义。当前，列车–桥梁耦合系统随机振动的研究方法主要有 Monte-Carlo 法、随机摄动法、虚拟激励法和概率密度演化方法等。

1.5.2 动力性能评估标准

1.桥梁动力性能评定标准

结合国内外铁路桥梁设计与检定规范，一般评定铁路桥梁的标准主要有桥梁自振频率、桥梁挠度、桥梁横向振幅、桥梁梁端折角和桥梁振动加速度等。但由于各国规范对桥梁动力性能的评定标准各异，且由于篇幅限制，这里仅对我国铁路桥梁评定标准进行简要介绍，详细评定指标请参考翟婉明的《车辆–轨道耦合动力学》一书。

(1)桥梁自振频率

国内外对桥梁自振频率的规定通常都考虑了列车运行速度的因素。当考虑桥梁的设计车速时，梁的自振频率应满足下式的规定：

$$\frac{V_{max}}{f_0} \leqslant \left[\frac{V}{f_0}\right]_{lim} \tag{1-9}$$

式中：V_{max} 为列车运行最大速度；f_0 为桥梁固有频率；V 为列车运行速度。

我国《高速铁路设计规范》(TB 10621—2014)规定，简支梁竖向自振频率应不低于下列限值(Hz)：

$$f = \begin{cases} \dfrac{80}{L} & (L \leqslant 20 \text{ m}) \\ 23.58L^{-0.592} & (20 \text{ m} < L \leqslant 96 \text{ m}) \end{cases} \tag{1-10}$$

式中：L 为轨道不平顺长度。

我国《铁路桥梁检定规范》(铁运函〔2004〕120号)对各类简支桥跨结构在客货列车正常运行时的实测横向最低自振频率的通常值做了如表1-3所示的规定。同时，还规定为保证空载货车(混编货车)通过时车轮抗脱轨的安全度，适应不同车速条件下桥跨结构横向自振频率的最小值以及桥墩的横向自振频率通常值。

表1-3 桥跨结构实测横向最低自振频率的通常值

桥梁类别	结构类型				预应力混凝土梁
	无桥面系的板梁、桁梁		有桥面系的板梁、桁梁		
	普通桥梁钢	低合金钢	普通桥梁钢	低合金钢	
横向最低自振频率 f/Hz	$f \geqslant 100/L$	$f \geqslant 90/L$	$f \geqslant 100/L$	$f \geqslant 90/L$	$f \geqslant 90/L$

（2）桥梁挠度

中国《铁路桥梁设计基本规范》（TB 10002—2017）规定梁式桥跨结构在计算荷载最不利组合作用下，横向倾覆稳定系数不应小于 1.3。钢筋混凝土悬臂梁式桥跨结构在相应于应力超过容许值 30% 时的竖向活载作用下的纵向倾覆稳定系数不应小于 1.3。

梁体竖向变形限值应符合下列规定：

①列车静活载作用下梁体的竖向挠度不应大于表 1-4 的限值要求。

表 1-4 梁体竖向挠度容许值

铁路设计标准		$L \leq 40$ m	40 m$<L \leq 80$ m	$L>80$ m
城际铁路	200 km/h	$L/1750$	$L/1600$	$L/1200$
	160 km/h	$L/1600$	$L/1350$	$L/1100$
	120 km/h	$L/1350$	$L/1100$	$L/1100$
客货共线铁路	200 km/h	$L/1200$	$L/1000$	$L/900$
	160 km/h	$L/1000$	$L/900$	$L/800$
重载铁路	120 km/h 及以下	$L/900$	$L/800$	$L/700$

注：表中限值适用于 3 跨及以上的双线简支梁；3 跨及以上一联的连续梁，梁体竖向挠度限值按表中数值的 1.1 倍取用；2 跨一联的连续梁、2 跨及以下的双线简支梁，梁体竖向挠度限值按表中数值的 1.4 倍取用。单线简支或连续梁，梁体竖向挠度限值按相应双线桥限值的 0.6 倍取用。表中的 L 为简支梁或连续梁检算跨的跨度。

②拱桥、刚架及连续梁桥等超静定结构的竖向挠度应考虑温度的影响。竖向挠度按下列最不利情况取值，并应满足表 1-4 所列限值要求。

1）列车竖向静活载作用下产生的挠度值与 0.5 倍温度引起的挠度值之和。

2）0.63 倍列车竖向静活载作用下产生的挠度值与全部温度引起的挠度值之和。

③设计时速 200 公里及以上铁路无砟轨道桥面预应力混凝土梁，轨道铺设完成后，当跨度小于等于 50 m 时，竖向残余徐变变形不应大于 10 mm；当跨度大于 50 m 时，竖向残余徐变变形不应大于 $L/5000$ 且不应大于 20 mm。

④高速铁路有砟轨道桥面预应力混凝土梁，轨道铺设完成后，竖向残余徐变变形不应大于 20 mm。

我国《高速铁路设计规范》（TB 10621—2014）中对跨度小于 96 m 的混凝土结构的梁体竖向挠度限值做了如表 1-5 所示的规定。在计算拱桥和刚架桥的竖向挠度时，除考虑 ZK 活载的静力作用外，还应计入温度变形的影响。

表 1-5 中国高速铁路桥梁竖向挠度限值

设计速度/(km·h^{-1})	桥梁跨度		
	$L \leq 40$ m	40 m$<L \leq 80$ m	$L>80$ m
250	$L/1400$	$L/1400$	$L/1000$
300	$L/1500$	$L/1600$	$L/1100$
350	$L/1600$	$L/1900$	$L/1500$

此外，我国《铁路桥梁检定规范》(铁运函〔2004〕120号)规定，在列车静活载(换算至中活载)作用下，实测桥梁跨中竖向挠跨比通常值如表1-6所示。

表1-6　中国《铁路桥梁检定规范》关于桥梁竖向挠度的通常值

桥梁类别	结构类型		挠度允许值
钢梁	板梁	普通桥梁钢	$L/1200$
		低合金钢	$L/950$
	桁梁	普通桥梁钢	$L/1500$
		低合金钢	$L/1250$
钢筋混凝土梁	普通高度	$(h/L=1/7\sim1/9)$	$L/4000$
	低高度	$(h/L=1/13\sim1/15)$	$L/1900$
预应力混凝土梁	普通高度	$(h/L=1/11\sim1/13)$	$L/1800$
	低高度	$(h/L=1/14\sim1/16)$	$L/1300$

(3)桥梁横向振幅

桥梁横向振幅是列车运行荷载作用下，桥梁结构的几何特性、物理特性以及动力特性在桥梁横向刚度上的综合反映。为保证行车安全和旅客舒适性，有必要对桥梁横向振幅进行限制。我国《铁路桥梁检定规范》(铁运函〔2004〕120号)对各类简支桥跨结构在荷载平面处的跨中横向振幅的行车安全限值$[A_{max}]5\%$及其通常值$[A_{max}]5\%$做了规定，这里仅介绍列车行车安全限值，如表1-7所示，其中5%表示超越或然率为5%的值。在中国秦沈客运专线高速试验段桥梁的研究和设计中，参考国外的经验，提出桥梁跨中的最大横向振幅(半峰值)应满足$A_{max}\leqslant L/26$ mm。

我国《高速铁路设计规范》(TB 10621—2014)中规定，在列车横向摇摆力、离心力、风力和温度作用下，梁体的水平挠度不应大于梁体计算跨度的1/4000；无砟轨道桥梁相邻梁端两侧的钢轨支点横向相对位移不应大于1 mm。

表1-7　桥梁跨中横向振幅的行车安全限值$[A_{max}]5\%$

桥梁类别	结构类型			横向振幅限值$[A_{max}]5\%$
钢梁	无桥面系板梁或桁梁			$L/5500$
	有桥面系	板梁		$L/6000$
		桁梁	$L\leqslant40$ m	$L/6500$
			40 m$<L\leqslant96$ m	$L/(75L+3500)$
钢筋混凝土梁、预应力混凝土梁				$L/9000$

(4)桥梁振动加速度

欧洲规范 Eurocode 1：Actions on structures-Part 2：Traffic loads on bridges 规定计算桥梁振

动加速度时至少考虑三阶振型，频率考虑至 $f_{\lim} = \max[30, \lambda f_0]$，桥梁一阶自振频率取 λ 值为 1~2。桥梁竖向振动加速度的极限值为：

$$[a_v]_{\max} = \begin{cases} 0.35\ g\ (\text{有砟轨道桥梁}) \\ 0.50\ g\ (\text{无砟轨道和明桥面桥梁}) \end{cases} \quad (1\text{-}11)$$

式中：g 为重力加速度。

我国《高速铁路设计规范》(TB 10621—2014)中规定，桥面板在 20 Hz 强振频率作用下竖向振动加速度限值为：有砟桥面 0.35 g，无砟桥面 0.5 g。

对于横向振动，根据日本铁道综合技术研究所的试验研究结果，当桥梁的横向振动加速度达到 0.1~0.2 g 时，运行于桥上的列车容易脱轨，所以不应超过此范围。另外，我国《铁路桥梁检定规范》规定，当列车通过桥梁时，桥梁结构在荷载平面的横向振动加速度极限值为 0.14 g。而我国《秦沈客运专线综合试验段线桥养护维修技术条件》中对设计时速 300 km 桥梁规定的横向振动加速度限值为 0.1 g。

2. 列车过桥运行安全性评定标准

(1)脱轨系数

评定防止车轮脱轨稳定性的指标为脱轨系数，其定义为轮轨一侧横向力 Q_1(或 Q_2)与动轮重 P_1(或 P_2)的比值，其具体受力关系如图 1-26 所示，不难导出其脱轨临界状态为：

$$\frac{Q}{P} = \frac{\tan\alpha - \mu}{1 + \mu \times \tan\alpha} \quad (1\text{-}12)$$

式中：Q 为轮轨横向力；P 为车轮静荷载；α 为轮缘角；μ 为轮缘与钢轨之间的摩擦系数。

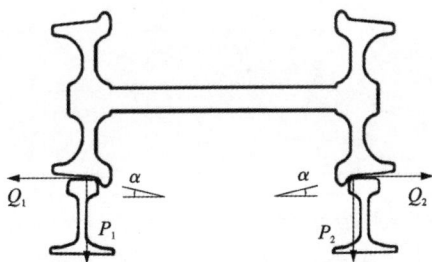

图 1-26 轮对脱轨系数受力示意图

车辆脱轨系数安全指标为：

$$\begin{cases} \dfrac{Q}{P} = 1.2\ (\text{危险限度}) \\ \dfrac{Q}{P} = 1.0\ (\text{容许限度}) \end{cases} \quad (1\text{-}13)$$

危险限度和容许限度一般适用于低速脱轨的情况，当脱轨系数不超过危险限度，被认为是安全的，不超过容许限度则是希望达到的。我国铁道部标准《机车车辆动力学性能评定及试验鉴定规范》(GB/T 5599—2019)规定的机车脱轨系数安全指标如表 1-8 所示。

表 1-8 机车脱轨系数安全指标

车种	脱轨系数 Q/P	
	曲线半径 250 m≤R≤400 m	其他线路(半径 R>400 m)
客车、动车组	≤1.0	≤0.8
机车	≤0.9	≤0.8
货车	≤1.2	≤1.0

国外对列车高速运行时由于不稳定的自激蛇形运动而引起的脱轨现象曾进行过模型试验研究,试验得知,横向力只在很短的时间内起作用,并认为横向力作用时间大于 0.05 s 时为爬轨,而作用时间小于 0.05 s 时为跳轨,轮对脱轨与时间的关系如图 1-27 所示,其安全指标如下。

当横向力作用时间大于 0.05 s 时:

$$\begin{cases} \dfrac{Q}{P} \leq 1.0(危险限度) \\ \dfrac{Q}{P} \leq 0.8(容许限度) \end{cases} \tag{1-14}$$

当横向力作用时间小于 0.05 s 时:

$$\frac{Q}{P} = 0.04\frac{1}{t} \tag{1-15}$$

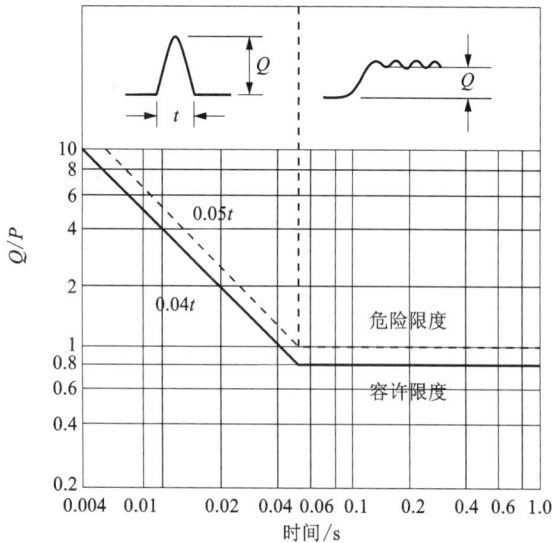

图 1-27 轮对脱轨与时间的关系

在高速铁路设计中,日本的《铁道结构设计标准》和欧洲铁路联盟规范 Eurocode 1: Actions on structures-Part 2: Traffic loads on bridges 采用 Q/P≤0.8 的标准。我国关于高速铁路《高速动车组整车试验规范》中规定：对于运行速度 200 km/h 以上的电动车组，脱轨系数按 $Q/P \leqslant$ 0.8 采用；《高速铁路设计规范》(TB 10621—2014)将此脱轨系数限值限定到设计车速为 250~350 km/h 的旅客列车。

（2）轮轨横向力

我国国家标准铁路桥涵设计规范《机车车辆动力学性能评定和试验鉴定规范》(GB/T 5599—2019)对轮轨横向力 Q 规定如表 1-9 所示。

表 1-9　轮轨横向力 Q 的相关规定

	高速、城际铁路	客货共线铁路	重载铁路	
			机车	货车
轮轨横向力 Q/kN	$\leqslant 10 + P_0/3$	$\leqslant 80$	$\leqslant 0.90(15 + (P_{ST1} + P_{ST2})/2)$	$\leqslant 0.85(15 + (P_{ST1} + P_{ST2})/2)$

注：P_0、P_{ST1}、P_{ST2} 为车轮静轮重。

表 1-9 适用于横向力使轨距扩大的安全性评定。事实上，现今铁路轨道已普遍采用混凝土轨枕，而中国目前尚无此标准。混凝土轨枕线路单侧 Q 力的最大允许值应根据扣件横向抗力特性及钢轨抗倾翻限度等确定。欧美铁路及日本新干线根据试验一般取 0.4 倍轴重作为横向力的允许限度，即 $Q \leqslant 0.4 P_w$，其中 P_w 为静轴重(kN)。

（3）轮轴横向力

除了轮轨横向力标准外，一些国家还对轮轴横向力 H(轮对上左右侧轮轨横向力 Q_1 和 Q_2 之和)的限值进行了规定。由法国国营铁路公司(SNCF)研究提出并为欧美国家及国际铁路联盟(UIC)所采用的轮轴横向力限值计算公式为：

$$\begin{cases} H \leqslant 10 + P_w/3（限度值） \\ H \leqslant 0.85 \times (10 + P_w/3)（推荐值） \end{cases} \tag{1-16}$$

我国《机车车辆动力学性能评定和试验鉴定规范》(GB/T 5599—2019)中关于轮轴横向力 H 的规定存在明显的问题和缺陷，翟婉明在对此分析讨论之后，建议采用下式作为轮轴横向力的允许限值：

$$H \leqslant 15 \times P_{wt}/3 \tag{1-17}$$

式中：P_{wt} 为静载重，单位为千牛，kN。

在我国《新建时速 200 公里客货共线铁路设计暂行规定》中规定，轮对横向水平力应满足 $H \leqslant 80$ kN。

3. 列车过桥运行平稳性评定标准

评价列车运行平稳性一般采用车体振动加速度和运行平稳性两项指标。车体振动加速度指标主要反映列车振动的幅值。列车运行平稳性指标通过考虑振动加速度的幅值、频率以及持续时间等因素，从统计学角度综合反映列车振动程度，对客车来说可反映旅客乘车的疲劳程度，又称旅客乘坐舒适度指标。

（1）车体振动加速度

关于客车车体振动加速度的评定标准，我国国家标准《机车车辆动力学性能评定和试验鉴定规范》(GB/T 5599—2019)仅对运行速度低于140 km/h条件下车体平均最大振动加速度做了参考性规定,这显然不能适应我国高速铁路的行车条件。欧洲规范 *Eurocode* 1: *Actions on structures-Part* 2: *Traffic loads on bridges* 仅有车体竖向振动加速度的评定标准,且没有考虑车体的横向振动加速度,如表1-10所示。

表1-10 关于客车车体竖向振动加速度判定标准

评定等级	优秀	良好	合格
车体竖向振动加速度/(cm·s^{-2})	100	130	200

我国在早期秦沈客运专线列车-桥梁系统动力分析,以及后来的《新建时速200公里客货共线铁路设计暂行规定》和《高速铁路设计规范》(TB 10621—2014)中规定,对桥上列车的车体振动加速度评判采用如下标准:

$$\begin{cases} a \leqslant 0.13\ g(\text{半峰值;竖向}) \\ a \leqslant 0.10\ g(\text{半峰值;横向}) \end{cases} \tag{1-18}$$

式中:a 为车体振动;g 为重力加速度。

关于列车车体振动加速度的评定标准,中国铁道行业标准《铁道机车动力学性能试验鉴定方法及评定标准》(TB/T 2360—1993)对最大振动加速度值的规定如表1-11所示。

表1-11 *Eurocode* 1中国铁路机车最大振动加速度评定等级

评定等级	优秀	良好	合格
车体竖向振动加速度/(cm·s^{-2})	2.45	2.95	3.63
车体横向振动加速度/(cm·s^{-2})	1.47	1.98	2.45

(2)平稳性指标

评定列车的振动平稳性及舒适度有多种方法,主要包括ISO 2631评定法、等舒适度评定法和平稳性指标评定法,其中平稳性指标评定法自20世纪40年代至今已有很长的历史,目前应用广泛。中国铁路长期以来一直采用平稳性指标法评定列车的运行平稳性,在列车-桥梁动力分析中一般采用该方法来评价列车过桥时的运行平稳性。中国机车运行平稳性指标采用Sperling指标,计算公式为:

$$W = 3.57 \left[\frac{A^3}{f} F(f) \right]^{0.1} \tag{1-19}$$

式中:W 为平稳性指标;A 为车体振动加速度,g;f 为振动频率,Hz;$F(f)$ 为频率修正系数(表1-12)。

表 1-12 平稳性指标计算公式中的频率修正系数

竖向振动		横向振动	
0.5~5.9 Hz	$F(f) = 0.325\,f^2$	0.5~5.4 Hz	$F(f) = 0.8\,f^2$
5.9~20 Hz	$F(f) = 400\,f^2$	5.4~26 Hz	$F(f) = 650\,f^2$
>20 Hz	$F(f) = 1$	>26 Hz	$F(f) = 1$

由于列车的振动是随机振动,其加速度和频率随时都在变化。因此,实际评定时要将所要分析的加速度波形按频率分组,根据每一组的加速度和频率计算该组的平稳性指标 W,整个波形的平稳性指标按下式计算:

$$W = \sqrt[10]{w_1^{10} + w_2^{10} + w_3^{10} + \cdots + w_N^{10}} \tag{1-20}$$

式中:N 为整个波段的分组总数。Sperling 平稳性指标的等级标准如表 1-13 所示。

表 1-13 Sperling 平稳性指标的等级标准

舒适度等级	W	乘坐舒适度
1	1	刚能感觉
2	2	明显感觉
3	2.5	更明显,但无不快
4	3	强烈,不正常但可以忍受
5	3.25	很不正常
6	3.5	极其不正常,烦恼,不能长时间忍受
7	4	极烦,长时间忍受有害

中国铁路行业标准《机车车辆动力学性能评定及试验鉴定规范》(GB/T 5599—2019)和国家标准《机车车辆动力学性能评定和试验鉴定规范》(GB/T 5599—2019)中关于机车、客车和货车的平稳性评定等级一并列于表 1-14,其中竖向和横向平稳性采用相同的评定等级。

表 1-14 我国列车平稳性评定等级

平稳性等级	评定	机车	客车	货车
一级	优秀	<2.75	<2.5	<3.55
二级	良好	2.75~3.10	2.5~2.75	3.5~4.0
三级	品格	3.10~3.45	2.75~3.0	4.0~4.25

1.6　本章小结

本章对我国高速铁路发展的历程和特点进行了系统性的概述，强调了地震对铁路运营安全的影响；对高速铁路列车、轨道、桥梁类型进行了汇总，梳理了列车-轨道-桥梁计算模型、动力耦合求解方法，调研了高速铁路桥上行车动力性能的研究现状和评估标准。

目前我国的高速铁路网已初具规模，线路桥梁占比较高。同时，由于我国位处地中海—喜马拉雅火山地震带和环太平洋地震带交汇处，地震活动频繁，因此研究地震作用下高速铁路列车桥上行车安全问题具有重大实际意义。当前阶段我国电力动车组主要分为和谐号电力动车组和复兴号电力动车组两大类，复兴号电力动车组是我国自主研发、具有完全知识产权的新一代高速列车。目前我国的无砟轨道板主要使用 CRTS Ⅰ型无砟轨道板、CRTS Ⅱ型无砟轨道板、CRTS Ⅲ型无砟轨道板，其结构组成具有不同特性。而目前高速铁路线路中主要应用的桥梁类型包括标准跨度桥梁、大跨度混凝土梁式桥及组合结构桥梁、大跨度上承式拱桥和大跨度缆索支承桥梁4类。高速铁路列车-轨道-桥梁系统是一个互相耦合、紧密联系的大系统，精细的列车-轨道-桥梁系统计算模型能够更准确地描述系统在荷载作用下的动力响应。列车计算模型、轨道计算模型、桥梁计算模型及轮轨相互作用模型构建起一个完整的列车-轨道-桥梁耦合模型。动力耦合求解方法广泛采用的是弱耦合法和强耦合法。对高速铁路桥梁行车动力性能的研究经历了三个阶段，主要研究内容涵盖了轮轨接触关系、轨道不平顺激励、数值分析方法等多个方面。行车动力性能评估标准参照规范对桥梁自振频率、桥梁挠度、桥梁横向振幅和桥梁振动加速度等方面进行研究分析。

第 2 章

地震下高速铁路桥上行车性能数值模拟方法

2.1　概述

本章从当前高速铁路的发展出发,结合我国高速铁路的典型特点,指出了地震作用下列车-轨道-桥梁系统研究的必要性和重要意义。本章 2.2 节对传统的列车-轨道-桥梁系统动力分析以及地震作用下列车-轨道-桥梁耦合振动的研究现状进行了介绍,并从中归纳总结出既有研究存在的主要问题。

本章 2.3 节在归纳总结当前列车-桥梁耦合振动分析中常用的强、弱耦合研究方法优缺点的基础上,提出了适用于轮缘接触的法向找点新方法,并基于 MATLAB 编制了空间轮轨接触关系可视化计算平台,通过与常用轮轨垂向找点理论的数值对比,验证了法向找点理论的准确性和普适性。

列车-桥梁耦合振动分析对高速铁路桥梁设计以及保障列车运行的安全性和舒适性等至关重要。针对列车-轨道-桥梁系统建模效率低下的问题,本章 2.4 节通过引进 client-server (CS) 技术,针对列车-桥梁耦合振动问题提出了一种新的模拟策略。该模拟策略将上部列车结构和下部轨道-桥梁支撑结构分别处理成服务器,将上、下部结构间轮轨相互作用处理成客户端,客户端与服务器通过网络通信技术进行实时逐步数据交互。同时,介绍了 CS 技术架构及关键部分的耦合计算流程。

本章 2.5 节基于 OpenSees 平台,利用 CS 技术,在 OpenSees 中实现列车-桥梁耦合振动分析。数值算例表明该模拟方法能够将 OpenSees 软件强大的非线性及地震分析功能快速应用于列车-轨道-桥梁系统问题求解,是一种方便实用、简单易行的列车-轨道-桥梁耦合振动分析方法。

基于 CS 架构,本章 2.6 节利用多体系统动力学软件 Simpack 和有限元软件 OpenSees 联合仿真编制了列车-轨道-桥梁空间耦合振动(Simpack and OpenSees cosimulating high-speed train-track-bridge spacing coupling vibration system, SOTTB)程序,并采用联合仿真和有限元整体建模仿真两种不同的仿真思路对单跨简支梁桥进行时程分析。本节进一步应用 SOTTB 程序建立了列车–轨道–桥梁空间耦合系统精细计算模型，并评估了列车运行舒适度、安全性及桥梁结构的动力性能。最后，应用 SOTTB 程序研究了在横向地震作用下和轨道不平顺激励下列车走行安全，并讨论了列车运行速度、地震强度对列车走行安全的影响。

本章 2.7 节提出轮轨移动单元新模型。此外，本节基于轮轨竖向非线性接触关系，提出了一种新型二维轮轨耦合单元模型，并在有限元 OpenSees 软件平台上实现。同时，在前述移动单元模型的基础上，阐述了列车–轨道–桥梁系统仿真平台的搭建思路，并选用开源有限元分析软件 OpenSees 作为集成平台，搭建了适用于地震作用下列车–轨道–桥梁耦合振动分析的仿真平台。然后，按垂向和空间分别介绍了移动单元的集成方法。同时，通过与经典理论计算结果对比，验证了垂向移动单元的准确性。仿真平台的搭建为开展地震作用下列车–轨道–桥梁耦合振动分析提供了分析工具。

2.2 地震下高速铁路桥上行车数值模拟研究现状

近年来，随着高速铁路桥梁占线比逐渐提高、高速列车轴重逐渐增大以及运营速度逐步提高，列车–桥梁耦合振动这一研究课题受到国内外学者的广泛关注。高速列车–轨道–桥梁耦合系统是一个紧密联系的大系统，精细的列车–轨道–桥梁系统计算模型能够更准确地描述系统在荷载作用下的动力响应。几十年来，国内外学者围绕着列车模型、轨道模型和桥梁模型以及轮轨相互作用开展了深入的研究，列车–轨道–桥梁系统计算模型各组成部分模型日益精细和贴近实际。

2.2.1 列车–轨道–桥梁系统动力学数值分析方法

由于列车–轨道–桥梁系统的运动方程具有复杂的时变特性，一般采用数值分析方法进行求解。常用的方法有 Wilson-θ 法、Newmark-β 法、中心差分法等时域逐步积分方法。但由于轮轨接触频率高达 500 Hz，为了保证计算结果的收敛性，时域积分步长通常比较小，一般为 $10^{-6} \sim 10^{-3}$ s，如此小的时步将导致列车–桥梁耦合分析的计算效率大大降低，计算时间大大增加，对大型桥梁或者考虑桩土等复杂工况时的列车–桥梁耦合分析有时甚至无法顺利计算。为了解决上述计算难题，国内外学者开展了大量研究工作，例如翟婉明院士提出了显隐结合的新型预测–校正积分法，并成功用于求解大型复杂非线性列车–轨道耦合系统。Yang 提出动态缩聚法，缩减掉车辆轮对自由度从而加速列车–桥梁耦合系统求解速率。杜宪亭结合四阶 Runge-Kutta 法与 Duhamel 积分法，提高了列车–桥梁耦合系统数值收敛的时间积分步长，从而加速计算效率。Zhu 提出大小混合时步积分法用于加速列车–桥梁耦合振动分析。

2.2.2 地震下列车–轨道–桥梁耦合振动数值模拟方法

高速铁路为保证线路的平顺性和稳定性，可能建造连续几千米甚至几十千米的高架桥，这让地震发生时列车恰巧在桥上的概率大为增加。对铁路桥梁来说，即使桥梁结构本身在地震中安然无恙，但是在其上行驶的列车可能由于过大的振动而失稳。因此，地震作用下桥梁结构的动力响应及其对行车安全性的影响也受到各国学者的关注，尤其是随着目前高架桥梁在铁路结构中的大量应用和列车运行速度的不断提高，这一问题变得越来越重要。

长期以来，地震作用下的列车-桥梁耦合系统动力相互作用问题，常常被分为"桥梁抗震"和"列车-桥梁耦合振动"两个相对独立的研究领域。前者以桥梁为主体，将列车作为移动荷载或不考虑列车荷载，研究桥梁的地震响应；后者则不考虑地震的影响，仅研究列车和桥梁之间的动力相互作用。由于地震动的相位差导致结构各支座处的不同激振，对于多跨梁式桥，会带来各个桥墩墩顶纵向位移的相位差，可能增加落梁的危险；而横向位移的相位差，则会造成桥跨两墩台之间的位移差，直接影响到轨道线形的平顺。另外，地震引起的轨道振动还会直接导致列车脱轨，危及列车运行的安全；即使地基结构物和轨道不发生变形，在强烈的地震动激扰下，因列车本身大的振动也可能引起脱轨或倾覆。

地震作用下列车-桥梁耦合系统动力分析是随着铁路运输的发展，在近几十年才得到学者们的广泛关注。尤其是随着高速铁路的出现和飞速发展，车速的提高加上车体轻量化，使得地震作用下列车的响应更加明显，发生脱轨后的危险性也更大。地震作用下列车-桥梁耦合系统动力分析及行车安全性研究，不能简单地处理成列车-桥梁耦合振动分析与桥梁抗震分析的叠加。地震作用下列车-桥梁耦合系统动力分析相比于传统抗震分析有其自身特点，其更关注列车的运动状态，包括其运行安全性和稳定性。在该领域部分学者开展了相关研究并取得了一定成果，如表 2-1 所示。

表 2-1　地震作用下列车-轨道-桥梁系统研究现状

研究者及年代	研究方法及模型	研究内容及结论
Wakui H. Tanabe M. Matsumoto A. （1987—2003）	多刚体车辆模型，有限元桥梁模型，线性蠕滑轮轨，模态分析法	日本铁道综合技术研究所（railway technology research institute）的研究人员编制了 DIASTARS 程序，用于求解新干线列车-桥梁结构物的地震响应
Yang（2002）	动态缩聚法，三维列车-轨道-桥梁模型	四种典型地震下桥上车辆运行稳定性问题，指出垂向地震作用会显著影响车辆运行稳定性，近场地震更明显
Miyamoto （1988，1997，2007）	自编程序，试验论证，58 DOFs 多刚体列车-轨道系统	开发大位移模拟程序，研究表明：垂向地震动影响轮对抬升量和减载率，横向地震动影响运行安全，并提出安全限值指标。但不适用于工程设计
Luo Xiu （2003，2005，2008）	简化 Miyamoto 模型	基于 Housner，Clough 的谱强风险指标理论，提出采用 SI（spectral intensity）和 PV（peak velocity）等指标来评估列车的走行安全，适用于实际工程
夏禾，韩艳 （2006）	"中华之星"列车模型，非一致地震激励	计算了非一致地震激励下铁路斜拉桥、高速铁路 7 跨连续梁桥的地震响应，并分析了列车桥上运行安全性

续表2-1

研究者及年代	研究方法及模型	研究内容及结论
Kim（2006）	新型单轨铁路桥	将列车作为附加质量的铁路桥梁设计思路将获得偏保守的设计结果
Yau（2006）	准静态分解法，双铰拱桥	研究了双铰拱桥在列车和垂向地震共同作用下的响应。结果表明：拱桥被激活的振动模态数、列车上桥时间和拱桥的高跨比等参数会影响拱桥结构的最大加速度响应
强士中，林玉森（2007）	31 DOFs 弹性接触模型，23 DOFs 密贴接触模型	建立了不同 DOFs 的两种车辆模型，采用轮轨密贴和弹性接触的轮轨关系，计算了列车-桥梁系统的地震响应并分析其走行安全，得到了地震下高铁运行的安全限界图
谭长建，祝兵（2009）	日本 JR300 列车，高架桥	研究了轨道不平顺与不同地震动对列车-桥梁系统的影响，得到了一些有益结论
Nishimura（2010）	试验+理论研究	试验：考虑轮轨高速滚动和大幅度激励的基础上，用 1/10 车体模型研究了高速列车在地震作用下的脱轨机制。理论：考虑正弦波激励，提出 13 个 DOFs 半车-轨道模型，从数值模拟上研究了地震作用下轨上高速列车的走行安全性与脱轨机理
林家浩等（2010）	虚拟激励法	利用虚拟激励法将多点随机激励问题转化为简谐激励问题，采用辛数学方法以及精细积分法进行数值求解，计算列车-桥梁系统的地震动力响应
郭向荣，邓子铭（2011）	钢桁梁桥	采用弹性系统动力学总势能不变值原理及形成矩阵的"对号入座"法则，计算了地震作用下列车-钢桁梁桥的动力响应。结果表明垂向、横向地震影响相互影响小，可解耦，但垂向地震对列车运行安全性影响显著
杜宪亭，夏禾（2011）	长大桥梁，多点激励，位移输入模型	研究了地震动空间变异因素、不同地震动输入模式、车速对长大桥梁多点激励下桥梁上运行列车安全性
Du（2012）	非一致地震激励，轮轨分离模型，地震位移输入模式	分析了结构拟静力分量对列车-桥梁系统地震响应的影响

续表2-1

研究者及年代	研究方法及模型	研究内容及结论
Ju （2012 年）	非线性有限元法，多跨简支梁	研究结果表明多跨简支梁之间的间隙也会导致较大的脱轨系数，而较大的桥墩刚度可以限制列车的脱轨系数处于一个较正常的范围，因此对保证地震发生时的行车安全性有一定帮助
Konstantakopoulos （2012）	大跨度悬索桥	悬索桥跨度、地震动到达时间、场地条件等因素对系统动力响应有影响
蒋丽忠，陈令坤 （2012—2019）	多跨简支梁，近场地震方向脉冲效应	近场地震作用相比远场地震作用，对桥梁梁体位移、墩顶位移及墩底弯矩均有所增加，并且方向性脉冲效应和垂向加速度的高值成分会显著影响桥墩的滞回特性
肖新标 （2012）	轮轨几何接触状态脱轨判别法	提出综合考虑车轮抬升量和轮轨接触点位置的脱轨指标，并系统考虑地震方向、车速对脱轨准则的影响。结果表明：横向地震影响显著；地震下车速影响不显著
王少林，翟婉明 （2013）	35 DOFs 车辆模型，大系统法	研究了一致地震激励下车速、地震强度、地震幅频特性、轨道不平顺、桥梁-轨道结构形式等对简支梁桥的地震响应
Fu （2016）	损伤简支梁	具有开闭裂缝的简支桥梁在单独地震荷载作用下，裂纹开闭瞬间桥梁的平衡位置会突然改变，使其出现附加振动位移；而在地震和列车荷载共同作用下，由于平衡位置下移，附加位移影响会相应减小，从而导致振动幅值减小
Montenegro （2016）	具有裂缝桥梁	研究了地震作用下具有裂缝桥梁桥上行车安全性，结果表明桥梁刚度折减和列车上桥时间对动力响应影响显著
Zeng （2016）	曲线连续梁桥	研究了多遇地震作用下曲线连续梁桥桥上行车安全性，结果表明多遇地震虽然不会损坏桥梁结构体系，但仍会破坏桥上列车运行安全性，因此多遇地震作用下的列车-桥梁耦合振动问题同样值得研究
吴兴文，池茂儒 （2016）	脱轨后动力学模型	开展地震条件车辆脱轨前机理研究、车辆脱轨后动态行为和安全防护技术研究
乔宏，夏禾 （2018）	Duhamel 积分法，位移输入模式	研究了地震动空间变异性、场地地形条件、桩土动力相互作用对地震激励下列车-桥梁耦合系统动力响应的影响

通过对国内外文献的调研，地震作用下列车-轨道-桥梁系统的动力响应及走行安全问题对确保乘客人身财产安全、优化高速铁路设计及促进高速铁路技术发展具有重要意义，该问题已经引起国内外研究人员越来越多的关注，也取得了一系列重要的研究成果，但既有研究仍存在以下不足之处。

①地震荷载与列车荷载耦合作用考虑不全面。在既有列车-桥梁耦合振动的研究中，研究者大多分别建立桥梁抗震和列车-桥梁耦合振动两个相对独立的系统进行动力分析。如何同时考虑地震荷载和高速列车荷载的共同作用，既能确保列车-桥梁在地震作用下达到抗震设防的目的，具备多道抗震设防防线和延性工作性能，又能满足无地震作用下的足够强度和刚度，是急需解决的问题之一。

②地震作用下轮轨接触几何关系有待进一步优化。当前《高速铁路设计规范》(TB 10621—2014)采用的安全评价指标中脱轨系数限值为0.8，而根据Nadal公式，此时必然发生轮缘接触或爬轨。然而，当前地震作用下列车-桥梁耦合振动分析中采用的找点理论多基于垂向最小距离判断准则，其适用于轨头接触，在轮对大横移或侧滚下，找点准确性不高，从而影响轮轨接触力，进而影响列车-桥梁耦合系统动力性能。而CONTACT接触理论在线计算效率低。因此确定兼顾高效准确与普适性的轮轨接触关系，适合轮缘接触的找点理论对开展地震作用下列车-轨道-桥梁耦合振动分析十分必要。

③建模与计算效率有待提高。当考虑地震作用和结构的非线性响应时，当前常用的多体系统分析软件和通用商用有限元软件均存在建模与计算效率低的问题，且无法独立而有效地完成列车-桥梁耦合系统的动力分析，通常需要多个软件进行联合分析。这无形中提高了列车-桥梁耦合振动研究的门槛，因此需要开发操作简便、细致完备、快速高效、能够准确分析列车-桥梁耦合系统动力性能的高效计算及建模方法。

为了解决上述问题，有必要开展地震作用下高速列车-轨道-桥梁系统相关理论、数值与试验研究，深入分析地震作用下高速列车桥上走行安全问题。

2.2.3 列车-轨道-桥梁系统精细数值模拟方法

列车-轨道-桥梁系统属于应用针对性极强的工程技术学科，涉及轨道工程、车辆工程、结构振动力学、计算机仿真学、数值方法理论等多个学科领域，学科交叉性极强，其动力仿真分析往往是比较困难的。目前主要采用的仿真分析方法有自编程计算分析方法和多软件联合仿真分析方法，如将Simpack与ANSYS联合、将Simpack、MIDAS、ANSYS与MATLAB联合等。自编程分析方法往往针对性强，但代码可移植性不够，通常采用MATLAB、FORTRAN等语言编程进行分析，当结构、场地、激励等出现改变，往往需要重新编写程序和调试，需要大量的辅助工作，否则可能出现不能计算或者计算不够准确等情况。而联合仿真分析存在主次软件之分，通常用有限元软件建立轨道-桥梁系统，然后通过导出轨道-桥梁系统动力刚度、阻尼和质量矩阵，并导入到多体系统动力学软件，从而实现列车-轨道-桥梁系统动力计算。其通常需要研究人员掌握两个或两个以上的分析软件，仿真门槛高；软件联合为一次完成，难以实时逐步地更新模型信息；联合仿真方法中子结构间数据传输量大。上述分析方法均在一定程度上阻碍了列车-轨道-桥梁耦合振动问题的拓展研究，尤其是在考虑地震激励、风激励和桩-土耦合等复杂工况时，因此需要开发适用性强、可移植性好、建模及计算效率高的仿真分析平台。

由于列车-桥梁耦合振动分析对高速铁路桥梁设计以及保障高速铁路列车运行的安全性和舒适性等至关重要，针对上述问题，笔者团队主要开展三个方面的研究工作：①基于 CS 的列车-桥梁耦合系统仿真技术；②基于 Simpack 的列车-桥梁耦合系统仿真技术；③基于移动单元模型的列车-桥梁耦合系统仿真技术。下述为笔者团队创新性内容介绍。

①在轮轨接触找点方法的研究中，提出适用于轮缘接触的法向找点新方法，为后续列车-轨道-桥梁系统仿真分析平台的搭建提供了理论基础。

②在基于 CS 技术的地震作用下列车-轨道-桥梁系统仿真研究中，通过引进 CS 技术，针对列车-桥梁耦合振动问题提出一种新的模拟策略，并详细介绍了 CS 技术的架构及关键部分的耦合计算流程。

③在基于 OpenSees 平台的地震作用下列车-轨道-桥梁系统仿真研究中，简单介绍了 OpenSees 平台，并通过数值算例验证了 OpenSees 快速模拟技术的准确可靠性以及其快捷高效建模的优势。

④在基于 Simpack 平台的地震作用下列车-轨道-桥梁系统仿真研究中，基于 CS 架构，利用多体系统动力学软件 Simpack 和有限元软件 OpenSees 联合仿真编制了列车-轨道-桥梁空间耦合振动系统程序，并采用具体的数值算例验证了系统的有效性，进一步开展相关研究。

⑤在基于移动单元模型的地震作用下列车-轨道-桥梁系统仿真研究中，提出轮轨移动单元新模型。此外，基于轮轨竖向非线性接触关系，提出一种新型通用二维轮轨耦合单元模型，并在有限元 OpenSees 软件平台上实现。在移动单元模型的基础上，阐述了列车-轨道-桥梁系统仿真平台的搭建思路，并选用开源有限元分析软件 OpenSees 作为集成平台，搭建了适用于地震作用下高速铁路列车-轨道-桥梁耦合振动分析的系统仿真平台。

2.3　轮轨接触法向找点法

在空间列车-桥梁耦合振动分析中，轮轨接触点的寻找至关重要，其找点方式的准确性直接影响到轮轨相关接触参数的取值以及轮轨相互作用力的计算，进而影响后续的动力分析，因此需要先提出合适的找点方法。本节在归纳总结前人研究的基础上，提出法向最大嵌入深度找点方法，以下简称法向找点法。

2.3.1　法向找点法的原理

列车在钢轨上进行强约束运动，列车轮对受到钢轨的法向约束力和切向蠕滑力作用，而求解上述轮轨作用力的第一步就是确定轮对与钢轨之间的接触点位置。在列车-桥梁耦合系统的求解过程中，准确高效地找寻轮轨作用点一直是轮轨接触几何的一个研究难点。在以往的研究中，基于轮轨接触迹线的竖向找点法一直被公认为是一种简单而有效的找点方法，其基于竖向最小距离找点的假定也被大家所认可。但是，在竖向找点法的轮轨接触计算过程中，隐含轮轨接触为 Hertz 接触斑的假定，且默认采用寻找的接触点来代表整个接触斑。

实际轮轨接触过程中接触斑最具代表性的接触点应该为轮轨接触斑中心点，而竖向找点法在轮对大横移或轮缘接触时，其所找接触点严重偏离接触斑中心点，如图 2-1 所示。在大横移的工况下，轮对踏面与钢轨截面可能发生轮缘非正常单点接触，将轮对向下平移轮轨间的嵌入量（即竖向间距）可以发现，此时轮轨相互重叠部分其法向最大嵌入深度值明显小于竖向找点确定的最小间距。

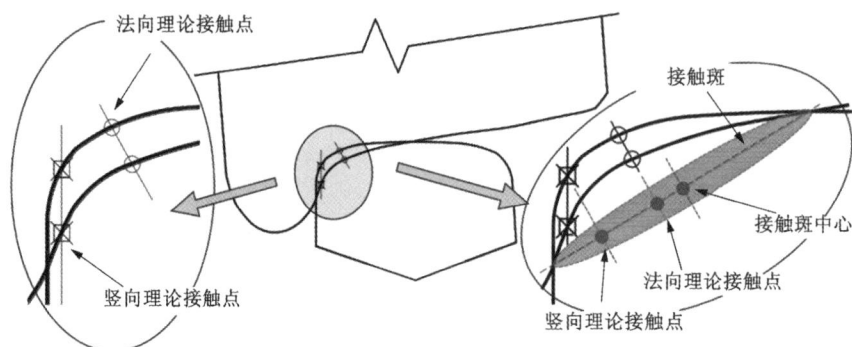

图 2-1 法向接触找点与竖向接触找点对比示意图

此外,《高速铁路设计规范》(TB 10621—2014) 中采用的脱轨系数指标限值为 0.8,而要达到或超过 0.8 的脱轨限值,根据 Nadal 公式,则将必然发生轮缘接触或爬轨;且竖向找点法适用于轨头接触,在轮对大横移或摇头下,其找点准确性不高。基于以上考虑,本节提出法向找点法,相比竖向找点法,其能更加合理地表征轮轨接触斑中心。

2.3.2 轮轨接触点求解

通过坐标变换,可以得到在整体坐标系下轮对接触迹线和钢轨轨头曲线方程,则可以采用不同的方式寻找钢轨截面和轮对踏面之间可能的接触点。常用的方法主要是竖向最小距离法,其采用 Hertz 假定,将轮对和钢轨视为刚体,两者之间只存在单点接触,此时的接触点看成是实际接触斑的中心点。其基本过程为首先人为地将轮对抬高一定高度,然后让轮对慢慢下落,下落过程中首先接触到的点即认为是轮轨的接触点,也是实际接触斑的中心。用数学表示,则是寻找轮对的左、右踏面(迹线)离散点与左、右轨道轨头型面离散点间的最小竖向距离。经过分析,可以发现在上述过程中,轮对下落时竖向最小距离点应该是初始接触点。初始接触点不一定就是轮轨间实际的接触点,也不能代表轮轨接触斑的中心点。

假设轮对和钢轨外形不变,且可相互嵌入。在轮对踏面与钢轨顶面相互嵌入区域范围内,可根据法向最大嵌入深度找点法进行轮轨接触点的寻找。因为对于轮对和钢轨,允许相互嵌入后,其接触点的法向方向不再相等。换句话说,就是在寻找接触点的过程中,应该以轮对踏面法向和钢轨轨头曲线法向分开进行找点,之后再以轮对和钢轨法向为基准获得法向最大嵌入深度值,最后取两者中的最大值作为真实的轮轨接触点。暂时只考虑直线轨道的情况,此时纵向坐标对轮轨接触可以认为没有影响。

2.3.3 法向找点法计算步骤

法向找点法的计算可以通过 MATLAB 编程实现,具体归纳为如下步骤:

①确定嵌入区域横坐标范围。在整体坐标系下对轮对踏面曲线和钢轨廓面曲线作差,通过符号判断两者的相互嵌入区域,从而获得嵌入区域横坐标的范围,为后续进行遍历找点提供条件。值得注意的是,在上述确定相互嵌入区域的过程中,并没有要求嵌入区域一定连

续，因此该方法同样适用于多点接触的情况，只是在本节中暂时不考虑多点接触。

②对坐标进行离散插值获得相应的竖向坐标值。对嵌入区域横向坐标进行离散，然后对离散点进行插值获得相应点的竖向坐标值，后续进行接触点寻找时需要用到。

③获得接触点坐标。根据推导公式列出待求接触点方程，并求解获得相应的坐标值。

④计算嵌入深度。在③基础上，计算轮轨间相互嵌入深度值，并采用矩阵形式进行保存。

⑤遍历坐标。遍历嵌入区域横坐标，重复②~④，获得所有的嵌入深度值。

⑥确定轮轨接触点。从⑤中找出最大嵌入深度点及其下标，从而确定轮轨接触点，保存好以便后续轮轨接触参数的计算。

2.3.4　空间轮轨接触关系可视化

为了对比法向找点法与竖向找点法的差别，验证其准确性及普适性，刘汉云采用 MATLAB GUI 开发了相应的空间轮轨接触关系可视化计算分析平台（wheel rail contact geometry calculation and analysis platform，WRCG），并申报了相应的软件著作权。该计算平台能够考虑列车轮对和钢轨各 6 个自由度的影响；能够考虑不同的车轮踏面类型，如 LM 型踏面、LM_A 型踏面、S1002 型踏面以及锥形踏面；能够考虑不同的钢轨型号，如 CHN75 轨、CHN60 轨、CHN50 轨和 UIC60 轨等；其包含两种不同的找点方法，即法向找点法和竖向找点法；以及可以考虑部分初始参数变化的影响。

2.3.5　算例及验证

以下采用法向找点法计算并与竖向找点法进行对比。采用 LM 型踏面和 CHN60 钢轨作为计算案例，轨距取标准轨距为 1435 mm，轮对内侧距为 1353 mm，标准轨底坡取为 1/40，其他参数参考有关标准及规范。考虑比较极端的工况，横移量取 10.5 mm；考虑 0.5°摇头角的影响，为了使得法向找点法更直观，沉浮位移取 1.5 mm；轮轨允许发生相互嵌入，不考虑左、右钢轨的运动，采用 WRCG 平台进行计算绘图，计算结果如图 2-2、图 2-3 所示。

图 2-2 是该工况下左、右轮对接触迹线三视图。由图 2-2 可以看出，在发生摇头的情况下，轮对的接触迹线不再局限于 YZ 平面内，其在 X 轴方向同样存在分布，说明此时的接触点在轮对上的分布不再只局限于轮对的母线上。Tanabe 的研究表明，在发生摇头的情况下，轮轨接触迹线可能存在遮挡现象，在发生正向 10.5 mm 大横移量加 0.5°摇头角的工况下，左侧两种方法所找接触点几乎相同，右侧法向所找接触点更接近接触区域的中心，两接触点的距离（2.93 mm）小于迹线法所找接触点距离（3.18 mm），法向找点法所找接触点明显更合理。

通过对比分析，法向找点法相比竖向找点法所找接触点更接近于轮轨接触区域的中心位置，更有代表性；在大的横移量和侧滚情况下，其接触点并没有完全靠近轮缘根部，所找点比较合理（图 2-3）。本章 2.7 节牵涉到轮轨几何接触找点部分，均采用法向找点法进行找点。

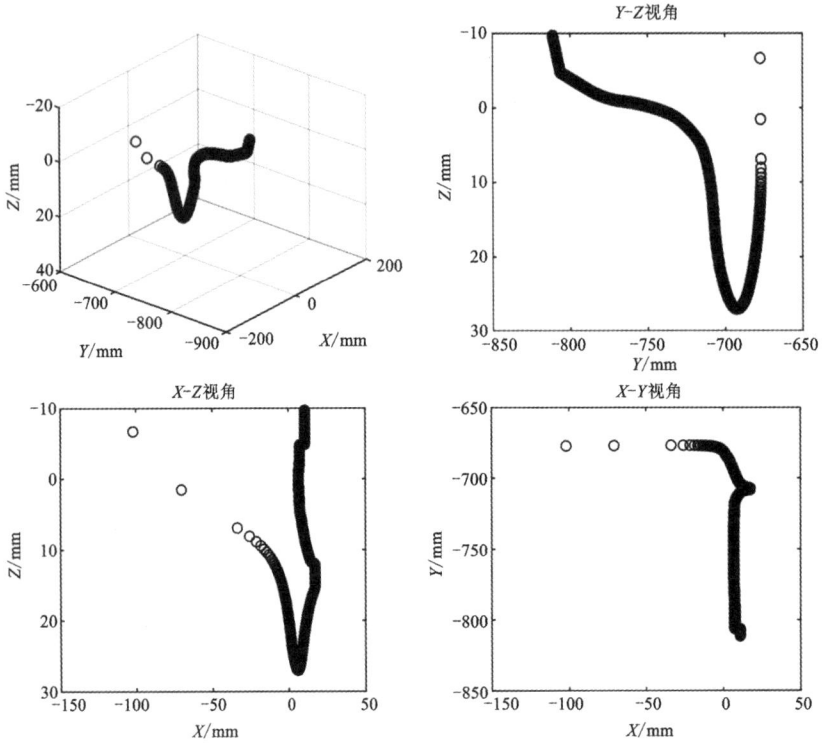

(a) 左轮对接触迹线三视图

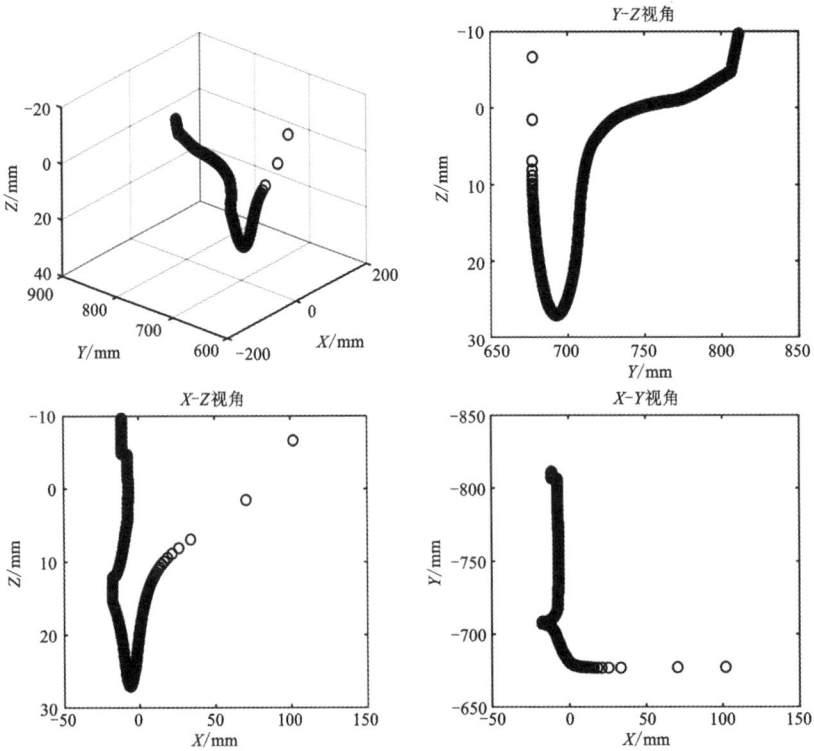

(b) 右轮对接触迹线三视图

图 2-2 左、右轮对接触迹线三视图

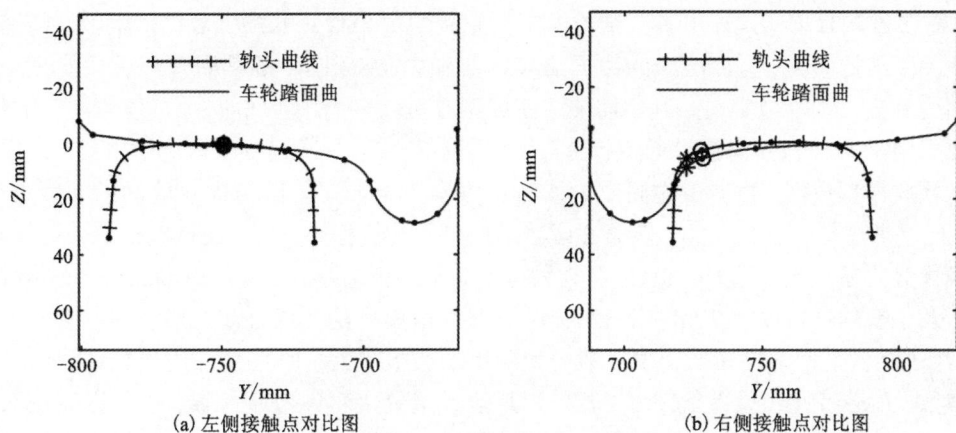

(a) 左侧接触点对比图　　　　　　　　　(b) 右侧接触点对比图

图 2-3　左、右接触点对放大图(星号表示竖向找点法,圆圈表示法向找点法)

2.4　地震下列车-轨道-桥梁系统仿真 CS 技术

从早期的移动常力过简支梁模型到如今的多刚体与非线性轨道-桥梁耦合系统模型,列车-桥梁耦合振动研究历经一个半世纪的发展已逐渐成熟。然而,在高速铁路飞速发展的今天,如何准确、高效、简洁地模拟列车-轨道-桥梁系统相互作用,以及复杂工况下(如地震、横风、桩土耦合等作用)列车运行的安全性和舒适性,仍然是研究者面临的挑战。对列车-桥梁耦合振动问题的求解方法大致可分为解析法、分离迭代法、耦合系统整体求解法和有限元法四类。其中分离迭代法因被许多学者采用而成为主流,并开发了部分列车-桥梁相互作用单元。如 Yang 等视列车为簧上质量,假设轮对和桥梁间始终保持接触,推导了列车-桥梁作用单元。其后,Lou 等将其拓展到两系悬挂模型的列车-桥梁作用单元以及桥梁-轨道单元非等长划分的列车-桥梁作用单元。然而,上述列车-桥梁作用单元没有考虑轮轨间非线性 Hertz 弹簧,也没有考虑轮轨分离现象。针对上述问题,本节通过引入 CS 技术提出一种新的模拟策略。接下来以 OpenSees 为例进行介绍。

2.4.1　CS 技术原理

CS 技术的基本原理:以现有的商业分析软件(例如 OpenSees)建立车辆子结构和轨道-桥梁子结构两个服务器(server),负责两子结构的动力分析;以 C++建立轮轨耦合客户端程序(client),处理轮轨关系,实现列车系统和轨道-桥梁系统间力和位移、速度、加速度的协调。

由于列车-桥梁耦合问题是典型的两个子结构相互作用问题,其上部车辆结构和下部支撑结构(轨道-桥梁耦合系统)完全通过轮轨关系实现耦联。如图 2-4 所示,整个分析框架由列车服务器、轨道-桥梁服务器和耦合客户端三部分组成。其中列车服务器和轨道-桥梁服务器等价,采用分析软件(如 OpenSees)建立;耦合客户端采用 C++编写。服务器是常驻内存的,负责两子结构的动力分析,接收和执行来自客户端的命令,仅仅在 client 发送指令后单步执行;而 client 负责上下部结构位移、速度、加速度及力的协调关系处理。

上述模拟策略具有诸多优势。①属于分离迭代法。不需要每一时步都重新形成和分解整体刚度及阻尼矩阵。②可减少数据传递。服务器能够常驻内存，不像 ANSYS 和 Simpack 联合仿真，需要每一时步导入导出各子结构模态数据及边界条件；可减少数据传输，且能够灵活高效地关注结构应力、应变层面的数据响应，而不像传统列车–桥梁耦合分析只能止步于单元层面的响应。③容易实现。其不需要改变成型分析软件（例如 OpenSees）任何内部的代码，只需要采用 TCL 语言建立接口通道，在整个分析过程中，一次建立，多次使用，不需反复地加载和释放模型数据，数据传输高效。④考虑因素更全面。能够考虑轮轨间的非线性 Hertz 作用，能够考虑轮轨分离现象，能够考虑轨道梁单元的位移修正等，使得模拟结果更加准确。⑤建模优势明显。若采用 OpenSees 作为服务器建模，就能够充分利用 OpenSees 的非线性地震分析及丰富的材料库、单元库等优势，可考虑列车模型的非线性阻尼和弹簧特性，使得轨道–桥梁子结构模型不再局限于线性结构和简单的梁板单元，而且允许用户在任何时步更新模型参数、荷载特性和边界条件等；若采用其他成型分析软件做服务器，也可以利用其他软件的优势，如灵活建模，满足现在高速铁路线路长而导致的沿线桥梁、轨道、路基、土壤等结构的多样性，适用于各种列车–桥梁工况分析。

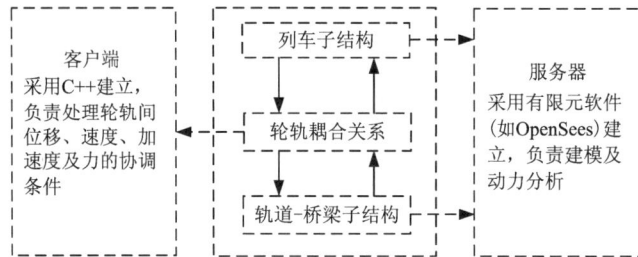

图 2-4　client-server 技术结构图

2.4.2　耦合计算流程

本节重点介绍 CS 技术在列车–桥梁耦合振动分析中的基本计算过程：在当前时步内，对列车模型施加预测的轮对位移，列车服务器进行动力分析，得到轮对底部作用力；将该作用力反向施加到轨道–桥梁结构上，轨道–桥梁服务器进行动力分析，得到轨道、桥梁节点位移，进而插值得到轨道梁单元轮下作用点位移，下文计算中采用 Hamilton 三次插值形函数；考虑轨道不平顺，利用客户端程序判断列车轮对位移、轨道梁轮下作用点位移、轮轨嵌入深度及轨道不平顺值等是否满足协调关系，若不满足则采用 Newton 算法更新初始预测的轮对位移，重新计算，直至满足收敛协调条件，此时提交当前时步数据，然后进行下一时步的计算。

整个轮轨系统的核心是两子系统间力和位移的协调计算。上述计算过程中，力始终满足作用力和反作用力关系，保持协调；而位移则不同，列车轮对的位移是预测的，不一定为真实值，其与轮对作用点处位移、轮轨嵌入深度及轨道不平顺值三者不一定满足轮轨几何关系。如在竖向列车–桥梁耦合振动分析中，轮轨间的几何协调条件为：

$$\boldsymbol{\psi} = \boldsymbol{U}_{bc} - \boldsymbol{U}_w - \boldsymbol{R}_n + \Delta \boldsymbol{U} \qquad (2-1)$$

式中：$\boldsymbol{\psi}$ 为当次迭代中两子系统间等效非平衡位移向量；$\boldsymbol{U}_{bc}$ 为轨道梁轮下作用点位移向量；$\boldsymbol{U}_w$ 为预测的车辆轮对位移向量，为输入值；$\Delta \boldsymbol{U}$ 为轮轨嵌入深度向量；$\boldsymbol{R}_n$ 为轨道不平顺向量。

　　由于在分析时步内，轨道梁轮下节点的位移 U_{bc} 取决于单元节点位移，而单元节点位移取决于轨道、桥梁系统所受的车辆轮对作用力，列车轮下节点的作用力是输入激励 U_w 的函数，所以轨道梁单元轮下节点位移的函数 $U_{bc}=g(U_w)$。同样，轮轨嵌入深度 ΔU 也是 U_w 的函数，即 $\Delta U=h(U_w)$。则式(2-1)可改写成：

$$\psi = g(U_w)+h(U_w)-U_w-R_n \qquad (2-2)$$

　　轮轨满足位移协调的条件为式(2-2)中 ψ 等于零或者小于某个给定的足够小的收敛限值。由于 U_w 是预测的轮对位移向量，为未知量，不一定使得式(2-2)正好取零，因此一般要经过多次迭代才能找到满足要求的 U_w。数学上针对式(2-2)寻找零值的方法多种多样，本节采用 Newton 算法寻找零值。首先，式(2-2)的两边分别对向量 U_w 各分量求偏导，可以得到等效切线刚度：

$$\psi' = \frac{\partial g(U_w)}{\partial u_i}+\frac{\partial h(U_w)}{\partial u_i}-I \qquad (2-3)$$

式中：ψ' 为等效非平衡位移的切线斜率；I 为对角全为 1 的单位矩阵；u_i 为 i 号轮对位移。式(2-3)在计算过程中可采用扰动法得到等效切线刚度 ψ'。在求导过程中，轨道不平顺向量 R_n 在时步内为常量，对 U_w 各分量求偏导为零。求得等效切线刚度 ψ' 后，根据 Newton 更新法可得到下一次迭代中新的位移激励为：

$$U_w^{k+1} = U_w^k - [\psi']^{-1} \cdot \psi^k \qquad (2-4)$$

　　在上述过程中，判断轮轨几何关系收敛的准则为：

$$|\psi^{n,k}| = |U_{bc}^{n,k}-U_w^{n,k}-R_n+\Delta U^{n,k}| \leqslant e \qquad (2-5)$$

式中：e 为轮轨几何协调限值，可以根据需要取足够小的值，文中取 $e=10^{-8}$m；上标 $n \geqslant 1$ 取整数，表示第 n 计算时步；上标 k 表示迭代次数，$k \geqslant 1$ 取整数。

　　具体的计算流程如图 2-5 所示，以第 $n+1$ 时步为例进行说明：

　　①取出第 n 时步轮对处轨道不平顺向量 R_n 及轮对位移向量 U_w^n，$n \geqslant 1$ 取整数，$n=1$ 表示初始时刻，此时轮对位移启动初始值 U_w^1 可以取向下的适量非零值。将 U_w^n 赋给第 k 次迭代的轮下位移向量 $U_w^{n,k}$，上标 k 意义同前。

　　②将 $U_w^{n,k}$ 作用于列车轮对。列车系统服务器进行动力分析，得到列车轮对处的接触力向量 $F_c^{n,k}$。

　　③将 $F_c^{n,k}$ 反向作用于下部轨道-桥梁结构系统。下部轨道-桥梁系统服务器进行动力分析，得到轨道梁轮下作用点的位移向量 $U_{bc}^{n,k}$。

　　④将 $U_{bc}^{n,k}$ 传给 client 程序，程序根据式(2-5)判断 $U_w^{n,k}$ 和 $U_{bc}^{n,k}$ 是否满足几何协调关系。如果"是"，直接跳到⑦；如果"否"，则执行⑤。

　　⑤根据式(2-4)得到下次迭代计算中新的轮对位移向量 $U_w^{n,k+1}$。

　　⑥将更新后的轮对位移向量 $U_w^{n,k+1}$ 赋给 $U_w^{n,k}$，并重新执行②~⑤。

　　⑦如果满足几何协调条件，则提交当前步骤结果数据。完成第 $n+1$ 时步的计算，进行下一时步的计算。

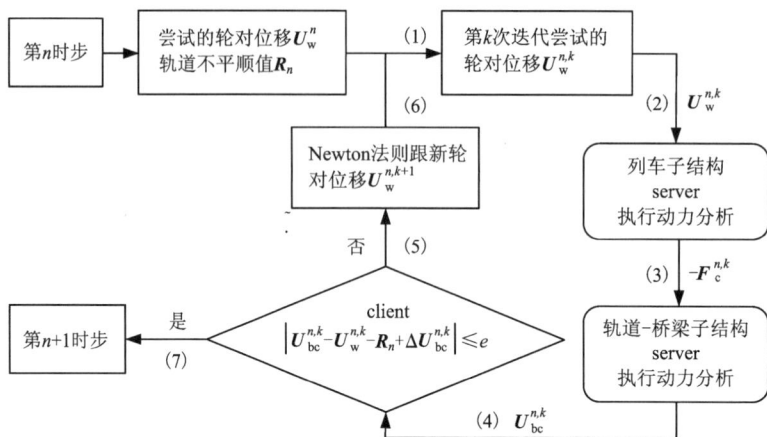

图 2-5　计算流程图

2.5　基于 OpenSees 平台的地震下列车–轨道–桥梁系统仿真

针对列车–轨道–桥梁系统建模效率低下的问题，本节基于前节所述的客户端–服务器通信原理，在开源有限元软件 OpenSees 中高效、快速地实现了列车–轨道–桥梁系统仿真分析。其运行模式如图 2-6 所示，相比于联合仿真，其在静、动力分析步骤中增加了"尝试分析一步"命令，可实现停机迭代，即不需要数据回滚，收敛前可以方便地回溯至上一时步分析状

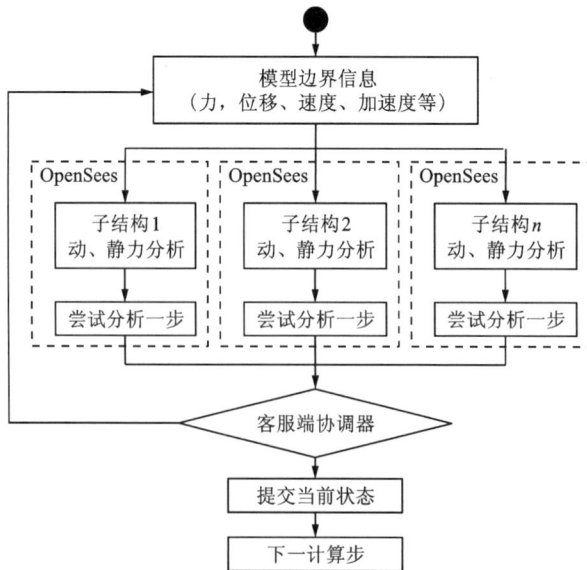

图 2-6　改进的 OpenSees 运行模式

态，从而不需要传输模型的全部信息，只需要传输边界信息，客户端协调器负责收敛判别，整体计算收敛后提交当前状态。该方法以轮轨接触面为界，将列车–轨道–桥梁耦合系统划分为列车、轨道–桥梁和轮轨接触关系三个子系统。列车、轨道–桥梁子系统通过 OpenSees 软件模拟并被封装成服务器，各服务器之间优先级相同，无主次之分；轮轨接触关系子系统被处理成客户端协调器。客户端协调器和服务器间通过网络通信技术进行实时逐步数据交互，可显著降低各子系统间交互数据量，同时可方便地利用 OpenSees 软件的各种优势，如其丰富的单元库、材料库、数值算法以及强大的地震和非线性分析能力等，从而将列车–桥梁耦合作用问题在单一的 OpenSees 平台快速实现，达到会 OpenSees 即可列车–桥梁耦合振动模拟的效果，降低仿真门槛。最后，通过数值算例分析，说明了本节所提方法的准确可靠性以及建模的高效灵活性。

2.5.1　OpenSees 简介

OpenSees 是一个具有无限发展潜力的开源非线性有限元分析软件。该软件在美国国家自然科学基金（NSF）资助下，由加州大学伯克利分校太平洋地震工程研究中心 PEER（Pacific Earthquake Engineering Research Center）主导研发，1999 年正式推出使用，已广泛用于 PEER 和美国其他一些大学及科研机构的科研项目中，较好地模拟了包括钢筋混凝土结构、桥梁、岩土工程在内的众多实际工程和振动台试验项目，证明其具有较好的非线性数值模拟精度。

OpenSees 是相对成熟的分析软件，具有通用性和普适性；同时，有限元软件 OpenSees 是一款面向对象开源的软件，学者们可以根据自己的研究需求在 OpenSees 中添加单元和材料等模型及算法。另外，OpenSees 具有丰富的非线性单元库和材料库及强大的非线性分析功能，能够建立较精细的桥梁模型且便于分析地震作用下桥梁的非线性响应，因此受到众多学者的青睐。开源和面向对象程序框架的特点可以大大地简化单元的开发工作量。这也是本节选择 OpenSees 作为集成平台的原因。

2.5.2　原理阐述

对于大型复杂耦合系统，如流–固耦合系统、土–结构相互作用系统、列车–轨道–桥梁耦合振动系统等，其数值模拟的难点在于各子系统间边界条件的协调处理。本节基于客户端–服务器原理，在 OpenSees 中很好地解决了子系统间力和位移协调的问题。以列车–轨道–桥梁耦合振动系统为例，其首先采用 OpenSees 建立列车子结构和轨道–桥梁子结构数值模型，并打包成服务器，服务器保持常驻内存，顺序接收、执行和处理来自客户端协调器的命令；以 OpenSees 外部语言 TCL 建立轮轨客户端协调器，处理轮轨耦合关系，保证子系统间加速度、速度、位移及力的协调，从而在开源的 OpenSees 单一平台中可完成列车–轨道–桥梁耦合振动分析。如图 2-7 所示，整个分析框架由列车服务器、轨道–桥梁服务器和耦合客户端三部分组成，其中各服务器主要负责各子结构的动、静力分析，仅仅在客户端协调器发送指令后单步执行。

OpenSees 模拟技术与常用的联合仿真方法相比，具有诸多优势。①容易实现。不需要改变 OpenSees 任何内部代码，只需采用 TCL 语言简单地建立接口通道即可。②数据传输高效。不需反复地重新加载和释放模型数据，客户端协调器与服务器一次连接，即可反复传输数据，且只需要传输子结构模型接触边界状态及力数据。③建模灵活。允许用户在任何时步更

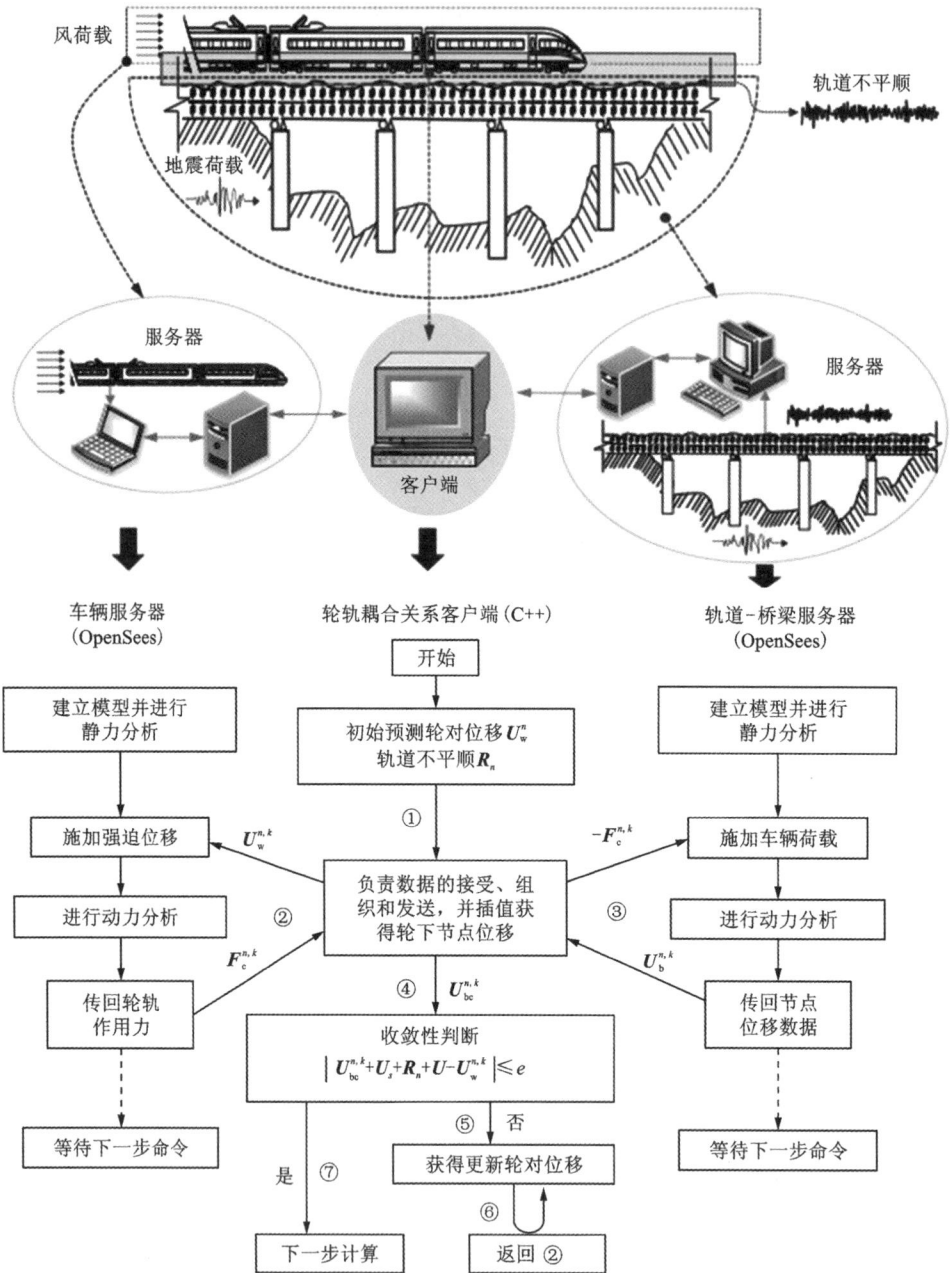

风荷载

轨道不平顺

地震荷载

服务器

客户端

服务器

车辆服务器
（OpenSees）

轮轨耦合关系客户端（C++）

轨道–桥梁服务器
（OpenSees）

开始

建立模型并进行
静力分析

初始预测轮对位移 U_w^n
轨道不平顺 R_n

建立模型并进行
静力分析

施加强迫位移 $U_w^{n,k}$

①

$-F_c^{n,k}$

施加车辆荷载

进行动力分析

②

负责数据的接受、组
织和发送，并插值获
得轮下节点位移

③

进行动力分析

$F_c^{n,k}$

$U_b^{n,k}$

传回轮轨
作用力

④ $U_{bc}^{n,k}$

传回节点
位移数据

收敛性判断
$\left| U_{bc}^{n,k} + U_s + R_n + U - U_w^{n,k} \right| \leqslant e$

等待下一步命令

⑤ 否

等待下一步命令

获得更新轮对位移

是 ⑦

⑥

下一步计算

返回 ②

图 2-7　列车–桥梁耦合系统 OpenSees 模拟技术原理及计算流程图

新模型和荷载等数据。④适用性广。可充分利用 OpenSees 软件丰富的材料及单元库，使得
桥梁/轨道模型不再局限于线性结构和简单的梁板单元，并且每时步均能直接获得结构的应
力、应变、位移等状态，而不像传统列车–桥梁分析只能止步于单元层面。⑤考虑因素更全
面。能够考虑轮轨间的赫兹非线性作用、轮轨分离跳轨现象及轮下位移修正等，模拟结果更
可靠。

2.5.3　数值算例

本节主要采用上一节的方法研究轮下修正位移和地震激励对列车-桥梁系统的影响，所采用的基本模型(图 2-8)信息如下：桥梁为高铁上常用的 32 m 简支梁，共 10 跨，两端考虑 50 m 的路基过渡段，总长 420 m。采用 CNH60 钢轨，钢轨和桥梁间采用弹簧阻尼器连接，为离散点支撑模型，梁两端弹簧阻尼参数值减半。钢轨和桥梁采用 dispBeamColumn 单元模拟，支撑弹簧和阻尼采用 Truss 单元模拟。列车模型为两系悬挂 10 自由度多刚体模型，车体和转向架用抗弯刚度足够大的 elasticBeam 单元模拟，一、二系悬挂采用 Truss 单元模拟。考虑单节列车以 27.78 m/s 匀速过桥情况，分析步长取 0.005 s。下面分工况进行案例分析。

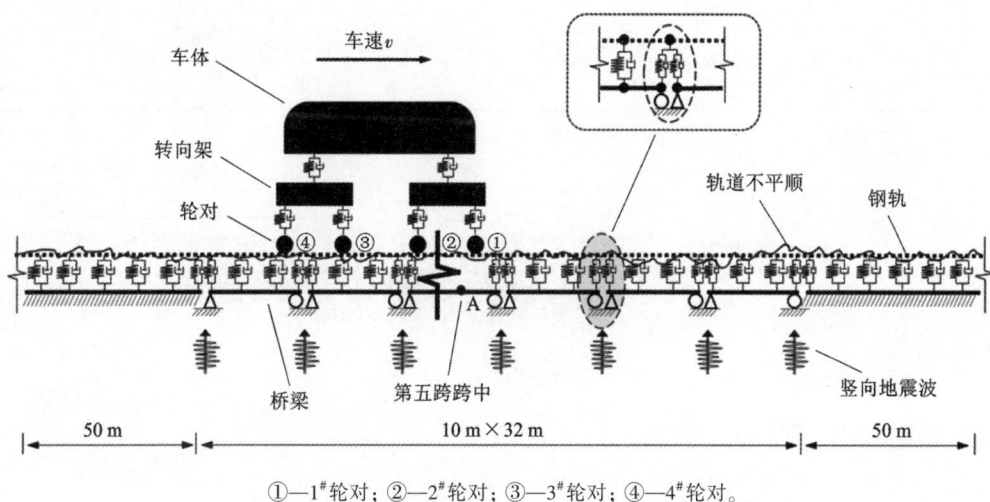

①—1#轮对；②—2#轮对；③—3#轮对；④—4#轮对。

图 2-8　地震作用下 10 跨简支列车-桥梁耦合系统模型

1. 轮下修正位移影响分析

考虑三种工况：①只有列车模型荷载；②列车模型荷载+轨道不平顺影响；③列车模型荷载+轮下修正位移影响。初始时刻列车模型 4#轮对位于整个系统的左侧端点。其中轨道不平顺时程样本参考翟婉明的研究生成，其最大幅值为 3.48 mm。对比响应最敏感的轮轨力，表 2-2 为轮轨接触力动力放大系数对比表格，图 2-9 为 1#轮对轮轨接触力动力放大系数及其局部放大图。由图 2-9 和表 2-2 可知，轮下修正位移对轮轨力的影响比较稳定，在 100 km/h 行车速度下，轮下修正位移将引起轮轨力约 4% 幅值变化，而轨道不平顺引起轮轨力的幅值变化为 6%~9%，可见轮下修正位移与轨道不平顺对轮轨作用力幅值变化的影响大体相当。而轮下修正位移对下部支撑及车辆结构的影响并不明显。

表 2-2　轮轨接触力放大系数对比

工况编号		① Car	② Car+Ir	③ Car+exD	相对影响/%	
					$\dfrac{②-①}{①}$	$\dfrac{③-①}{①}$
1# 轮对	max	1.013	1.072	1.050	5.824	3.653
	min	0.983	0.915	0.949	-6.918	-3.459
2# 轮对	max	1.014	1.075	1.053	6.016	3.846
	min	0.986	0.915	0.948	-7.201	-3.854
3# 轮对	max	1.013	1.087	1.050	7.305	3.653
	min	0.984	0.903	0.949	-8.232	-3.557
4# 轮对	max	1.014	1.095	1.052	7.988	3.748
	min	0.986	0.901	0.948	-8.621	-3.854

注：Car—车辆荷载；Ir—轨道不平顺；exD—轮下修正位移。

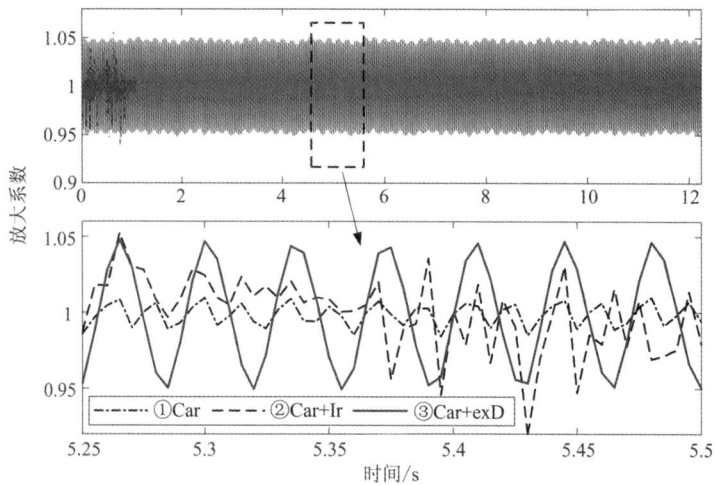

图 2-9　轮轨接触力动力放大系数曲线(1#轮对)

2. 地震激励影响分析

本小节主要考虑一致地震激励对列车-轨道-桥梁耦合振动的影响，选取四种常见的激励，分别为芦山飞仙、El Centro、Tabas 和汶川。地震作用于路基以及简支梁支点处。列车以 100 km/h 经过 10 跨 32 m 简支梁所需的时间为 11.52 s，因此截取 4 条地震动的强震持时段作为激励，并在前后添加短的平滑过渡段，截断修改后的地震动总时长为 15 s，地震动加速度幅值统一调整至 0.15 g，对应 7 度设防地震，具体的地震动加速度时程曲线如图 2-10 所示。仍然考虑轨道不平顺和轮下修正位移的影响。

由表 2-3 和图 2-11(a)、图 2-11(b)可知，相比于无地震作用，考虑地震作用后将显著增大车体的加速度和位移响应，响应的增大幅值和地震动相关，不同的地震动影响并不相

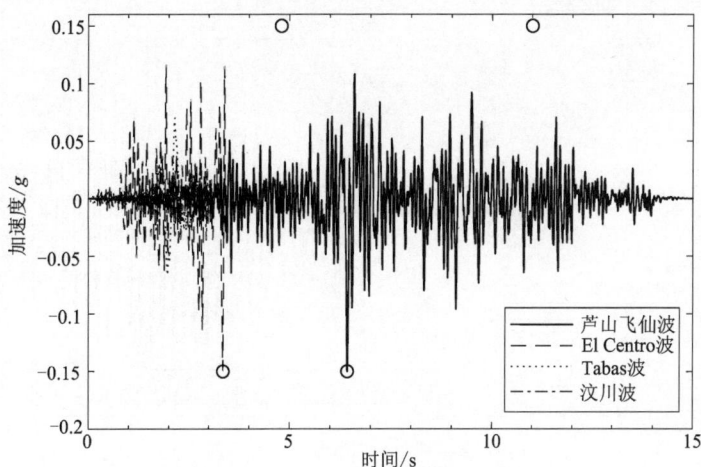

图 2-10　地震动加速度时程曲线

同，整体来看，车体加速度响应相比于车体位移响应对地震动更加敏感。此外，车体的加速度响应最大值在芦山飞仙和 Tabas 下超过 0.15 g，且从整体上看其相应的车体位移响应同样波动更大，原因是车体的前两阶自振频率为 1.4 Hz 和 6.0 Hz，而芦山飞仙和 Tabas 的主频与车体的自振频率相近，从而使得车体响应更加明显。

表 2-3　车体加速度和相对位移峰值响应

工况	加速度峰值		相对位移峰值	
	最大/(m·s⁻²)	最小/(m·s⁻²)	最大/mm	最小/mm
无地震	0.2	−0.17	0.5	−3.2
El Centro	0.89	−0.58	2.6	−6.3
芦山飞仙	1.77	−1.48	4.9	−6.6
Tabas	1.61	−1.53	9.2	−11.8
汶川	1.34	−1.24	1.2	−4.4

由图 2-11 可知，地震动将增大轮轨接触力，影响程度同样与地震动相关。上述地震动中，芦山飞仙相比其他地震对轮轨接触力的影响更大。图 2-11 中，12 s 附近出现轮轨接触力为零的现象，表示轮对脱离钢轨，原因是在 12 s 时车辆 4# 轮开始出桥，接触刚度突变，从而使得轮轨力显著增大，出现轮轨脱离现象。

上述案例考虑轮下修正位移影响，获得了更加精确的轮轨接触力，说明 OpenSees 快速模拟技术的精确性；同时，考虑地震激励影响，说明 OpenSees 快速仿真技术具有建模灵活性和广泛适用性。

通过数值算例，验证了 OpenSees 快速模拟技术的准确可靠性以及其快捷高效建模的优势，并获得了如下结论：

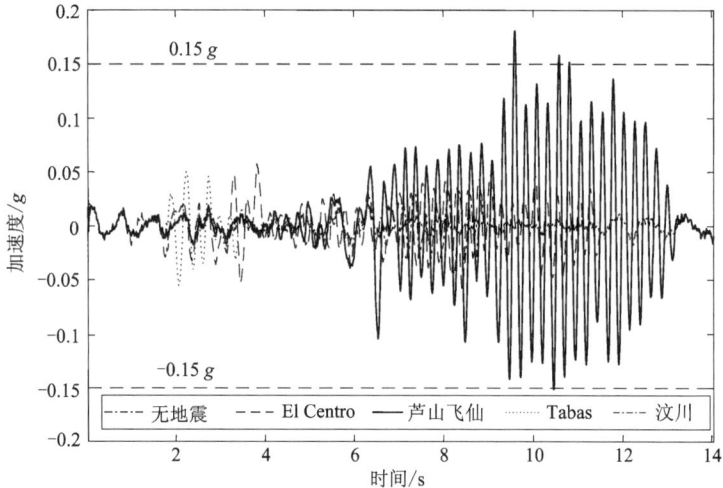

(a) 车体加速度响应

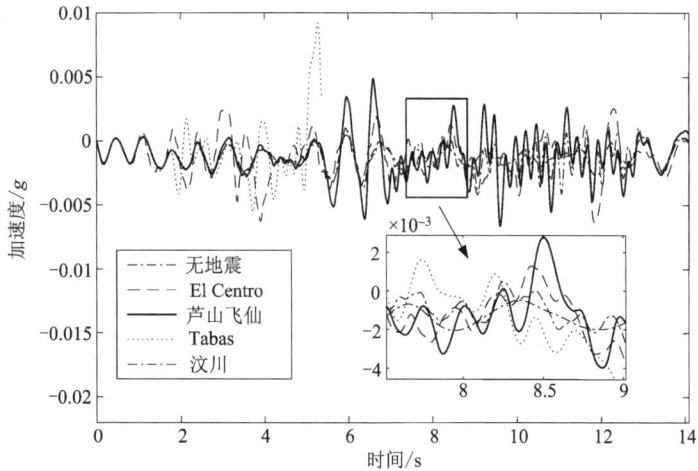

(b) 车体相对位移响应

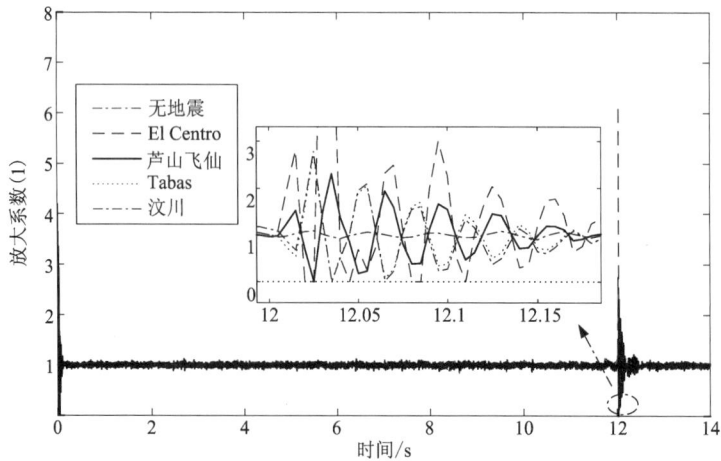

(c) 车辆4#号轮对轮轨力动力放大系数曲线

图 2-11 地震激励下构件响应对比图

①轮下修正位移会增大轮轨接触力，100 km/h 下增大幅值约 4%，是轨道不平顺影响的一半。

②地震作用将显著增加车辆响应和轮轨接触力，尤其是当地震动主要频率和车辆自振频率接近时。

③OpenSees 快速仿真技术能够提高列车–轨道–桥梁耦合振动系统建模效率，并能有效考虑非线性接触弹簧和轮轨脱离等情况，是实用方便、简单易学的列车–桥梁耦合振动分析方法。

2.6　基于 Simpack 平台的地震下列车–轨道–桥梁系统仿真

传统的数值模拟研究方法中一旦研究对象发生改变，就需要重新修改程序，存在编制耗时、调试困难和不可视化等局限性。同时，不同学者编制的列车–桥梁耦合系统分析程序相对封闭独立，缺乏通用性。针对上述问题，本节基于 CS 架构，利用多体系统动力学软件 Simpack 和有限元软件 OpenSees 联合仿真编制了高速列车–轨道–桥梁空间耦合振动系统（SOTTB）程序。该程序很好地发挥了两种不同软件的优势，克服了传统编制程序建立列车–桥梁耦合振动分析模型的缺点。SOTTB 程序可以快速地建立精细的高速列车–轨道–桥梁耦合振动系统模型。同时，SOTTB 程序所运用的多体系统动力学软件 Simpack 和有限元软件 OpenSees 皆为通用成熟的分析软件，因此 SOTTB 具有通用性和普遍性。

本章节首先介绍了 SOTTB 程序的框架及实现过程，其次详细介绍了框架内各组成部分的建模思路和建模参数，最后结合单跨简支梁桥的时程分析数值算例间接地验证了 SOTTB 程序的正确性和可行性。

2.6.1　SOTTB 程序框架

高速列车–轨道–桥梁系统动力分析模型由列车子系统、轨道–桥梁子系统组成，高速列车和轨道以轮轨接触面为界面，通过轮轨关系相互耦合。本节列车子系统中，列车为双轴四轮对模型；轨道–桥梁子系统为双块式无砟轨道和单线多跨简支梁桥；系统激励输入考虑了地震的一致激励和轨道不平顺自激励。基于 Simpack 和 OpenSees 联合仿真的高速列车–轨道–桥梁空间耦合振动系统示意图如图 2-12 所示。

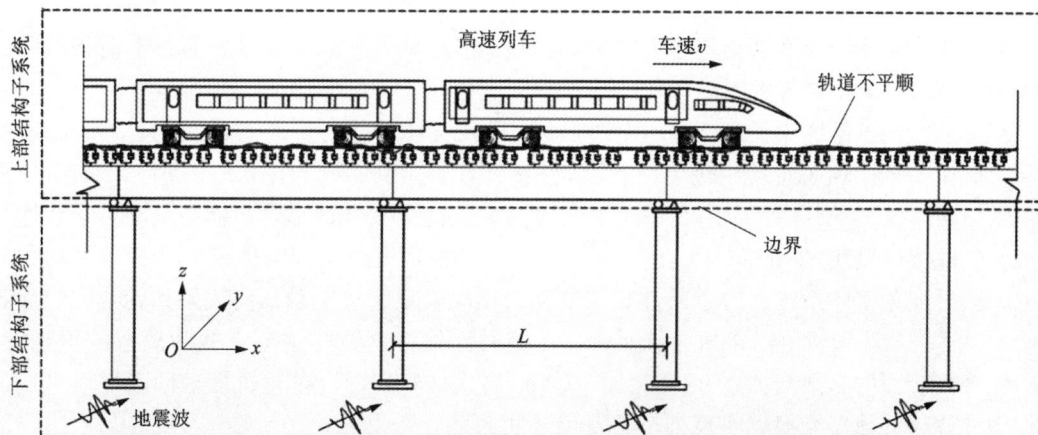

图 2-12　基于 SOTTB 程序建立的高速列车–轨道–桥梁空间耦合振动系统示意图

SOTTB 程序由上部结构子系统和下部结构子系统组成，利用 Simpack 建立的列车模型、双块式无砟轨道模型和线弹性梁体模型构成上部结构子系统，如图 2-13 所示。利用有限元软件 OpenSees 建立的纤维桥墩模型和支座模型构成下部结构子系统，如图 2-14 所示。在地震作用下，桥梁的梁体通常保持弹性，而桥墩和支座容易进入弹塑性状态，因此在上部结构子系统中建立线弹性梁体模型，在下部结构子系统中建立纤维桥墩模型和支座模型。为了提高计算效率，考虑桥梁的空间特性，梁体动力分析模型采用带刚臂的空间梁单元，桥墩采用空间梁单元模拟。上部结构子系统和下部结构子系统以支座处上节点为边界，利用支座上节点处的力平衡条件与位移协调关系实现上部结构子系统与下部结构子系统的耦合。

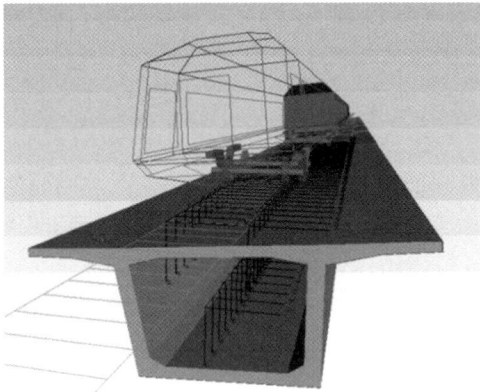

图 2-13　上部结构子系统

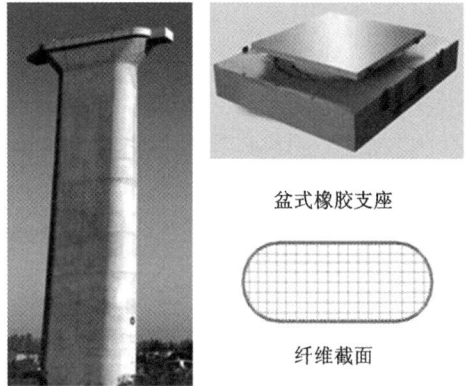

盆式橡胶支座

纤维截面

图 2-14　下部结构子系统

本节基于 CS 技术实现上部结构子系统与下部结构子系统之间的数据实时交互。首先，在 Simpack 中建立上部结构子系统模型，并创建传参接口作为上部结构子系统服务器，在 OpenSees 中建立下部结构子系统模型作为下部结构子系统服务器。其次，在 Simulink 中调用代表上部结构子系统的 Simpack 联合仿真模块 SIMAT，通过在 Simulink 中基于 CS 技术编写 S 函数或者 M 函数作为客户端以实现上部结构子系统和下部结构子系统之间的数据通信。

SOTTB 程序的组成和仿真流程如图 2-15 所示。上部结构与下部结构以支座处为边界。通过上部结构子系统和下部结构子系统之间的数据实时交互，结合边界处的力平衡条件和位移协调关系即可求得系统在时域内的动力响应。

在上部结构子系统中，本节将高速列车、轨道及梁体看作一个联合的动力体系，高速列车和轨道在轮轨接触面通过轮轨关系和轮轨相互作用互相联系，如图 2-16 所示。首先，建立多刚体列车模型。其次，应用有限元子结构技术(自由度缩减)结合多体系统动力学软件与有限元软件接口模块 Flextrack 和 Flexible 分别建立弹性钢轨模型和梁体模型。扣件采用力元模拟。通过配置多体系统动力学软件相应的轮轨模块确定轮轨接触几何关系和轮轨力的计算方法。最后，列车和轨道以轮轨为接触面，在接触面处将钢轨的主节点视为离散的信息点。利用轮轨接触面的力平衡关系和位移协调关系，高速列车和钢轨在轮轨接触面离散信息点上进行力和位移的数据交换以实现列车与轨道之间的耦合。

轮轨接触几何关系是轮轨相互作用力分析的基础，根据王开文的研究，轮轨几何关系的确定通常采用迹线法。多体系统动力学 Simpack 的轮轨模块的基本功能是确定轮轨接触关

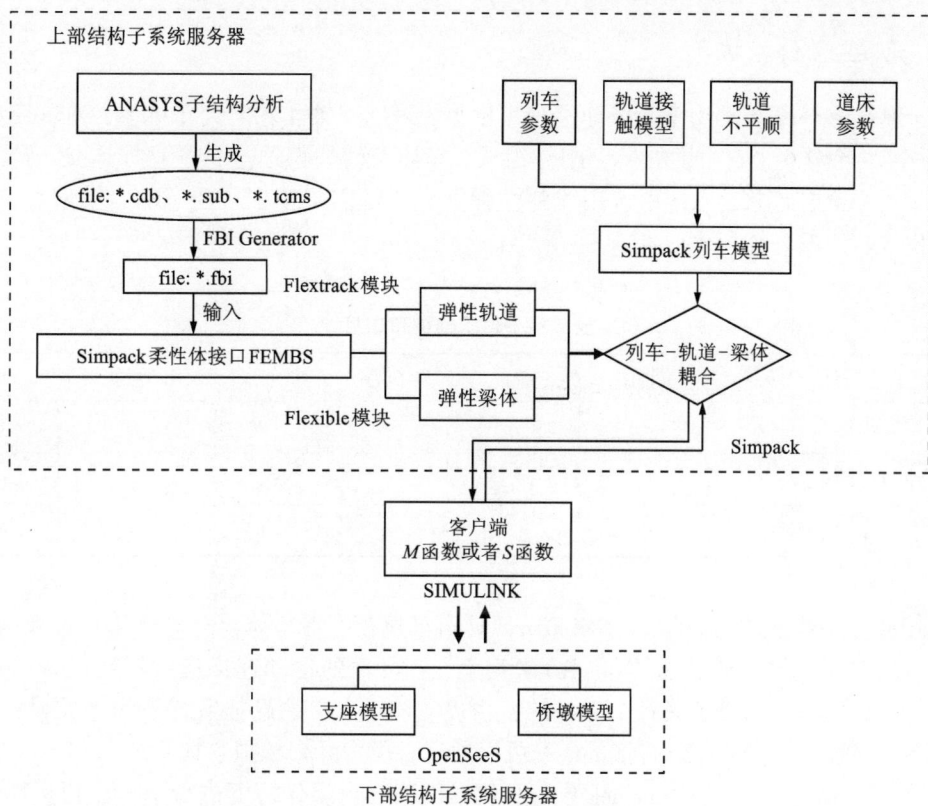

图 2-15　SOTTB 系统的组成和联合仿真流程图

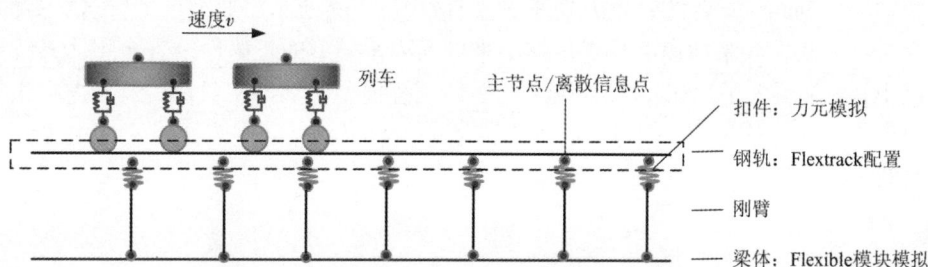

图 2-16　上部结构子系统车辆与轨道耦合实现示意图

系，通过配置轮轨模块，可在仿真时实现轮轨力的求解。本节轮轨法向力采用 Hertz 非线性弹性接触理论求解。两滚动物体微量速度差所引起的微量弹性滑动称为蠕滑，因蠕滑而产生的相互作用力称为蠕滑力。本节采用简化的 Kalker 理论 FASTSIM 算法计算轮轨蠕滑力。

　　轨道不平顺是一种不确定性随机激励，钢轨、轨枕、道床中存在的损伤、变形等不确定性因素构成了轨道不平顺的随机特征。轨道常见的几何不平顺主要有方向不平顺、轨距不平顺、高低不平顺和水平不平顺 4 种基本形式。轨道不平顺由轨道谱计算求得，轨道谱是平稳随机过程的轨道不平顺统计函数，不同国家有不同的轨道谱。由于我国尚未形成各种铁路的完善的轨道谱标准体系，因此本节采用德国低干扰谱生成轨道不平顺。

2.6.2 列车学分析模型

本节基于多体系统动力学系统建立列车模型，采用双轴 4 轮对列车模型，列车模型由车体、转向架、轮对 6 个自由度的多个刚体组成，车体与转向架通过二系悬挂连接，转向架与轮对通过一系悬挂连接，悬挂系统用线弹性弹簧和黏性阻尼模拟。列车动力模型共有 42 个动力自由度，如表 2-4 所示。

表 2-4　列车模型自由度

刚体名称	伸缩	横移	沉浮	侧滚	点头	摇头
车体	x_c	y_c	z_c	θ_c	φ_c	ψ_c
转向架($i=1$，2)	x_{bi}	y_{bi}	z_{bi}	θ_{bi}	φ_{bi}	ψ_{bi}
轮对($j=1$，2，3，4)	x_{wj}	y_{wj}	z_{wj}	θ_{wi}	φ_{wi}	ψ_{wi}

利用商业多体系统动力学软件 Simpack 对列车建模，将车体、转向架和轮对视为刚体，其质量和转动惯量属性通过物体（body）来定义，各部件的运动连接形式用铰（jiont）和约束（constraint）来定义，同时定义各个部件的自由度。将一、二系悬挂系统视为无质量的弹簧-阻尼系统，多体系统动力学软件 Simpack 可以通过各类力元来模拟悬挂系统。

在多体系统动力学软件 Simpack 中，对列车模型在自重作用下进行平衡分析，若要保持列车的初始几何状态不变，通常对列车模型进行名义力分析（preload analysis）。在力元中添加与重力方向相反的名义力来使列车达到平衡，同时能够使列车的初始几何状态保持不变。多体系统动力学 Simpack 名义力分析原理示意图如图 2-17 所示。对模型进行名义力的分析，通过查看系统的最大残余加速度是否足够小来判断列车模型的正确性。若多刚体系统残余加速度足够小，通常不大于 $0.01~\mathrm{m/s^2}$，则说明多体系统模型各部件相对位置及其连接正确。在确保模型参数无误的前提下，即可说明列车模型的正确性，反之则需要对模型主要元素进行检查和修改。

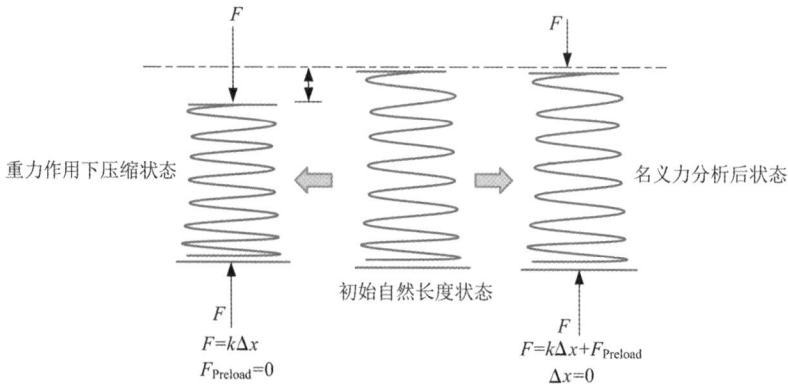

F—车体重力；$F_{Preload}$—名义力；k—弹簧刚度；Δx—自重下的位移。

图 2-17　多体系统名义力分析原理图

2.6.3　桥梁与轨道模型

CS 技术架构主要可分为三个部分：两端服务器与中间实现服务器间数据交换的客户端。两端服务器分别由上部结构子系统和下部结构子系统组成，而中间部分通过编写 S 函数或者 M 函数作为客户端以实现上部结构子系统和下部结构子系统之间的数据通信。

上部结构子系统在多体系统动力学软件 Simpack 中建立，钢轨和梁体皆为弹性体（柔性体）模型。下部子结构系统包括桥墩和支座。在地震作用下，桥墩和支座容易发生破坏，梁体往往保持弹性。因此，本节结合多体系统动力学软件 Simpack 和有限元软件 ANSYS 联合仿真在多体系统动力学中建立弹性梁体模型，在开源有限元软件 OpenSees 中建立桥墩和支座模型。这种混合仿真技术结合了多体系统动力学软件 Simpack 和有限元软件 ANSYS 两者的优势，不仅在一定程度上缩减了桥梁结构的自由度，提高了计算效率，而且能够考虑桥梁结构的非线性因素，更加符合实际情况。

多体系统动力学中，弹性体位置的确定是由浮动坐标的大范围运动和弹性体相对于浮动坐标的弹性变形共同确定的。通常利用广义坐标（笛卡儿坐标）描述浮动坐标系的大范围运动，通过有限元节点坐标或者模态坐标描述弹性体弹性变形。在多体系统动力学软件 Simpack 中，弹性体弹性变形通过振型叠加法求解。振型叠加法引入模态坐标，将物理坐标通过坐标变换转换到模态空间对系统原振动微分方程进行解耦，从而得到解耦后模态坐标下的振动微分方程。

复杂的有限元结构模型通常需要用大量的节点定义，计算自由度大，因此在对结构进行有限元分析时，结构离散后形成的整体刚度矩阵和质量矩阵非常庞大，对结构进行分析求解时会耗费大量的计算资源。在多体系统动力学软件 Simpack 中，弹性体的实现是通过对复杂结构进行自由度缩减，在确保计算结果准确性的前提下，利用相对较少的模态坐标对结构的运动进行描述，从而提高计算的效率。本节采用经典的 Guyan 自由度缩减方法对钢轨或者梁体结构进行自由度缩减。

通过有限元软件 ANSYS，采用空间梁单元分别建立弹性钢轨和简支箱梁的有限元模型；基于 Guyan 自由度缩减法在有限元软件 ANSYS 中进行子结构分析，生成包含结构质量矩阵、刚度矩阵和阻尼矩阵等信息的文件（.sub）和包含节点信息、单元信息的文件（.cdb）及振型文件（.tcms）；通过 Simpack 前处理程序分别生成代表钢轨和梁体超单元的标准化文件（.fbi）。Simpack 标准化文件生成流程如图 2-18 所示。

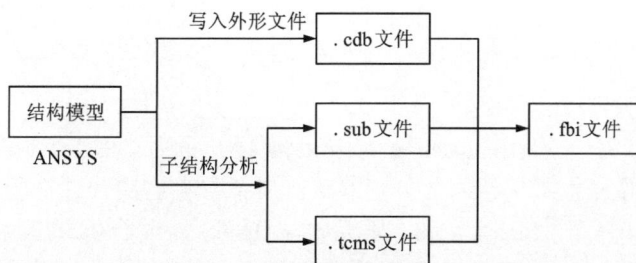

图 2-18　Simpack 标准化文件生成流程图

　　轨道模型采用双块式无砟轨道模型，由于双块式无砟轨道的钢轨与桥面直接连接，其轨枕与混凝土道床板完全联结在一起，轨下基础质量很大，因此双块式无砟轨道的振动主要体现在钢轨的振动。故本节将钢轨视为离散点支承的 Euler 梁，轨道结构其他组成部分则以参振质量的形式在桥梁动力模型中加以考虑。钢轨主要含有垂向、横向和扭转三个方向的振动自由度。

　　在地震荷载作用下，桥梁的梁体通常保持弹性，而桥墩和支座容易进入弹塑性状态，因此在多体系统动力学软件 Simpack 中建立弹性梁体模型。预应力箱梁截面尺寸如图 2-19 所示。为了提高计算效率，同时考虑桥梁的空间特性，梁体采用带刚臂的空间梁单元。此外，采用模态综合法对梁体进行自由度缩减。

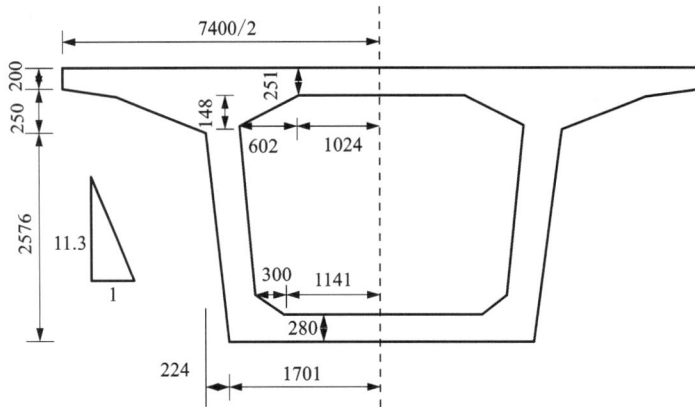

图 2-19　箱梁截面尺寸

　　桥墩的性能依赖于钢筋和混凝土这两种材料的性能，然而这两种材料的性质差异很大。当桥墩进入非线性阶段时，钢筋混凝土构件的数值模拟分析的准确性取决于钢筋和混凝土的本构参数是否合理设置。本节利用地震仿真有限元软件 OpenSees 建立纤维桥墩模型，OpenSees 具有强大的非线性分析功能、丰富的非线性单元库和材料库等。利用 OpenSees 可以建立比较精细的桥墩模型，并且能够保证结构非线性分析的精确度和稳定性。纤维桥墩模型首先按照一定的划分原则将桥墩截面分割成若干离散纤维；然后分别赋予能够描述钢筋和混凝土力学特性的本构关系以建立更加贴近实际的桥墩模型。纤维桥墩模型能够较准确地反映钢筋混凝土构件的性能。

2.6.4　数值算例

1. SOTTB 程序验证算例

　　基于多体系统动力学软件 Simpack 和有限元软件 OpenSees 联合仿真高速列车-桥梁-轨道耦合系统程序的验证主要包括两部分：①高速列车与轨道耦合计算验证，即轮轨力的计算；②多体系统动力学软件 Simpack 和有限元软件 OpenSees 联合仿真思路验证。

　　上部结构子系统中的高速列车模型与轨道模型通过轮轨作用力互相联系，轮轨作用力计算通过在 Simpack 中配置相应的轮轨模块来实现。商业多体系统动力学软件 Simpack 具有准确、可靠的轮轨接触模拟和轮轨力计算方法。因此，本节认为高速列车与轨道耦合计算正确可靠。从而，SOTTB 程序正确性的验证关键在于多体系统动力学软件 Simpack 和有限元软件 OpenSees 联合仿真思路正确性验证。

以单跨 32 m 简支梁桥为例，通过对比分析两种不同仿真思路求解单跨简支梁桥在地震激励和竖向作用下的动力响应，验证了基于多体系统动力学软件 Simpack 和有限元软件 OpenSees 联合仿真思路的正确性。首先，基于联合仿真思路建立简支梁桥模型；其次，利用 OpenSees 建立该简支梁桥全桥模型，梁体和桥墩分别用线弹性空间梁柱单元建立，加载上述相同的外荷载于该简支梁桥并求解其动力响应。通过对比简支梁桥的响应是否一致来验证多体系统动力学软件 Simpack 与有限元软件 OpenSees 联合仿真思路的正确性。

桥梁跨中加速度响应对比图如图 2-20 所示，桥墩顶部响应对比图如图 2-21 所示。由图 2-20 和图 2-21 可知，利用联合仿真计算桥梁跨中和墩顶横向加速度的响应与 OpenSees 整体建模求解得到的响应保持一致，桥梁跨中和墩顶竖向加速度的响应对比结果在稳态保持一致，说明基于 Simpack 和 OpenSees 联合仿真思路的正确性和可行性。因此，间接地证明了 SOTTB 程序的正确性和可行性。

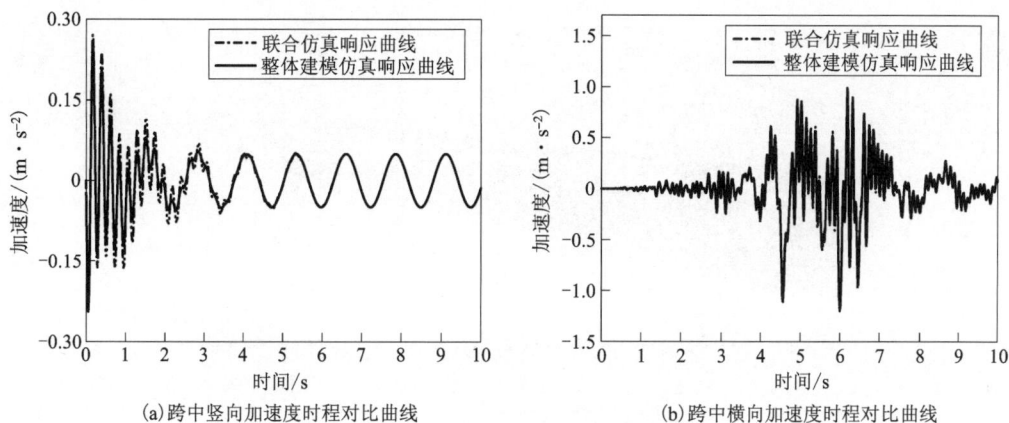

(a)跨中竖向加速度时程对比曲线　(b)跨中横向加速度时程对比曲线

图 2-20　桥梁跨中加速度响应对比图

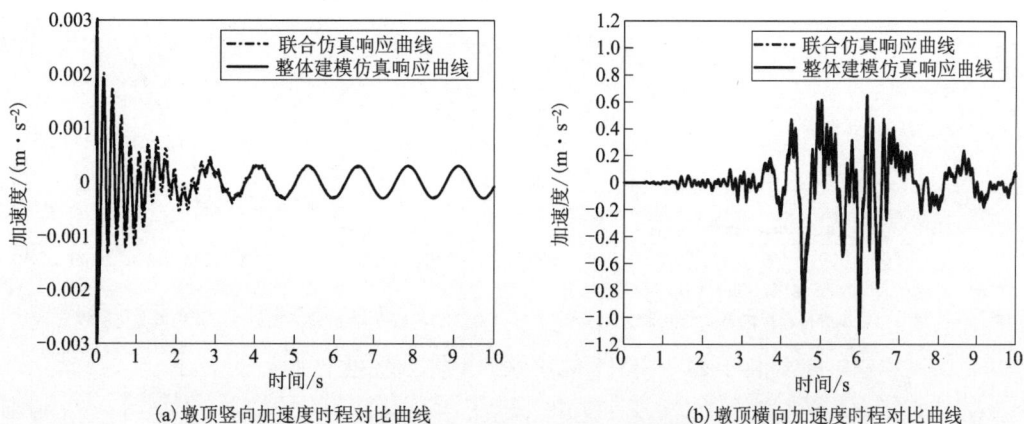

(a)墩顶竖向加速度时程对比曲线　(b)墩顶横向加速度时程对比曲线

图 2-21　桥墩顶部响应对比图

2.多跨简支梁桥的高速列车-轨道-桥梁耦合振动仿真研究

评价列车-轨道-桥梁耦合系统动力学性能是进行与之相关研究的重要环节。列车-轨道-桥梁耦合系统动力性能评价体系主要包括列车运行安全性评价、列车运行平稳性评价以及列车与轨道动态作用性能评价。为进一步证明 SOTTB 程序的可行性和正确性，本节基于 SOTTB 程序编制了 6 跨简支梁桥的高速列车-轨道-桥梁耦合振动模型，根据规范评估了桥梁的振动性能，并结合列车运行动力性能指标研究了不同时速下列车-桥梁系统的动力特性及列车运行平稳性和安全性。

以某单线高速铁路线路为研究对象，基于 SOTTB 程序建立高速列车-双块式无砟轨道-桥梁耦合系统精细计算模型，系统考虑轨道高低和方向不平顺的影响，研究不同车速下高速列车运行平稳性、安全性及桥梁的响应特性。高速列车模型采用 CHR2 动车编组，采用 4 节编组，车速的变化范围为 50~300 km/h，车速从小到大按照 50 km/h 等值递增。高速铁路线路总体布置示意图(上部结构子系统)如图 2-22 所示。高速列车以不同时速经过桥梁时，桥梁跨中变形和加速度峰值变化曲线如图 2-23 所示。

图 2-22　高速铁路线路总体布置示意图(上部结构子系统)

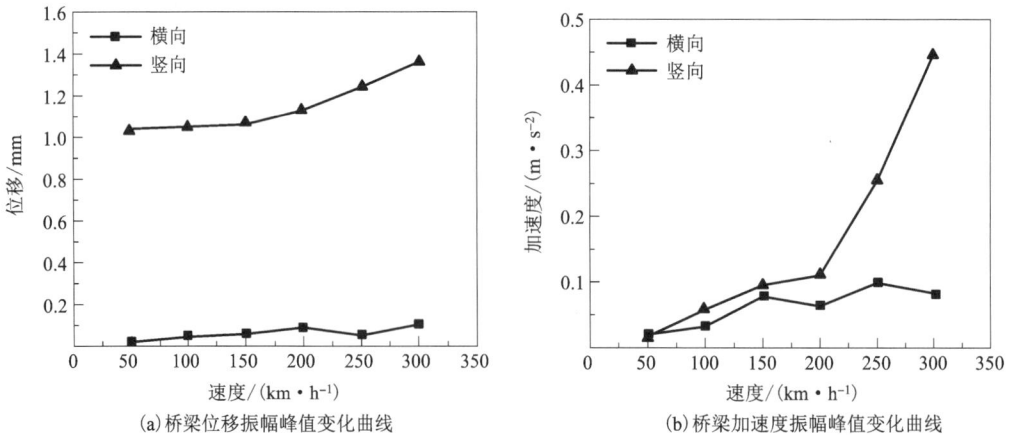

(a)桥梁位移振幅峰值变化曲线　　(b)桥梁加速度振幅峰值变化曲线

图 2-23　不同时速下桥梁跨中响应峰值变化曲线

计算结果表明：桥梁的响应、列车的舒适度指标和安全性指标随着速度的提高而增大，符合一般规律；列车以 200 km/h 运行时，高速列车-轨道-桥梁系统各组成部分的响应符合其结构特点；高速列车以其他时速运行时，系统各组成部分的响应呈现类似的变化规律。因此，可以进一步说明基于多体系统动力学 Simpack 和有限元软件 OpenSees 联合仿真（SOTTB 程序）的正确性和可行性。

2.7　基于移动单元模型的地震下列车-轨道-桥梁系统仿真

2.7.1　移动单元模型

如图 2-24 所示，轮轨移动单元由轮对节点和与之可能接触的轮下梁单元序列节点组成，其通过激活和未激活处理时变问题。当轮对运行到第 i 号梁单元时，第 i 号梁单元被激活，称之为激活区域，其余梁单元为未激活状态，组成对应的未激活区域。激活区域的梁单元和轮对节点间存在轮轨相互作用，通过相关理论推导可以获得轮轨移动单元的位移向量、力向量和刚度矩阵等单元特性，在单元层面构建和包装轮轨相互作用，从而可以像普通单元一样直接用于列车-桥梁耦合振动的建模分析。

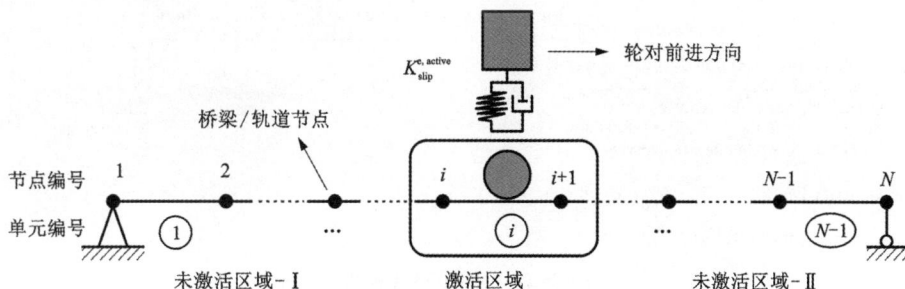

图 2-24　轮轨移动单元激活状态示意图

2.7.2　轮轨移动单元集成到 OpenSees 平台

为了克服强耦合法和弱耦合法的缺点，综合两者的优点，笔者团队提出了移动单元模型，并基于列车-桥梁动力理论及有限元理论推导了垂向和空间移动单元刚度矩阵的计算公式。在获得垂向和空间移动单元的刚度矩阵后，通过编程将其集成到现有的有限元计算软件中，如 ANSYS、Simpack、UM 等，进而开展列车-轨道-桥梁系统动力分析。上述商业有限元软件虽然开放了用户程序接口，但因为非开源商用原因，均不方便使用。笔者需要研究地震作用下列车-轨道-桥梁系统的动力响应，而地震作用下桥轨结构可能进入非线性，故本节选用在地震分析和非线性分析功能上均十分强大的开源地震分析有限元软件 OpenSees 作为集成平台，搭建适合列车-轨道-桥梁耦合系统的仿真分析平台。OpenSees 模块化的程序结构给单元开发提供很好的外部接口，其不需要改变 OpenSees 的内部数据结构，可以快速地将移动单元集成到其单元库中，从而可直接在 OpenSees 单一平台试验列车-轨道-桥梁系统建模计算。

1. OpenSees 软件介绍

OpenSees 主体是采用 C++ 语言编写的一个面向对象的有限元分析软件架构。面向对象程序(object-oriented programming)具有很好的封装性、接口友好性和继承性等特点，程序被分解成对象和数据，通过类(class)组织封装对象和数据。OpenSees 的主体架构主要包含 Domain、ModelBuilder、Analysis 和 Recorder 四个大类，每个大类下又包含许多小类。各个大类各司其职，ModelBuilder 负责建立模型，Analysis 负责复杂的分析，Recorder 负责分析后数据的记录处理，三者均与 Domain 关联。Domain 则聚合和收集了模型的所有数据，如图 2-25 所示。

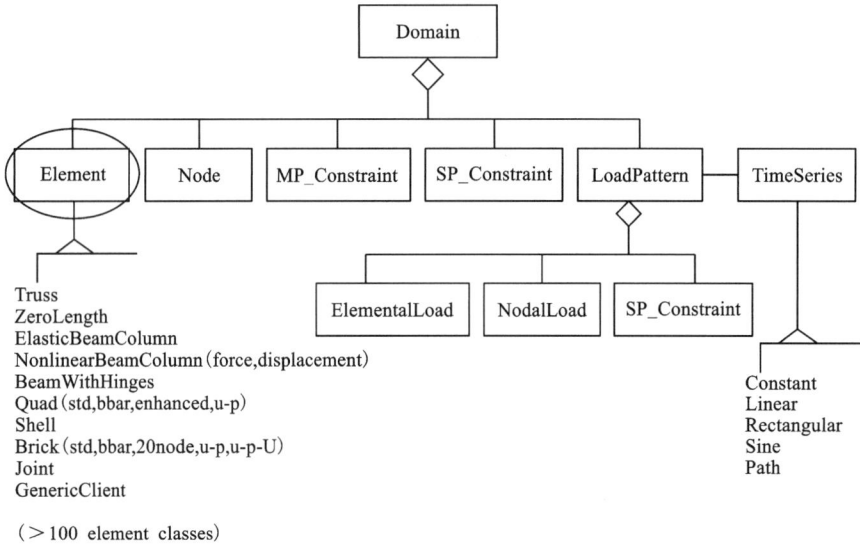

图 2-25 Domain 架构图

单元类(Element class)直接存储在 Domain 类下，与其他类同样不存在直接关联，单元开发时只需要从 Domain 中获取和交换数据，从而大大简化了单元的开发难度。本节开发的垂向移动单元(WheelRail)和空间移动单元(WheelRail3D)均存储在 Element 类下。

2. 垂向移动单元集成

垂向移动单元可推导出具有解析的表达式，因而单元开发及调试相对比较简单。在 OpenSees 中开发垂向移动单元，只需要创建垂向移动单元类 WR2D. h 以及其程序实现 WR2D. cpp 两个文件即可。其中类文件 WR2D. h 为关键，其定义了用到的数据、相应的处理函数和对外的接口。开发完成后的垂向轮轨单元与主程序的协作图十分复杂，但由于面向对象程序的封装特点，在实际的编程过程中，不需要像面向过程编程那样去关注每一个函数间的相互关系，而只需要关注类之间的关系和类间数据接口。轮轨垂向移动单元 WR2D 的类继承关系如图 2-26 所示，可以看到其继承关系比

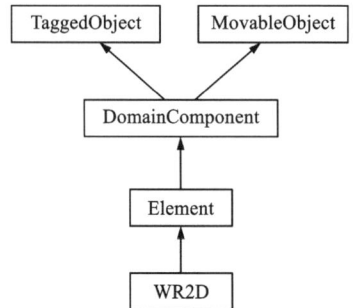

图 2-26 轮轨垂向移动
单元 WR2D 的类继承关系

较简单直观，只有三个继承层次，需要关注的是直接从总体单元类 Element 到轮轨垂向移动

单元类 WR2D 的单一继承关系。这也是选择 OpenSees 作为集成平台的原因，其开源和面向对象程序框架的特点可以大大地简化单元的开发工作量。

在 OpenSees 轮轨移动单元开发过程中，有一点需要注意，普通的单元(如梁单元、桁架单元等)节点坐标是固定的，在整个分析过程中不会发生变化；而轮轨移动单元由于车辆在整个仿真模拟过程中一直在向前运动，这就使轮轨移动单元节点坐标随着轮对位置的变化而变化，从而增加了单元开发的难度。由于在有限元中，单元刚度矩阵最终都是直接叠加到整体刚度矩阵后进行动力方程求解，因此可以采用激活和未激活方式处理轮轨移动单元节点变化问题。

3.空间移动单元集成

空间移动单元集成和垂向移动单元集成的过程和思路相近，只是空间移动单元刚度矩阵由于没有解析表达式，需要采用数值扰动法进行求解，因此空间移动单元的集成过程需要考虑轮轨位移和力的迭代及其收敛性问题。此外，空间单元轮轨接触力计算比较复杂，采用不同的理论，其计算复杂程度成倍增加，为了提高计算效率，单元蠕滑力的计算同样采用查表法。注意，在空间轮轨移动单元中，默认考虑非线性 Hertz 接触弹簧非一致接触关系，轨道不平顺则是直接从外部文件读入。

2.7.3　数值算例

1.垂向移动单元验证算例

为了验证所提轮轨移动单元分析方法的准确性和可靠性，建立如图 2-27 所示的独轮车过简支梁模型，所有模拟参数均标注于图中。其中车体用簧上质量块模拟，不考虑列车及简支梁阻尼影响，单元长度为 1 m，采用 OpenSees 进行建模，单元为弹性梁柱单元，分析时步为 0.005 s。将移动单元分析结果(移动单元解)与 CS 解、Biggs 的解析解、Yang 解、Bowe 解的模拟计算结果进行对比，结果如图 2-28、图 2-29 所示。对于列车响应，五种分析方法的计算结果基本吻合，只有解析解存在微小差异；对于桥梁响应，五种方法计算的跨中节点位移响应基本吻合。而在加速度响应上，各种方法的计算结果存在较大差异，整体看来具有相同的变化趋势，只是波动性强弱程度不同，解析解波动性最小，Bowe 结果次之，移动单元方法的计算结果和 CS 技术、Yang 方法计算结果波动幅值相当，但相位不同，且移动单元结果波动的频率更高。这是因为 Biggs 的解析解只考虑了一阶模态的影响，忽略了相应高阶模态作用，从而使得列车及桥梁响应与其他模拟结果存在差异，且桥梁跨中节点加速度响应成正弦趋势。移动单元法与 CS 技术法均考虑了轮轨间非线性 Hertz 弹簧作用，所以与 Yang 相比，波动频率更高。而 Bowe 采用线性 Hertz 弹簧，且计算时步较长，所以差异较大。虽然轮轨移动单元分析方法与 CS 技术分析方法计算精确性均较好，但是在计算效率方面，CS 技术分析方法相比于移动单元分析方法需要消耗更多的计算时间。在同样的 10 跨 32 m 简支梁模型中，CS 技术分析方法需要耗时 30~60 min，而采用轮轨移动单元方法只需要约 5 min，故移动单元分析方法在效率和精度两方面均存在优势。通过上述分析，轮轨垂向移动单元分析方法能很好地模拟垂向列车-桥梁耦合振动问题，且都能很好地反映非线性接触弹簧以及高频响应。

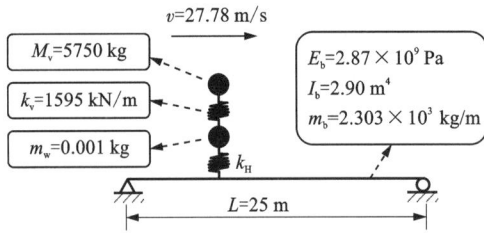

M_v—车质量；k_v—车体刚度；m_w—轮对质量；E_b—梁体弹性模量；I_b—梁体惯性矩；

m_b—梁体质量单位长度；k_H—轮轨间非线性 Hertz 弹簧刚度。

图 2-27 独轮车过简支梁模型

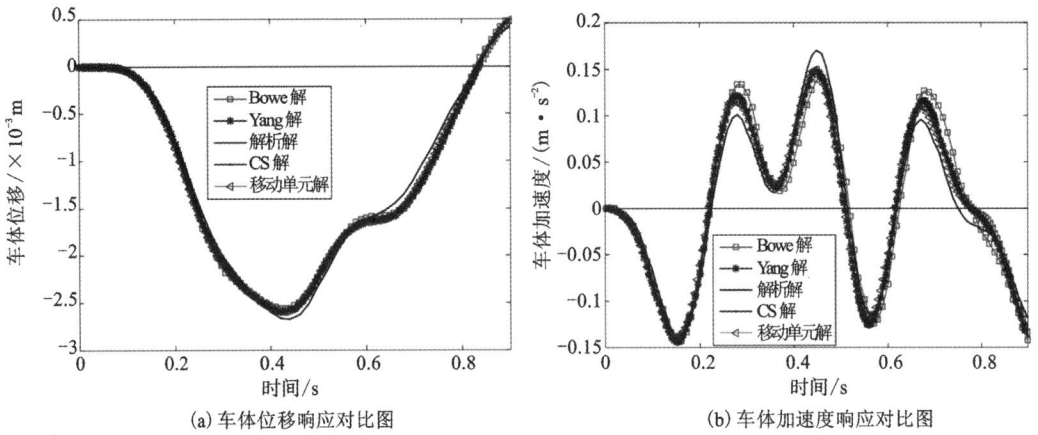

(a) 车体位移响应对比图

(b) 车体加速度响应对比图

图 2-28 车体响应对比图

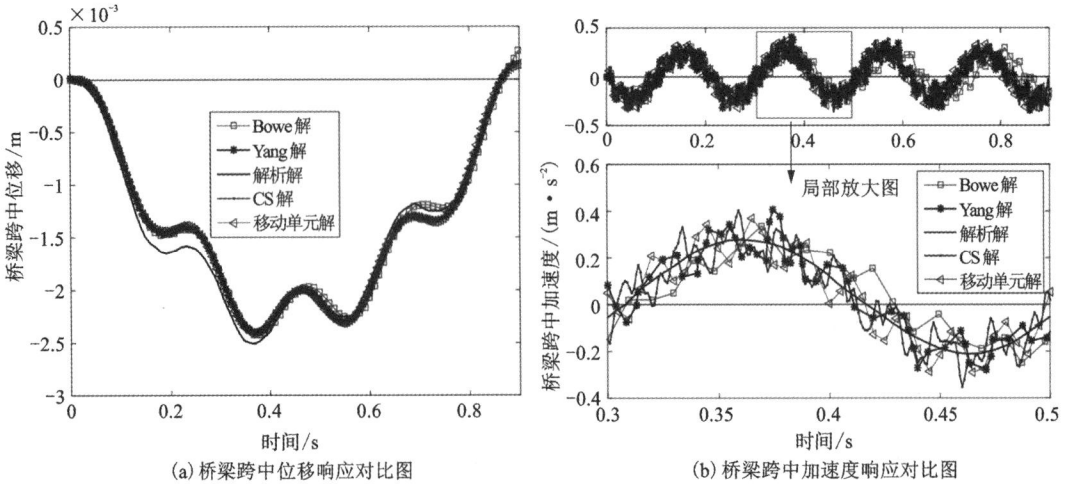

(a) 桥梁跨中位移响应对比图

(b) 桥梁跨中加速度响应对比图

图 2-29 桥梁响应对比图

2. 空间移动单元验证算例

空间移动单元因无解析解对比，所以采用试验进行验证。为了验证前文所搭建的空间 OpenSees 列车–轨道–桥梁系统仿真分析平台的准确性，笔者依托现有试验设备，先搭建了地震作用下桥上行车试验平台，然后基于该平台开展了首个地震作用下桥上行车缩尺实验，运用实验数据对比验证了空间 OpenSees 列车–轨道–桥梁系统仿真分析平台，为下文开展特大连续钢桁桥动力及行车安全研究提供了有力工具。

根据桥上行车系统缩尺物理模型，采用笔者搭建的 OpenSees 列车–轨道–桥梁系统仿真分析平台，建立了地震作用下高速列车桥上走行安全室内缩尺试验的 OpenSees 有限元模型。通过有限元模型与试验数据的对比，验证了所搭建的 OpenSees 列车–轨道–桥梁系统仿真分析平台的准确性，说明基于移动单元模型的 OpenSees 仿真平台能够很好地模拟地震作用下列车–轨道–桥梁耦合振动问题，是实用的列车–桥梁耦合系统动力分析方法。相关验证的详细内容见本书第 3 章。

2.8　本章小结

近年来我国高速铁路线路发展迅猛，深入至中西部等强地震频发地区。随着高速铁路桥梁数量和占线比日益增大，地震发生时，高速列车在桥上运行的可能性大大增加。因此，研究地震下高速铁路桥上行车安全性问题具有重要的实际意义。

本章针对此问题，从数值模拟的角度出发，开展了一系列相关的创新性研究，得出了如下有益结论。

①结合我国高速铁路的发展趋势典型特点，指出了地震作用下高速列车–轨道–桥梁耦合振动研究的必要性和重要实际意义。

②提出了兼顾效率和宽适用性的法向最大嵌入深度找点理论。研究结果表明，大横移情况下其所找接触点更具代表性；同时采用 MATLAB 开发了相应的可视化空间轮轨接触关系计算平台，验证了法向找点法的适用性和准确性。

③首次将 CS 技术引进到列车–桥梁耦合振动分析中，提出了一种新的数值模拟策略。客户端与服务器两者间通过 socket 进行通信。相比于传统的列车–桥梁分析，其更能够直接得到应力应变层面的结构响应。

④针对列车–轨道–桥梁系统建模效率低下问题，提出 OpenSees 快速仿真技术，能在单一的 OpenSees 模拟平台中实现列车–轨道–桥梁耦合振动分析。研究结果表明，OpenSees 快速仿真技术是实用方便、简单易学的列车–桥梁振动分析方法。

⑤证明了基于多体系统动力学软件 Simpack 和 OpenSees 联合仿真思路的正确性、可行性。其次，对比了有、无地震作用下高速列车–无砟轨道–桥梁耦合系统的地震响应和行车安全指标。此外，本章进一步分析了列车运行速度和地震荷载对列车–轨道–桥梁耦合系统的地震响应和高速列车走行安全的影响。

⑥提出了适用于列车–桥梁耦合振动分析的轮轨移动单元新模型，并提出一种基于非线性接触关系的新型二维轮轨耦合单元，在有限元 OpenSees 软件平台实现了此单元，且源代码已公开。

⑦以 OpenSees 为集成平台，按竖向和空间分别阐述了移动单元的集成方法。对竖向轮轨移动单元，验证了竖向移动单元的准确性，说明了竖向移动单元的灵活性、非线性分析能力及地震分析能力。

第 3 章

地震下高速铁路列车–轨道–桥梁系统
物理试验模拟方法

3.1　概述

关于地震下高速铁路行车安全理论和数值模拟研究，相比高速铁路列车设备、桥梁和隧道等基础设施的试验研究和现场震害研究要少。实测数据的缺失导致理论和数值模拟研究缺少验证，同时由于地震发生的不可预见性和测试的困难，很难规划何时以及如何通过实测得到地震下行车的数据。因此，实验室内的地震作用下桥上行车试验系统具有十分重要的价值。

地震模拟试验受限于振动台试验设备条件，往往只能通过缩尺后的模型试验实现，而现阶段开展的大批量列车行车模拟往往是足尺试验，存在一定矛盾。如果要进行地震下高速铁路桥上行车安全模拟试验，必定是模型试验，这对列车行车模拟提出了较高的要求，需要对相似理论和试验系统进行研究以评估并实现此类试验。充分利用现有的振动台试验设备在一套新构建的试验系统中同时实现土木结构的震害模拟和列车行车安全模拟，是该类型试验的关键所在。笔者团队搭建了震害和列车行车同时模拟的相似设计框架，从理论上论证了其可靠性，从试验系统上评估了其可行性，依据现有的振动台试验设备完成了此类大型试验，并通过数值模拟验证了相似设计的可靠性，进而给出了能够开展此类试验的大型试验系统和方法，为地震下高速铁路桥上行车安全模拟模型试验系统的搭建奠定了基础。

实际上，能够实现地震模拟的振动台试验已经开展了几十年，其相似设计理念和理论已经相对成熟且被业界所接受，而列车行车试验则较少，更多是采用原型和现场行车试验。地震下高速铁路桥上行车安全模拟的模型试验系统在相似理论和试验设备上均存在一定挑战。由此，笔者团队搭建了地震作用下高速铁路桥上行车安全性动态模拟试验系统，以下对该系统的关键问题一一阐述。

（1）相似理论及设计

该内容的关键在于行车的缩尺模型试验的可行性和合理设计，明确哪些数据可以反馈原型特征。此外，轮轨力如何实现相似设计也是至关重要的。本章将进行此方面的论述和理论推导，建立地震下桥上行车的模型试验相似理论和设计方法。

（2）振动台设备性能

地震下高速铁路桥上行车安全模拟的模型试验系统是在现有的振动台试验设备基础上搭建起来的，要使振动台试验设备满足相应的试验要求需要对其进行测试与评估，尤其在行车脱轨等极端情况下对振动台的冲击效应需详细评估其可行性，以保证试验可行，避免设备的意外损坏。

（3）试验系统的搭建

在合理完成地震下桥上行车试验系统的相似设计并评估振动台设备性能满足要求之后，设计搭建能够开展地震下行车试验的试验系统，解决搭建过程中的一些技术细节问题，如行车速度、安全防护等，而后提出实验室内的实现方法，为系统建设提供解决思路。

笔者团队利用缩尺理论设计了试验车模型和桥梁模型，在中南大学振动台台阵系统（图3-1）基础上搭建了高速列车桥上行车试验平台，基于该平台首次开展了地震作用下桥上行车试验，试验了多种工况，并采用偏激法进行轨道不平顺检测，利用多种测试设备进行数据采集，获得了可靠的试验数据，最后基于试验数据对仿真平台进行了对比验证，对比结果充分说明了所搭建仿真平台的正确性、适用性及准确性。该振动台试验为国际上首

图3-1　中南大学振动台台阵系统

次开展的地震作用下高速列车桥上行走安全性室内试验，可为后续相似的试验提供参考。

3.2　高速铁路列车-轨道-桥梁系统模型试验相似设计

3.2.1　相似设计理论

模型试验是相对于原型试验而言的，对于工程上因费用、设备等原因无法实现原型大型结构足尺试验的情况，通常采用模型试验。一个设计良好的模型试验可以较为完整地反馈原型结构的重要参数特征。对物理力学模型来说，针对不同的试验目的，通常选取不同的模型设计控制参数，模型试验相似条件的设计方法有方程式法、量纲分析法等。方程式法需要对整个物理过程非常清晰，才能够建立起相似系数关系式。量纲分析法的应用范围更广泛，其不需要完全明确物理过程控制方程的表达式，只要通过量纲转化实现相似关系和系数的计算，就能建立符合相似规律的模型结构的参数取值体系。考虑到地震下桥上行车安全模拟模型试验的复杂性，本书采用量纲分析法，该方法相对简单，且能够反映主要的响应规律和特征。

对力-时间-尺寸量纲体系建立起来的相似关系体系而言，通常是3个参数确定之后，便可决定其他参数的计算表达式。因此，实际上的模型设计是3个关键参数的选取和设计问题。比如地震下的建筑和桥梁结构，通常选择质量、加速度、尺寸3个参数，或弹性模量、加速度、尺寸3个参数，而岩土液化的试验则更关注时间缩尺比，会把时间列为设计参数。对地震下桥上行车模型试验来说，关键参数则选取几何尺寸、弹性模量、加速度。

本书提出了一种地震下高速铁路列车行车安全模型试验的分维相似设计方法和适用于列

车–桥梁耦合振动试验的行车系统的 ABC 理论，如
图 3–2 所示。

　　地震作用下桥上行车缩尺试验的关键点之一是
缩尺物理模型与实际物理模型间的等效关系是否成
立。由于列车–桥梁耦合系统的复杂性，普遍认为不
能直接由缩尺物理模型(试验模型)直接通过相似转
化获得实际物理模型的动力性能，也就是不能像传
统结构抗震那样用振动台模型试验来考察原型结构
的抗震性能。但是，换一种思路考虑，将地震作用
下高速铁路桥上行车试验看成是原型，则试验已经
获得了原型结构的动力性能，如果能够通过数值模
拟技术很好地模拟试验原型的动力性能，则说明该
模拟技术具有一定的可靠性和准确性，那么基于该
模拟技术对实际线路上运行的列车–桥梁耦合系统

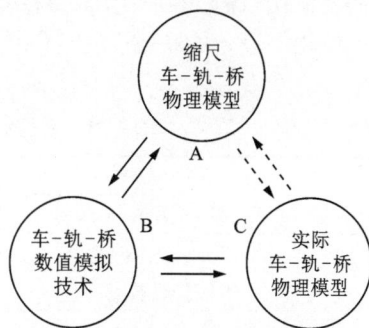

A—缩尺列车–轨道–桥梁物理模型；B—列
车–轨道–桥梁数值模型(模拟技术)；C—实
际列车–轨道–桥梁物理模型。

图 3–2　行车系统的 ABC 理论

进行模拟，同样具有一定的可靠性和准确性。也就是说，如果不直接考虑缩尺物理模型和实
际物理模型之间的等效，而是用缩尺列车–轨道–桥梁物理模型去验证列车–轨道–桥梁数值
模型(模拟技术)，再用验证后的数值模型(模拟技术)进一步验算实际列车–轨道–桥梁物理
模型，从而在地震作用下列车–桥梁耦合系统中缩尺物理模型、数值模型(模拟技术)和实际
物理模型之间建立起 A 到 B，B 到 C 的 ABC 推理关系，简称为行车系统的 ABC 理论。运用
ABC 理论，可用缩尺列车–轨道–桥梁模型间接地研究实际列车–轨道–桥梁物理模型的相关
动力性能，实现两者间的间接转化。

3.2.2　相似设计参数

　　当前土木工程领域的振动台试验一般是缩尺模型试验，根据王燕华等学者的分析，在避
免过小缩尺的前提下，振动台试验能准确地复现实际震害。对地震作用下高速铁路桥上行车
安全模拟的模型试验来说，试验可行的关键问题包括两个方面：第一，控制关键设计参数，
实现小比例模型，保证其在实验室条件下的可行性；第二，保证在实验室条件下复现的轮轨
相互作用关系是符合相似率的。前者要求相似比尽可能小，后者要求相似比足够大，因此准
确地选择合适的相似比参数十分重要。

　　结合中南大学高速铁路多功能振动台实验室现有的振动台设备基本参数、列车和桥梁原
型等试验条件，按照表 3–1 所示相似设计参数实现的振动台试验模型如图 3–3 所示。以下对
几个重要的相似比参数进行分析。

　　(1)几何相似比

　　高速列车按最低 250 km/h 的行车速度驶过高速铁路常用的 11 m×32 m 跨简支梁桥的时
间大约是 0.4608 s，而实际原型地震的强震时间往往是 10~30 s，故如果要监测地震发生全程
列车与桥梁的共同作用和列车脱轨问题，则需要涉及约 22 跨简支梁桥。如果考虑地震下减
速行驶，则通行距离会稍微缩短一些，暂时取为一半进行考虑，即 11 跨 32 m 简支梁桥，那么
要设计地震作用下桥上行车模拟的试验系统，首先需要建造上述距离的桥梁结构模型。考虑
振动台台阵系统的实际设备性能(4 m×4 m 的尺寸，30 t 负重)和槽道距离(55 m)，试验系统

的几何相似比取值范围为(1∶35)~(1∶7),又考虑到地震下桥上行车模型试验系统的长度应该保留相关设备的长度,故几何相似比取为1∶10。

表 3-1　高速铁路连续梁桥振动台试验相似设计参数

物理性能	物理参数	相似常数	备注
几何性能	长度(s^l)	1/10	轨道和模型制作精度要求较高,0.1 mm 量级
材料性能	应变(s^e)	1	可供选择材料决定了相似比为 0.3~1.0
	等效弹性模量(s^E)	1/2	
	等效应力(s^σ)	1/2	
	质量密度(s^ρ)	5	需要在主要结构构件上配重,但由于制作工艺所限,不考虑轨道和轮子自身配重
	质量(s^m)	1/200	考虑原型单跨桥梁重量约 2000 t,单台模型重量约 15 t(单跨桥加半跨桥),满足振动台性能要求
荷载性能	集中力(s^F)	1/200	
	线荷载(s^q)	1/20	
	面荷载(s^p)	1/2	
	力矩(s^M)	1/2000	
动力性能	阻尼(s^c)	$\sqrt{10}/200$	
	周期(s^T)	$1/\sqrt{10}$	
	频率(s^f)	$\sqrt{10}$	振动台频率范围是 50 Hz 以内,则能够复现原型地震动的 10~20 Hz 频率成分
	速度(s^v)	$1/\sqrt{10}$	实验室内需要能够实现 20 m/s 的速度
	加速度(s^a)	1	控制试验

(2)加速度相似比

常规的土木工程结构振动台试验为了减轻模型重量,通常采用增大加速度相似比的做法,虽然这样会导致一定程度的重力失真,但仍在可接受范围内。但对地震作用下桥上行车试验来说,重力失真对行车安全的影响要比纯粹的土木工程结构抗震性能的影响大得多,所以加速度相似比要选为1∶1,这样可以避免重力失真,对行车安全的模拟更加准确。

图 3-3　高速铁路连续梁桥振动台试验模型

(3)材料性能相似比

在实际的模型试验中,模型结构材料往往是由多种材料组成,致使材料的应力相似常数不一定统一,即使为单一材料组成的建筑,如钢结构建筑,其模型材料与原型材料也很难做到应力-应变整体曲线相似,这就需要在实际的设计中采用试算-调整策略。考虑到地震作用下桥上行车系统混凝土、钢筋和钢轨的配比,以及在试验模型中初步选用黄铜作为模型材料,材料性能相似比(弹性模量相似比)取1∶2。由于在相似设计中强度与弹性模量同步缩尺,因此选取模型材料时需要注意。

(4)轨道制作精度

如上所述，模型试验采用了 1∶10 的几何相似比，在此相似比下，轨道不平顺的尺寸会变小。考虑高速铁路轨道短波不平顺往往控制在 3 mm 以内，缩尺到模型则为 0.3 mm，制作精度需降低一个数量级，则轨道短波不平顺的制作精度需要在 0.03 mm 级别，此种短波不平顺的模型精度的加工较为困难，但在数控机床上仍可实现。轨道长波不平顺如果在 10 mm 量级，则精度要求为 0.1 mm，相对更容易实现。轨道不平顺作为系统的主要激励源之一，其制作的准确性对试验的影响较大。轨道精度加工是模型试验的挑战之一，实现如此精度的轨道不平顺制作，需要通过大刚性底盘把 4 个台面联系起来，在其上制作桥梁和轨道结构，从而开展地震作用下桥上行车试验。

(5)轮轨关系

列车–桥梁耦合系统模型试验中轮轨关系的模拟是重点。当前轮轨关系的模拟策略是不改变实际轮对与钢轨踏面的形状，即保持轮轨踏面形状不变，试验模拟中模型钢轨和轮对均采用原型金属材质，从而默认轮轨接触关系不变。要保证轮轨踏面形状不变，则要求缩尺比不能太小，同时制作精度要足够高。而在轮轨接触几何关系中，钢轨踏面尺寸通常小于轮对踏面尺寸，如我国高速铁路中常用的 CHN60 钢轨轨头尺寸为 73 mm，相匹配的 LM_A 型踏面尺寸为 135 mm，因此钢轨踏面起决定作用。在几何相似比取 1∶10 的情况下，模型的钢轨踏面尺寸为 7.3 mm，在现有的数控机床下能够轻松实现，因此轮轨关系能够满足试验要求。

(6)承载能力

对 1∶10 缩尺模型来说，如果不考虑其密度的变化，则其重量为 $(1/10)^2$ 的缩尺量级。根据《时速 350 公里客运专线铁路无砟轨道后张法预应力混凝土简支箱梁(双线)》(通桥(2008)2322A-Ⅱ)可知，32 m 简支箱梁的自重为 836.8 t，二期恒载按 1.4 t/m 计算，单跨简支梁重约 881.6 t，11 跨简支梁桥线路总重为 9697.6 t，缩尺后模型总重为 97.0 t。四台阵试验系统的总承载力为 120 t，在实际试验过程中，富余的承载力可用于承担相关附属设施自重，能够满足试验系统的承载能力需求。

(7)试验速度

当几何相似比为 1∶10，加速度相似比为 1∶1 时，根据量纲分析理论，计算得到的速度相似比为 $1/\sqrt{10}$。此时，原型车 250 km/h 的运营速度在缩尺后试验模型中对应的速度为 21.96 m/s。考虑单节车模型缩尺后自重为 320 kg 左右，则加速到试验模型所需速度，相应电机的最小功率应该为 78 kW，在市面上能够找到对应的电机产品，因此试验室内能够满足地震作用下桥上行车试验速度要求。

(8)其他缩尺比的确定

如上，几何相似比、材料性能相似比、加速度相似比确定之后，其他的相似比可以通过这三个相似比确定下来。在几何相似比为 1∶10，材料性能相似比为 1∶2，加速度相似比为 1∶1 的情况下，可得到模型相似设计，如表 3-1 所示。值得注意的是试验原型车到模型车的相似设计，其双悬挂结构不能变，动力性能要严格保持相似。

3.2.3　相似设计有效性验证

正如前文所述，行车试验往往采用的是原型试验，而非缩尺模型，但受限于地震和风的试验，实验室复现困难，只能采用模型试验的形式。行车的模型试验存在一些争议问题，主要集中在模型试验能否完整体现原型车辆与轨道之间的轮轨相互关系，这一点也是评判试验能否正确反映行车安全的关键因素。

此问题的由来主要是业界对模型试验的认识，实际上，如果能够完整实现模型试验的设计和实施，则原型和模型的轮轨动力方程也会相互一致。对原型和模型来说，其控制方程的形式是一致的，不同点在于各个量纲之间的对应比例关系。如果比例关系经过良好的设计，能够体现模型和原型的换算关系，则可认为模型试验能够在一定精度上模拟原型，这也是模型试验设计和量纲分析的出发点。列车行车的动力方程描述如下。

原型结构的控制方程为：

桥梁：

$$M_b^p \ddot{U}_b^p + C_b^p \dot{U}_b^p + K_b^p U_b^p = F_{bw}^p (\ddot{U}_b^p, \dot{U}_b^p, U_b^p, \ddot{U}_v^p, \dot{U}_v^p, U_v^p, R^p) \tag{3-1}$$

列车：

$$M_v^p \ddot{U}_v^p + C_v^p \dot{U}_v^p + K_v^p U_v^p = F_{wb}^p (\ddot{U}_b^p, \dot{U}_b^p, U_b^p, \ddot{U}_v^p, \dot{U}_v^p, U_v^p, R^p) \tag{3-2}$$

式中：下标 b 表示桥梁；下标 v 表示列车；上标 p 表示针对原型结构；M、C、K 分别为相应的质量矩阵、阻尼矩阵、刚度矩阵；$\ddot{U}$、$\dot{U}$、U 分别为结构的加速度、速度、位移向量；R 为轨道不平顺向量；F_{bw} 表示轨道结构对桥梁结构的作用力；F_{wb} 为桥梁结构对轨道结构的作用力；F_{bw}、F_{wb} 为相互作用力，是桥梁运动状态、车辆运动状态及轨道不平顺的函数。同样，对于模型结构有：

桥梁：

$$M_b^m \ddot{U}_b^m + C_b^m \dot{U}_b^m + K_b^m U_b^m = F_{bw}^m (\ddot{U}_b^m, \dot{U}_b^m, U_b^m, \ddot{U}_v^m, \dot{U}_v^m, U_v^m, R^m) \tag{3-3}$$

列车：

$$M_v^m \ddot{U}_v^m + C_v^m \dot{U}_v^m + K_v^m U_v^m = F_{wb}^m (\ddot{U}_b^m, \dot{U}_b^m, U_b^m, \ddot{U}_v^m, \dot{U}_v^m, U_v^m, R^m) \tag{3-4}$$

式中：上标 m 表示针对模型结构；其他符号意义同前。根据试验设计相关理论，模型与原型结构间的相关量存在如下关系：

$$\frac{M_b^m}{M_b^p} = s_b^m, \quad \frac{C_b^m}{C_b^p} = s_b^c, \quad \frac{K_b^m}{K_b^p} = s_b^k, \quad \frac{\ddot{U}_b^m}{\ddot{U}_b^p} = s_b^a, \quad \frac{\dot{U}_b^m}{\dot{U}_b^p} = s_b^v, \quad \frac{U_b^m}{U_b^p} = s_b^u$$

$$\frac{M_v^m}{M_v^p} = s_v^m, \quad \frac{C_v^m}{C_v^p} = s_v^c, \quad \frac{K_v^m}{K_v^p} = s_v^k, \quad \frac{\ddot{U}_v^m}{\ddot{U}_v^p} = s_v^a, \quad \frac{\dot{U}_v^m}{\dot{U}_v^p} = s_v^v, \quad \frac{U_v^m}{U_v^p} = s_v^u \tag{3-5}$$

$$\frac{F_{bw}^m}{F_{bw}^p} = \frac{F_{wb}^m}{F_{wb}^p} = s^F, \quad \frac{R^m}{R^p} = s^r$$

式中：s^m、s^c、s^k、s^a、s^v、s^u 分别表示相应质量矩阵、阻尼矩阵、刚度矩阵、加速度向量、速度向量、位移向量的相似系数；下标 b 表示桥梁；下标 v 表示列车；s^F、s^r 表示相应的轮轨作用力相似系数、轨道不平顺相似系数。

将式(3-5)稍做变换后，分别代入式(3-3)和式(3-4)中可得：

桥梁：

$$(s_b^m s_b^a) M_b^p \ddot{U}_b^p + (s_b^c s_b^v) C_b^p \dot{U}_b^p + (s_b^k s_b^u) K_b^p U_b^p = (s^F) F_{bw}^p \tag{3-6}$$

列车：

$$(s_v^m s_v^a) M_v^p \ddot{U}_v^p + (s_v^c s_v^v) C_v^p \dot{U}_v^p + (s_v^k s_v^u) K_v^p U_v^p = (s^F) F_{wb}^p \tag{3-7}$$

式(3-6)和式(3-7)表示模型结构反算得到的原型结构方程，要使得模型能够真实反映原型结构性能，显然式(3-6)与式(3-1)，式(3-7)与式(3-2)应该分别相等，则有如下关系式：

$$\frac{s_b^m s_b^a}{s^F} = 1, \ \frac{s_b^c s_b^v}{s^F} = 1, \ \frac{s_b^k s_b^u}{s^F} = 1, \ \frac{s_v^m s_v^a}{s^F} = 1, \ \frac{s_v^c s_v^v}{s^F} = 1, \ \frac{s_v^k s_v^u}{s^F} = 1 \tag{3-8}$$

对式(3-8)进行量纲分析如下(选长度$[L]$、质量$[M]$、时间$[T]$为基本量纲)：

$$\frac{[s_b^m][s_b^a]}{[s^F]} = \frac{[M][LT^{-2}]}{[MLT^{-2}]} = 1$$

$$\frac{[s_b^c][s_b^v]}{[s^F]} = \frac{[FTL^{-1}][LT^{-1}]}{[F]} = 1 \tag{3-9}$$

$$\frac{[s_b^k][s_b^u]}{[s^F]} = \frac{[FL^{-1}][L]}{[F]} = 1$$

由式(3-9)可知模型和原型结构之间是能够实现相互转换的。需要注意的是，式(3-9)在推导过程中是遵循了量纲关系的，说明遵循量纲关系即可满足模型与原型的相似。

以上已经说明了宏观动力方程的动力相似规律只要满足量纲关系即可。现在进一步考虑各个分量的相似和表达式，首先说明式(3-9)中各分量的确定和实现。模型的质量，在相似设计中可以通过附加质量等方式实现；模型的阻尼和刚度，一般通过选择合适的材料满足试验要求；轨道不平顺是几何缩尺，理论上很明确，不存在争议，主要是精度实现的问题；$\ddot{U}$、$\dot{U}$、U 为响应量，一般为观测值；而轮轨相互作用力 F_{bw} 与 F_{wb} 为整个问题的关键，模型试验能否复现原型的轮轨力需要详细讨论。由于 F_{bw} 与 F_{wb} 没有简单的显式表达式，往往通过简化查询相关数表计算，这种理论上的模糊给试验设计带来一定困难。作为验证之一，下面将采用经典轮轨理论来考证轮轨力相似设计的合理性和可行性。

1. 单点接触情况

单点接触时，轮轨作用力一般采用 Kalker 线性理论计算，公式如下：

$$\begin{cases} F_x = -f_{11}\xi_x \\ F_y = -f_{22}\xi_y - f_{23}\xi_{sp} \\ M_z = -f_{23}\xi_y - f_{33}\xi_{sp} \end{cases} \tag{3-10}$$

式中：F_x 为纵向蠕滑力；F_y 为横向蠕滑力；M_z 为回旋蠕滑力；f_{11}、f_{22}、f_{23}、f_{33} 为蠕滑力系数；ξ_x 为纵向蠕滑率；ξ_y 为横向蠕滑率；ξ_{sp} 为自旋蠕滑率。蠕滑力系数通过如下公式计算：

$$\begin{cases} f_{11} = G_{wr}abC_{11} \\ f_{22} = G_{wr}abC_{22} \\ f_{23} = G_{wr}(ab)^{3/2}C_{23} \\ f_{33} = G_{wr}(ab)^2C_{33} \end{cases} \tag{3-11}$$

式中：G_{wr} 为轮轨材料合成剪切模量，通常认为是常数；a、b 为轮轨接触椭圆的长、短半轴；C_{11}、C_{22}、C_{23}、C_{33} 为 Kalker 系数，可通过查表得到，完全依赖于 a/b 的比值，a，b 在相同的几何相似比下，可认为不变。考虑常规运行状态(即小侧滚、小摇头、小接触角状态)下，蠕滑率可通过如下公式计算：

$$\begin{cases} \xi_x = \dfrac{\{v[1-r/r_0]-\dot{\psi}\cdot L_w/2\}}{v} \\[3mm] \xi_y = \dfrac{(\dot{y}+r\dot{\varphi}-v\psi)}{v} \\[3mm] \xi_{sp} = \dfrac{(\dot{\psi}-\delta v/r_0)}{v} \end{cases} \qquad (3\text{-}12)$$

式中：v 为车辆行进速度；r、r_0 分别为轮对瞬时滚动半径、名义滚动圆半径；δ 为轮轨接触角；L_w 为轮对内侧距；$\dot{y}$、ψ、$\dot{\psi}$、$\dot{\varphi}$ 分别为轮对横移速度、轮对摇头角、角速度、轮对侧滚角速度。

将式(3-11)和式(3-12)代入式(3-10)，可以得到轮轨水平作用力函数关系：

$$\begin{cases} F_x = -G_{wr}abC_{11}\dfrac{\{v[1-r/r_0]-\dot{\psi}\cdot L_w/2\}}{v} \\[3mm] F_y = -G_{wr}abC_{22}\dfrac{(\dot{y}+r\dot{\varphi}-v\psi)}{v}-G_{wr}(ab)^{3/2}C_{23}\dfrac{(\dot{\psi}-\delta v/r_0)}{v} \\[3mm] M_z = -G_{wr}(ab)^{3/2}C_{23}\dfrac{(\dot{y}+r\dot{\varphi}-v\psi)}{v}-G_{wr}(ab)^2C_{33}\dfrac{(\dot{\psi}-\delta v/r_0)}{v} \end{cases} \qquad (3\text{-}13)$$

假设对模型结构式(3-13)仍然成立，实质上这也是由动力问题数学建模所决定的。则模型结构与原型结构轮轨作用力分别比对，可得到相似系数的如下关系式：

$$\begin{cases} s^{F_x} = -s^{G_{wr}}s^a s^b s^{C_{11}}\dfrac{\{s^v[1-s^r/s^{r_0}]-s^{\dot{\psi}}\cdot s^{L_w}/2\}}{s^v} \\[3mm] s^{F_y} = -s^{G_{wr}}s^a s^b s^{C_{22}}\dfrac{(s^{\dot{y}}+s^r s^{\dot{\varphi}}-s^v s^{\psi})}{s^v}-s^{G_{wr}}(s^a s^b)^{3/2}s^{C_{23}}\dfrac{(s^{\dot{\psi}}-s^{\delta}s^v/s^{r_0})}{s^v} \\[3mm] s^{M_z} = -s^{G_{wr}}(s^a s^b)^{3/2}s^{C_{23}}\dfrac{(s^{\dot{y}}+s^r s^{\dot{\varphi}}-s^v s^{\psi})}{s^v}-s^{G_{wr}}(s^a s^b)^2 s^{C_{33}}\dfrac{(s^{\dot{\psi}}-s^{\delta}s^v/s^{r_0})}{s^v} \end{cases} \qquad (3\text{-}14)$$

式中：G_{wr}、C_{ij} 分别为常数、无量纲系数，故其相似比 $s^{G_{wr}}=1$，$s^{C_{ij}}=1$；其他相似系数选择长度 $[L]$、质量 $[M]$、时间 $[T]$ 为基本量纲进行分析如下

$$\begin{cases} [MLT^{-2}] = -[L^2]\dfrac{\{[v][1-[L]/[L]]-[f]\cdot[L]/2\}}{[v]} \\[3mm] \Rightarrow [MT^{-2}] = [L] \\[3mm] [MLT^{-2}] = -[L^2]\dfrac{([v]+[L][f]-[v][1])}{[v]}-[L^3]\dfrac{([f]-[1][v]/[L])}{[v]} \\[3mm] \Rightarrow [MT^{-2}] = -[L] \\[3mm] [ML^2T^{-2}] = -[L^3]\dfrac{([v]+[L][f]-[v][1])}{[v]}-[L^4]\dfrac{([f]-[1][v]/[L])}{[v]} \\[3mm] \Rightarrow [MT^{-2}] = -[L] \end{cases} \qquad (3\text{-}15)$$

可以看出，只需要在相似系数设计中满足 $|\dfrac{[MT^{-2}]}{[L]}|=1$，则模型结构就能真实反映原型

结构的轮轨力。实质上，只要符合量纲分析原则，$|\dfrac{[MT^{-2}]}{[L]}|=1$ 是一定会满足的，从表 3-1

也可以看出结果是 1。

2.游间引起多点接触情况

上述讨论的是单点接触情况，没有考虑轮轨磨耗后出现的多点接触与共形接触情况，也没有考虑轮轨游间的作用。当考虑轮轨游间的作用时，情况会有所变化。根据赵卫华、李成辉的研究，合理的轮轨游间能减少轮缘与钢轨磨耗，能实现轮对自动对中。当轮缘与钢轨之间的游间值太大时，会使轮对蛇形运动的振幅增大，影响车辆的运行品质；游间值太小时，会出现车轮踏面轮缘与轨头侧面接触，从而使得轮缘与钢轨严重磨耗，也使得轮轨几何接触出现多点接触情况。

轮对在轨道上运行，蛇形运动幅值小于游间时，仍然满足单点接触情况，由单点接触情况（以下统称情况 1）的分析可知原型和模型能够进行相互转换。如果蛇形运动幅值不小于游间值，说明轮缘和轨侧已经出现接触，此时情况较复杂，有可能是轮缘与轨侧单点接触，也有可能是轨顶与踏面、轮缘与轨侧两点接触，或者出现共形接触。在不考虑共形接触等极端情况下，轮缘与轨侧单点接触可以参照情况 1 的分析。两点接触时，只要合理分配法向力，则可看成两个单点接触问题，同样可以比照情况 1 分析，只是法向力的分配以及接触斑大小的确定需要注意。实际上，只要模型中轮轨接触斑形状以及接触斑的应力分布与原型满足比例关系，则不论是单点接触还是多点接触，原型和模型间均能相互转换。

3.模型试验复现轮轨接触的要素

从经典轮轨理论公式的角度来看，参照表 3-1 的相似设计参数而完成的试验系统能够复现原型结构轮轨接触，所以模型试验具备可行性。然而，为了准确实现轮轨接触，除了相似设计之外，实际的物理建造仍有诸多需要注意的问题，如物理外形相似、材料相似、制作工艺一致等。由于前文推导是在一定理论公式的基础上完成，所以轮轨接触是否满足此理论公式是首先需要考虑的问题。严格来说，模型试验难以精准复现原型行车，但在遵循相似设计关系，且满足外形、材料、工艺等一致的条件下，模型试验可以在一定程度上复现轮轨接触。在不确定的影响因素和机理存在的情况下，在模型试验系统设计和建设中，物理参数和材料要尽量与原型保持一致。

3.3　高速铁路桥上行车试验系统架构

3.3.1　模型车设计

模型车的设计在整个试验当中尤为重要，在相似设计中，主要保证缩尺模型车的动力学性能相似。试验模型车的设计如下。

原型车型号为 CRH380A，模型车采用 1∶10 的几何相似比进行相似设计，其他相似设计参数见表 3-1。由于原型车的动力学参数较多，在相似设计中会产生各个方向的动力学参数不能同时满足相似设计要求的情况。对于发生冲突的动力学参数，相似设计中应该首先保证竖向(z)动力学参数相似，其次为横向(y)，再次为纵向(x)；弹簧参数先于阻尼参数。具体设计后缩尺模型转向架几何尺寸如图 3-4 所示，CRH380A 缩尺模型列车动力学参数如表 3-2 所示。

在相似设计时对空气弹簧做简化处理，采用橡胶弹簧替代空气弹簧，尽量保证在满配重

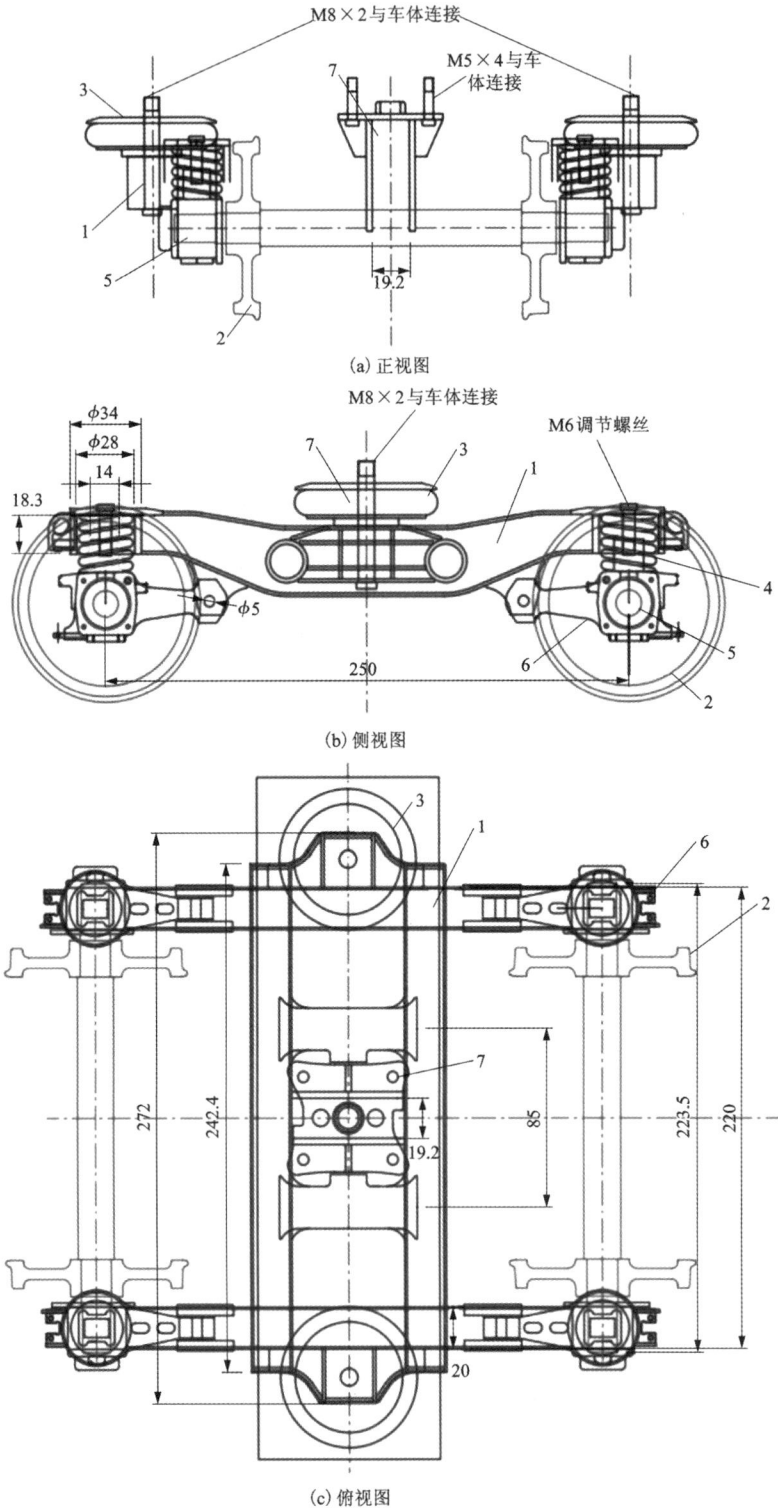

(a) 正视图

(b) 侧视图

(c) 俯视图

注：1—转向架构架；2—轮对；3—空气弹簧；4—构架弹簧；5—垂向减震器；6—轴箱转臂；7—中央牵引。

图 3-4　缩尺模型转向架几何尺寸图

情况下初始刚度等效。模型制作时材料采用 C45 钢板和 Q235 钢材，螺栓根据需要从市面上采购，弹簧和阻尼器定制，轮对直接从废弃高铁轮对中切割，使材料保持一致，完成后模型车质量为 108 kg。并且在模型车制作过程中，精度必须保证在 0.1 mm 级别，完工的模型车转向架应具有可靠的性能，能够在重复试验中保持完整。试验前和试验后 4 个轮对在静止状态下避免出现单个或多个悬空状态，保证试验中轮对和转向架不发生大的翘曲等变形。

表 3-2　CRH380A 缩尺模型列车动力学参数表

构件名	参数	数值
车体	车体质量 m_c/kg	219.3
	车体对 x 轴的转动惯量 J_{cx}/(kg·m^{-2})	5.47
	车体对 y 轴的转动惯量 J_{cy}/(kg·m^{-2})	82.7
	车体对 z 轴的转动惯量 J_{cz}/(kg·m^{-2})	78.05
	二系悬挂 x 向刚度 k_{2x}/(kN·m^{-1})	8.00
	二系悬挂 x 向阻尼 c_{2x}/(kN·s·m^{-1})	0.08
	二系悬挂 y 向刚度 k_{2y}/(kN·m^{-1})	8.00
	二系悬挂 y 向阻尼 c_{2y}/(kN·s·m^{-1})	0.93
	二系悬挂 z 向刚度 k_{2z}/(kN·m^{-1})	9.50
	二系悬挂 z 向阻尼 c_{2z}/(kN·s·m^{-1})	0.63
转向架	转向架质量 m_b/kg	12.0
	转向架对 x 轴的转动惯量 J_{bx}/(kg·m^{-2})	0.10
	转向架对 y 轴的转动惯量 J_{by}/(kg·m^{-2})	0.07
	转向架对 z 轴的转动惯量 J_{bz}/(kg·m^{-2})	0.12
	一系悬挂 x 向刚度 k_{1x}/(kN·m^{-1})	734.00
	一系悬挂 x 向阻尼 c_{1x}/(kN·s·m^{-1})	0
	一系悬挂 y 向刚度 k_{1y}/(kN·m^{-1})	323.50
	一系悬挂 y 向阻尼 c_{1y}/(kN·s·m^{-1})	0
	一系悬挂 z 向刚度 k_{1z}/(kN·m^{-1})	58.80
	一系悬挂 z 向阻尼 c_{1z}/(kN·s·m^{-1})	0.10
轮对	轮对质量 m_ω/kg	12.0
	轮对对 x 轴的转动惯量 $J_{\omega x}$/(kg·m^{-2})	0.10
	轮对对 y 轴的转动惯量 $J_{\omega y}$/(kg·m^{-2})	0.07
	轮对对 z 轴的转动惯量 $J_{\omega z}$/(kg·m^{-2})	0.12

3.3.2 桥梁模型等效设计

在本试验中，对于梁体、轨道板和底座板等结构构件，用钢结构取代混凝土，采用抗弯刚度等效的设计原则；对于轨道板和底座板之间的 CA 砂浆层以及底座板和梁体之间的两布一膜层，通过摩擦系统等效来实现。

轨道–桥梁缩尺模型设计和制作的基本原则为：

①桥梁梁体在行车试验中需处于弹性工作状态，不发生局部扭转屈曲等变形，具有足够的刚度。

②轨道截面严格保证几何相似和材料相似。

根据上述原则，试验中对原型结构 32 m 简支梁的轨道–桥梁系统进行缩尺设计。缩尺后的轨道–桥梁模型布置如图 3-5 所示，包括梁体、轨道板、底座板、承轨台、CA 砂浆层、滑动层、钢轨、扣件、支座等。其各部件尺寸及所用材料阐述如下。

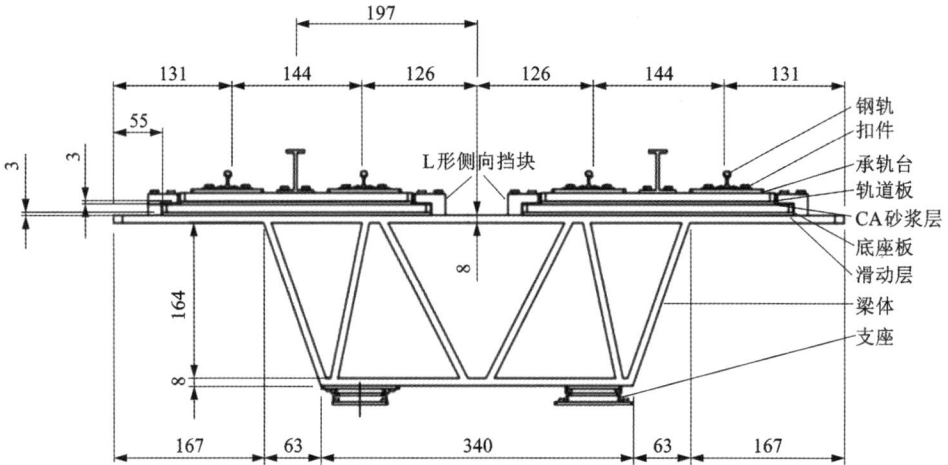

图 3-5 轨道–桥梁模型结构布置图

梁体缩尺后单跨简支梁长度为 3260 mm，梁体截面尺寸如图 3-6 所示，为防止结构发生局部扭转或屈曲变形，在中间分段布置辅助支撑板，所有板厚均为 8 mm，材料选用 Q235 钢材。由于实际高速铁路中桥墩的刚度很大，一般在地震作用下桥墩不会发生破坏，尤其是对矮墩而言，因此在试验过程中桥墩为刚性设计，如图 3-7 所示，桥墩高 500 mm，顶面和底面焊接厚度为 10 mm、宽度为 500 mm、长度为 800 mm 的钢板，截面尺寸保证其抗弯刚度足够大即可，材料选用 Q235 钢材。轨道板采用抗弯刚度等效进行缩尺设计，缩尺后尺寸长度为 645 mm，宽度为 255 mm，厚度为 9 mm，轨道板之间做纵向连续处理，材料选用 Q235 钢材。底座板采用抗弯刚度等效进行设计，缩尺后宽度为 295 mm，厚度为 8.5 mm，纵向连续铺设，材料选用 Q235 钢材。承轨台相似设计缩尺后，采用长度为 29 mm、宽度为 80 mm、厚度为 4 mm 的钢片模拟，与轨道板之间通过螺栓连接，单块轨道板上设置 10 对承轨台，其中心线纵向间距为 65 mm。CA 砂浆层的设计是在底座板顶面和轨道板底面之间填充厚度为 3 mm、宽度为 255 mm 的巴斯夫聚氨酯胶（ConipurM867F）。滑动层采用实际高铁桥梁两布一膜层中使用的胶黏剂巴斯夫聚氨酯胶（ConipurM867F）模拟，在梁体上方用巴斯夫聚氨酯胶，粘贴宽度为 295 mm、厚度为 3 mm、长度为 3260 mm 的低密度聚乙烯土工膜。

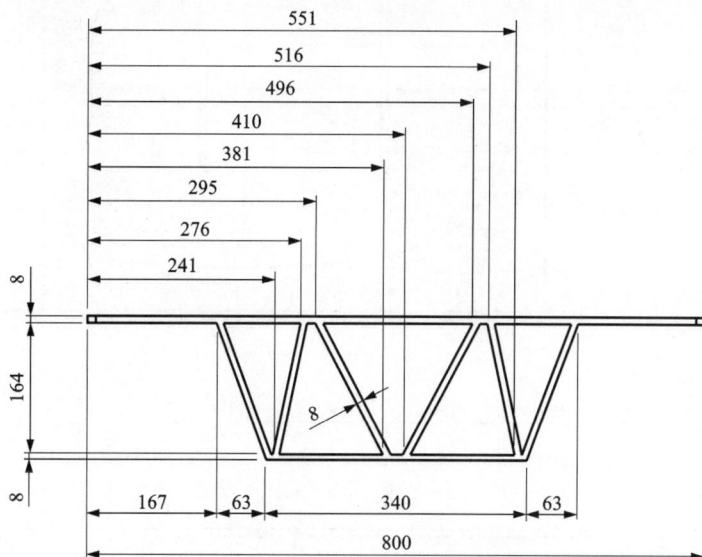

图 3-6　桥梁模型结构截面尺寸图

剪切钢筋布置如图 3-8 所示，采用直径为 2 mm、长度为 20.5 mm 的螺杆，材料选用 Q420 钢材。每块轨道板在梁缝处两侧各设两排，每排 2 根剪切钢筋，即每块承轨台中心线下各 1 根。剪力齿槽设置在固定支座上方，采用直径为 2 mm、长度为 20.5 mm 的螺栓，材料选用 Q345 钢材，设置两排，一块轨道板下每排各 7 根共 14 根钢条，其中 2 根设置在轨道板中心线上，轨道板中心线两侧各设置 6 根，沿桥梁横向每根钢条之间的距离为 42 mm。两排钢条之间的距离为 27 mm，且两排钢条的中心线距固定支座梁端 188 mm。

L 形侧向挡块起限位作用，刚度足够大即可，选用长度为 27 mm、底宽为 10 mm、顶宽为 30 mm、高度为 21.5 mm 的钢制 L 形侧向挡块，材料为 Q235 钢材，挡块与梁底焊接在一起，与底座板和轨道板接触的 3 个面设置厚度为 1 mm 的硫化橡胶垫板。L 形侧向挡块从距固定支座处剪力齿槽中心线 800 mm 处开始设置，每个侧向挡块间的间隔为 800 mm，单跨梁共 12 个侧向挡块。模型轨道结构采用 CHN60 钢轨按 1∶10 进行缩尺，如图 3-9 所示，选用轨道原型材料数字机床切割获得。

扣件的设计是在钢轨下设置横向尺寸为 15 mm、纵向尺寸为 22 mm、厚度为 1 mm 的硫化橡胶垫板，并用横向尺寸为 10 mm、纵向尺寸为 15 mm、厚度为 1 mm 的弹性钢片扣住钢轨，弹性钢片、承轨台与轨道板通过螺栓连接，具体布置如图 3-10 所示。

单跨桥梁的支座布置情况如图 3-11 所示，支座截面如图 3-12 所示。支座内的承压橡胶板提供梁端部转动的需要，聚四氟乙烯板提供梁端与桥墩之间相对滑动的位移需要，橡胶板厚度为 4 mm，聚四氟乙烯板的厚度为 0.5 mm，壳体选用 Q235 钢材。

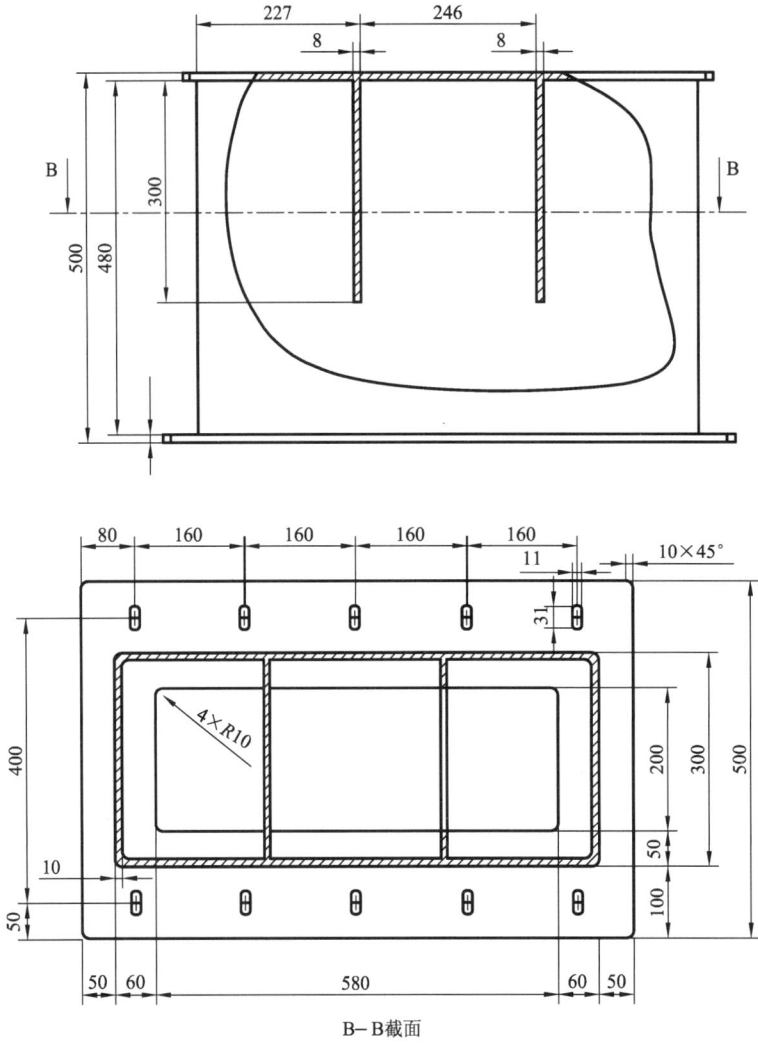

B−B截面

图 3-7 桥墩模型结构截面尺寸图

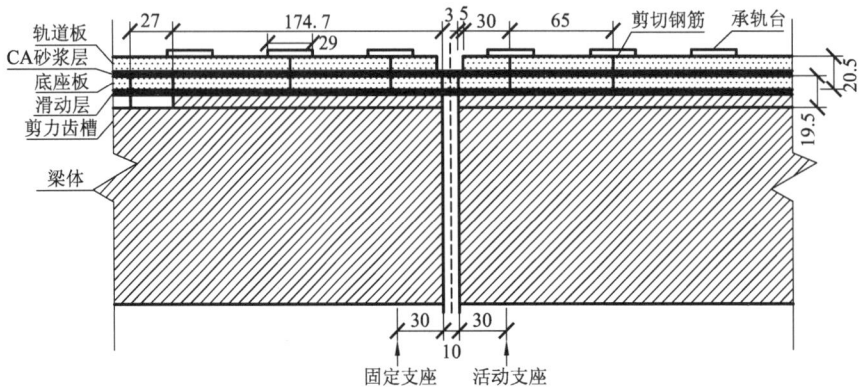

图 3-8 剪切钢筋和剪力齿槽布置示意图

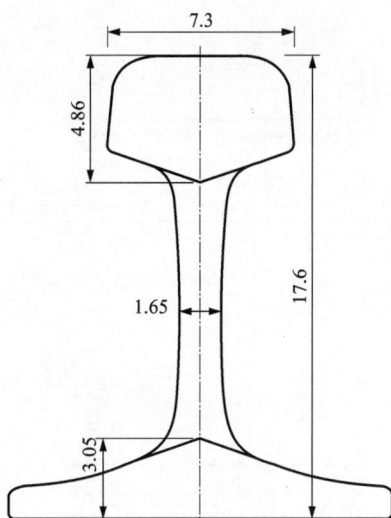

图 3-9　钢轨模型截面示意图

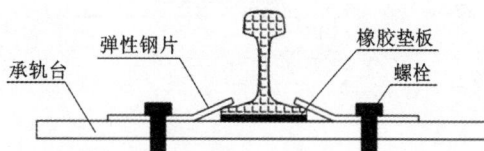

图 3-10　扣件布置示意图

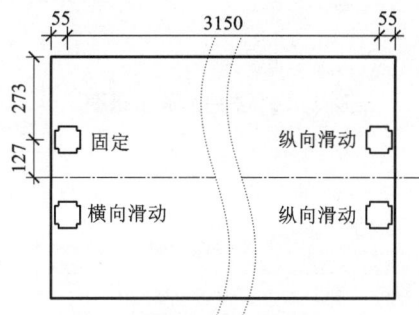

图 3-11　单跨桥梁的支座布置示意图

由试验系统相似设计系数表 3-1 可知,其质量密度相似比 s^ρ 大于 1,说明试验系统需要的模拟质量大于实际模型结构的质量,因而需要通过增加附加配重的方式来提高模拟质量。附加配重质量的分配原则是模型的总质量(包括附加配重质量)要与原型结构的总质量满足质量相似关系。列车模型在车体上施加附加配重质量,选用帆布袋填充铁砂方案;简支梁的附加配重施加在桥底,采用焊接铁盒内置铅块模拟配重。实际单跨简支梁模型的质量为 564.56 kg,具体如表 3-3 所示。而根据《时速 350 公里客运专线铁路无砟轨道后张法预应力混凝土简直箱梁(双线)》(通桥(2008)2322A - Ⅱ)可知,实际 32 m 简支箱梁的自重为 836.8 t,二期恒载按 1.4 t/m 计算,单跨简支梁重约 881.6 t。乘以质量相似比后计算得所需要的模拟质量为 4408 kg,说明单跨简支梁桥模型需要施加的配重质量为 3843.44 kg。模型车辆的自身质量为 108 kg,需要的模拟质量为 280.3 kg,需要施加的配重质量为 172.3 kg。

(a)活动支座

(b)固定支座

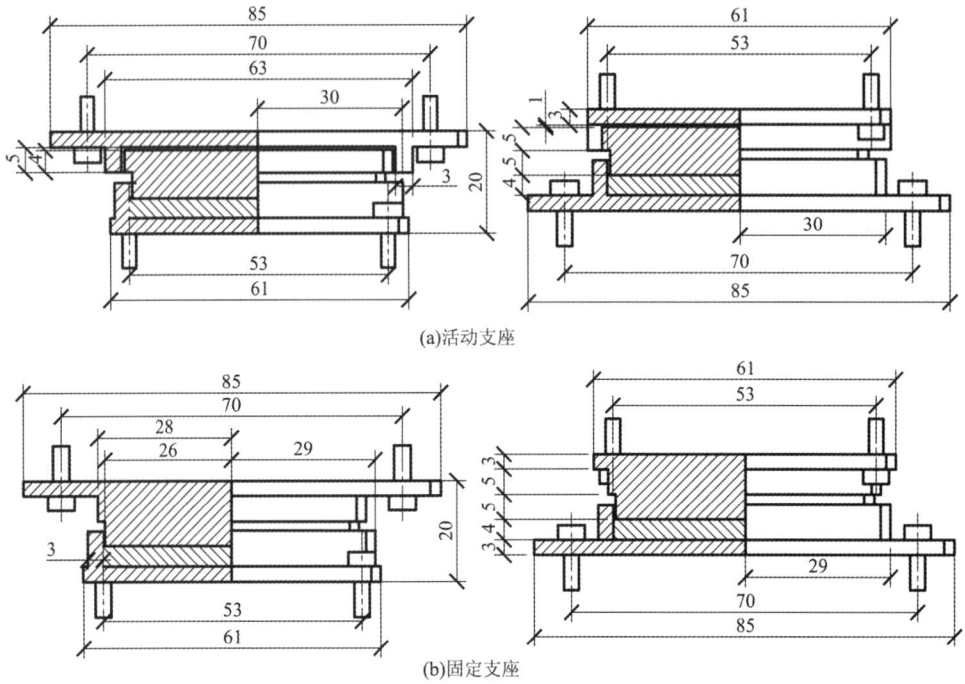

图 3-12 支座截面示意图

表 3-3 单跨简支梁模型质量计算表

模型构件	材料	密度/(g·mm⁻³)	截面面积/mm²	长度/mm	质量/kg
梁体	Q235	0.01	11935.70	3260.00	305.45
轨道板	Q235	0.01	2295.00	6450.00	116.20
底座板	Q235	0.01	2507.50	6520.00	128.34
承轨台	Q235	0.01	9280.00	200.00	14.57
总重					564.56

3.3.3　试验系统组成

整个试验系统分为 5 个部分,即加速段、试验段、减速段(三段布置简图如图 3-13 所示)、安全防护装置、测试设备。每个部分的组成和功能分别说明如下。

1. 加速段

加速段主要负责将模型车加速到试验要求速度,采用 1 套西门子 1PH8228 型伺服电机驱动,其额定转速为 1150 r/min,额定扭矩为 1611 N·m,额定功率为 194 kW。由于缩尺比较大,所以采用被动加速的方式,由伺服电机通过同步传送带拖拽推动装置,推动装置推动模型车进行加速。当速度满足试验需求后(最大设计速度约 20 m/s),伺服电机减速,模型车依靠自身惯性通过试验区域。实验系统加速装置如图 3-14 所示。加速段和试验段之间需设置

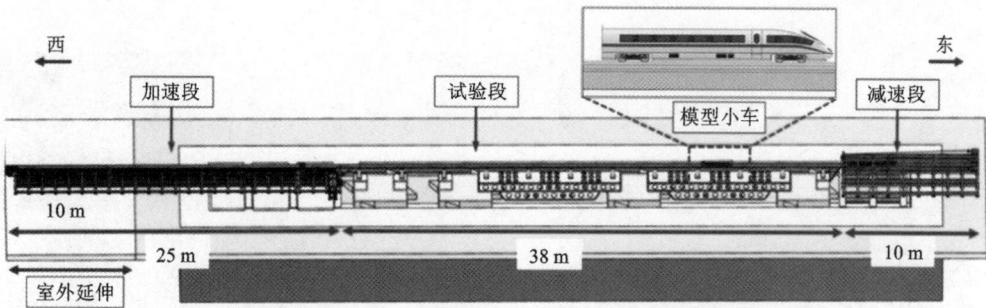

图 3-13　地震作用下桥上行车试验系统整体布置简图

过渡装置,过渡装置如图 3-15 所示。当模型车由加速段驶入试验段后,衔接轨道立马断开,之后试验段输入地震动,模型车在地震作用下行驶。在模型车上桥前,为了保证加速段和试验段轨道对齐,以便模型车上桥,试验段振动台静止不动。加速装置和过渡装置的实景图分别如图 3-16 和图 3-17 所示,试验要求对模型车上桥时间进行准确测量,测量精度需在毫秒级别,且过渡段伺服电机具有足够高的灵敏度。

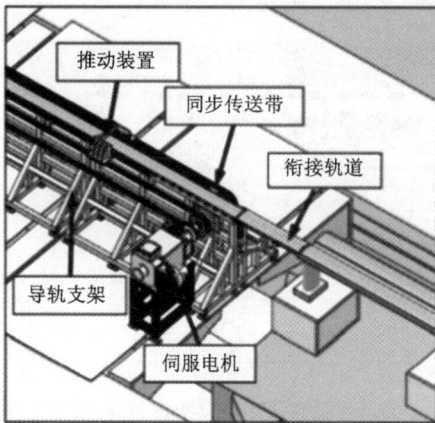

图 3-14　实验系统加速装置

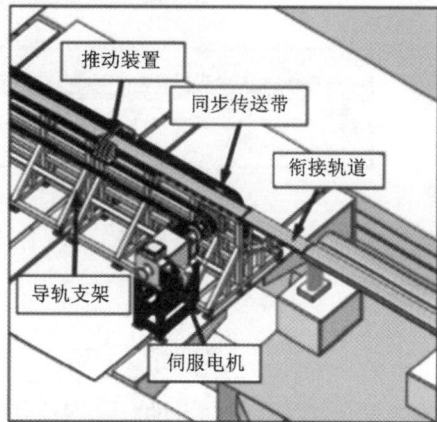

图 3-15　过渡装置

2. 试验段

试验段由四台阵系统及桥梁试件组成,试验段总长度为 38 m,包括两过渡衔接轨道和11 跨简支梁,单跨简支梁长度为 3.26 m。11 跨简支梁布置在 4 个振动台上,每个振动台上布置 1 跨,振动台 T1 与振动台 T2 间距为 6.52 m,布置 1 跨,振动台 T2 与 T3、T3 与 T4 间距均为 13.04 m,布置 3 跨,其下设置刚性足够大的支撑梁。试验段桥跨布置如图 3-18 所示。需要注意的是,为保证最终的动态试验顺利完成,无试验准备阶段,试验系统应配合加速系统、减速系统进行模型车试加速试验,台阵系统的台面应有可移动夹具支撑,此时,台阵系统处于中位。准备试验前,控制系统获取当前台面位置信息,并接管台面位置控制,可移动支架撤离,准备进行试验。试件桥梁与加速轨道通过活动轨道搭接,允许试件桥梁独立振动。模型车经加速后，通过活动轨道，同时发送试验开始信号到台阵控制系统。

图 3-16　加速装置实景图

图 3-17　过渡装置实景图

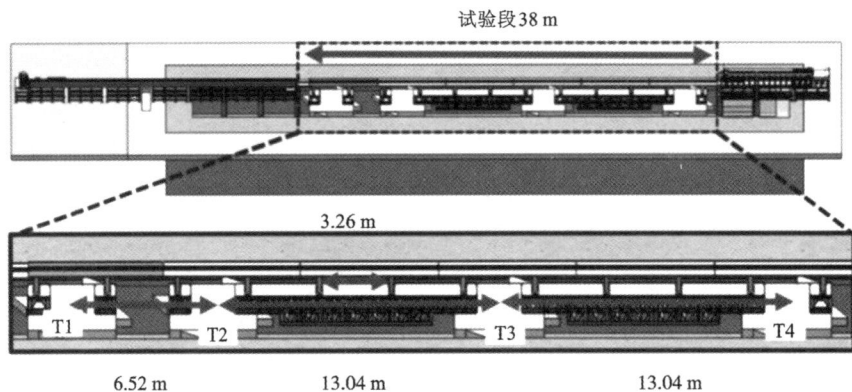

图 3-18　行车系统实验段桥跨布置图

3. 减速段

由于模型车价值较高，为重复利用，需要对模型车进行安全回收。当模型车通过试验段后，进入安装在线性滑轨上的减速网捕获装置，减速网通过钢绞线绕过定滑轮连接气缸作动器，气缸作动器通过液压管理气缸压力，实现快速高效减速。实验系统减速装置如图 3-19 所示。

在减速段亚克力板下面增加泡沫垫层，试验段与减速段的高度差为 30 mm，以减少高度差对转向架轮对的冲击；模型车由加速段退回到试验段时，在减速段与试验段搭接斜面轨道辅助板，如图 3-20 所示，以便于模型车回到试验段并与轨道对中。

在模型车车头附近及车身中部安装三处尼龙弧形滑块（图 3-21），滑块下表面高于车轮下沿 2 mm。当模型车在轨道上行驶时，滑块处于悬空状态；当模型车由试验段进入减速段时，滑块承受瞬间冲击力，起到保护转向架的作用。

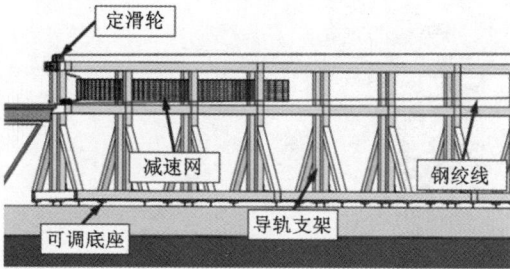

图 3-19 实验系统减速装置

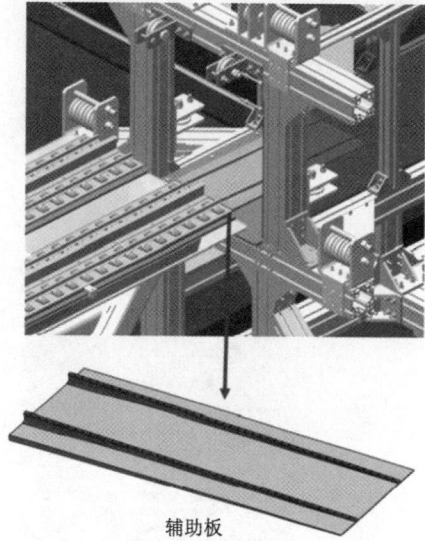

图 3-20 辅助板位置

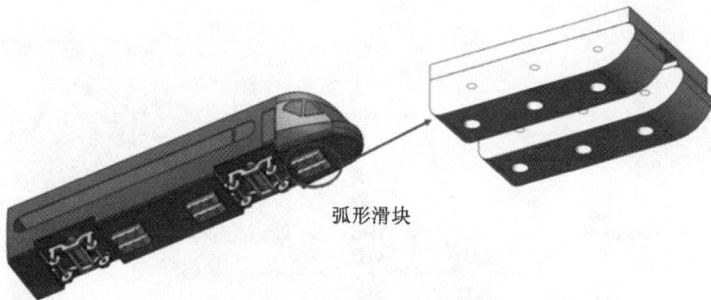

图 3-21 尼龙弧形滑块位置

在模型车完成一次试验后,需对模型车进行复位,以进行下次试验。复位时,首先在加速段与试验段交界处增加电动绞车 1,在减速段液压缸前增加电动绞车 2,两个绞车钢丝绳均长 50 m,两绞车车钩始终相连(图 3-22)。启动电动绞车 2 将电动绞车 1 钩拉至减速段;之后启动电动绞车 1 将模型车及电动绞车 2 从减速段拉回试验段前端;最后由人力将其推回到加速段,进行下一次试验。需要注意的是,在试验开始前,将绞车钢丝绳用挂钩固定在非试验轨道侧,防止钢丝绳对模型车试验造成干扰。

4. 安全防护装置

安全防护装置的布置情况如图 3-23 所示。模型车在全程试验过程中,包括加速段及试验阶段,如有脱轨现象发生,应立即终止试验,因此在设计上做了如下考虑:

①车身安装姿态传感器,当模型车已经发生侧倾或将要发生侧倾时,试验终止。

②轨道两侧安装光栅传感器,模型车脱轨后,触发报警信号,试验终止。

③模型车安装无线摄像机,视觉检测异常情况,作为补充。

④设置防脱轨保护装置,其在正常运行时不和中间保护轨道接触,一旦发生脱轨后,槽型卡扣扣在保护轨道上,从而保证模型车不至于落下试验系统,损坏振动台等试验设备。

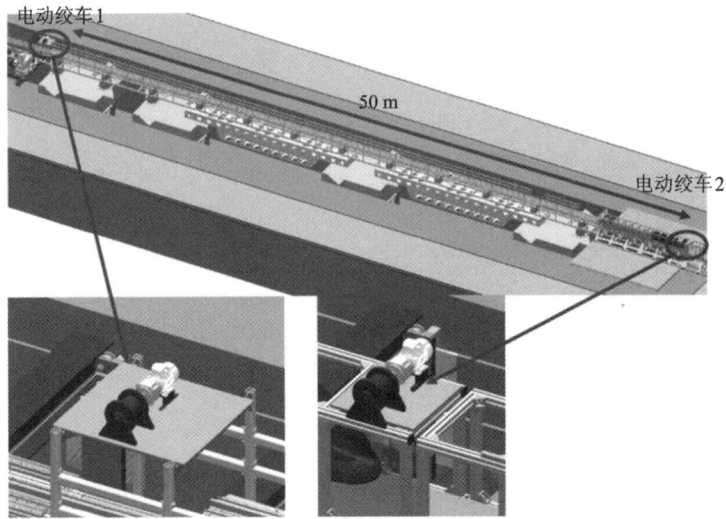

图 3-22　电动绞车位置示意图

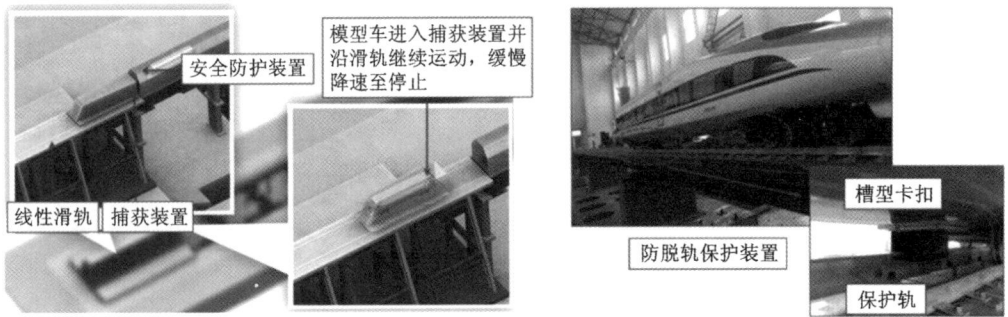

图 3-23　安全防护装置布置图

5. 测试设备

在试验过程中需测量模型车运行的速度等参数，同时实时传回给控制系统，控制衔接轨道的断开和振动台地震动的输入。其中车速测量采用光电测速装置，分别布置在模型车上桥位置、测试跨以及模型车出桥位置。此外，需要测试车身振动加速度，轨道结构、桥梁梁体和桥墩构件的相对位移等参数。试验用到的测试设备介绍如下。

(1)传感器设备

①无线加速度传感器。参考《机车车辆动力学性能评定和试验鉴定规范》(GB 5599—2019)中对加速度响应测量的说明，本书对模型车的加速度响应进行了测量。在模型车上共设置 8 个无线三向加速度传感器，测量车厢、转向架、轮对的加速度响应，布置如图 3-24 所示。车厢前部、后部各安装 1 个；前后两个转向架的中部各安装 1 个，具体安装在如图 3-25所示的平台处；在 4 个轴箱处各安装 1 个，由于安装位置受限，需另外制作固定用的盒子。

②激光位移传感器。激光位移传感器布置在如图 3-26 所示的③~⑧共 6 个桥跨处，测量梁体的跨中处竖向、横向位移布置 12 个传感器，对第⑦跨，在梁体的两侧梁端分别架设两

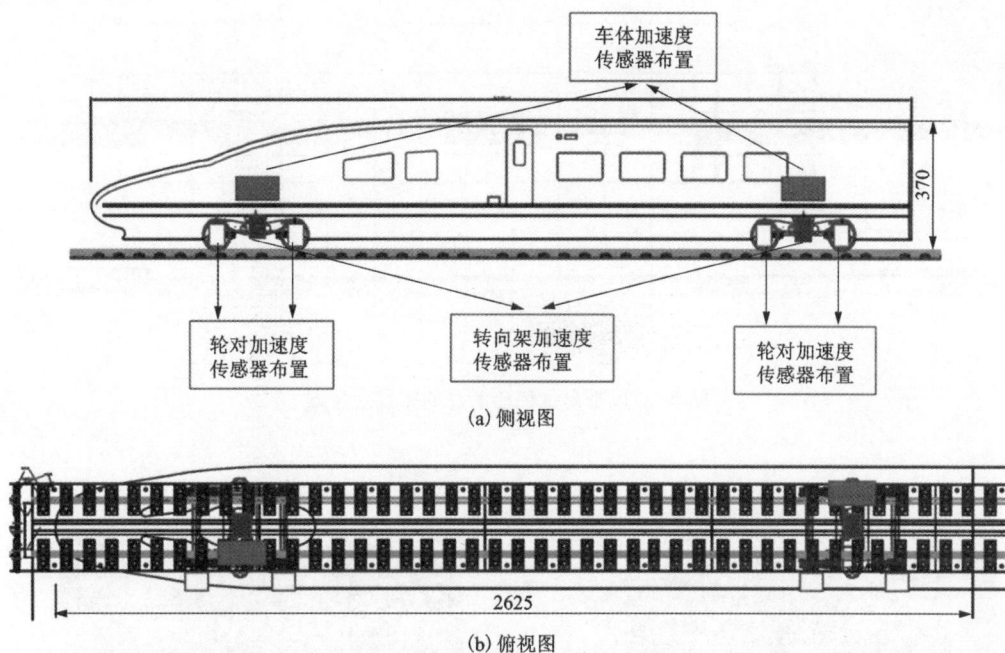

车体加速度
传感器布置

轮对加速度
传感器布置

转向架加速度
传感器布置

轮对加速度
传感器布置

370

(a) 侧视图

2625

(b) 俯视图

图 3-24　无线加速度传感器布置示意图

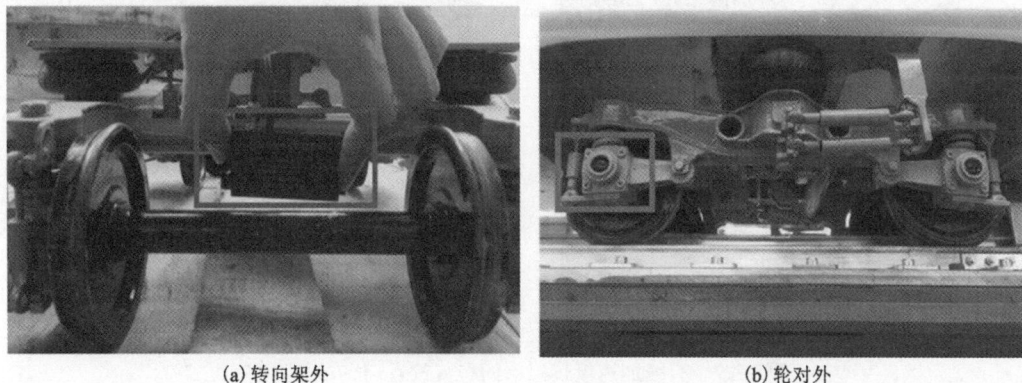

(a) 转向架外

(b) 轮对外

图 3-25　转向架及轮对处加速度传感器安装位置

套位移传感器，测量梁端的竖向转角和水平方向转角，布置 4 个传感器；还需测量振动台的位移作为后续数据处理的基准，布置 2 个传感器数量。共布置 18 个激光位移传感器。

③有线加速度传感器(IMC)。有线加速度传感器布置如图 3-27 所示，测量梁体跨中竖向和横向的加速度，③~⑧共 6 个桥跨，布置 12 个传感器；在③~⑧共 6 个桥跨的墩顶设置加速度传感器测量竖向加速度，布置 7 个传感器；在每跨梁体跨中处的轨道结构处(底座板、轨道板)测量竖向加速度，布置 14 个传感器。共布置 33 个加速度传感器。

(2) VIC-3D 高速应变测量系统

VIC-3D 高速应变测量系统是一种基于数字图像相关技术的位移、应变测量系统。基本

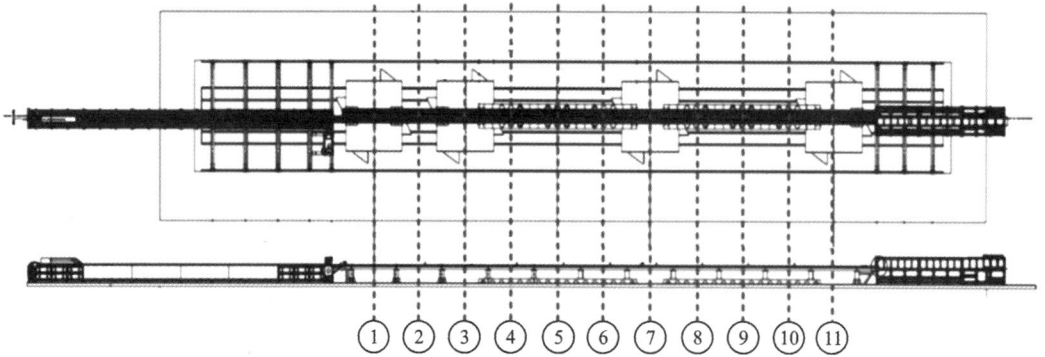

图 3-26 激光位移传感器的布置示意图

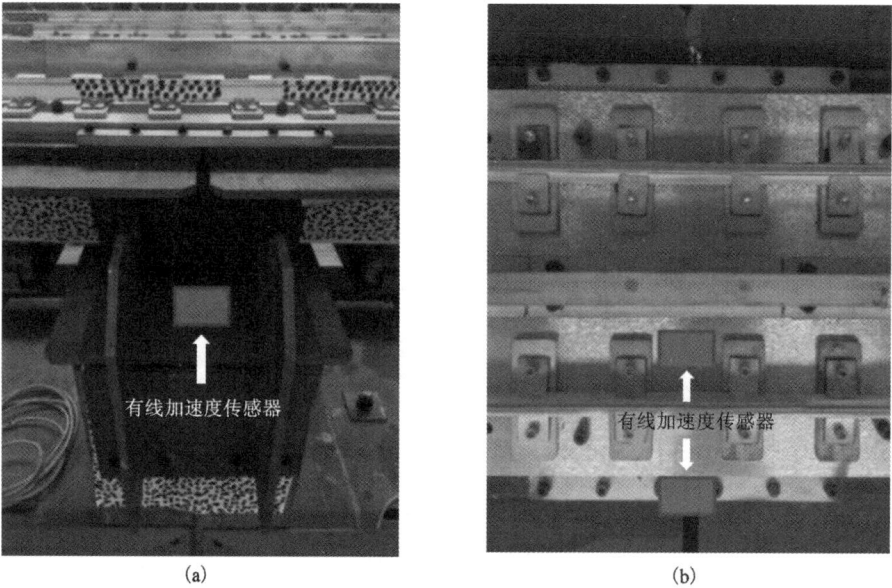

(a)   (b)

图 3-27 有线加速度传感器的布置位置(长方形标记)

组成有 CCD 工业相机、光源、散斑工具、计算机及图像分析软件、数据采集器、三脚架及云台等其他配件,如图 3-28 所示。

VIC-3D 高速应变测量系统是在被测物表面制作特征点(散斑图),通过捕捉散斑特征在像素级别的移动,采用优化的数字图像相关性运算法则,为试验提供二维、三维空间内全视野的形貌、位移及应变数据测量。通过采集装置,获取样件变形前后的散斑图像,对散斑图像的灰度场做相关性匹配,求解出位移和变形的相关性,进而得到全场的位移、应变信息。

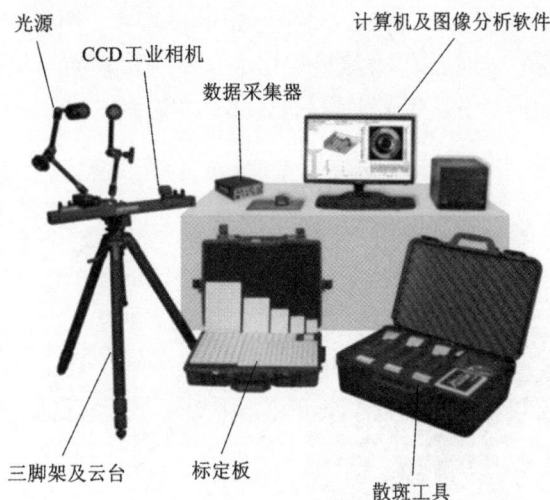

图 3-28　VIC-3D 测量系统

3.4　高速铁路桥上行车试验系统测试

为了验证高速铁路桥上行车系统模型试验的可行性以及结果的可靠性,通过数值模拟对振动台原型以及模型试验进行对比验证。前文的理论探讨已经说明试验的可行性。这里通过数值模拟更进一步说明缩尺后的试验结果能够很好地反算到原型,从而佐证试验方案可行。本节采用的计算程序是和古泉教授合作研发的基于 OpenSees 的地震下列车-桥梁计算平台。其中,考虑 OpenSees 在地震计算中的有效性,采用其作为结构部分的计算软件,采用 MATLAB 程序实现车体部分的计算,二者交互数据实现联合仿真,采用客户端-服务器的计算控制技术。

3.4.1　试验工况

笔者团队根据不同的地震峰值加速度、不同的车速、不同的加载方向等多种工况进行了试验,本节以模型车行驶速度为 5 m/s 时无地震以及 Taft 0.1 g、Taft 0.2 g 竖向地震作用 3 个分析工况为例阐述。

3.4.2　轨道不平顺测量

轨道不平顺作为列车-轨道-桥梁系统的主要激励源之一,对系统的动力响应影响很大,不同的轨道不平顺样本计算获得的列车-轨道-桥梁系统动力响应往往存在很大差别,因此轨道不平顺测量的准确性直接决定后续数值模拟中动力响应的准确性,是整个试验系统数值验证和校验的基础数据。轨道不平顺测量实体装置如图 3-29 所示。

1. 偏弦法测量基本原理

试验采用偏弦法进行轨道不平顺检测,其基本原理如下。

待测量的轨道不平顺可离散为一个序列，$y = \{y[i] \mid i = 1, 2, \cdots, N+1\}$，其中 $N = l/\Delta x$，l 为目标测量轨道的长度，Δx 为采样间隔。对于给定的模型车，测量弦长 L 被划分为 L_1 和 L_2（非对称，$L_1 \neq L_2$）两部分。定义 ΔL_s 为测量过程中弦每一次移动的步长，弦长 L 可被 ΔL_s 整分。如图 3-30、图 3-31 所示，从定义上看，$\Delta x = \Delta L_s$。

$$n = \frac{L}{\Delta L_s}, \ n \in N^+ \tag{3-16}$$

图 3-29　轨道不平顺测量实体装置图

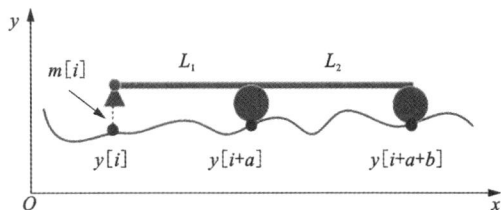

图 3-30　轨道测量模型车几何示意图

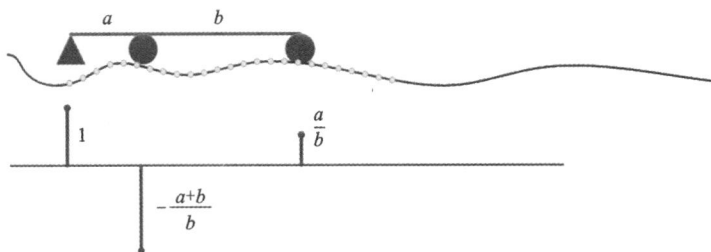

图 3-31　偏弦法测量过程的采样过程图

基于该定义，可定义阶数、配置和最小可测波长。定义 n 为弦长 L 被采样间隔 ΔL_s 所划分的个数，定义数组 (a, b) 为弦长的两部分长度各自与采样间隔 ΔL_s 的比值，有 $a+b = n$。

$$a = \frac{L_1}{\Delta L_s}; \ b = \frac{L_2}{\Delta L_s} \tag{3-17}$$

再根据香农采样定理，偏弦法可测量的最小波长 MMW 为：

$$MMW = 2 \cdot \Delta L_s \tag{3-18}$$

测量过程可描述为轨道不平顺波形的离散脉冲响应 h_d 的滤波过程，轨道不平顺波形为 y，m 为偏弦法测量值。

弦测值 $m[i]$ 与轨道不平顺 $y[i]$ 之间的关系如下：

$$m[i] = y[i] - \frac{a+b}{b} y[i+a] + \frac{a}{b} y[i+a+b] \tag{3-19}$$

偏弦法测量过程如图 3-32 所示，激光传感器测量参考弦和钢轨表面之间的法向距离，得到的偏弦法测量值的序列为 $m = \{m[i] \mid i = 1, 2, \cdots, N-n+1\}$。其中，$m[i]$ 定义为：

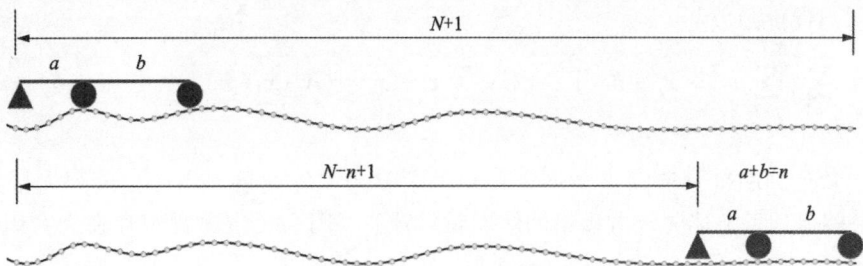

$N+1$

a　b

$N-n+1$

$a+b=n$

a　b

图 3-32　偏弦法测量过程图

$$m[i] = y[i] - \lambda \cdot y[i+a] + \overline{\lambda} \cdot y[i+a+b]; \quad i=1, 2, \cdots, N-n+1 \qquad (3-20)$$

式中：$\lambda = -(a+b)/b$，$\overline{\lambda} = a/b$。公式可改写为矩阵形式：

$$m = \boldsymbol{M} \cdot y \qquad (3-21)$$

式中：$\boldsymbol{M}$ 为测量矩阵，维度为 $N-n+1\text{-}by\text{-}N+1$，是轨道不平顺真实值与偏弦法测量值之间的映射。$\boldsymbol{M}$ 的表达式为：

$$\boldsymbol{M} = \begin{bmatrix} 1 & \cdots & \lambda & \cdots & \overline{\lambda} & \cdots & 0 \\ 0 & 1 & \cdots & \lambda & & \overline{\lambda} & \cdots \\ & & \ddots & & & \ddots & \\ \cdots & 1 & \cdots & \lambda & \cdots & \overline{\lambda} & 0 \\ 0 & \cdots & 1 & \cdots & \lambda & \cdots & \overline{\lambda} \end{bmatrix} \qquad (3-22)$$

由式(3-22)可知测量矩阵 $\boldsymbol{M}$ 为欠定矩阵(行<列)，方程个数小于未知量个数，该矩阵方程存在无穷多组解。

2. 基于梯度下降方法的反演方法

针对矩阵方程存在无穷多组解，本节提出了一种基于梯度下降的、用于线性方程组的求解方法。求解欠定矩阵方程 $\boldsymbol{A} \cdot \boldsymbol{x} = \boldsymbol{b}$。其中：$\boldsymbol{A}_{(m \times n)}$ 为 $m \times n$ 维的系数矩阵，$m < n$；$\boldsymbol{x}$ 为该矩阵方程的 $n \times 1$ 维解；$\boldsymbol{b}$ 为 $m \times 1$ 维列向量。矩阵方程 $\boldsymbol{A} \cdot \boldsymbol{x} = \boldsymbol{b}$ 的求解问题本质上是一个线性回归问题，从以下角度理解：

$$\begin{bmatrix} a_{11} & a_{12} & \cdots & a_{1n} \\ a_{21} & a_{22} & \cdots & a_{2n} \\ \vdots & \vdots & \ddots & \vdots \\ a_{m1} & a_{m2} & \cdots & a_{mn} \end{bmatrix} \cdot \begin{bmatrix} x_1 \\ x_2 \\ \vdots \\ x_{n-1} \\ x_n \end{bmatrix} = \begin{bmatrix} b_1 \\ b_2 \\ \vdots \\ b_m \end{bmatrix} \qquad (3-23)$$

将待计算轨道不平顺向量 $\boldsymbol{x}$ 视为权值列向量，将吸收矩阵 $\boldsymbol{A}$ 中的每一行为输入行向量，输入行向量可定义为 $\boldsymbol{a} \in [a_1, a_2, \cdots, a_m] \in \boldsymbol{R}^{1 \times n}$，结果向量 $\boldsymbol{b}$ 为输出列向量。则该问题的输入量 $\boldsymbol{a}$ 与输出量 $\boldsymbol{b}$ 之间的关系可表述为：

$$\boldsymbol{b}_i = \sum_{l=1}^{n} \boldsymbol{a}_{il} \times \boldsymbol{x}_l \qquad (3-24)$$

可将输入向量 $\boldsymbol{a}_i$ 与结果 $\boldsymbol{b}_i$ 作为一个训练样本，完整的训练集为 $\{(\boldsymbol{a}_i, \boldsymbol{b}_i), i=1, 2, \cdots, m\}$。定义该问题的代价函数和梯度下降公式，对权值列向量进行不断的迭代更新。

下面引出代价函数：

$$J(x) = \sum_{i=1}^{m} \left(\sum_{l=1}^{n} a_{i,l} \times x_l - b^{(i)} \right)^2 + \lambda \cdot \sum_{l=1}^{n} x_l \times x_l = (A \cdot x - b)^{\mathrm{T}} \cdot (A \cdot x - b) + \lambda \cdot x^{\mathrm{T}} \cdot x$$

$$(3-25)$$

此处的权值列向量 x 等同为矩阵方程中带求解的未知向量。当该权值列向量迭代至稳态，也即求解得到了上述欠定方程组的解向量。注意，因为欠定方程组存在无穷组解，所以在上述代价函数中加入了对解的大小的限值，即添加正则项，调整正则化系数 λ，在解的精度与解的大小这两者之间取得平衡。对代价函数 $J(x)$ 求偏微分，进行的是矩阵的微分运算，需注意相关的运算规则。

$$\frac{\partial J(x)}{\partial x} = -2A^{\mathrm{T}}b + 2A^{\mathrm{T}}Ax + 2\lambda x$$

$$x := x - \alpha \frac{\partial J(x)}{\partial x}$$

$$(3-26)$$

式中：α 为学习速率，对其调整可调整迭代的收敛速度。

当经过足够多次的权值迭代修正后，基于梯度下降的方法能够求解得到欠定矩阵方程的解。由于其存在无穷组解，在进行权值初值的设置时，应结合轨道不平顺的实际物理意义，对其在合适的范围内进行初始化设置。图 3-33 列举一个全桥测量算例演示(采样间隔为 60 mm)。

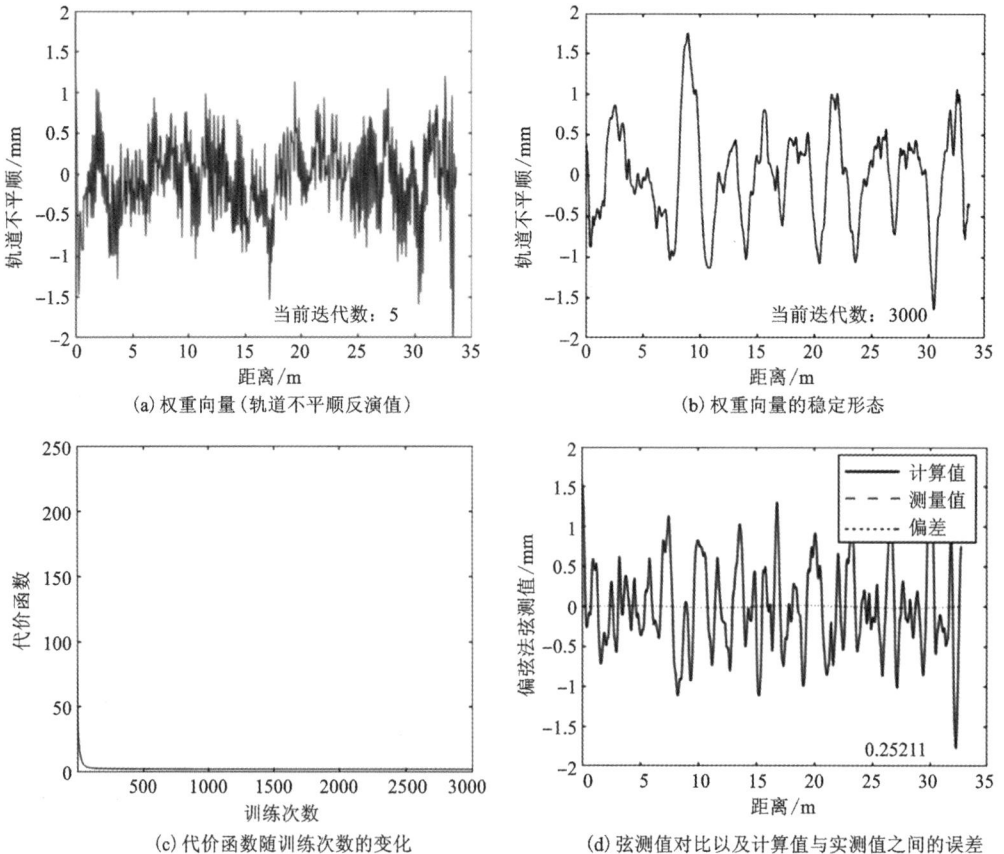

(a) 权重向量(轨道不平顺反演值)

(b) 权重向量的稳定形态

(c) 代价函数随训练次数的变化

(d) 弦测值对比以及计算值与实测值之间的误差

图 3-33 算例分析

权值列向量初始化为[-2,2]范围内的随机数。超参数的设置：多次验算后，学习速率 α 的最大值可取 $\alpha = 0.06$，可确保梯度下降法的收敛性，正则化系数 $\lambda = 0.01$。

从图 3-33(a)、图 3-33(b)中可知，权重迅速从随机初始化中收敛至稳定解，整体线性确定，之后又通过梯度下降法不断迭代更新权重，初始化在曲线局部位置产生的高频振荡信号也逐渐消除，最终收敛至最优解。

图 3-33(c)对该方法的计算精度进行验证，图 3-33(d)中，黑实线为对轨道不平顺反演值进行重新采样计算后得到弦测值，弦测值为模型车实际测量得到的，黑点线为两者之间的误差值。可以看到计算值与实测值之间并不完全吻合，存在一定的误差。这是由于基于梯度下降方法中的正则化项，$J(x) = (A \cdot x - b)^{\mathrm{T}} \cdot (A \cdot x - b) + \lambda \cdot x^{\mathrm{T}} \cdot x$，代价函数中前后两部分并不会同时达到最优，只能通过调节正则化系数 λ，在前后两个优化目标中取得平衡。

正则化系数 λ 的选择不能过大，也不能过小，如图 3-34 所示。若正则化系数 λ 过小，此时解的精度最高，但解出现大量的振荡信号，不符合轨道不平顺的实际情况。若正则化系数 λ 过大，对解的大小进行了过多的约束，则解的精度最低。正则化系数 λ 需要合理的选择。

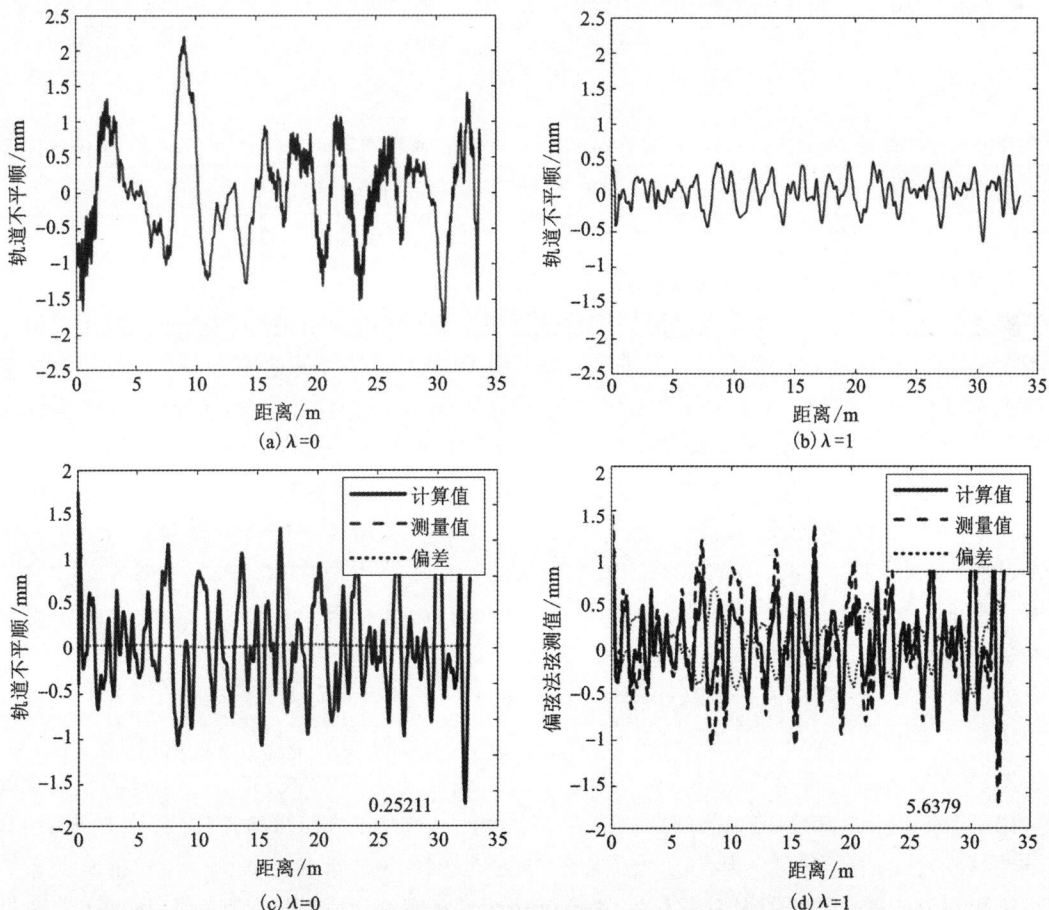

图 3-34　不同的正则化系数对计算结果的影响（001-ML 方法求解得到的轨道不平顺）

3.4.3 试验数据采集

在试验过程中，需要测量的量包括：模型车车体、转向架、轮对的位移和加速度；模型轨道–桥梁系统的钢轨、轨道板、底座板、箱梁、支座、桥墩的位移及加速度；模型系统的轨道不平顺。由于缩尺模型比较小，且整个模型车在试验过程中处于运动状态，部分区域常规传感器不太好布置，因此在整个试验过程中采用多种传感器组合测量方案。用到的传感器及数采设备见表3-4。具体的测量方案及布点分述如下。

表 3-4　传感器和数采设备及其测试内容

传感器类型	数采设备	测试内容
激光位移计	德国 IMC	箱梁跨中及墩顶位移
SDI 加速度计	德国 IMC	墩顶加速度、箱梁跨中加速度、轨道板加速度
高速摄像机	高速摄像机（VIC-3D）	模型车的车体、转向架、轮对的位移及加速度；钢轨、轨道板、底座板、箱梁、支座、桥墩的位移及加速度
无线加速度计	SensorConnect 系统	模型车的车体三向加速度
IP67 光纤传感器	行车控制系统	模型车速度测量
加速度计	振动台控制系统	振动台台面加速度

1. 模型轨道–桥梁系统常规测点布置

高速摄像机的测量范围受摄像机的摆放位置以及摄像精度等限制，在当前试验中其测量范围为2 m左右。为了观测整个行车系统在试验过程中不同位置的地震下行车响应，需要额外布置常规测点。因而对轨道–桥梁系统布置了如图3-35所示的激光位移计及SDI加速度传感器。试验系统由11跨简支梁模型组成，由西向东依次编号为①~⑪。其中①、③、⑦、⑪号箱梁位于4个振动台上。高速摄像机布置在⑥号简支箱梁附近。为了方便试验数据对比，对⑤、⑥、⑦号箱梁重点布置。而①号箱梁为车辆上桥后首先经过的梁跨，为满足桥上行车试验系统的评估需求，布置部分测点。图3-35中D代表位移测点编号，激光位移计只布置了竖向(z)测点。A代表加速度测点编号，其区分横向(y)和竖向(z)，A9与A10为模型车车体无线加速度传感器编号。

2. 模型轨道–桥梁系统高速摄像测点布置

为了尽可能减小简支梁边界效应的影响，测量点应尽量远离边跨。冯玉林的研究表明，引桥跨数为5~6跨时桥梁自振频率区域稳定，因而试验时高速摄像机布置在⑥号简支箱梁附近。由于高速摄像机有效观测范围在2 m左右，因此试验中根据不同的需求分别观测P5与P6号桥墩附近的桥梁响应。其中⑥号梁左侧布置连续散斑点测点，P5与P6号桥墩上布置连续散斑点测点，⑥号箱梁及其前后跨的箱梁边缘、底座板、轨道板、钢轨上分别布置离散的小块的散斑点测点。具体布置示意图与实景图如图3-36和图3-37所示。值得注意的是，在试验过程中，由于车速变化，使得模型车过桥时间不定，为减少图片数据量，高速摄像机的采样频率根据车速做相应调整。

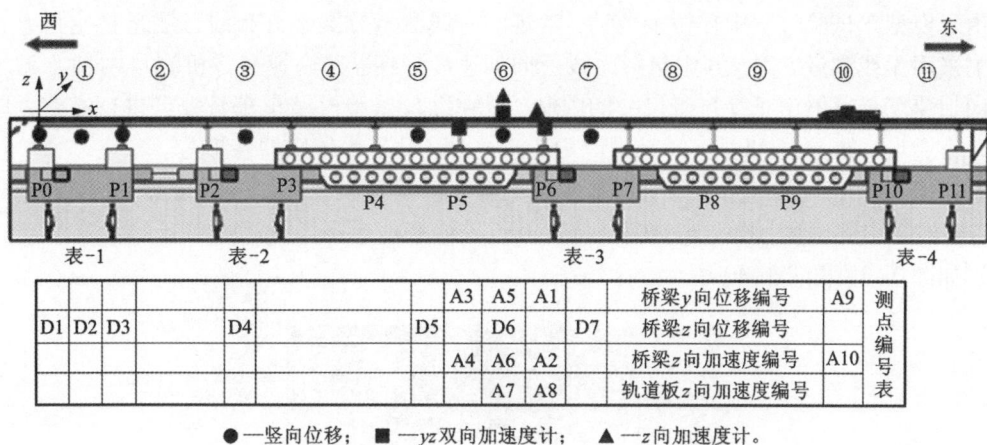

							A3	A5	A1	桥梁 y 向位移编号	A9	测
D1	D2	D3		D4		D5		D6		桥梁 z 向位移编号		点
									D7			编
							A4	A6	A2	桥梁 z 向加速度编号	A10	号
							A7		A8	轨道板 z 向加速度编号		表

●—竖向位移；　■—yz 双向加速度计；　▲—z 向加速度计。

图 3-35　地震下桥上行车试验系统加速度和位移测点布置图

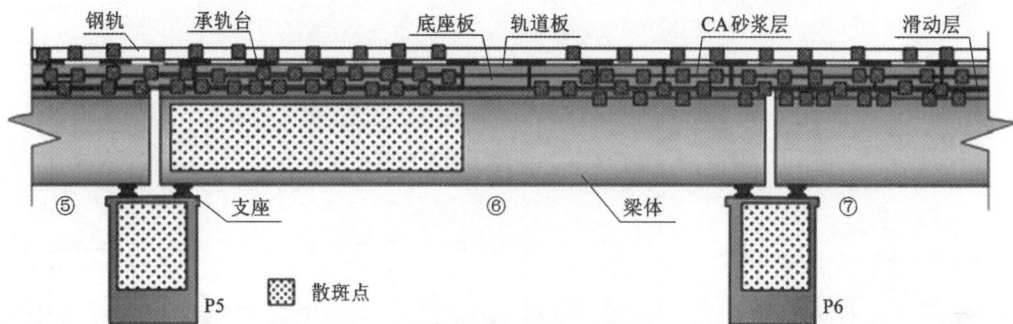

图 3-36　地震下桥上行车试验系统高速摄像测点布置示意图

图 3-37　地震下桥上行车试验系统高速摄像测点布置实景图

3. 模型车测点布置

由于模型车试验过程中在桥上运动，常规的有线测量方案不好布线且测量稳定性差，因此本书采用无线测量方案，其中包括无线三向加速度传感器与高速摄像机测量两种方案。无线三向加速度传感器由于受自身尺寸的限制，只在缩尺试验模型车车身中点进行布置，只布置了一个测点，如图 3-38 所示，矩形圈内为传感器，其下为传感器保护盖。

高速摄像机散斑点布置情况为：模型车车身中部位置以及左、右转向架上部车身位置，左、右转向架中部位置，模型轮对轴箱位置。模型列车高速摄像机测点布置的示意图及实景图分别如图 3-39 和图 3-40 所示。

图 3-38 模型车车体无线加速度传感器布置图

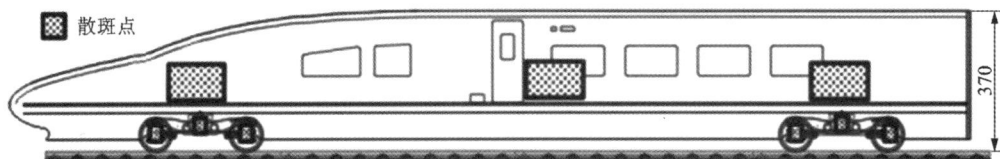

图 3-39 模型列车高速摄像机测点布置示意图

图 3-40 模型列车高速摄像机测点布置实景图

3.4.4　试验与仿真对比分析

在空间移动单元基础上，采用 OpenSees 非线性有限元软件建立试验系统全桥有限元模型，并与试验数据进行对比，以验证所开发移动单元的正确性和适用性。

1. 行车试验系统的有限元模型

只对试验系统的试验段进行建模分析，采用 OpenSees 建立 11 m×32 m 简支梁轨道–桥梁模型，所建立有限元模型的侧视图和正视图分别如图 3-41 和图 3-42 所示。其中，钢轨、纵联轨道板、底座板、桥梁及桥墩均采用三维非线性梁单元模拟，单元间距选为扣件间距 65 mm，由于试验系统多采用钢材制作，因此直接使用 steel 02 材料进行模拟，参数采用试验系统原型参数；钢轨扣件、滑动层、CA 砂浆层、剪切钢筋和剪力齿槽均采用弹簧–阻尼系统进行模拟，OpenSees 中采用零长度单元处理，材料选用理想弹塑性材料，具体参数如表 3-5 所示。由于桥梁和桥墩采用空间梁单元模拟，单元节点为构件截面中心点，其与底座板、支座的截面中心点之间存在一定的坐标差，因此在桥梁与底座板、桥墩与支座之间设置刚性足够大的刚性梁单元进行连接。由于试验系统重点观测点为第 6 跨，因此前后几跨可以作为边界条件，从而在建模过程中没有额外考虑边界条件处理。所建立的单跨简支梁与行车系统有限元模型前 10 阶自振频率如表 3-6 所示。

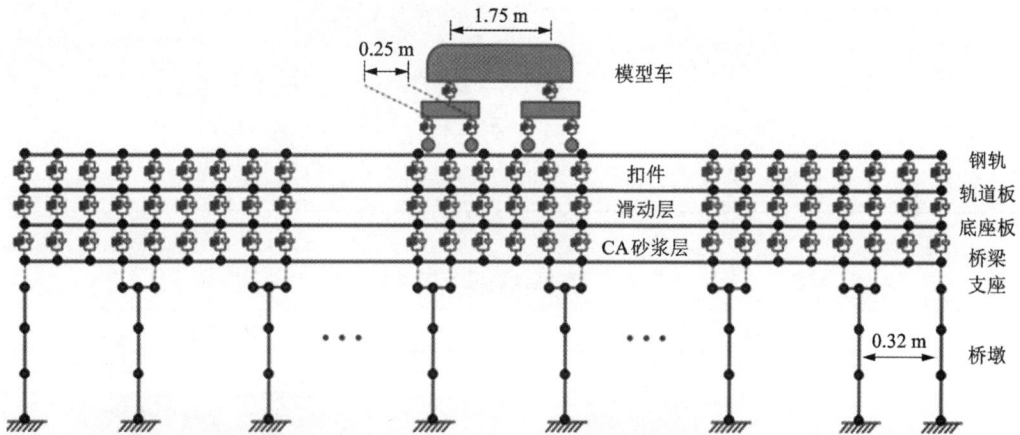

图 3-41　全桥有限元模型侧视图

以无地震和 Taft 竖向地震动作为分析工况，考虑在 5 m/s 的车速运行工况下，对比试验测试实测数据与上述仿真模型数据，考察两者的车体加速度、第 6 跨跨中位置桥梁位移、轨道板位移、钢轨位移等响应。由于在试验过程中，车辆出桥后与减速段发生碰撞，基于移动单元的仿真平台暂时无法模拟，所以只对比车辆在桥上运行时试验段数据，具体对比分析结果如下所述。

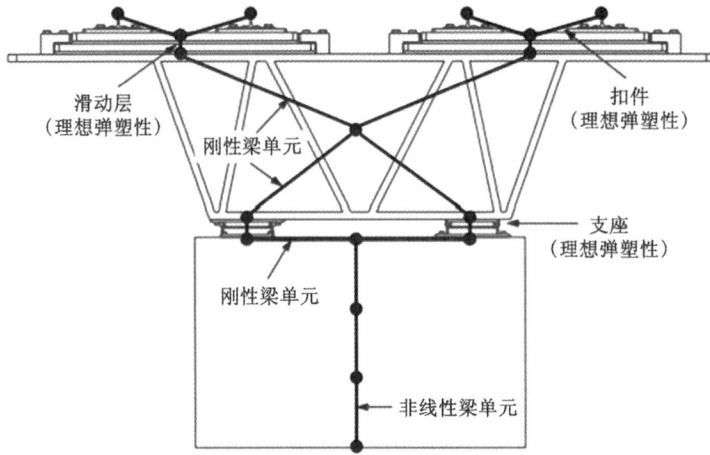

图 3-42　全桥有限元模型正视图

表 3-5　连接构件的力-位移模型

构件名称	力 F_y 取值/kN	位移 D_y 取值/mm
滑动层	1.5	0.05
CA 砂浆层	2.06	0.05
支座	573.35	0.30

表 3-6　单跨简支梁与行车系统有限元模型前 10 阶自振频率表

单跨简支梁模型		行车系统模型	
模态阶数	自振频率/Hz	模态阶数	自振频率/Hz
1	3.25	1	2.94
2	4.33	2	3.10
3	5.36	3	3.50
4	9.98	4	3.66
5	10.50	5	4.21
6	10.99	6	4.89
7	14.35	7	4.90
8	20.08	8	5.45
9	22.30	9	5.66
10	25.67	10	10.23

2. 试验数据对比

（1）车体竖向、横向加速度对比

由图 3-43~图 3-48 可以看出，基于 OpenSees 仿真平台的计算模拟值与试验实测值吻合较好，整体振动趋势一致。其中，在模型车刚从加速度段进入试验段前两跨左右，车体加速度振动不稳定，尤其是横向车体加速度出现向一侧偏转，可能是因为试验模型车上桥时前后轮对与过渡轨道定向碰撞使得车体具有初始的横向速度，从而导致前两跨车体加速度出现偏转，而模拟由于没有考虑加速过程，因此没有偏转现象。车体竖向加速度无地震时，以及 Taft $0.1\ g$，Taft $0.2\ g$ 作用下大致均在 $0.4\ \mathrm{m/s^2}$ 范围内，横向加速度偏小，均在 $0.2\ \mathrm{m/s^2}$ 范围内。试验表明，地震作用对车体振动响应影响不明显。车体竖向加速度及横向加速度响应整体上数值模拟值比实测测量值小，这是因为如下两个原因造成的：

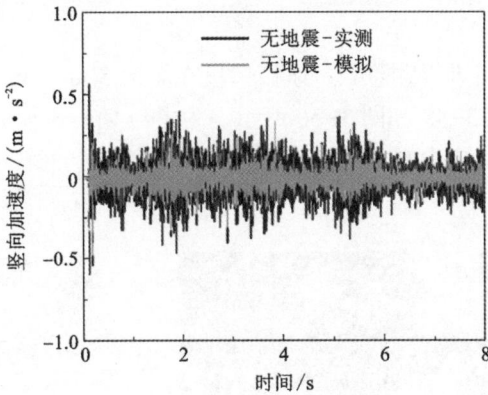

图 3-43　车体竖向加速度 1

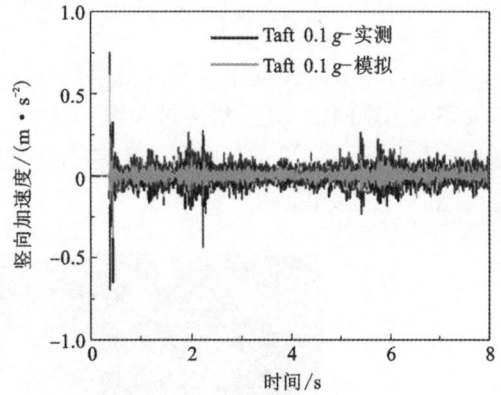

图 3-44　车体竖向加速度 2

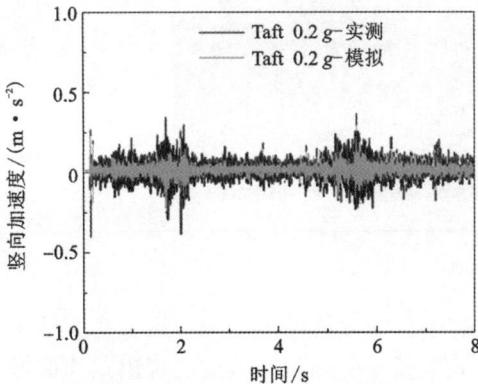

图 3-45　车体竖向加速度 3

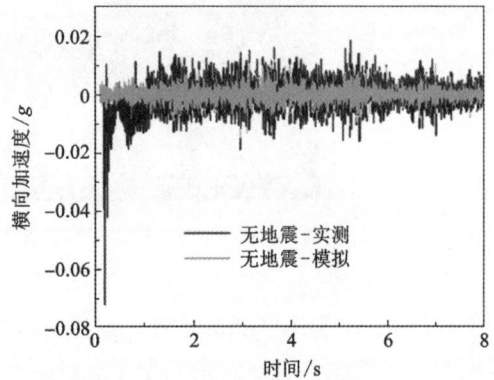

图 3-46　车体横向加速度 1

①模型车的轮对与转向架、转向架与车体的连接刚度偏大。因为弹簧太小，刚度控制困难。另外，首次开展地震作用下桥上行车实验，为了保证地震下模型车不飞出振动台，整体连接刚度偏大。

②模型车在试验过程中车体没有施加配重，车体质量偏轻。

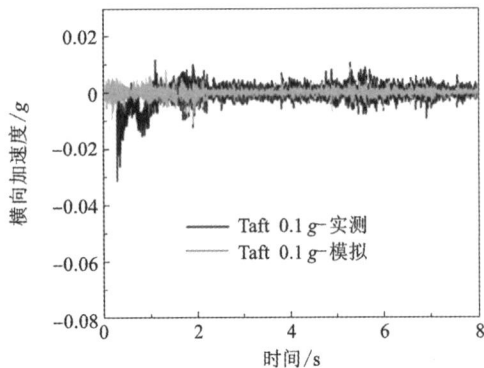

图 3-47　车体横向加速度 2

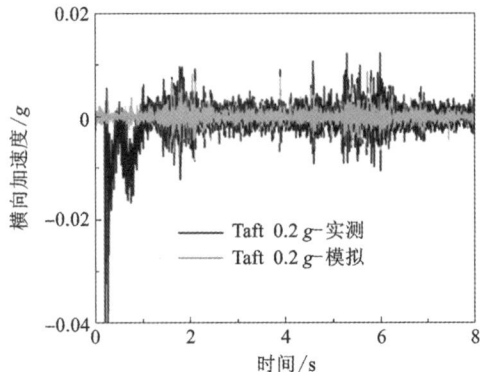

图 3-48　车体横向加速度 3

（2）跨中桥梁位移对比

试验中第 6 跨简支梁位移响应采用高速摄像机进行测量，高速摄像机在车速 5 m/s 下采集帧率为 1000 Hz，其采集区域及典型变形图如图 3-49 和图 3-50 所示。为了与 OpenSees 仿真平台数值模拟结果进行对比，从高速摄像机采集图中提取跨中位置桥梁、轨道板、钢轨的位移响应，开展如下对比。

图 3-49　初始时刻第 6 跨简支梁高速摄像机采集变形图

由图 3-51 和图 3-52 可知，基于 OpenSees 仿真平台的数值模拟结果与试验实测结果在竖向和横向均吻合较好。当模型车经过第 6 跨桥梁时，桥梁竖向位移响应表现出双峰值增大波形，与现场实测波形一致，说明室内桥上行车试验能够在一定程度上反映列车-桥梁耦合振动特征。在 Taft 0.1 g 作用下，桥梁竖向最大位移实测值为 10 mm 左右，在 Taft 0.2 g 作用下最大位移实测值为 6.5 mm 左右，模拟结果分别为 11 mm 与 7 mm 左右；水平位移最大位移相对较小，实测值分别为 0.7 mm 和 1.6 mm 左右，模拟值分别为 0.75 mm 和 1.8 mm 左右。水平位移小于竖向位移与实际工程中横向刚度大于竖向刚度结论一致。整体上模拟值与实测值趋势一致，但幅值均大于实测值，这是因为试验中模型车没有施加配重（90 kg），而模拟时车体施加了配重（280 kg），使得整体上模型车荷载更大，桥梁跨中位移响应也相应增大。

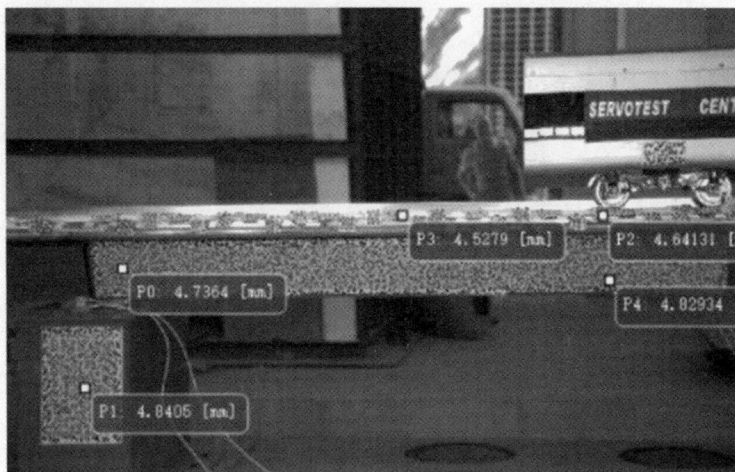

图 3-50　有列车荷载时第 6 跨简支梁高速摄像机采集变形图

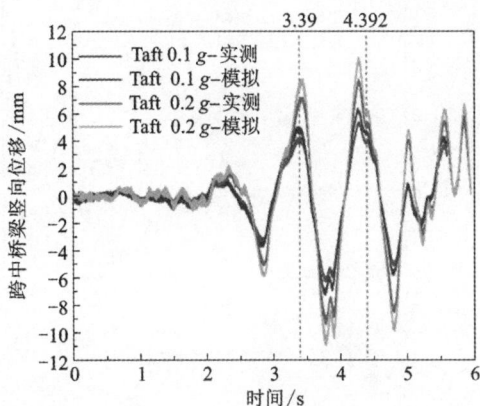

图 3-51　跨中桥梁竖向位移

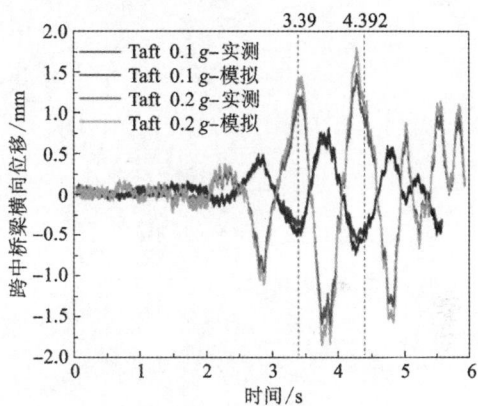

图 3-52　跨中桥梁横向位移

（3）跨中轨道板位移对比

图 3-53～图 3-56 是轨道板和钢轨的竖向和横向位移响应，整体上与桥梁跨中位移响应一致，钢轨与轨道板、轨道板与桥梁竖向和横向实测位移差值分别如图 3-57～图 3-60 所示，竖向位移差在 0.5 mm 左右，横向位移差在 0.1 mm 左右。由图 3-57、图 3-58 知，钢轨竖向位移小于轨道板竖向位移，说明中间有可能出现脱空现象；钢轨横向位移大于轨道板横向位移，说明钢轨发生横向正方向的相对移动。同样，由图 3-59、图 3-60 知，轨道板竖向位移大于桥梁竖向位移，可能是模型安装过程中两者没有紧密贴牢所致；轨道板横向位移大于桥梁横向位移，说明轨道板发生横向正方向的相对移动。综合分析可知，基于移动单元模型的 OpenSees 仿真平台能够准确地模拟地震下列车–轨道–桥梁耦合振动问题，是一种实用的列车–桥梁动力分析方法。

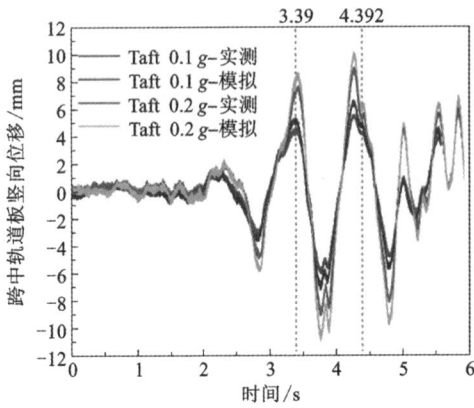

图 3-53　跨中轨道板竖向位移

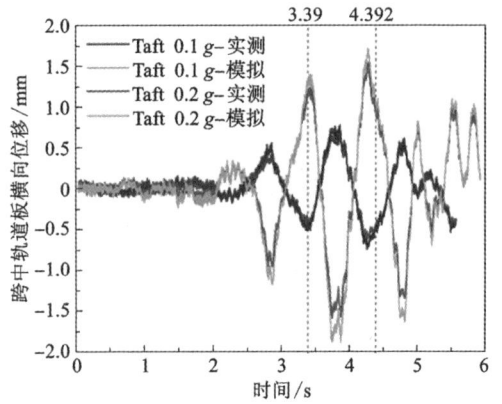

图 3-54　跨中轨道板横向位移

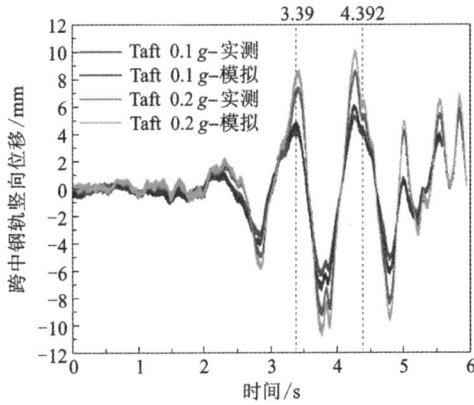

图 3-55　跨中钢轨竖向位移

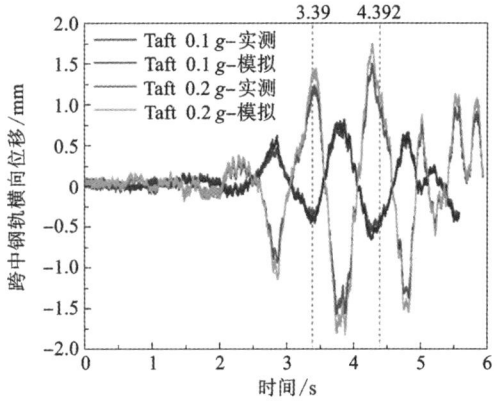

图 3-56　跨中钢轨横向位移

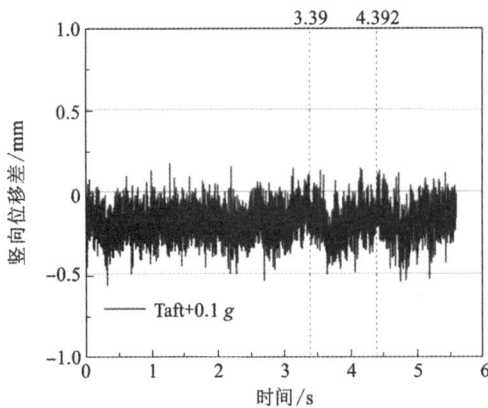

图 3-57　跨中钢轨与轨道板竖向位移差

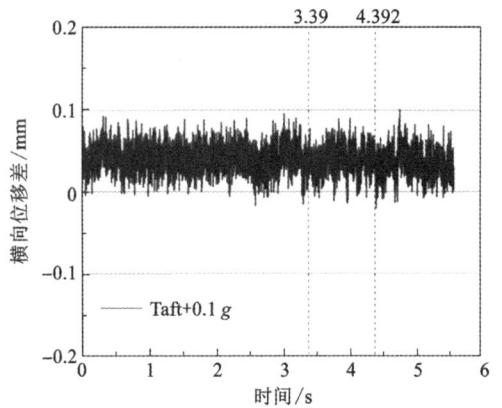

图 3-58　跨中钢轨与轨道板横向位移差

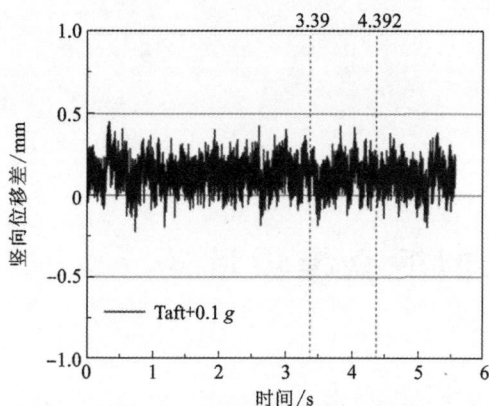

图 3-59　跨中轨道板与桥梁竖向位移差

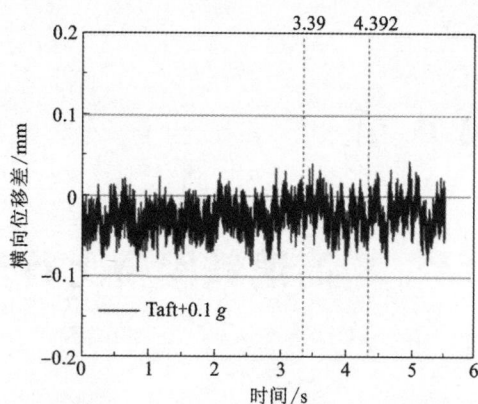

图 3-60　跨中轨道板与桥梁横向位移差

3.5　本章小结

本节提出了高速铁路桥上行车试验系统模型试验的相似设计参数，结合振动台台阵系统的设备性能和制作工艺，给出了高速铁路桥上行车试验系统的建造方案，并通过理论分析和数值仿真研究了桥上行车模型试验复现原型结构的可靠性。研究结论如下所述：

①本节所提出的地震下高速铁路桥上行车试验系统由加速段、试验段、减速段、安全防护装置和测试设备等部分组成，该试验系统能够反映原型特征和规律，通过振动台台阵设备与行车系统的结合实现地震下桥上行车的试验测试。

②本节提出了行车系统试验的 ABC 理论，并迂回解决了由于轮轨关系的复杂性，地震作用下桥上行车缩尺模型试验不能直接反映实际物理模型动力特性的问题；采用缩尺物理模型矫正数值模拟平台及技术，用矫正的数值模拟平台及技术模拟实际的列车–轨道–桥梁系统，从而获得地震下桥上行车系统的动力响应及安全评估结果。

③地震下高速铁路桥上行车试验系统的模型相似设计需要考虑的核心相似参数为几何相似比、加速度相似比和材料性能相似比。在条件允许的情况下应首先保障较大几何相似比以提高模型试验的准确性，同时避免过小几何尺寸所带来的制作精度问题；加速度相似比应保持为 1，以避免重力失真；材料性能相似比应满足在合理范围内，以采用等效的替代模型材料，同时可以微调材料性能相似比以优化方案。

④基于搭建的试验平台，开展了首次地震下高速列车桥上走行安全性试验，给出了具体的试验方案，包括模型制作、施加配重、试验工况设计、试验数据采集方案等，并获得了地震和列车耦合作用下的列车–桥梁动力试验数据。

⑤根据桥上行车系统缩尺物理模型，采用前文搭建的 OpenSees 列车–轨道–桥梁系统仿真分析平台，建立了地震作用下高速列车桥上走行安全室内缩尺试验的 OpenSees 有限元模型。通过有限元模型与试验数据的对比，验证了所搭建的 OpenSees 列车–轨道–桥梁系统仿真分析平台的准确性，说明基于移动单元模型的 OpenSees 仿真平台能够准确地模拟地震作用下列车–轨道–桥梁耦合振动问题。

第4章

高速铁路桥上行车实时混合模拟试验

4.1 概述

  高速列车提速加剧了列车-桥梁耦合振动对列车行驶稳定性和安全性的影响。对于这方面的研究，采用传统的试验方法，如拟静力试验、振动台试验、拟动力试验等，均无法达到理想的实时复现动力响应试验效果。

  实时混合试验(real time hybrid simulation，RTHS)是一种新型试验方法，是将数值模拟与物理试验相结合的一种结构动力性能试验方法。其简要原理如图 4-1 所示。将 RTHS 应用于高速铁路列车-桥梁耦合振动的研究，以桥梁为数值子结构，以列车为试验子结构，两子结构进行实时数据交互，可以在有限的实验室空间内实现行车试验。在资金较少、空间有限的情

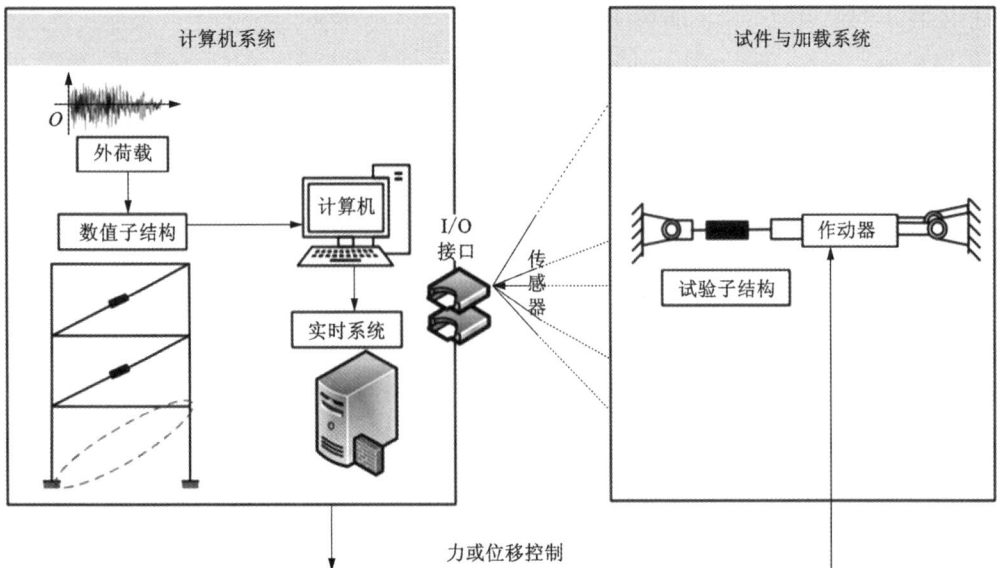

图 4-1　实时混合试验简要原理示意图

况下，能够获得比纯数值仿真研究更准确的响应，可为高速列车和桥梁的研究和设计提供更有益的参考。实时混合试验可以真实准确地反映试件的性能与响应，包括试件的惯性力、阻尼力和恢复力，因此能很好地对复杂构件进行深入研究。尤其对于速度相关型构件，实时混合试验是目前最为有效且准确的试验方法。此外，由于试验子结构为整体结构中的部分构件，所以实时混合试验对试验场地、设备的需求不高，经济性较好。从这一概念来看，实时混合试验技术很有发展前景。

目前列车–桥梁耦合振动主要采用场地试验和数值模拟的方式进行研究。然而，场地试验需要实际建立行车线路，经济负担较大；数值模拟基于多种假设，其计算结果存在较大误差。此时，实时混合试验技术就可以解决上述问题。本章介绍了桥上行车混合试验方法，又分别从混合试验积分算法、大规模实时计算技术和实时混合试验时滞补偿技术三个方面详细介绍了技术难点，最后介绍了混合试验算法性能评估平台。

4.2　高速铁路桥上行车混合试验方法

4.2.1　高速铁路桥上行车实时混合试验框架

列车–轨道–桥梁系统在实时混合试验中分为数值子结构和试验子结构两部分，其系统组成与界面划分如图 4-2 所示。其中，轨道–桥梁子系统作为数值子结构，在计算机中模拟，利用移动荷载叠加算法进行快速求解，反馈至试验子结构。列车作为试验子结构制作成模型车布置在单向振动台上进行测试。列车–桥梁–轨道系统在实时混合试验中的运动方程可以用下式表达：

$$M_N\ddot{x}_N + C_N\dot{x}_N + K_N x_N = F_{\text{Train}} \tag{4-1}$$

式中：M_N、C_N 和 K_N 分别代表数值子结构的质量矩阵、阻尼矩阵和刚度矩阵；$\ddot{x}_N$、$\dot{x}_N$ 和 x_N 分别为数值子结构的加速度、速度和位移列阵；F_{Train} 为数值子结构与试验子结构分界面处的界面力，代表列车与轨道的轮轨相互作用力。

在实时混合试验的每一时步中，首先，数值模型在模型车荷载作用下的轨道节点位移被实时计算出来；其次，通过实时数据传输系统计算出来的轨道位移响应发送给控制器，控制器下发命令信号到振动台以实现对模型车的加载；最后，测量得到的轮轨力反馈给数值子结构，进行下一步计算。数值子结构与试验子结构之间的界面随着模型车以速度 v 在轨道–桥梁结构上运行而不断改变。这意味着数值子结构的加载位置是不断变化的。数值子结构与试验子结构边界位置不断变化是列车–桥梁耦合混合试验与地震工程领域混合试验中数物边界位置固定不变所不同的地方。

为复现列车的实际振动响应，提出了针对列车–桥梁耦合问题的实时混合试验框架，如图 4-3 所示，数值子结构与试验子结构之间的划分界面是轮轨接触点。数值子结构和试验子结构通过加载装置、传感器和数字信号处理硬件相互连接，形成一个反馈回路，在每一个积分时步上求解整个结构的动态响应。在针对列车–桥梁耦合问题的实时混合试验方法中，先

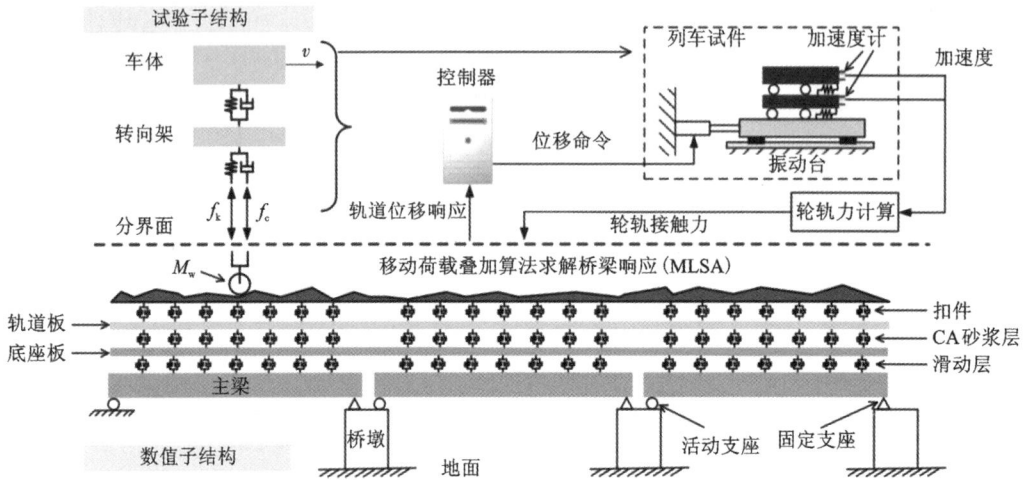

图 4-2   桥上行车实时混合试验数值子结构与试验子结构系统组成及界面划分

将列车试件安装在振动台或其他加载装置上，对剩余的轨道–桥梁结构进行实时数值仿真计算；再将轮轨接触点的竖向变形施加到列车试件，得到的轮轨力反馈回数值子结构，然后计算下一时步的变形。钢轨变形与轮轨力在子结构划分界面处不断交互，形成完整的列车–轨道–桥梁系统。

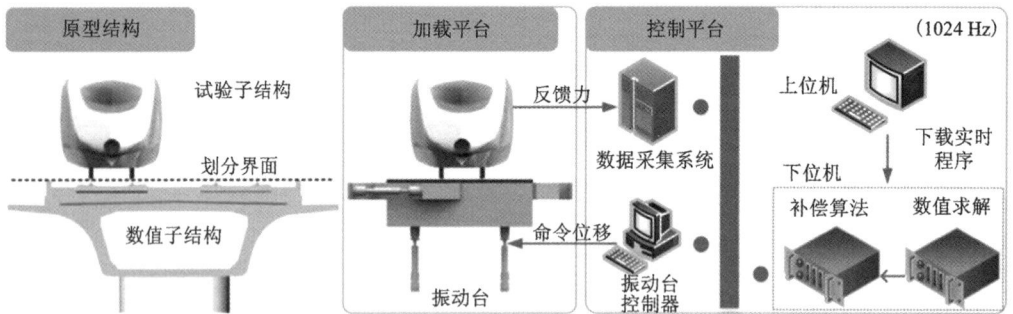

图 4-3   列车–桥梁耦合实时混合试验框架

1. 数值子结构

高速铁路简支梁桥是高速铁路桥梁设计中的主要桥型。在桥上行车混合试验中，轨道–桥梁一般作为数值子结构参与混合试验的运算。YAN 的研究表明在现有的高速铁路线路中，短跨径简支梁桥在桥梁占比中占大部分，其余部分为连续梁桥和中长跨径简支梁桥。本节将以含 CRTS Ⅱ 型轨道板系统的 3 跨高速铁路简支梁桥为例介绍数值子结构。

该桥梁结构为 3 跨简支梁桥，简支箱梁长度为 32.6 m，计算长度为 31.5 m，桥跨布置如图 4-4(a)所示，桥梁部分总长为 97.8 m。简支梁支座采用"固–活–固–活"布置形式，固定支座设置在梁体左侧,活动支座布置在梁体右侧,支座采用 PZ-5000 型盆式橡胶支座,如图 4-4(b)所示。桥墩为双流线形圆端实体桥墩,该桥梁共有两个桥墩,墩高分别为 16 m 和 8 m。为充分模拟该高速铁路桥梁在地震下的真实响应,桥梁结构还包括桥梁左右两侧各 50 m 长的线桥过渡段,过渡段由底座板、摩擦板和端刺组成。简支梁桥的上部结构为 CRTS Ⅱ型板式无砟轨道,该型轨道板是一种分层结构,如图 4-4(c)所示,其中包括轨道板、CA 砂浆层、底座板、两布一膜滑动层、剪切钢筋和剪力齿槽等部件。钢轨采用的型号为 CHN60 型,在 CRTS Ⅱ型板式无砟轨道上使用的扣件型号为 WJ-8C 型。

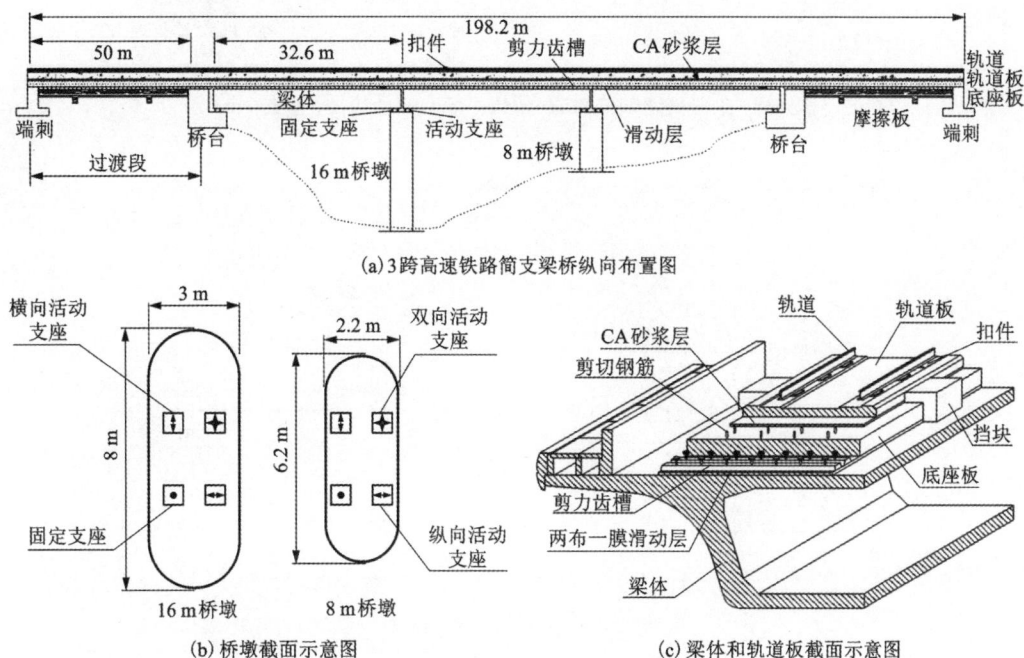

(a)3跨高速铁路简支梁桥纵向布置图

(b)桥墩截面示意图

(c)梁体和轨道板截面示意图

图 4-4　高速铁路轨道–桥梁系统示意图

基于 OpenSees 有限元软件,本节建立的 3 跨高速铁路轨道-桥梁相互作用模型如图 4-5 所示,其中钢轨、轨道板、底座板、摩擦板均使用弹性梁柱单元(EBC)模拟,截面参数按采用的结构实际取值。为精确建立轨道-桥梁模型,上述采用弹性梁柱单元的结构单元间隔均为 0.65 m。轨道板结构层间连接单元和支座均采用零长度单元模拟,各方向材料按前面叙述取值。桥墩的模拟使用零长度单元与刚臂单元的组合,将桥墩墩顶力-位移曲线转换为墩底的弯矩-转角曲线,并将其赋予在墩底零长度单元的转动方向,用对应高度的刚臂模拟对应墩高。

(1)桥墩

圆端型实体桥墩具有低纵筋率、低剪跨比、纵桥向与横桥向剪跨比差别较大等特点。该模型采用典型的高速铁路圆端型桥墩,墩高分别取 16 m 和 8 m,桥墩截面如图 4-4(b)所示。

(2)支座

采用零长度单元模拟支座力学行为,该单元需要从水平、竖直和转动三个方向进行材料

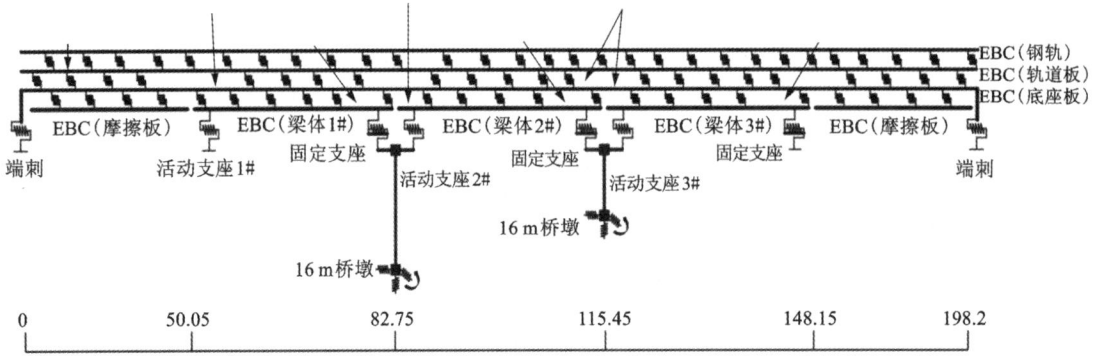

图 4-5　3 跨高速铁路轨道-桥梁系统有限元模型（单位：m）

描述。支座材料本构模型如图 4-6 所示。

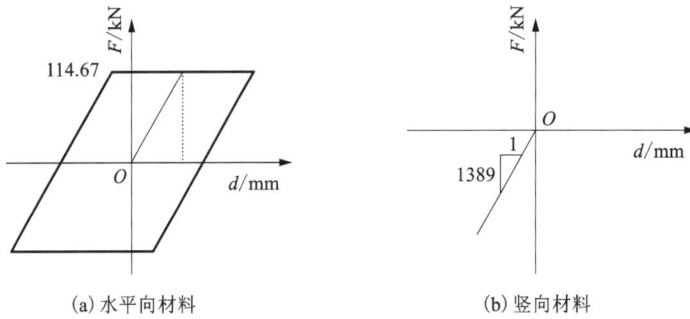

(a) 水平向材料　　　　　　　(b) 竖向材料

图 4-6　支座材料本构模型

（3）梁体

本节使用弹性梁柱单元模拟简支箱梁，简支箱梁计算参数如表 4-1 所示。

表 4-1　简支箱梁计算参数

参数	数值
截面面积 A/m^2	8.343
截面惯性矩 I_z/m^4	9.000
弹性模量 E/kPa	440×10^5
线密度 $\rho_0/(kg \cdot m^{-1})$	22691

（4）轨道板结构

CRTS Ⅱ型板式无砟轨道是一种分层布置的结构，从上往下依次包括钢轨、扣件、轨道板、底座板、CA 砂浆层、两布一膜滑动层等部件，如图 4-7 所示。

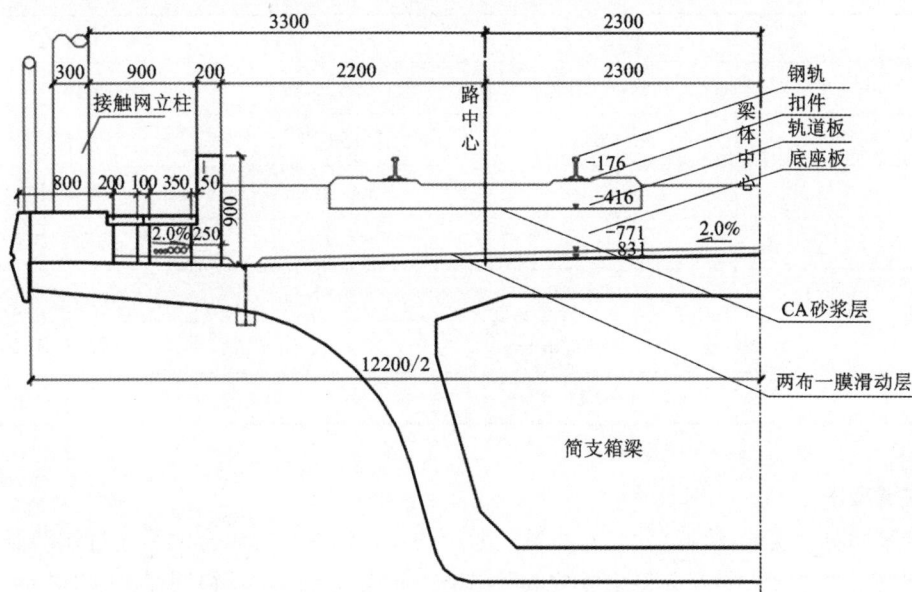

图 4-7　CRTS Ⅱ型轨道板横截面示意图

2. 试验子结构

在列车-桥梁实时混合试验中，列车一般作为试验子结构。列车中的弹簧、减震器、悬挂器等一系列部件，均将通过缩尺进行制作。本节将以最基础的列车悬架系统为例介绍试验子结构的制作。

列车悬架系统主要由弹簧和阻尼器组成，用以过滤车体、转向架和钢轨之间的激励。考虑到列车的对称性，可以采用 1/4 模型进行竖向方向悬架振动的研究，如图 1-4 所示。

简化 1/4 模型车的运动方程可定义为下式：

$$\begin{cases} m_c\ddot{z}_c=-k_c\cdot(z_c-z_b)-c_c\cdot(\dot{z}_c-\dot{z}_b)-m_c\cdot g \\ m_b\ddot{z}_b=-k_c\cdot(z_c-z_b)-c_c\cdot(\dot{z}_c-\dot{z}_b)-k_b\cdot(z_b-z_w)-c_b\cdot(\dot{z}_b-\dot{z}_w)-m_b\cdot g \\ m_w\ddot{z}_w=F_w-k_b\cdot(z_b-z_w)-c_b\cdot(\dot{z}_w-\dot{z}_b)-m_w\cdot g \end{cases} \quad (4\text{-}2)$$

式中：F_w 为轮轨相互作用力；z 及其一、二阶微分分别为车体的位移、速度和加速度，下标 c 为车体、b 为转向架、w 为轮对。

将轮轨关系假定为刚性接触，即轮对的竖向位移与轮轨接触点处轨道的竖向变形一致。因此，轮对的位移等于静态不平顺与动态不平顺之和。根据式（4-2），可将轮轨力表示为：

$$F_w=m_c\ddot{z}_c+m_b\ddot{z}_b+m_w\ddot{z}_w+(m_c+m_b+m_w)\cdot g \quad (4\text{-}3)$$

如式（4-3）所示，轮轨力可由质量块的惯性力和重力组合得到，根据该式可以确定试验中轮轨力的测量方式，只需要测量各个质量块上的加速度即可确定轮轨力的大小。模型车的参数根据原型车 CRH380A 车体按照 0.05 的质量缩尺比计算得到。简化后的模型车参数如表4-2 所示。

表 4-2 模型车参数

符号	原型结构参数	缩尺结构参数	描述
m_c	8446.5 kg	422.33 kg	车体质量
k_c	225000 N/m	11250 N/m	车体刚度
c_c	10000 Ns/m	500 Ns/m	车体阻尼
m_b	1028 kg	51.4 kg	转向架质量
k_b	1772000 N/m	88600 N/m	转向架刚度
c_b	20000 Ns/m	1000 Ns/m	转向架阻尼
m_w	1267 kg	—	轮对质量

3. 关键技术

混合试验分为实时混合试验与离线迭代混合试验。其中实时混合试验通过作动器、传感器和数字信号处理硬件相互连接组成数值子结构，令其形成一个反馈回路，用于在每个积分时步求解运动方程。而离线混合试验则是在每个时程完毕后进行整体的迭代运算。

对于实时混合试验，有诸多的技术难题需要解决。为了应对大规模模型实时计算中对计算速度与计算精度提出的更高要求，需要更高效的大规模实时计算技术；为了应对在实时混合试验过程中由于加载装置、信号传输装置等导致的时滞情况，需要采用实时时滞补偿技术；为了更好地对数值子结构进行求解模拟，需要合适的混合试验算法加以解决。这些关键技术将会对实时混合试验产生直接而深远的影响。笔者团队对这些关键问题进行了系列而深入的研究，本章将会对这些关键技术一一阐述。

4.2.2 高速铁路桥上行车实时混合试验

在完成数值子结构与试验子结构构建的基础上，进行实时混合试验数值仿真实例展示。

对地震动作用结束后的 3 跨简支梁桥进行移动载荷卷积积分法(moving load convolution method，MLCIM)分析，计算得到轮轨接触点处的单位脉冲响应矩阵，同时计算三跨简支梁梁体跨中位移响应矩阵。MLCIM 是一种基于卷积积分法的数值方法，它考虑了列车移动荷载的时变特性，关于 MLCIM 的详细情况将在本书 4.4 中进行介绍。

试验选用有旋转摩擦阻尼器(rotational friction damper，RFD)减震与无 RFD 减震两种工况，为考虑轨道不平顺，列车时速设定为 350 km。

1. 实时混合试验 Simulink 程序

在 Simulink 软件中建立列车-桥梁耦合混合试验仿真程序，如图 4-8 所示为 Simulink 程序框图，此程序中 MLCIM 部分的功能是计算轨道-桥梁结构在轮轨力作用下的响应，而车体悬架模型的功能为模拟两自由度车体悬架结构通过桥梁时的运动，并得到车体悬架对轨道-桥梁结构的轮轨作用力，车体悬架模型如图 4-9 所示。轨道-桥梁结构计算得到的轮对位移传递至振动台控制器，作为振动台控制信号的输入，激励固定于振动台上的模型车，并通过固定于模型质量块上的加速度传感器计算轮轨力，然后输入至 MLCIM 计算模块中。

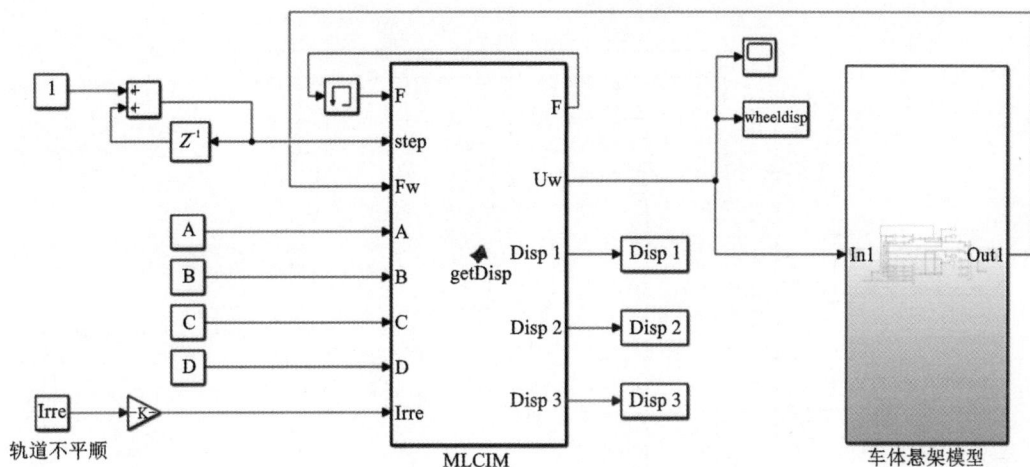

图 4-8　Simulink 程序框图

　　如图 4-10 所示为 350 km/h 速度下不考虑轨道不平顺时的列车响应时程曲线。从图 4-10 (a) 可知，轮对位移在经过 3 跨简支梁桥时表现出良好的周期性，从曲线中可观察到两个峰值。每一个峰值代表列车经过一个桥墩，每一个谷值代表列车经过一个桥跨，呈现了模型车以 350 km/h 的速度通过三跨简支梁桥的过程。可以明显地看出列车响应与轨道-桥梁结构的竖向刚度有关，由于线桥过渡段的竖向刚度要大于轨道-桥梁结构，因此，在线桥过渡段范围内的轮对位移均较小，而在桥梁范围内，由于桥墩的竖向刚度大于梁体的竖向刚度，因此在桥墩附近的轮对位移比桥梁跨中的轮对位移更小。在列车经过竖向刚度变化较大的部位时，轮对位移的斜率发生突变，这一变化同样反映在竖向的轮轨作用力时程上，如图 4-10(b) 所示，轮轨作用力在列车重力附近振荡。图 4-10(c) 和图 4-10(d) 分别为转向架和车体的位移响应时程。图 4-10(e) 和图 4-10(f) 分别是转向架和车体的加速度时程曲线，在列车悬架系统过滤下，车体的响应小于转向架的响应。图 4-10 中对比了桥梁结构中设置 RFD 对震后行车的影响。整体上是否设置 RFD 对列车位移响应的影响很小，在轮对位移、转向架位移和车体位移中，可以观察到在有 RFD 减震控制的情况下，列车的位移响应有轻微的减小，对列车加速度响应、转向架加速度响应几乎相同；而在车体加速度中，可观察到设置 RFD 后，车体加速度有轻微的减小。

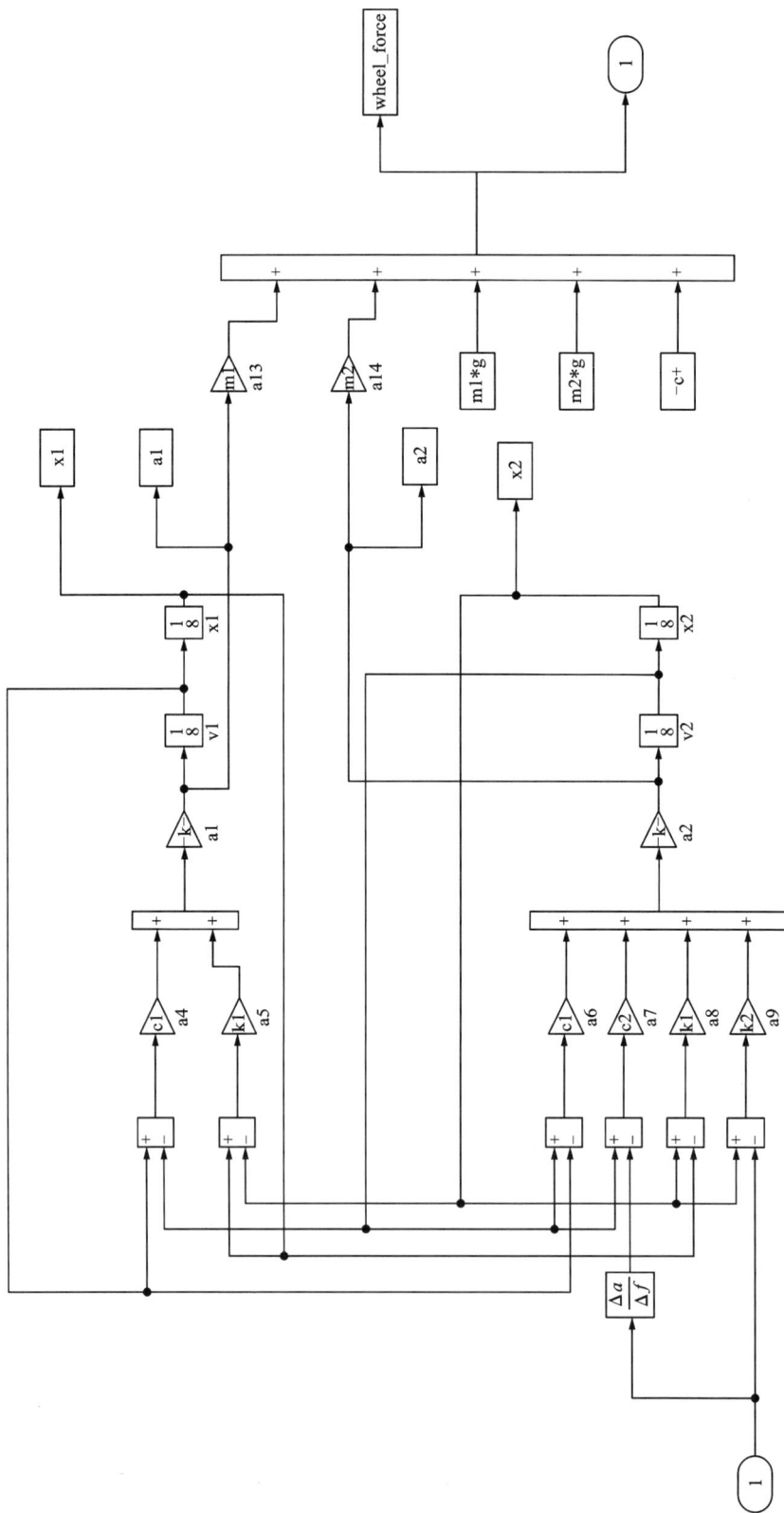

图 4-9 车体悬架模型

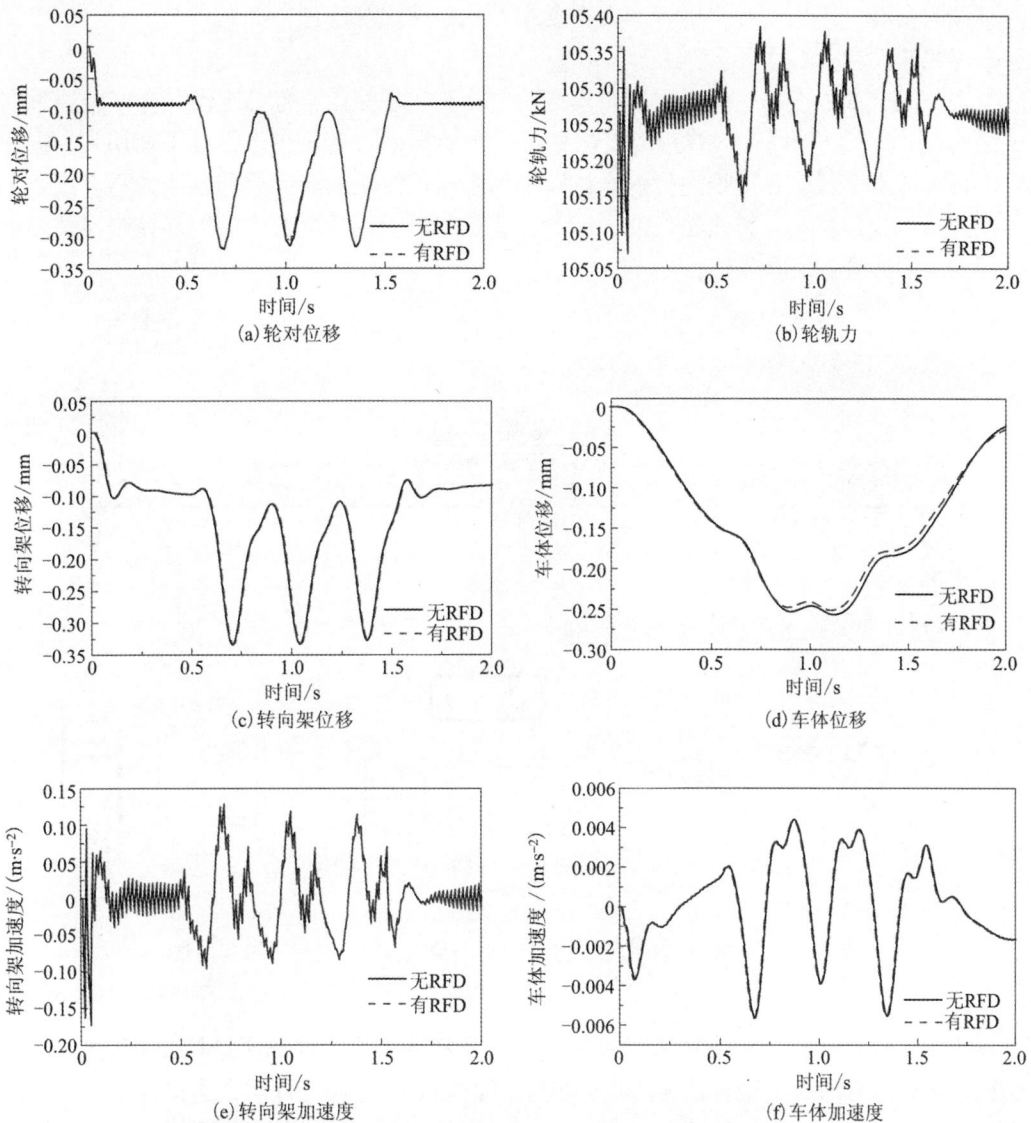

(a)轮对位移

(b)轮轨力

(c)转向架位移

(d)车体位移

(e)转向架加速度

(f)车体加速度

图 4-10　350 km/h 速度下不考虑轨道不平顺时的列车响应时程曲线

4.2.3　高速铁路桥上行车离线迭代混合试验

实时混合试验具有较高的实时性要求，大型伺服液压系统作为混合试验中试验子结构的执行机构，需要高精度的控制系统，同时大型复杂结构的计算也要求在毫秒内完成，具有很高的挑战性。相比于实时混合试验，学者们提出了离线迭代混合试验新思路，并应用于汽车轮胎耐久性测试、非结构构件等试验中。非结构构件往往是大型建筑或汽车系统中的设备与部件，从构成来看，其类似于桥上行驶的列车，区别在于桥上行车为移动设备，非结构构件往往为固定设备。由此，笔者建立了高速列车-轨道-桥梁系统离线迭代混合试验系统，提出了两种用于系统间信号收敛的控制算法，即不动点迭代算法和模型辨识收敛算法，分别从时域和频域的角度对信号进行修正。本文主要就不动点迭代算法进行介绍。

1. 离线迭代混合试验框架

与实时混合试验在每一时步内实时模拟桥上行车状态相比，离线迭代混合试验通过在数值子结构、试验子结构间迭代修正力或位移时程响应误差，令其在边界处平衡协调，进而模拟桥上行车的真实状态。离线迭代混合试验中用于迭代修正响应误差的方法为不动点迭代算法和模型辨识收敛算法。离线迭代混合试验方法是在振动台系统包含的内环控制器基础上搭建外环控制器实现的，原理如图4-11所示。

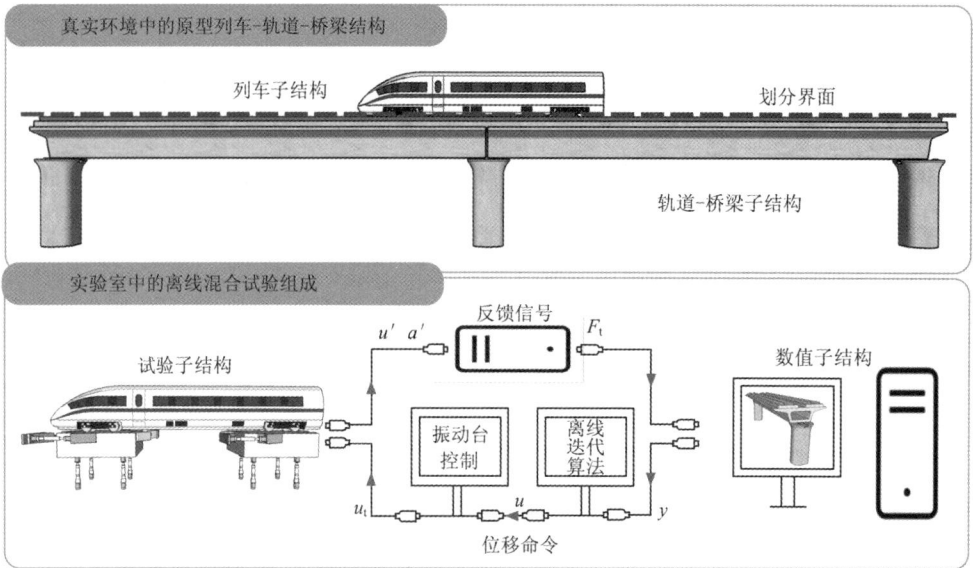

图4-11 列车–轨道–桥梁耦合振动分析中的离线迭代混合试验方法

离线迭代混合试验方法将列车–轨道–桥梁系统划分为物理列车子结构和数值轨道–桥梁子结构，划分边界即为车轮与轨道的接触界面，系统间通过轮轨力耦合连接，列车子系统除耦合振动激励外的外部激励可由轨道不平顺定义。列车子结构和轨道–桥梁子结构的坐标系具有相同的坐标方向和长度，列车子结构中每个刚体都具有独立的坐标系，其原点为每个刚体的静态平衡位置。

$$\begin{cases} M_t\ddot{X}_t + C_t\dot{X}_t + K_tX_t = F_t & （列车子结构） \\ M_b\ddot{X}_b + C_b\dot{X}_b + K_bX_b = F_b & （轨道–桥梁子结构） \end{cases} \quad (4\text{-}4)$$

式中：M、C 和 K 分别是质量、阻尼和刚度矩阵，它们是常数矩阵；X 和 F 分别是位移和力向量；下标 t 表示列车子结构；下标 b 表示轨道–桥梁子结构；$\cdot$、$\cdot\cdot$ 为 X 对于时间的一阶、二阶微分。

图4-11中所示信号均为 Z 方向时程，振动台控制模块为用于复现输入至振动台命令的内环控制器；u 为经离线迭代算法搭建成外环迭代控制器输入给内环控制器的位移命令；u_t 为振动试验台自身所带内环控制器以 u 为期望响应经迭代修正后复现的位移响应，即内环控

制器下达至振动台的控制命令；u' 为数值-物理划分界面处的位移响应，即振动台台面位移；a' 为测量的列车加速度反馈响应；F_t 为通过反馈加速度信号计算得到的轮轨力；y 为数值子结构在轮轨力作用下作用点处的轨道变形响应。内环控制器用于实现振动台的高精度复现；外环控制器通过不动点迭代收敛算法逐步减小混合试验中数值桥梁子结构与物理列车子结构之间的动态响应误差，从而在数值-物理划分界面处实现一定精度的高速铁路列车-轨道-桥梁耦合振动复现。

（1）列车子结构

单节列车的主要组成部分为 1 节车体、2 个转向架和 4 对轮对，各部分结构通过悬挂系统相互连接，列车悬挂系统通过过滤车体、转向架与轨道之间的力起到减小车体振动、保障列车运行舒适性的作用。因为列车是对称的，所以在研究其垂向响应时可基于 1/4 模型车。

推导简化模型车的运动学方程需做以下假设：

①列车以恒定的速度在桥上行驶。

②忽略车体、转向架自身形变，将其简化为单个质量块。

③列车悬挂系统简化为单弹簧阻尼系统。

④忽略多节列车之间的相互作用，模型车可由几个独立的 1/4 模型车建模。

⑤每个车体、转向架和轮对在垂直向有 1 个独立的自由度。

⑥根据牛顿第三定律，轮对与钢轨在轮轨接触点具有数值相同、大小相反的垂直向轮轨力。

根据假设②、③和④，列车子系统可简化为垂直方向上的质量-弹簧-阻尼模型。如图 1-4 所示，因此，1/4 模型车可作为离线迭代混合试验中的试验子结构。

（2）轨道-桥梁子结构

本节以 32 m 的 CRTS Ⅱ型无砟轨道简支梁桥为研究对象，桥梁模型如图 4-12 所示。轨道-桥梁子系统由桥墩、主梁、轨道板等组成，主梁通过固定支座和活动支座支撑在桥墩上。

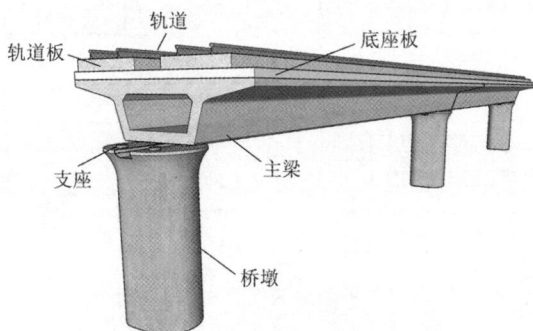

图 4-12　桥梁模型三维图

轨道-桥梁子系统可以用 OpenSees 框架建立有限元模型，桥墩、主梁和 CRTS Ⅱ型轨道的纵向连续构件，如底座板、轨道板和钢轨，可采用弹性梁柱单元建模；支座和纵向夹层构件，如滑动层、CA 砂浆层、剪切钢筋、剪力齿槽和扣件，可采用零长度单元建模。为减少桥梁子系统的自由度输入，采用模态叠加法原理对式（4-1）中的桥梁子系统运动方程进行换算整理，得到桥梁子系统的运动方程：

$$\ddot{X}_{\mathrm{b}} + 2\boldsymbol{\xi}_{\mathrm{b}}\boldsymbol{\omega}_{\mathrm{b}}\dot{X}_{\mathrm{b}} + \boldsymbol{\omega}_{\mathrm{b}}^2 X_{\mathrm{b}i} = \boldsymbol{\Phi}_{\mathrm{b}}^{\mathrm{T}} F_{\mathrm{b}} \tag{4-5}$$

式中：$\boldsymbol{\xi}_{\mathrm{b}}$ 和 $\boldsymbol{\omega}_{\mathrm{b}}$ 分别为阻尼比和圆频率对角矩阵；$\boldsymbol{\Phi}_{\mathrm{b}}$ 为模态矩阵。

2. 不动点迭代算法

不动点迭代算法是求解方程 $f(x)=0$ 在 $[a,b]$ 区间内解的数学运算，又称为简单迭代。为求方程 $f(x)=0$ 的解，先将方程同等转换为 $x=g(x)$，通过定义初始化 x_0，循环迭代 $x_{k+1}=g(x_k)$，直至满足收敛条件。

不动点迭代算法具有一定的收敛条件，迭代函数 $g(x)$ 在 $[a,b]$ 上连续，且满足：

① 当 $x\in[a,b]$ 时，$a\leqslant g(x)\leqslant b$。

② 存在一正数 L，满足 $0<L<1$，且 $\forall x\in[a,b]$，有 $|g'(x)|\leqslant L$。

则有：

① 方程 $x=g(x)$ 在 $[a,b]$ 内有唯一解 x^*。

② 对于任意初值 $x_0\in[a,b]$，迭代 $x_{k+1}=g(x_k)$ 均收敛于 x^*。

③ $|x_k-x^*|\leqslant\dfrac{L}{1-L}|x_k-x_{k-1}|$。

④ $|x_k-x^*|\leqslant\dfrac{L^k}{1-L}|x_1-x_0|$。

在高速铁路桥上行车试验中，不动点迭代算法用于求解满足列车-轨道-桥梁耦合振动性能的响应时程，即在划分边界处令列车子结构的轮对位移与轨道-桥梁子结构的轮轨接触点位移之间的误差满足设定限值。不动点迭代算法的基本求解程序可以分为 3 个步骤，如图 4-13 所示，其中 $u_k[n]$ 为第 k 次迭代中影响列车子结构的轨道不平顺，$f_k[n]$ 为第 k 次迭代中的轮轨力，$y_k[n]$ 为第 k 次迭代中轮轨接触点处轨道变形响应。

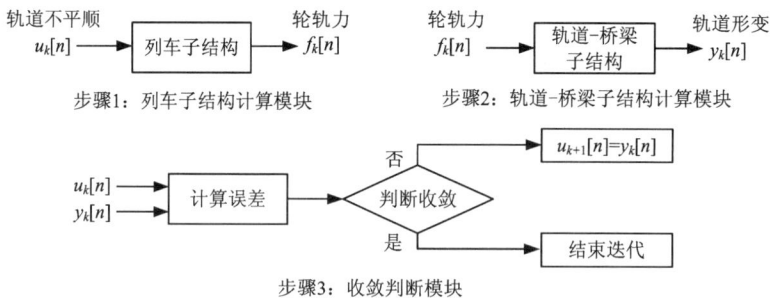

图 4-13　不动点迭代算法的基本步骤

不动点迭代算法的详细计算过程分为列车子结构计算模块、轨道-桥梁子结构计算模块和收敛判断模块。

① 列车子结构计算模块：计算列车子结构的轮轨力。本次迭代中的轨道不平顺时程激励作为列车子结构的输入信号，由作动器施加至物理车辆模型，然后测量物理模型车中车体、转向架和轮对的反馈加速度，计算列车轮轨力时程。

② 轨道-桥梁子结构计算模块：将步骤 1 中移动列车的轮轨力时程作为轨道-桥梁子结构

的输入信号作用于数值模拟轨道-桥梁模型的桥面,并求解轨道-桥梁结构的轨道变形响应,结合轨道不平顺,得到轮对在轮轨接触点处的竖向位移。

③收敛判断模块:计算步骤 2 中获得的轮轨竖向位移响应与步骤 1 中的轨道不平顺响应之间的误差。若误差满足设定限制,则迭代求解结束;反之,则返回步骤 1,令步骤 2 中的轮轨竖向位移响应作为下一迭代步中的系统轨道不平顺激励。

步骤 3 中的误差具体为计算均方根误差(RMSE),通过桥梁响应对系统输入的偏离程度判断迭代效果,公式如下:

$$RMSE_k = \sqrt{\frac{\sum_{i=1}^{N}\left[y_k(i)-u_k(i)\right]^2}{\sum_{i=1}^{N}\left[y_k(i)\right]^2}} \tag{4-6}$$

式中:$y_k(i)$ 为第 k 次迭代的系统输入;$u_k(i)$ 为第 k 次迭代的系统输出响应。

基于不动点迭代的离线迭代混合试验的流程与实时混合试验完全不同,如图 4-14 所示。在实时混合试验中,列车子结构与轨道-桥梁子结构通过在每个时步内迭代同时求解,收敛性检验基于每个时步结束时的动态响应。在离线迭代混合试验中,两个子结构在每次迭代循环中都以完整时程的形式分别求解,然后由相邻两次在轮轨接触点处轮对的竖向位移响应时程进行收敛验证,直至满足误差阈值。

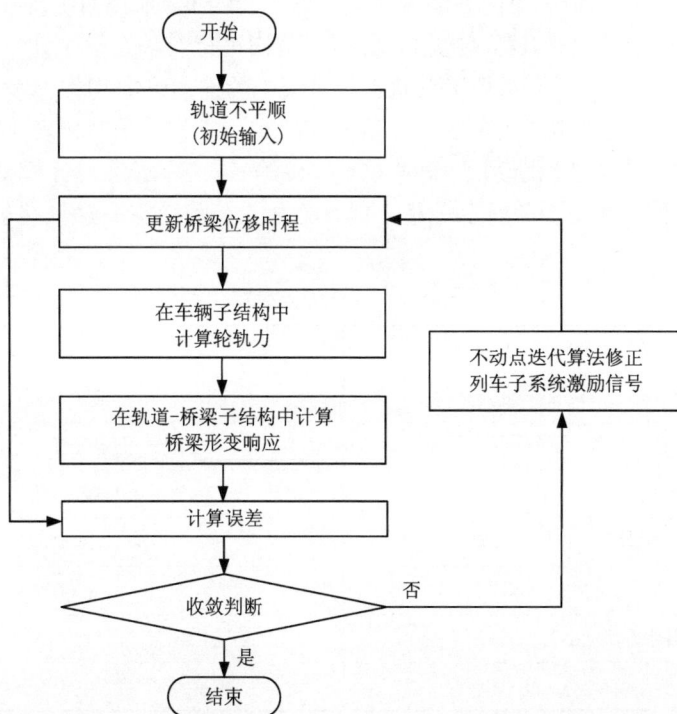

图 4-14　基于不动点迭代的离线迭代混合试验操作流程

3.试验验证

高速铁路桥上行车试验系统中的数值物理切分界面确定为在列车与轨道之间,首先在数值环境中进行研究和测试。

根据 Jiang、Ren 等的研究,如图 4-15 所示为高速铁路列车–轨道–桥梁离线迭代混合试验系统在 Simulink 中的框图,系统输入位移信号作用于列车子结构,模型车在激励下生成轮轨力并作用于轨道–桥梁子结构,桥梁竖向位移响应作为系统输出。系统输入与系统输出通过外环不动点迭代修正二者间的误差,最终实现高速铁路列车–轨道–桥梁耦合振动动态吻合。

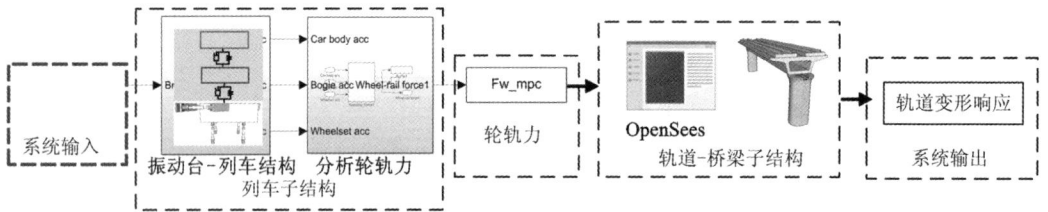

图 4-15　数值环境离线混合试验系统 Simulink 架构

将振动台与简化的列车子系统通过模型辨识由状态空间方程表示,列车子系统的具体参数设置如表 4-3 所示。因现有单向振动台对采样频率的约束,所以对振动台和模型车进行模型辨识时,采样频率取值 100 Hz。在轨道–桥梁子结构进行有限元模型建立时采用 OpenSees 有限元软件,其中桥梁、摩擦板、桥墩及轨道板系统中的连续纵向构件(钢轨、轨道板、底座板)均采用弹性梁柱单元模拟,截面参数按照采用的实际结构取值,如表 4-4 所示。支座和轨道板结构的层间连接构造(滑动层、砂浆层、扣件等)采用零长度单元模拟,各方向材料参数按照实际结构取值,如表 4-5 所示。基于此,建立了 5 跨简支高速铁路轨道–桥梁系统的二维数值模型。

表 4-3　高速列车参数

参数名称	数值
车体质量 m_c/kg	43862.5
车体阻尼 c_c/(N·s·m^{-1})	40000
车体刚度 k_c/(N·m^{-1})	1.90×10^5
转向架质量 m_b/kg	2400
转向架阻尼 c_b/(N·s·m^{-1})	6500
转向架刚度 k_b/(N·m^{-1})	1.176×10^6
轮轨质量 m_w/(kg)	1850

表 4-4　连续纵向构件参数

部件	截面面积/(mm²)	弹性模量/(N·mm⁻²)	惯性矩/(mm⁴)	密度/(kg·m⁻¹)
桥墩	$1.26×10^7$	$3.20×10^4$	$4.70×10^{12}$	31397.75
主梁	$8.34×10^6$	$4.40×10^4$	$9.00×10^{12}$	22691.00
摩擦板	$3.60×10^6$	$3.00×10^4$	$4.80×10^{10}$	9360.00
底座板	$5.61×10^5$	$3.25×10^4$	$1.69×10^9$	1496.85
轨道板	$5.10×10^5$	$3.60×10^4$	$1.70×10^9$	1370.60
轨道	$7.75×10^3$	$2.10×10^5$	$3.22×10^7$	60.64

表 4-5　支座及系统夹层组件参数

部件	刚度/(kN·mm⁻¹)		
	纵向	垂向	转动方向
固定支座	$1.00×10^{15}$	2777.78	$1.00×10^{-9}$
滑动支座	76.45	2777.78	$1.00×10^{-9}$
滑动层	36.00	$2.75×10^6$	$1.00×10^9$
CA 砂浆层	127.75	$1.19×10^6$	$1.00×10^9$
扣件	30.00	100.00	$1.00×10^9$

仿真测试采用中国低干扰谱生成的垂向轨道不平顺数据，当列车以运行速度 300 km/h、时步 0.01 s 过桥时，可计算得到功率谱函数 $s(f)$ 的时域反演样本，其最大值为 0.861 mm。

下面将进行数值环境的高速铁路桥上行车离线迭代混合试验验证。

（1）无轨道不平顺的高速铁路桥上行车仿真计算

对于无轨道不平顺的离线迭代混合试验，系统初始输入为零，但考虑到高速铁路列车-轨道-桥梁模型建模时的简化处理会对结果造成一定的影响，且离线混合迭代试验系统的搭建以振动台能够稳定复现为前提，未考虑振动台复现精度降低所造成的误差，故将存在的误差以随机白噪声的形式添加到系统的初始输入。将系统初始输入作用于速度为 300 km/h 的列车子系统，进行离线迭代混合试验，记录同次迭代中的系统输入信号和桥梁响应信号，与无轨道不平顺的桥上行车仿真结果标准解（图 4-16）进行对比，并计算桥梁响应与标准解的误差，对比结果如图 4-17 所示。

图 4-16(a)即为无轨道不平顺时高速铁路桥上行车仿真计算时程结果，图 4-16(b)为对应的桥梁竖向位移频谱，可知在不添加轨道不平顺时，高速铁路桥上行车之后桥梁竖向位移频率范围为 0.3~5 Hz。

如图 4-17 所示为不同迭代次数时系统输入、桥梁响应的无轨道不平顺桥上行车仿真计算结果对比，以及桥梁响应与标准解之间的误差。可以看出，随着迭代次数的增加，桥梁响应与标准解的波形逐渐吻合，响应误差显著下降，并基本维持在 10^{-3} mm 级。为了更好地说明离线迭代混合试验方法的收敛效果，分别计算每次迭代中桥梁响应与标准解、本次系统输入的 RMSE 结果如图 4-18 所示。

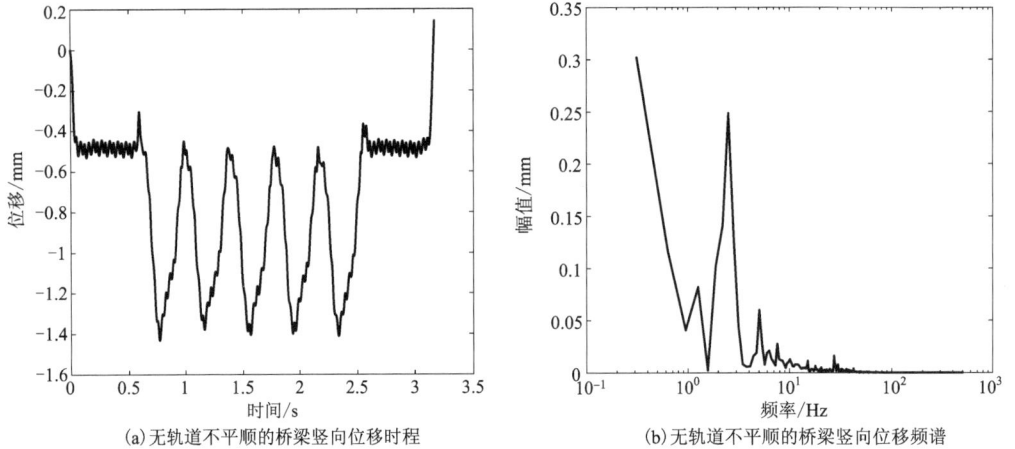

(a) 无轨道不平顺的桥梁竖向位移时程

(b) 无轨道不平顺的桥梁竖向位移频谱

图 4-16　无轨道不平顺高速铁路桥上行车后桥梁竖向位移响应

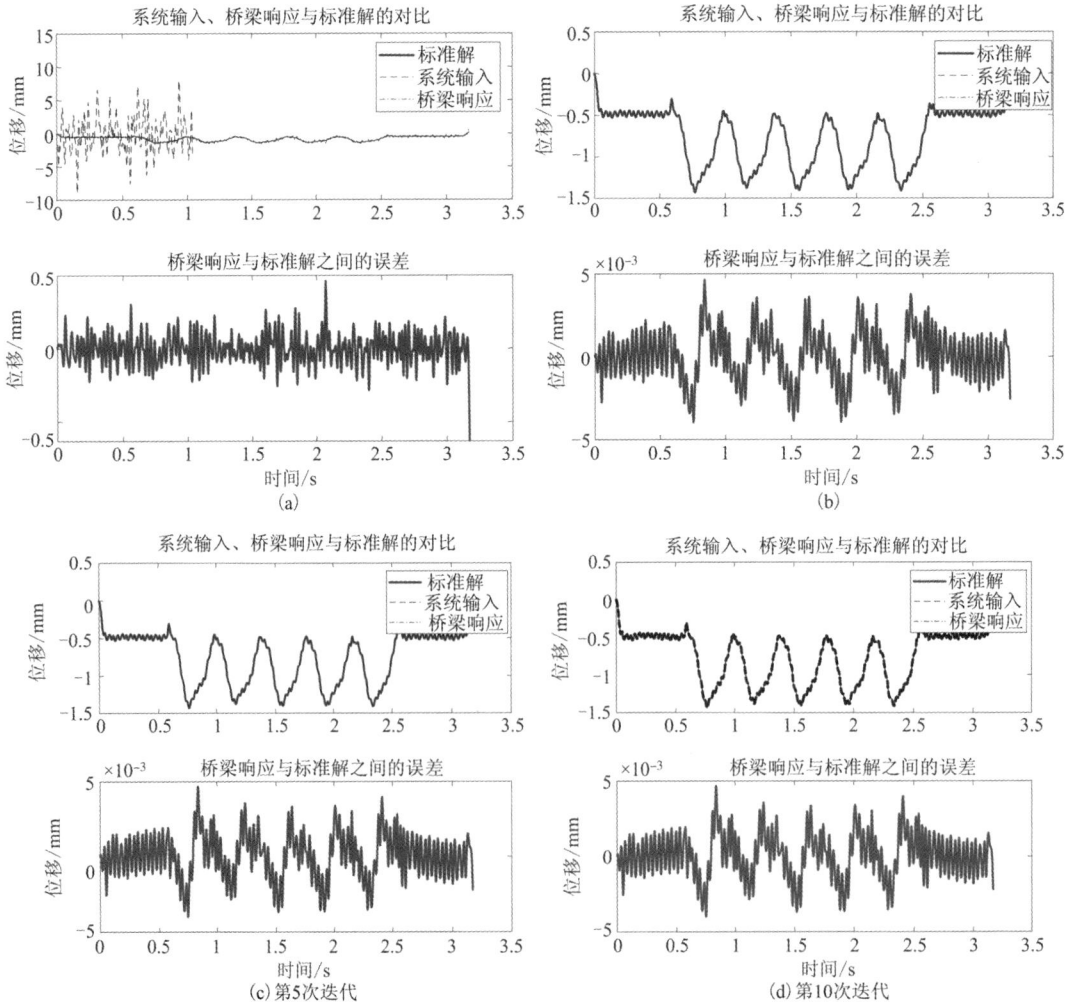

(a)

(b)

(c) 第5次迭代

(d) 第10次迭代

图 4-17　离线迭代混合试验结果与标准解对比

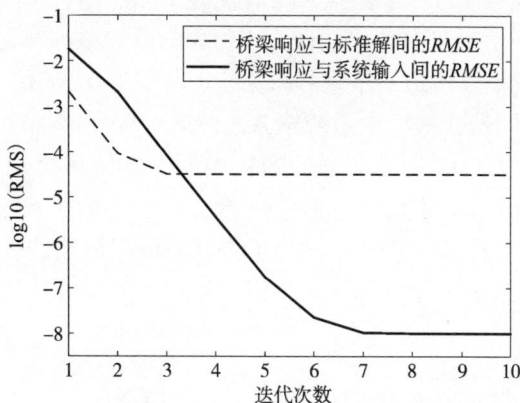

图 4-18　前 10 次迭代 RMSE

由每次迭代的 RMSE 可以进一步得出，随着迭代次数的增加，离线混合试验结果与桥上行车仿真计算结果间的相对误差逐渐减小，迭代 3 次后，误差量级下降到 10^{-4} mm 并基本保持不变；与本次系统输入的绝对误差在迭代 7 次后，量级下降到 10^{-8} mm 并基本保持不变，误差小于阈值，可满足收敛至标准解的要求。

（2）添加轨道不平顺的离线迭代混合试验验证

将逆 Fourier 变换法模拟出的轨道竖向不平顺时域样本序列作为高速铁路桥上行车模型的竖向外部激励，同样考虑简化模型及振动台复现精度所带来的误差，对轨道不平顺时程添加低幅宽频的白噪声以模拟该影响。将系统初始输入作用于在以 300 km/h 行驶的列车子系统中，并进行离线混合试验，记录同次迭代中的系统输入信号和桥梁响应信号，与添加轨道不平顺的桥上行车仿真结果标准解（图 4-19）进行对比，最后计算桥梁响应与标准解的误差，结果如图 4-20 所示。

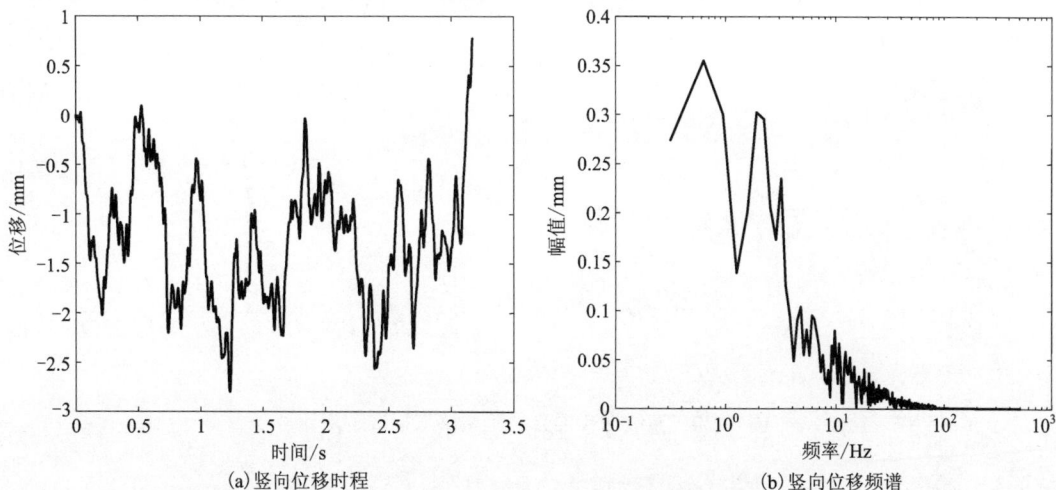

（a）竖向位移时程

（b）竖向位移频谱

图 4-19　添加轨道不平顺高速铁路桥上行车后桥梁竖向位移响应

如图 4-19(a) 所示即为添加轨道不平顺后高速铁路桥上行车仿真计算时程结果，如图 4-19(b) 所示为对应的桥梁竖向位移频谱，结合两图可知添加轨道不平顺时，高速铁路桥上行车后桥梁竖向位移频率以轨道不平顺频率为主，范围为 0.3~10 Hz。

图 4-20 展示了在不同迭代次数中系统输入、桥梁响应与添加轨道不平顺桥上行车仿真计算结果的对比，以及桥梁响应与标准解的响应误差。即使系统的初始输入有白噪声的影响，在迭代 3 次后，桥梁响应与添加轨道不平顺情况下的桥上行车仿真结果之间的响应误差明显下降，并基本保持在 10^{-2} mm 级。同样为了更好地说明离线迭代混合试验方法的收敛效果，计算出了每次迭代的 RMSE 结果如图 4-21 所示。

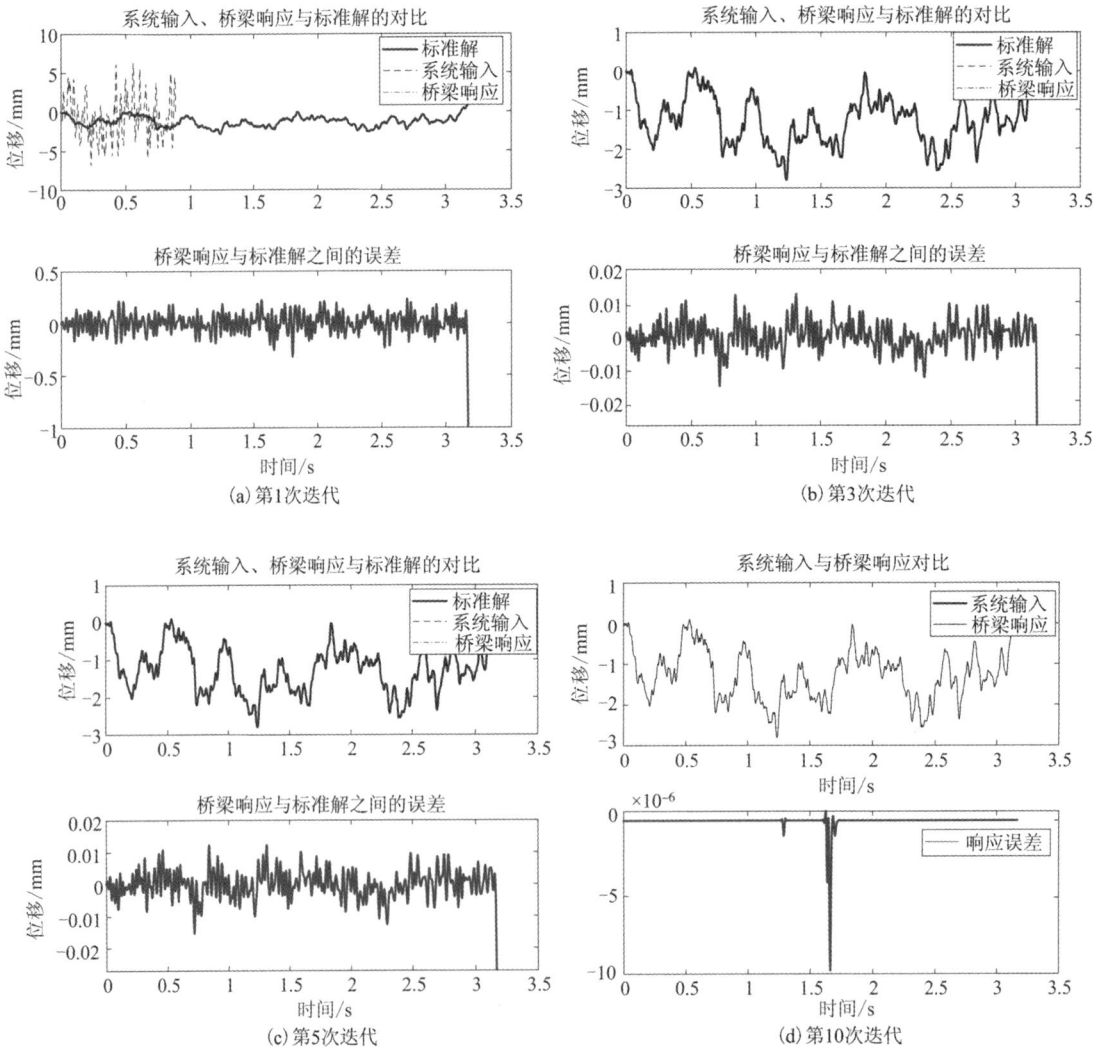

图 4-20 离线迭代混合试验结果与标准解对比

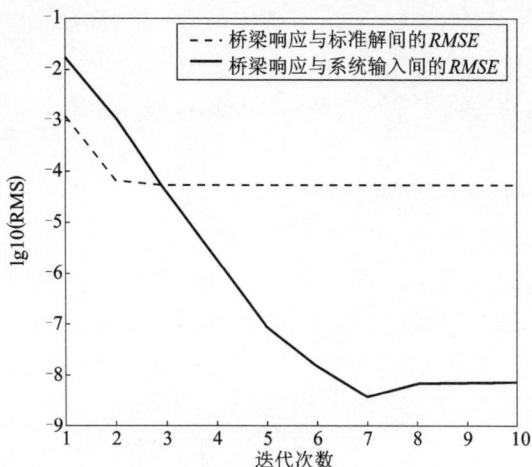

图 4-21　前 10 次迭代 *RMSE*

由 *RMSE* 结果可以进一步得出结论：随着迭代次数的增加，离线迭代混合试验结果与添加轨道不平顺桥上行车仿真计算结果间的相对误差逐渐减小，迭代 3 次后，误差量级下降到 10^{-4} mm 并基本保持不变；与本次系统输入的绝对误差在迭代 8 次后，量级下降到 10^{-8} mm 并基本保持不变，误差小于阈值，可满足收敛至标准解的要求。

4.3　实时混合试验算法

数值子结构通常采用有限元模型进行模拟，因此需要选取合适的数值积分算法对数值子结构进行求解。数值积分算法对实时混合试验的顺利完成起重要作用，而实时混合试验中不仅试验本身对算法有更高的需求，而且数值子结构与试验子结构的质量比等结构特性也会严重影响算法的性能。此外，过长的积分步长与时滞均是通过增大结构的高频模态来影响算法系统的稳定性及精度。但是目前已有的显式算法多是无数值阻尼的，如显式 Newmark、中心差分法、Gui-λ 家族算法、CR 算法、Chang 算法等。由于算法积分步长的划分、试验过程中设备引起的时滞，系统误差通常也会给结构带来虚拟的高频响应，因此，研究一种具有适当数值阻尼，能耗散掉不必要高频响应的算法是迫切需要的。基于以上考虑，本章将提出一类新型无条件稳定的显式积分算法，该算法可通过参数调节得到合适的数值阻尼，也能实现零阻尼情况；并且使其位移与速度均是显式表达的，在应用于实时混合试验中时无须任何迭代，保证算法的计算效率。

4.3.1　SSMEDV 算法

笔者团队提出了一种新型无条件稳定的显式积分算法，称为 single-step method of explicit displacement and velocity（SSMEDV）算法，其位移与速度均是显式单步表达的。其时域表达式为：

$$\begin{cases} x_i = x_{i-1} + (\Delta t)\dot{x}_{i-1} + \alpha_1 (\Delta t)^2 \ddot{x}_{i-1} \\ \dot{x}_i = \ddot{x}_{i-1} + \alpha_2 \Delta t \ddot{x}_{i-1} \end{cases} \tag{4-7}$$

式中：α_1、α_2 为算法参数；x 及其一、二阶微分分别为结构响应的位移、速度与加速度，下标 i 表示计算步；Δt 为计算步长。当结构系统为单自由度时，其动力方程可以写成式(4-8)。

$$m\ddot{x} + c\dot{x} + kx = f \tag{4-8}$$

式中：m、c、k 分别为结构的质量、阻尼、刚度；x 及其一、二阶微分分别为结构响应的位移、速度与加速度；f 为外部荷载。

根据第 2 章关于频域中传递函数的讨论可知，传递函数的极点值即为算法的特征值，表示算法的性能。因此可将式(4-7)进行频域中的 z 变换，如式(4-9)所示，其单自由度系统的传递函数表达式如下：

$$\begin{cases} \dot{x}_i(z) = \dfrac{\dfrac{(z-1)\alpha_2}{(z-1)\alpha_1 + \alpha_2} x_i(z)}{\Delta t} \\[4mm] \ddot{x}_i(z) = \dfrac{\dfrac{(z-1)^2}{(z-1)\alpha_1 + \alpha_2} x_i(z)}{\Delta t^2} \end{cases} \tag{4-9}$$

$$G(z) = \frac{\alpha_1 \Delta t z + (\alpha_2 - \alpha_1)\Delta t^2}{m(z^2 + (\alpha_1 \Omega^2 + 2\alpha_2 \xi\Omega - 2) - z + (\alpha_2 - \alpha_1)\Omega^2 - 2\alpha_2 \xi\Omega + 1)} \tag{4-10}$$

式中：$\Omega = w\Delta t$，w 为结构的自振频率；ξ 为结构的阻尼比。

传递函数的各系数项如表 4-6 所示。

表 4-6 新型积分算法传递函数的系数项

分子		分母	
n_2	0	d_2	m
n_1	$\alpha_1 \Delta t^2$	d_1	$\alpha_1 k\Delta t^2 + \alpha_2 c\Delta t - 2m$
n_0	$(\alpha_2 - \alpha_1)\Delta t^2$	d_0	$m + (\alpha_2 - \alpha_1)k\Delta t^{3} - \alpha_2 c\Delta t$

笔者团队提出的 SSMEDV 算法具有合适的数值阻尼。目前虽已有如 Wilson-θ 法、Hilber-Hughes-Taylor α 法（HHTα）、Newmark 算法等在参数 $\gamma \neq 0.5$ 时都是具有数值阻尼的算法，但这些算法均是隐式的，不太适用于具有实时性需求的实时混合试验，所以该算法应同时具有良好的算法性能。其中 Newmark 算法自 1959 年由 Newmark 提出以来，受到了广泛的应用，特别是在工程领域中。该算法由两个参数(γ，β)控制其算法性能，当 $\gamma > 0.5$ 时，该算法是无条件稳定的隐式算法，并能通过 β 参数调节得到合适的数值阻尼。此外，目前的许多算法其实均是在 Newmark 算法的基础上细化改进而来的，如 Wilson-θ 法、Gui-λ 算法、KR(2014)算法等。基于此，本章提出通过频域的传递函数法将 Newmark 算法显式化，使 SSMEDV 算法成为无条件稳定的单步显式算法，并使其具有与 Newmark 算法相似的稳定性、精度和数值阻尼特性。

故而将 Newmark 算法改写为 Z 域的形式，其传递函数中的各项系数值如表 4-7 所示。令 SSMEDV 算法传递函数的极点值等于 Newmark 算法传递函数的极点值，即可求出相应的 α_1、α_2 的值，如式(4-11)所示。

表 4-7　Newmark 家族算法传递函数的系数项

	分子		分母
n_2	$2\beta \mathrm{d}t^2$	d_2	$2\beta k\Delta t2+2\gamma c\Delta t+2m$
n_1	$(2\gamma-4\beta+1)\Delta t^2$	d_1	$(2\gamma-4\beta+1)k\Delta t^2+c\Delta t(3-4\gamma)-4m$
n_0	$(2\beta-2\gamma+1)\Delta t^2$	d_0	$(2\beta-4\gamma+1)k\Delta t^2+c\Delta t(2\gamma-2)+2m$

$$\alpha_1 = \frac{(1+2\gamma)m}{2\beta k\Delta t^2+2\gamma c\Delta t+2m}, \quad \alpha_2 = \frac{m}{\beta k\Delta t^2+\gamma c\Delta t2m} \tag{4-11}$$

4.3.2　SSMEDV 算法特性

1. 稳定性

参考吴晓莉的研究成果，由于多自由度结构可通过模态解耦成多个单自由度的叠加，并且解耦后性能不变，因此可采用单自由度结构分析该算法的数值特性。

在频域中，算法的稳定性可由其传递函数极点的最大值不大于 1 来判定，算法传递函数极点值的计算公式如下：

$$A_1 Z^2 + A_2 Z + A_3 = 0 \tag{4-12}$$

式中：A_1、A_2、A_3 为传递函数分母的系数项，$A_1=2\beta\Omega^2+4\gamma\xi\Omega+2$，$A_2=(2\gamma-4\beta+1)\Omega^2+(4-8\gamma)\xi\Omega-4$，$A_3=(2\beta-2\gamma+1)\Omega^2+(4\gamma-4)\xi\Omega+2$，其中 $\Omega=\omega\Delta t$，$\omega^2=K/M$，$\xi=C/(2\omega M)$。

方程(4-12)的两个解为：

$$Z_{1,2} = \frac{-A_2 \pm \sqrt{A_2^2-4A_1A_3}}{2A_1}$$

由结构动力学知，只有当这两个主特征值为共轭复数时，结构的运动方程才可表示为振动的形式。所以为保证算法可计算并保证算法稳定，需满足如下条件：

$$\begin{cases} A_2^2-4A_1A_3<0 \\ |Z_{1,2}| = \dfrac{\sqrt{(-A_2)^2+(\sqrt{-A_2^2+4A_1A_3})^2}}{2A_1} = \dfrac{A_3}{A_1} \leqslant 1 \end{cases} \tag{4-13}$$

将式(4-12)代入式(4-13)中可得：

$$\begin{cases} [(2\gamma+1)^2-16\beta]\Omega^2+(8-16\gamma)\Omega+16\xi^2-16<0 \\ (1-2\gamma)\Omega^2-4\xi\Omega \leqslant 0 \end{cases} \tag{4-14}$$

通过求解式(4-14)可知：当 $\gamma \geqslant 1/2$ 且 $\beta \geqslant (2\gamma+1)^2/16$ 时，该算法是无条件稳定的。如图 4-22 所示，SSMEDV 算法在纯数值计算的稳定性能中绘出了在几种不同 γ、β 值下该算法的稳定性能。由图 4-22(a)可以看出在上述参数条件下算法的根轨迹线均在稳定圆内。此外，由图 4-22(b)可以看出该算法的稳定性随着 γ 值的增大而增强，而当 γ 为一定值时，即

使在满足 $\beta \geqslant (2\gamma + 1)^2/16$，保证算法为无条件稳定时，算法的稳定性也会随着 β 值的增大而不断减弱。

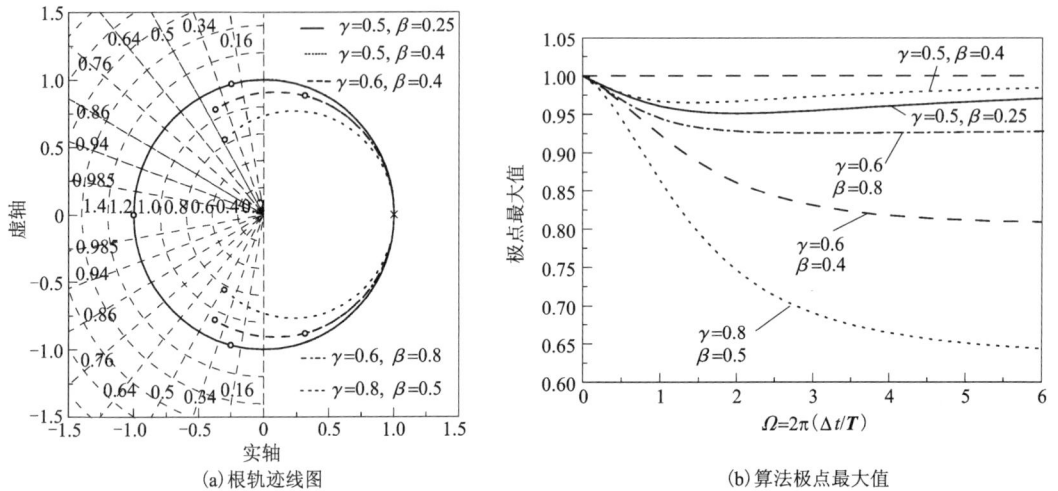

(a) 根轨迹线图
(b) 算法极点最大值

图 4-22 SSMEDV 算法纯数值计算的稳定性能

2. 精度

精度是数值积分算法中重要的性能，其体现的是计算结构的精确程度，采用精度较高的积分算法可保证混合试验结果的真实性与可靠性。算法精度的定义可由图 4-23 表示，误差主要表现在幅值与周期上。但 Chopra 等表示在实际求解过程中，由于幅值衰减计算依赖于初始值，因此精度常用数值阻尼 $\bar{\xi}$ 与周期衰减率 $(\bar{T}-T)/T$ 来表示。

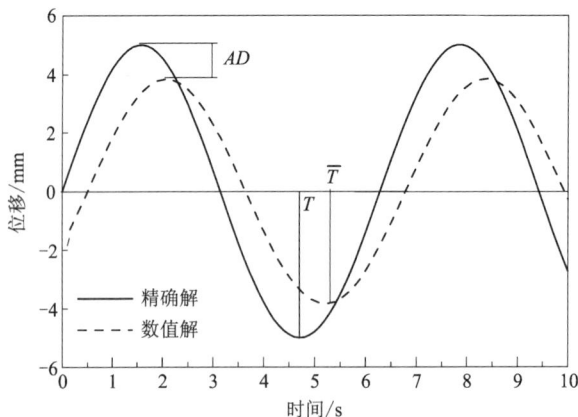

图 4-23 算法精度计算示意图

结构动力学响应的数值算法可写成差分格式的表达式：

$$\sum_{j=-2}^{j=p} (\alpha_j m + \gamma_j c\Delta t + \beta_j k\Delta t^2) x_{n+j} = 0 \tag{4-15}$$

式中：p 的取值与算法相关，表示算法当前状态量与前几步量有关。对于单步算法如显式 Newmark 算法和本节提出的 SSMEDV 算法等，算法的位移截断误差的定义如下：

$$\tau = \frac{1}{\Delta t^2}\sum_{j=-2}^{j=1} (\alpha_j m + \gamma_j c\Delta t + \beta_j k\Delta t^2) x((n+j)\Delta t) \tag{4-16}$$

对于式(4-16)，将 $x((n+j)\Delta t)$ 在时刻 nt 处进行泰勒级数展开：

$$\tau = \frac{1}{\Delta t^2}\sum_{j=2}^{1} (\alpha_j m + \gamma_j c\Delta t + \beta_j k\Delta t^2)\left\{ x(n\Delta t) + j\Delta t \dot{x}(n\Delta t) + \frac{(j\Delta t)^2}{2!}\ddot{x}(n\Delta t) + \cdots \right\}$$

$$\tag{4-17}$$

而针对本节所提出的 SSMEDV 算法，其截断误差(展开至二阶)如下式所示：

$$\tau = [m\ddot{x}(n\Delta t) + c\dot{x}(n\Delta t) + kx(n\Delta t)] + \Delta t(\gamma - 0.5)[c\ddot{x}(n\Delta t) + k\dot{x}(n\Delta t)] +$$

$$\Delta t^2\left[\frac{1}{12}mx^{(4)}(n\Delta t) + \frac{1}{6}cx^{(3)}(n\Delta t) + \frac{2\beta - \gamma + 0.5}{2}kx^{(2)}(n\Delta t) \right] + O(\Delta t^3) \tag{4-18}$$

当 $\gamma = 0.5$ 时，式(4-18)可简化为式(4-19)，此时该算法的位移具有二阶精度。

$$\tau = [m\ddot{x}(n\Delta t) + c\dot{x}(n\Delta t) + kx(n\Delta t)] + \Delta t^*0 + \Delta t^2$$

$$\left[\frac{1}{12}mx^{(4)}(n\Delta t) + \frac{1}{6}cx^{(3)}(n\Delta t) + \frac{2\beta - \gamma + 0.5}{2}kx^{(2)}(n\Delta t) \right] + O(\Delta t^3) \tag{4-19}$$

当 $\gamma \neq 0.5$ 时，式(4-18)可简化为式(4-20)，此时该算法的位移具有一阶精度。

$$\tau = [m\ddot{x}(n\Delta t) + c\dot{x}(n\Delta t) + kx(n\Delta t)] + \Delta t(\gamma - 0.5)[c\ddot{x}(n\Delta t) + k\dot{x}(n\Delta t)] + O(\Delta t^2) \tag{4-20}$$

根据精度求解的表达式可知，由于 SSMEDV 算法的特征函数与 Newmark 算法相同，所以 SSMEDV 算法具有与 Newmark 算法相似的精度关系，即 $\gamma = 0.5$ 时为二阶精度。该精度用自由振动的单自由度线性结构的数值算例进行验证，算例结构质量为 80 kg，自振频率为 $12\pi/s$，初始条件为 $x_0 = 1$ mm，$v_0 = 0$ mm/s。因此该结构的动力方程如式(4-21)所示，结构理论响应结构如式(4-22)所示。取 SSMEDV 算法在 $t = T$ 处的位移与速度误差，如图 4-24 所示。从图中可以看出 SSMEDV 算法中当 $\gamma = 0.5$ 时，其位移具有二阶精度，而速度与其精度的阶数相同，但精度值低于位移。此外，SSMEDV 算法在 $[\gamma, \beta] = [0.6, 0.4]$ 时的算法精度小于 $\gamma = 0.5$ 时的算法精度，特别是其速度的精度较低，这是由算法在此参数下具有较强的数值阻尼造成的。在理想的理论计算下数值阻尼会降低精度，但在实际应用中，特别是实时混合试验中，由于试验设备等不可避免的系统误差往往是高频的，此时数值阻尼的存在可以很好地减小误差因素的影响，从而得到比无数值阻尼算法更高精度的解。

$$m\ddot{x}_i + kx_i = 0 \tag{4-21}$$

$$x_i = \cos(\omega_i t_i) \tag{4-22}$$

Chopra 表明算法的精度通常还可由数值阻尼($\bar{\xi}$)与周期衰减率$[(\bar{T} - T)/T]$来表征。在求出算法传递函数极点值为一对共轭复数的情况下，数值阻尼与周期衰减率的计算如下所示：

$$Z_{1,2} = \frac{-A_2 \pm i\sqrt{4A_1A_3 - A_2^2}}{2A_1} = A + Bi; \quad \bar{\Omega} = \arctan(B/A) \tag{4-23}$$

$$\xi = -\ln(A^2 + B^2)/2\bar{\Omega}; \quad PE = (\bar{T} - T)/T = (\Omega - \bar{\Omega})/\bar{\Omega} \tag{4-24}$$

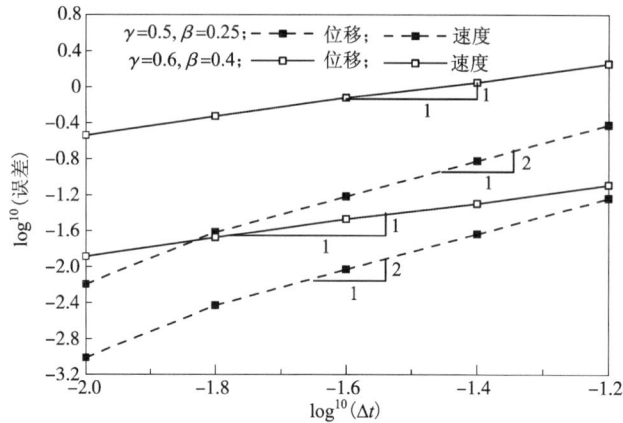

图 4-24　算法位移与速度的误差算例

图 4-25 绘出了 SSMEDV 算法的数值阻尼与周期衰减率性能，从图中可以看出，当 $\gamma =$ 0.5 时，该算法是无数值阻尼的；当 $\gamma > 0.5$ 时，该算法会引入正的数值阻尼，使结构在没有真实阻尼时其振动也会衰减，且随着 γ 值的增大数值阻尼不断增大；当 $\gamma < 0.5$ 时，该算法会引入负的数值阻尼，造成算法的不稳定性。而算法的周期衰减率与算法中的 γ 系数无关，但当 γ 一定时，周期衰减率随着 β 的增大而不断增大。换句话说，即在满足上述条件中 $\gamma \geq 0.5$ 且 $\beta \geq (2\gamma+1)^2/16$ 的算法无条件稳定条件下，当 β 恰好等于 $(2\gamma+1)^2/16$ 时，算法的周期衰减率最小，即精度最好。

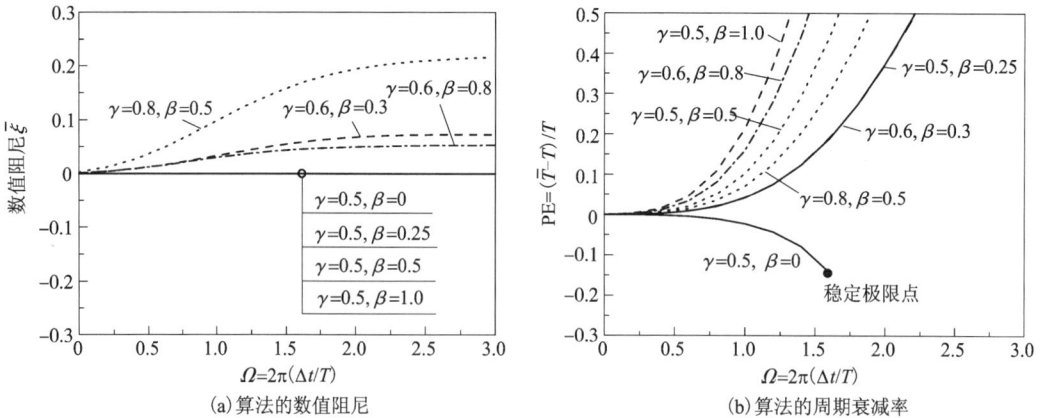

(a)算法的数值阻尼　　　　　　　　　　(b)算法的周期衰减率

图 4-25　SSMEDV 算法的精度性能

综上可知，该算法性能较好，具有与 Newmark 算法相同的稳定性与精度；通过改变算法中的 γ、β 系数，能实现不同的稳定性能，能实现零及以上的数值阻尼等不同的精度，能被广泛地应用。此外，该算法位移与速度均是显式单步表达的，故而应用于实时混合试验中更有优势。

4.3.3　算法的混合试验应用

1.稳定性

在混合试验中，由于数值子结构与试验子结构之间的分离不能通过整体进行振型解耦，因此数值子结构与试验子结构之间存在着边界交互耦合作用。显式无条件稳定算法在应用于实时混合模拟中时，数值子结构与试验子结构中不可解耦的耦合作用会使显式算法均成为有条件稳定的算法。因此虽然在图 4-26 的 $\Omega[0, 8]$ 范围内 $[\gamma, \beta] = [0.6, 0.8]$ 与 $[\gamma, \beta] = [0.5, 0.4]$ 参数下该算法是无条件稳定的，但在 Ω 继续至某值时会出现不稳定的临界值点。在本节中一是限于篇幅，二是由于土木工程结构分析中 $[0, 8]$ 的范围已很满足分析所需，因此只绘出了 Ω 在 $[0, 8]$ 范围时算法的稳定性能。SSMEDV 算法中的 γ、β 参数会影响算法的稳定性，从图中可以看出算法的稳定性会随着 γ 值的增大而增强，随 β 值的增大而增强。

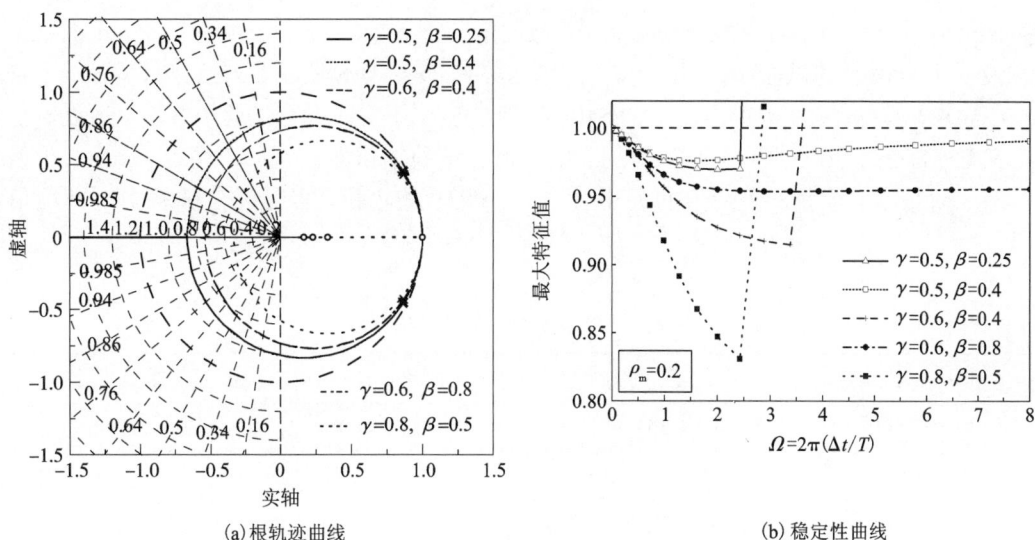

图 4-26　SSMEDV 算法应用于混合试验中的稳定性

图 4-27 给出了实时混合试验中算法稳定的临界质量比与刚度比。从图中可以看出 SSMEDV 算法的稳定性优于显式 Newmark 算法。SSMEDV 算法在保证稳定的临界质量比且当 $[\gamma, \beta] = [0.5, 0.25]$ 时可保证与 Gui$(\lambda = 4)$ 算法一致。当调节算法参数，如 $[\gamma, \beta] = [0.5, 0.4]$ 或 $[0.6, 0.4]$ 时，该算法的稳定性条件更优，并且 SSMEDV 算法在保证稳定的临界刚度比上，当 $[\gamma, \beta] = [0.5, 0.25]$ 时可优于 Gui$(\lambda = 4)$，SSMEDV 算法保持稳定的刚度比需求小于显式 Newmark 和 Gui$(\lambda = 4)$ 算法，因此在具有刚度较大的试验子结构的混合试验中可以优先考虑 SSMEDV 算法。

2.精度

在实时混合试验应用中，由于数值子结构与试验子结构的边界耦合作用使算法的精度计算过于复杂，因此本节中 SSMEDV 算法应用于实时混合试验中的精度利用算例的时程分析来

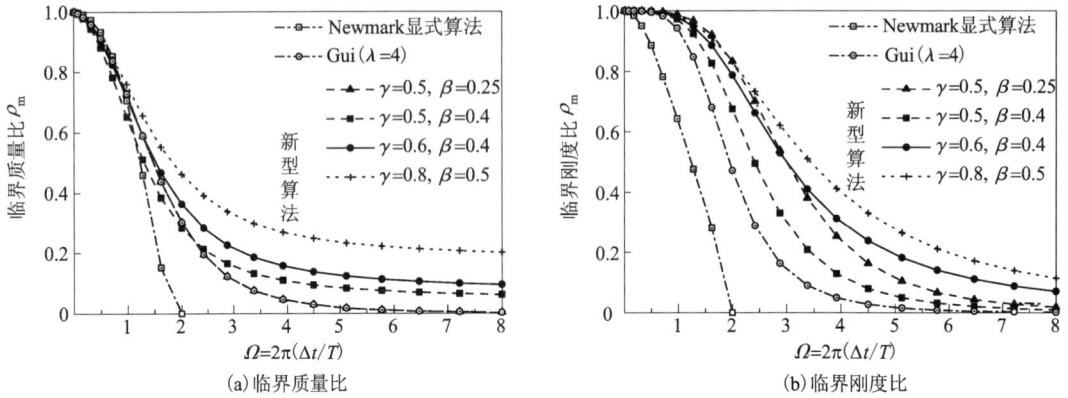

图 4-27　实时混合试验中 SSMEDV 算法稳定的临界质量比与刚度比

进行研究。该算例为两自由度线性结构，在实时混合试验中将其拆分为一个自由度的数值子结构及一个自由度的试验子结构。该算例结构参数如表 4-8 所示，初始条件为 $x_0 = 1$ mm，$v_0 = 0$ mm/s。从图 4-28 中可以看出，SSMEDV 算法应用于实时混合试验中并不会改变算法精度的阶数，即当 $\gamma = 0.5$ 时，该算法应用于实时混合试验中依然具有二阶精度，γ 为其他参数下具有一阶精度。但是，误差值的大小会变大，即算法应用于实时混合试验中时精度值会降低。

表 4-8　精度阶数算例中结构参数

结构	质量/kg	刚度/($N \cdot mm^{-1}$)	自振频率/Hz
数值子结构	155.6	100	4
试验子结构	63.4	45.5	1

从上述的理论研究可知，SSMEDV 算法在应用于实时混合试验中时会降低稳定性，虽然不会降低算法精度的阶数，但是会降低算法的精度值。下面就算法在纯数值与实时混合试验仿真中计算的差别进行验证说明。结构数据如表 4-8 所示，但阻尼比为 5%。图 4-29 为结构自由振动的时程曲线图，其初始条件为 $u_0 = 1$ mm，$v_0 = 0$ mm/s，此算例的参考准确值即为解析解。在此算例中，当 $dt = 150$ ms 时，即 $\Omega = 3.5$，$\rho_m = 0.29$ 时，由极限质量比分析可知，$\Omega = 3.5$ 对应的临界质量比 0.07 小于此时的 ρ_m 值，故而算法在纯数值计算中是稳定的，但当应用于实时混合试验中时却是不稳定的。此外，从图 4-29 中可以看出随着积分步长的增加，算法的精度不断减小，而混合模拟的精度总比纯数值计算的精度低，这也验证了 SSMEDV 算法应用于实时混合试验中时会减弱其稳定性与降低其精度的结论。

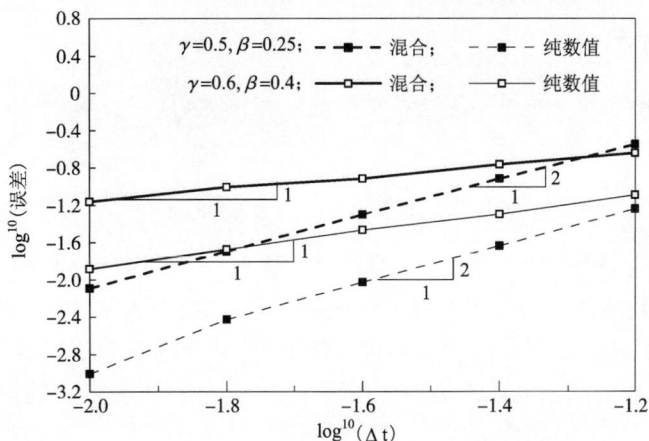

图 4-28　算法位移误差精度阶数

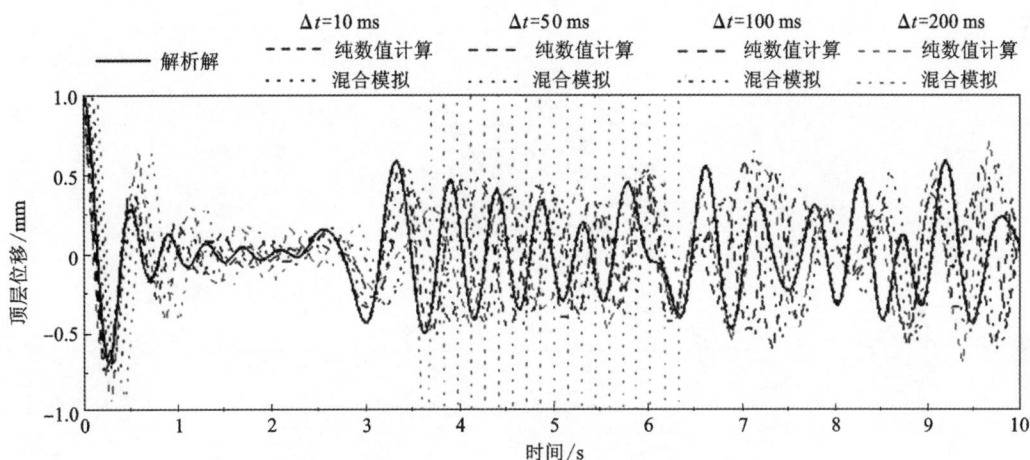

图 4-29　结构自由振动的时程曲线

4.4　数值模型实时计算技术

高速铁路系统实时混合试验中由于列车运行速度很快，需要建立足够长的桥，且必须采用精细化的列车-轨道-桥梁耦合数值模型，因此对数值计算的精度和效率都有很高的要求。陈梦晖表明实时混合试验对实时性要求也较高，每一步都需要在极短时间内完成，进一步增加了难度。根据古泉等人关于高速铁路列车-轨道-桥梁耦合系统实时混合试验的高效计算方法的研究，本节的移动荷载积分法可以解决大规模桥梁模型的实时计算问题。

移动荷载积分法在试验前将桥梁数值子结构计算所需要的数据进行存储，实际计算时对每一时步对应的数据进行抽取和计算，得到当前时步的位移响应。本节还结合弹塑性数值子结构方法将该方法拓展到局部非线性情况，然后通过缩尺的高速铁路振动台实时混合试验系统地验证了该方法的可行性与可靠性。

4.4.1 移动荷载积分法

对于线弹性桥梁系统，随时间连续移动的轮轨作用力可以按照以下方式叠加，然后作用于桥梁结构上。

$$f(x, t) = \sum_{k=1}^{n} F(x_k, t_k) L_k(x, t) \tag{4-25}$$

式中：x 为桥梁位置；t 为时间；n 为计算的总时步数；下标 k 为计算时步；t_k 表示第 k 时步，x_k 表示当前时刻轮轨力的作用位置，对于以速度 v 运行的列车，t_k 与 x_k 的关系为 $x_k = vt_k$；$F(x_k, t_k)$ 为 t_k 时刻作用于桥梁 x_k 位置处的轮轨作用力，由实时混合试验测得；$L_k(x, t)$ 为 t_k 时刻作用于桥梁 x_k 位置处的三角形单位脉冲函数。$f(x, t)$ 与 $L_k(x, t)$ 的函数图像如图 4-30 所示。

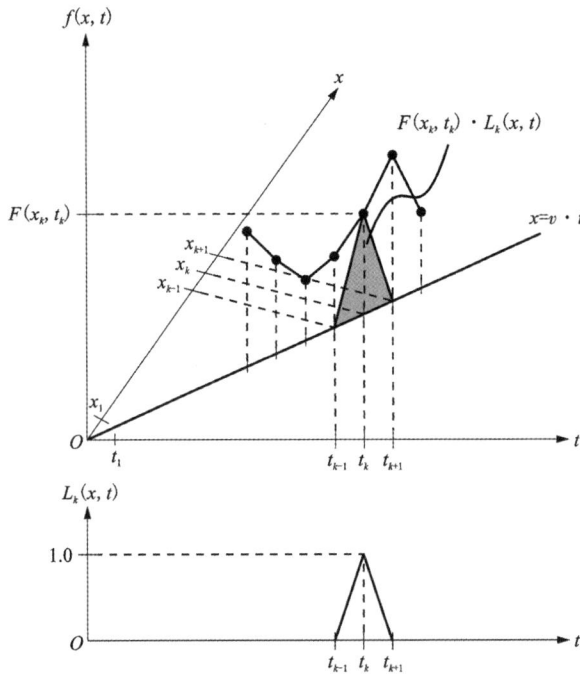

图 4-30 $f(x, t)$ 与 $L_k(x, t)$ 的函数图像

在线弹性结构中，桥梁在任意 (x, t) 处的位移可根据线性叠加原理计算：

$$u(x, t) = \sum_{k=1}^{t} F(x_k, t_k) u_k(x, t) \tag{4-26}$$

式中：$u(x, t)$ 为三角形单位脉冲 $L_k(x, t)$ 所引起的位移响应，是位置 x 与时间 t 的二元函数，当 $k=1$ 时，其函数图像如图 4-31 所示；$u(x, t)$ 也是位置 x 与时间 t 的二元函数，其函数图像如图 4-32 所示。

由式(4-26)可知，$u(x, t)$ 的叠加计算需要先计算出 $u_k(x, t)$ 并进行存储，最终计算时再对其进行读取和叠加，所需要的总数据量是由计算的总时步决定的。在高速铁路列车-轨道-桥梁耦合系统的实时混合试验中，桥梁模型具有较大的总长度且时步极小，由式(4-26)计算

$u(x,t)$ 的过程中需要存储和输入极大的数据量，每一步的计算耗时过长，无法满足实时混合试验的控制要求。

在列车–桥梁实时混合试验模拟桥上行车的过程中，当确定车速以及时步时，每一时刻对应的桥上轮轨作用力位置都是唯一的。由于在实时混合试验中每一时步仅需要计算当前时刻轮轨作用力作用位置处的桥梁响应，不需要计算桥梁的完整响应，因此对各个时刻作用于对应位置上的单位脉冲来说，无须存储完整的结构反应函数，只需要存储单位脉冲作用时间后各时刻轮轨力在桥梁作用点处的位移响应。从大量数据中抽取这些特定点的数据，只存储最少的有效数据（图 4-33），并在此基础上进行叠加计算，其他数据即为无效数据。

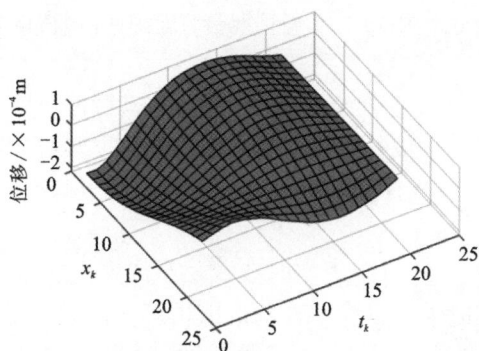

图 4-31　$u_{k=1}(x,t)$ 的函数图像

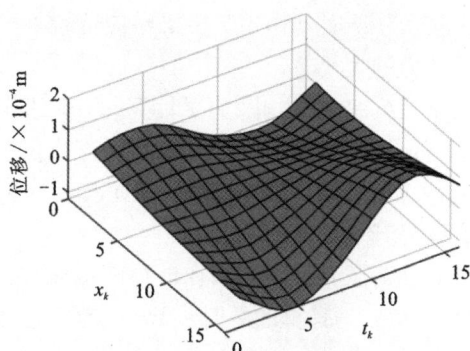

图 4-32　$u(x,t)$ 的函数图像

对于线性系统来说，当 i 时刻轮轨力作用位置处施加单位脉冲力时，将 j 时刻对应位置处产生的位移响应记为 $u_{ij}(t)$。对动力分析来说，u_{ij} 为一个矩阵，整个结构储存位移响应的数据结构如式（4-29）所示。

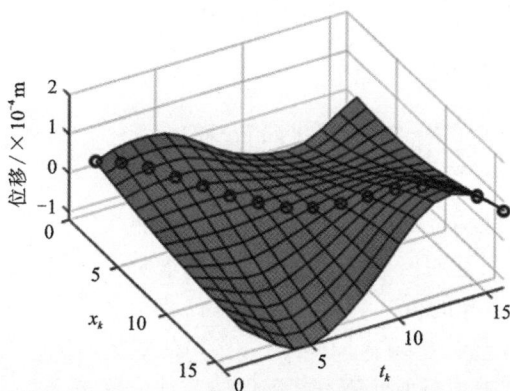

图 4-33　$u(x,t)$ 的有效数据点示意图
（注：图中圆点表示有效数据点。）

在同时存在多个移动荷载的情况下，每个荷载分别采用该数据结构，最终计算时对所有的数据进行线性叠加。在进行叠加计算时，为提高计算效率，只需要提取当前时刻之前作用

的单位脉冲响应数据中对应当前时刻的那部分进行叠加, 不需要对所有存储的响应数据进行叠加。

$$U = \begin{bmatrix} u_{11} & \cdots & u_{1n} \\ \vdots & \ddots & \vdots \\ u_{n1} & \cdots & u_{nn} \end{bmatrix} \tag{4-27}$$

以 i 时刻为例, 使用优化后的数据存储矩阵, 特定时刻在桥梁特定位置处位移响应的计算过程为:

$$u_i = \sum_{n=1}^{i} f_n u_{n,i} \tag{4-28}$$

式中: f_n 为 t_n 时刻作用于桥梁对应位置处的真实轮轨作用力, 即实时混合试验中所测得的实时轮轨力的大小。

由式(4-28)可知, 为了计算每一时步轮轨力作用位置处的位移, 从单位移动脉冲荷载作用下所记录的整体响应中提取出所需要位置的响应, 形成数据矩阵, 计算时仅需提取对应数据进行线性叠加。因此, 对于在 n 时刻的响应计算, SSMEDV 算法只需对 n 个数据进行叠加, 极大地提升了计算速度。

移动荷载积分法要求在计算前事先存储好并在计算过程中实时读取一个维度为 $n \times n$ 的数据矩阵(n 为计算的总时步数)。即使这样, 在实时混合试验中 n 的取值也可能比较大, 因此这一过程会耗时较多。而事实上轮轨力的影响范围有限, 足够远处(比如桥梁 3~5 跨以外)的影响可忽略不计, 因此在实际计算中, 矩阵 U 的列数 n 可取有限值。考虑到移动荷载的有效影响范围是确定的, 而行数会一直增加直到桥梁最末端, 值得说明的是, 该方法适用于桥梁跨度较小的连续梁桥或简支梁桥的情况, 对于大跨度桥梁并不适用。在实时混合试验中, 可以分批次读取数据矩阵, 每次读入适当行(比如 n 行), 减少计算过程中单次读取的数据量, 从而减少内存占用量并提高计算效率。

上述算法是基于线弹性系统和位移叠加法进行的, 下面是孙宝印提出的基于弹塑性数值子结构方法将移动荷载积分法拓展到局部非线性系统。

4.4.2 移动荷载积分法非线性修正

对于桥梁局部某些桥墩处可能出现非线性的情况, 基于弹塑性数值子结构的方法, 桥梁整体仍采用最初的线性模型进行分析, 而非线性区域构件则被隔离出来采用非线性模型计算。然后计算线性和非线性构件的内力差值, 将其作为非线性修正力加到桥梁节点上, 非线性修正力作为外加荷载所引起的位移叠加在线性桥梁位移上, 得出真实的非线性桥梁的位移响应, 相当于在移动荷载引起的桥梁响应基础上再叠加一个非移动荷载导致的响应。值得说明的是, 非线性修正力引起的位移响应也可作为移动荷载叠加法的特例, 其可基于式(4-28)计算得到, 只是式(4-27)中矩阵取法不同, 需保持荷载位置不变。

下面简单介绍数值子结构方法中非线性修正力的计算方法。

基于有限元的整体结构运动方程为:

$$M\ddot{u}(t) + C\dot{u}(t) + R(u(t)) = P(t) \tag{4-29}$$

式中: M、C 分别为结构的质量矩阵、阻尼矩阵; $\ddot{u}(t)$、$\dot{u}(t)$、$u(t)$ 分别对应节点的加速度、速度、位移向量; R 为结构内力; P 为外荷载向量。

将式(4-29)按 Newmark-β 法对时间 t 进行离散：

$$\left[\frac{1}{\beta(\Delta t)^2}M+\frac{\alpha}{\beta\Delta t}C\right]u_{n+1}=F_{n+1}-R(u_{n+1}) \tag{4-30}$$

式中：α、β 为引入参数；F_{n+1} 为等效外荷载。

在式(4-30)的左右两边同时加上 F_{un+1} 项并整理得：

$$K^{dyn}u_{n+1}=F_{n+1}+\tilde{F}_{n+1} \tag{4-31}$$

式中：K^{dyn} 为等效刚度；$\tilde{F}_{n+1}$ 为非线性修正力。

$$\tilde{F}_{n+1}=Ku_{n+1}-R(u_{n+1}) \tag{4-32}$$

式(4-32)等号左边表示完全弹性的主结构，等号右边的 $\tilde{F}_{n+1}$ 是按 Newmark-β 法对时间 t 进行离散后得到的等效外荷载；F 由主结构的线性力与子结构的非线性力的差值来确定。

文中将非线性材料的本构关系直接编写进程序中来计算非线性构件的内力，并使用式(4-32)得到非线性修正力。

4.4.3　其他实时计算技术

上述小节详细介绍了移动荷载积分法的原理，需要注意的是，移动荷载积分法仅适用于线弹性桥梁结构；当出现局部非线性时，结合弹塑性数值子结构方法可以较好地进行解决。对于实时混合试验中数值子结构的计算，国内外学者提出了许多积分算法来提高积分的速度、准确性和稳定性，例如 Newmark 积分算法、CR 和 KR-α 积分算法。

另外，随着神经网络技术的不断发展，产生了更多进行实时计算的方法。如将深度学习模型代替数值子结构，先通过有限元软件建立精确的数值子结构模型，然后采用不同频谱分布的信号激励数值子结构来采集相应的输入-输出信号，再利用元模型等。

董晓辉的研究表明，基于 GPU 求解的实时子结构试验系统，用 GPU 代替 CPU 作为数值子结构求解硬件，能够大大加快求解计算速度，在实时计算方面有较大的发展潜力。

4.4.4　实时混合试验中的移动荷载积分法验证

试验的数值子结构模型采用如图 4-34 所示的轨道-桥梁系统，总长度为 330 m，共 11 跨，轨道与桥梁的参数取值如表 4-9 所示。

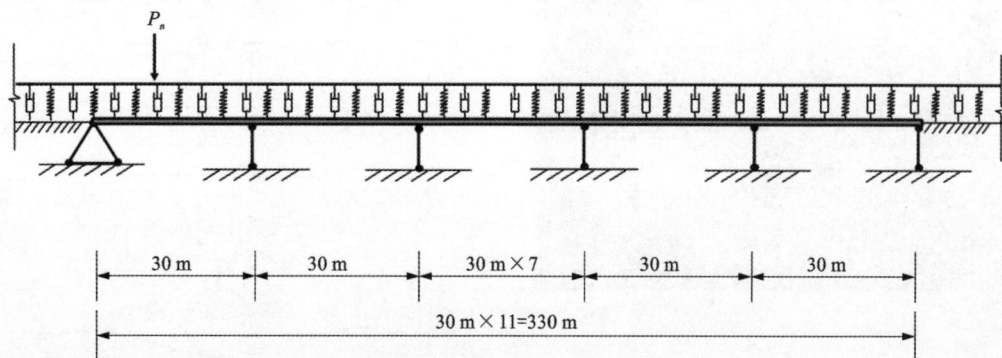

图 4-34　数值子结构模型(轨道-桥梁系统)

表 4-9 轨道–桥梁系统的参数表

参数	取值
钢轨线质量 $\overline{m}_c/(\mathrm{kg \cdot m^{-1}})$	51.5
钢轨弹性模量 E_r/Pa	2.06×10^{11}
钢轨截面惯性矩 $I_r/\mathrm{m^4}$	2.037×10^{-5}
钢轨截面面积 $A_r/\mathrm{m^2}$	77.45×10^{-4}
弹簧刚度 $k_{rb}/(\mathrm{N \cdot m^{-1}})$	6.58×10^7
阻尼 $C_{rb}/(\mathrm{N \cdot s \cdot m^{-1}})$	3.21×10^4
桥梁线质量 $\overline{m}_b/(\mathrm{kg \cdot m^{-1}})$	1.2×10^4
桥梁弹性模量 E_b/Pa	2.943×10^9
桥梁截面惯性矩 $I_b/\mathrm{m^4}$	2.88
桥梁截面面积 $A_b/\mathrm{m^2}$	7.94
桥梁单跨长度 l/m	30
刚性段路基长度 l_0/m	400
桥梁阻尼比 ξ	0.02

试验中采用如图 4-35 所示的振动台系统, 该振动台为电液式振动台, 台面尺寸为 1 m×1 m, 可承载的最大荷载质量为 10 t, 可加载的有效频率为 0.1~50.0 Hz, 最大输出加速度为 1.2 g。选取 1/4 CRH380A 高铁机车车体(1 个轮对)作为试验子结构。试验的时步为 1/128 s, 行车速度为 230 km/h。为简化研究问题, 对列车 1 个转向架中的 1 个轮对单独划分来进行研究, 如图 4-36 所示。试验子结构的各项参数如表 4-10 所示。

图 4-35 振动台系统

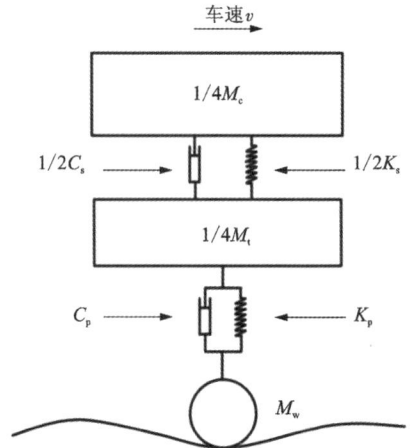

图 4-36 简化后的 1/4 车体模型

表 4-10　试验子结构的参数

子结构	参数	取值
车体	$\frac{1}{4}m_c/\mathrm{kg}$	8446.5
	$\frac{1}{2}K_s/(\mathrm{N}\cdot\mathrm{m}^{-1})$	225000
	$\frac{1}{2}C_s/(\mathrm{N}\cdot\mathrm{s}\cdot\mathrm{m}^{-1})$	10000
转向架	m_t/kg	1028
	$K_p/(\mathrm{N}\cdot\mathrm{m}^{-1})$	1772000
	$C_p/(\mathrm{N}\cdot\mathrm{s}\cdot\mathrm{m}^{-1})$	20000
轮对	m_w/kg	1267
总体	m_{sum}/kg	10741.5

注：表中 m_c、m_t、m_w 分别为车体、转向架、轮对的质量；K_s、K_p 分别为车体与转向架、转向架与轮对之间的弹簧刚度；C_s、C_p 分别为车体与转向架、转向架与轮对之间的阻尼；m_{sum} 为总质量（含轮对）。

在实时混合试验中，将轨道-桥梁系统作为数值子结构，通过移动荷载积分法计算出当前时步的位移响应；将车体作为试验子结构，通过振动台加载并根据设备上传感器实际测得的加速度计算出当前时步下的轮轨作用力。采用 DARBY 提出的自适应时间序列（adaptive time series）的时滞补偿方法（简称 ATS 方法），以减小桥梁数值子结构计算得出的位移命令信号与列车子结构接收的输入信号之间的幅值及相位误差。

文中的实时混合试验使用 Pulsar 迭代控制方法（ICS）来进行系统响应的复现，通过 MATLAB/Simulink 平台实现实时仿真，利用 Simulink Real-time 实时系统工具箱将 Simulink 编译的模型运行在另一台目标主机（xPC-Target）上。Simulink Real-time 支持 SCRAMNet 接口，通过 SCRAMNet 将 Pulsar 系统中的各类信号实时向外发送，同时将外部的控制指令读入 Pulsar。

1. 线弹性系统下的验证

本节验证移动荷载积分法应用于实时混合试验中线弹性系统的可行性与效果。在应用移动荷载积分法进行计算前，需要先计算出列车行驶前由于自重荷载所引起的轨道-桥梁系统的初始位移，并将单位脉冲荷载按照实际计算时的时步依次加载到轨道-桥梁模型上的相应位置，记录当前加载情况下桥梁轨道所有节点的全时程位移响应。根据所记录的全部加载情况所对应的位移响应，选取其中单位脉冲作用时间后各时刻轮轨力在桥梁作用点处的位移响应，即图 4-33 中的有效数据点，形成式（4-43）中的移动荷载积分法的基本数据矩阵。然后根据式（4-44）即可计算得到每一时步下轨道-桥梁系统的位移响应。

试验流程如图 4-37 所示。将第 i 步移

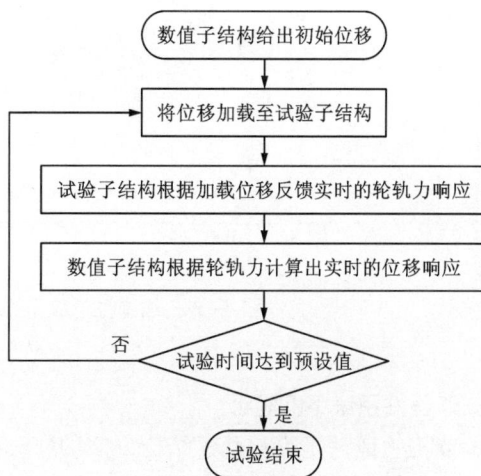

图 4-37　线弹性系统下的实时混合试验流程

动荷载积分法计算出的位移加载到试验子结构上，通过振动台测出的加速度计算出第 $i+1$ 步的轮轨力，将其加载到数值子结构上，再计算出第 $i+1$ 步的位移，将其加载到试验子结构上，不断重复这个过程直至试验完成。

图 4-38 是试验过程中轮轨力随时间变化的情况。在 OpenSees 中建立与试验相同的轨道–桥梁数值模型，将试验过程中记录下的轮轨力按对应时步进行加载，对比数值求解的结果与试验子结构记录的命令信号，如图 4-39 所示。使用 ATS 方法进行时滞补偿后，本次试验的平均时滞为 9.9 ms。随后将试验中的命令信号时滞处理后与数值解进行对比，结果如图 4-40 所示。所得结果验证了将移动荷载积分法应用于线弹性系统下实时混合试验的可靠性。

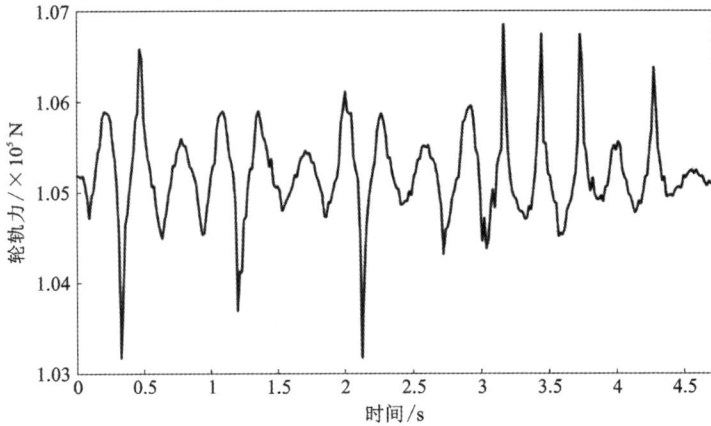

图 4-38　线弹性系统下的试验轮轨力

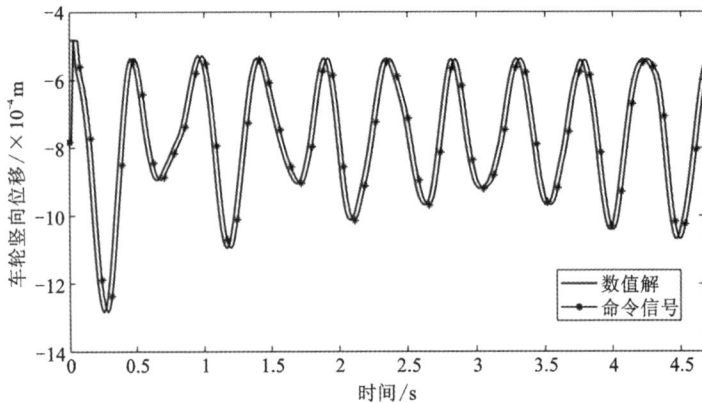

图 4-39　线弹性系统下数值信号与命令信号的对比

2. 非线性系统下的验证

本节将验证基于弹塑性子结构方法的移动荷载积分法应用于实时混合试验中非线性系统时的可行性。在第一小节算例的基础上将跨中处的支座替换为非线性支座来模拟桥梁局部非线性问题。非线性支座采用 Duffing 材料，材料本构关系如下：

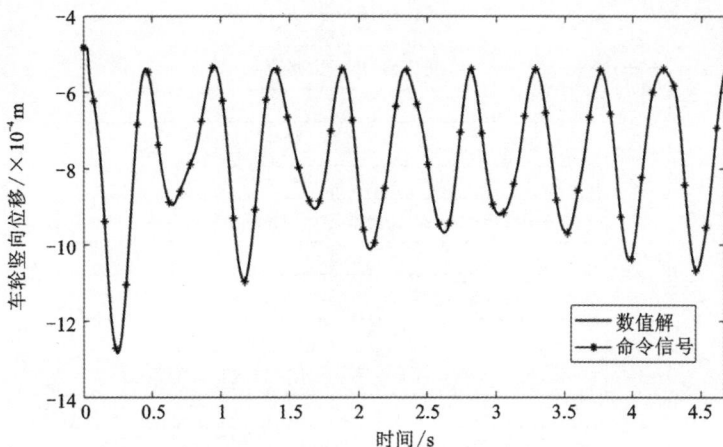

图 4-40　线弹性系统下消除时滞后数值信号与命令信号的对比

$$\sigma = E(\varepsilon + \gamma^3) \tag{4-33}$$

式中：$E = 13.89$ MPa，$\gamma = -3000$，σ、ε 分别为应力、应变。

　　该算法应用于非线性系统时的计算过程比较复杂，下面结合算例作具体介绍。首先将本算例中的非线性结构用上一节算例中的线性结构来代替，此时整个轨道-桥梁系统均为线弹性（即转化为线弹性问题），将单位荷载按照时步依次作用于轨道-桥梁模型上的相应位置，记录当前加载情况下桥梁轨道所有节点的全时程位移响应。根据记录的全部加载情况所对应的位移响应，形成移动荷载积分法的基本数据矩阵。考虑非线性系统与线性系统之间的内力区别，除基本数据矩阵外，还需要编制其他两类数据矩阵。第 1 类矩阵（矩阵 A）是单位荷载在当前时步作用下非线性节点处的位移响应。本算例中的非线性支座的两端均为非线性节点，故需要记录下单位荷载按照时步依次作用于轨道-桥梁模型上相应位置时两个节点的全时程位移响应。根据记录的非线性节点的位移响应来形成对应的数据矩阵，用于后续计算非线性修正力。第 2 类矩阵（矩阵 B）是单位荷载作用于非线性节点时轨道-桥梁模型各节点的位移响应。在本算例中，将单位荷载按照时步依次作用于非线性节点上，记录下当前加载情况下轨道-桥梁模型各节点的全时程位移响应，然后形成对应的数据矩阵。

　　在编制完所需的数据矩阵后进行实际计算时，先根据移动荷载积分法的基本矩阵计算出线性情况下当前时步对应位置处的位移响应，再根据矩阵 A 计算出当前时步下非线性节点处的位移，并结合程序中非线性材料的本构关系公式计算当前时步下非线性节点处的非线性修正力，然后根据矩阵 B 计算出非线性修正力作用于非线性节点时荷载作用位置处的位移响应和叠加之前得到的位移响应，最终得到结构真实的位移响应。

　　具体的实时混合试验流程如图 4-41 所示。将第 i 步移动荷载积分法计算出的位移加载到试验子结构上，通过振动台测出的加速度计算出第 $i+1$ 步的轮轨力，并将其加载到数值子结构。数值子结构首先根据轮轨力计算出线弹性系统下当前时步轮轨力作用位置处的位移响应，然后计算出当前时步的非线性修正力，再由非线性修正力对线弹性系统下的位移响应进行修正，最终计算出第 $i+1$ 步的位移，将其加载到试验子结构上，不断重复这个过程直至试验完成。

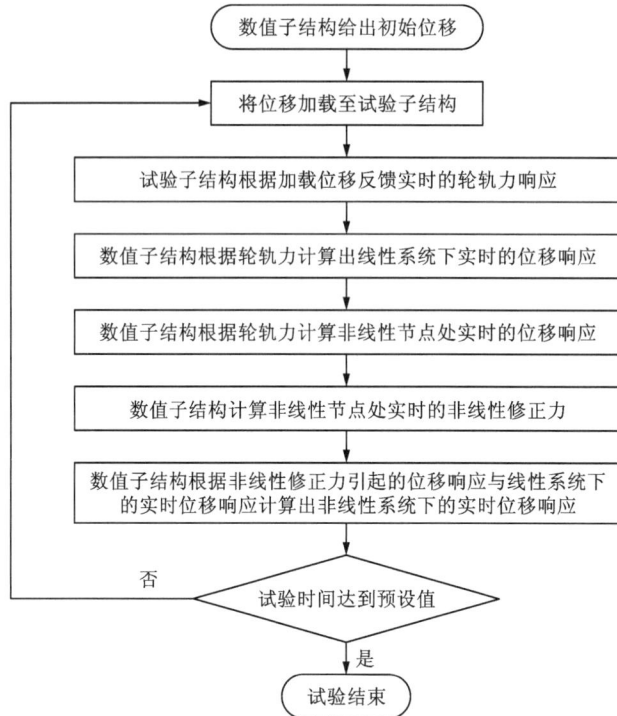

图 4-41 非线性系统下的实时混合试验流程

图 4-42 是非线性系统下试验过程中轮轨力随时间变化的情况。同样将试验过程中记录的轮轨力按对应时步加载到 OpenSees 中的数值模型来进行计算，并对比数值求解的结果与试验子结构记录的命令信号，如图 4-43 所示。使用 ATS 方法进行时滞补偿后，本次试验的平均时滞为 8.6 ms，然后将命令信号根据试验时滞处理，与数值解进行对比，结果如图 4-44 所示。所得结果验证了将基于弹塑性数值子结构的移动荷载积分法应用于非线性系统下的实时混合试验的可靠性。

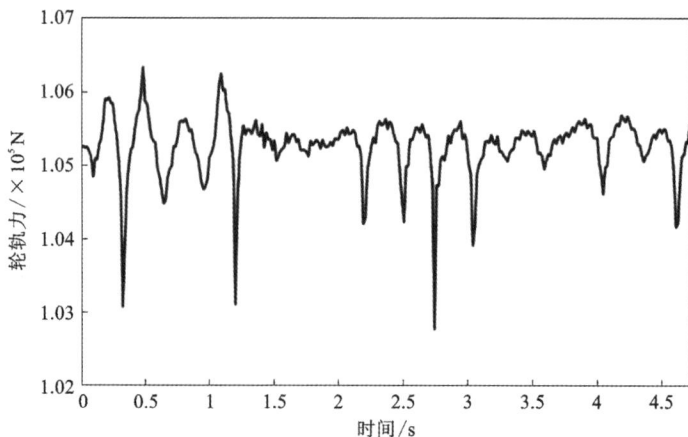

图 4-42 非线性系统下试验过程中轮轨力随时间的变化曲线

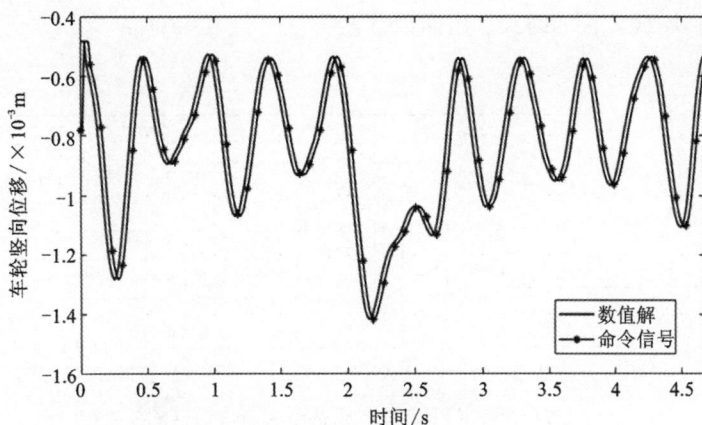

图 4-43　非线性系统下数值信号与命令信号的对比

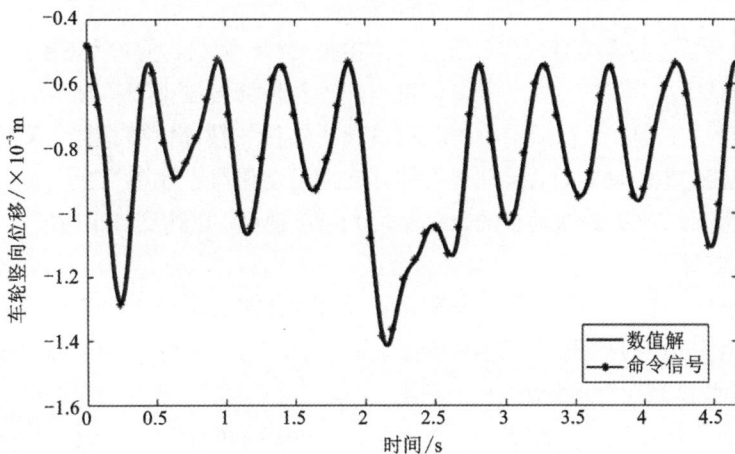

图 4-44　非线性系统下消除时滞后数值信号与命令信号的对比

4.5　时滞补偿技术

为获得可靠的试验结果,数值子结构与试验子结构之间的同步性是至关重要的。受加载装置特性的影响,试验子结构受的激励与数值子结构的输出参考位移之间存在时滞,这种时滞相当于在行车系统中引入负阻尼。当负阻尼大于系统阻尼时,系统将不稳定。因此应对加载装置进行时滞补偿。

目前主要的时滞补偿方法包括多项式外插法、前馈逆控制法和线性二次型调节类控制法,这些算法需要对具体的试验子结构进行控制器设计,限制了控制器的适用性。自适应控制算法就可以解决这一问题,自适应时序控制(ATS)和最小控制(MCS)均被提出用来补偿加载装置的时滞。但自适应时序控制和最小控制的部分控制参数需要人为经验来确定,给控制器的调试增加了难度。

本节将实时混合试验(RTHS)应用于桥上行车研究,提出了一种由自适应状态反馈控制(ASFC)和内插预测算法组成的自适应复合控制器,在试验子结构的先验知识未知的前提下,补偿混合试验加载装置的时滞，如图 4-45 所示。自适应状态反馈控制的适应性可在保证追踪精度前提下减小加载装置的时滞，用插值预测算法补偿其余时滞。

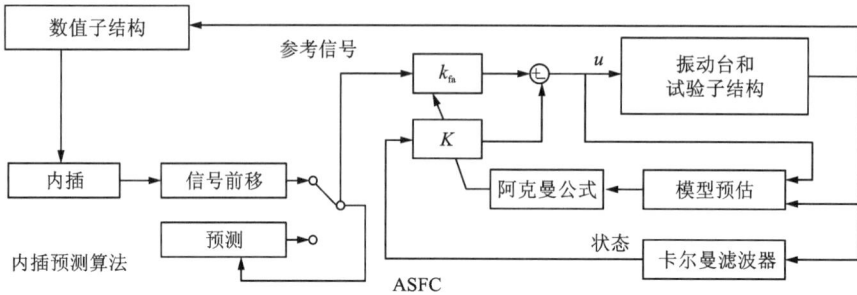

图 4-45　RTHS 自适应状态反馈控制框图

4.5.1　自适应状态反馈控制

以振动台作为桥上行车 RTHS 中试验子结构的加载装置，自适应状态反馈控制（ASFC）将振动台和试验子结构视为被控对象，通过将极点配置到目标极点来调整被控对象的瞬时响应特性。由于振动台的非线性，且试验前很难获得试验子结构的精确模型，因此采用在线模型估计法来实时辨识被控对象的动态特性，并根据估计模型自动调整控制参数，从而在试验子结构先验知识未知的情况下，来提高振动台的跟踪精度和响应速度，以达到减小时滞的目的。

1. 在线模型估计

如果将试验子结构视为具有扰动的等效质量，则受控对象可以用三阶模型表示。此外，Phillips 等人提出，三阶线性模型可以模拟振动台和试验子结构。因此，采用式（4-34）中给出的三阶离散模型作为在线估计的模型结构。

$$\begin{cases} A(z^{-1})y(k)=B(z^{-1})u(k)+v(k) \\ A(z^{-1})=1+a_1 z^{-2}+a_2 z^{-2}+a_3 a^{-3} \\ B(z^{-1})=b_1 z^{-1}+b_2 z^{-2}+b_3 z^{-3} \end{cases} \tag{4-34}$$

式中：$u(k)$ 和 $y(k)$ 分别为振动台的输入命令信号和输出位移，a_i，$b_i(i=1,2,3)$ 为需要在线辨识的模型参数，z^{-1} 为差分算子，$v(k)$ 为传感器噪声，传感器噪声方差 $R_k=E|vv'|$。模型参数估计算法采用式（4-35）的递推最小二乘法，模型参数初始值采用最小二乘法对空振动台进行离线辨识得到，整个辨识过程不需要试验子结构的先验知识。振动台输出位移的传感器噪声通过增益矩阵 $G_{LS}(k)$ 进行考虑。

$$\begin{cases} \hat{\theta}(k)=\hat{\theta}(k-1)+G_{LS}(k)\left[y(k)-\varphi(k)^{\mathrm{T}}\hat{\theta}(k-1)\right] \\ \hat{\theta}(k)=[a_1,a_2,a_3,b_1,b_2,b_3]^{\mathrm{T}} \\ \varphi(k)=[-y(k-1),\cdots,-y(k-3),u(k-1),\cdots,u(k-3)]^{\mathrm{T}} \end{cases} \tag{4-35}$$

式中：$\hat{\theta}(k)$ 为第 k 控制步的参数向量的估计值，$\varphi(k)$ 为第 k 步的输入-输出；增益矩阵 $G_{LS}(k)=\dfrac{P_{LS}(k-1)\varphi(k)}{R_k+\varphi(k)^{\mathrm{T}}P_{LS}(k-1)\varphi(k)}$，其中协方差矩阵 $P_{LS}(k)=P_{LS}(k-1)-G_{LS}(k)\varphi(k)^{\mathrm{T}}P(k-1)$。

在进行控制器设计之前，需要将估计得到的三阶传递函数模型转换为如式（4-36）所示的状态空间方程的能控规范形。

$$\begin{cases} x(k+1) = \boldsymbol{F}x(k) + Gu(k) \\ y(k) = \begin{bmatrix} b_3 b_2 b_1 \end{bmatrix} x(k) \\ \boldsymbol{F} = \begin{bmatrix} 0 & 1 & 0 \\ 0 & 0 & 1 \\ -a_3 & -a_2 & -a_1 \end{bmatrix}, \boldsymbol{G} = \begin{bmatrix} 0 \\ 0 \\ 1 \end{bmatrix} \end{cases} \tag{4-36}$$

式中：$x(k)$ 是被控对象的状态。

　　模型参数的改变会导致控制命令波动，甚至使被控对象的响应发散，因此限制其改变将有助于提高被控对象的鲁棒性。选择当前和前几步的模型估计参数之间的相对误差作为指标。当指标小于设定的容许值时，当前模型估计参数视为合理。被控对象模型参数在每个控制步均进行估计，仅当估计参数被视为合理时，方采用其对控制器设计用模型进行更新。模型一经更新，控制参数立刻针对新模型自动设计，从而保证控制器的适用性。

2. 状态反馈控制

　　采用基于极点配置的状态反馈控制作为 ASFC 的控制律。为保证被控对象的稳定性，根据二阶离散线性系统的瞬时响应经验公式在复平面的单位圆内选择目标极点，通过峰值时间和阻尼比来确定一对共轭极点作为目标主极点。Dorf 的研究表明，当阻尼比介于 0.5 和 0.8 之间时，系统的响应速度和超调量可以同时在合理的范围内。反馈控制矩阵 $\boldsymbol{K}$ 由阿克曼函数计算：

$$\boldsymbol{K} = \begin{bmatrix} 10 \cdots 00 \end{bmatrix} \boldsymbol{P}_c^{-1} \boldsymbol{q}(\boldsymbol{F}) \tag{4-37}$$

式中：能控型矩阵 $\boldsymbol{P}_c = \begin{bmatrix} \boldsymbol{F}^{n-1} \boldsymbol{F}^{n-2} \boldsymbol{G} \cdots \boldsymbol{FG} \boldsymbol{G} \end{bmatrix}$，$\boldsymbol{q}(\boldsymbol{F})$ 为目标极点的特征方程。控制命令信号 $u(k)$ 是由下式生成：

$$u(k) = -\boldsymbol{K}x(k-1) + k_{fa}r(k) \tag{4-38}$$

式中：$\boldsymbol{x}(k-1)$ 为第 $k-1$ 步被控对象的状态，由卡尔曼滤波器观测得到；k_{fa} 为前向放大增益；$r(k)$ 为振动台的输入参考位移信号。

3. 稳态误差补偿

　　通过配置被控对象的极点，可以改善瞬态响应特性，但稳态误差不可避免。根据终值定理，采用式（4-39）中的前向放大增益 k_{fa} 对稳态误差进行补偿。

$$k_{fa} = \frac{1}{\left(\dfrac{b_1 + b_2 + b_3}{1 + a_1^* + a_2^* + a_3^*} \right)} \tag{4-39}$$

式中：b_1、b_2、b_3 为估计模型的参数；a_1^*、a_2^*、a_3^* 为目标极点本征函数的参数。

4.5.2 插值-预测算法

　　ASFC 会缩短振动台的响应时间，但无法将其消除。此外，振动台的控制步长通常小于数值子结构的分析步长。因此，采用由内插算法和预测算法组成的内插预测算法作为 ASFC 反馈控制回路外的前馈控制器。

　　为协调数值子结构和试验子结构交互信号的时步，将数值子结构的位移响应进行内插变为与振动台控制相同时间间隔的信号，并将其作为振动台的输入参考位移信号。Niku 表示五阶多项式插值算法可以保证位移、速度和加速度连续。因此采用式(4-40)中的五阶多项式插值算法对数值子结构的位移响应进行插值。

$$\begin{cases} I(k)=c_0+c_1k+c_2k^2+c_3k^3+c_4k^4+c_5k^5 \\ \dot{I}(k)=c_1+2c_2k+3c_3k^3+4c_4k^3+5c_5k^4 \\ \ddot{I}(k)=2c_2+6c_3k+12c_4k^2+20c_5k^3 \end{cases} \tag{4-40}$$

式中：$I(k)$、$\dot{I}(k)$ 和 $\ddot{I}(k)$ 为内插后的位移、速度和加速度；k 为第 k 个控制步。c_1、c_2、c_3、c_4、c_5 为五插值多项式系数。

为了补偿时滞，对任意两个相邻的数值子结构分析步之间的一组插值数据进行处理。如图 4-46(b) 所示，内插信号的前 $M-1$ 个值被忽略，将第 M 个值视为第 k 步的振动台输入参考位移信号。为保持参考位移信号的连续性，在该组内插信号后采用如图 4-46(b) 中的三角标识数据，即该组内插信号的一步向前预测值，作为参考位移信号，直至在第 $N+1$ 步将第 $N+1$ 至 $N+2$ 步的内插信号作为参考位移信号。该算法只需一步向前预测即可补偿大于一个控制步长的时滞，从而减小多步向前预测带来的误差。

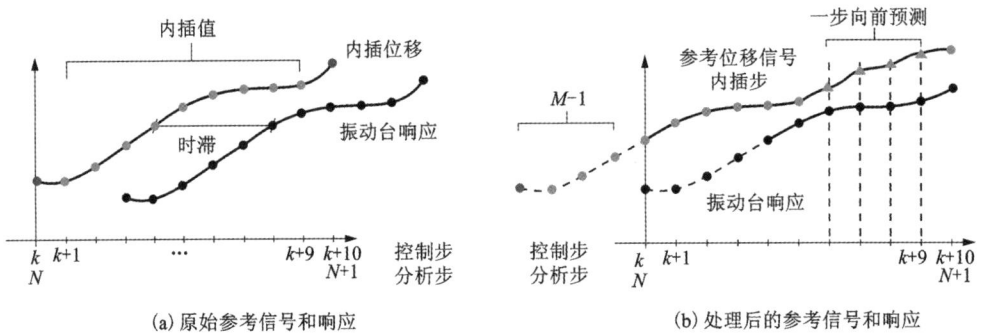

图 4-46 插值预测算法处理前后信号对比

4.5.3 试验验证

在高速铁路列车-桥梁耦合振动虚拟 RTHS 平台上，将本节提出的自适应复合控制与自适应时序控制与 ASFC 的组合进行比较。

同步子空间图被用来评估控制器的时滞补偿效果。理想的同步误差图 SSP（SSP，synchronization subspace plot）是斜率为 1 的直线，SSP 的椭球越宽则时滞越大。

将 ATS 和插值预测算法分别与 ASFC 集成，采用式(4-41)作为 ATS 的控制函数，并通过递推最小二乘法在线估计参数。

$$u=\alpha_0 r+\alpha_1 \dot{r} \tag{4-41}$$

式中：α_0 与 α_1 是 ATS 的控制参数，其初始值通过对 ASFC 控制下的被控对象进行离线辨识获得；r 为目标信号位移；$\dot{r}$ 为目标信号速度。

如图 4-47(a) 和图 4-47(b) 所示，内插预测算法与 ASFC 组合的椭圆比 ATS 与 ASFC 的椭圆更宽，即自适应复合控制下振动台的时滞更小。为评估控制效果，将虚拟 RTHS 平台中轮轨接触点的位移与理想桥上行车模型响应进行比较。理想的 RTHS 模型的控制下振动台模型为 1，其余部分与虚拟 RTHS 平台相同，这意味着轨道的位移插值直接被用来作为列车的激励。通过比较图 4-48(a) 和图 4-48(b) 中不同控制下的虚拟 RTHS 平台和理想桥上行车模型的列车的激励位移，可知内插预测算法与 ASFC 组合控制下虚拟 RTHS 平台的列车所受位移激励更接近理想模型。

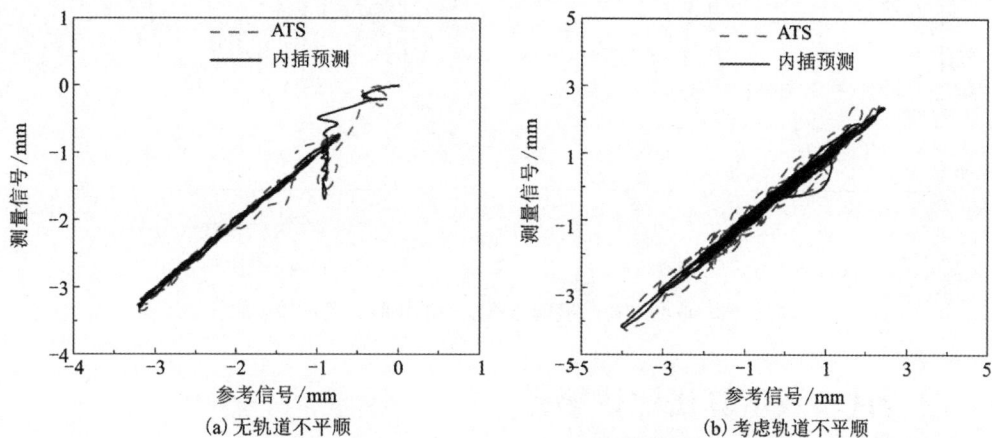

图 4-47　ATS 的 SSP 和插值预测

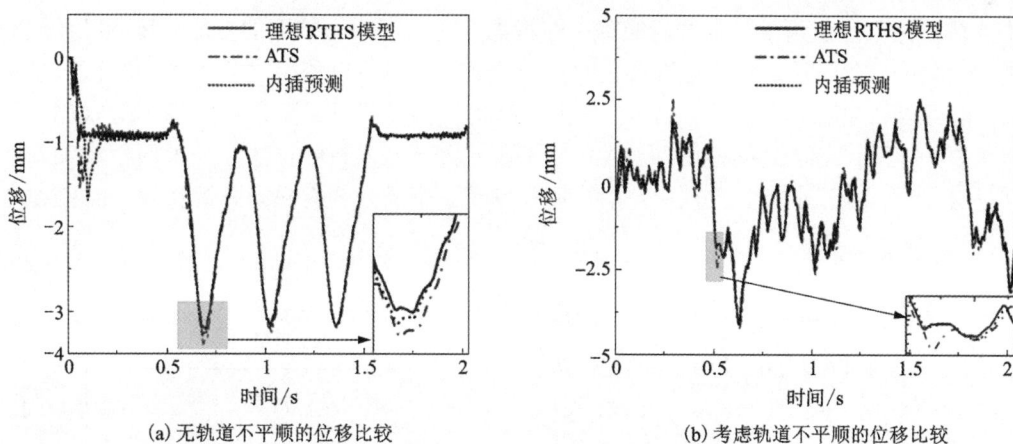

图 4-48　ATS 和插值预测算法的比较

对于不考虑轨道不平顺的工况，为了减小试验开始阶段激励信号成分不足所造成的控制误差，可通过采用小幅值白噪声离线来辨识固定有试验子结构的振动台的方法对在线模型估计器的初始模型参数进行修正。图 4-49 表明，修正初始模型参数后，自适应复合控制下虚拟 RTHS 平台的列车激励位移误差明显减小。综上所述，在试验子结构未知的前提下，由插值预测算法和 ASFC 组成的自适应复合控制可以适应性地调整控制参数并达到较好的振动台追踪精度和时滞补偿效果。

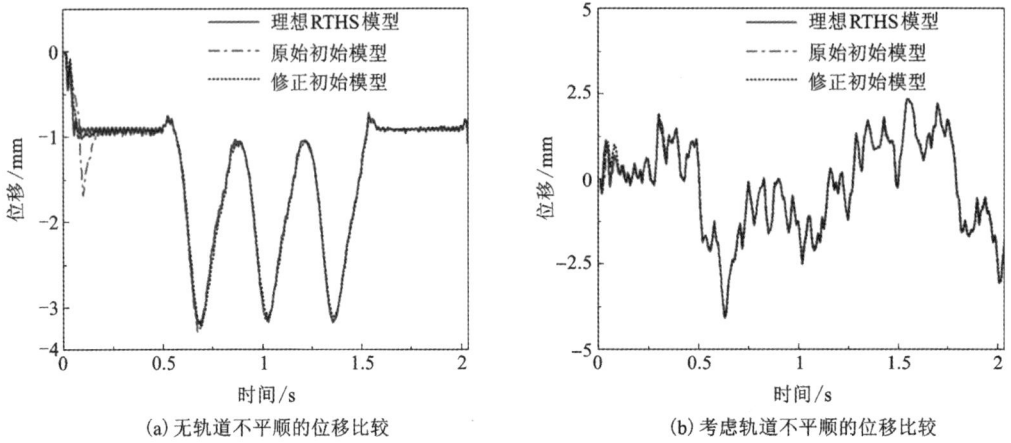

(a) 无轨道不平顺的位移比较　　　　　　　(b) 考虑轨道不平顺的位移比较

图 4-49　初始模型修正前后的控制效果比较

4.6　混合试验数值算法评估平台

在混合试验中,混合试验算法的性能对试验结果有很大影响。为帮助研究人员在进行混合试验前选择可靠的混合试验算法,本节开发了混合试验算法性能评估平台(HSAEP),通过一些评估指标来测试用于混合试验的算法在考虑人为引入的误差下的性能,其可以在短时间内进行大量的数值试验,深度分析算法的性能。研究人员可以使用本节建立的测试模型进行测试,也可以添加新的模型进行测试,各个子结构模型的尺寸、复杂程度都不受限制。该平台也可以用于不同算法之间性能的对比,便于研究人员开发新的算法。为了便于添加新的算法和进行实时混合试验的相关研究,本节还开发了一个简洁的有限元分析软件 EasyFEA。

4.6.1　平台简介

图 4-50 所示为混合试验算法性能评估平台示意图。该平台也可以用于不同算法之间性能的对比,便于研究人员开发新的算法。

混合试验算法性能评估平台主要分为控制程序和有限元分析软件两个部分。控制程序主要使用 Java 编写,负责设置软件运行参数、设置程序的扩展功能、控制软件的运行流程、模拟控制系统、模拟作动器、与有限元分析软件通信等。数值子结构和试验子结构均通过有限元分析软件模拟。在混合试验算法性能评估平台的当前版本中,开源有限元分析软件 OpenSees 和本节

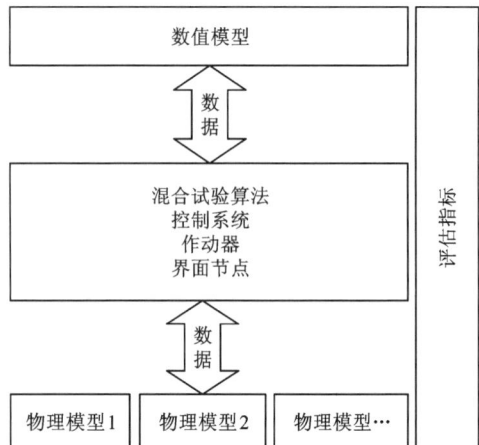

图 4-50　混合试验算法性能评估平台示意图

开发的简洁的有限元分析软件 EasyFEA 被用来模拟各个子结构,可以在软件中添加新的混合试验算法,并对不同算法的运行结果进行比较。

当前,混合试验算法性能评估平台的主要功能如下:

①可以模拟包含一个数值子结构和多个试验子结构的混合试验,每个试验子结构可能有多个作动器与数值子结构相连。

②在相同的试验子结构模型和相同的算法下,比较不同的试验参数配置对试验结果的影响,给出参数配置建议。

③在进行混合试验前,根据试验的配置参数和软件的运行结果,分析试验的可靠程度。

4.6.2　计算流程

根据作动器传递的参数的差异,混合试验可以分为两类:慢速混合试验、实时混合试验。在慢速混合试验的过程中,作动器只将界面节点处的位移传递给试验子结构,在每一个时步的计算过程中都需要进行迭代。在实时混合试验中,作动器同时将界面节点处的位移、速度、加速度传递给试验子结构,以获得试验子结构与速度和加速度相关的响应(如阻尼、惯性力等);为了保证试验的实时性,实时混合试验一般不进行迭代。模拟分布式的混合试验时,需要考虑数据在网络中的传输延迟影响。

1.慢速混合试验

对于慢速混合试验,在混合试验算法性能评估平台中,使用了 OpenSees 分别模拟数值子结构和试验子结构。

2.实时混合试验

对于实时混合试验,在混合试验算法性能评估平台中,使用了 EasyFEA 分别数值子结构和试验子结构。因为近似没有迭代的过程,实时混合试验的计算流程相比于慢速混合试验更加地简洁。

4.6.3　软件架构

分层架构是软件开发中的常用架构,分布在同一层的组件具有类似的功能,每一层都在软件中担任一定的角色。一般不进行跨层的调用,以保持软件的层次清晰,便于修改。混合试验算法性能评估平台采用分层架构,如图 4-51 所示。软件主要分为四层,即表示层、业务层、持久层和数据库。

1.表示层

表示层负责提供与软件进行交互的图形界面,便于用户输入数据。在混合试验算法性能评估平台中采用 JSP 和 EasyUI 开发了一个基于浏览器的图形用户界面,如图 4-52 所示。EasyUI 具有详细的说明文档,使用 EasyUI 可以快速地进行图形用户界面的开发。

2.业务层

业务层是软件的核心部分,接收来自表示层的用户指令,根据用户指令执行相关的操作,将执行的结果返回表示层。在混合试验算法性能评估平台中,业务层主要由控制程序和有限元分析软件 OpenSees、EasyFEA 组成,如图 4-53 所示。

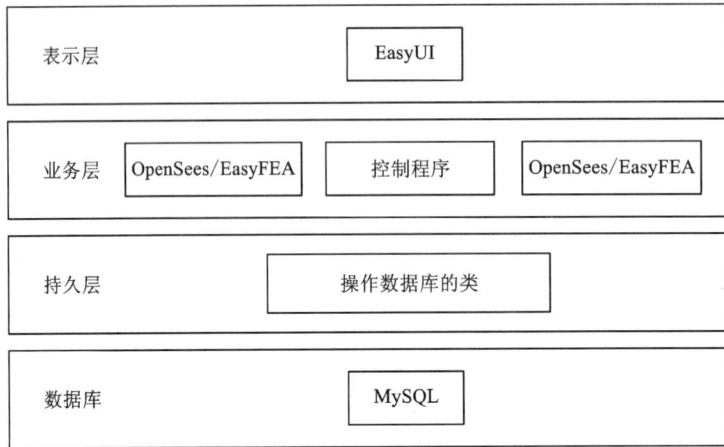

图 4-51　混合试验算法性能评估平台的分层架构

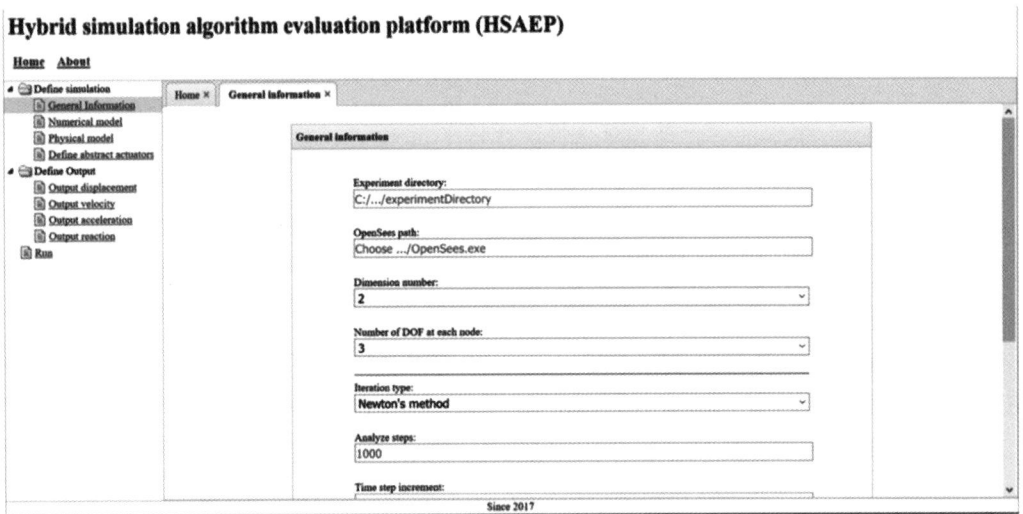

图 4-52　混合试验算法性能评估平台的图形用户界面

3. 持久层

持久层负责操作数据库，将业务层传来的数据存储到数据库中；响应业务层的查询请求，对数据库中的数据进行查询。当前，已有一些持久层的框架可供使用。在混合试验算法性能评估平台中，使用了 MyBatis 作为持久层框架。MyBatis 是一个开源的 Java 持久层框架，通过 XML 文件或注解在 Java 方法和 SQL 语句之间建立映射关系。

4. 数据库

数据库负责存储和管理数据。在混合试验算法性能评估平台中，使用了 MySQL 数据库。MySQL 是一个开源的关系数据库管理系统。在操作数据库时，应该恰当地使用事务策略，以便在出现错误时可以及时回滚；合理地设置数据库的最大连接数，避免连接数太多，对数据库造成压力，降低性能。在混合试验算法性能评估平台中，使用了数据库连接池管理数据库

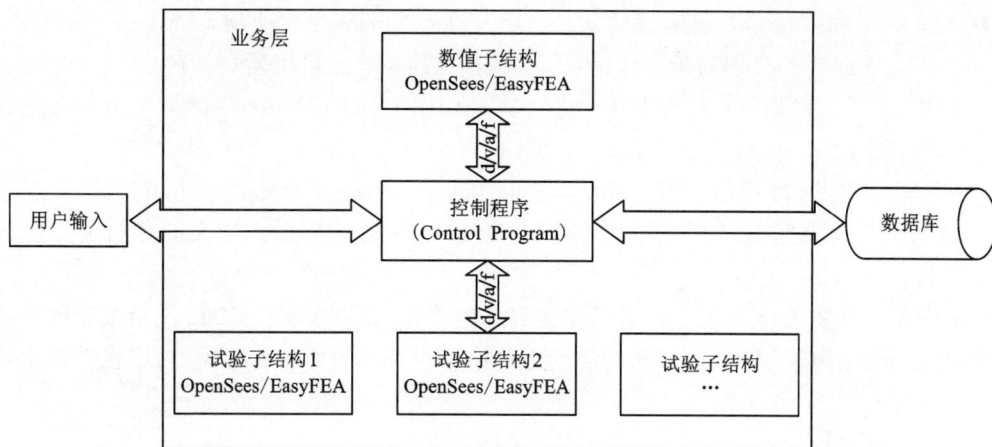

图 4-53　混合试验算法性能评估平台的业务层示意图

连接；通过最大连接数、最小连接数等参数，数据库连接池根据内置的算法可以自适应地调节数据库连接的数量。

4.6.4　有限元分析模块

为了便于研究人员进行算法的相关研究，本节研发了简洁的有限元分析软件（EasyFEA）。EasyFEA 的结构足够清晰、明确，可以独立使用，对结构进行完整的有限元分析，也可以作为包库直接供其他软件调用；研究人员也可以添加新的算法、新的单元。目前，EasyFEA 已经可以进行结构特征值分析、结构静力分析和地震作用下的结构动力分析。在混合试验算法性能评估平台中模拟实时混合试验时，使用 EasyFEA 进行有限元分析，以便于添加新的算法。

使用 EasyFEA 进行有限元分析的计算流程如下：

（1）定义 GlobalModel 的一些属性

①定义模型的维度、节点自由度数。

②定义节点。

③定义单元。

④定义节点质量。

⑤定义节点的固定约束。

（2）定义分析类型和荷载

①定义分析类型：静力分析、特征值分析或动力分析。

②如果需要，定义节点力或节点位移。

③如果需要，定义地震加速度时间序列作为动力外荷载。

④如果需要，定义瑞利阻尼系数。

⑤对于动力分析，需要定义逐步积分算法、分析步数和时步。

（3）进行有限元分析，输出结果。

（4）结束，退出。

1. EasyFEA 的架构

在 EasyFEA 中，为了描述模型的状态，定义了 GlobalModel 和 GlobalMatrix 两个类。其中，GlobalModel 存储了模型的所有属性，包括模型维度、节点自由度数、节点、单元、固定约束、外力作用、地震作用、分析类型等。在计算过程中，GlobalMatrix 存储了模型的各个总体矩阵 M、C、K、F、d、v、a 等。在进行动力分析时，GlobalMatrix 中存储的总体矩阵在每一步计算的过程中都会进行更新。类 FiniteElementAnalysis 是进行有限元分析的入口，其中的 execute 方法会首先根据输入来建立全局模型 GlobalModel，然后根据定义的分析类型进入相应的计算过程。

EasyFEA 主要由 Java 开发，使用开源的数学包库 ApacheCommonsMath 进行复杂的矩阵运算，使用 Spring 作为管理 bean(由 Spring 创建并管理的 Java 对象)的容器，可以设置输出计算结果到文件中。

2. EasyFEA 的单元

EasyFEA 中加入了二维的梁柱单元、三维的梁柱单元和黏滞阻尼器单元等。其中，梁柱单元可以用于建立线型的梁柱，黏滞阻尼器单元可以模拟简单的非线性阻尼器。

3. 阻尼矩阵的形成

结构的阻尼矩阵会对结构动力分析的结果产生直接和重要的影响。合理的构造阻尼矩阵非常重要。EasyFEA 提供了类 RayleighDamping 以瑞利阻尼的方式定义阻尼矩阵，即

$$C = aM + bK \qquad (4-42)$$

式中：a、b 为两个比例系数，可以由下式求得。

$$a = \frac{2\xi\omega_i\omega_j}{\omega_i + \omega_j} \qquad (4-43)$$

$$b = \frac{2\xi}{\omega_i + \omega_j} \qquad (4-44)$$

式中：ξ 为结构的阻尼比；ω_i 和 ω_j 是两个频率值。在 EasyFEA 中，用户可以自定义 a、b 的值。当用户选择不自定义 a、b 的值时，需要定义结构的阻尼比 ξ，程序会根据式(4-43)和式(4-44)自动计算出 a、b 的值。

4. 坐标系的转换

在进行有限元分析时，需要对单元进行整体坐标系和局部坐标系之间的转换。在 EasyFEA 中，坐标系的转换方法被直接定义在单元类中。也就是说，当添加新的单元时，需要在新的单元类中明确地定义坐标系的转换方法。

5. 结构分析的类型

目前，EasyFEA 可以对结构进行静力分析、特征值分析和动力分析。通过对结构进行静力分析可以获得结构的节点位移和节点力，通过对结构进行特征值分析可以获得结构的周期、频率和振型，通过对结构进行动力分析可以获得结构在动力作用下的响应。

4.6.5 评估指标

为了便于在不同的混合试验算法之间进行比较，本节提供了一组评估指标，即最大层间位移角、最大水平加速度、最大基底剪力、时滞误差、混合试验误差监控指标(HSEM)等，可以量化评估结果。

1. 最大层间位移角

最大层间位移角 J_1 的定义为在整个动力作用的过程中出现的最大的层间位移角，由下式计算。

$$J_1 = \max_{t, i} \frac{|d_i(t)|}{h_i} \tag{4-45}$$

式中：t 表示时间；i 表示楼层号；d_i 表示在第 i 层的区间位移；h_i 表示在第 i 层的层高。

2. 最大水平加速度

最大水平加速度 J_2 的定义为在整个动力作用的过程中出现的最大的水平加速度，由下式计算。

$$J_2 = \max_{t, i} |a_i(t)| \tag{4-46}$$

式中：t 表示时间；i 表示楼层号；a 表示加速度。

3. 最大基底剪力

最大基底剪力 J_3 的定义为在整个动力作用的过程中出现的最大的基底剪力，由下式计算。

$$J_3 = \max_{t} |F(t)| \tag{4-47}$$

式中：t 表示时间；F 表示基底剪力。

4. 时滞误差

时滞误差是指在实时混合试验中，受控制系统和作动器设备性能的限制，不能实时地在数值子结构和试验子结构之间传递数据产生的时间误差，即数值子结构的界面节点处的位移、速度和加速度不能及时地施加到试验子结构上，导致从试验子结构的界面节点处测得的反力是 $F_{b_{t-\tau}}$，其中 τ 是延迟的时间。时滞误差会对实时混合试验的结果产生很大的影响。Chen 等通过大量的数值模拟对时滞误差造成的影响进行了研究，他们通过变换输入的地震动，变换结构的周期，变换时滞的长度，计算出结构响应结果的误差，如下式：

$$MAX = \frac{\max(|d^{sim} - d^{ext}|)}{\max(d^{ext})} \tag{4-48}$$

式中：d^{sim} 是存在时滞的实时混合试验的位移结果；d^{ext} 是结构的位移结果精确值。

5. 混合试验误差监控指标

混合试验误差监控指标（$HSEM$）是 Mosqueda 等提出的一个指标，主要用于在实时混合试验中对试验进行监控。$HSEM$ 可以在试验进行中实时地计算累积误差。当累积误差达到某一限值时，暂停试验，对试验进行校正，避免对试验子结构造成破坏，导致误差很大。$HSEM$ 的计算方式如下。

标准的 $HSEM$ 为：

$$HSEM^S = \frac{E^{error}}{E^{strain}} \tag{4-49}$$

相对于输入的能量 $HSEM$ 为：

$$HSEM' = \frac{E^{error}}{E^{input} + E^{strain}} \tag{4-50}$$

式中：E^{error} 是积累的能量误差；$E^{strain} = \frac{1}{2} u_y^t K u_y$ 是结构的应变能；$E^{input} = \int f^T \mathrm{d}u$ 是输入结构的

能量。E^{error} 的计算方式如下：

$$E^{error} = \Sigma E_i^{error} \tag{4-51}$$

$$E_i^{error} = E_i^{BE} - E_i^E \tag{4-52}$$

$$E_i^{BE} = \frac{1}{2}(r_{i-1}^{am} + r_i^{am})(u_i^{am} - u_{i-1}^{am}) \tag{4-53}$$

$$E_i^E = \frac{1}{2}(r_{i-1}^{am} + r_i^{am})(u_i^{ac} - u_{i-1}^{ac}) \tag{4-54}$$

式中：r_i^{am} 是测量得的作动器的力；u_i^{am} 是测量得的作动器的位移；u_i^{ac} 是计算机输入给作动器的指令位移。在真实的混合试验中，由于时滞和作动器的误差，u_i^{am} 和 u_i^{ac} 是不会完全相等的。

随着混合试验的进行，*HSEM* 的值会逐渐增长，当 *HSEM* 的值达到某一限值时，说明误差已经过大，需要停止试验，进行调整。Mosqueda 等对 *HSEM* 的限值的选取提供了一些建议。他们在进行混合试验前，先对结构进行了数值模拟，分析了混合试验结果的精确性与 *HSEM* 值的关系。根据他们的分析，随着 *HSEM* 值的不断增长，混合试验结果的精确性不断下降。他们选择了一个可接受的精确性值，从而确定了 *HSEM* 的限值。

6. 时间历程曲线

当进行动力作用下的结构响应分析时，绘制出结构的位移、层间位移角、水平加速度、基底剪力等随时间变化的曲线，可以更加清晰地看出不同的混合试验算法之间的差异。

4.6.6 应用实例

本小节将通过一个模型实例展示平台应用方法。

1. 模型介绍

如图 4-54 所示是一个层的框架结构模型。该结构的水平截面是 36.6 m×54.9 m 的矩形，横向有 4 跨，纵向有 6 跨，跨度均为 9.15 m，层高均为 3.96 m。在建模时，所有柱子的底部节点均固定。

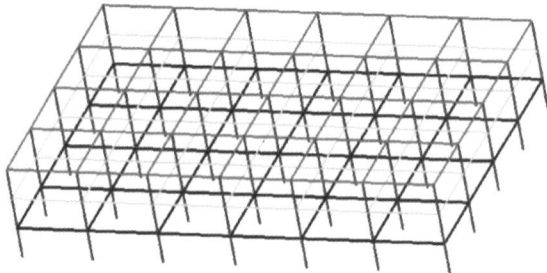

图 4-54 层的框架结构模型示意图

如图 4-55 所示，从模型中分离出一个角柱作为试验子结构，模型的其他部分作为模拟数值子结构。在界面节点处设置 3 个 *LINE* 型虚拟作动器。

2. 待评估算法

使用 Dennis 提出的 *BFGS* 算法进行迭代求解的预测界面节点的力的混合试验的计算流

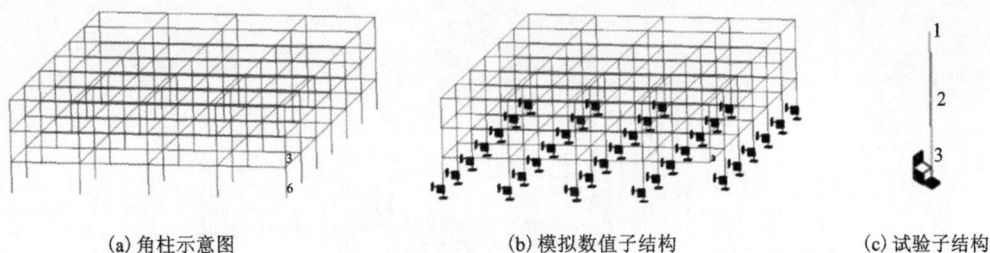

(a) 角柱示意图　　　　　(b) 模拟数值子结构　　　　　(c) 试验子结构

图 4-55　角柱模型分割

程为：

①在第 i 步的计算开始时，预测出一个数值子结构的界面节点处的初始力向量。

$$\boldsymbol{F}^{\mathrm{N}}_{\mathrm{inter}_{i-1}} = \frac{\boldsymbol{F}^{\mathrm{N}}_{\mathrm{inter}_{i-1}} - \boldsymbol{F}^{\mathrm{P}}_{\mathrm{inter}_{i-1}}}{2}$$

式中：$\boldsymbol{F}^{\mathrm{N}}_{\mathrm{inter}_{i-1}}$ 和 $\boldsymbol{F}^{\mathrm{P}}_{\mathrm{inter}_{i-1}}$ 分别为上一个时步计算结束时数值子结构和试验子结构界面节点处的力向量。

②进行 BFGS 算法迭代，初始的解向量为 $\boldsymbol{x}_0 = \boldsymbol{F}^{\mathrm{N}}_{\mathrm{inter}_i}$，初始的海森矩阵为 $\boldsymbol{B}_0 = \boldsymbol{I}$，不断重复该步骤直至得到满足小于最小误差要求的解。对预测出的结果进行是否超出边界值的检查，如果超出，将其重置为近似的解。

③迭代结束后，得到第 i 时步最终的预测的位移向量 $\boldsymbol{d}_i = \boldsymbol{x}_k$，进行下一个时步的计算。

3. 案例分析

本节展示了案例分别在两条地震作用下的响应结果（各个评估指标的计算结果和时程分析结果）。在界面节点处设置 3 个 LINE 型虚拟作动器。

表 4-11 列出了案例在使用 BFGS 算法作为混合试验算法时的评估指标的结果。

表 4-11　模型使用 BFGS 算法时的评估指标

地震动	计算方式	最大层间位移角/(°)	最大水平加速度/(m·s⁻²)	最大基底剪力/N
El Centro	Integration	0.0075	15.4679	29177312
	BFGS	0.0070	14.1434	27035804
Northridge	Integration	0.0187	28.9948	78949750
	BFGS	0.0166	40.4627	66481184

位移时程如图 4-56 所示。

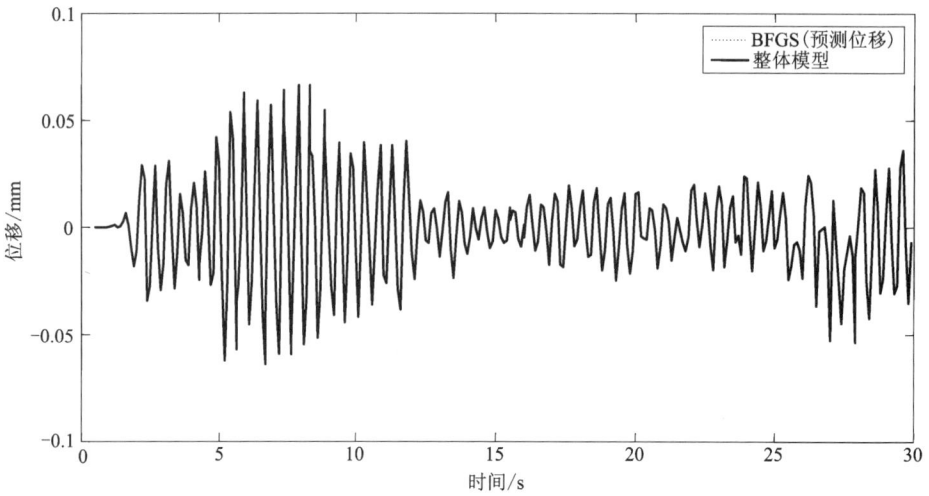

（a）El Centro地震作用下模型的顶层位移时程

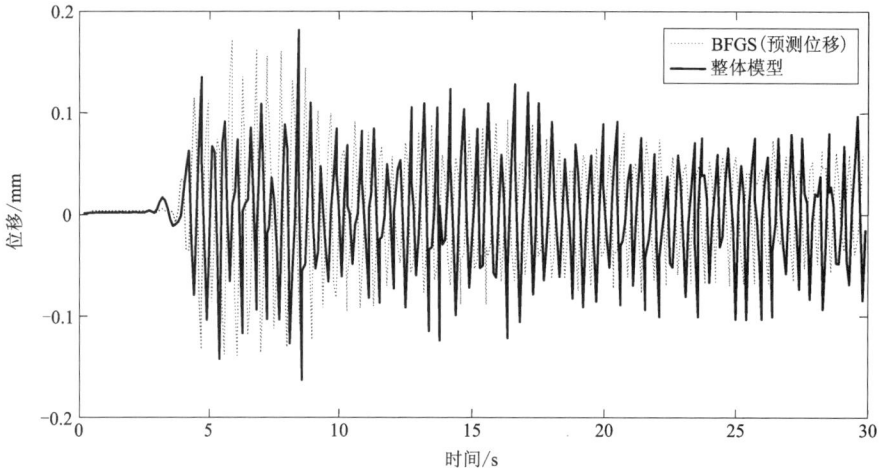

（b）Northridge地震作用下模型的顶层位移时程

图 4-56　在 El Centro 与 Northridge 地震作用下的顶层位移

层间位移角如图 4-57 所示。

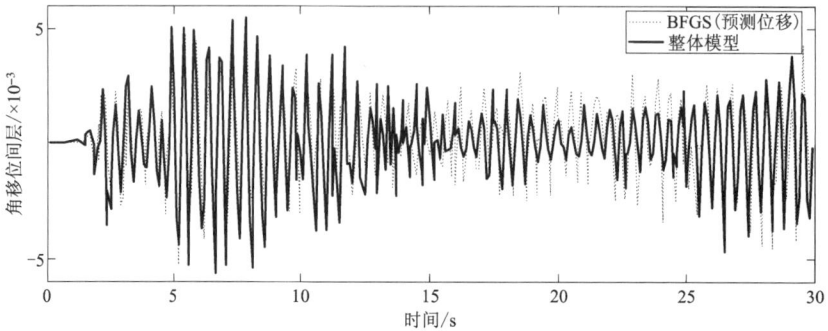

（a）El Centro地震作用下模型的顶层的层间位移角时程

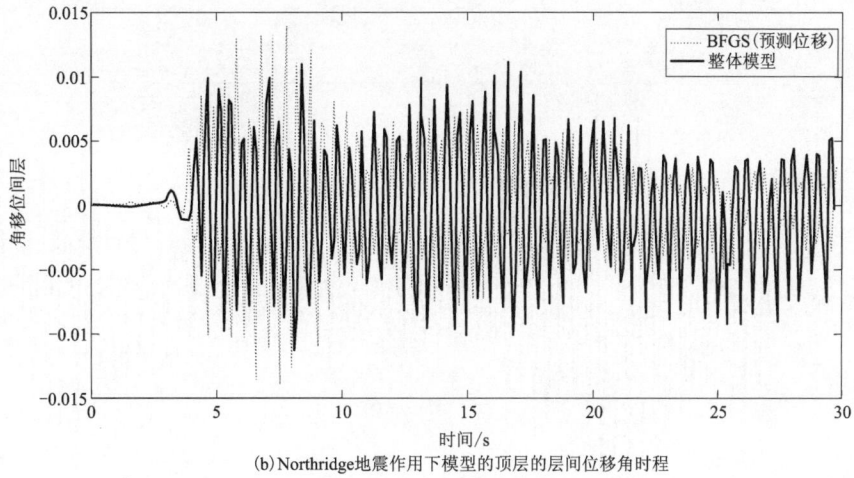

(b)Northridge地震作用下模型的顶层的层间位移角时程

图 4-57　在 El Centro 与 Northridge 地震作用下的层间位移

水平加速度如图 4-58 所示。

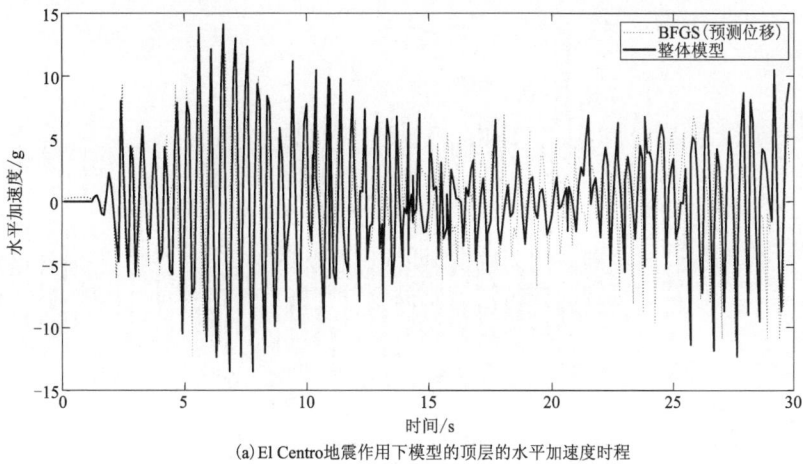

(a)El Centro地震作用下模型的顶层的水平加速度时程

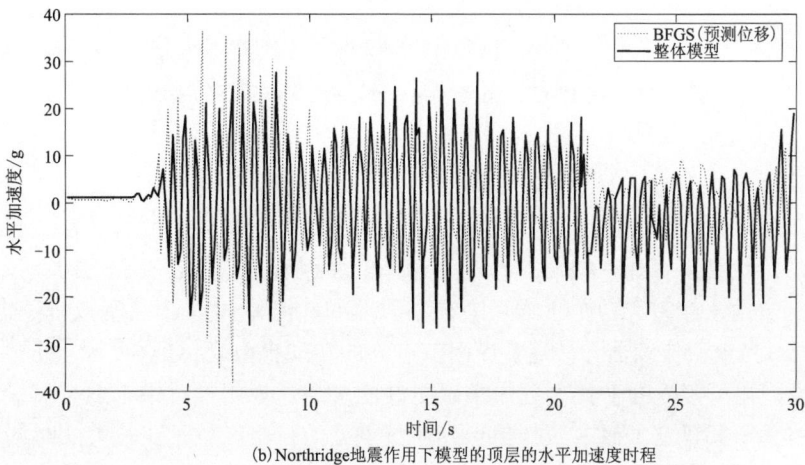

(b)Northridge地震作用下模型的顶层的水平加速度时程

图 4-58　在 El Centro 与 Northridge 地震作用下的水平加速度

基底剪力如图 4-59 所示。

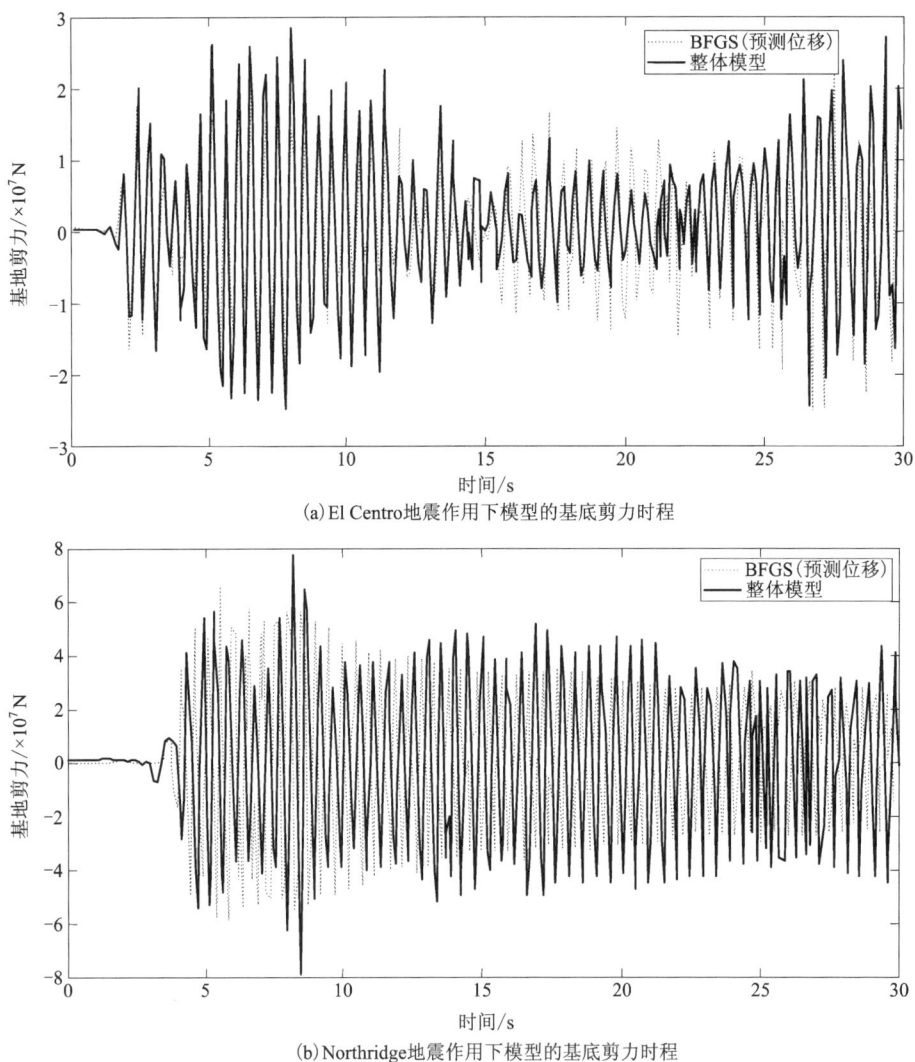

(a) El Centro 地震作用下模型的基底剪力时程

(b) Northridge 地震作用下模型的基底剪力时程

图 4-59　在 El Centro 与 Northridge 地震作用下的基底剪力

4. 结果分析

由计算结果可以看出，使用 BFGS 算法预测界面节点处位移的慢速混合试验的计算结果与整体模型的计算结果存在一些偏差。产生偏差的原因有：①在数值子结构和试验子结构的界面节点处的自由度较多，以往的试验中往往只是单个自由度；②在模拟慢速混合试验时，只使用了 3 个 LINE 型作动器，忽略了界面节点处的转动自由度；③本小节实现的 BFGS 算法不够完美，没能在可接受的迭代次数内求出更好的解。这说明了对用于混合试验的算法进行更加详细的性能分析的必要性，尤其是当界面节点处的自由度数量比较大的时候。

4.7 本章小结

　　本章详细阐述了桥上行车实时混合模拟试验技术的整体框架和关键技术，并介绍了一种混合试验平台架构。笔者认为，桥上行车混合试验应分为数值子结构与试验子结构两部分。根据时程计算的不同，混合试验分为实时混合试验与离线混合试验，这两种混合试验均可按照上述结构进行划分。

　　由于实时混合试验的特点，本章主要介绍了其中 3 个关键技术：为了更好地对数值子结构进行求解模拟，提出了 SSMEDV 算法，并对其特点进行了详细介绍；为了应对大模型实时计算中对计算速度与计算精度提出的更高要求，提出了移动荷载积分法，满足了实时混合试验对计算速度的要求；为了应对在实时混合试验过程中由于加载装置和信号传输装置等导致的时滞情况，提出了自适应状态反馈控制，达到较好的振动台追踪精度和时滞补偿效果。

第5章

高速铁路列车-轨道-桥梁系统地震灾变机理

5.1 概述

前面的章节讲述了地震下列车-轨道-桥梁系统的一些仿真平台和实验方法,基于此,本章借助仿真实验的数据结果进行分析,研究高速铁路列车-轨道-桥梁系统在地震下的灾变机理。首先建立起高速铁路列车-轨道-桥梁系统的力学模型并做简要的动力特性分析;其次介绍轨道-桥梁系统中各部分构件的力-位移曲线以表征其力学性能;接着重点针对桥墩进行仿真实验并做损伤分析,阐述高速铁路桥墩的破坏模型与灾变机理;然后分别在远场地震和近断层地震两种不同的条件下进行有限元模拟,研究轨道-桥梁系统的灾变机理与损伤特征,并提出基于轨道结构破坏机理的非线性弹簧模型;最后在震时和震后两种条件下分析列车-轨道-桥梁系统的动力响应,研究震后的行车安全影响因素。

5.2 列车-轨道-桥梁系统数值模型

5.2.1 列车模型

图 5-1 所示是 CRH380A 型电力动车组,其列车模型由一个车体(两方向转动加三方向平动,5 个自由度)、两个转向架(2×5 个自由度)、4 个轮对(4×6 个自由度)组成,共计 39 个自由度。该列车模型的车体、转向架与轮对均为刚体,不考虑点头运动(绕 y 轴方向的转动),其余每个刚体有横向、竖向两个方向的平动自由度和绕纵轴、横轴、竖轴的转动自由度,各部分之间以线性弹簧、阻尼相连。列车模型自由度的定义见表 5-1。车体横向具有横移和侧滚两种运动,两种运动不独立,互相耦合形成上心滚摆和下心滚摆两种形式。

图 5-1　CRH380A 型电力动车组

表 5-1　列车模型自由度定义

刚体名称	横移	沉浮	侧滚	点头	摇头
1#轮对	y_{w1}	z_{w1}	ϕ_{w1}	—	ψ_{w1}
2#轮对	y_{w2}	z_{w2}	ϕ_{w2}	—	ψ_{w2}
3#轮对	y_{w3}	z_{w3}	ϕ_{w3}	—	ϕ_{w3}
4#轮对	y_{w4}	z_{w4}	ϕ_{w4}	—	ϕ_{w4}
前转向架	y_{t1}	z_{t1}	ϕ_{t1}	β_{t1}	ϕ_{t1}
后转向架	y_{t2}	z_{t2}	ϕ_{t2}	β_{t2}	ϕ_{t2}
车体	y_c	z_c	ϕ_c	β_c	ϕ_c

在列车–轨道–桥梁系统中,列车作为附加惯性质量的处理方式,我国《铁路工程抗震设计规范》(GB 50111—2006)规定进行桥梁抗震验算时,应分别按照有车、无车进行计算,当桥上有车时,顺桥向不计活载引起的地震力,横桥向计入 50%列车活载引起的地震力,列车荷载作用于轨顶之上 2 m 处,活载竖向力按列车竖向静活载的 100%计算。

列车的运动方程可用下式表示:

$$M_v \ddot{x} + C_v \dot{x} + K_v x = F_v \qquad (5-1)$$

式中:M_v、C_v、K_v 分别为列车的质量、阻尼和刚度矩阵,其表达式可由拉格朗日、虚功原理或能力最小值原理等方法求出;x 为列车位移向量;F_v 为列车荷载向量。

5.2.2　轨道–桥梁模型

桥梁跨径采用中国高速铁路简支梁桥标准跨径,其中桥跨长度为 32.6 m,梁体之间伸缩缝长度为 0.1 m,箱梁横截面如图 5-2 所示。根据李君龙的研究,CRTS Ⅱ型无砟轨道动力模型如图 5-3 所示,其由钢轨、扣件、轨道板、CA 砂浆层、底座板、滑动层等部件组成。钢轨为 CHN6 型钢轨,采用空间梁单元模拟;钢轨通过扣件与轨道板相连,扣件通过弹簧阻尼单元模拟,钢轨及扣件参数见表 5-2。

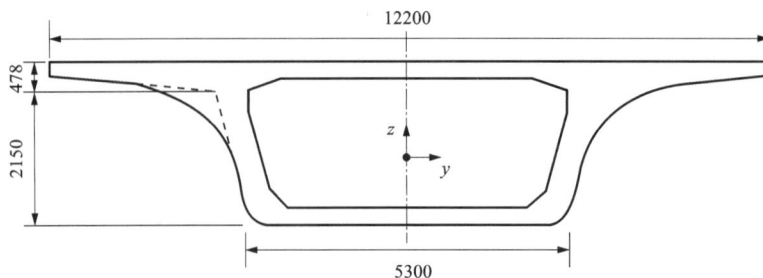

图 5-2　箱梁横断面

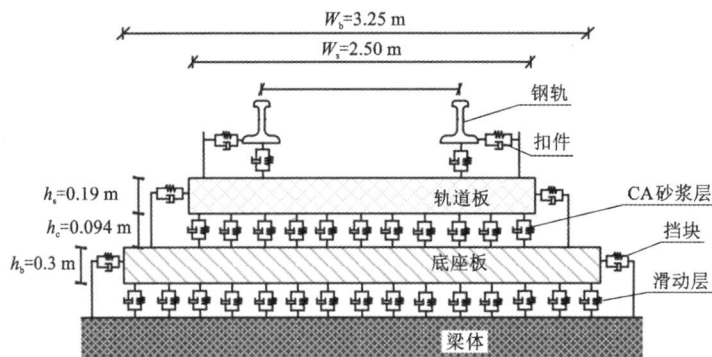

(a) 轨道横断面

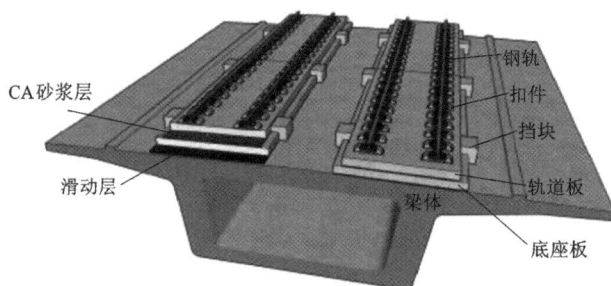

(b) 轨道侧视图

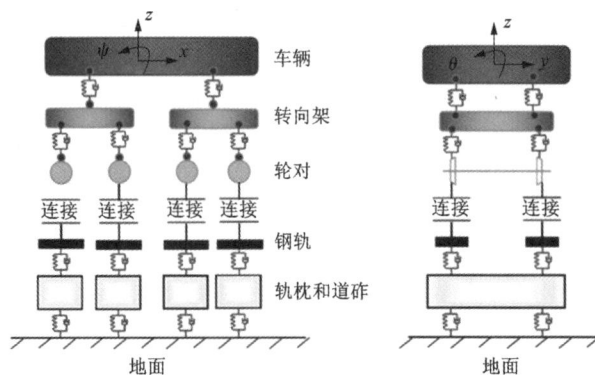

(c) 轨道力学模型

W_b—底座板密度；W_s—轨道板宽度；h_s—轨道板高度；h_c—CA 砂浆层厚度；h_b—底座板高度。

图 5-3　CRTS Ⅱ型高速铁路无砟轨道示意图

表 5-2　钢轨及扣件参数

构件	符号	参数名称	数值
钢轨	E_r	轨道弹性模量/$(N \cdot m^{-2})$	2.059×10^{11}
	μ_r	泊松比	0.3
	ρ_r	密度/$(kg \cdot m^{-3})$	7.86×10^3
	I_o	扭转惯性矩/(m^4)	3.741×10^{-5}
	I_y	轨道绕 y 轴惯性矩/(m^4)	3.217×10^{-5}
	I_z	轨道绕 z 轴惯性矩/(m^4)	5.24×10^{-6}
	GK	轨道扭转刚度/$(N \cdot m \cdot rad^{-1})$	1.9587×10^5
	m_r	轨道单位长度质量/$(kg \cdot m^{-2})$	60.64
扣件	k_{pv}	扣件竖向刚度/$(N \cdot m^{-1})$	2.5×10^7
	k_{ph}	扣件横向刚度/$(N \cdot m^{-1})$	2.0×10^7
	c_{pv}	扣件竖向阻尼/$(N \cdot s \cdot m^{-1})$	5.0×10^4
	c_{ph}	扣件横向阻尼/$(N \cdot s \cdot m^{-1})$	4.0×10^4
	l_c	相邻扣件间距/(m)	0.65

轨道板标准板长为 6.45 m，采用 C55 混凝土预制浇筑；底座板沿梁体纵向连续铺设，采用 C50 混凝土；CA 砂浆层用来支撑轨道板，是一种半刚性的复合材料，可以对高速列车荷载起缓冲作用；滑动层位于底座板与梁体之间，由 3 mm 土工布、聚乙烯薄膜、2 mm 土工布的两布一膜组成，与梁面以胶黏剂黏结。轨道板及底座板采用空间梁单元模拟；CA 砂浆层及滑动层具有抗剪刚度及抗压刚度，但不承受竖向拉力，采用离散弹性点支撑模型的假定，以弹簧阻尼单元模拟。箱梁和圆端型桥墩采用钢筋混凝土材料，箱梁采用 C50 混凝土，桥墩墩身采用 C35 混凝土。箱梁纵向一端为固定支座，另一端设置为活动支座；横向一侧为固定支座，另一侧为活动支座，支座的刚度利用线性弹簧模拟。桥支座采用 TJQZ-5000 型球型钢支座，桥梁抗震设防烈度为 7 度（Taft 0.10 g），根据《铁路桥梁球型钢支座安装图》（TJQZ-通桥8361）规定，固定支座的横向力为竖向承载力的 15%。

5.2.3　自振特性分析

自振周期能直接反映结构自身的动力特性，胡瑶比较了桥梁结构与轨道−桥梁系统的前三阶周期，结果见表 5-3。轨道−桥梁系统的前三阶周期均比桥梁结构的自振周期小，自振基本周期比桥梁结构降低近 50%。这说明轨道−桥梁系统整体刚度比桥梁结构强，这是因为轨道−桥梁系统的上部轨道结构为桥梁结构提供了额外的刚度，对桥梁结构具有较强的约束作用。同时，比较桥梁结构和轨道−桥梁系统的第一阶振动模态（图 5-4）可知，桥梁结构不同，桥墩之间的振动也是不同步的，16 m 桥墩的振动明显比 8 m 桥墩的振动响应大，这是不同墩高的桥墩刚度不同导致的。轨道−桥梁系统由于其上部轨道结构的存在，约束了各个不同墩高的桥墩的振动响应，使得不同墩高的桥墩振动模式一致。这说明上部轨道结构对下部桥梁结构具有较强的约束，能使刚度不同的桥墩在地震下具有相似的地震响应。

表 5-3　不同结构体系的自振周期

结构系统	T_1/s	T_2/s	T_3/s
桥梁结构	0.577	0.425	0.321
轨道-桥梁系统	0.264	0.186	0.184

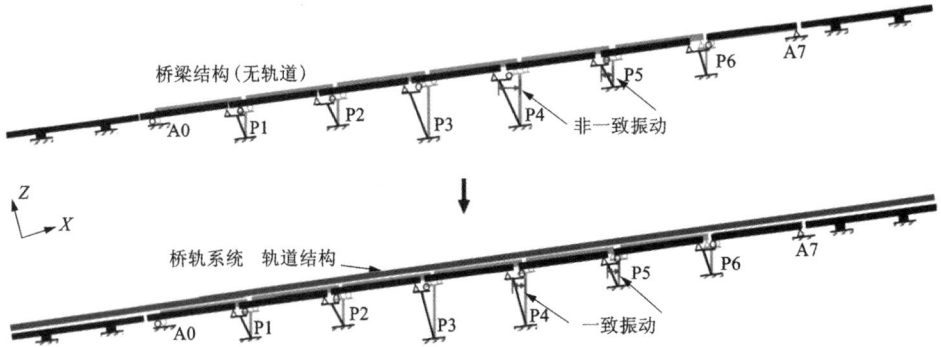

图 5-4　桥梁结构和轨道-桥梁系统第一阶振动模态分析

5.3　轨道-桥梁系统主要构件的力学性能

5.3.1　桥墩

桥墩为圆端形实体桥墩，其中 8 m 和 16 m 桥墩尺寸见表 5-4。8 m 和 16 m 桥墩的纵向配筋率分别为 0.15% 和 0.4%，轴压比分别为 5% 和 10%。蒋丽忠等通过低周往复静力试验，得到了该高速铁路桥墩的力-位移曲线，8 m 和 16 m 桥墩的极限位移分别为 266.4 mm 和 409.6 mm。

表 5-4　圆端形桥墩截面尺寸参数

尺寸	构件参数	尺寸	构件参数
	钢筋混凝土结构：C35 抗压设计强度：16.7 MPa		钢筋混凝土结构：C35 抗压设计强度：14.3 MPa

为了精确地模拟桥墩的力学性能，本书采用 twoNodeLink element 拟合了 8 m 和 16 m 高速铁路桥梁桥墩的力-位移曲线，如图 5-5 所示。数值曲线与试验曲线吻合性较好，说明了该桥墩模型的准确性。

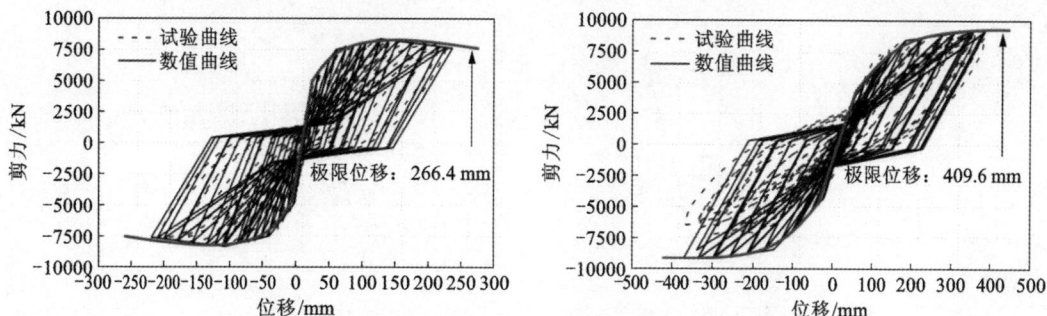

图 5-5　高速铁路桥梁桥墩力-位移关系曲线

5.3.2　主梁与摩擦板

高速铁路 32 m 双线简支箱型梁桥为标准形式,主梁和摩擦板的截面尺寸参数见表 5-5。由于其截面刚度大,在地震下一般保持弹性状态。该箱型梁为 C50 混凝土结构,每跨标准箱型梁的距离(两支座之间的距离)为 30.5 m,梁端到支座的距离为 0.55 m,相邻两孔梁间距为 0.1 m。在 OpenSees 有限元建模中,梁体构件采用 Elastic column-beam element 模拟。

表 5-5　主梁和摩擦板截面尺寸参数

尺寸	构件参数
 主梁	钢筋混凝土结构:C50 抗压设计强度:23.1 MPa 面积:$A = 8.34×10^5$ mm^2 弹性模量:$E = 4.40×10^4$ N/mm^4 截面惯性矩:$I_z = 9.00×10^{12}$ mm^4
 摩擦板	钢筋混凝土结构:C30 抗压设计强度:14.3 MPa 面积:$A = 5.10×10^5$ mm^2 弹性模量:$E = 3.60×10^4$ N/mm^4 截面惯性矩:$I_z = 1.70×10^{12}$ mm^4

5.3.3　支座

盆式橡胶滑动支座的力-位移关系可以采用摩擦模型描述,如图 5-6(a)所示。单元采用 zeroLength element 模拟,其中滑动支座最大纵向滑动位移不超过 60 mm,假设固定支座在地震作用下不发生破坏,认为其纵向刚度 k 很大,为 $1×10^{10}$ kN/mm,如图 5-6(b)所示。

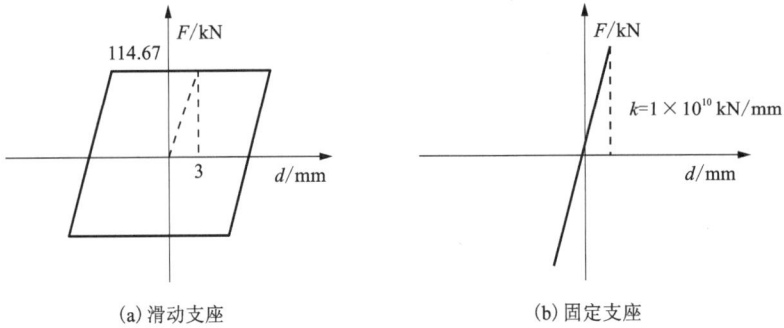

(a) 滑动支座   (b) 固定支座

图 5-6　支座的力–位移关系曲线

5.3.4　滑动层与 CA 砂浆层

滑动层是连接主梁和底座板的构件，其力–位移关系可用摩擦模型描述。Zhu 的研究表明滑动层的纵向阻力等于滑动层以上构件单位长度竖向荷载乘以摩擦系数。当无列车荷载作用时，上部结构荷载为单位长度钢轨、轨道板、砂浆层以及底座板自重。当有列车荷载作用时将其计入列车荷载。滑动层滑动系数的取值范围为 0.2~0.3。本节考虑无列车荷载作用，上部轨道结构构件单位内重量为 18 N/m，摩擦系数取 0.2，其滑动位移为 0.5 mm，如图 5-7(a)所示。

CA 砂浆层连接底座板和轨道板，在纵向力的作用下，其变形规律与滑动层一样，其纵向阻力随着位移的增大而增大，当位移达到某一限值后，即使位移再增加其纵向阻力也不会增大。因此，CA 砂浆层的力–位移关系采用弹塑性模型描述，根据博格公司的现场试验数据，CA 砂浆层被剪坏时的最大剪力为 412 kN，位移约为 0.5 mm。因此，单元长度的 CA 砂浆层的力–位移关系如图 5-7(b)所示。

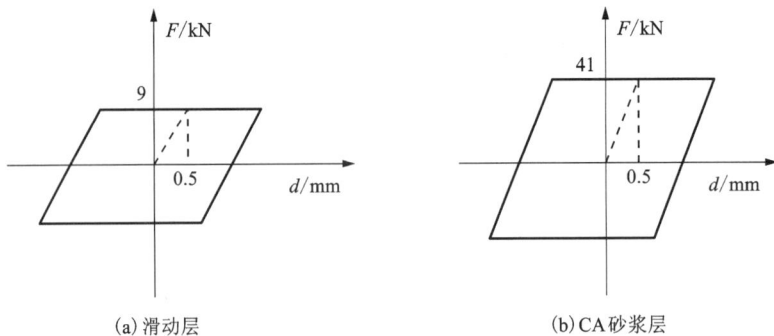

(a) 滑动层   (b) CA 砂浆层

图 5-7　滑动层和砂浆层的力–位移关系曲线

5.3.5　剪力齿槽和剪切钢筋

剪力齿槽位于桥梁固定支座上方，将制动力等纵向力传递给桥墩，考虑钢筋的滑移效应，剪力钉的纵向屈服位移为 1.9 mm，在其最大变形位移超过 11.76 mm 时发生破坏。因此，剪力齿槽采用 MinMax element 单元模拟，其力–位移关系如图 5-8(a)所示。赵磊对无砟轨道结构中的剪切钢筋进行拟静力试验，结果表明剪切钢筋表现出明显的弹塑性模型，其钢筋屈服力和屈服位移分别为 92.4 kN 和 0.6 mm。因此本书采用弹塑性模型模拟剪切钢筋的力-位移关系,关系曲线如图 5-8(b)所示。

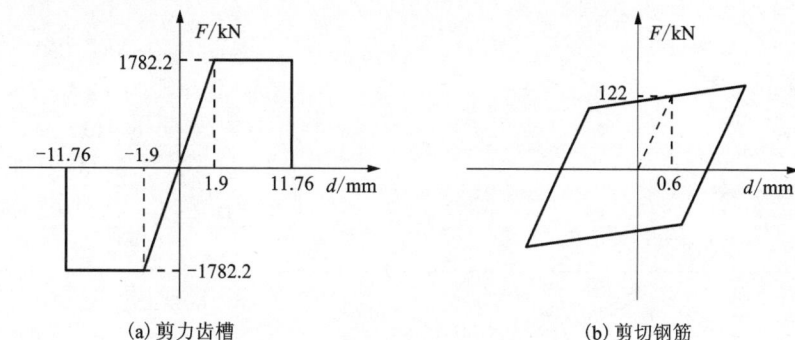

(a) 剪力齿槽　　　　　　　　(b) 剪切钢筋

图 5-8　剪力齿槽和剪切钢筋力-位移关系曲线

5.3.6　扣件

WJ-8C 型扣件系统纵向力学模型采用弹塑性力学模型,不考虑列车荷载作用,其起滑力和最大滑动位移分别为 15 kN 和 2 mm,如图 5-9(a)所示。扣件的竖向承载力系统包括铁垫板、轨下弹性热板、紧固螺栓及弹条等,扣件竖向刚度主要取决于扣件的受力状态、垫板及弹条的竖向刚度。

扣件的竖向受力状态主要分为三个阶段。第一阶段:当扣件系统受到较大的下压荷载时,弹性垫板压缩量超过弹条的有效弹程,弹条退出工作,此时扣件系统刚度即为弹性垫板刚度。第二阶段:弹条和弹性垫板共同工作,弹性垫板处于卸载状态,弹条扣压力逐渐增大。第三阶段:当扣件系统承受较大的上拔力,致使钢轨和弹性垫板脱开,此时弹性垫板退出工作,扣件系统节点刚度为弹条刚度。因此扣件系统竖向受力可用如图 5-9(b)所示的力-位移关系描述。

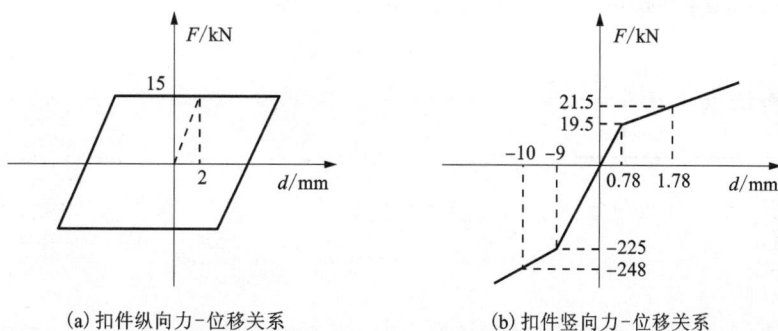

(a) 扣件纵向力-位移关系　　　　　　　　(b) 扣件竖向力-位移关系

图 5-9　扣件系统力-位移关系曲线

5.3.7　底座板、轨道板、钢轨

底座板、轨道板、钢轨均为纵向连续构件,要确保这些构件不在地震下发生破坏,其尺寸和构件参数见表 5-6。在 OpenSees 有限元建模中,纵向连续构件均采用 Elastic beam-column element 进行模拟。

表 5-6　轨道板系统中纵向连续构件的截面尺寸和参数

尺寸	构件参数
0.19 m 6.45 m 2.95 m 底座板	钢筋混凝土结构：C50 抗压设计强度：14.3 MPa 面积：$A=3.60\times10^6$ mm^2 弹性模量：$E=3.0\times10^4$ N/mm^4 截面惯性矩：$I_z=4.80\times10^{12}$ mm^4
0.2 m 轨道板 6.45 m 2.95 m	钢筋混凝土结构：C30 抗压设计强度：23.1 MPa 面积：$A=5.60\times10^5$ mm^2 弹性模量：$E=3.25\times10^4$ N/mm^4 截面惯性矩：$I_z=1.68\times10^{12}$ mm^4
73 mm 176 mm 150 mm 钢轨	钢轨 CHN60 型 钢轨屈服强度：500 MPa 面积：$A=7.75\times10^3$ mm^2 弹性模量：$E=2.06\times10^5$ N/mm^4 截面惯性矩：$I_z=32.2$ mm^4 质量：$m=60.64$ kg/m

5.4　高速铁路桥墩震致破坏弯剪强度模型

5.4.1　抗剪承载力理论公式

范超的研究表明，在地震下钢筋混凝土桥墩主要发生三种类型的破坏，即弯曲破坏、弯剪破坏和剪切破坏。弯曲破坏属于延性破坏，而弯剪破坏和剪切破坏属于脆性破坏，脆性破坏往往突然发生，缺乏预兆，容易造成桥梁上部结构倒塌等严重后果，因此在抗震设防中，应极力避免该种破坏发生。

地震下，在低位移延性水平，当桥墩抗弯强度对应的剪力值超过抗剪强度时，桥墩便发生脆性破坏。众多研究表明，墩柱抗剪强度会随着位移延性的增加而衰减。抗剪强度衰减机制能够很好地考虑到混凝土斜裂缝开展、钢筋屈服和剪压区混凝土压应力过大对抗剪强度的影响。

图 5-10 体现了桥墩抗剪能力与需求的关系，V_n 表示抗剪能力，包含初始段 V_i、下降段 V_d 与残余段 V_r；V_m 为抗剪需求，V_m 将随位移延性发生变化。若代表 V_m 的桥墩抗剪需求线在低延性水平与代表 V_n 的桥墩抗剪能力线相交，桥墩将发生脆性破坏；若抗剪需求线始终未与抗剪能力线相交，则发生延性弯曲破坏。

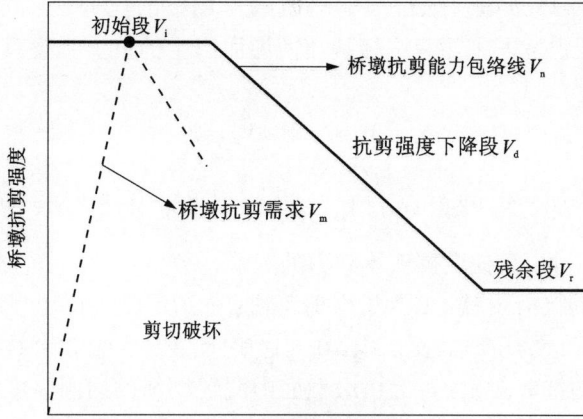
（a）剪切破坏的能力需求曲线

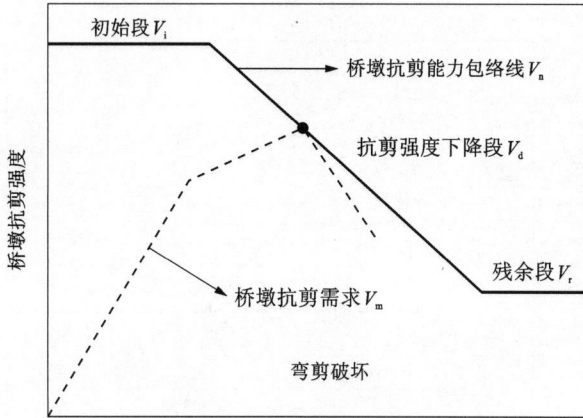
（b）弯剪破坏的能力需求曲线

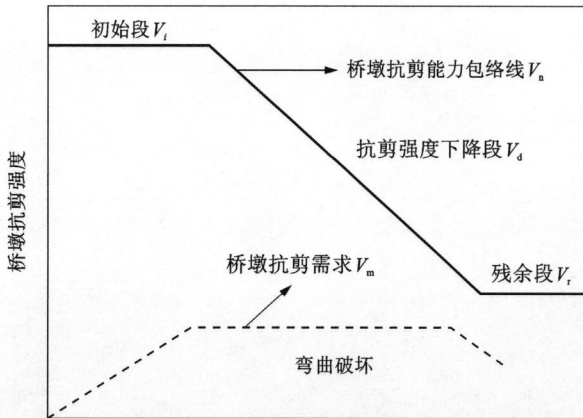
（c）弯曲破坏的能力需求曲线

图 5-10　桥墩抗剪能力–需求曲线模型

高速铁路圆端形实体桥墩在纵桥向地震激励作用下的抗剪承载力表达式如式（5-2）、式（5-3）所示。在模型中考虑了随着位移延性增加而产生的抗剪强度衰减，引入了位移延性相关系数 K。

$$V_n = K(V_c + V_S) \tag{5-2}$$

$$V_n = K\left(\frac{1}{\lambda}0.395f_c^{0.55}\sqrt{1+\frac{P}{0.395f_c^{0.55}}}0.8A_g + 0.445\frac{A_u f_y h_0}{s}\right) \tag{5-3}$$

式中：K 为位移延性相对于高铁墩抗剪承载力的影响系数（保守型与经济型）；V_c 为混凝土抗剪贡献；V_S 为横向钢筋抗剪贡献；λ 为桥墩剪跨比；f_c 为混凝土抗压强度；P 为地震作用时，墩顶承受的轴向压力；A_g 为桥墩截面面积，$0.8A_g$ 表示高铁桥墩截面的有效抗剪面积；A_u 为桥墩截面内横向钢筋的抗剪面积；f_y 为桥墩截面内配置箍筋的屈服强度；h_0 为桥墩截面有效高度；s 为桥墩中抗剪箍筋间距。

对位移延性相关系数 K 进行修正，可使所提出的抗剪强度模型结果更加准确，并且具有一定安全储备，如图 5-11 所示。修正后位移延性相关系数 K 的定量表达式如下式所示。修

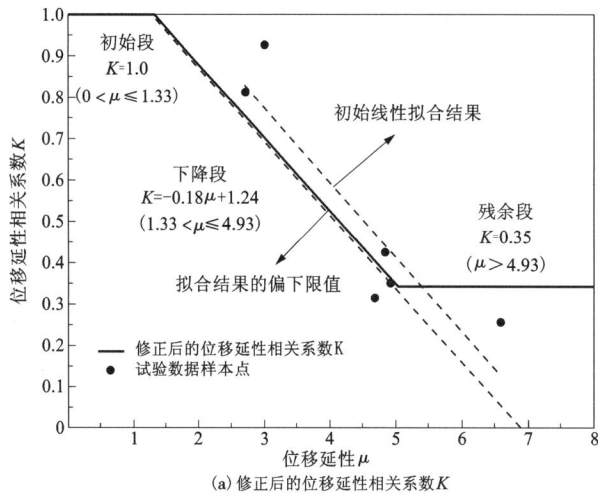

(a) 修正后的位移延性相关系数 K

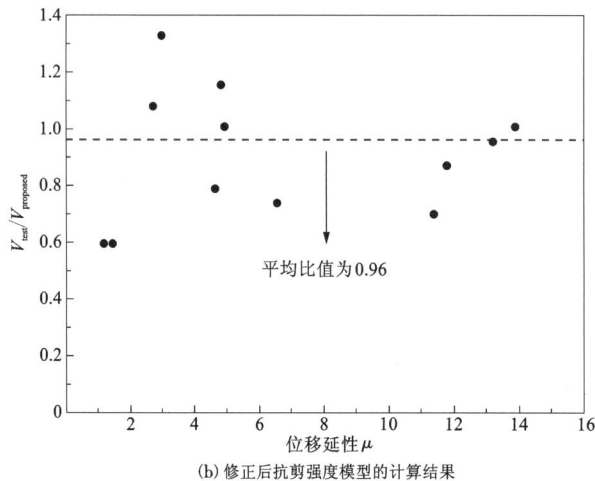

(b) 修正后抗剪强度模型的计算结果

图 5-11　修正后的抗剪强度模型

正模型的计算结果更加准确地反映了结构的抗剪强度,可用于验证高铁桥墩在地震作用下是否发生脆性破坏。

$$K=\begin{cases} 1.0 & (0<\mu\leqslant1.33) \\ -0.18\mu+1.24 & (1.33<\mu\leqslant4.93) \\ 0.35 & (\mu>4.93) \end{cases} \tag{5-4}$$

5.4.2　三折线抗剪强度模型

高速铁路桥墩在地震下的弯剪破坏和剪切破坏属于脆性破坏,应极力避免。针对桥墩弯曲破坏,通常采用纤维模型进行数值模拟。与弯曲破坏相比,弯剪破坏机制相对复杂,只采用纤维模型难以获得满意的计算结果,因为纤维模型无法模拟桥墩在地震下的剪切响应。目前有截面层次、材料层次和单元层次三类弯剪耦合破坏模拟方式。截面层次在刚度矩阵中叠加非线性剪切刚度,但该方案未考虑到弯矩、剪力、轴力三者的耦合;材料层次弯剪耦合破坏模拟方法以修正压力场理论为代表,原理复杂,计算量大,实际运用烦琐不便;单元层次弯剪耦合破坏模拟方法目前采用较多,模拟时将桥墩总响应(剪切力-水平总位移)分为弯曲响应(剪切力-弯曲位移)及剪切响应(剪切力-剪切位移)两部分,二者通过剪切破坏判定界限耦合。

桥墩的低周往复加载试验结果表明,在不同桥墩破坏模式下,其受弯和受剪响应发展规律存在显著差异,在达到峰值剪力前,桥墩弯曲响应与剪切响应同步发展,在进入滞回骨架曲线退化段后,若桥墩发生弯剪破坏,则其受力性能将由受剪主导。采用剪切弹簧能较好地反映桥墩在脆性破坏模型下,从受弯机制向受剪机制的转化过程。通过对桥墩材料的应变情况来推断桥墩中裂缝出现位置及发展趋势。随墩顶位移的增大,裂缝数量增多且出现位置不断上移,整体上呈现交叉形态。其后裂缝逐渐有向下倾斜的趋势,最终形成临界斜裂缝。

范超利用三折线抗剪强度模型对桥墩抗剪性能进行了评估,三折线分别指的是桥墩初始抗剪强度、桥墩抗剪强度下降段和抗剪强度残余段,如图 5-12 所示,该模型考虑了桥墩抗剪强度随位移增大发生的衰减。在 8 度设防、地震动峰值加速度为 1.5 g 的工况下,高速铁路圆端形实心桥墩将达到其峰值抗剪承载力,其后发生强度衰减,进入下降段,最终将发生弯剪破坏,但实际上这种工况十分罕遇,试验表明高速铁路桥墩具有较好的抗震性能。针对发生弯剪破坏的圆端形实心桥墩,需要考虑抗剪强度随位移增大发生衰减,三折线抗剪强度模型能够更为准确地评估其抗剪性能。

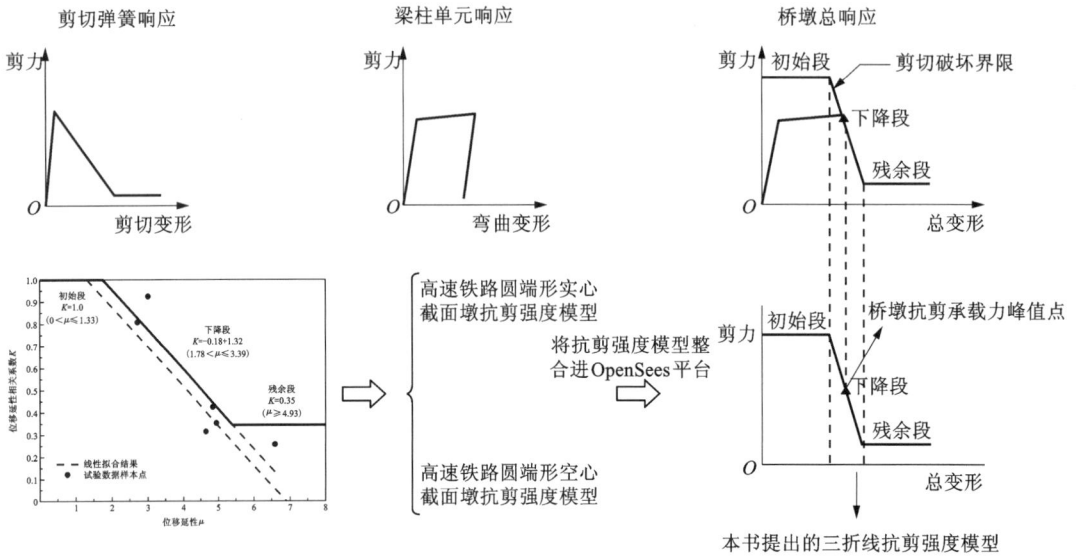

图 5-12　三折线抗剪强度模型示意图

5.5　高速铁路桥墩震致破坏分析

5.5.1　Pushover 分析方法

参考胡瑶的研究成果，Pushover 分析法是一种静力弹塑性分析法，基于两个基本假定：①桥墩地震力分布模式以第一振型为主；②桥墩的荷载分布模式在推覆分析中保持不变。基于第一阶振型，地震荷载分布模式可按下式确定：

$$F_{ij} = \alpha\beta_j\gamma_j x_{ij} m_i \tag{5-5}$$

式中：F_{ij} 为结构在第 j 振型 i 节点的水平地震力，kN；α 为水平地震基本加速度；β_j 为 j 振型动力放大系数；γ_j 为 j 振型参与系数；x_{ij} 为 j 振型 i 节点质心的振型坐标；m_i 为 i 节点质量。

根据式(5-5)，可以得到不同高度桥墩的基底剪力-墩顶位移曲线。为了得到桥墩的抗震能力，将墩底剪力-墩顶位移曲线转化为能力谱曲线。先将墩底剪力-墩顶位移曲线按照能量等效原则转化为双折线，如图 5-13(a)、图 5-13(b)所示，再根据式(5-6)来转化为能力谱曲线。

$$Sa = \frac{V_b}{M_j}, \quad Sd = \frac{D_b}{\Gamma_j\varphi_{nj}}, \quad M_j = \frac{\left(\sum_{j=1}^{n} m_i\varphi_{ij}\right)^2}{\sum_{j=1}^{n} m_i\varphi_{ij}^2}, \quad \Gamma_j = \frac{\sum_{j=1}^{n} m_i\varphi_{ij}}{\sum_{j=1}^{n} m_i\varphi_{ij}^2} \tag{5-6}$$

式中：Sa 为拟加速度；Sd 为拟位移谱；V_b 为墩底总剪力；D_b 为墩顶位移；M_j 为第 j 振型的有效质量；φ_{ij} 为第 j 振型 i 节点的振型位移；Γ_j 为第 j 振型的振型参与系数；φ_{nj} 为结构第 j 振型墩顶的振型位移。

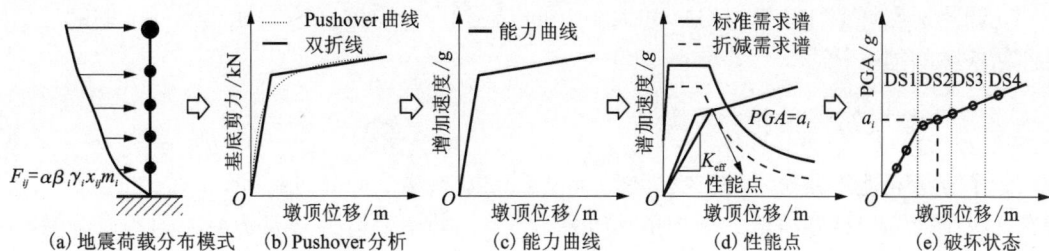

图 5-13　Pushover 分析方法步骤

Pushover 分析法通过结合地震需求谱，可以近似地得到结构在某一地震下的响应。但为了得到各个桥墩在地震下的响应，需要将弹性加速度谱转化为加速度-位移需求谱，它代表了结构响应在特定地震下的需求谱，如图 5-14(c) 所示，位移谱 Sd 表示为：

$$Sd = \frac{T_n^2}{4\pi^2} Sag \tag{5-7}$$

式中：T_n 为弹性结构的基本周期；g 为重力加速度(9.8 m/s^2)。

对于线弹性结构，其在地震下的响应可以通过结构能力谱曲线与需求谱曲线的交点确定，但桥墩在强震作用下可能会发生塑性变形。弹塑性结构在地震下会产生塑性变形，因此需要对需求谱进行折减，从而体现结构的非线性。弹性谱的折减通过与结构最大反应有关的刚度和阻尼来实现。采用割线刚度的方法考虑结构刚度的折减，而结构的刚度与结构的自振周期相关，因此，弹塑性结构的等效自振周期 T_{eq} 可表示为：

$$T_{eq} = T_n \sqrt{\frac{\mu}{1 + \alpha_s \mu - \alpha_s}} \tag{5-8}$$

式中：T_n 为线弹性体系的自振周期；α_s 为屈服后刚度与屈服前刚度之比；μ 为延性系数，即结构体系最大位移与屈服位移之比。

Chopra 于 1995 提出等效黏滞阻尼比的概念，定义等效黏滞阻尼比代表了弹塑性体与弹性体振动一周所消耗能量的比值。Lin 等按照等效阻尼比可对弹性需求谱进行折减，考虑结构实际的滞回曲线可能会发生捏缩现象，修正的等效阻尼比计算公式表示为：

$$\xi_{eff} = \xi_0 + \frac{2}{\pi} \eta \frac{(1 - \alpha_s)(1 - 1/\mu)}{1 - \alpha_s + \mu\alpha_s} \tag{5-9}$$

式中：ξ 为结构体系在线弹性范围内的黏滞阻尼比，对钢筋混凝土结构取 0.05；η 为阻尼修正系数，即结构实际滞回耗能曲线与理想双线性振动耗能的有效比值。

根据以上公式，可得到适用于弹塑性结构分析的折减谱，从而得到结构在地震下的响应。

综上所述，采用 Pushover 分析法计算高铁桥墩在地震下的响应步骤如下：

①获得基于高速铁路桥墩的第一阶模态，从而获得地震力分布模式，如图 5-14(a) 所示。

②以桥墩的第一阶模态地震力分布形式，对桥墩进行推覆分析，从而获得桥墩的基底剪力-墩顶位移曲线，并根据能量等效原则转化为双折线，如图 5-14(b) 所示。

③基于式(5-6)，将双折线转换为能力曲线，如图 5-14(c) 所示。

④在能力谱的同一个坐标系下，画出弹塑性折减需求谱，得到能力谱和折减谱的交点，该交点就是桥墩的性能点，即桥墩在地震作用下的近似响应，如图 5-14(d) 所示。

⑤调节地震峰值加速度(PGA)的大小,可以得到高铁桥墩在不同地震强度下的响应,从而评估桥墩的损伤状态。

5.5.2 桥墩损伤评估指标

为了分析高速铁路桥墩的抗震性能,首先需要对桥墩的破坏进行损伤状态的定义。由于现有文献中对高速铁路桥墩的损伤指标研究匮乏,因此本节借鉴 Hwang 研究的普通桥梁墩柱的损伤指标位移延性比来定义高铁桥墩的损伤状态,表达式为:

$$\mu = \frac{d}{\Delta_{cy1}} \tag{5-10}$$

式中:d 为桥墩相对于地面的最大墩顶位移;Δ_{cy1} 为墩底的纵向钢筋首次达到屈服时桥墩相对于地面的位移。

根据 HAZUS99(1999)的定义,桥墩在地震作用下的破坏可用位移延性比来描述,分别为无损伤、轻微损伤、中等损伤、严重损伤、局部失效或完全损伤 5 种损伤状态,见表5-7。

表5-7 位移延性比定义的桥墩损伤状态

损伤状态	损伤状态描述	判别准则
无损伤	无钢筋屈服,混凝土仅产生细小裂缝	$0 < \mu < \mu_{cy1}$
轻微损伤	第一根钢筋理论屈服,混凝土出现明显裂缝	$\mu_{cy1} \leq \mu < \mu_{cy}$
中等损伤	局部塑性铰开始形成,出现非线性变形,混凝土保护层开始剥落,可见裂缝展开	$\mu_{cy} \leq \mu < \mu_{c4}$
严重损伤	塑性铰完全形成,裂缝宽度较大,整个塑性铰区混凝土剥落	$\mu_{c4} \leq \mu < \mu_{cmax}$
局部失效或者完全损伤	强度退化,主筋屈服,箍筋屈服,核心混凝土压碎	$\mu_{cmax} \leq \mu$

表 5-7 中,μ_{cy1} 为混凝土桥墩纵向钢筋首次屈服时对应的位移延性比,代表桥墩发生轻微损伤的极限值;μ_{cy} 为桥墩截面等效屈服时对应的位移延性比,代表桥墩发生中等损伤的限值;μ_{c4} 是混凝土柱截面边缘钢筋混凝土压应变达到 0.004 时对应的位移延性比,代表桥墩发生严重损伤的临近值;μ_{cmax} 是最大位移延性比,代表桥墩发生完全损伤的临界值,定义为:

$$\mu_{cmax} = \mu_{c4} + 3 \tag{5-11}$$

5.5.3 桥墩易损性评估方法

桥墩的易损性分析表明了桥墩在某一地震强度下发生损伤程度的概率。基于轻微损伤、中等损伤、严重损伤以及完全损伤四类指标,采用 Pushover 分析方法计算各个不同高度桥墩性能状态对应的易损性曲线,参考 Kappos A、Vamvatsikos D 等,假定桥墩的易损性符合对数正态分布曲线,易损性概率计算公式如下:

$$P(DS \geq PL \mid PGA) = \varphi\left(\frac{\ln(PGA) - \ln(PGA_{PL})}{\beta_C}\right) \tag{5-12}$$

式中：P 为桥墩在给定的地震峰值加速度（PGA）下所发生超过某一性能状态（PL）的概率；PGA_{PL} 为 Pushover 分析法计算桥墩结构发生某种破坏概率 50% 对应的地震峰值加速度；β_C 表示与结构特性、地震动特性有关的不确定因素，取 0.6。

5.5.4　不同高度桥墩易损性分析

根据式（5-12），采用 Pushover 分析法可求出各类场地上不同桥墩的性能易损性曲线，由于篇幅有限，以 Ⅱ 类场地为例，图 5-14 给出了 10 m、15 m、21 m、23 m 桥墩各个损伤状态对应的易损性曲线。

图 5-14(a)、图 5-14(b) 表明不同高度的桥墩在地震下遭受轻微损伤以及中等损伤的概率相差不大。在同一地震强度下，15 m 和 21 m 桥墩相对于其他桥墩受到的损伤概率小，10 m 和 23 m 桥墩更容易发生轻微损伤或者中等损伤。图 5-14(c)、图 5-14(d) 表明 10 m 墩和 15 m 墩遭到严重损伤的概率大于 21 m 和 23 m 桥墩，随着墩高的降低，桥墩越容易发生严重的损伤。但所有桥墩发生严重损伤或者完全损伤的概率远小于发生轻微损伤或者中等损伤的概率。通过对图 5-14 的分析可知，Ⅱ 类场地的高墩具有较好的抗震性能，但低墩相对于高墩的抗震性能较差。随着墩高的增加，桥墩处于某一损伤状态的概率则会降低，表明桥墩

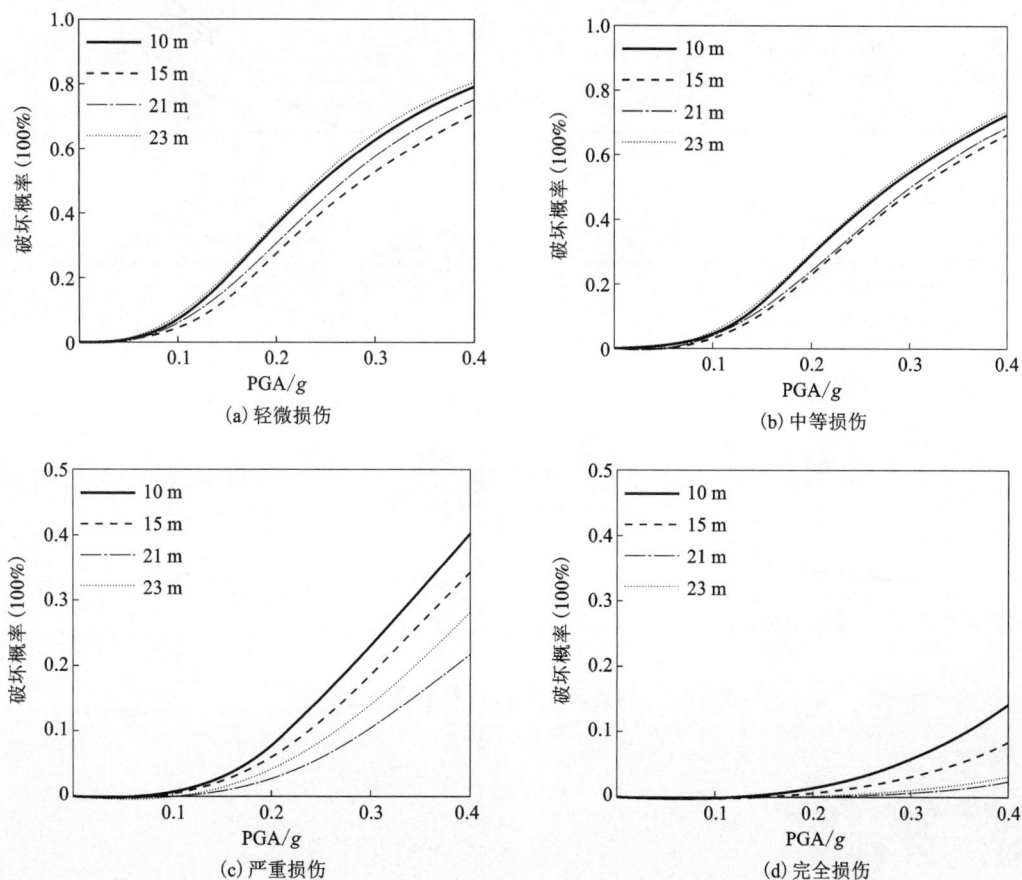

图 5-14　Ⅱ 类场地上不同桥墩的易损性曲线

抗震能力有所提高。这种结果的产生是因为高铁桥墩是按照刚度控制来进行设计的,评估高铁桥墩的易损性指标则是根据延性指标。随着墩高的逐渐增加,桥墩位移需求并没有急剧增加,但位移能力急剧增加。张菊辉、管仲国等的研究也表明随着高度的递增,高铁桥墩的抗易损性能力也不断提高。

5.5.5 不同场地桥墩易损性分析

对同一墩高,分析了不同场地对其易损性概率的影响,以 15 m 墩高为例,图 5-15 给出了桥墩在不同场地下的性能易损性曲线,表明不同场地对 15 m 桥墩抗震性能影响相似。在同一地震强度下,15 m 桥墩处于 IV 类场地(软弱土)的抗震性能最差,处于 III 类场地(中软土)较 IV 类场地好,处于 II 类场地(坚硬土)抗震性能最好,I 类场地(中硬土)较好。

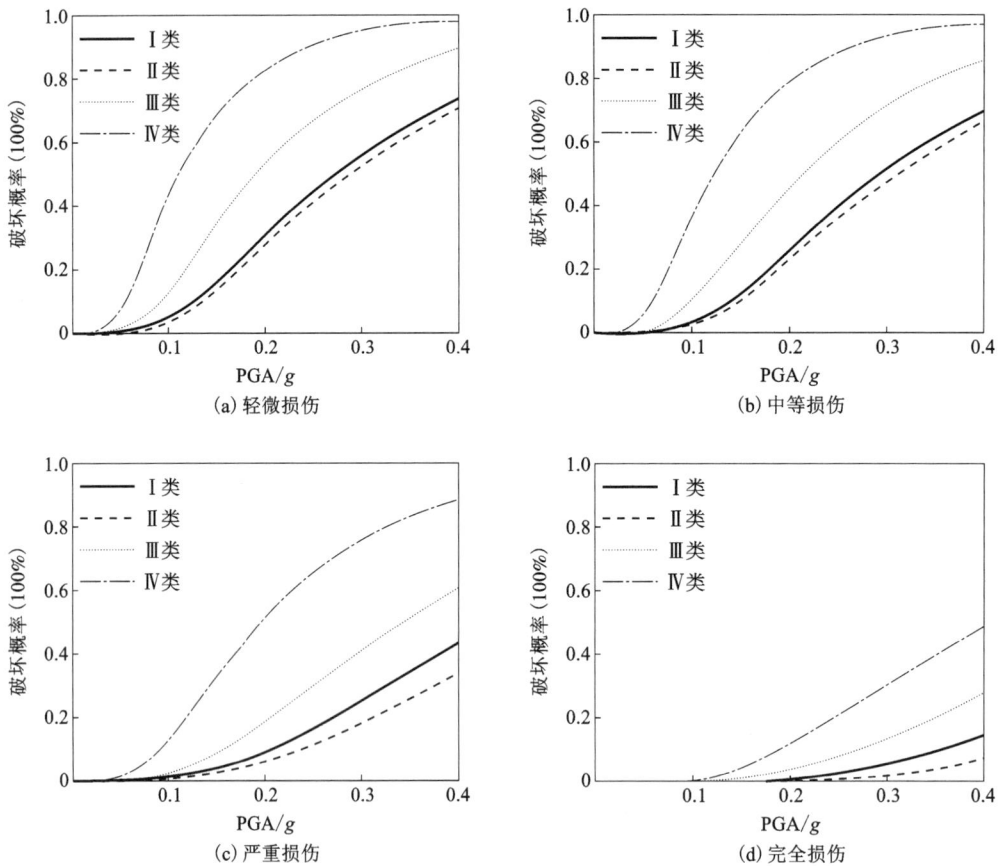

(a) 轻微损伤   (b) 中等损伤

(c) 严重损伤   (d) 完全损伤

图 5-15 四类场地下 15 m 桥墩易损性曲线

5.6 远场地震下轨道-桥梁系统灾变机理

5.6.1 有限元模型

根据前文所述各个构件的力-位移关系曲线,在有限元软件 OpenSees 中建立原型桥梁的非线性数值有限元模型,模型如图 5-16 所示。轨道板采用 CRTS Ⅱ 型无砟轨道板,扣件层和砂浆层单元间距采用 0.65 m,滑动层单元间距采用 0.1 m,用所建立的非线性有限元模型来进行地震动分析。扣件、砂浆层、滑动层、支座等零长度构件的竖向刚度见表 5-8。由于墩身截面较大,数值模型中的竖向刚度取值较大。此外,对于列车-桥梁耦合振动问题,高速铁路轨道-桥梁结构设计为在列车动力荷载作用下保持线弹性,因此在列车-桥梁耦合振动分析中采用线性数值模型是合适的。线性模型修改只需将建立的非线性数值轨道-桥梁模型取构件初始刚度进行线性化修改即可。

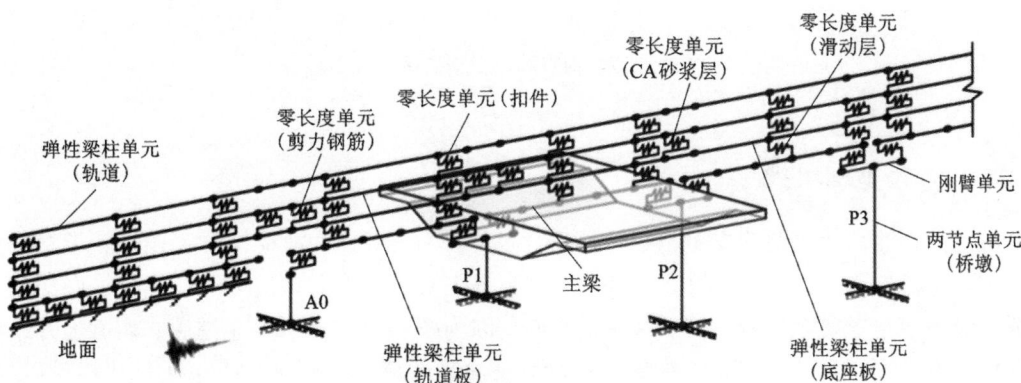

图 5-16 轨道-桥梁系统有限元模型

表 5-8 零长度单元竖向刚度

构件	扣件	砂浆层	滑动层	支座	桥墩
竖向刚度/$(kN \cdot mm^{-1})$	100	1.18×10^5	4.58×10^4	2777.7	1×10^{10}

桥址处的频遇地震烈度为 8 度。从 PEER(Pacific Earthquake Engineering Research Center)数据库中选取了三条Ⅲ类场地的地震记录,见表 5-9。所选地震记录的加速度时程信号如图 5-17 所示,地震记录的峰值地面加速度调整为 0.57 g。所选地震记录的地震纵向输入轨道-桥梁结构。

表 5-9 所选地震记录信息

编号	地震名称	台站	里氏震级	持时/s	断层距/km
地震记录 1	Imperial Valley 06	Bonds Corner	6.5	37.6	0.5
地震记录 2	Loma Prieta	Capitola	6.9	39.95	8.7
地震记录 3	Chi-Chi Taiwan	TCU067	7.6	89.995	0.6

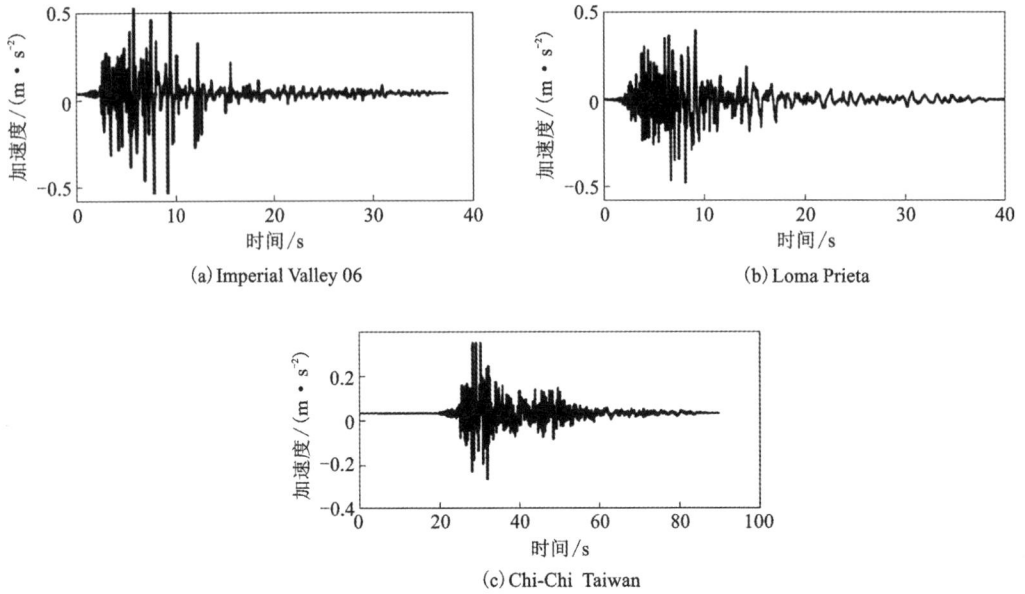

(a) Imperial Valley 06

(b) Loma Prieta

(c) Chi-Chi Taiwan

图 5-17　地震动记录加速度时程

5.6.2　震致破坏机理

有研究表明高速铁路简支梁桥的破坏主要发生在桥墩位置、滑动层位置以及轨道结构的剪力钢筋位置。其中,滑动层的破坏形式是沿桥梁纵桥向发生滑动破坏。但这种纵向滑动破坏形式对桥上行车安全性难以产生很大的影响,因为桥梁刚度并未发生退化,轨道也并未产生附加的不平顺。本例将高速铁路轨道-桥梁结构的震后破坏分为两大类:①桥梁构件破坏,包括桥墩纵向残余位移、梁缝宽度扩大、桥墩水平向刚度退化;②桥墩不均匀沉降,主要由震后基础失效产生。

在强震作用下桥墩会进入塑性阶段,这可能产生水平向残余变形。该水平向的残余变形会导致一个垂直的位移分量,而竖向残余变形垂直分量会导致轨道的附加不平顺(类似于桥墩沉降),有可能会影响列车的行驶安全。因此,有必要研究水平向残余变形的量级及其对轨道不规则性的影响程度。王福天研究表明,在地震动 Imperial Valley 06 作用下桥墩 P1~P6 墩顶水平向位移响应时程如图 5-18 所示,虽然 8 m 桥墩和 16 m 桥墩拥有不同的水平向刚度,但地震下位移响应几乎一致。这是由于在连续轨道结构的约束下,轨道-桥梁结构具有良好的整体性。良好的整体性使墩身有水平向残余力,使其无法回到原来的位置。因而桥墩的残余位移相接近,与墩高关系不大。例如震后 8 m 墩 P6 的残余变形为 21.51 mm,与 16 m 墩 P3 的变形 21.75 mm 相近。如图 5-19 所示为地震后不同桥墩的纵向残余位移。从图 5-20 中可以看出,在不同的地震激励下,桥墩的残余变形都在 20 mm 左右。墩台变形中产生的竖向分量会引起附加的轨道不规则,与轨道短波不规则叠加后产生最终的轨道不平顺。但由于各墩的水平残余变形相近,其产生的垂直分量也几乎相同。同时,桥墩与桥台之间的垂直分量差异也非常小,如 P6 桥墩与桥台之间的垂直分量差异约为 0.03 mm,远小于毫米级的短波轨道不平顺。因此,墩台的水平残余变形对行车安全的影响可以忽略。

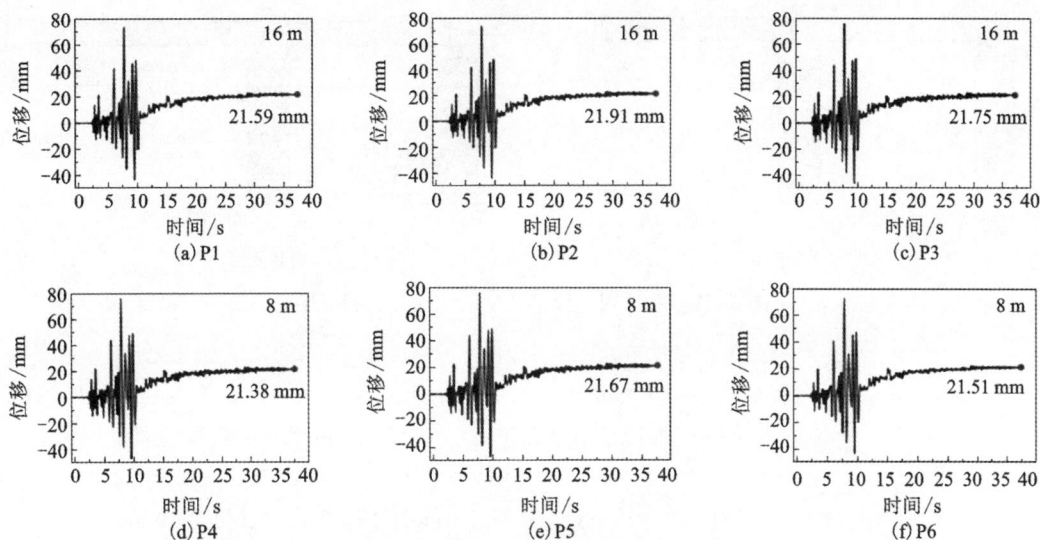

图 5-18　地震下墩顶水平向位移时程（Imperial Valley 06）

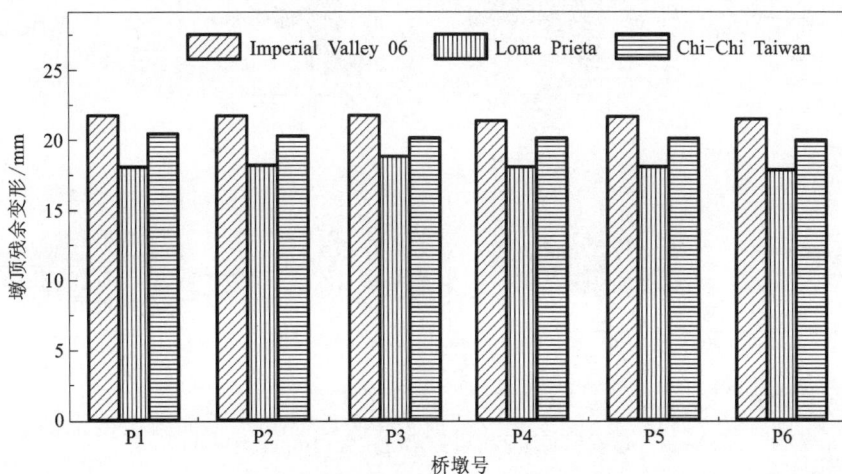

图 5-19　震后桥墩纵向残余变形（PGA=0.57 g）

图 5-20 从原理上说明了梁缝间距是如何因桥墩的水平残余位移而扩大的。地震后，通过固定支座连接到桥墩的主梁会随着桥墩的水平向残余位移而发生顺桥向的移动。然而由活动支座连接的主梁不受到桥墩、桥台的牵引。以图 5-20 中桥梁模型为例，当 P6 桥墩发生残余位移时，以固定支座与桥墩连接的主梁随 P6 桥墩一起水平移动，但用活动支座与 P6 桥墩连接的梁受到桥墩 A7 的拉力而停留在原本的位置，这将会导致桥梁缝隙扩大。由于高速行驶的列车对轨道–桥梁结构刚度比较敏感，而梁缝的扩大削弱了轨道结构对相邻梁间的支撑作用，可能会对列车的行驶安全产生影响。

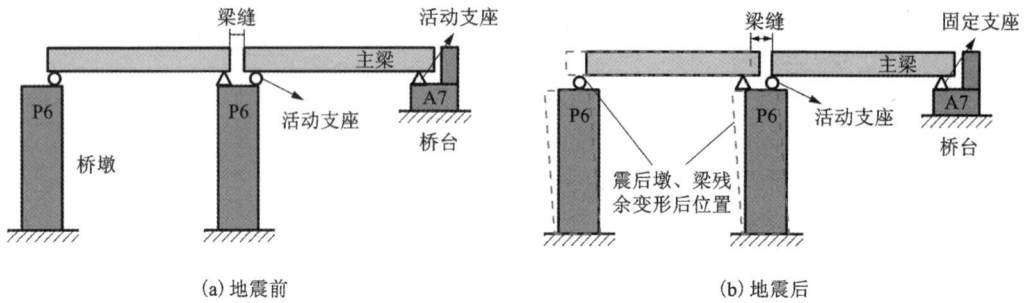

(a) 地震前　　　　　　　　　　　　　　(b) 地震后

图 5-20　墩顶残余位移产生的梁缝过大（P6 墩）

图 5-21 显示，在地震动 Imperial Valley 06 作用下，梁缝大小随时间发生变化，并且震后梁缝大小有残余变形。最大的梁缝扩大出现在 P6 桥墩。同时，除桥墩 A0 的残余梁缝减小以外，其他位置梁缝残余变化很小，均小于 1 mm。不同地震作用下的最大梁缝变化量相当接近，见表 5-10。在地震记录 1、2、3 下，膨胀值分别为 21.28 mm、17.85 mm 以及 19.92 mm。

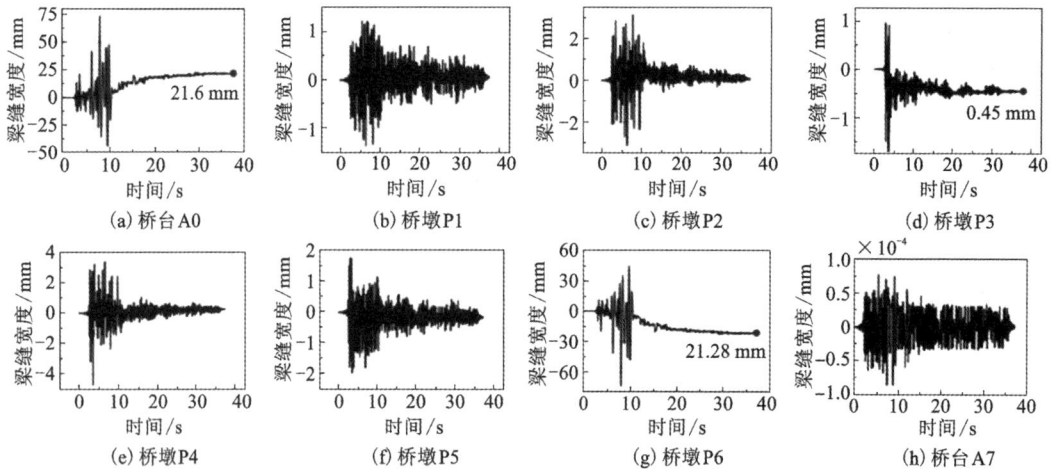

图 5-21　地震后桥墩、桥台处梁缝扩大（Imperial Valley 06）

在地震作用下，所有桥墩均进入了非线性状态，如图 5-22 所示。P2、P3 桥墩的最大位移响应分别为 74.85 mm 和 77.08 mm，小于两种桥墩 266.4 mm 和 409.6 mm 的失效位移极限。同时从图 5-22 中可以看到各个 8 m 桥墩的滞回曲线几乎完全相同，各个 16 m 桥墩也具有同样的滞回特性。因此，相同墩高的桥墩只需计算其中一个桥墩的刚度折减即可。本节选用 P2 和 P3 桥墩来计算与墩高相对应的桥墩纵向刚度折减百分比，如图 5-23 所示。其中，K_s 为桥墩的初始刚度，K_e 为震后桥墩的最终刚度。从图 5-23 中可以看出，8 m 桥墩的刚度减小量大于 16 m 桥墩；P2 和 P3 桥墩纵向刚度折减百分比分别为 31.57% 和 14.01%。在本节表 5-9 选取的 3 条地震记录作用下，根据桥墩滞回曲线提取的桥墩纵向刚度折减百分比见表 5-10。

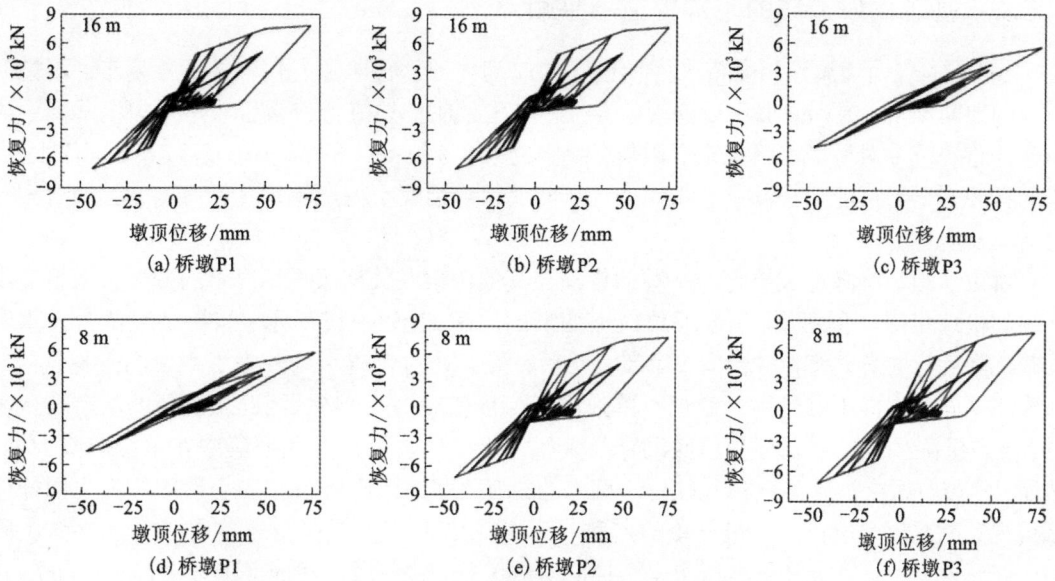

图 5-22　地震下桥墩水平向滞回曲线(Imperial Valley 06)

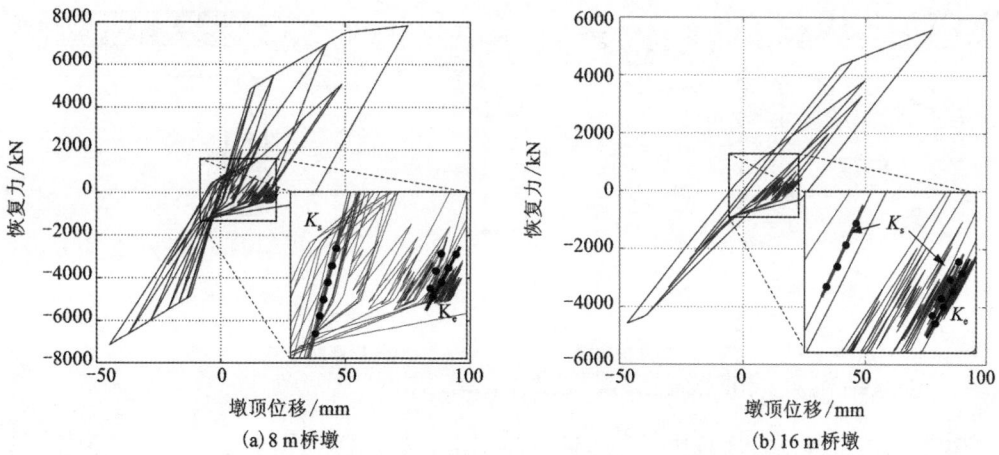

图 5-23　桥墩纵向刚度折减

表 5-10　所选地震动记录信息

编号	梁缝扩大残余峰值/mm	8 m 桥墩纵向刚度折减/%	16 m 桥墩纵向刚度折减/%
地震记录 1	21. 28	31. 57	14. 01
地震记录 2	17. 85	25. 88	11. 27
地震记录 3	19. 92	27. 51	12. 93

5.6.3 基础失效造成的附加轨道不平顺

Ledezma 表明地震作用会带来多种形式的地基失效，通常分为软土的塑性变形、不饱和砂土的地震压实、饱和砂液化后的固结等，这些震后地基失效会带来桥墩不均匀沉降。中国高速铁路规范中对桥墩沉降规定有限值，限值大小为 5 mm。可见当桥墩发生较大沉降时，列车的行驶安全性可能无法满足要求。因此，当震后桥梁发生桥墩不均匀沉降时，必须对列车的行车安全进行评价。

桥墩不均匀沉降造成轨道不平顺的机理与其他桥梁在长期服役情况下的变形带来轨道不平顺的机理相似，单墩沉降引起桥梁轨道变形的原理如图 5-24 所示，当桥墩或桥台发生不均匀沉降后，主梁会随着墩台向下移动；然后，梁缝处的轨道结构失去了主梁的支撑，在重力作用下同样会向下移动。桥墩可以单独沉降，也可以一起沉降。因此从沉降的墩台数量来看，墩台沉降的类型可划分为单墩沉降和多墩沉降。以往的研究主要集中在单墩沉降方面。然而，地震时墩台沉降的数量往往是不确定的，因此多墩沉降对行车安全性的研究也同样应该重视。胡瑶以多墩沉降中最简单的类型——两墩沉降对列车行驶安全的影响作为多墩沉降的研究对象，为研究沉降量与行车安全性的对应关系，将单墩沉降的沉降量设置为 5 mm、10 mm、15 mm 和 20 mm 四个工况，并选择 P2 桥墩作为发生沉降的桥墩。同时，多墩沉降又可以分为相邻桥墩(P2、P3)的沉降量和非相邻桥墩(P2、P4)的沉降量。

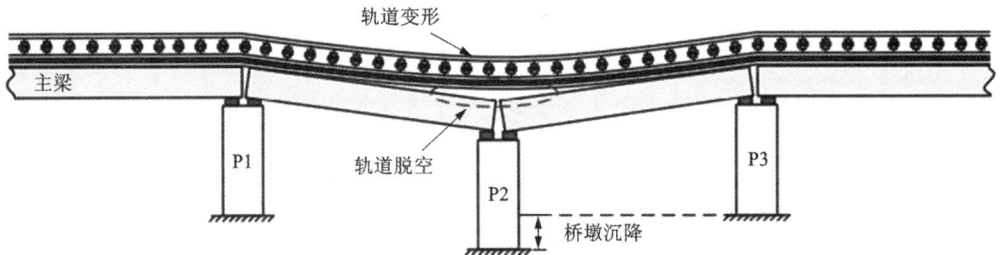

图 5-24　单墩沉降引起桥梁轨道变形示意图

5.6.4 轨道结构等效非线性弹簧模型

在现有铁路工程抗震规范中，高速铁路简支梁桥的抗震设计采用单墩力学模型进行计算，或者采用简支梁桥结构模型进行计算，并计入上部轨道板结构质量和桥面刚度影响，如图 5-25 所示。由于该传统的桥梁结构模型计算简单、计算效率高，被广泛运用于实际工程中。传统的桥梁结构模型没有考虑上部轨道结构的约束作用，故其计算结果与精细的轨道–桥梁系统有限元模型相差较大。虽然抗震规范指出桥梁结构模型可考虑桥面刚度影响，但该刚度系数如何计算，抗震规范中并未详细阐明。上部轨道结构对桥梁结构具有明显的约束作用，对桥梁的抗震性能具有显著的影响，桥梁结构模型并不能准确地反映桥梁结构各个构件在地震作用下的真实动力响应。因此，简支梁桥的抗震设计和性能分析应该考虑上部轨道结构的影响，但建立这样一个精细化模型在计算方面无疑是耗时且不高效的。基于此，提出简支梁桥上部轨道结构的简化模型，将 CRTS Ⅱ 型板式无砟轨道板结构简化为非线性弹簧作用在各个相邻梁体之间的结构，即构建了简化轨道–桥梁结构模型，如图 5-26(b) 所示。

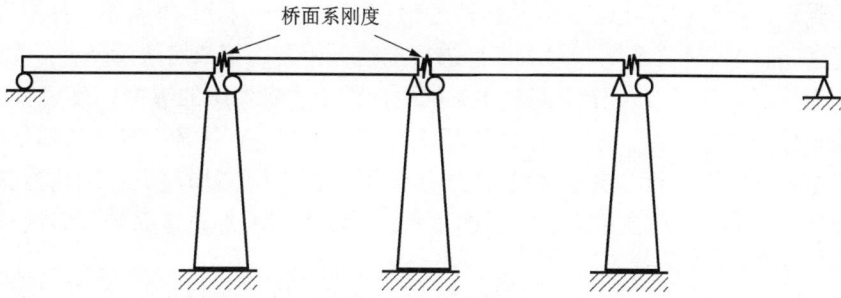

图 5-25　单墩沉降引起桥梁轨道变形示意图

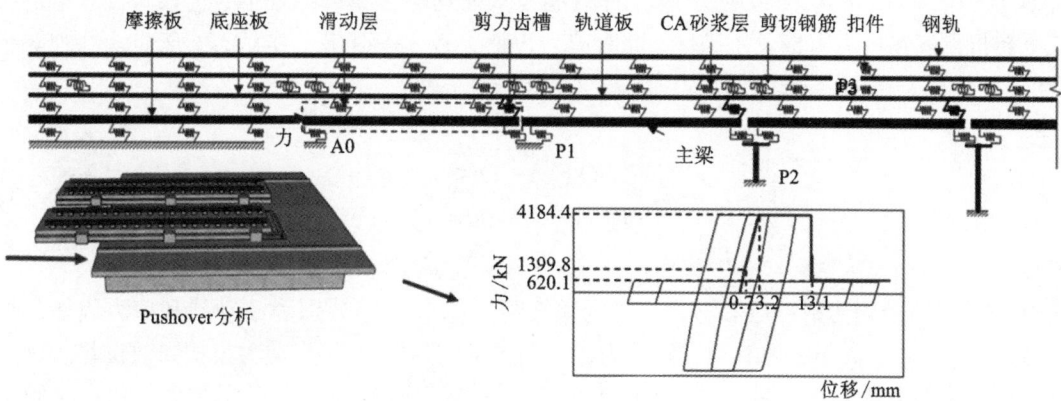

(a) 非线性弹簧力-位移曲线分析流程

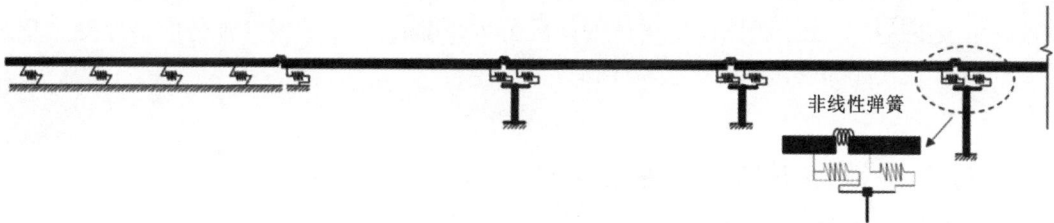

(b) 简化轨道-桥梁系统结构模型

图 5-26　简化轨道-桥梁系统结构有限元模型

　　轨道结构的破坏机理分析表明，滑动层和剪力齿槽在地震作用下会发生破坏，其他构件如底座板、轨道板、钢轨、剪切钢筋、砂浆层以及扣件均保持弹性状态。轨道板各个构件的地震响应均是由主梁与摩擦板的非一致位移响应引起的。因此，可以把轨道结构底座板以上的部分作为弹性体，滑动层和剪力齿槽因为直接连接梁和底座板，可以认为轨道板系统对梁桥结构的约束作用主要体现为滑动层和剪力齿槽对梁体的约束。整个轨道结构简化为作用在梁上的非线性弹簧，约束梁体在地震荷载作用下的纵向位移。轨道板的简化过程分为两个部分：第一部分将上部轨道结构进行刚度等效简化，这体现在简化的非线性弹簧力-位移曲线关系中；第二部考虑上部轨道结构在地震作用下附加给桥梁结构的惯性效应影响，引入质量折减系数，研究表明不同的质量折减系数对简化轨道-桥梁系统中桥墩的地震位移响应影响不大，所以一般取 0.5~0.7。

为了得到轨道板结构简化为非线性弹簧的力-位移关系，采用 Pushover 分析方法对建立的 7 跨高速铁路轨道-桥梁系统有限元模型进行推覆分析。以第二跨梁为例，首先移除 P1 和 P2 桥墩，并释放活动支座和固定支座对主梁的纵向约束，将支座的纵向刚度设置为 0。然后在该跨梁端施加一个作用力，对轨道-桥梁系统有限元模型进行推覆分析，从而得到力-位移曲线。由于这是弹塑性分析，该力-位移曲线体现了上部轨道结构对梁桥结构在其纵向的约束作用。同样地，对其他跨主梁进行相同的步骤，可以得到上部轨道系统对各跨梁的约束的力-位移关系，如图 5-26(a) 所示。

通过 Pushover 分析发现，推覆不同桥跨得到的力-位移曲线相差不大且具有十分明显的特点，是滑动层和剪力齿槽的力-位移关系的一种组合。其骨架曲线上的第一个转折点表示滑动层开始滑动，进入塑性状态。第二个转折点表示剪力齿槽开始屈服，进入塑性状态。第三个转折点表示剪力齿槽发生破坏，此时剪力齿槽失效，将退出工作状态，该非线性弹簧模型的力-位移关系可用公式表示为：

$$F = \begin{cases} (K_{sl}+K_{sa})d & (d \leq d_{sl\text{-}yield}) \\ K_{sa}d+F_{sl} & (d \leq d_{sa\text{-}yield}) \\ F_{sl}+F_{sa} & (d \leq d_{sa\text{-}fail}) \\ F_{sl} & (d \geq d_{sa\text{-}fail}) \end{cases} \tag{5-13}$$

式中：K_{sl}、K_{sa} 分别为滑动层和剪力齿槽的弹性刚度；F_{sl}、F_{sa} 分别为滑动层和剪力齿槽的屈服力；$d_{sl\text{-}yield}$、$d_{sa\text{-}yield}$ 分别为滑动层和剪力齿槽的滑动位移。$d_{sa\text{-}fail}$ 为剪力齿槽失效位移。

连接相邻梁端的非线性弹簧具有两个重要的特点与应用：第一，其最大变形可以反映轨道结构中滑动层和剪力齿槽的工作状态。第二，非线性弹簧的最大变形可以用于判断相邻两跨梁是否发生碰撞。由于相邻两跨梁体的间距为 100 mm，一旦非线性弹簧的最大变形超过了 100 mm，说明相邻两跨梁可能会发生碰撞。

5.7 近断层地震下轨道-桥梁系统灾变机理

5.7.1 近断层地震动记录选取

近断层地震记录的速度脉冲效应和丰富的高频振动可能对地震作用下结构的破坏起重要作用。考虑到近断层地震的这两个主要特征，本节选择近断层地震激励的基本原则为：①地震记录应表现出速度脉冲效应和丰富的高频振动；②矩震级范围为 6.5~8.0；③断层距 Rrup（从地震记录场地到断层破裂平面的最近距离）为 0.0~20.0 km。

基于上述原则，从太平洋地震工程研究中心（PEER）的 NGA-West 2 数据库中选择了 8 条脉冲型近断层地震记录，见表 5-11。

表 5-11 选取的近断层地震记录

地震动	地震名称	年份	台站名称	R_{rup}/km	矩震级
W1	Imperial Valley-06	1979	EC County Center FF	7.31	6.53
W2	Imperial Valley-06	1979	El Centro Array #6	7.31	6.53
W3	Imperial Valley-06	1979	El Centro Array #7	0.56	6.53
W4	Imperial Valley-06	1979	El Centro Differential Array	5.09	6.53
W5	Cape Mendocino	1992	Petrolia	8.18	7.01
W6	Chi-Chi Taiwan	1999	TCU 046	8.18	7.62
W7	Chi-Chi Taiwan	1999	TCU 102	1.49	7.62
W8	Chi-Chi Taiwan	1999	TCU 128	13.13	7.62

为了研究近断层地震下速度脉冲效应和高频振动对高速铁路轨道–桥梁系统的影响，采用 Butterworth 滤波器将近断层原始地震记录（ONR）中的低频脉冲分量（PT）和高频分量（BG）分离开，将 ONR、BG 和 PT 作为高铁轨道–桥梁系统的激励分别输入到模型中。表 5-12 展示了本节中选取的 8 条近断层地震动的 ONR、BG 和 PT 的加速度时程曲线和相应的峰值地面加速度（PGA）。

表 5-12 8 条近断层地震动的 ONR，BG 和 PT 的加速度时程曲线

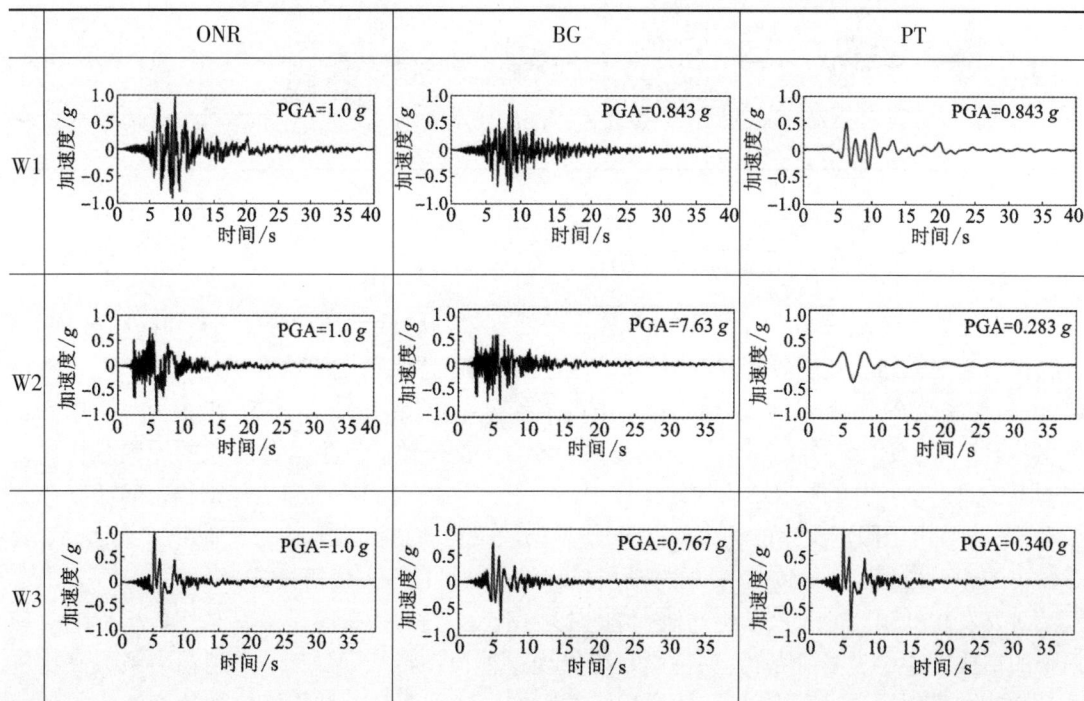

续表5-12

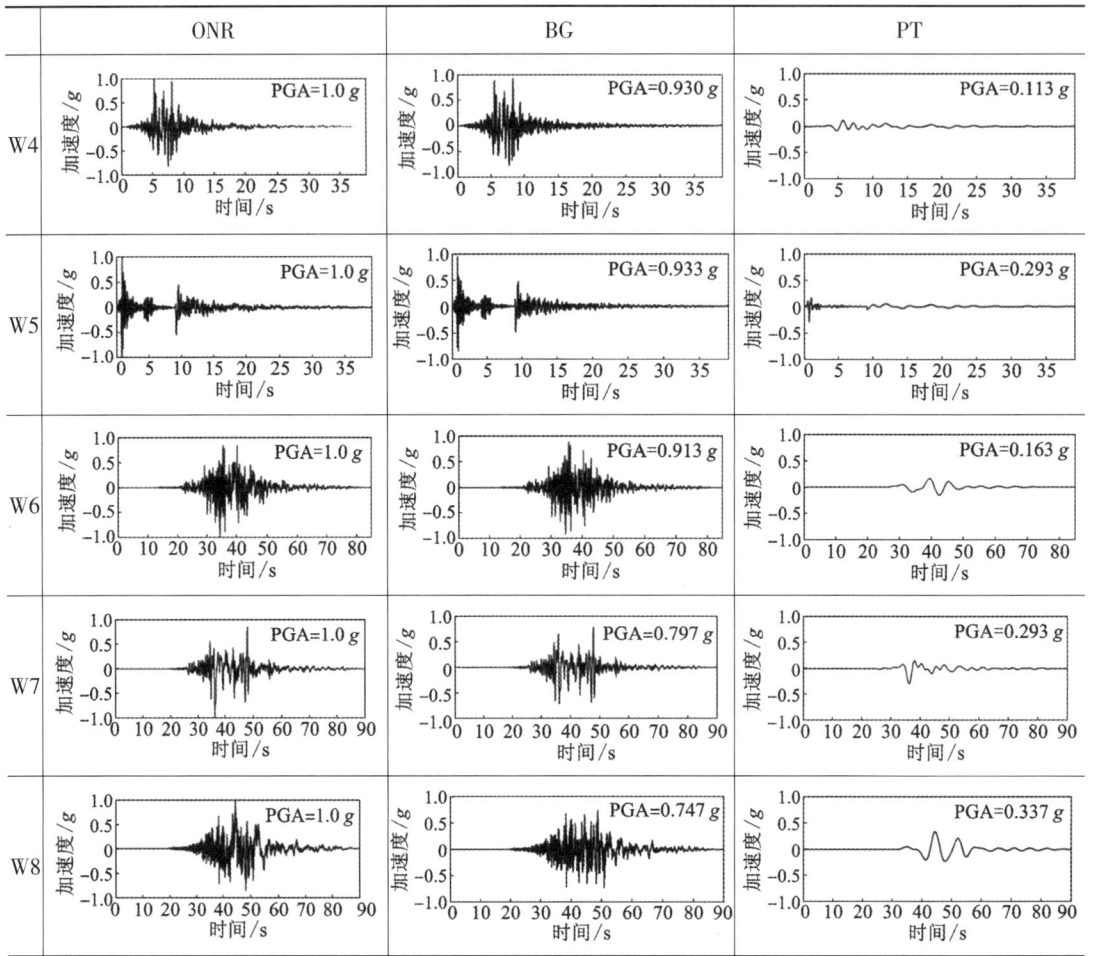

5.7.2 顺桥向损伤特征及原因分析

将上述原始地震激励 ONR 调幅为 0.3 g 后处理得到的低频脉冲分量 PT 和高频分量 BG 分别输入高速铁路轨道-桥梁系统模型中，通过对轨道-桥梁系统的地震响应分析，可以看出轨道-桥梁系统在不同的近断层地震作用下的损伤分布是相似的，如图 5-27 所示，图中 $Si(i$ 取 1~7)代表跨度。S7 处的滑动层位移较大，剪力齿槽失效。产生这种现象的原因是构件之间的不一致运动：由于轨道结构的约束作用，位于 S1~S6 处的桥墩和上部结构之间始终一致振动；然而，由于固定支座的约束，位于 S7 处的箱梁和轨道结构无法与其他跨一致运动，具有较小的相对位移，这导致 S7 处的滑动层位移较大，并且剪力齿槽失效。

研究发现低频脉冲对该结构的地震响应影响不大，而高频振动是激发结构各构件响应和损伤的主要因素。为了研究轨道-桥梁系统出现这种损伤特征的原因，采用动力系数来比较低频脉冲和高频振动对高铁轨道-桥梁系统的影响。动力系数是结构峰值加速度响应与地面峰值加速度(PGA)的比值。通过比较结构在不同激励下的动力系数谱，可以看到结构响应对地震激励的放大作用。图 5-28 给出了研究中采用的部分地震动的动力系数谱。

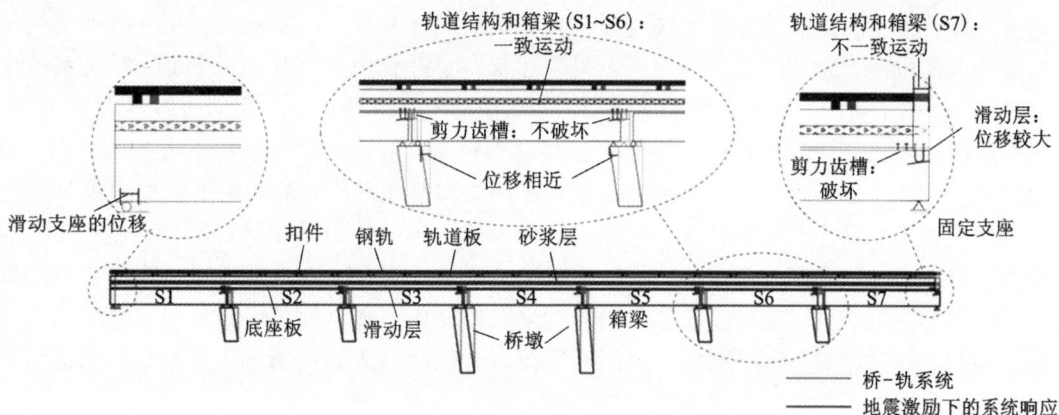

图 5−27　近断层地震作用下轨道−桥梁系统的响应示意图

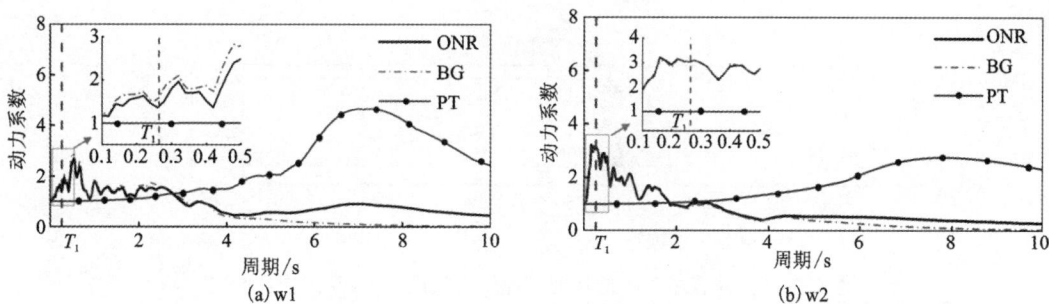

图 5−28　ONR、BG 和 PT 的动力系数谱

从图 5-28 中可以看出, BG 和 PT 的动力系数谱值分别在短周期和长周期段达到峰值。较高频率的振动可能在具有较大刚度的结构的响应中起重要作用, 而低频脉冲控制长周期结构的响应。本节中高铁轨道-桥梁系统的基本周期 $T1$ 为 0.264 s, 而 BG 和 ONR 的动力系数在周期 T_1 处接近, 均大于 PT 的动力系数。根据动力系数的定义, BG 作用下结构响应对激励的放大倍数接近 ONR 作用, 而在轨道-桥梁系统的基本周期 T_1 处, PT 作用下结构响应对激励的放大程度较小, 由此可以得出结论, 高铁轨道-桥梁系统在近断层地震作用下的地震响应主要受高频振动控制。

5.7.3　横桥向损伤模式与损伤特征

高速铁路简支轨道-桥梁系统在横桥向的损伤模式主要分为两类: 一类是假定纵向滑动支座和固定支座在横桥向不发生破坏, 即横桥向固定的支座在地震作用下始终保持弹性; 另一类是考虑纵向滑动支座和固定支座在横桥向的破坏, 如前所述的支座破坏本构关系, 横桥向固定的支座在初始阶段保持线弹性, 当支座受力达到水平极限承载力, 支座横桥向位移会超过其极限剪切位移, 支座构造中限位挡块被剪断, 进入滑动摩擦阶段, 当摩擦位移达到 450 mm 时, 便会发生落梁灾害。

支座横桥向不破坏时高速铁路轨道-桥梁系统损伤模式如图 5-29 所示。在横桥向地震作用下，由于高速铁路桥墩是按照刚度设计的，截面尺寸较大、刚度较大，并且横桥向为桥墩刚度较大的方向，故其在地震作用下不易发生破坏，并且由于高速铁路轨道-桥梁系统中轨道结构的约束作用，相邻桥墩高度相同时桥墩可能产生一致运动，相邻桥墩高度不同时，桥墩刚度的差异可能会导致桥墩的变形存在些许差异。当假定支座横桥向不发生破坏时，纵向滑动支座和固定支座会承受较大的地震力，这两类支座在横桥向的约束下作用可能导致全桥范围内支座不会产生较大的位移，因此梁体会由于支座的约束随桥墩进行横向的振动，而位于路桥过渡段的摩擦板，则会因较大的路基刚度随地面运动。在此基础上，轨道结构的纵向连续使其整体性较强，又由于剪力齿槽的约束在横桥向可能随梁体一致运动，轨道结构与梁体之间的不一致位移较小，而滑动层因其摩擦系数较小而表现出滑动工作状态，轨道结构的变形可能主要受惯性效应的影响。

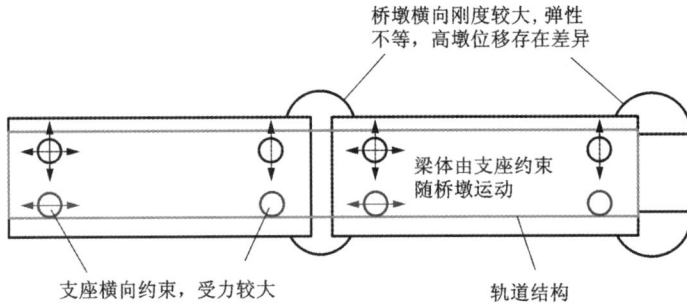

图 5-29　支座横桥向不破坏时高速铁路轨道-桥梁系统损伤模式

支座横桥向产生破坏时的高速铁路轨道-桥梁系统损伤模式如图 5-30 所示。在横桥向地震作用下，纵向滑动支座和固定支座在横桥向可以产生破坏发生滑动，桥梁-轨道系统的整体刚度降低，由于桥墩在横桥向的刚度较大而不易发生破坏且保持弹性振动，相邻桥墩高度相同时桥墩呈现一致运动状态，相邻桥墩墩高不同时桥墩的位移响应差异较大。对于支座来说，相邻桥墩高度不同情况下存在的位移差异会导致支座受力较大发生破坏，纵向滑动支座和固定支座将退出弹性工作阶段而进入摩擦滑动阶段，横向滑动支座和双向滑动支座会保持滑动摩擦状态，而支座本构关系的不同导致了其受力大小和位移响应存在差异。梁体两端支座表现出的不一致位移会导致梁体发生扭转，而梁体上部的轨道结构整体连续性较好，梁体的扭转可能导致轨道结构发生变形。

图 5-31 给出了支座不破坏与支座破坏两种情况下桥墩横向力与底座板应力峰值的对比，此处桥墩以相邻桥墩高度不同时的 8 m 高桥墩的响应为例。从图 5-31(a)中可以看出当考虑支座横桥向发生破坏时，桥墩所受到的地震力比支座横桥向不破坏时小。从图 5-31(b)中可以看出支座横桥向的破坏减小了底座板的受力，这是因为支座的横桥向位移远小于导致落梁灾害的位移，支座的摩擦耗能有一定的减震作用，对轨道结构弹性构件是有利的。

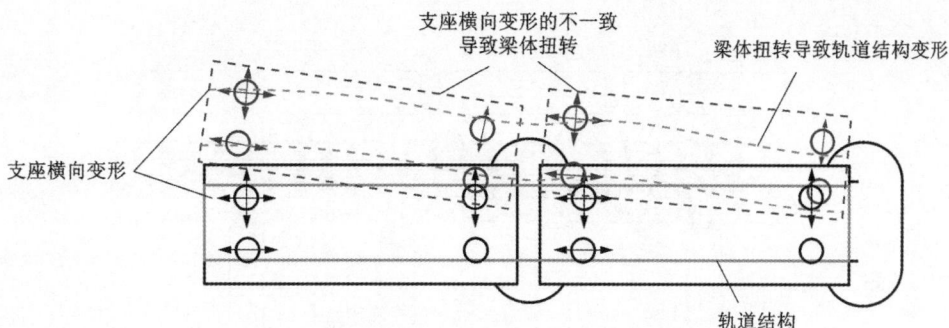

图 5-30　支座横桥向破坏时高速铁路轨道-桥梁系统损伤模式

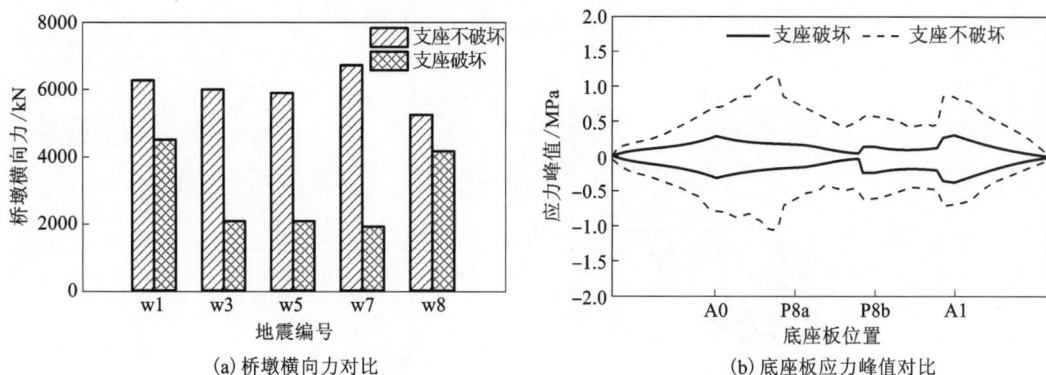

(a) 桥墩横向力对比

(b) 底座板应力峰值对比

图 5-31　支座破坏与支座不破坏时部分构件响应对比

5.8　地震下列车-轨道-桥梁系统灾变机理

5.8.1　列车-轨道-桥梁系统模型

地震下列车-轨道-桥梁结构三维动力模型如图 5-32 所示,由列车子系统、桥梁子系统以及轮轨接触关系组成,列车以时速 v 行驶,地震动为横向激励。列车-桥梁子系统的运动方程如式(5-14)所示,式中下标 v 和 b 分别表示列车和桥梁。

$$\begin{bmatrix} M_{vv} & \\ & M_{bb} \end{bmatrix} \begin{Bmatrix} \ddot{X}_v \\ \ddot{X}_b \end{Bmatrix} + \begin{bmatrix} C_{vv} & C_{vb} \\ C_{bv} & C_{bb} \end{bmatrix} \begin{Bmatrix} \dot{X}_v \\ \dot{X}_b \end{Bmatrix} + \begin{bmatrix} K_{vv} & K_{vb} \\ K_{bv} & K_{bb} \end{bmatrix} \begin{Bmatrix} X_v \\ X_b \end{Bmatrix} = \begin{Bmatrix} F_v + F_v^* \\ F_b + F_b^* \end{Bmatrix} \tag{5-14}$$

式中:M、C、K 为质量、阻尼、刚度矩阵;X 为位移向量;F_v 为桥梁作用在列车的荷载向量,F_v^* 为地震力引起的列车荷载向量;F_b 为列车作用在桥梁上的荷载向量,F_b^* 为地震力引起的桥梁荷载向量。

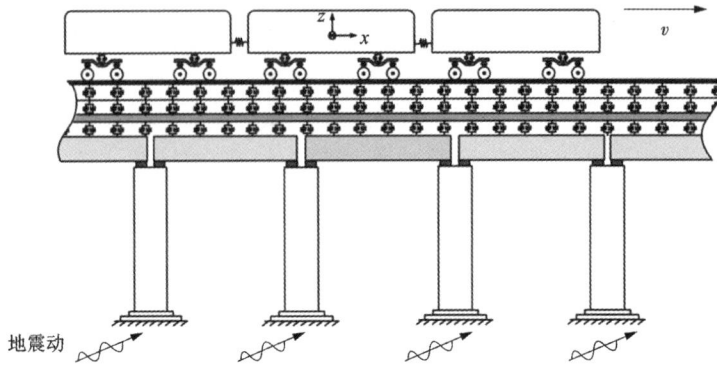

(a) 整体模型图

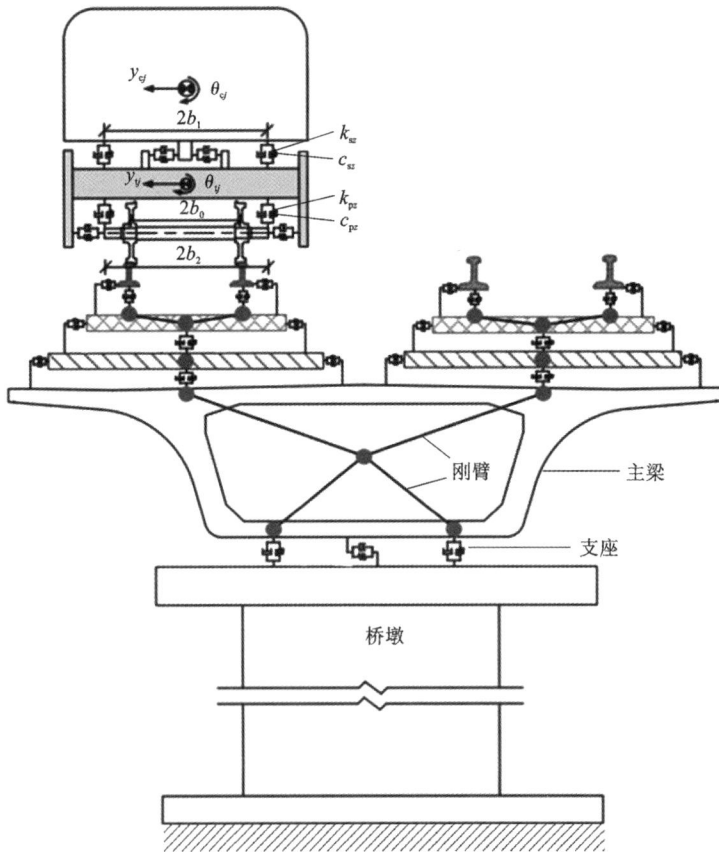

(b) 局部横断面图

图 5-32　列车–轨道–桥梁结构三维动力模型

5.8.2　地震下列车-轨道-桥梁系统动力响应

列车脱轨可根据脱轨过程划分为爬轨脱轨、跳轨脱轨和倾覆脱轨等形式。轮缘逐渐爬上轨头引起的脱轨叫作爬轨脱轨；当车轮受到瞬态冲击，导致车轮跳上轨头产生的脱轨叫作跳轨脱轨。列车脱轨过程如图 5-33 所示，可以分为正常状态、临界状态和脱轨状态。当列车位于图 5-33(b)所示的临界状态时，若竖向轮轨力 P_1 足够大，轮对可能下滑恢复稳定状态；若竖向轮轨力 P_1 不够大，在过大的横向轮轨力 Q_1 的作用下，列车可能出现脱轨现象。

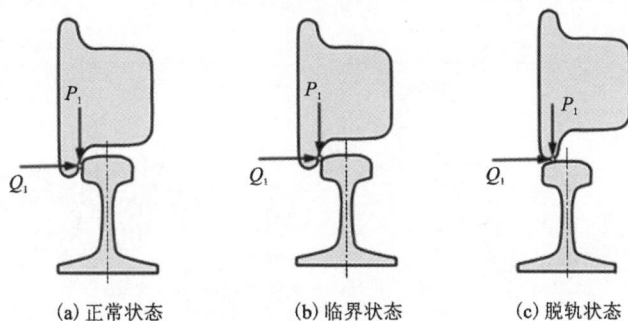

图 5-33　列车脱轨过程

我国高速铁路规范中采用脱轨系数、轮重减载率、轮轨(轴)减载率等指标来评价列车的安全性，这也是工程和研究中常用的评价准则。脱轨系数是某一时刻作用在单侧车轮上的横向力 Q 和垂向力 P 的比值(Q/P)。轮对脱轨主要与作用在轮对上的竖向力 P 和横向力 Q 相关，但即使横向轮轨力 Q 不大，若此时竖向力严重减载(竖向力很小)，也有可能产生脱轨。轮重减载率为减载测轮对的轮对减载量与静轮重之比。一方面，当横向轮轨力过大时，轨道与梁体的连接可能会发生破坏，造成轨道结构的失稳现象；另一方面，过大的轮轨力可能会使轨距发生变化，造成掉轨脱轨破坏。同时轮对可能会由于较大的冲击荷载发生跳轨，横向力越大越有可能发生跳轨事故。

利用刘汉云的 MATLAB 列车-轨道-桥梁动力仿真程序，采用 Newmark-β 算法求解动力方程，轮轨接触关系基于 Hertz 弹性接触假定和 Karlker 蠕滑假定，对横向地震作用下列车-轨道-桥梁系统的响应进行求解。为了与之后的速度谱指标评价结果进行对比，将列车车速均设置为 100 km/h。在不同量级的 I-W1 横向地震作用下，列车及桥梁响应结果如图 5-34 所示，分别对比了列车横向轮轨力时程、车体横向加速度时程、梁体跨中竖向位移和横向加速度时程。由图 5-34 可知，随着 PGA 的增加，轮轨力和车体横向加速度增加，且横向加速度在 0.1 g 地震动时即超出限值。地震下列车过桥时桥梁跨中竖向位移与地震动关联不大，这是由于没有考虑竖向地震，峰值位移均在 1.3 mm 左右，满足规范的要求；梁体跨中横向加速度随地震 PGA 增加而增加。

图 5-35 对比了多条不同场地类型地震作用下的列车稳定和安全性能指标随地震动 PGA 大小的变化关系(0.05~0.20 g)。可以看出脱轨系数峰值、轮轨减载率峰值和车体横向加速度均随 PGA 的增加而增加，且近似呈线性关系，这与徐翔的研究结论一致。各个性能指标中

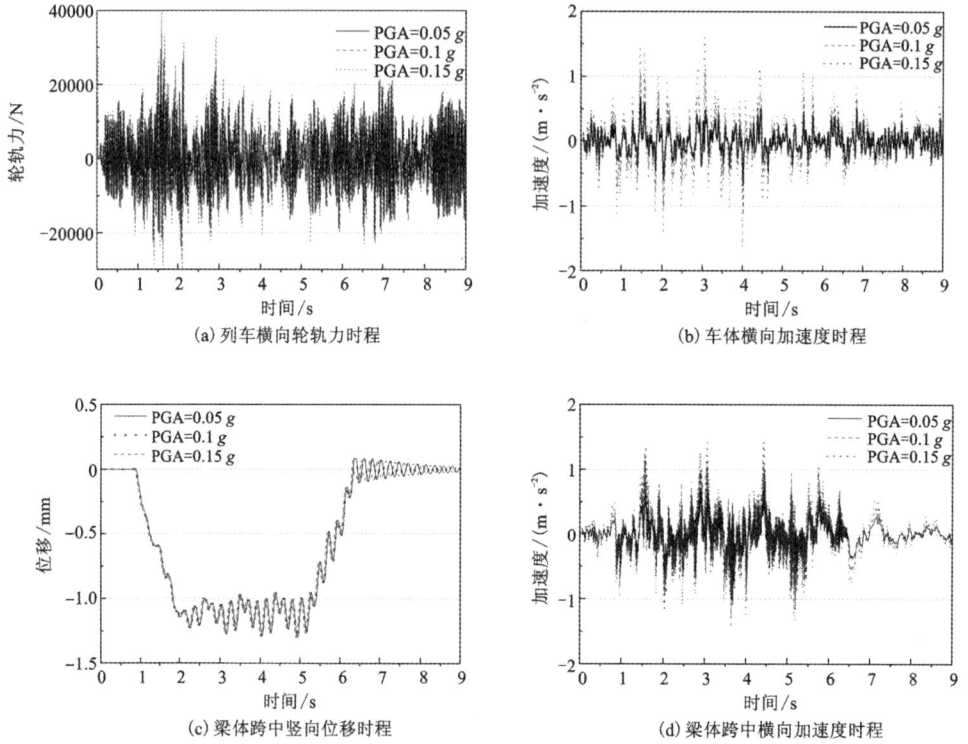

(a) 列车横向轮轨力时程

(b) 车体横向加速度时程

(c) 梁体跨中竖向位移时程

(d) 梁体跨中横向加速度时程

图 5-34　列车、桥梁响应时程图

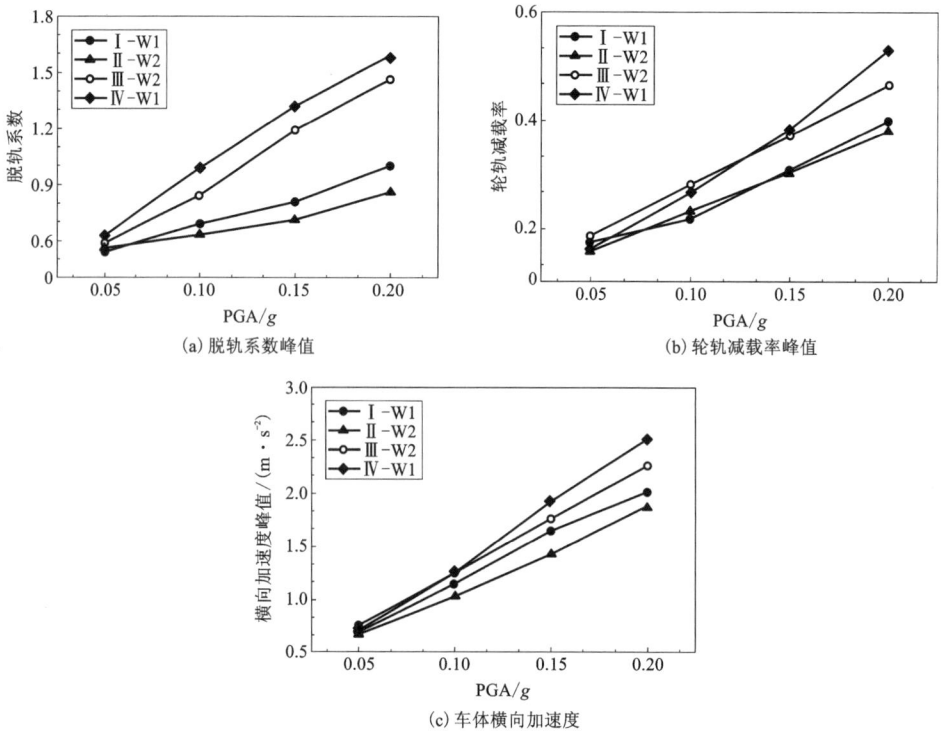

(a) 脱轨系数峰值

(b) 轮轨减载率峰值

(c) 车体横向加速度

图 5-35　地震下列车性能指标

车体横向加速度峰值最先超出稳定性限值要求($1\ \mathrm{m/s^2}$)，之后是脱轨系数超出其安全性限值要求(0.8)，而在本节所考虑的地震动作用下列车的轮轨减载率在 $0.2\ g$ 之前均没有超出其安全性限值的要求(0.6)。

5.8.3　桥梁破坏对震后行车安全的影响

1. 梁缝间距扩大对行车安全的影响

在轨道-桥梁结构有限元模型中，轨道结构与梁体之间的竖向力通过滑动层传递。滑动层单元的下节点连接梁体，上节点连接底座板。梁缝扩大通过消除梁缝附近的滑动层单元以扩大梁体对轨道结构的支承距离。通过之前的轨道-桥梁结构非线性地震作用分析，梁缝扩大量级定为 0 cm、10 cm、30 cm 和 50 cm，其中 0 cm 表示梁缝没有扩大，梁缝扩大的位置选择在 P1 墩。列车-桥梁耦合仿真中列车的行驶速度为 300 km/h，同时为了突出梁缝扩大的影响，不考虑列车-桥梁耦合振动中的短波轨道不平顺。梁缝扩大对车体竖向加速度和轮轨力等各项行车安全性评价指标的影响如图 5-36 所示。可以看出，车体的竖向加速度峰值随梁缝扩大而增大，但增大幅度很小，表明列车的动力性能对梁缝的扩大并不敏感。

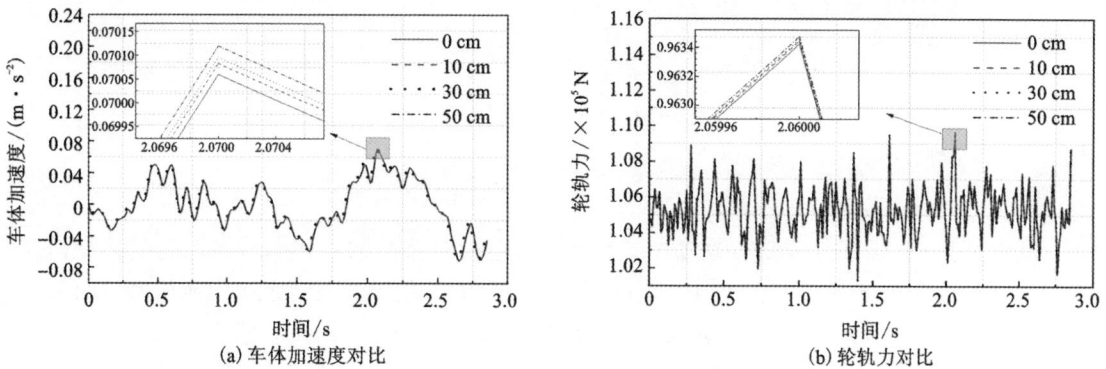

图 5-36　梁缝扩大对车体竖向加速度和轮轨力等各项行车安全性评价指标的影响

2. 桥墩刚度退化对行车安全的影响

轨道-桥梁结构非线性地震时程分析表明，地震后桥墩的刚度降低范围为 10% ~ 30%。据此，在试验采用的桥梁模型中对桥墩的水平刚度进行了相应的修改，以模拟桥墩水平刚度的下降。从如图 5-37 所示的车体加速度响应结果可以看出，无论有无短波轨道不平顺，在本节试验工况下的桥墩水平刚度减小对车体加速度和轮对位移都没有很大影响(刚度增加后响应略有增加)。

桥墩水平刚度下降对列车运行安全性指标的影响小，是因为地震发生后桥墩的竖向刚度值未改变，本节未考虑桥墩竖向刚度折减；同时，He 表明当地震发生后圆端形桥墩的水平刚度折减量也仍符合规范要求。总的来说，当只考虑纵向地震动输入时，由于轨道-桥梁结构破坏导致的车体加速度变化量很小，本节所考虑的震后结构破坏对列车行驶安全影响不大。

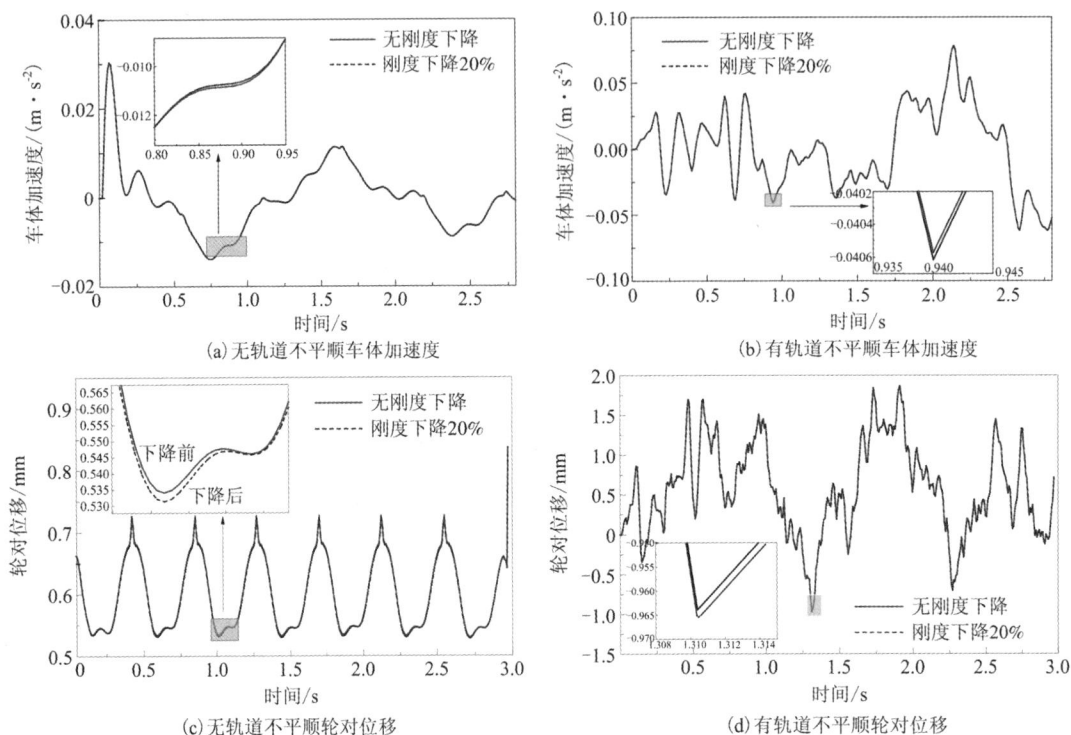

图 5-37 车体加速度响应结果

3. 震致桥墩沉降对行车安全的影响

利用列车-桥梁耦合振动实时混合试验方法对包括相邻桥墩和相隔桥墩在内的多墩沉降进行了行车安全性评价试验。多墩沉降行车安全性试验中列车的运行速度以及桥墩的沉降量级与单墩沉降的量级均相同。多墩沉降的沉降量设置为 5 mm、10 mm、15 mm、20 mm，不同车速与沉降量级下相邻桥墩车体竖向加速度随时间变化的关系如图 5-38 所示。在三种车速下，列车车体的竖向峰值加速度均小于 0.13 g 的限值。其中当列车速度为 300 km/h，桥墩沉降量发生量级为 20 mm 的沉降时，相邻桥墩沉降车体峰值加速度为 0.062 g，小于相同车速与沉降量级下单墩沉降的车体竖向峰值加速度（0.1 g）。造成这种现象的原因是相邻桥墩沉降所带来的附加不平顺波长比单墩沉降波长大，即相邻桥墩沉降的激励频率更低。

如图 5-39 所示，与相邻桥墩相反，当发生量级为 20 mm 沉降时，以 300 km/h 速度运行的列车车体峰值加速度为 0.17 g，超过了竖向加速度的限值，也高于单个桥墩沉降下的车体响应。这是由于相隔桥墩沉降产生与单个桥墩沉降相同的激励频率的附加长波不平顺，但其附加不平顺激励的时间更长，故车辆响应也更大。与单墩沉降采用相同的分析方式，不同沉降量级下的相邻桥墩和相隔桥墩车体峰值加速度线性拟合曲线如图 5-40 和图 5-41 所示，对于相邻桥墩沉降三种车速工况下拟合出的线性方程的 R^2 分别为 0.9643、0.9706 和 0.94301，均在 0.94 以上；对于相隔桥墩沉降 R^2 分别为 0.979、0.9886 和 0.9461，说明预测的车体峰值加速度响应用于桥墩沉降量级的确定具有较高的准确度，拟合出的曲线可以对较大沉降量下的车体竖向加速度峰值进行预测。

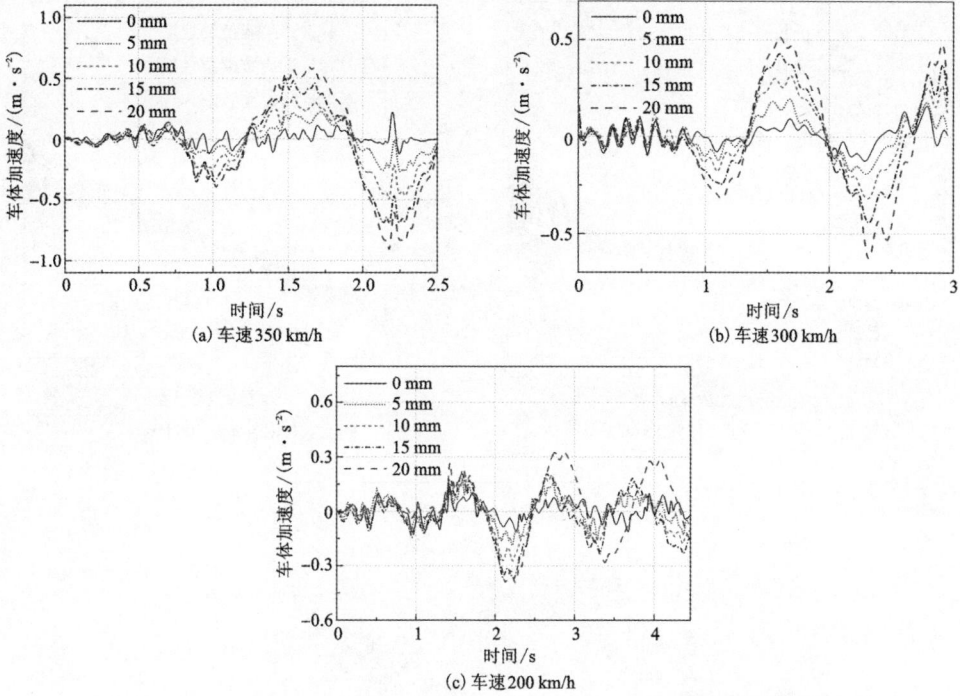

图 5-38　不同车速与沉降量级下相邻桥墩车体竖向加速度随时间变化的关系

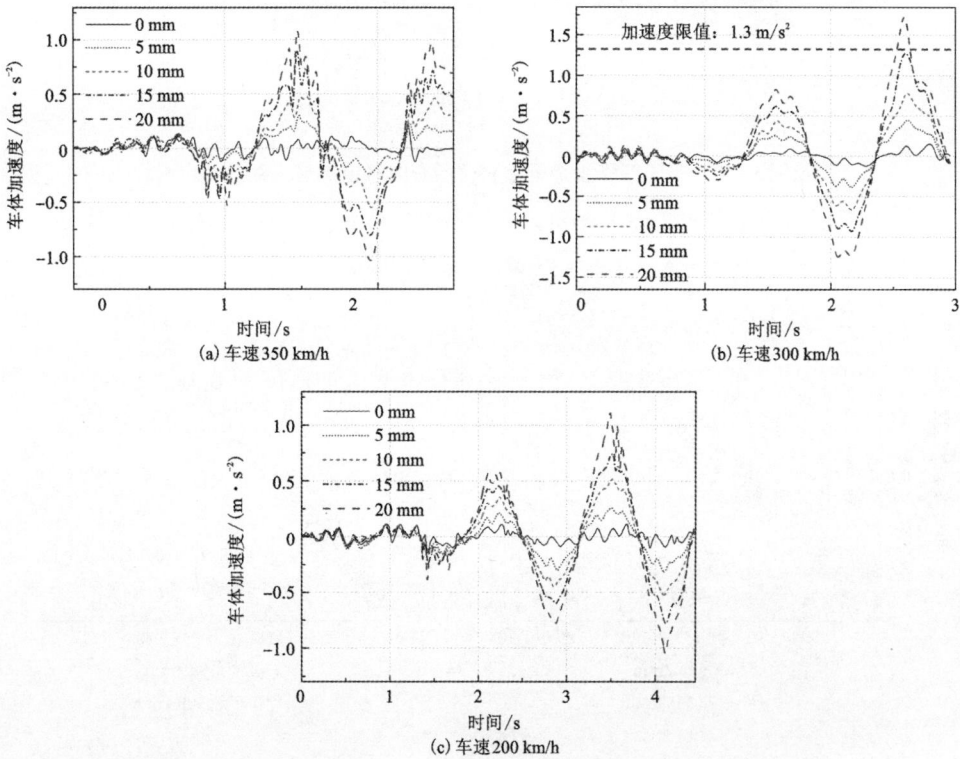

图 5-39　不同沉降量级下的相隔桥墩和相邻桥墩车体竖向加速度

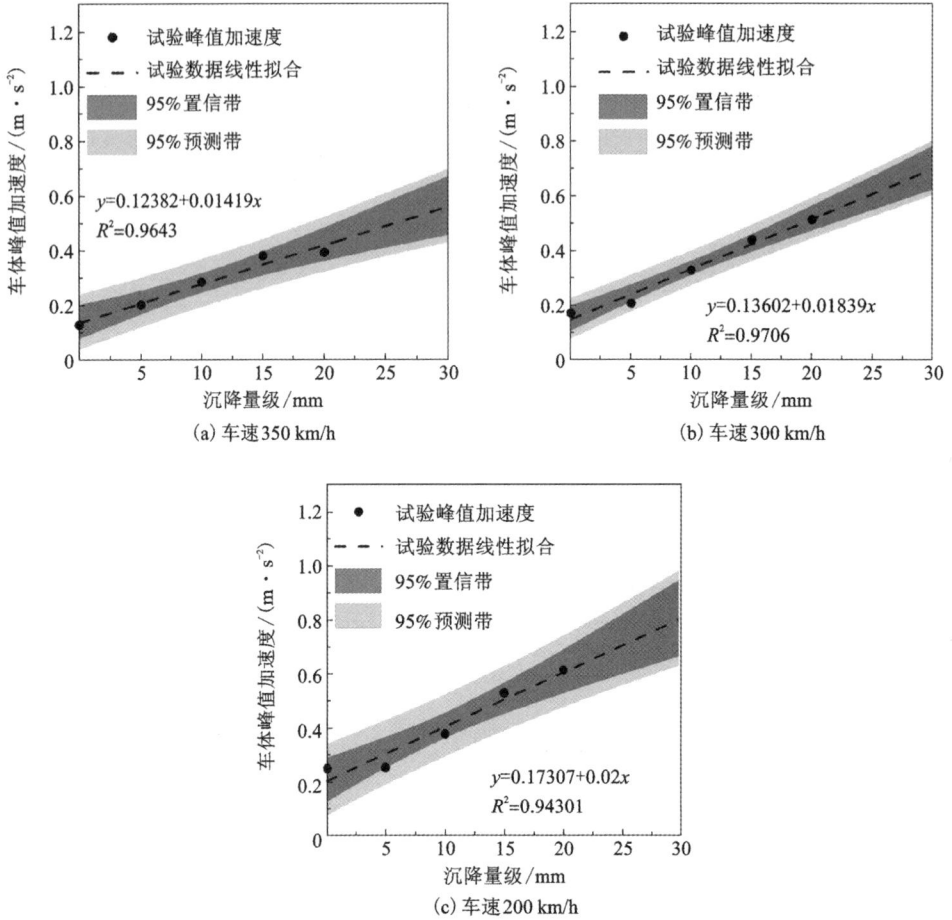

(a) 车速 350 km/h

(b) 车速 300 km/h

(c) 车速 200 km/h

图 5-40　不同沉降量级下相邻桥墩车体峰值加速度线性拟合

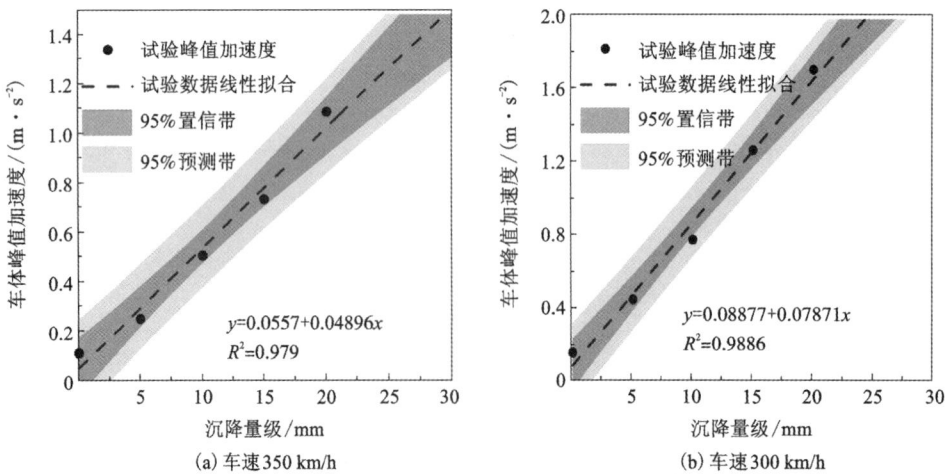

(a) 车速 350 km/h

(b) 车速 300 km/h

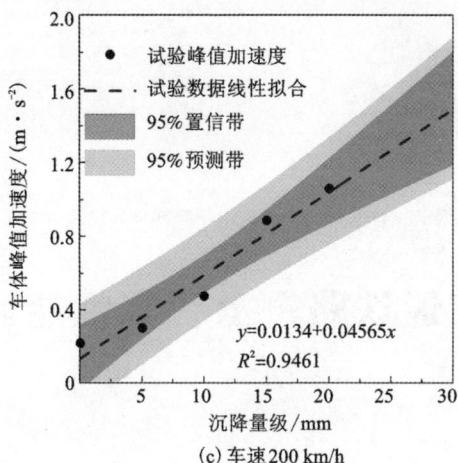

图 5-41　不同沉降量级下相隔桥墩车体峰值加速度线性拟合

5.9　本章小结

本章首先建立了高速铁路列车−轨道−桥梁系统的力学模型，并介绍了轨道−桥梁系统构件的力−位移曲线；其次研究了桥墩的破坏模型与机理；然后分别阐述了轨道−桥梁系统在远场地震和近断层地震作用下的灾变机理；最后重点针对行车安全问题分析了地震作用下列车−轨道−桥梁系统的灾变机理，主要得到以下结论：

（1）轨道−桥梁系统考虑了 CRTS Ⅱ型无砟轨道系统，上部轨道结构为桥梁结构提供了额外的刚度，对桥梁结构具有较强的约束作用，使不同墩高的桥墩在地震作用下具有相似的位移响应。因此，对于高速铁路桥梁的抗震性能分析应考虑上部轨道结构的约束作用。

（2）提出的针对高铁圆端形实心截面桥墩的抗剪强度模型，综合考虑了剪跨比、配箍率、轴压比和位移延性等因素对抗剪强度的影响，较好地评估了桥墩的抗剪强度。本章提出的三折线抗剪强度模型能够准确评估发生弯剪破坏桥墩的抗剪性能并准确判定其破坏模型。

（3）CRTS Ⅱ型无砟轨道结构按刚度等效简化为非线性弹簧后，其力−位移关系曲线实际上是一跨桥梁所有滑动层和剪力齿槽的力−位移关系的组合。轨道结构的惯性效应对简化桥梁系统的地震响应影响不大，建议质量折减系数取 0.5~0.7。

（4）近断层地震中的高频振动对高速铁路轨道−桥梁系统的地震响应起着重要作用，这是由于高速铁路轨道−桥梁系统的整体刚度较大，其自振周期与高频振动的动力系数较为接近，导致近断层地震中的高频振动对高速铁路轨道−桥梁系统的响应放大效果较为明显。因此近断层地震中丰富的高频分量在研究与轨道−桥梁系统类似的刚度较大的结构时不容忽视。

（5）对比多条不同场地类型地震作用下的列车稳定和安全性能指标随地震动 PGA 大小的变化关系，发现脱轨系数峰值、轮轨减载率峰值和车体横向加速度均随地震动 PGA 的增加而增加，且近似呈线性关系。

（6）顺桥向地震动引起的高速铁路轨道−桥梁结构破坏，如桥墩纵向刚度降低、桥墩纵向残余位移、梁间缝隙扩大等因素对列车行驶安全影响有限，说明高速铁路轨道−桥梁结构在顺桥向具有良好的抗震性能。

第 6 章

地震下高速铁路桥上行车性能评估指标

6.1 概述

列车在地震的横向激励下可能会发生脱轨或倾覆现象，而列车脱轨会造成重大人员和财产损失。因此，高速铁路桥梁的抗震设计必须进行行车安全性的评估，其中，正确、实用的评估指标十分重要。林玉森、陈令坤的研究表明，同一车速下刚度大的桥梁其地震下行车安全性相对较高，《高速铁路设计规范》(TB 10621—2014)规定了桥墩、梁体的刚度限值以保障行车安全性，但在桥梁设计时缺少评估地震下列车的安全性的结构限值指标；Xiu 等提出了轨道变形和梁端转角等拟静力指标，但实际脱轨案例表明，在轨道没有明显变形时列车也可能会发生脱轨，因此轨道变形值等拟静力指标不能很好地评估地震下桥上行车安全性；Miyamoto 建立了 58 自由度的新干线列车模型，分析了轨道横向激励下满足行车安全性的正弦激励位移限值；Luo 等基于速度谱强度(spectrum intensity，SI)理论从能量角度将正弦激励限值与随机地震联系起来，计算了适用于新干线列车的行车安全性的 SI 指标限值(SI_L)，并通过多个仿真算例和振动台试验验证了该指标的准确性，该评估方法写入了日本铁路抗震规范。

本章首先比较分析了有、无地震作用的列车-轨道-桥梁系统的地震响应和不同车速、不同地震强度下的列车-轨道-桥梁地震动力响应规律及行车安全性。之后研究了地震作用下 CRH380A 列车[列车编组 2×(1T+6M+1T)，T 表示拖车，M 表示动车]驶过郑济高速铁路郑州黄河特大桥时的行车安全性，建立了高速列车-无砟轨道-连续钢桁梁桥 OpenSees 有限元模型，以地震影响因素修正和大跨桥梁影响因素修正的轮重减载率限值和脱轨系数限值为评估指标，研究了不同地震强度及不同行车速度下，高速列车桥上运行安全性。最后在日本铁道科学研究院确定的安全性评估方法和指标的基础上，计算了 CRH380A 列车不同频率轨道正弦激励位移限值，基于位移限值计算了适用于中国高速铁路的 SI_L，并且针对不同车速条件下提出的行车安全性指标进行了修正，建立了按车速分级的 SI_L，并依据所建立的指标对不同场地类型的地震下的不同墩高桥梁的桥上行车安全性进行了评估。

6.2 地震下大跨度铁路桥桥上行车安全评估指标

关于地震下高速铁路简支梁桥桥上行车安全评估指标，在第 1 章的 1.5.2 小节中有详细说明，因此本章只对地震下大跨度铁路桥桥上行车安全评估指标进行说明。

考虑到地震荷载作用的特殊性和桥梁个体的差异性，本节对大跨桥梁相应的行车安全判断指标进行适当修正，修正思路如图 6-1 所示。

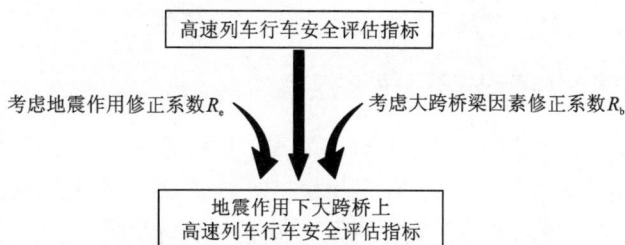

图 6-1 地震作用下大跨桥上高速列车行车安全评估指标

1. 地震影响因素修正

由于地震通常会造成公路、铁路的破坏或运营中断，使得救援工作更加难以开展，如 2008 年的汶川地震早期只能采用军队空投进行救援。高速列车在地震下一旦发生事故造成的后果会更加严重。此外，大跨桥梁通常跨越大江、大河、大峡谷等地质险恶地区，高速列车脱轨后很可能坠入江、河、峡谷；地震荷载的离散性较大，同一场地不同时刻地震可能导致桥梁和高速列车的动力响应相差好几倍。因而参考其他行业地震安全防控设计理念，如《铁路工程抗震设计规范》（GB 50111—2006）和《公路工程抗震规范》（JTG B02—2013），引入地震致灾后果严重性影响修正系数 R_e，其取值暂定为 1.1~1.15。

2. 大跨桥梁因素修正

根据姚京川的研究，大跨连续钢桁梁桥在动力特性上与高速铁路广泛采用的 32 m 简支梁存在显著差异，如郑济铁路郑州黄河特大桥的一阶自振频率为 0.92 Hz，前 20 阶自振频率在 2.22 Hz 以内，而高速铁路常用 350 km/h 无砟轨道线路上 24 m、32 m 简支梁的一阶竖向自振频率通常在 9.6 Hz、6.2 Hz 左右[18]，大跨连续钢桁梁相对于简支梁的刚度更小，结构的变形更大、更复杂，桥梁结构的非线性更明显；其次，大跨连续钢桁梁采用无砟轨道技术，桥上轨道结构变形更加复杂。国内外开展了许多震时、震后轨道不平顺映射关系研究，也得到了许多有益结论，通过分析可知，下部结构变形到轨道，反映到轨道不平顺会存在一定的折减，而以下提到的郑州黄河特大连续钢桁桥算例采用多层等效弹簧阻尼进行轨道结构模拟，弱化了轨道结构作用，同样需要进行适当的修正，因而引入大跨桥梁因素修正系数 R_b。

修正后地震下大跨桥上高速列车行车安全评估指标为：

$$\begin{cases} R_e \cdot R_b \cdot Q/P \leqslant 0.8 \\ R_e \cdot R_b \cdot \Delta P/P \leqslant 0.6 \end{cases} \quad (6-1)$$

式中：$R_e \geqslant 1.0$，为地震致灾后果严重性影响修正系数，本节中暂时取 $R_e = 1.1$；$R_b \geqslant 1.0$，为

大跨桥梁动力及非线性影响修正系数，本节中暂时取 $R_b = 1.1$。在具体的评判过程中，当上述几个指标中出现一个超限，则评估高速列车在此工况下不安全，相应的车速成为行车限制车速。

6.3 地震下高速铁路桥上行车安全评估

根据前面列出的行车性能评估指标和列车-轨道-桥梁耦合模型，本节分别对地震下高速铁路简支梁桥和郑州黄河特大连续钢桁桥进行行车安全评估。

6.3.1 地震下高速铁路简支梁桥桥上行车

本小节以某单线高速铁路线路为研究对象，基于多体系统动力学软件 Simpack 和有限元软件 OpenSees 联合仿真编制的 SOTTB 程序建立高速列车-双块式无砟轨道-桥梁耦合系统精细计算模型，该系统考虑横向地震荷载作用及轨道不平顺自激励，基于行车性能评估指标分析不同车速、不同地震强度下的列车-轨道-桥梁地震动力响应规律及行车安全性。

1. 计算分析参数

采用 CHR2 列车载作为高速铁路运营列车活载，采用 4 节编组。建立 10 跨 32 m 标准跨简支梁桥模型，箱梁的截面尺寸如图 6-2 所示；建立纤维桥墩模型，桥墩直接与地面固结，不考虑桩土作用的影响，墩高 12.5 m，混凝土等级为 C35，墩身截面尺寸如图 6-3 所示，桥墩墩身平面如图 6-4 所示；支座模型采用盆式橡胶支座模型，桥梁阻尼比取 5%。桥址 7 度设防，选取一条经典地震记录，地震记录基本特性见表 6-1，地震记录时程曲线如图 6-5 所示。联合仿真步长 $\Delta t = 2.5 \times 10^{-5}$ s。基于 SOTTB 程序建立的列车-轨道-桥梁空间耦合系统模型如图 6-6 所示。

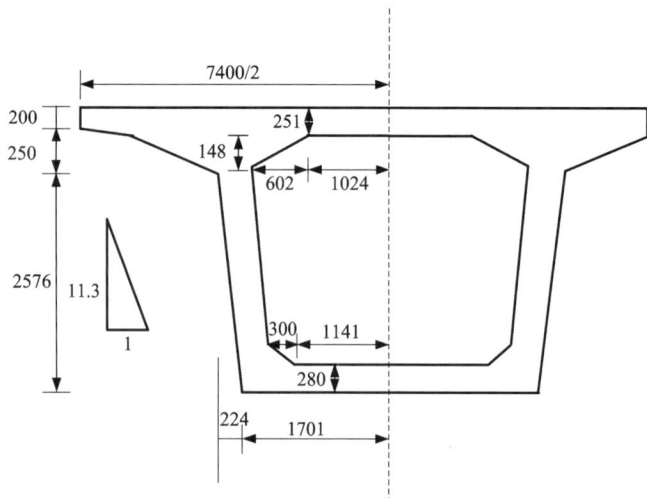

图 6-2 箱梁截面尺寸

半 Ⅱ - Ⅱ 截面

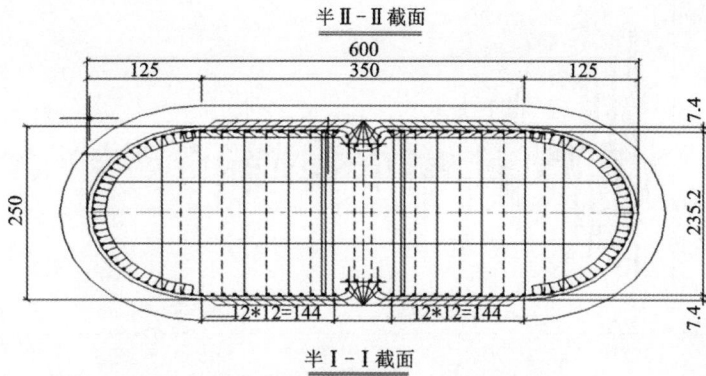

图 6-3　桥墩墩身截面尺寸图(单位: cm)

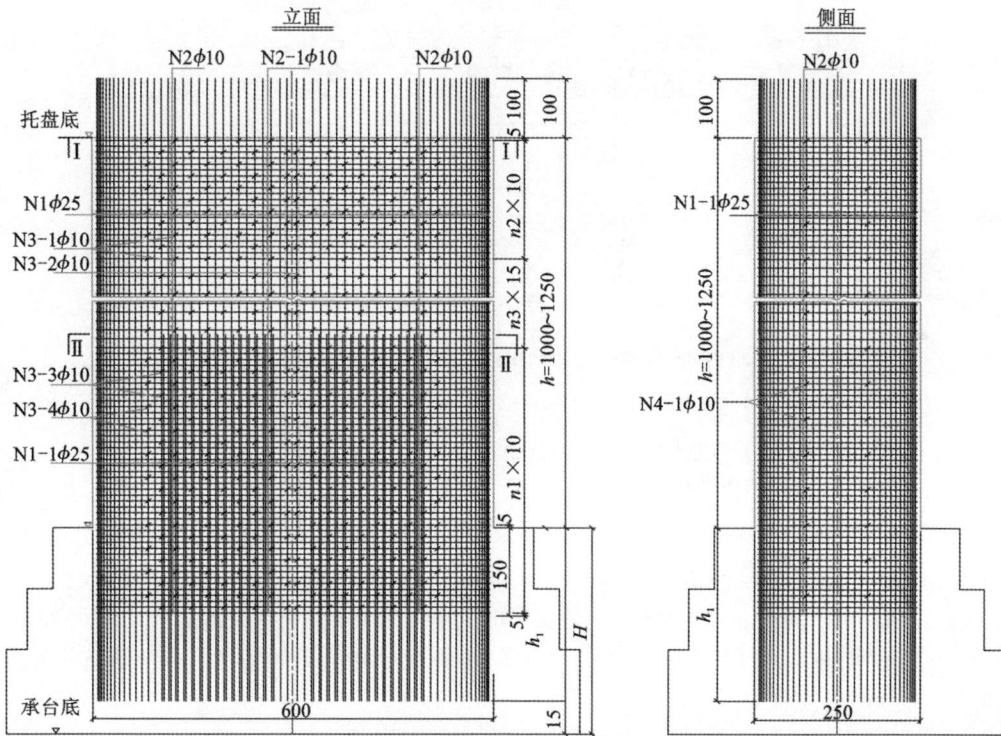

图 6-4　桥墩墩身平面图(单位: cm)

表 6-1　地震记录基本特性

地震名称	年份	震级	断层距/km	PGA/g	PGV/(cm · s⁻¹)	PGD/cm
El Centro	1940	6.95	6.09	0.281	31.309	24.150

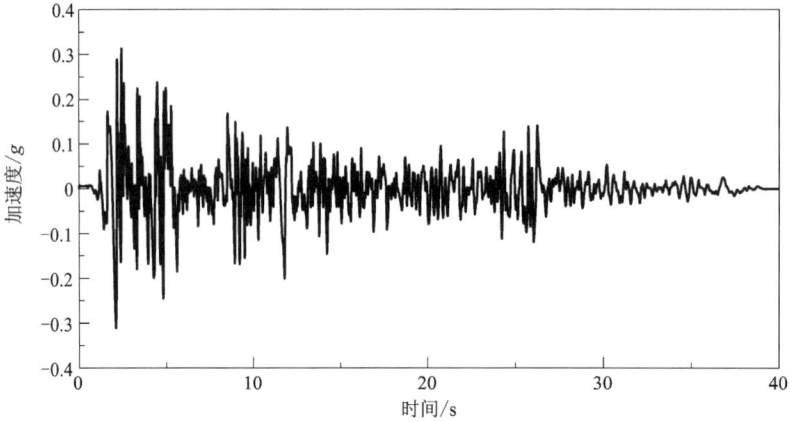

图 6-5　El Centro 地震记录时程曲线

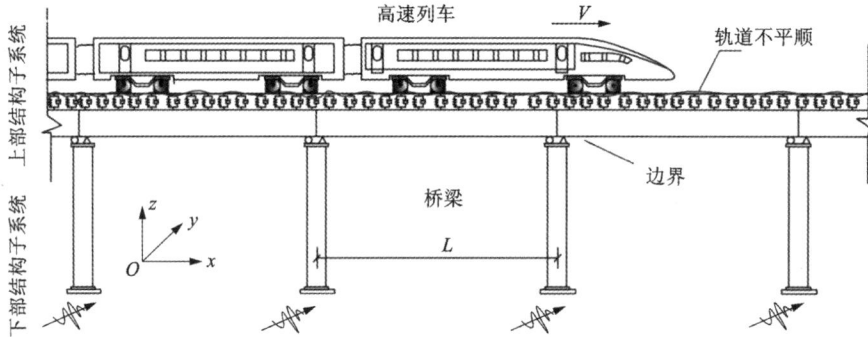

图 6-6　基于 SOTTB 程序建立的列车-轨道-桥梁空间耦合系统模型示意图

2. 有、无地震时的铁路桥上行车安全性分析

为分析地震作用对列车行车安全性的影响，本节首先对比了列车在有、无地震时的行车安全性指标和结构的地震响应。选取 El Centro 地震动作为横向地震激励，将加速度峰值调幅为 $0.035\,g$，同时考虑轨道不平顺的影响。列车运行速度选取具有代表性的速度，分别为 $250\,\mathrm{km/h}$、$300\,\mathrm{km/h}$。图 6-7~图 6-11 列出了时速为 $250\,\mathrm{km}$ 的有、无地震作用下的列车-轨道-桥梁系统地震响应。列车舒适度指标及行车安全指标峰值见表 6-2，多跨简支箱型梁桥响应峰值见表 6-3。

表 6-2　有、无地震高速列车舒适度指标及行车安全指标峰值

激励类型	列车速度 /(km·h⁻¹)	车体加速度 /(m·s⁻²)		Sperling 指标		脱轨系数	轮重减载率	横向力 /kN
		横向	竖向	横向	竖向			
无地震	250	0.328	0.691	1.815	2.799	0.607	0.265	35.532
	300	0.5	0.795	2.0377	2.964	0.710	0.427	39.25
有地震	250	0.547	0.905	2.227	2.851	0.6607	0.372	43.24
	300	0.663	0.985	2.231	3.003	0.7862	0.5618	56.3

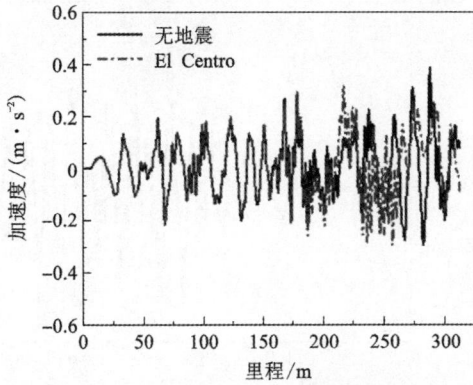

(a) 第一节车横向加速度时程曲线　　　　(b) 第一节车竖向加速度时程曲线

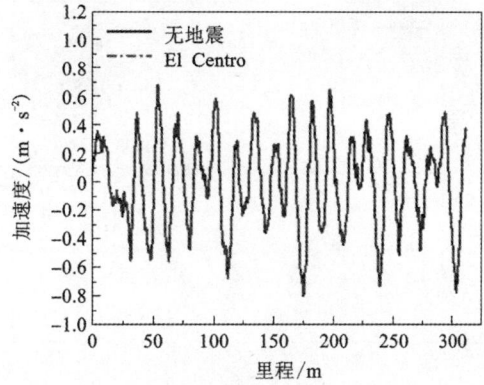

图 6-7　有无地震车辆加速度时程对比曲线

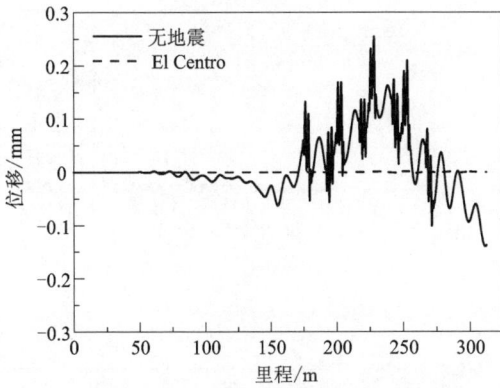

(a) 第五跨桥梁跨中钢轨横向位移时程曲线　　(b) 第五跨桥梁跨中钢轨竖向位移时程曲线

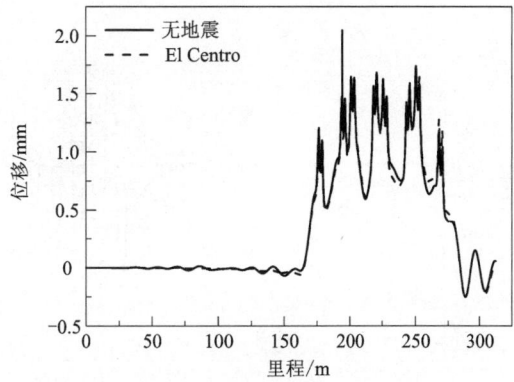

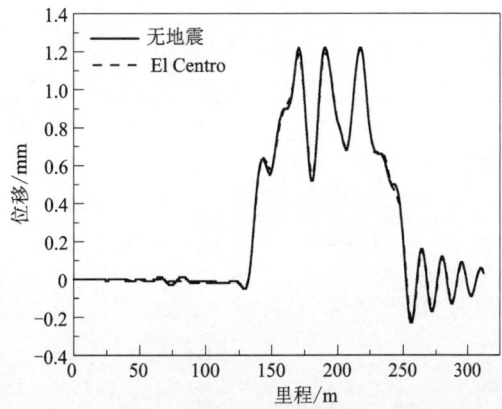

图 6-8　有、无地震钢轨(左轨)位移响应时程对比曲线

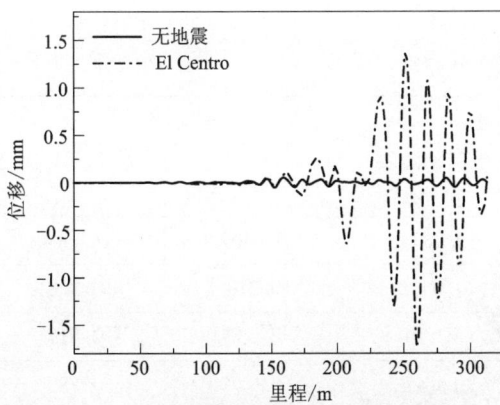

(a) 第五跨桥梁跨中横向位移时程曲线　　(b) 第五跨桥梁跨中竖向位移时程曲线

图 6-9　有、无地震第五跨桥梁跨中位移时程对比曲线

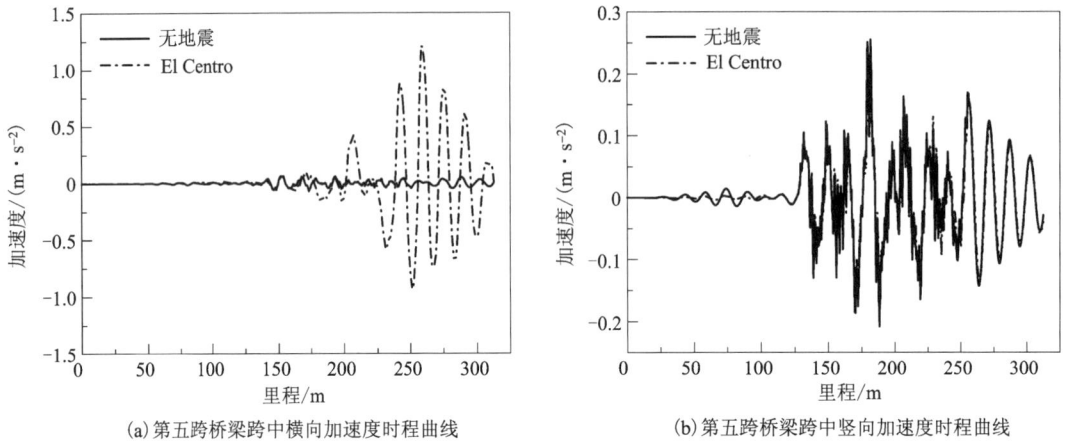

(a) 第五跨桥梁跨中横向加速度时程曲线

(b) 第五跨桥梁跨中竖向加速度时程曲线

图 6-10　有无地震第五跨桥梁跨中加速度时程对比曲线

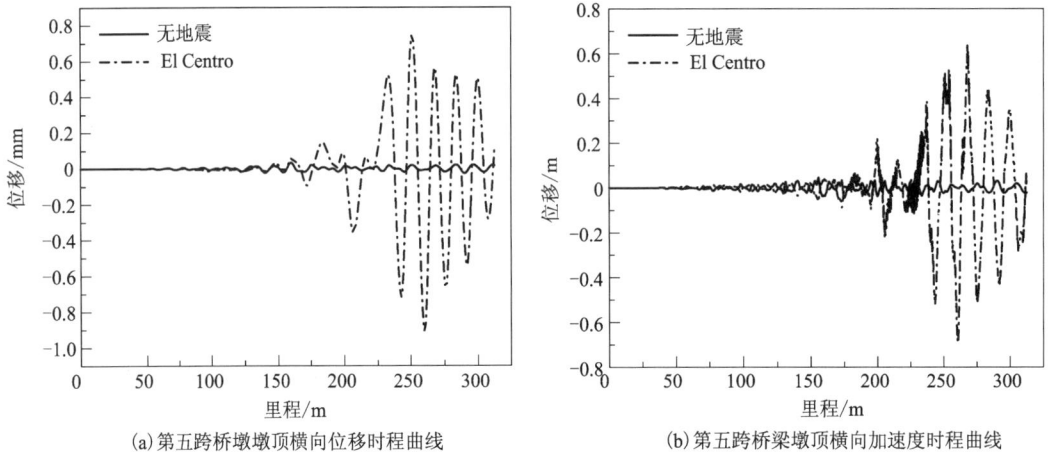

(a) 第五跨桥墩墩顶横向位移时程曲线

(b) 第五跨桥梁墩顶横向加速度时程曲线

图 6-11　有、无地震第五跨桥梁跨中横向响应对比曲线

表 6-3　有、无地震简支梁桥响应峰值

激励类型	列车速度 /(km·h^{-1})	桥梁跨中响应		墩顶响应	
		横向位移 /mm	横向加速度 /(m·s^{-2})	横向位移/mm	横向加速度 /(m·s^{-2})
无地震	250	0.0709	0.0874	0.0407	0.0664
	300	0.127	0.0802	0.219	0.228
有地震	250	1.754	1.139	0.983	0.815
	300	1.75	1.142	0.977	0.782

计算结果表明:

①在这条横向地震荷载和轨道不平顺激励下,列车-轨道-桥梁系统有地震时的横向响应明显大于无地震时的响应,系统的竖向响应相差不大。这是由于系统横向受到了地震和轨道不平顺的作用,而竖向仅仅受到轨道不平顺的激励。在该条横向地震荷载作用下,不同时速下的桥梁响应区别不明显。说明这条地震荷载对系统的影响起主导作用,远大于行车速度和轨道不平顺对桥梁系统的影响。

②从列车运行平稳性和安全性来看,相对于无地震,该条横向地震作用下竖向的平稳性和加速度有较小幅度的提高,横向的平稳性指标和行车安全性指标都有明显的增大,说明该条地震荷载对列车的行车安全影响显著,地震荷载导致列车运行安全性下降。

3. 列车速度和地震强度对高速铁路桥梁列车运行安全的影响

本节进一步研究在横向地震和轨道不平顺激励下,列车运行速度以及地震强度对列车运行安全的影响。这里选取 El Centro 地震动作为横向地震激励。本节计算了墩高为 12.5 m,高速列车以 250 km/h、300 km/h 运行时,地震加速度分别为 0.035 g、0.068 g、0.1 g、0.16 g、0.22 g 的列车-轨道-桥梁系统的地震响应。不同时速和不同地震强度下列车加速度响应峰值比较如图 6-12 所示。高速列车运行安全性指标比较如图 6-13 所示。12.5 m 墩高的不同时速和不同地震强度下高速列车动力响应峰值见汇总表 6-4。

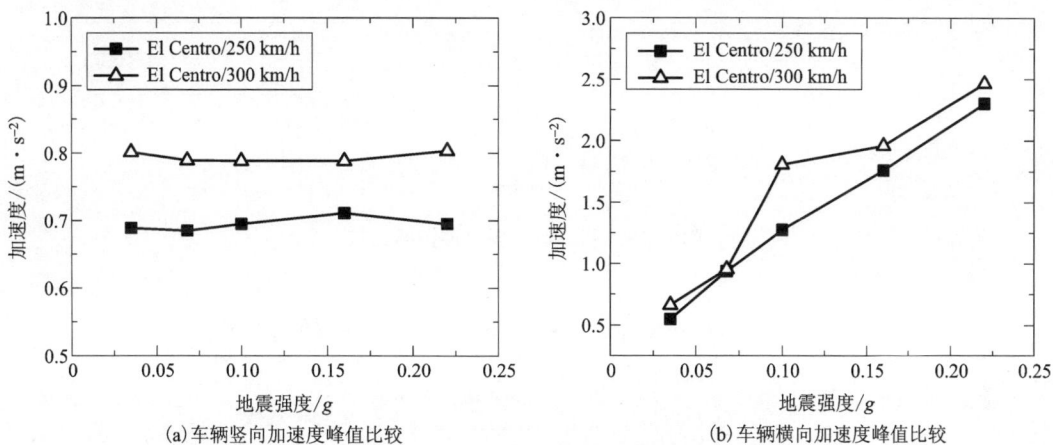

(a) 车辆竖向加速度峰值比较   (b) 车辆横向加速度峰值比较

图 6-12 列车加速度峰值比较图

由地震作用下列车-轨道-桥梁系统的地震响应峰值汇总表可知:

①从平稳性来讲,列车平稳性指标随着地震强度和车速的增大而增大;相对于车速,地震荷载对列车运行的平稳性影响更大。从行车安全性来讲,脱轨系数和轮轨最大横向力随着速度和地震强度的提高而增大。轮重减载率整体上随着列车运行速度的提高而增大,而在不同地震强度作用下会出现较小幅度的增大,说明轮重减载率对列车运行速度更加敏感。

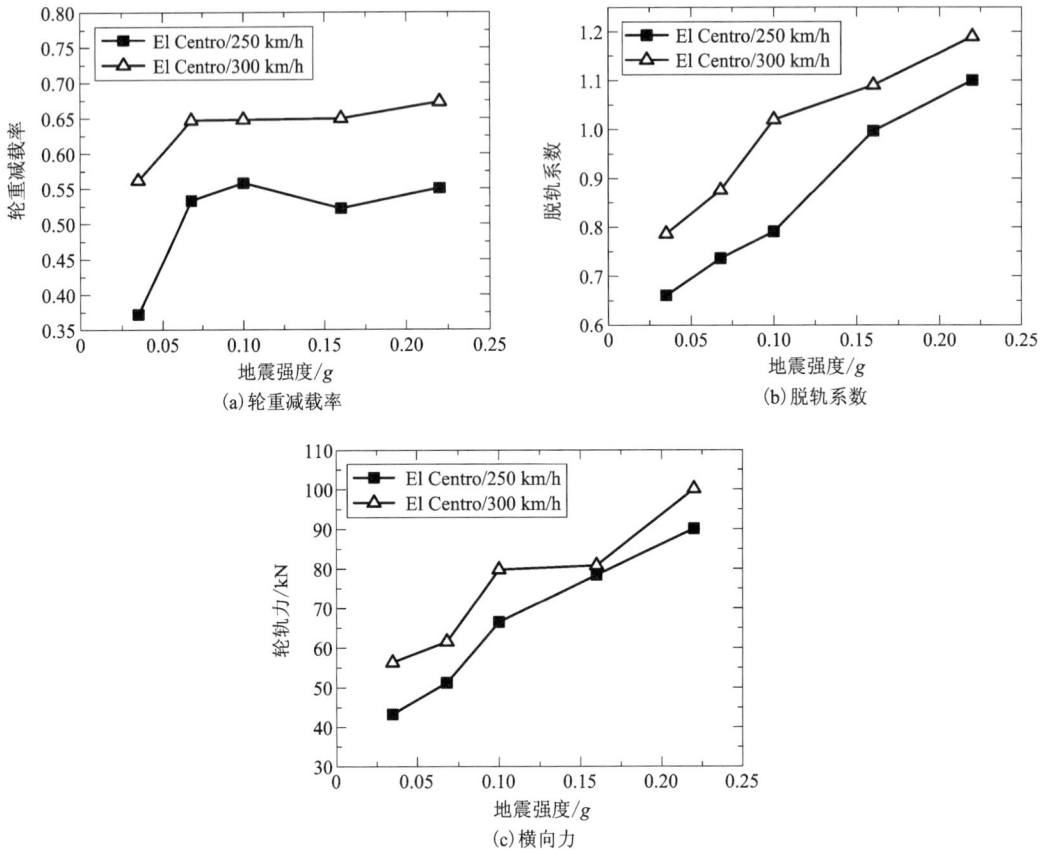

(a) 轮重减载率

(b) 脱轨系数

(c) 横向力

图 6-13 列车运行安全性指标比较

表 6-4 El Centro 地震作用下高速列车动力响应峰值汇总表

速度 /(km·h⁻¹)	地震强度 /g	车体加速度 /(m·s⁻²)		Sperling 指标		脱轨系数	轮重减载率	横向力 /kN
		横向	竖向	横向	竖向			
250	0.035	0.547	0.689	2.227	2.796	0.6607	0.372	43.24
	0.068	0.937	0.685	2.621	2.799	0.7365	0.533	51.22
	0.1	1.273	0.695	2.873	2.799	0.7907	0.558	66.5
	0.16	1.759	0.711	3.178	2.796	0.997	0.522	78.43
	0.22	2.302	0.695	3.517	2.801	1.1	0.551	90.11

续表6-4

速度 /(km·h⁻¹)	地震强度 /g	车体加速度 /(m·s⁻²)		Sperling 指标		脱轨系数	轮重 减载率	横向力 /kN
		横向	竖向	横向	竖向			
300	0.035	0.663	0.801	2.231	2.963	0.786	0.562	56.3
	0.068	0.952	0.789	3.001	2.963	0.876	0.647	61.53
	0.1	1.805	0.788	3.190	3.152	1.020	0.648	79.8
	0.16	1.959	0.788	3.270	3.27	1.090	0.650	80.815
	0.22	2.465	0.803	3.568	3.31	1.190	0.673	100.1

②当列车时速为 250 km 和 300 km 时,地震强度分别达到 0.16 g 和 0.1 g,列车的平稳性不合格,脱轨系数超过了动态安全限制 0.8。当列车时速为 300 km 时,脱轨系数为 1.19,将近危险限制 1.2;轮重减载率为 0.673,大于规范容许值 0.6;横向轮轨力则达到了 100.10 kN。该工况前进方向第一轮对轮轨力如图 6-14 所示,第一轮对在 261.5 m($t=3.139$ s)、281 m($t=3.372$ s)和 297.416 m($t=3.569$ s)时,轮轨力的横向力和竖向力皆为零,说明该工况下列车出现跳轨的情况。

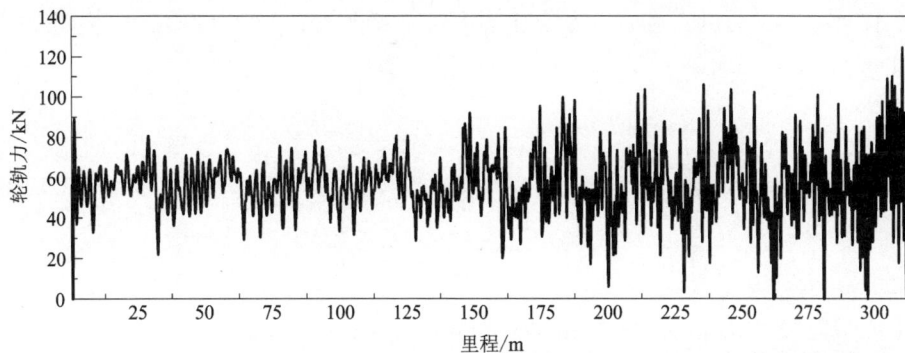

(a)前进方向第一轮对竖向轮轨力

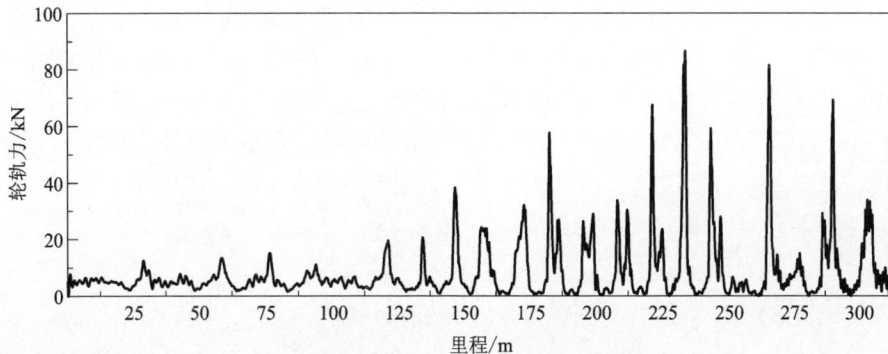

(b)前进方向第一轮对横向轮轨力

图 6-14　前进方向第一轮对轮轨力

6.3.2 地震下大跨度铁路桥桥上行车

大跨连续钢桁梁桥在动力特性上与铁路广泛采用的 32 m 简支梁桥存在显著差异。首先大跨连续钢桁梁桥相对简支梁桥的刚度更小，结构的变形更大、更复杂，桥梁结构的非线性更明显；其次，大跨连续钢桁梁桥采用无砟轨道技术，桥上轨道结构变形更加复杂。本节以郑州黄河特大连续钢桁桥为算例，进行大跨桥梁在地震荷载作用下列车的运行安全性研究和评估。首先基于 6.2 节折减系数的概念给出适用于地震下大跨桥上列车运行安全性的修正评估指标，然后基于该修正评估指标，选择与郑州黄河特大桥梁所在场地条件相匹配的三条典型地震动。根据不同的地震动，按动车和拖车分别提取每个工况下的最大轮重减载率和最大脱轨系数，采用 6.2 节修正后的安全评估指标进行安全评估，并绘制图表进行分析。以下算例及其结论详细见刘汉云的《基于移动单元模型的地震作用下高速铁路大跨连续钢桁桥动力响应及行车安全评估》。

1. 郑州黄河特大连续钢桁桥桥梁介绍

郑济铁路郑州黄河特大桥位于郑州市东北方向，距离上游京港澳高速公路刘江黄河大桥约 3.5 km，跨越黄河河道段采用公铁共建形式（预留市域铁路和快速路），设计为双层桥面公铁两用桥，四线铁路布置在下层、六线公路布置于上层。高速铁路设计速度 350 km/h，采用 CRTS Ⅰ 型双块式无砟轨道。其主桥为变高连续钢桁梁桥，计算跨度为（112+6×168+112）m，桥梁全长 1231.1 m。通过支点处下方增加桁梁高度来改善结构受力，提升结构刚度。其立面布置如图 6-15 所示。

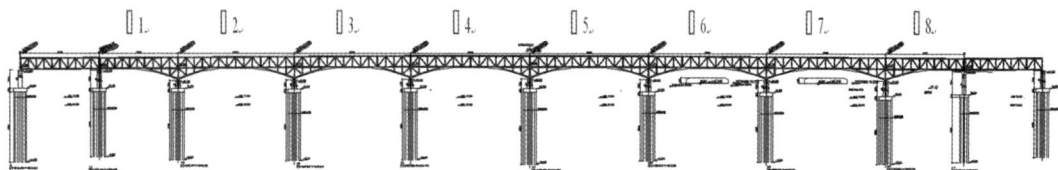

图 6-15 郑济铁路郑州黄河特大桥桥梁立面布置示意图

郑济铁路郑州黄河特大桥桥梁支撑点横断面示意图如图 6-16 所示。整体设计为三主桁下弦加劲钢桁梁，平行弦部分边桁桁高 15.0 m、中桁桁高 15.24 m，中支点桁高加高 15.0 m，通过调整加劲弦杆竖板形状使桥梁立面呈现拱形构造。桁宽（13.4+13.4）m，边跨节间长 10.5 m、12 m，中跨节间长度 12 m。桥梁设计为四线铁路、六车道公路，桥梁平面位于直线上，纵断面位于 7.5‰ 的上坡段和 -7.5‰ 的下坡段，竖曲线半径为 30000 m。

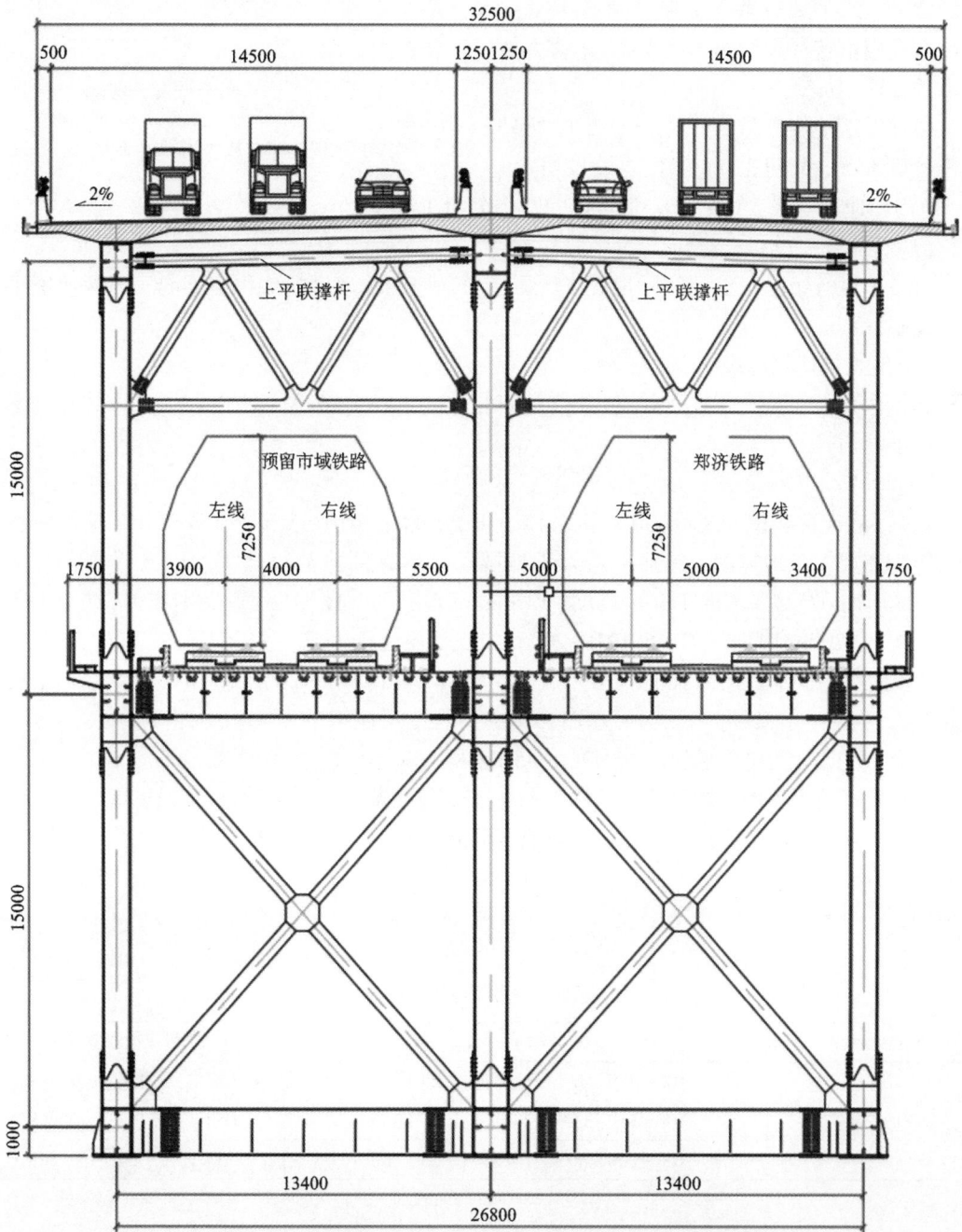

图 6-16　郑济铁路郑州黄河特大桥桥梁支撑点横断面示意图

2. 地震作用工况说明

郑济铁路郑州黄河特大桥为 A 类 7 度设防、Ⅲ类场地，位于一、二区之间，即近场与中场之间，水平地震基本加速度为 0.151 g，地震动反应谱特征周期 $T_g = 0.5$ s。其动力放大系数 β 曲线如图 6-17 所示。

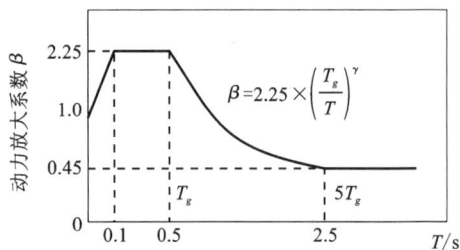

图 6-17 动力放大系数 β 曲线

根据上述地震参数，开展表 6-5 中所列地震分析工况，其包括 11 个行车速度等级、3 个地震加速度等级、3 条地震动，总计 99 个分析工况。

(1)行车速度等级。

行车速度等级是考虑到实际地震工况下，列车均会减速过桥或停止运行，因而速度上限设为 350 km/h。

(2)地震加速度等级。

3 个地震加速度等级分别对应《安全评价报告》中 50 年 63%、10%、2% 三个超越概率下的加速度峰值。

(3)地震动数量。

根据《建筑抗震设计规范(2016 年版)》(GB 50011—2010)第 5.1.2 条规定，地震时程分析时至少需要 3 条地震动，包括 1 条人工地震动。本算例从常用地震动中选择符合Ⅲ类场地、特征周期 0.5 s 要求的 Taft 地震动、El Centro 地震动，而人工地震动则根据《铁路工程抗震设计规范(2009 年版)》(GB 50111—2006)中规范反应谱生成。

3 条地震动的加速度时程曲线及频谱曲线如图 6-18 ~ 图 6-20 所示。Taft 横、竖向地震动卓越频率均在 1.20 Hz 和 1.35 Hz 左右，均位于规范反应谱的下降段，如图 6-18 所示；El Centro 横、竖向地震动卓越频率分别在 1.45 Hz 和 8.00 Hz 左右，位于规范反应谱的下降段和平台段；人工地震动的卓越频率为 3.85 Hz 左右，位于规范反应谱的平台段，卓越频率统计见表 6-6。在实际分析过程中，横、竖向地震动同时输入，按《铁路工程抗震设计规范(2009 年版)》(GB 50111—2006)中给定的比例(1∶0.65)进行横、竖向调幅，其中人工地震动竖向和横向采用同样的地震动时程。

表 6-5 郑济铁路郑州黄河特大桥地震分析工况表

地震动名称	车速	地震峰值加速度
Taft	100~350 km/h，速度间距 25 km/h	0.054 g, 0.151 g, 0.248 g
El Centro	100~350 km/h，速度间距 25 km/h	0.054 g, 0.151 g, 0.248 g
人工	100~350 km/h，速度间距 25 km/h	0.054 g, 0.151 g, 0.248 g

表 6-6 输入地震动的卓越频率

地震动名称	Taft	El Centro	人工
横向卓越频率/Hz	1.20	1.45	3.85
竖向卓越频率/Hz	1.35	8.00	3.85

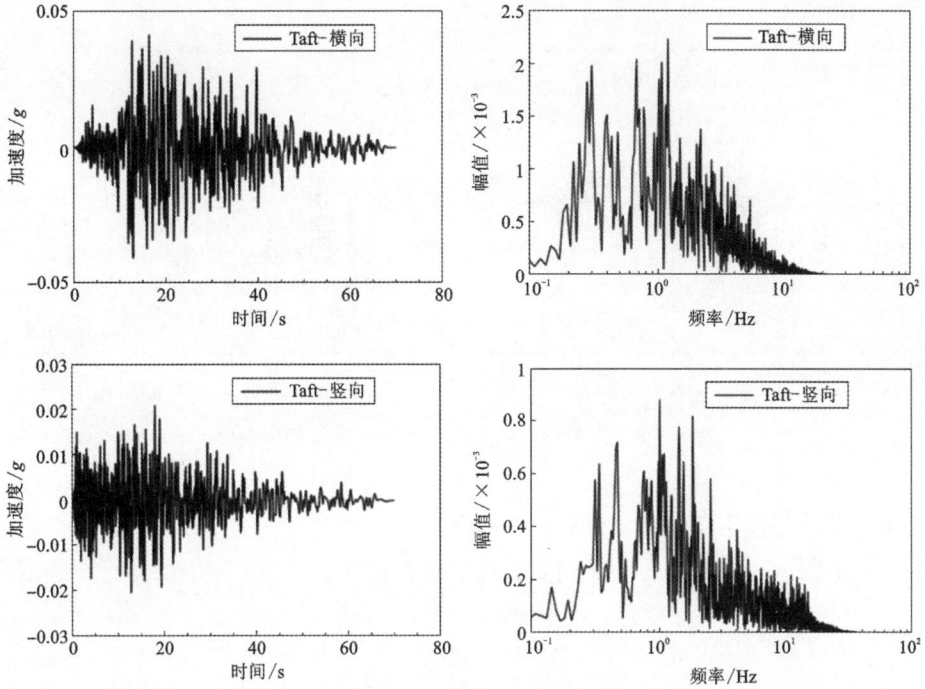

图 6-18　Taft 地震动加速度时程曲线与频谱曲线

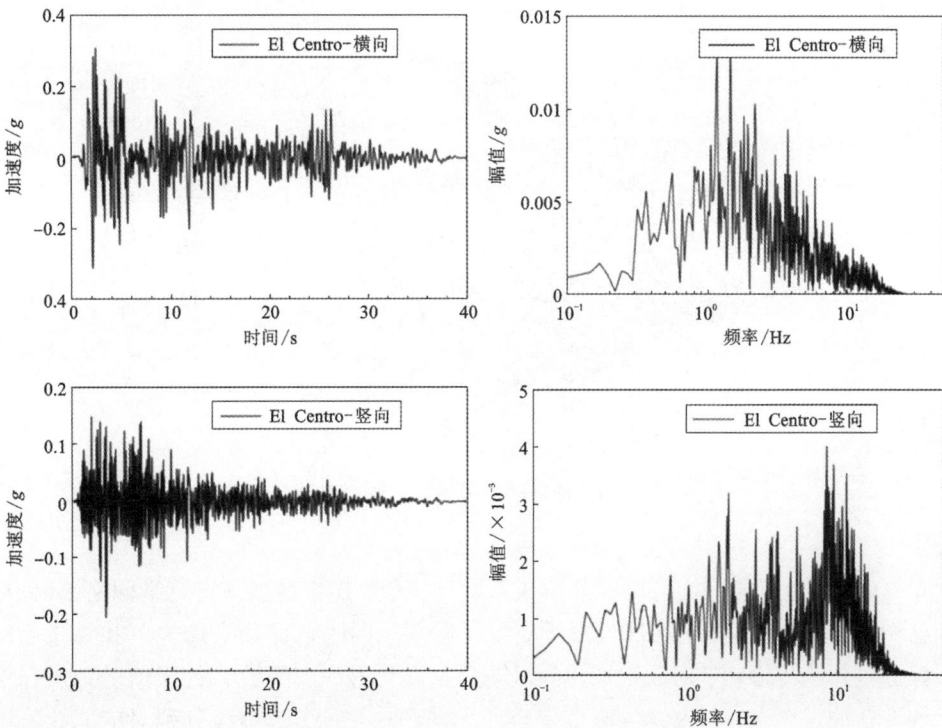

图 6-19　El Centro 地震动加速度时程曲线与频谱曲线

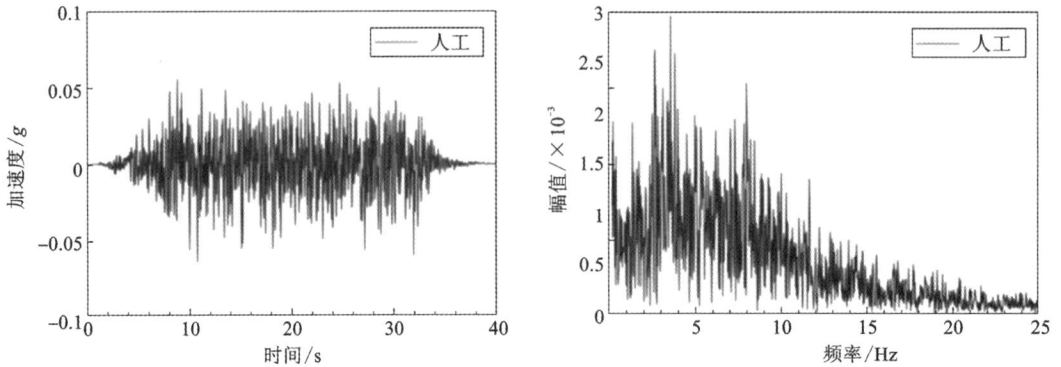

图 6-20 人工地震动加速度时程曲线与频谱曲线

3. Taft 地震动作用下桥上列车行车安全评估

如图 6-21 所示为 Taft 地震动作用下,列车动车脱轨系数随地震强度与行车速度变化图。

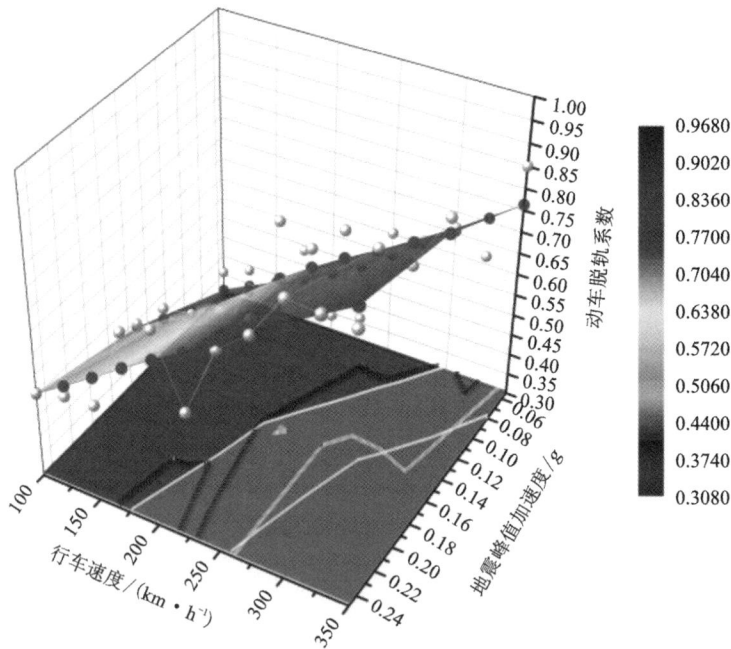

图 6-21 Taft 地震动作用下动车脱轨系数变化图

图 6-21 中灰白色原点为各工况的脱轨系数计算值,连接各点获得三维网格图(图中灰白点和网格图)。三维网格图向底部投影可获得映射图。以脱轨评估指标规范和修正后的脱轨评估指标分别作为界限值,对映射图进行处理,可以获得列车脱轨系数限值随地震强度和行车速度的变化曲线,称为行车速度限值安全线。图中白色、黑色虚线分别对应原始三维脱轨系数网格图在安全评估指标规范和修正安全评估指标下的行车速度安全线。可见白色、黑色虚线安全线随行车速度和地震强度变化的曲线规律不是很明显。为了获得相对规律的行车速

度安全线，对脱轨系数计算值进行三维样条插值，从而可以获得三维插值曲面图。同样地，三维曲面图向底部投影可以获得相应的映射图。以脱轨系数安全评估指标和修正规范的安全评估指标为限值，对插值三维脱轨系数曲面的映射图进行处理，可以获得与相应判定指标对应的行车速度安全线。最后，通过对行车速度安全线的分析获得相应规律。后续各图采用上述同样的处理过程。

由图 6-21 可知，整体上动车脱轨系数随行车速度以及地震强度的增加而变大，实际计算的脱轨系数波动大，从而获得的车辆安全运行的速度限值(以下简称行车速度限值)的波动也大，即图中的虚线，变化规律不明显；通过三维样条插值获得的行车速度限值(图中实线)波动性减小，更易于观察规律，以下均采用拟合后的行车速度限值安全线作为分析依据。由映射图可知，采用修正后的脱轨系数限值作为判别指标，在常遇地震(0.054 g)作用下，行车速度限值为 290 km/h；地震强度增加到设计地震(0.151 g)时，行车速度限值为 225 km/h；当地震强度增大到罕遇地震(0.248 g)时，行车速度限值降为 150 km/h。

图 6-22 为 Taft 地震动作用下高速列车拖车脱轨系数随地震强度与车速的变化图。由图可知，整体上拖车脱轨系数同样随车速以及地震强度的增加而变大，并表现出一定波动性。采用修正后的脱轨系数限值作为判别指标，在常遇地震(0.054 g)作用下，行车速度限值为 285 km/h；地震强度增加到设计地震(0.151 g)时，行车速度限值变为 190 km/h；当地震强度增大到罕遇地震(0.248 g)时，行车速度限值降为 150 km/h。

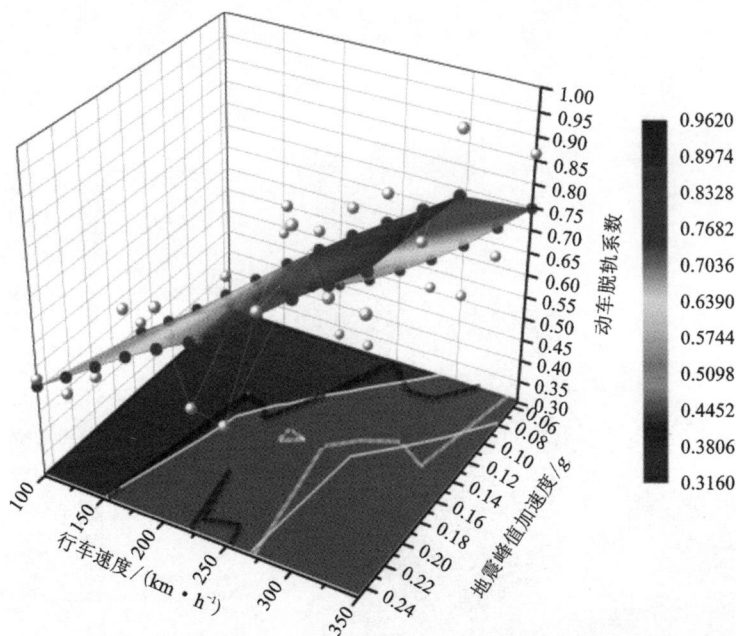

图 6-22 Taft 地震动作用下高速列车拖车脱轨系数变化图

图 6-23 和图 6-24 为 Taft 地震动作用下高速列车动车、拖车轮重减载率随地震强度与车速的变化。

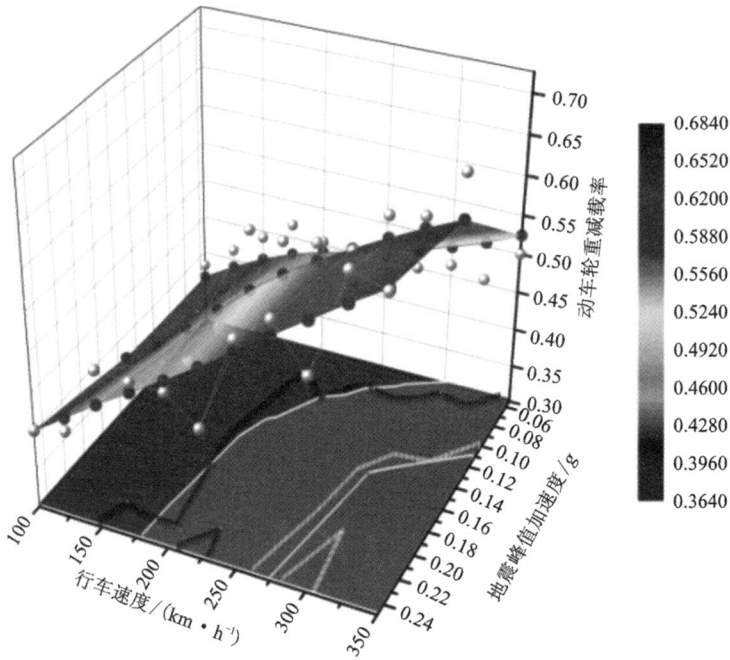

图 6-23　Taft 地震动作用下高速列车动车轮重减载率变化图

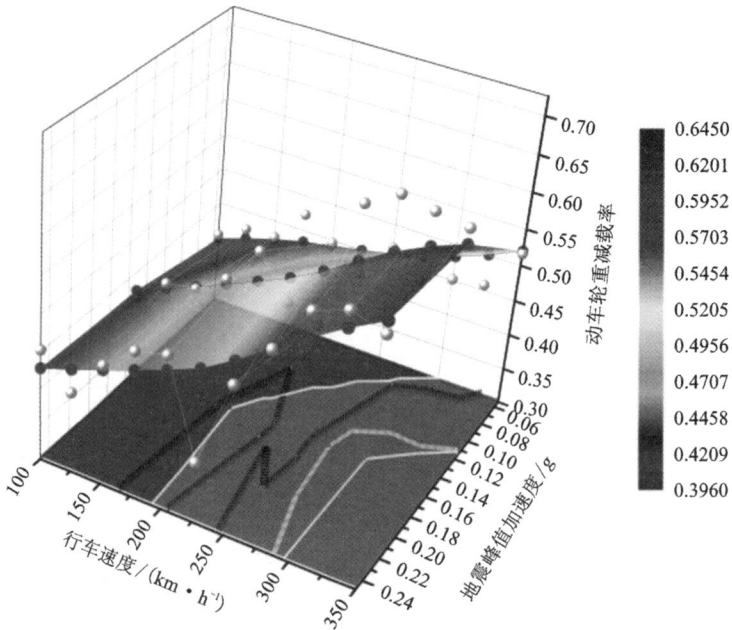

图 6-24　Taft 地震动作用下高速列车拖车轮重减载率变化图

　　根据图 6-23 可知，整体上动车轮重减载率随车速以及地震强度的增加而变大，但出现一定的跳跃性。由映射图可知，当采用修正后的轮重减载率限值作为判别指标时，在常遇地震(0.054 *g*)作用下，行车速度限值为 300 km/h；地震强度增加到设计地震(0.151 *g*)时，行车速度限值变为 185 km/h；当地震强度增大到罕遇地震(0.248 *g*)时，由拟合后的白色曲线得到行车速度限值为 175 km/h，与设计地震差别不大，但是由实际的拟合前行车速度安全线得到的行车速度限值为 150 km/h，考虑到地震的危害性，通常采用保守的设计方案，因而取两者中的较小值，即罕遇地震的行车速度限值为 150 km/h。后续采用同样的处理方式。

由图 6-24 可知，整体上拖车轮重减载率同样随车速以及地震强度的增加而变大，并表现出一定波动性。采用修正后的轮重减载率限值作为判别指标，在常遇地震(0.054 *g*)作用下，行车速度限值为 310 km/h；地震强度增加到设计地震(0.151 *g*)时，行车速度限值变为 185 km/h；当地震强度增大到罕遇地震(0.248 *g*)时，行车速度限值降为 165 km/h。

表 6-7　**Taft 地震动作用下轮重减载率与脱轨系数计算值**

地震峰值加速度/g	车速/(km·h⁻¹)	轮重减载率		脱轨系数	
		动车	拖车	动车	拖车
0.054	100	0.382	0.403	0.357	0.333
	125	0.413	0.424	0.386	0.319
	150	0.441	0.427	0.311	0.533
	175	0.468	0.473	0.487	0.503
	200	0.455	0.446	0.343	0.329
	225	0.410	0.416	0.362	0.324
	250	0.457	0.468	0.602	0.589
	275	0.451	0.434	0.607	0.508
	300	0.465	0.451	**0.663**	0.510
	325	0.456	0.458	0.619	0.621
	350	**0.501**	**0.517**	**0.851**	**0.864**
0.151	100	0.327	0.413	0.442	0.457
	125	0.362	0.448	0.506	0.451
	150	0.388	0.456	0.519	0.465
	175	0.446	0.484	0.558	0.628
	200	**0.578**	**0.536**	0.560	0.618
	225	**0.574**	0.481	**0.809**	**0.819**
	250	**0.582**	0.465	**0.772**	**0.786**
	275	**0.583**	**0.640**	**0.836**	**0.854**
	300	**0.636**	**0.665**	**0.822**	**0.902**
	325	**0.644**	**0.657**	**0.808**	**0.824**
	350	**0.704**	**0.651**	**0.934**	**1.064**

续表6-7

地震峰值加速度/g	车速/(km·h^{-1})	轮重减载率		脱轨系数	
		动车	拖车	动车	拖车
0.248	100	0.402	0.452	0.506	0.522
	125	0.413	0.411	0.526	0.513
	150	**0.501**	0.463	0.532	0.574
	175	**0.498**	**0.498**	**0.728**	**0.740**
	200	**0.498**	**0.509**	**0.760**	**0.765**
	225	0.466	0.383	0.603	0.578
	250	**0.584**	**0.502**	**0.770**	0.565
	275	**<u>0.618</u>**	**0.563**	**<u>0.829</u>**	**<u>0.822</u>**
	300	**0.565**	**0.625**	**<u>0.931</u>**	**<u>1.005</u>**
	325	**<u>0.693</u>**	**<u>0.641</u>**	**<u>0.925</u>**	**<u>0.892</u>**
	350	**<u>0.681</u>**	**<u>0.629</u>**	**<u>0.921</u>**	**<u>0.883</u>**

注: 数据加粗为考虑折减系数情况下超出安全限制, 加粗并加下划线为不考虑折减系数情况下超出安全限制。

综合对比脱轨系数图和轮重减载率可知:

(1)在Taft地震动作用下, 动车的脱轨系数及轮重减载率的响应值整体上均小于拖车的相关响应值, 原因在于动车安装了相关机电设备, 质量比拖车要重。

(2)由表6-7及图6-21~图6-24可发现, 行车速度在225~250 km/h附近时, 动车和拖车的脱轨系数及轮重减载率响应值下凹减小, 可能的原因是, Taft竖向地震动的主频在1.35 Hz左右, CRH380A车辆相邻车厢间距为25 m, 在225~250 km/h行驶速度下, 对应的激励频率为2.50~2.78 Hz, 正好是Taft竖向地震动主频的两倍, 使得列车运动过程中与竖向地震动同频上下振动, 从而减小了列车的动力响应, 使得脱轨系数和轮重减载率偏小。

(3)综合考察动车、拖车的脱轨系数和轮重减载率, 取两者速度限值的较小值作为Taft地震动工况下的行车速度限值, 得到对应7度常遇地震(0.054 g)、设计地震(0.151 g)、罕遇地震(0.248 g)下的行车速度限值分别为285 km/h、180 km/h、150 km/h。

4. El Centro地震动作用下桥上高速列车行车安全评估

图6-25和图6-26为El Centro地震动作用下高速列车动车、拖车脱轨系数随地震强度与车速的变化图。

由图6-25可知, 整体上动车的脱轨系数随行车速度以及地震强度的增加而变大, 采用修正后的脱轨系数限值作为判别指标, 在常遇地震(0.054 g)作用下, 行车速度限值为325 km/h; 地震强度增加到设计地震(0.151 g)时, 行车速度限值为225 km/h; 当地震强度增大到罕遇地震(0.248 g)时, 行车速度限值为225 km/h。

由图6-26可知, 整体上拖车的脱轨系数同样随车速以及地震强度的增加而变大, 采用修正后的脱轨系数限值作为判别指标, 在常遇地震(0.054 g)作用下, 行车速度限值为300 km/h; 地震强度增加到设计地震(0.151 g)时, 行车速度限值变为250 km/h; 当地震强度增大到罕遇地震(0.248 g)时,行车速度限值降为 210 km/h。

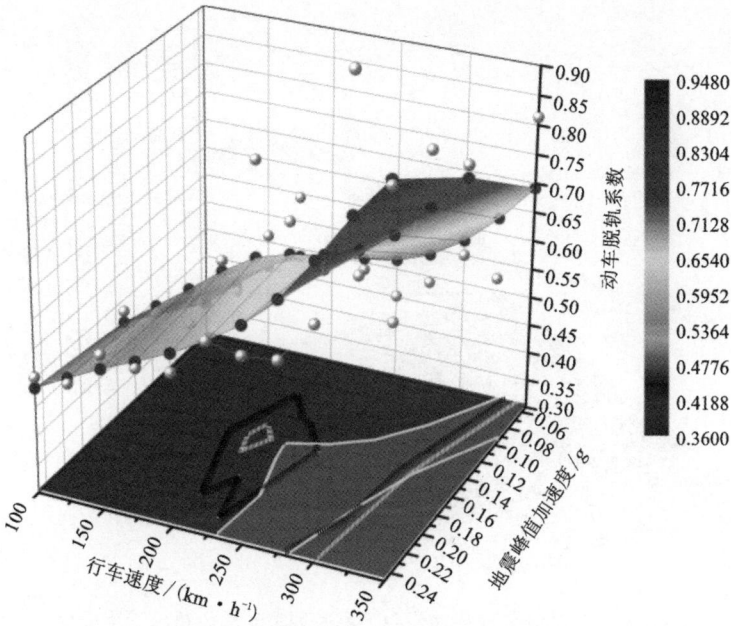

图 6-25　El Centro 地震动作用下高速列车动车脱轨系数变化图

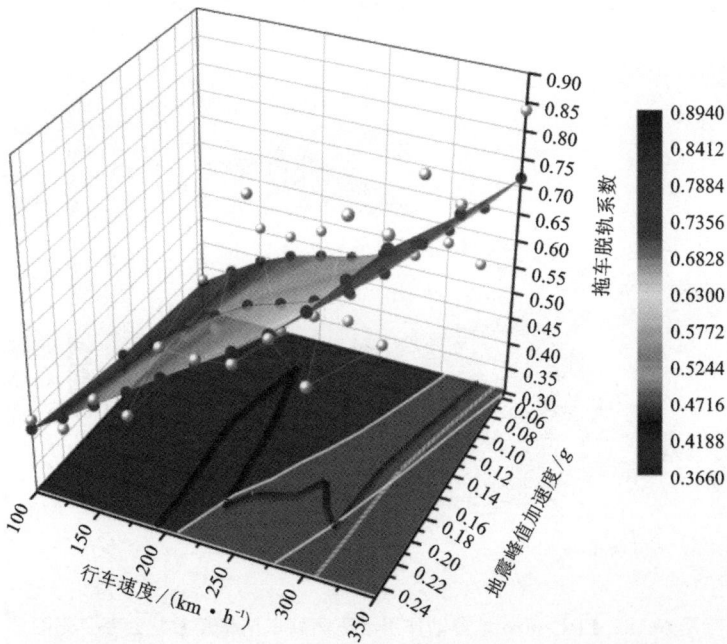

图 6-26　El Centro 地震动作用下高速列车拖车脱轨系数变化图

图 6-27 和图 6-28 为 El Centro 地震动作用下高速列车动车、拖车轮重减载率随地震强

度与车速的变化图。

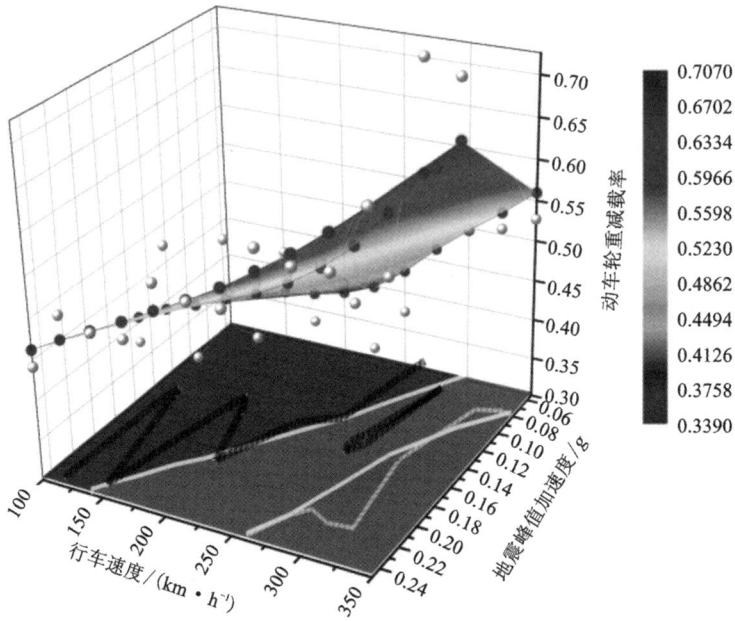

图 6-27　El Centro 地震动作用下高速列车动车轮重减载率变化图

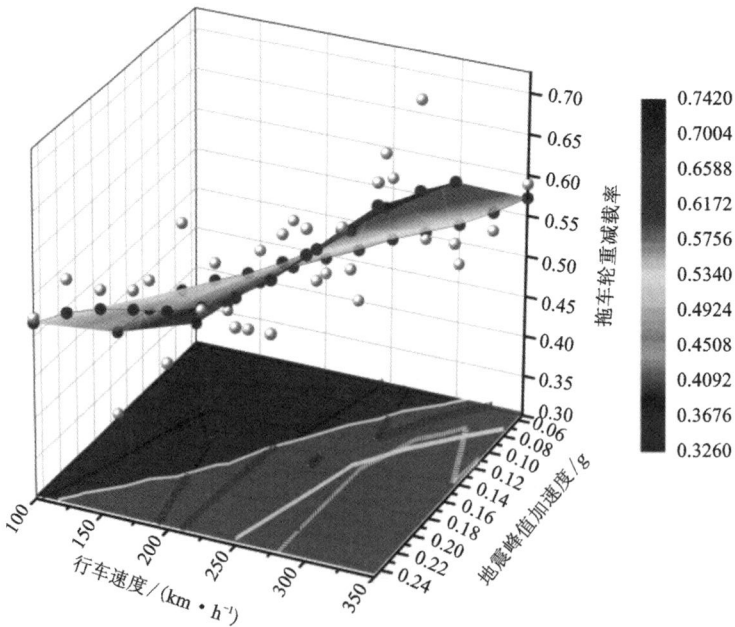

图 6-28　El Centro 地震动作用下高速列车拖车轮重减载率变化图

由图 6-27 可知,整体上动车的轮重减载率随车速以及地震强度的增加而变大,采用修正后的轮重减载率限值作为判别指标,在常遇地震(0.054 g)作用下,行车速度限值为 300 km/h;地震强度增加到设计地震(0.151 g)时,行车速度限值变为 250 km/h;当地震强度增大到罕遇地震(0.248 g)时,行车速度限值降为 140 km/h。

由图 6-28 可知,整体上拖车的轮重减载率同样随车速以及地震强度的增加而变大,采用修正后的轮重减载率限值作为判别指标,在常遇地震(0.054 g)作用下,行车速度限值为 300 km/h;地震强度增加到设计地震(0.151 g)时,行车速度限值变为 225 km/h;当地震强度增大到罕遇地震(0.248 g)时,行车速度限值降为 120 km/h。

综合对比脱轨系数图和轮重减载率图可知,在 El Centro 地震动作用下,动车、拖车的脱轨系数及轮重减载率随行车速度和地震强度增大而增大,以修正后的脱轨系数限值作为判别指标,对应 7 度常遇地震(0.054 g)、设计地震(0.151 g)、罕遇地震(0.248 g)下的行车速度限值分别为 300 km/h、225 km/h、120 km/h。

El Centro 地震动作用下轮重减载率与脱轨系数计算值见表 6-8。

表 6-8　El Centro 地震动作用下轮重减载率与脱轨系数计算值

地震峰值加速度/g	车速/(km·h⁻¹)	轮重减载率		脱轨系数	
		动车	拖车	动车	拖车
0.054	100	0.346	0.295	0.297	0.373
	125	0.368	0.353	0.397	0.374
	150	0.420	0.438	0.512	0.507
	175	0.334	0.484	0.593	0.505
	200	0.393	0.427	0.510	0.531
	225	0.316	0.401	0.487	0.418
	250	0.374	**0.563**	0.452	0.488
	275	**0.567**	0.496	0.489	0.528
	300	**0.499**	0.473	0.550	0.567
	325	**0.507**	**0.523**	0.521	0.540
	350	**0.527**	**0.589**	**0.814**	**0.837**
0.151	100	0.374	0.308	0.480	0.359
	125	**0.507**	0.484	0.491	0.409
	150	0.373	**0.563**	0.483	0.457
	175	**0.531**	**0.523**	0.607	0.485
	200	0.418	0.449	**0.791**	**0.748**
	225	**0.505**	**0.575**	**0.698**	0.514
	250	**0.528**	**0.527**	0.629	0.557
	275	0.488	**0.550**	0.632	0.564
	300	**0.527**	**0.698**	0.564	0.536
	325	**0.780**	**0.770**	**0.864**	**0.850**
	350	**0.765**	**0.607**	**0.851**	**0.813**

续表6-8

地震峰值加速度/g	车速/(km·h⁻¹)	轮重减载率		脱轨系数	
		动车	拖车	动车	拖车
0.248	100	0.441	**0.522**	0.502	0.439
	125	**0.513**	**0.578**	0.505	0.441
	150	**0.502**	**0.574**	0.567	0.513
	175	**0.503**	**0.582**	0.558	0.502
	200	**0.577**	**0.503**	0.564	0.640
	225	**0.564**	**0.577**	0.629	0.636
	250	**0.565**	**0.564**	0.619	0.644
	275	<u>**0.640**</u>	**0.565**	0.625	<u>**0.704**</u>
	300	<u>**0.628**</u>	**0.698**	**0.697**	0.640
	325	<u>**0.631**</u>	**0.708**	<u>**1.100**</u>	<u>**0.930**</u>
	350	**0.707**	**0.769**	**0.938**	**0.915**

注：数据加粗为考虑折减系数情况下超出安全限制，加粗并加下划线为不考虑折减系数情况下超出安全限制。

5. 人工地震动作用下桥上高速列车行车安全评估

图6-29和图6-30为人工地震动作用下高速列车动车、拖车脱轨系数随地震强度与车速的变化图。

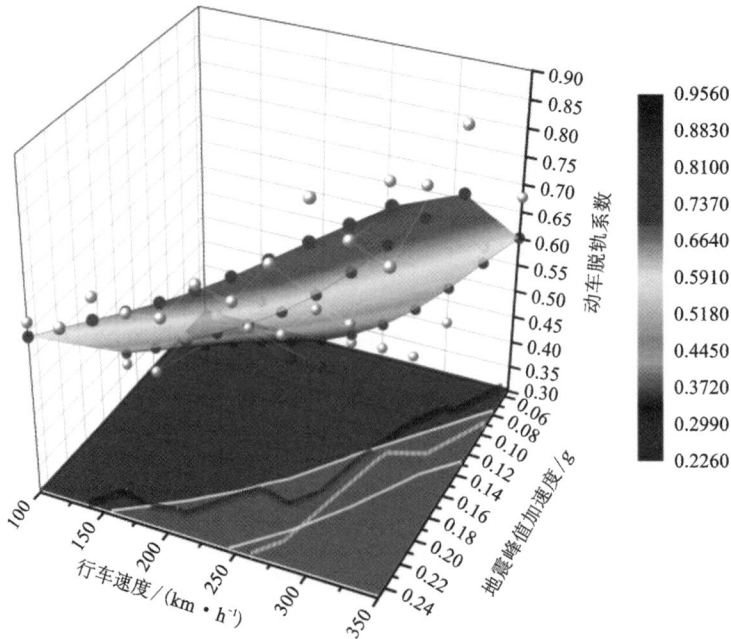

图6-29　人工地震动作用下高速列车动车脱轨系数变化图

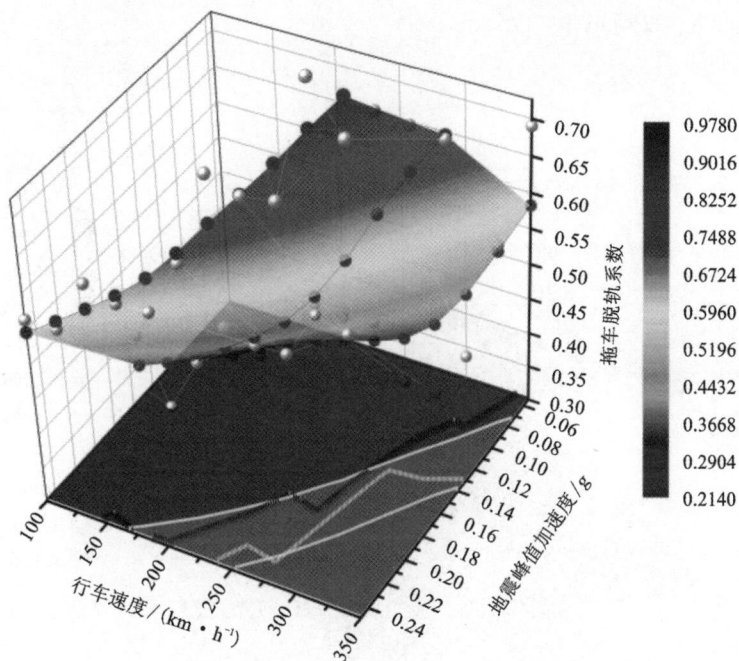

图 6-30　人工地震动作用下高速列车拖车脱轨系数变化图

由图 6-29 可知，整体上动车的脱轨系数随行车速度以及地震强度的增加而变大，采用修正后的脱轨系数限值作为判别指标，在常遇地震(0.054 g)作用下，行车速度限值为 350 km/h；地震强度增加到设计地震(0.151 g)时，行车速度限值为 260 km/h；当地震强度增大到罕遇地震(0.248 g)时，行车速度限值为 160 km/h。

由图 6-30 可知，整体上拖车脱轨系数同样随车速以及地震强度的增加而变大，采用修正后的脱轨系数限值作为判别指标，在常遇地震(0.054 g)作用下，行车速度限值为 350 km/h；地震强度增加到设计地震(0.151 g)时，行车速度限值变为 275 km/h；当地震强度增大到罕遇地震(0.248 g)时，行车速度限值降为 170 km/h。

图 6-31 和图 6-32 为人工地震动作用下高速列车动车、拖车轮重减载率随地震强度与车速的变化图。

由图 6-31 可知，整体上动车的轮重减载率随车速以及地震强度的增加而变大，采用修正后的轮重减载率限值作为判别指标，在常遇地震(0.054 g)作用下，行车速度限值为 350 km/h；地震强度增加到设计地震(0.151 g)时，行车速度限值变为 240 km/h；当地震强度增大到罕遇地震(0.248 g)时，行车速度限值降为 125 km/h。由图 6-32 可知，整体上拖车的轮重减载率同样随车速以及地震强度的增加而变大，采用修正后的轮重减载率限值作为判别指标，在常遇地震(0.054 g)作用下，行车速度限值为 350 km/h；地震强度增加到设计地震(0.151 g)时，行车速度限值变为 225 km/h；当地震强度增大到罕遇地震(0.248 g)时，行车速度限值降为 160 km/h。

综合对比脱轨系数图和轮重减载率图可知，在人工地震动作用下，动车、拖车的脱轨系数及轮重减载率随行车速度及地震强度增大而增大，以修正后的脱轨系数限值作为判别指标，对应 7 度常遇地震(0.054 g)、设计地震(0.151 g)、罕遇地震(0.248 g)下的行车速度限值分别为 350 km/h、225 km/h、125 km/h。

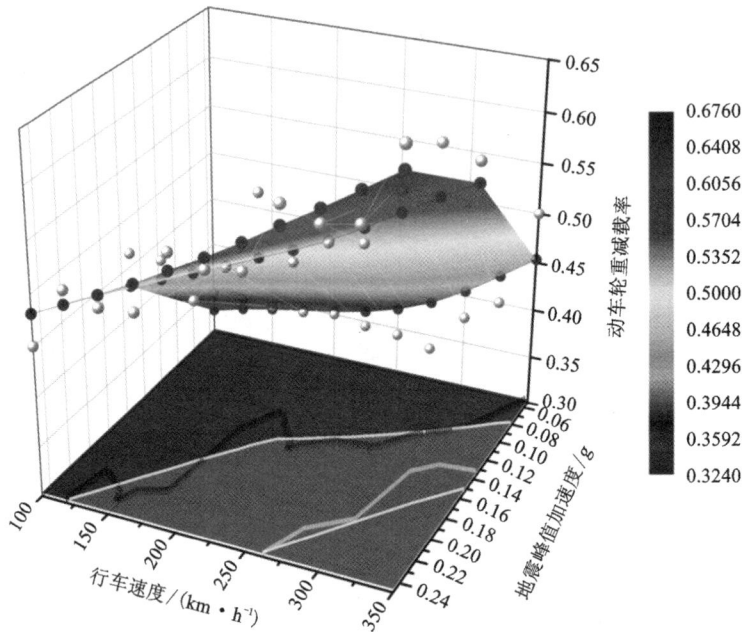

图 6-31　人工地震动作用下高速列车动车轮重减载率变化图

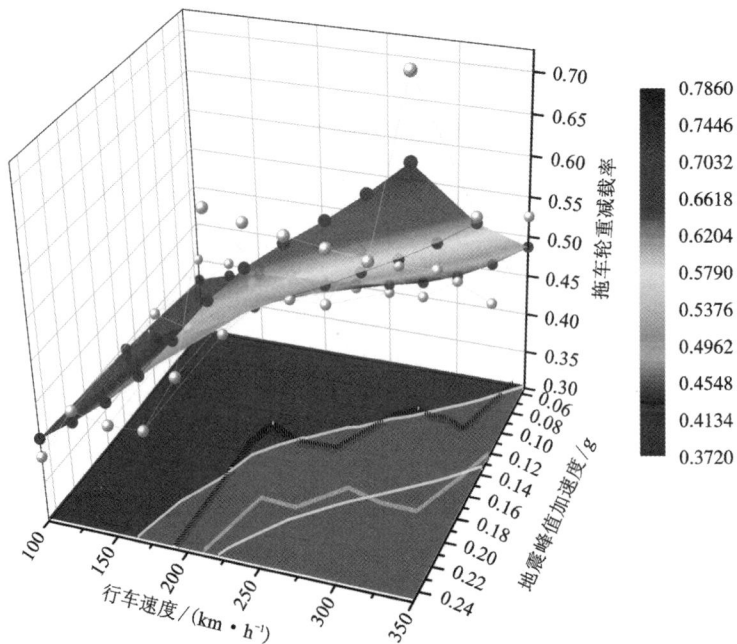

图 6-32　人工地震动作用下高速列车拖车轮重减载率变化图

表 6-9　人工地震动作用下轮重减载率与脱轨系数计算值

地震峰值加速度/g	车速/(km·h⁻¹)	轮重减载率		脱轨系数	
		动车	拖车	动车	拖车
0.054	100	0.344	0.401	0.283	0.232
	125	0.344	0.402	0.284	0.230
	150	0.344	0.401	0.352	0.289
	175	0.345	0.401	0.247	0.341
	200	0.350	0.402	0.247	0.335
	225	0.345	0.398	0.316	0.343
	250	0.343	0.399	0.322	0.265
	275	0.336	0.400	0.321	0.262
	300	0.377	0.429	0.406	0.335
	325	0.401	0.406	0.568	0.513
	350	**0.500**	**0.526**	**0.677**	**0.690**
0.151	100	0.464	0.384	0.365	0.395
	125	0.464	0.448	0.366	0.302
	150	0.430	0.437	0.450	0.384
	175	0.471	0.437	0.511	0.451
	200	**0.551**	**0.508**	0.502	0.440
	225	0.490	**0.496**	0.505	0.442
	250	**0.516**	**0.497**	0.568	0.513
	275	**0.522**	**0.568**	0.557	0.500
	300	**0.578**	**0.558**	**0.822**	**0.811**
	325	**0.628**	**0.560**	**0.829**	**0.805**
	350	**0.618**	**0.628**	**0.940**	**0.801**
0.248	100	0.451	0.383	0.618	0.563
	125	**0.511**	0.448	0.625	0.565
	150	**0.502**	0.439	**0.693**	0.641
	175	**0.505**	0.441	**0.681**	0.629
	200	**0.567**	**0.513**	**0.689**	0.632
	225	**0.558**	**0.708**	**0.760**	**0.710**
	250	**0.564**	**0.699**	**0.747**	**0.836**
	275	**0.629**	**0.691**	**0.824**	**0.822**
	300	**0.619**	**0.685**	**0.940**	**0.829**
	325	**0.625**	**0.678**	**0.888**	**0.988**
	350	**0.697**	**0.872**	**0.863**	**0.928**

注：数据加粗为考虑折减系数情况下超出安全限制，加粗并加下划线为不考虑折减系数情况下超出安全限制。

6.4　基于谱强度指标地震下桥上行车安全评估

在进行铁路桥梁抗震设计时，一个重要的性能目标是满足地震下桥上行车安全性。研究表明，同一车速下刚度大的桥梁其地震下行车安全性往往也相对较高，中国高速铁路规范规定了桥墩、梁体的刚度限值以保障行车安全性，但在桥梁设计时缺少地震下评估列车的安全性的结构限值指标；另一类评估地震行车安全性的指标是轨道变形和梁端转角等拟静力指标，但实际脱轨案例表明在轨道没有明显变形时列车也可能会发生脱轨，因此轨道变形值等拟静力指标不能很好地评估震时桥上行车安全性。同时，虽然地震下列车–轨道–桥梁模型仿真可以较为精确地分析地震下桥上运行列车的响应，并根据脱轨系数、轮轨减载率等指标判断行车的安全性，但计算机数值仿真的方法需要建立精确的列车模型、轨道–桥梁模型以及较为准确的轮轨接触关系，并且需要大量的列车–桥梁参数输入，难以在实际桥梁设计中应用，且目前对地震下列车发生脱轨时桥梁响应指标限值的研究仍然相对较少。为了研究基于轨道–桥梁模型的地震下桥上行车安全评估，将结构响应映射到行车安全上，从而更加准确地指导桥梁设计，本书提出了一种评估地震下行车安全性的速度谱强度指标（spectral intensity，SI）。

6.4.1　谱强度指标定义

地震下列车脱轨具有较强的随机性，应从能量角度出发分析列车的行车安全性。曾庆元等研究表明当系统抗力做功 δ_{cr} 小于外界输入能量 δ_{pr} 时，列车出现失稳；当 $\delta_{cr} = \delta_{pr}$ 时，列车处于临界稳定状态；当 $\delta_{cr} < \delta_{pr}$ 时，列车不会失稳。日本铁道科学研究院从速度谱与最大势能、最大动能之间的关系出发，建立了评估地震下行车安全性的 SI，经过试验验证与数值仿真对比了桥梁结构响应的 SI 评估地震下行车安全性的效果，并说明该指标评估准确度较高，从能量角度看该指标建立了一个基于能量的评估指标来衡量抗力做功与输入能量之间的关系，该方法写入了日本铁路设计规范。

以单自由度振动体系为例来说明 SI 建立的过程：体系质量设为 M，刚度为 K，基频为 $\omega = (K/M)^{0.5}$，最大位移响应为 x_{max}，速度谱为 S_V，位移谱为 S_D，则最大势能为 $1/2(Kx_{max}^2)$。由于 $x_{max} = S_D$，且 $S_V = \omega S_D$，当列车发生脱轨时，处于临界稳定状态时其势能最大，由能量守恒概念可知，列车开始倾覆的最大动能与临界势能相等，单位质量的最大势能如式（6-2）所示，由此可以看出，系统的最大势能与速度谱之间有直接的关系，系统临界势能可由速度谱表示。

$$\frac{1}{2}(K/M)S_D^2 = \frac{1}{2}S_V^2 \tag{6-2}$$

地震动具有随机性，并且不同类型场地卓越周期不同，不同结构的基频亦不相同，因而地震下铁路结构的响应频率成分较为复杂，但响应周期仍有一定范围（日本规范取值为 0.1～2.5 s），经分析验证常见中国高速铁路桥梁的响应频率区间也基本在该周期范围内。计算系统输入能量大小 δ_{pr}，指标需涵盖各个频率段的结构响应，因此对关心频率区段的能量求和，对速度谱进行积分处理，求得速度谱强度大小，其表达式如下：

$$SI(\xi,\ T) = \int_{0.1}^{2.5} S_V(\zeta,\ T)\,\mathrm{d}T \tag{6-3}$$

式中：ζ 为结构阻尼比，高速铁路桥梁为钢筋混凝土结构，取 0.05；T 为结构响应包含周期范围。

6.4.2　*SI* 指标限值

本节以 CRH380A 列车为例求解了列车在正弦激励下的列车响应，并确定了正弦激励位移限值，以该正弦激励位移限值为基础计算了高速列车的 SI_L 大小，并推广到多种车速的工况。

1. 正弦激励下行车安全限值

根据列车自身的动力特性，夏禾等将地震下列车的失稳划分为倾覆失稳、跳轨失稳、倾覆和跳轨失稳，分别对应于低频激励、高频激励及与固有频率相接近的激励。列车动力响应大小和失稳类型与基底激励的频率密切相关，并且地震动中有高频和低频分量，这里对列车施加不同频率的横向正弦波，以确定不同频率激励下列车的安全限值。

（1）正弦激励列车-轨道模型。

列车受轨道横向正弦荷载激励的分析模型如图 6-33(a) 所示，列车及轮轨接触参数与前面列车-轨道耦合模型一致。模型利用多体系统动力学软件 Simpack 模拟，如图 6-33(b) 所示。日本铁路设计规范在确定正弦激励限值时保持列车静止不动，并进行了台架试验验证，试验与模拟结果吻合度较高。这里为与新干线列车的结果进行对比，首先将车速 v 设定为一个较小的值（20 km/h）。

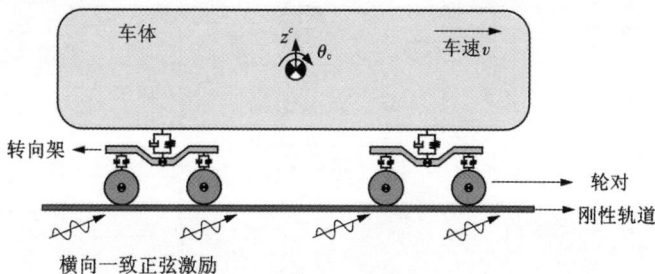

(a) 列车受轨道横向正弦荷载激励的分析模型

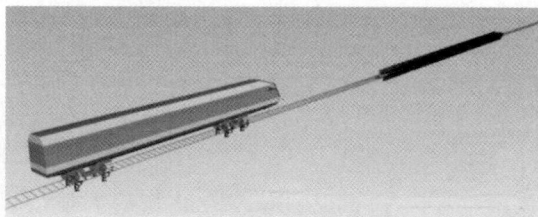

(b) 多体系统动力学列车-轨道模型

图 6-33　列车受轨道激励动力模型

正弦激励以位移形式施加,正弦波形如图 6-34(a)所示,包括稳定段、过渡段和正弦段三部分。由于计算初始时列车通常会有初始振动,在开始施加轨道正弦激励之前先设置一段激励大小为 0 的阶段以让列车运行状态稳定,并在稳定段与正弦段之间设置一段斜率较小的过渡段以避免突加荷载的冲击。不同频率的正弦波需取相同的周期数(这里取 5 个周期),激励幅值逐级增加(5 mm),直至列车评估指标超出限值,此时的正弦波幅值为该频率的基底位移限值。为了实现轨道的横向运动,在 Simpack 中采用了可移动标记点 6-Dof Marker。6-Dof Marker 的输入可以是 Simpack 中自定义的 Excitation,但为了方便自定义位移时程的输入和后处理,这里利用 Simat 实现 Simulink 和 Simpack 的联合仿真得到轨道位移激励,程序框图如图 6-34(b)所示。

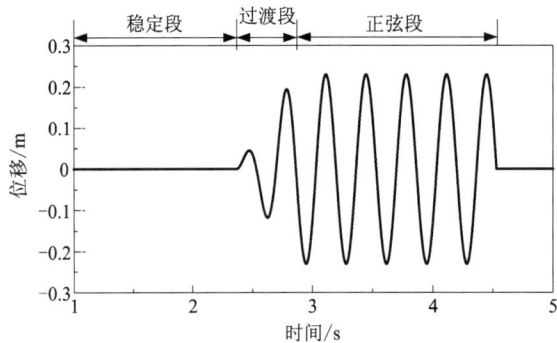

(a)施加正弦激励模式

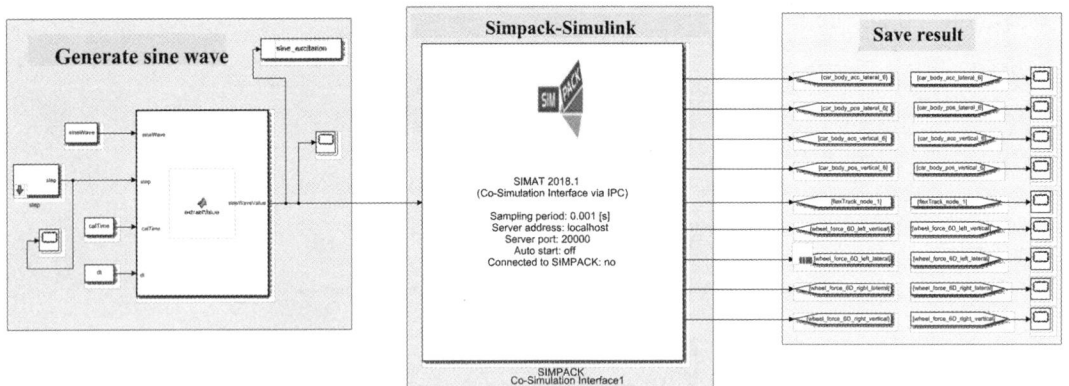

(b)Simpack、Simulink模块

图 6-34　施加正弦激励模式

(2)正弦激励下列车响应。

①车体加速度。

车体加速度是反映列车运行平稳性的关键指标之一,规范中对列车的竖向加速度幅值限值为 1.3 m/s²,横向加速度的限值为 1.0 m/s²。以频率为 3 Hz 的正弦荷载激励为例,其列车加速度响应如图 6-35 所示。由图可知,加速度大小随激励幅值增加而增加,激励施加方向为横向,因此横向加速度量级远大于竖向加速度,在 0.1 m 幅值激励下为 1.141 m/s²,超出了规范限值。

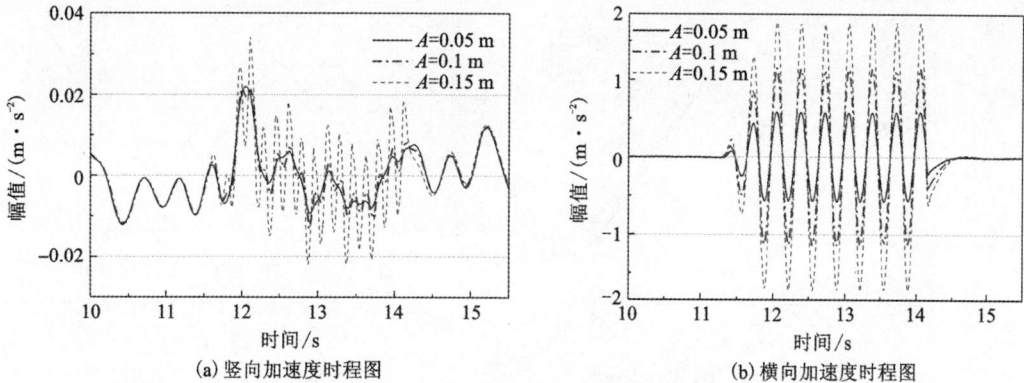

(a) 竖向加速度时程图   (b) 横向加速度时程图

图 6-35 正弦荷载作用下车体加速度 (f = 3 Hz)

②脱轨系数。

正弦激励下左、右侧轮对的峰值脱轨系数如图 6-36 所示，图 6-36(a)、图 6-36(b) 激励幅值相同，频率激励不同。在相同频率激励下同轮对左、右侧车轮脱轨系数接近，脱轨系数幅值随激励幅值随频率增加而增加，当幅值为 0.15 m 时，激励频率为 0.75 Hz 和 2 Hz 的最大脱轨系数分别为 0.31 和 0.52，小于规范要求。

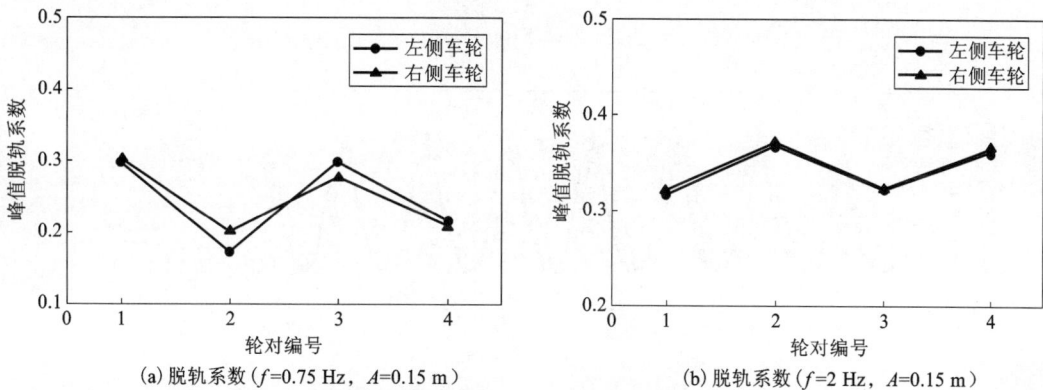

(a) 脱轨系数 (f = 0.75 Hz，A = 0.15 m)   (b) 脱轨系数 (f = 2 Hz，A = 0.15 m)

图 6-36 正弦激励下列车峰值脱轨系数

③轮轨减载率。

正弦激励下车轮轮重减载率如图 6-37 所示，轮轨减载率随激励频率的增加而增加，当幅值为 0.15 m 时，在 0.75 Hz 激励下左、右单侧轮轨的减载率分别为 0.409 和 0.422，在 2 Hz 激励下左、右单侧轮轨的减载率分别为 0.45 和 0.46，未出现轮轨减载脱轨。

④横向轮轨力

正弦激励作用下轮轨力响应时程如图 6-38 所示，在相同频率激励作用下，轮轨力幅值随激励幅值的增加而增加，激励幅值为 0.03 m 和 0.17 m 时，轮轨力峰值分别为 6.335 kN 和 43.2 kN，后者超出了安全性限值；在激励幅值更大时，轮轨力响应出现了更多高频成分，这是因轮轨横向位移增大时，轮对的轮缘与轨头发生接触，单侧轮对会出现快速爬升，导致与计算轮轨力相关的轮轨接触参数快速变化。

(a) 轮重减载率 (f=0.75 Hz，A=0.15 m)

(b) 轮重减载率 (f=2 Hz，A=0.15 m)

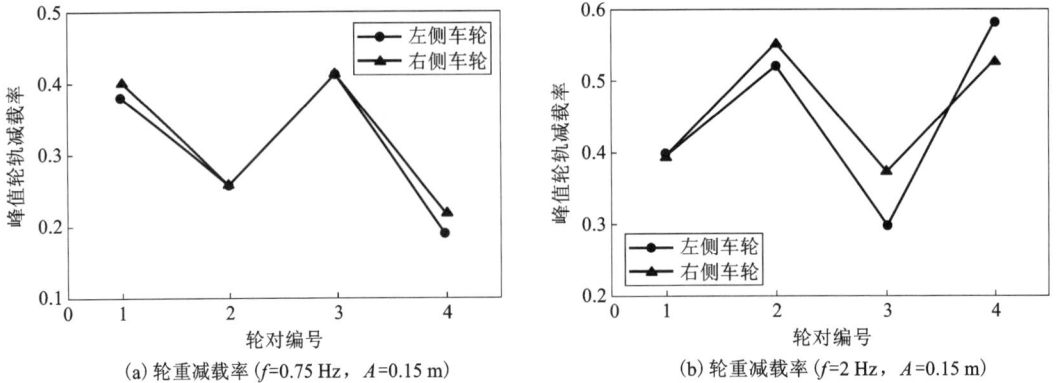

图 6-37　正弦激励下车轮轮重减载率

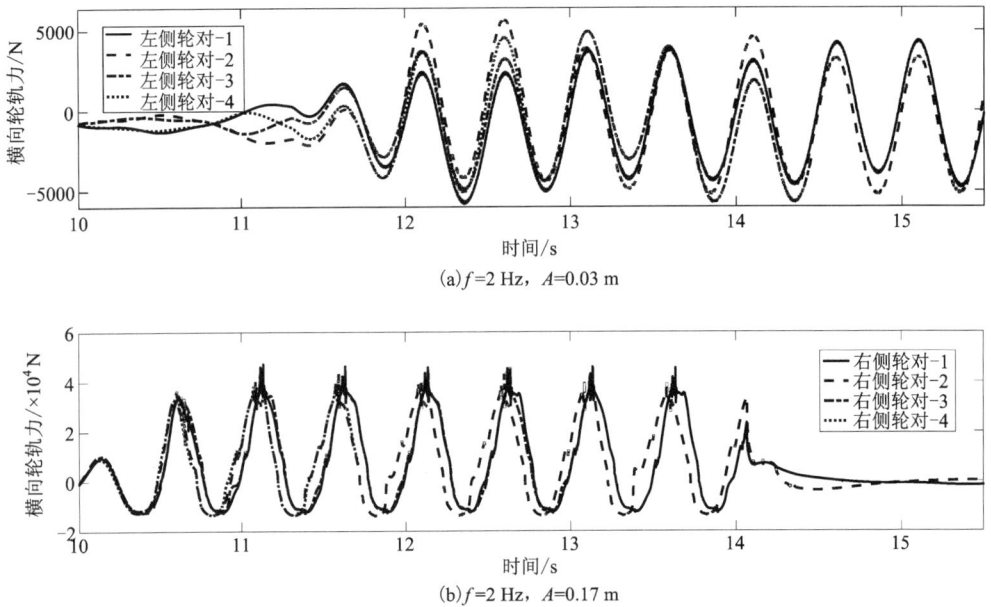

(a)f=2 Hz，A=0.03 m

(b)f=2 Hz，A=0.17 m

图 6-38　正弦激励下轮轨力响应时程

（3）正弦激励极限位移。

由上小节分析可知，行车安全性与稳定性指标会随激励幅值与频率发生变化，但各指标随幅值和频率的变化关系仍不明确。本节计算了同一车速下列车在不同幅值、频率的正弦激励下的行车性能评估指标，分析了其随频率、幅值的变化规律，统计了满足行车安全性的不同周期的正弦激励位移限值。

正弦激励下行车稳定性指标如图 6-39 所示，每条曲线代表了不同频率的正弦波。由上节可知列车以横向振动为主，此处只分析了列车横向加速度及横向 Sperling 系数。由图可知，稳定性指标均随幅值增加而增加；在某一固定频率下，列车横向加速度峰值随激励幅值的增加呈线性增加的趋势，横向 Sperling 系数随激励幅值增长的斜率不断下降，近似呈对数增长趋势。由于 Sperling 系数在小幅值激励下增长速度较快，其达到限值（3.0）的激励幅值较列车横向加速度(1.0 m/s²)更早,如在 1 Hz 的激励下,Sperling 系数在 0.060706 m 时达到限值,而列车横向加速度在 0.124185 m 才超出。在相同幅值的正弦激励作用下,稳定性指标随激励频率的增加而增加,但增加的速度逐渐减小。如表 6-10 所示列出了幅值为 0.1 m 时不同频率激励下的稳定性指标,可见当激励频率小于 2 Hz 时,加速度峰值和 Sperling 系数增长较快;当激励频率继续增加时,稳定性指标增长较慢。这是由于车体的振动频率主要在 2 Hz 以下,故在低频下稳定性指标增长幅度更快。

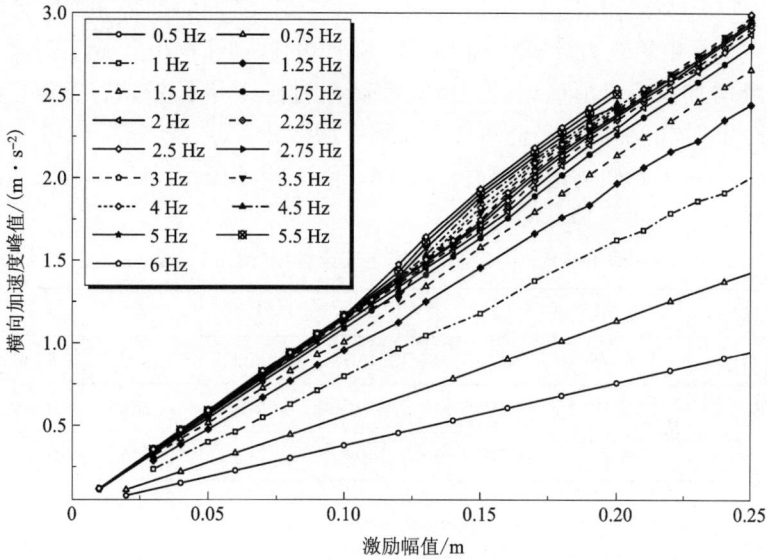

(a)列车横向加速度

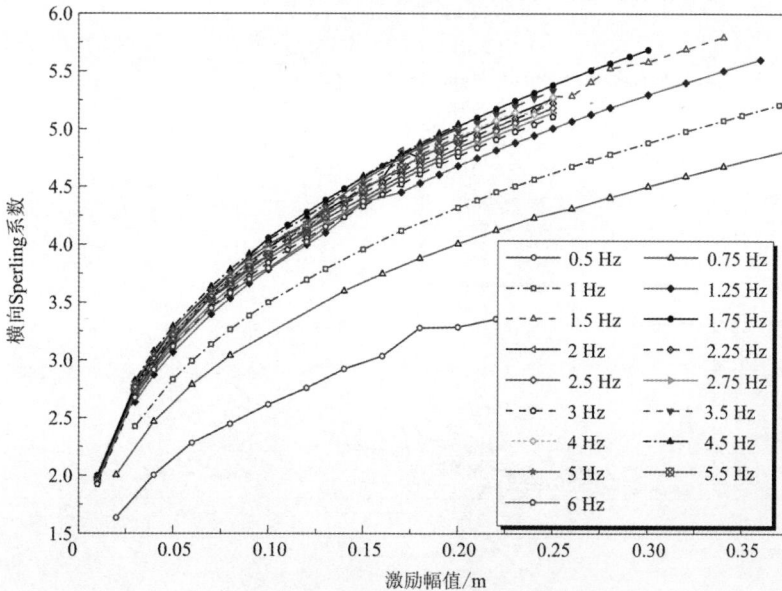

(b)横向Sperling系数

图 6-39　正弦激励下行车稳定性指标

表6-10　相同幅值激励下稳定性指标(0.1 m)

激励频率/Hz	0.75	1	2	3	4	5	6
横向加速度峰值/(m·s⁻²)	0.4445	0.7969	1.117	1.151	1.159	1.164	1.165
横向 Sperling 系数	3.039	3.4982	3.7684	3.8421	3.958	3.9949	3.7944

正弦激励下行车安全性指标如图6-40所示，分别为横向轮轨力、脱轨系数和轮重减载率。由图可知，安全性指标均随幅值的增加而增加，并且增加的趋势相似，这是由于脱轨系数和轮重减载率均是由轮轨力计算得到的。在激励幅值较低时(0.1 cm以下)，各指标均以近似线性的趋势增加；随着幅值增加，指标在高频激励下增长较快，近似呈指数型增长。表6-11列出了相同幅值激励下安全性指标随频率的变化关系，各指标均与频率大小呈正相关关系，在5 Hz时横向轮轨力超出限值，此时即可计算得到该频率的位移限值。

表6-11　相同幅值激励下安全性指标(0.12 m)

激励频率/Hz	0.75	1	2	3	4	5	6
横向轮轨力/kN	14.75	16.180	20.160	21.23	28.0	30.950	34.17
脱轨系数	0.1232	0.1945	0.2796	0.2854	0.2699	0.3525	0.3785
轮重减载率	0.1595	0.2029	0.2495	0.262	0.3361	0.3669	0.4033

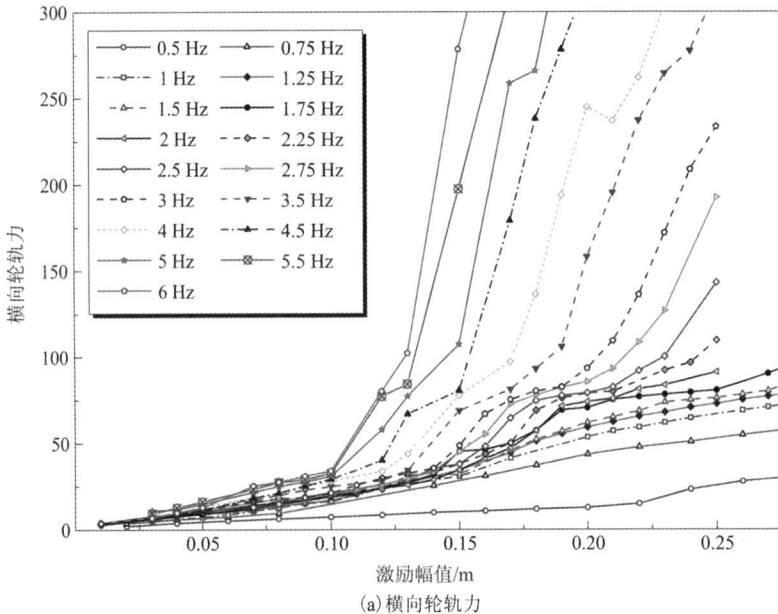

(a) 横向轮轨力

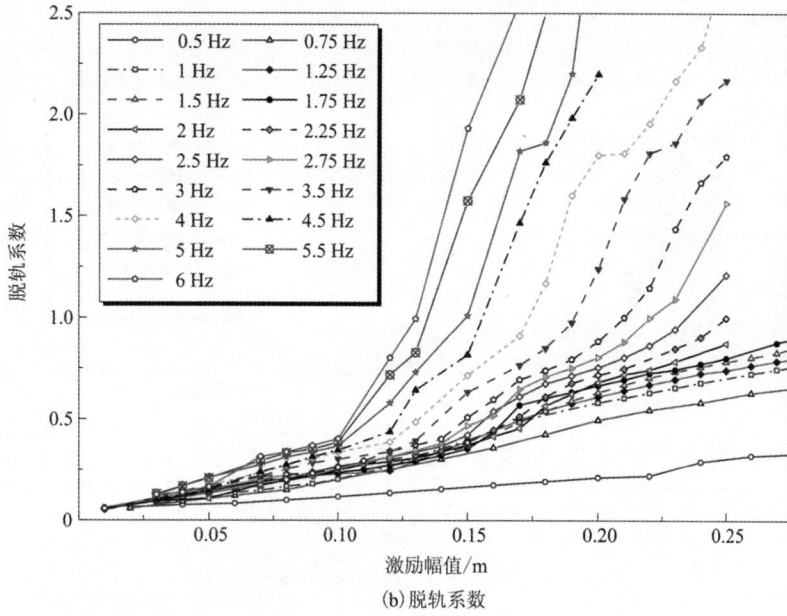

(b)脱轨系数

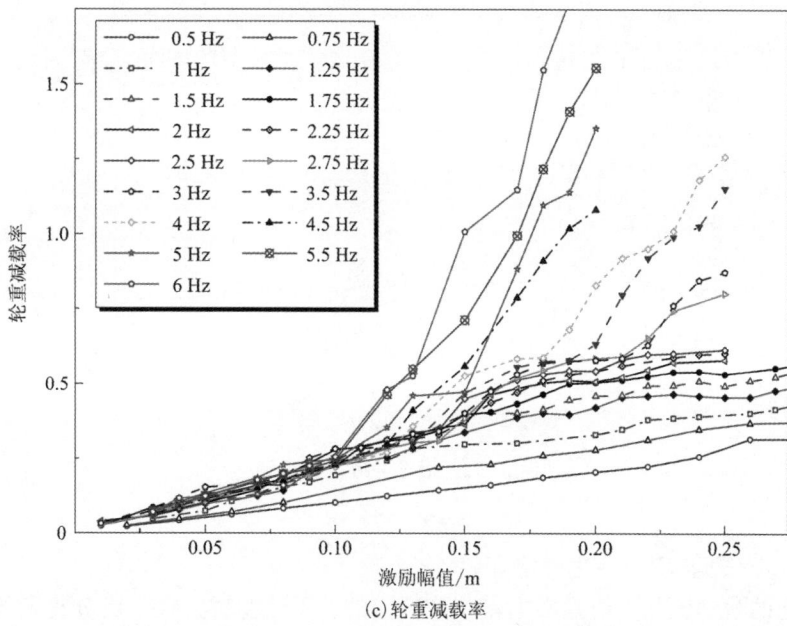

(c)轮重减载率

图 6-40　正弦激励下行车安全性指标

  采用同样的方法,可以得出满足各个指标要求的位移限值大小,如图 6-41 所示,由图可知极限位移幅值随频率增加而减小,并且满足稳定性指标要求的限值要小于安全性限值,地震下行车平稳性为次要要求,此时暂不考虑。在评估列车是否发生脱轨的过程中,往往会出现一个指标超出限值而其他指标并未超出限值的情况。这里从保障列车的行车安全性角度出发,当一个指标超出限值时即认为列车出现脱轨,并且对不同规范中相似的限值取最严格的要求，以考虑到行车中的最不利情况，也就是对各指标位移限值取交集，即可得到最终位移限值曲线，如图 6-42 所示。

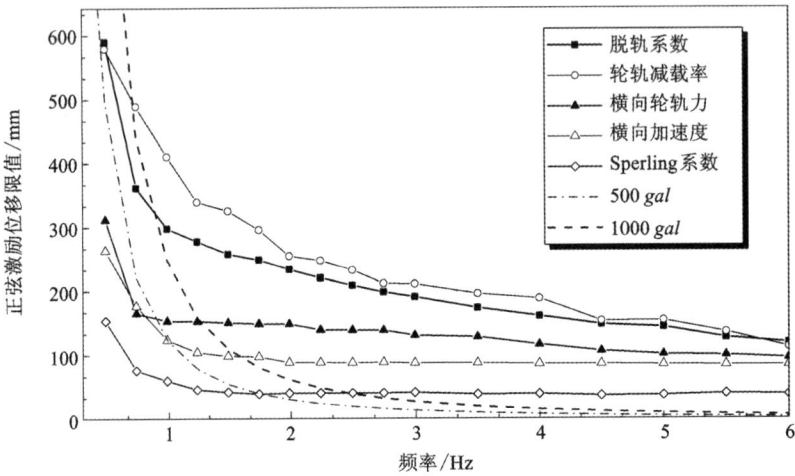

图 6-41　激励位移限值

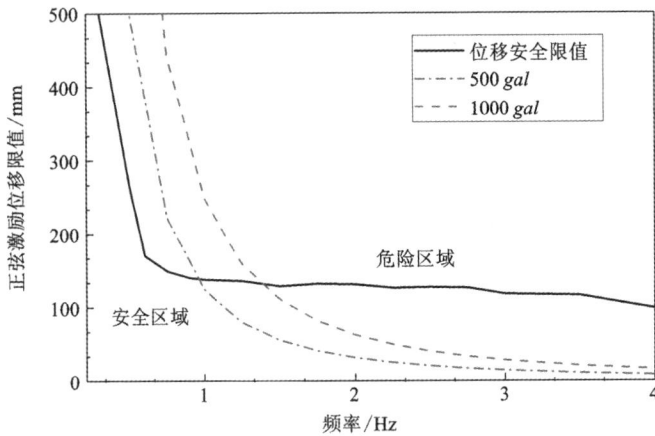

图 6-42　最终激励位移限值

2. CRH380A 列车 *SI* 判定指标建立

上节确定的激励位移限值是根据正弦波确定的，而地震动为频率成分复杂的随机波，与正弦波特性差异极大，因而根据正弦激励确定的位移限值无法直接使用，需要进行一定的转换。

求解(SI_L)的流程如图 6-43 所示。首先建立列车-轨道模型，确定车速范围，但由于不同车型具有不同的动力特性且不同国家高速铁路轮-轨参数存在差异，求出的安全限值量级会存在一定差异；之后计算某一周期为 T_{sine}^i 的正弦激励作用下安全性位移限值 d_L^i，循环直到 T_{sine}^i 小于周期上限，这就得到了所关心频率区间内的激励位移限值，如图 6-43 所示，由图可知位移限值随频率的增加不断减小。

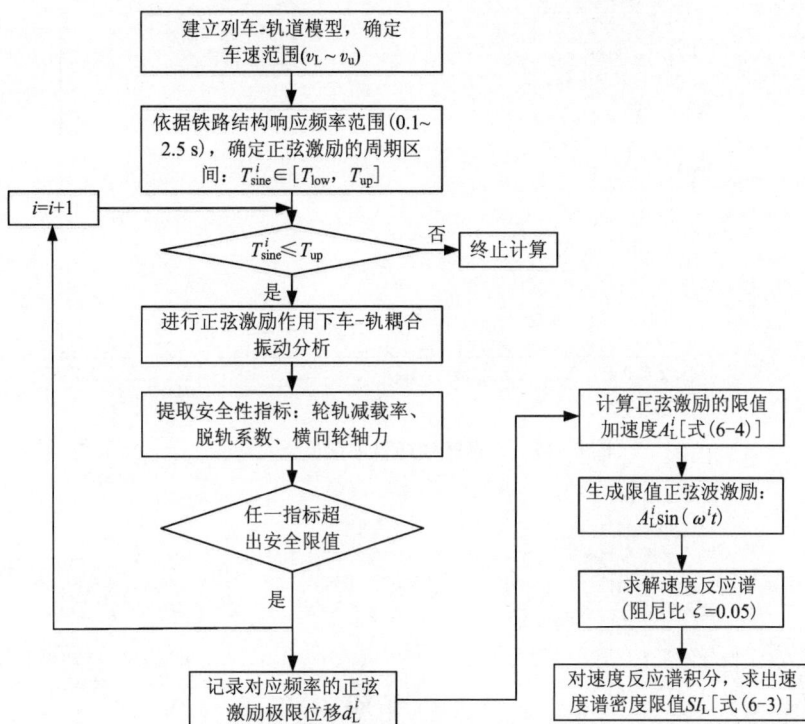

图 6-43　求解 SI_L 流程图

之后根据位移限值 d_L^i 计算出对应频率的加速度安全限值 A_L^i，如式(6-4)所示，式中 ω_i 为当前对应频率。

$$A_L^i = w_i^2 d_L^i \tag{6-4}$$

计算得到的正弦激励绝对加速度安全限值如图 6-44 所示，位于曲线之上为危险区域，之下为安全区域；并且随着激励周期的增加，加速度安全限值逐渐降低。

由正弦激励加速度安全限值计算 SI_L 的过程如图 6-45 所示，首先根据加速度安全限值确定限值正弦波的幅值 A_L^i，限值正弦波的周期为 A_L^i 所对应的周期 T_{sine}^i，激励周期为 5 周。然后，求解限值正弦波的反应谱(阻尼比 0.05)，该处极限正弦激励的幅值为满足行车安全要求的位移限值，限值正弦激励速度反应谱如图 6-46 所示，从图中可以看出，高频激励的振幅较大，但随着频率的逐渐降低，振幅不再有明显变化。对速度反应谱在 0.1~2.5 s 的，利用公式(6-13)进行积分，即可得到对应周期 T_{sine}^i 下的安全限值 SI_L。

本节求出的不同频率激励下的 SI_L，如图 6-47 所示。由图可知，SI_L 大小随激励周期增加而减小，尤其在高频时减小幅度较快，这说明当输入激励主要为高频时，也就是结构基频较高时，SI 的安全限值越高；另一方面，当周期增加到一定程度时，SI_L 达到了一个趋于稳定的状态。从本节计算得到的 SI_L 与日本规范的 SI_L 对比可以看出，两者的基本趋势是一致的，在高频时本节计算的限值略高于日本规范，低频部分相差不大，这是由于两者的车型不一致，其动力特性也有差异。计算出 SI_L 后，就可以依据此指标进行该车速下地震下行车安全性评估。

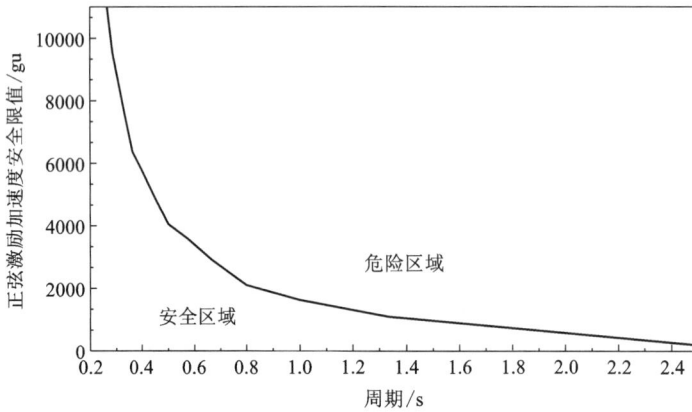

图 6-44　正弦激励绝对加速度安全限值

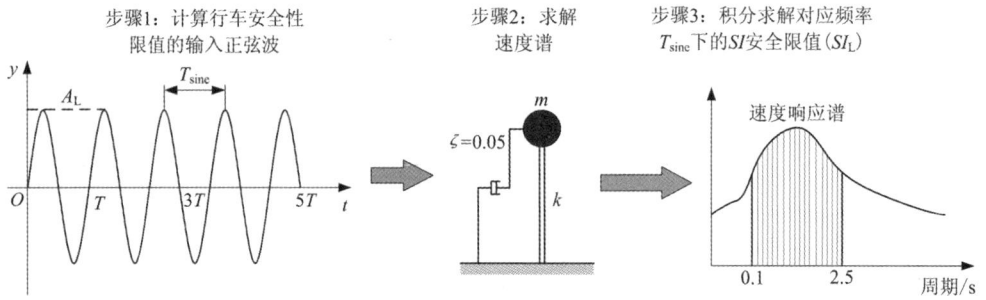

图 6-45　由加速度安全限值计算 SI_L

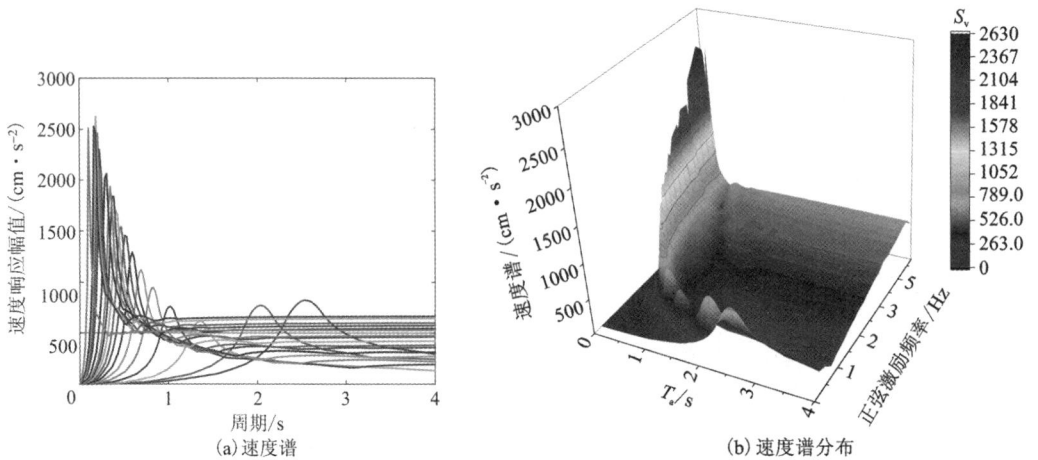

图 6-46　限值正弦激励速度反应谱(阻尼比 $\zeta = 0.05$)

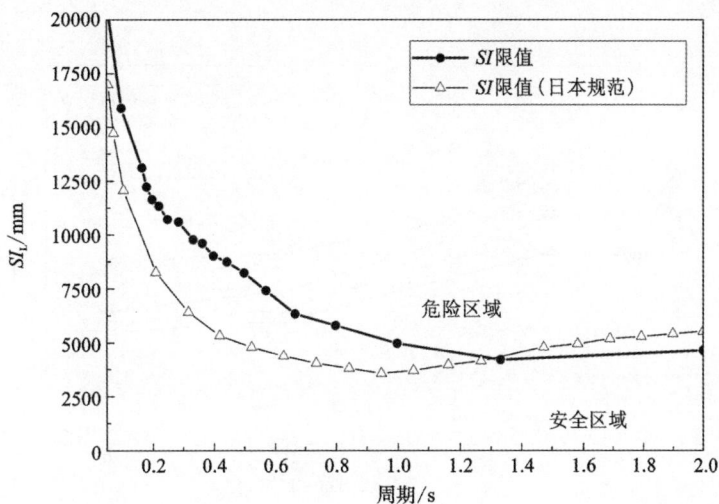

图 6-47　不同频率激励下的 SI_L

3. 不同车速下 SI 限值

列车行车安全性与行车速度密切相关，列车静止或慢速行驶下无法准确体现轨道不平顺的动力激励效应，并且不同车速下列车在地震下的动力响应也不相同，首先分析不同车速的列车在正弦激励下的动力性能。

当地震发生时，由于地震预警系统的作用，列车一般会减速，因此这里暂不考虑列车在运营时速 300 km 时的地震下行车安全性。不同车速(20 km/h、50 km/h、100 km/h、150 km/h)下 1 号左侧车轮的横向轮轨力时程如图 6-48 所示，激励频率(3 Hz)和幅值(0.07 m)在四种车速下均保持一致。由图可知，在相同激励下横向轮轨力响应随车速增加而增加，当车速为 50 km/h 时横向轮轨力为 12.73 kN，100 km/h 时轮轨力大小为 40.01 kN，150 km/h 时轮轨力大小为 42.02 kN，可以看出随着车速增加，轮轨力峰值的增加幅度有减缓的趋势。

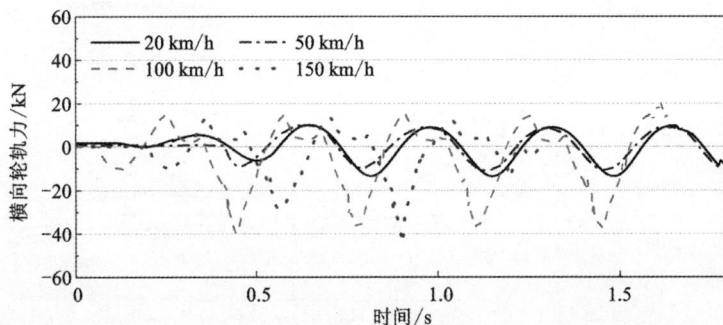

图 6-48　不同车速横向轮轨力时程(1 号左侧轮对)

图 6-49 分析了不同车速下的激励位移限值，四条曲线分别对应了四种正弦激励频率，随着车速增加，激励位移限值逐渐降低，并随车速的增加位移限值减小的速率越慢，这种现

象与 Nishimura 的试验结果相吻合，并且不同车速下高频限值均小于低频。

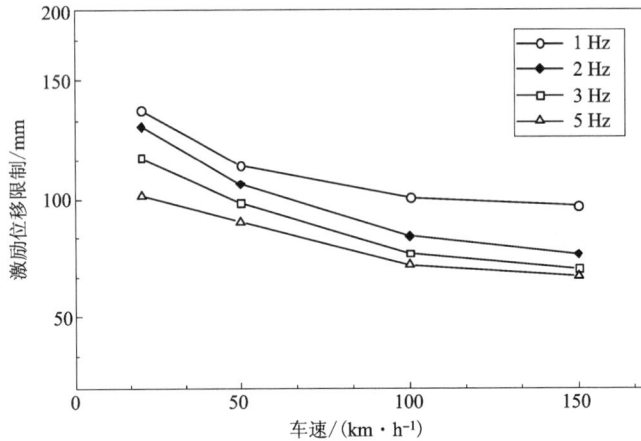

图 6-49　车速对激励位移限值的影响

依据计算对应车速下正弦激励位移限值，对慢速行驶状态下的行车安全性指标进行修正，以得到不同车速下的行车安全性指标限值，不同车速激励限值与 20 km/h 限值之比见表 6-12。由于位移限值 d_L 与 SI 限值呈正相关，依据不同车速下位移限值之比对上节计算的 20 km/h 的 SI_L 进行折减修正，为保证设计的安全性取限值之比中较小值（2 Hz），结果如图 6-50 所示。这里选择两级评估指标：时速为 20 km 和 150 km 的指标，记为 S1 和 S2，分别代表了列车静止或低速运行工况和列车高速运行工况。

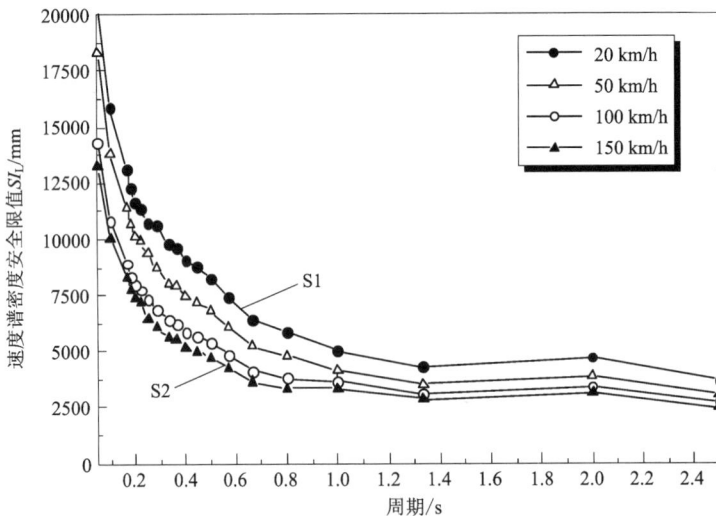

图 6-50　不同车速下列车的 SI_L

表 6-12　不同车速激励限值与 20 km/h 限值之比

车速 km/h	1 Hz/%	2 Hz/%	3 Hz/%	4 Hz/%	5 Hz/%
50	82. 90	81. 31	83. 65	86. 19	89. 12
100	73. 03	64. 51	65. 67	68. 23	71. 20
150	67. 24	56. 07	57. 62	60. 41	63. 64

6.4.3　*SI* 指标有效性验证

本小节通过将 *SI* 评估结果与地震下列车-桥梁耦合振动行车安全性评估结果对比验证 *SI* 评估方法和 SI_L 的准确性。

1. 地震动选择

场地按土体的剪切波速可分为Ⅰ类坚硬土、Ⅱ类中硬土、Ⅲ类中软土、Ⅳ类软弱土等四类，以考虑场地效应的影响。根据场地类别选取地震动反应谱特征周期 T_g，由于软土对地震动高频信号的滤波作用，场地特征周期随剪切波速的减小而增加，见表6-13。桥梁所在位置特征周期分区应根据地震动参数区划选取，铁路抗震规范中共分三个区划等级，本桥所在位置的特征周期分区为一区，桥梁抗震设防烈度为 7 度（0. 10 *g*）。

表 6-13　场地土类型划分

场地类型	Ⅰ 类场地	Ⅱ 类场地	Ⅲ 类场地	Ⅳ 类场地
场地土分类	岩石或坚硬土	中硬土	中软土	软弱土
剪切波速 $V_{se}/(\mathrm{m \cdot s^{-1}})$	$V_{se}>500$	$250<V_{se}\leq500$	$150<V_{se}\leq250$	$V_{se}\leq150$
特征周期 T_g/s	0. 25	0. 35	0. 45	0. 65

结构的动力响应除与结构的动力特性相关外，还与地震动特性（频谱特性、强度、持续时间等）密切相关。这里考虑不同场地条件，在 Pacific Earthquake Engineering Research Center（PEER）上选择每种场地对应的 3 条地震动加速度记录，选择的地震动记录见表6-14。选择的地震动记录加速度反应谱与设计加速度谱的对比如图6-51所示，从图中可以看出均值谱与设计谱的偏差在关键周期范围内均小于20%，因此选波符合抗震规范的标准。对于大跨度桥梁支撑点间距较远或者桥梁下部结构支撑处的场地条件显著不同的情况，为考虑行波效应和局部场地效应地震动需要采用不一致激励输入；但对于中小跨径桥梁，可以假定各支撑点上的地面运动是一致的。对于这里所考虑的 32 m 简支桥梁结构，由于其跨径较小，故采用输入一致地面加速度的方式进行地震荷载的加载。

表 6-14 选择地震动记录

地震编号	地震名称	站台	里氏震级	PGA/g	断层距/km	剪切波速/(m·s⁻¹)
I-W1	Iwate Japan	YMT017	6.9	0.09	36.73	410.57
I-W2	Chi-Chi Taiwan-03	TCU073	6.2	0.034	20.91	473.65
I-W3	L'Aquila Italy	Lab. Gran Sasso	6.3	0.021	11.15	547
II-W1	Landers	Mission Creek Fault	7.28	0.0597	26.96	355.42
II-W2	Christchurch	TPLC	6.2	0.1256	16.61	249.28
II-W3	Parkfield	Cholame Shandon Array #12	6.19	0.1262	17.64	408.93
III-W1	Imperial Valley 06	El Centro Array#12	6.53	0.1449	17.94	196.88
III-W2	Chuetsu oki Japan	NIG013	6.8	0.1080	29.8	174.55
III-W3	Superstition Hills 01	Imperial Valley Wildlife Liquefaction Array	6.22	0.1308	17.59	179
IV-W1	Tottori Japan	SMN002	6.61	0.1096	16.61	138.76
IV-W2	Darfield New Zealand	Christchurch Resthaven	7	0.1795	19.48	141
IV-W3	Imperial Valley 06	Niland Fire Station	6.53	0.2628	36.92	212

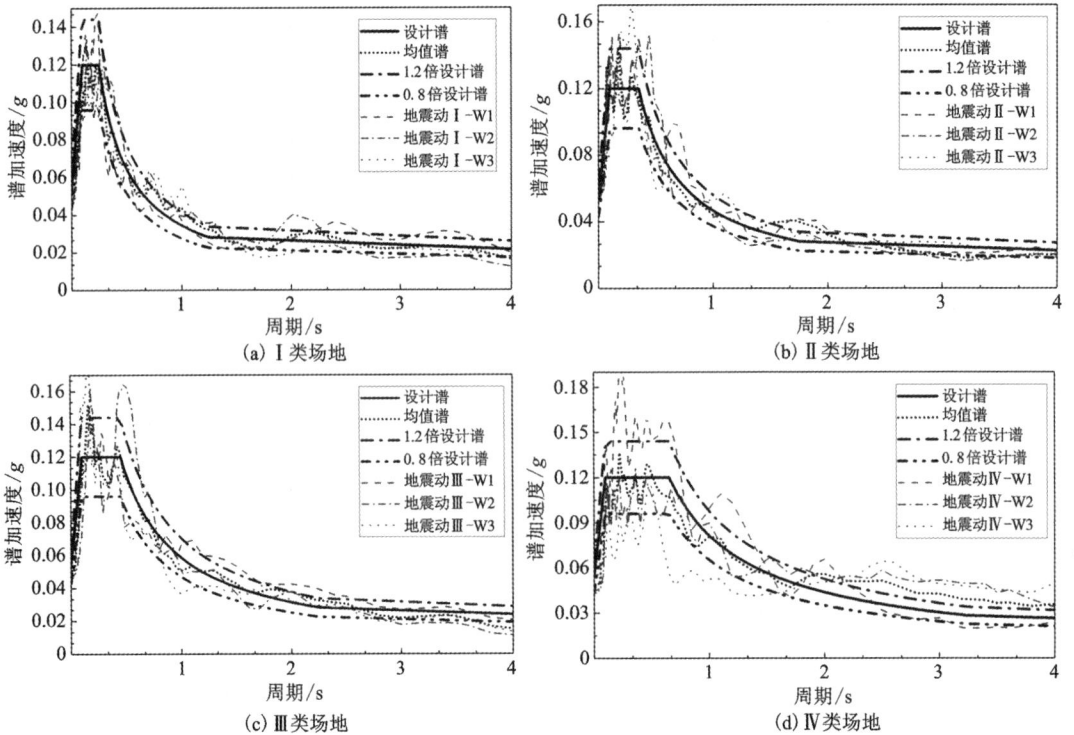

图 6-51 选择地震动的加速度反应谱

(a) I 类场地
(b) II 类场地
(c) III 类场地
(d) IV 类场地

2. 桥梁-轨道结构地震响应

对墩高为 8 m 的简支梁桥进行地震动动力时程分析，考虑桥梁-轨道相互作用与列车与桥梁的耦合作用，输入地震动为 II 类场地的三条地震动，将 PGA 调整为 0.05 g、0.1 g、0.15 g 等三个量级，提取跨中轨道加速度响应如图 6-52 所示。当 PGA 为 0.15 g 时，II-W1～W3 等峰值加速度分别为 3.76 m/s^2、3.832 m/s^2、3.814 m/s^2。

三条地震动下结构响应的频率成分如图 6-52 所示，主要频率成分集中在 3 Hz 左右，这是由于结构的基频 T_e = 3.06 Hz，与王少林的墩梁横向一致运动的频率范围在 2.485～4.34 Hz 的结论也保持一致。虽然地震动频率成分复杂，对结构响应有很大影响，但结构响应的主频仍然在结构基频附近，如 II-W3 前三阶主要频率成分为 3.125 Hz、3.319 Hz、3.396 Hz，均在 3 Hz 附近。

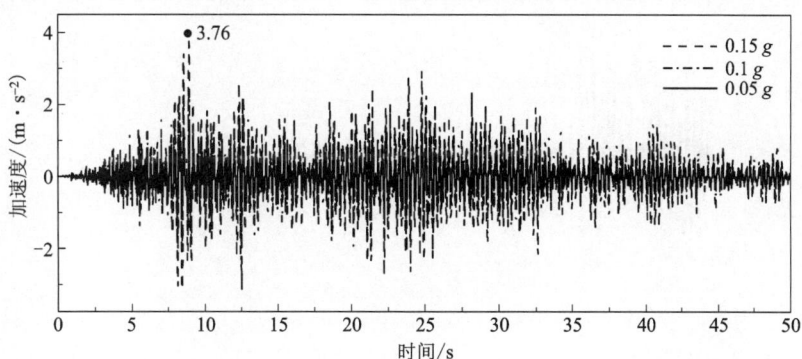

(a) II-W1 加速度响应时程

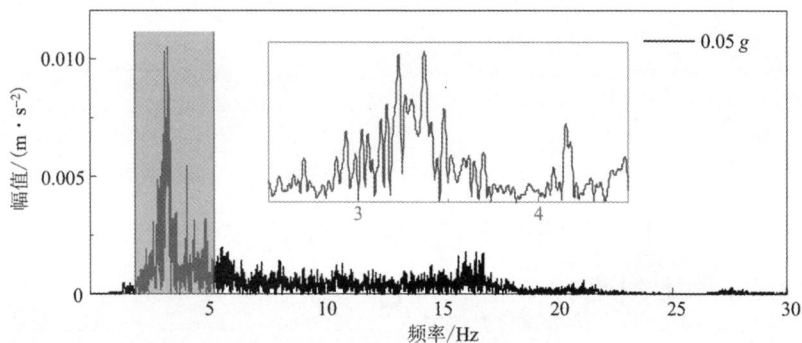

(b) II-W1 加速度频谱

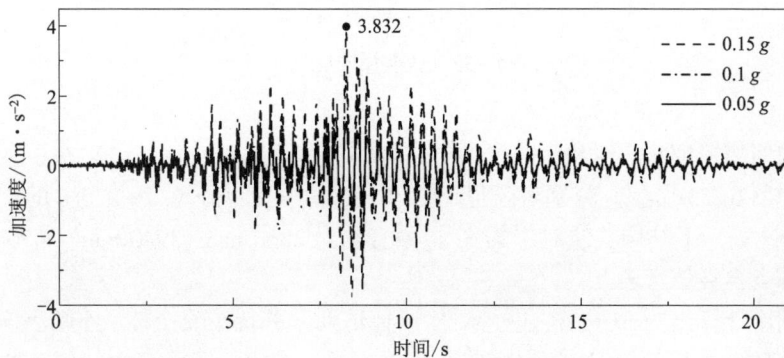

(c) II-W2 加速度响应时程

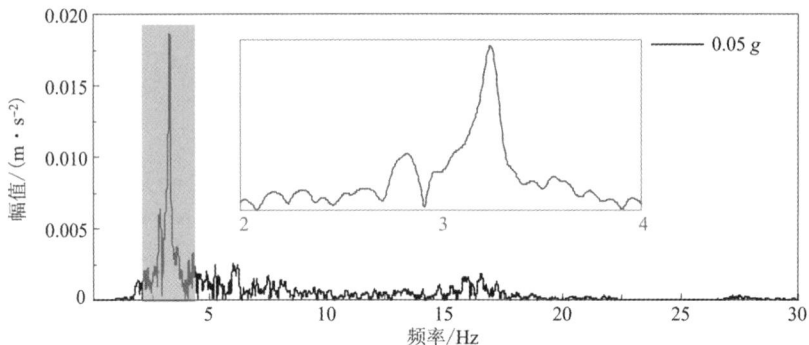

(d) Ⅱ−W2加速度频谱

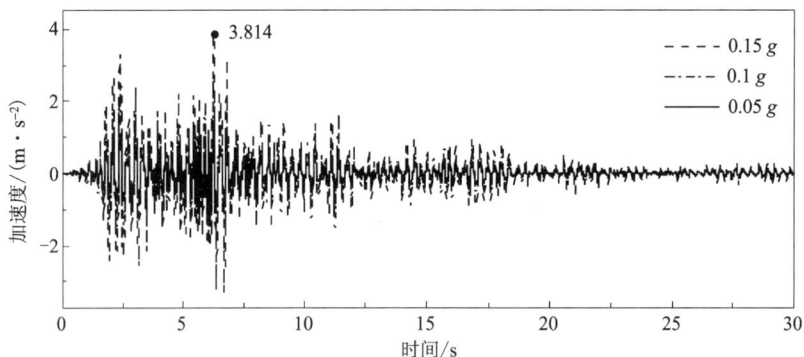

(e) Ⅱ−W3加速度响应时程

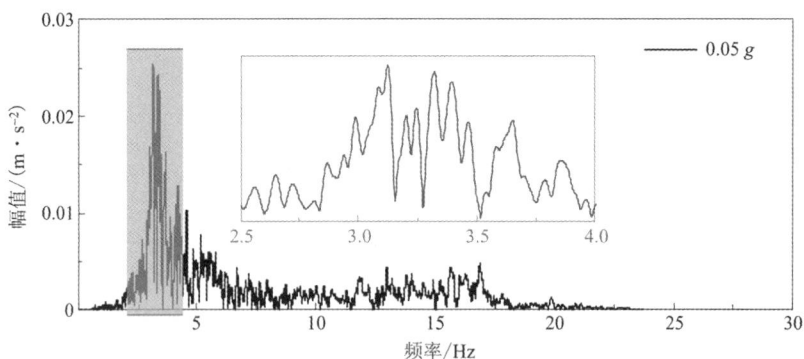

(f) Ⅱ−W3加速度频谱

图 6−52　轨道加速度响应

　　根据结构的加速度响应时程，即可求出结构响应速度谱，三条地震动在不同阻尼比下的速度响应谱如图 6−53 所示。分别对阻尼比 $\zeta=0.05$ 的速度谱在 $0.1\sim2.5$ s 的周期内进行积分，可得三条地震动下结构响应对应的 SI 指标分别为 2960 mm、3940 mm、3470 mm。

3. SI 行车安全评估方法

　　将桥梁响应计算出的 SI 与 SI_{L} 进行对比以评估列车的行车安全性，原则上应在结构响应的前 k 阶主要频率上与 SI_{L} 对比。当在所有频率上均满足 $SI<SI_{\mathrm{L}}(T_i)$ 时，才认为行车安全性满足要求，其评估流程如图 6−54(a)所示，但其过程较为烦琐，需要求出前 k 阶频率进行多

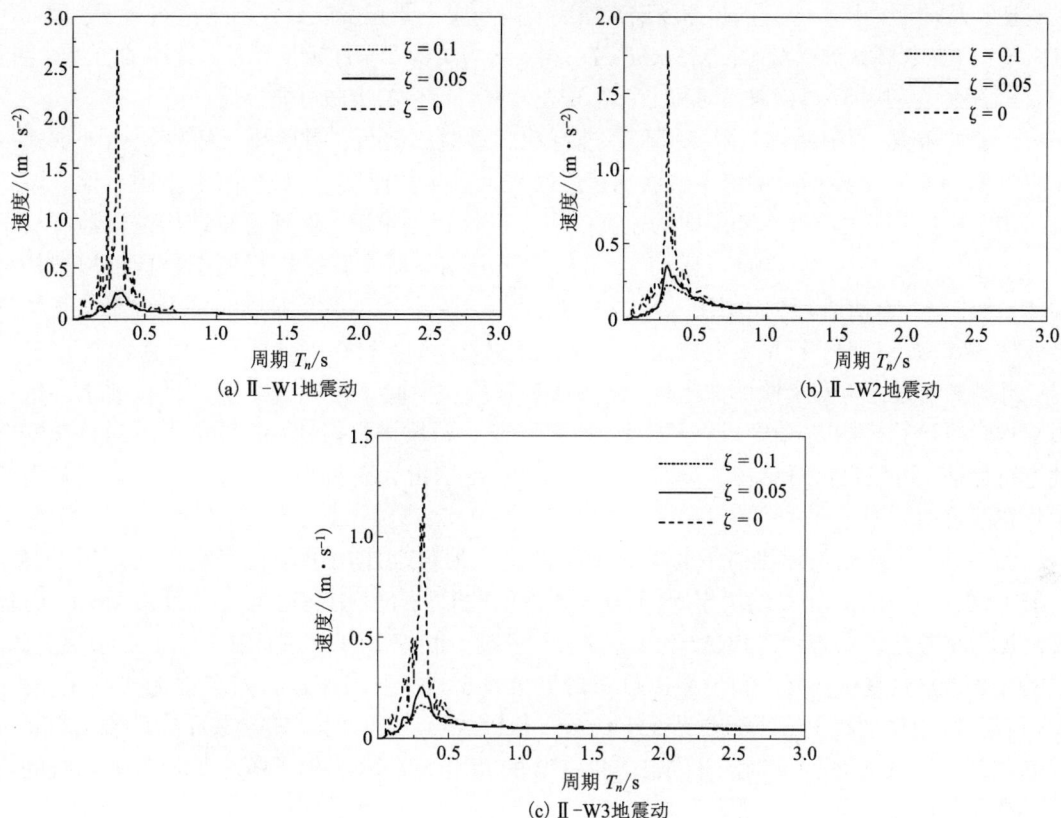

(a) Ⅱ-W1地震动

(b) Ⅱ-W2地震动

(c) Ⅱ-W3地震动

图 6-53　结构速度响应谱

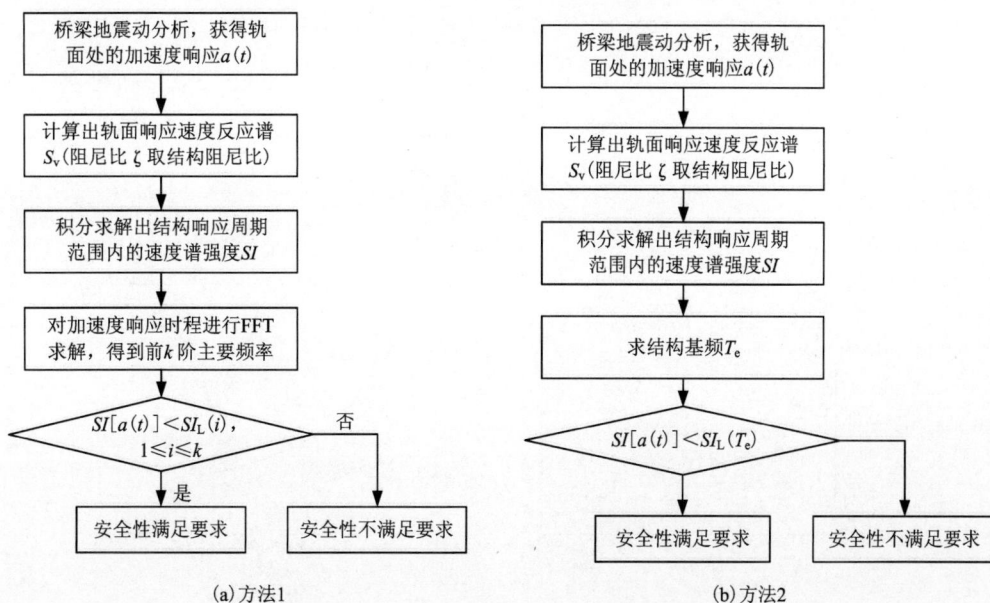

(a) 方法1

(b) 方法2

图 6-54　依据 SI 指标判断行车安全性的流程图

次对比。从前面结构响应频谱和速度谱来看,结构响应主要频率成分在结构基频附近,因而可以只与 SI_L 在基频处进行对比,当 $SI<SI_L(T_e)$ 时,认为结构安全性满足要求,其评估流程如图 6-54(b) 所示。利用 SI 指标对震时桥上行车安全性进行评估的步骤可概括如下:

①建立桥梁-轨道结构有限元模型,进行地震动时程分析,提取桥梁跨中轨面处加速度响应时程 $a(t)$。②根据桥梁跨中轨面加速度时程计算出其速度反应谱 $S_v(\zeta)$,阻尼比 ζ 取桥梁结构阻尼比,对关心频率范围内的速度反应谱进行积分求解,得到桥轨结构在该地震动下的 SI 指标大小。③对结构响应进行 FFT 分析求出其前 k 阶主频或进行模态分析求出结构基频 T_e,按图 6-50 查表得到速度谱 SI_L,将 SI 指标与 SI_L 进行对比,对震时桥上行车安全性进行评估:当 $SI<SI_L$ 时,行车安全性满足要求;当 $SI>SI_L$ 时,行车安全性不满足要求。

此外,分级行车安全性评估指标(S1 和 S2),可对不同车速的行车安全进行评估。依据由结构响应计算出的 SI 值即可在不进行地震下列车-桥梁耦合振动分析的前提下对行车安全性进行评估,可以只进行结构地震时程分析,这对结构设计人员来说易于掌握,具有较高的工程实践价值。

图 6-55 依据 SI 指标评估了 II 类场地不同量级地震动作用下的行车安全性。当 PGA=0.05 g 时,三条地震动 SI 均小于 S2 限值,这说明此时列车在中高速运行(≥150 km/h)时仍可满足行车安全性要求;当 PGA=0.1 g 时,II-W1、II-W2 的 SI 指标在 S1 和 S2 限值之间,说明在 0.1 g 地震下可以满足慢速行车的安全性要求,但高速运行安全性无法满足,II-W3 位于 S2 限值曲线上,处于临界稳定状态;当 PGA=0.15 g 时,三条波的 SI 均在 S2 和 S1 限值之间;当 PGA=0.2 g 时,II-W1、II-W2 的 SI 指标超出了 S1 限值,此时低速运行的桥上行车安全性无法满足。

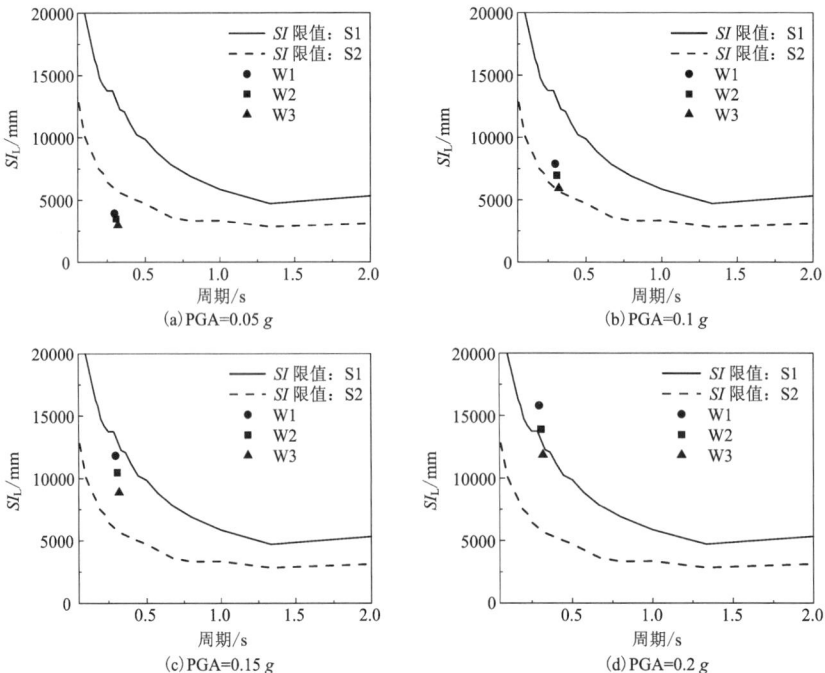

图 6-55 依据 SI 指标判断地震下行车安全性(II 类场地)

4. *SI* 评估方法验证

关于利用 *SI* 指标评估行车安全性方法的准确性，Luo 等人通过将 *SI* 评估结果与地震下列车-轨道耦合试验和列车-轨道-桥梁耦合仿真结果进行对比，进行了大量验证，认为最可信是通过试验进行验证，但由于时间所限，这里通过与地震下列车-轨道-桥梁耦合数值仿真结果对比初步验证了 SI_L 和评估方法。取第 5 章中列车-轨道-桥梁在地震下的列车脱轨系数与 *SI* 指标评估结果进行对比，见表 6-15，本节工况所对应的 SI_L 由图 6-50 可知为 6418 mm。

表 6-15　*SI* 指标与前面计算地震下列车脱轨系数对比

地震动	PGA = 0.05 g		PGA = 0.1 g		PGA = 0.15 g	
	脱轨系数	*SI*/mm	脱轨系数	*SI*/mm	脱轨系数	*SI*/mm
Ⅰ-W1	0.5413	2680	0.6917	5350	0.8034	7998
Ⅰ-W2	0.5613	2850	0.6317	5710	0.7094	8560
Ⅱ-W1	0.5181	3940	0.6678	7880	0.8186	11800
Ⅱ-W2	0.5846	3470	0.8373	6960	1.196	10500
Ⅳ-W1	0.6252	3290	0.9856	6570	1.318	9870

从表 6-15 可以看出：对于 Ⅰ-W1、Ⅱ-W2、Ⅳ-W1，利用 *SI* 指标和脱轨系数对行车安全性评估结果较为吻合；对于 Ⅱ-W1，*SI* 评估方法得到的结果相对保守，在 0.1 g 地震下认为列车发生脱轨，但此时脱轨系数为 0.6678，仍小于 0.8 的限值；Ⅰ-W2 在 0.05 g 和 0.1 g 时的评估结果与脱轨系数吻合，在 0.15 g 时认为列车脱轨，但此时脱轨系数仍未超过限值。可以看出 *SI* 指标在有的工况下较为保守，但总的来说可以较为精确地评估地震下行车的安全性。

表 6-16 为林玉森的 Kobe 和 El Centrol 地震动作用下，高速列车在 8 m 墩高的桥上的脱轨系数。可以看出，当 PGA = 0.05 g 时，脱轨系数均在限值（0.8）以下；当 PGA = 0.1 时，脱轨系数超出了 0.8 的限值，不满足行车安全性的要求。本小节计算的 *SI* 指标也在表 6-16 中列出，在 150 km/h 的车速下按 8 m 墩简支梁桥基频查图 6-50 可知高速运行时 SI_L 为 5784.49 mm，在 PGA = 0.05 g 时 Kobe 和 El Centrol 波 *SI* 指标均未超出限值，满足行车安全性要求；在 0.1 g 时 Kobe 和 El Centrol 波 *SI* 指标超出限值，不满足行车安全性要求，判断结果与列车-桥梁耦合结果一致。因此，通过 *SI* 评估结果与文献中行车安全性评估结果对比初步验证了 *SI* 指标评估的准确性，接下来可以利用该指标进行行车安全性的评估。

表 6-16　本小节 *SI* 指标与文献中地震下列车脱轨系数[1]对比

地震动	PGA = 0.05 g		PGA = 0.1 g		PGA = 0.15 g	
	脱轨系数	*SI*/mm	脱轨系数	*SI*/mm	脱轨系数	*SI*/mm
Kobe	0.514	2936	0.980	5874	1.36	8811
El Centrol	0.544	3666	0.985	7341	1.45	11037

6.4.4 行车安全性影响因素

本小节利用 SI 指标对不同场地类型的地震下不同墩高桥梁的桥上行车安全性进行了评估。

1. 场地类型与 PGA 的影响

地震记录Ⅰ-W1、Ⅱ-W2、Ⅲ-W3 和Ⅳ-W2 加速度时程曲线和频谱特性曲线如图 6-56 所示，该 4 条地震动分别对应Ⅰ、Ⅱ、Ⅲ、Ⅳ类场地类型。由图 6-56(b)、图 6-56(d)、图 6-56(f) 和图 6-56(h)可看出对地震动频谱特性，地震动Ⅰ-W1 频率成分主要分布在 0.2~30 Hz，具

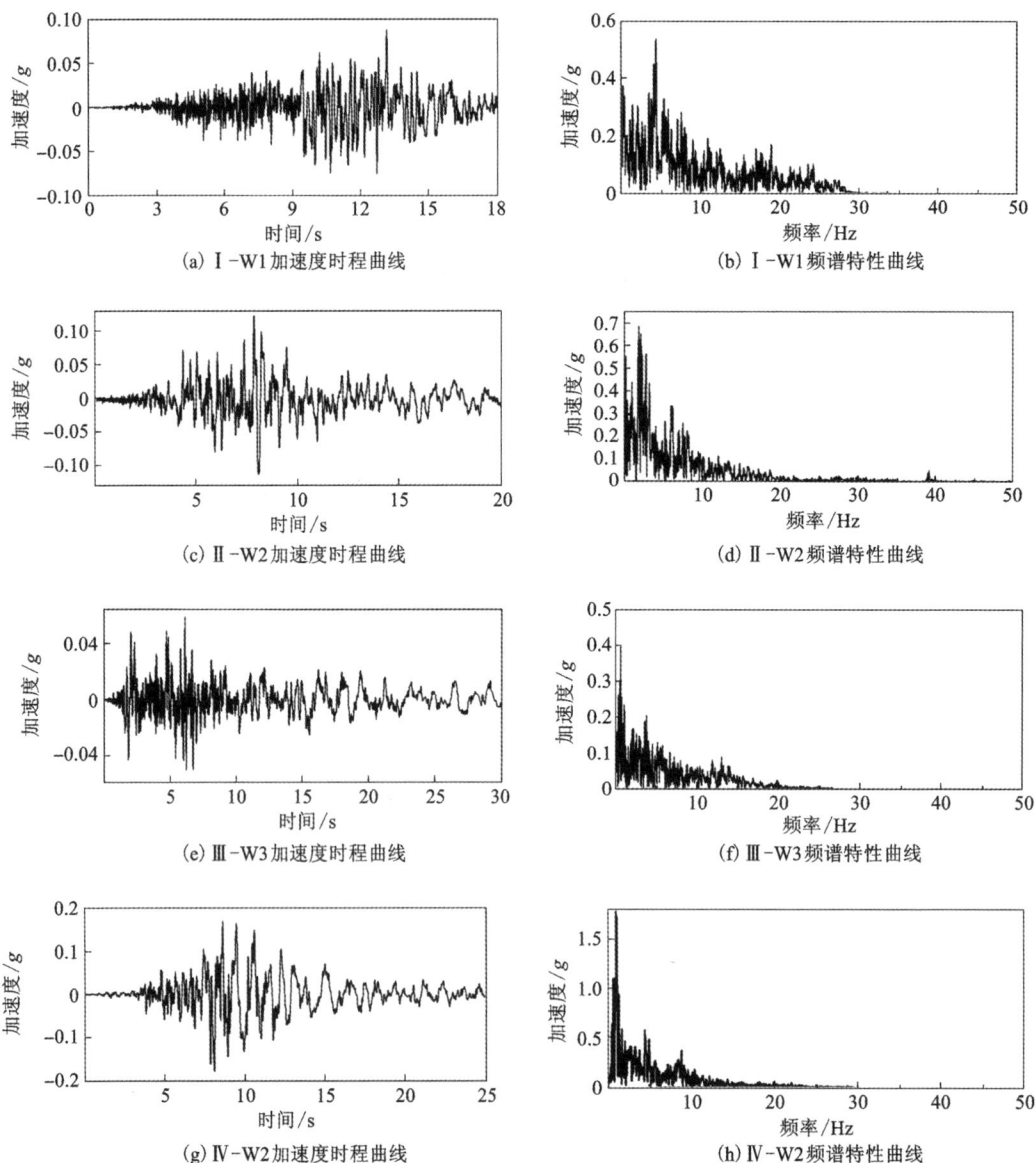

(a) Ⅰ-W1 加速度时程曲线　　(b) Ⅰ-W1 频谱特性曲线

(c) Ⅱ-W2 加速度时程曲线　　(d) Ⅱ-W2 频谱特性曲线

(e) Ⅲ-W3 加速度时程曲线　　(f) Ⅲ-W3 频谱特性曲线

(g) Ⅳ-W2 加速度时程曲线　　(h) Ⅳ-W2 频谱特性曲线

图 6-56　不同场地类型地震动加速度时程曲线与频谱特性曲线

有较多高频成分，主频为 4.345 Hz；地震动Ⅱ-W2 频率成分主要集中在 0.22~20 Hz，主频为 1.905 Hz；地震动Ⅲ-W3 频率成分主要分布在 0.15~15 Hz，主频为 0.8848 Hz；地震动Ⅳ-W2 频率成分主要分布在 0.18~12 Hz，频率成分主要集中在低频部分，主频为 1.01 Hz。因此，场地类型主要影响到地震动的频谱特性，而结构的响应与地震频谱密切相关。陈令坤以及李娆饶等人的研究表明：在结构参数相同的情况下，影响地震下行车安全性的主要因素为地震频谱、地震动强度和运行车速，且地震动的低频振动对行车安全性的影响更加明显，本节利用 *SI* 指标对不同场地类型地震动下的行车安全性进行评估。

　　如图 6-57 所示为不同场地地震动作用下轨道加速度的响应，其中Ⅰ类场地高频分量最多，主频为 4.338 Hz，并且在 16.93 Hz 处有一频率峰值，这是由Ⅰ类场地为坚硬土，地震动有较多高频成分所致。随着地震的高频成分减少，结构响应的高频分量也逐渐降低，但其低频响应逐渐增加。Ⅱ~Ⅳ场地的结构响应主频均在 3.1 Hz 左右，说明不同场地类型下，结构响应的主要频率仍与结构的基频 T_e 密切相关。

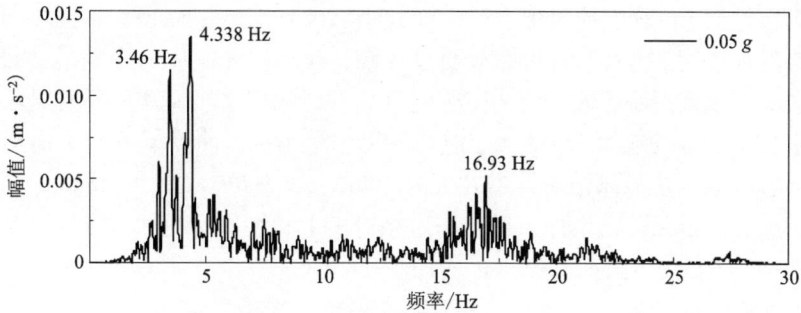

(a) Ⅰ-W1加速度响应时程

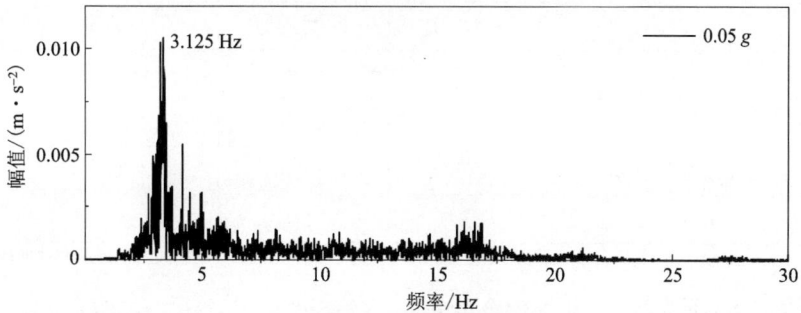

(b) Ⅱ-W3加速度响应时程

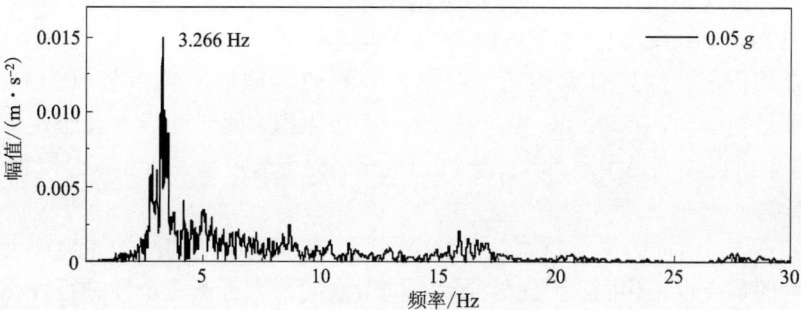

(c) Ⅲ-W3加速度响应时程

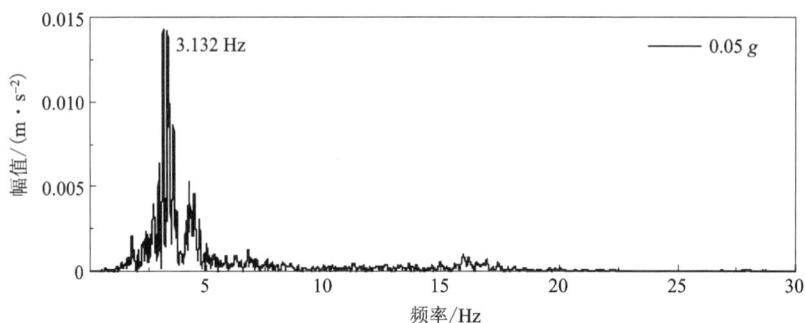

(d) Ⅳ-W2加速度响应时程

图 6-57　不同场地轨道加速度响应

将地震动 PGA 调整为 0.05 g，不同场地类型结构响应如图 6-58 所示，分别对比了轨道结构加速度响应峰值、位移响应峰值、SI 指标大小以及响应的主周期。从图中可以看出，场地类型对结构的加速度、位移、SI 指标有明显影响，其中位移响应的影响最为显著，在Ⅰ类场地下结构的响应量级最小，软土上结构响应最大。但响应主频基本不受场地类型影响，在进行行车安全分析时各场地的 SI_L 的大小基本一致。表 6-17 计算了不同场地类型响应的平均值，Ⅰ~Ⅳ类场地的 SI 指标分别为 2770 mm、3460 mm、3700 mm、3900 mm，随着地震激励低频成分的增加，SI 指标逐渐增加。Ⅳ类场地相对于Ⅰ类场地平均加速度增加了 27.5%，评估峰值位移增加了 64.52%，平均 SI 指标增加了 44.4%。

表 6-17　不同场地类型响应平均值(PGA=0.05 g)

墩高/m	响应类型	Ⅰ 类场地	Ⅱ 类场地	Ⅲ 类场地	Ⅳ 类场地
8	加速度/(m·s⁻²)	1.22	1.26	1.34	1.55
	位移/mm	2.17	2.60	2.80	3.57
	速度谱强度/mm	2770	3460	3700	3900
	周期/s	0.281	0.308	0.309	0.309

图 6-59 对不同地震强度、场地类型的行车安全性进行了评估，在四种场地类型上，SI 指标均随地震强度增大而增加。当 PGA=0.05 g 时，SI 指标均小于 S1 限值，满足中高速运行的安全性。当 PGA=0.1 g 时，Ⅰ类场地 SI 指标均小于 S1 级限值；Ⅱ类场地下Ⅱ-W1、Ⅱ-W2 超过了 S2 级限值，小于 S1 级限值，Ⅱ-W3 小于 S2 级限值。当 PGA=0.15 g 时，只有四类场地的两条地震动(Ⅳ-W1、Ⅳ-W3)达到了 S1 级限值，此时地震下慢速行车的安全性也无法满足，其余工况均满足慢速行车安全限值要求，但不满足高速行车安全限值要求。

2. 墩高影响

桥墩高度不同，结构的主周期大小也不相同，具有不同周期的结构在地震下响应对不同频率成分激励的响应也不相同，因此需要对不同墩高的桥上行车安全性进行评估。这里研究的三种桥墩，8 m 墩、16 m 墩和 24 m 墩的桥梁横向振动主周期分别为 0.306 s、0.599 s 和 0.

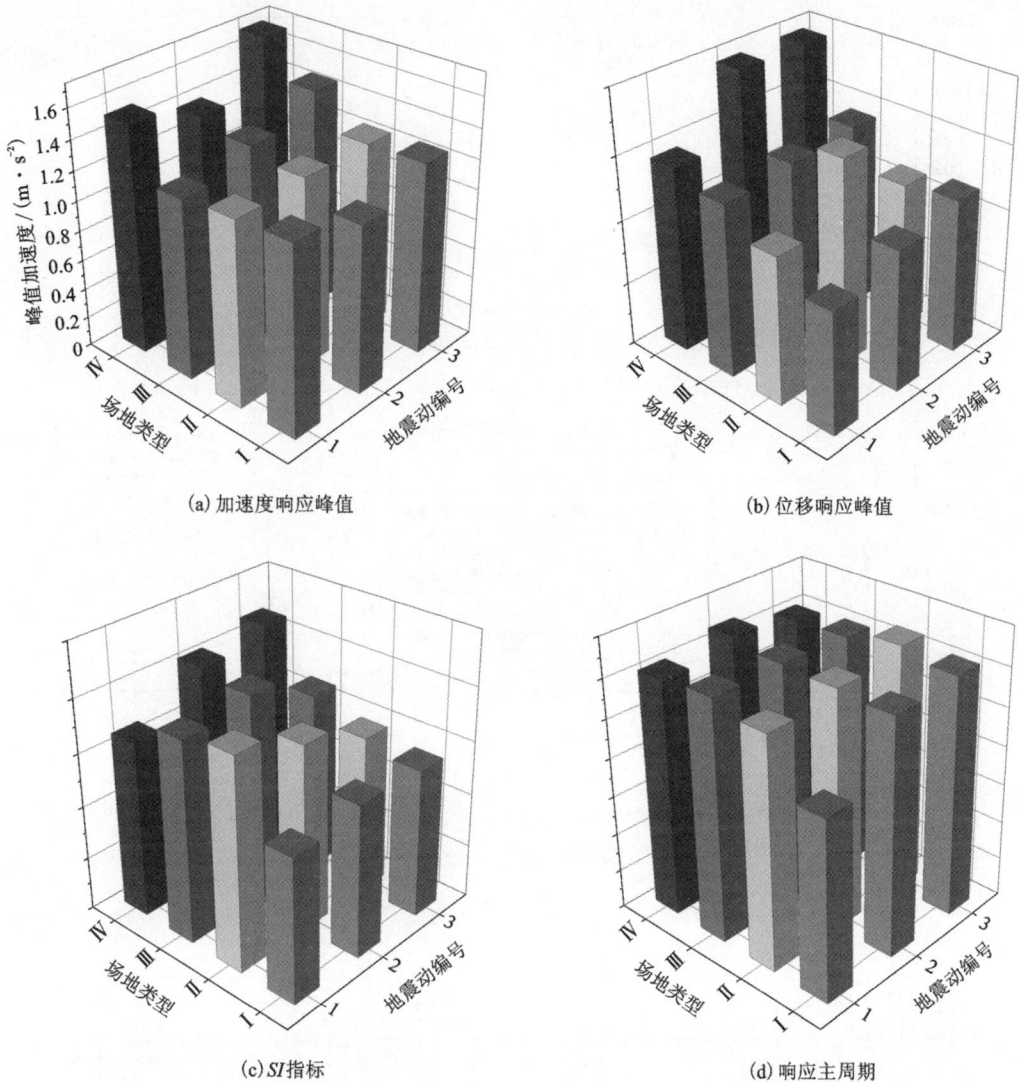

(a) 加速度响应峰值　　　　　　　　　　　(b) 位移响应峰值

(c) SI 指标　　　　　　　　　　　(d) 响应主周期

图 6-58　不同场地类型结构响应(PGA = 0. 05 g)

91 s，结构周期大小随着墩高的增加而增加。在 PGA = 0. 05 g 的地震动下，不同墩高桥梁响应如图 6-60 所示，分别对比了三类场地下峰值加速度、峰值位移、速度谱密度 SI 的变化关系。从图中可以看出，在不同场地类型条件下，8 m 墩的各种响应均为最小，主要是由于 8 m 墩刚度较大，不与地震动的主要频率成分重合。16 m 墩高的加速度响应大于 24 m 墩高桥梁，尤其在 Ⅱ 类场地；在 Ⅱ - W3 作用下，8 m 墩、16 m 墩和 24 m 墩的峰值加速度分别为 1. 27 m/s²、3. 25 m/s² 和 1. 68 m/s²，这是由于 16 m 墩与地震动主要频率相接近，但 24 m 墩的 SI 指标略高于 16 m 墩。

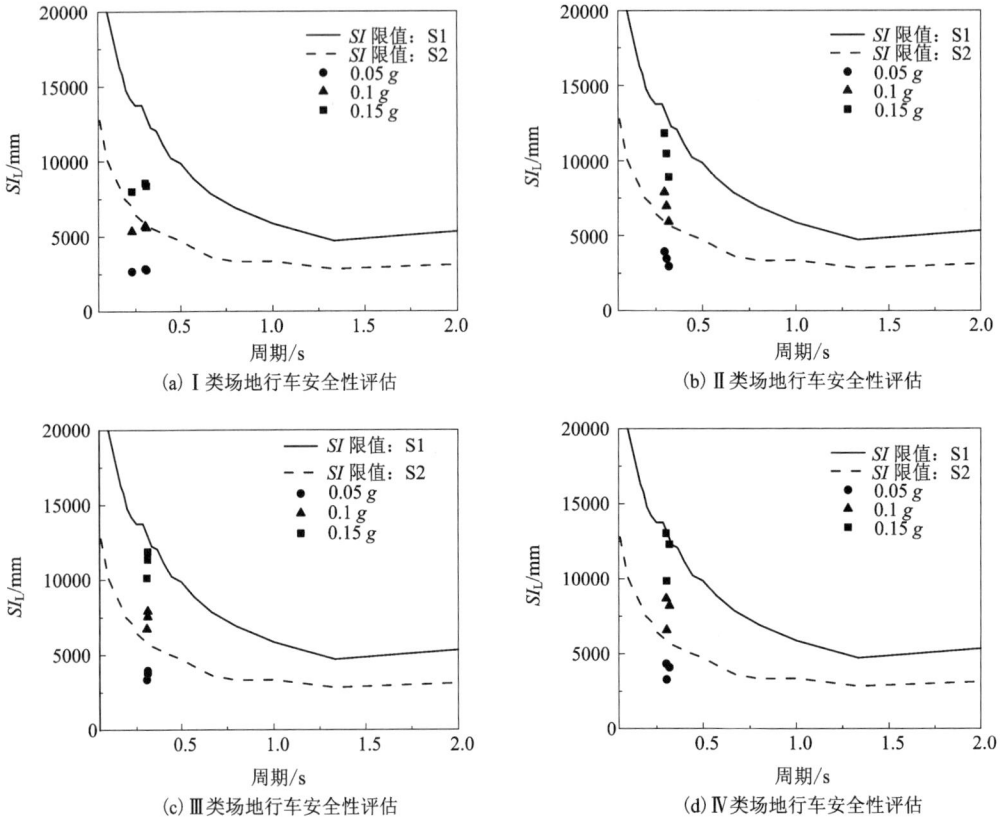

图 6-59 不同地震强度、场地行车安全性评估

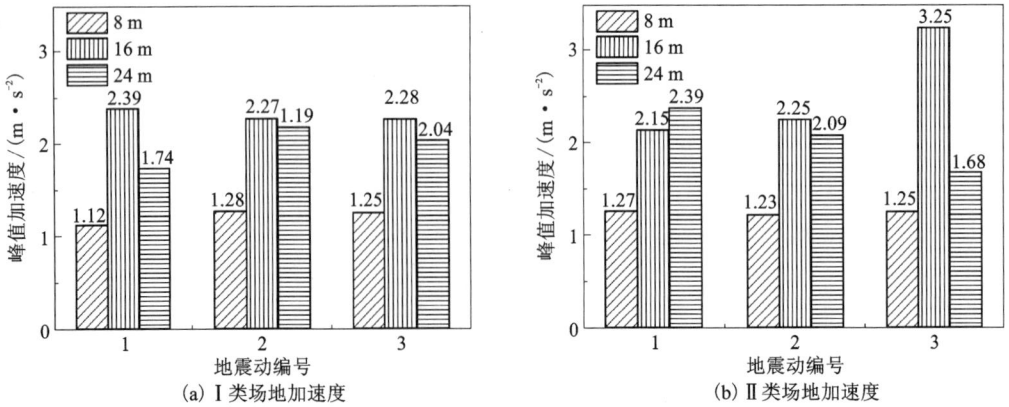

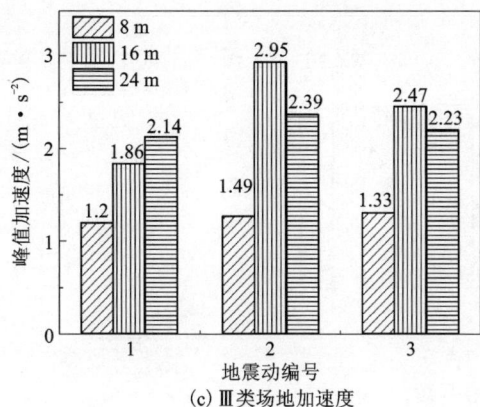

(c) Ⅲ类场地加速度

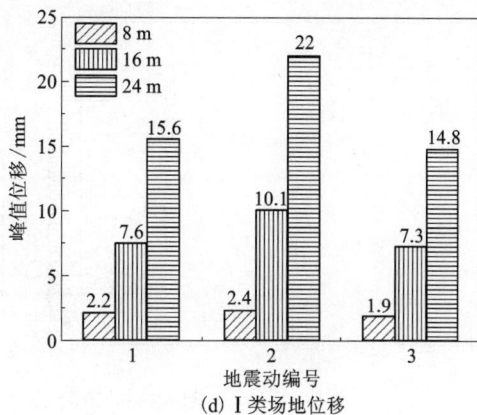

(d) Ⅰ类场地位移

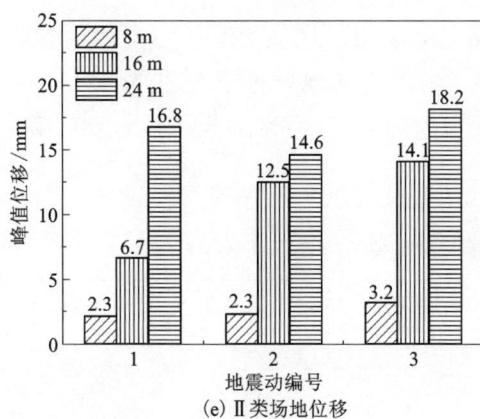

(e) Ⅱ类场地位移

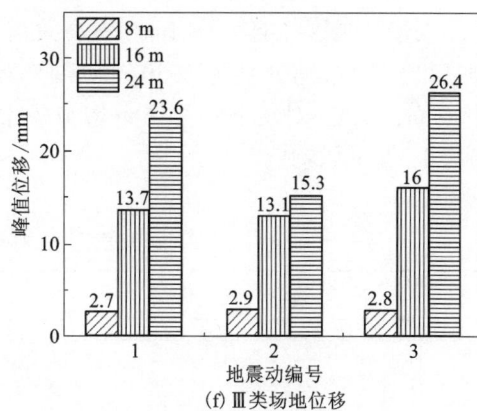

(f) Ⅲ类场地位移

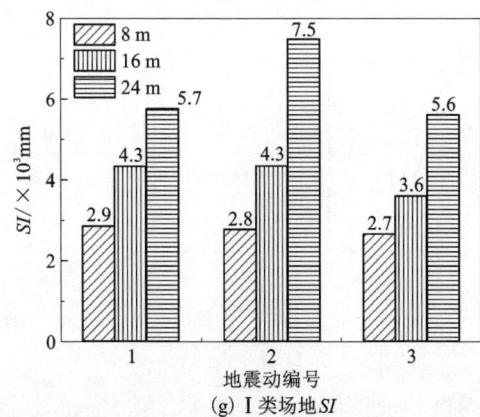

(g) Ⅰ类场地 SI

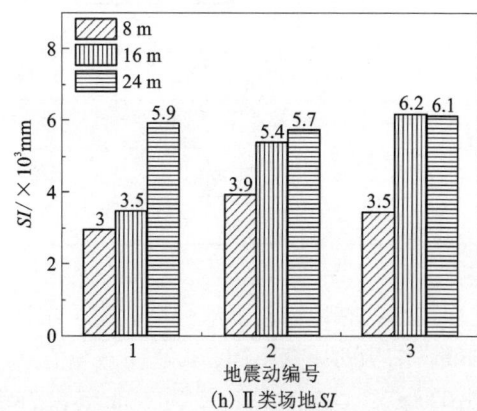

(h) Ⅱ类场地 SI

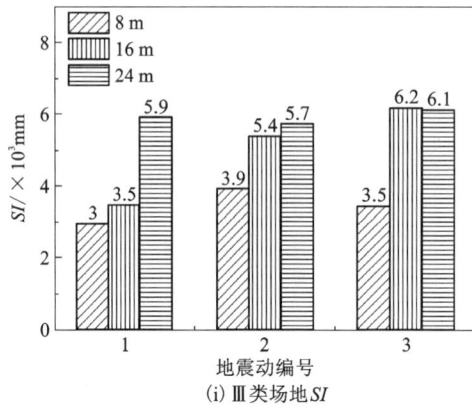

(i) Ⅲ类场地 SI

图 6-60　不同墩高结构响应(PGA = 0.05 g)

不同场地类型的响应平均值与墩高关系见表6-18,在Ⅱ类场地条件下16 m墩和24 m墩的速度谱强度指标分别为5030 mm和5930 mm,在Ⅳ类场地条件下分别为6530 mm和12300 mm,因此,对硬土来说16 m墩与24 m墩响应差别不大,对软土来说24 m墩的响应要明显大于16 m墩响应。

表 6-18　不同场地类型的响应平均值与墩高关系(PGA = 0.05 g)

墩高/m	响应类型	Ⅰ类场地	Ⅱ类场地	Ⅲ类场地	Ⅳ类场地
16	加速度/(m · s^{-2})	2.31	2.55	2.43	2.23
	位移/mm	8.33	11.1	14.3	14.6
	速度谱强度/mm	4090	5030	6140	6530
	周期/s	0.593	0.589	0.589	0.570
24	加速度/(m · s^{-2})	1.99	2.05	2.25	2.63
	位移/mm	17.5	16.5	21.8	39.0
	速度谱强度/mm	6260	5930	7330	12300
	周期/s	0.935	0.915	0.866	0.901

根据结构在地震动下的响应时程可求出不同墩高的速度响应谱,如图6-61所示。由于不同墩高结构的周期不同,其速度谱峰值点的周期也不相同。从图中也可以看出在Ⅱ-W2地震动和Ⅲ-W2地震动作用下,16 m墩和24 m墩速度响应谱峰值相差不大,但16 m墩的 SI 指标小于24 m墩,这是因为24 m墩的响应频率范围更广,曲线下包围的面积更大。

不同墩高的行车安全性评估如图6-62所示,对不同量级、不同场地类型的地震动进行了评估。在相同量级地震动作用下,随着墩高的增长 SI 指标逐渐增加,结构周期随着墩高增加,其对应的 $SI_L(T_e)$ 逐渐减小,如图6-61(a)所示,因此高墩桥梁的地震下行车安全性更难保证。对于16 m墩,当PGA = 0.05 g 时,Ⅰ~Ⅲ类场地均小于S1级限值,满足低速运行的安全性；当 PGA=0.1 g 时，Ⅰ类、Ⅱ类场地可以满足 S1 级限值但大于 S2 级限值，对于Ⅲ类、Ⅳ类场地均超出了 S1 级限值。对于 24 m 墩，当 PGA=0.05 g 时，Ⅰ类场地下Ⅰ-W3 的速度谱强度指标为 7460 mm，超出了 S1 级限值，不满足行车安全性，Ⅰ-W1 和Ⅰ-W2 小于 S1 级限值，大于 S2 级限值，满足低速下行车安全性；Ⅱ类、Ⅳ类场地下的三条地震动均超过了 S1 级限值，因此 24 m 墩的地震下行车安全性最差，8 m 墩的最好。

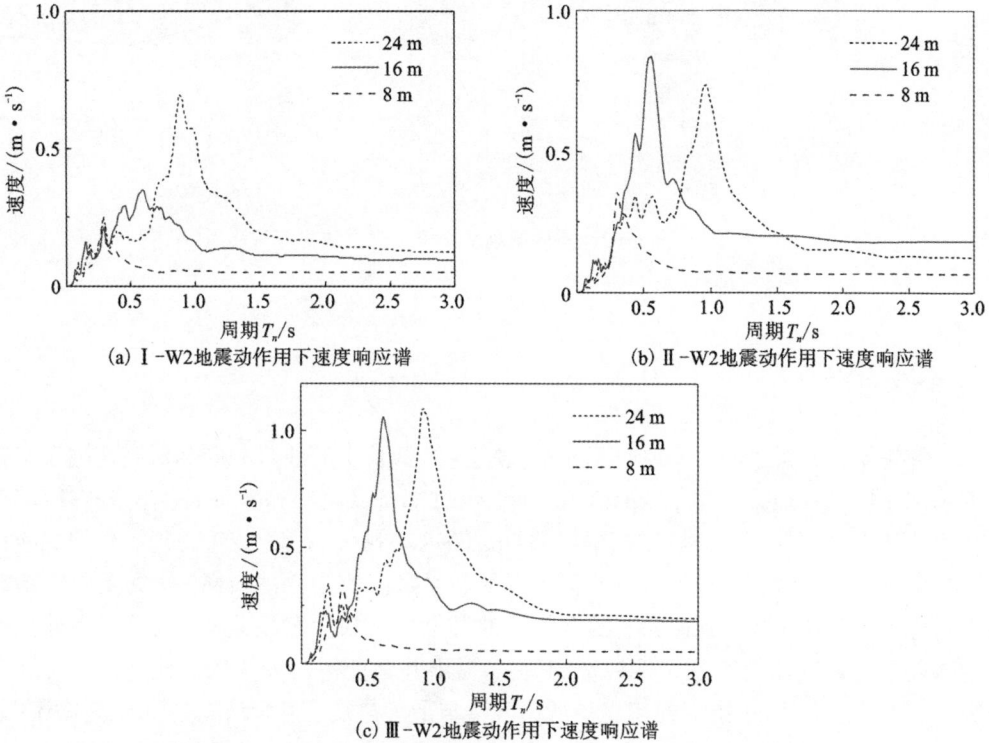

(a) Ⅰ-W2地震动作用下速度响应谱

(b) Ⅱ-W2地震动作用下速度响应谱

(c) Ⅲ-W2地震动作用下速度响应谱

图 6-61　不同墩高速度响应谱(阻尼比 ζ=0.05，PGA=0.05 g)

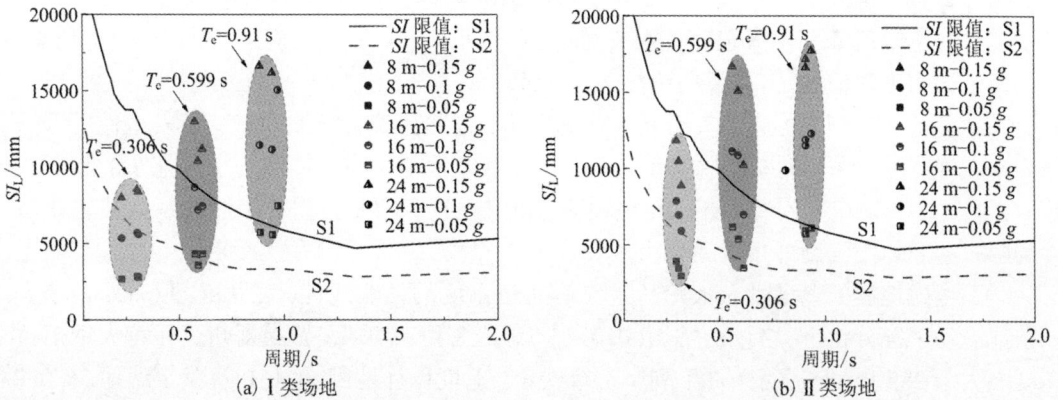

(a) Ⅰ类场地

(b) Ⅱ类场地

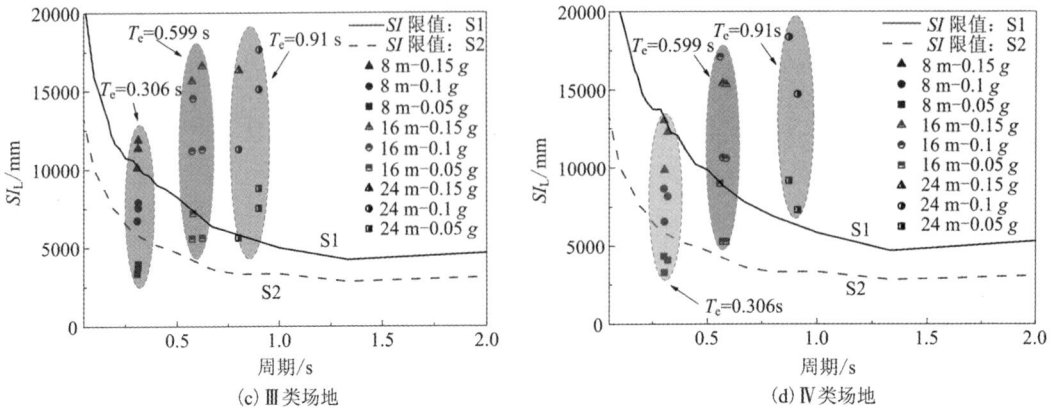

图 6-62　不同墩高行车安全性评估

6.5　本章小结

　　本章首先比较分析了有、无地震下列车-轨道-桥梁系统的地震响应和对高速列车走行安全的影响。之后考察地震作用下 CRH380A 动车组过郑济铁路郑州黄河特大桥时的行车安全性，建立了列车-无砟轨道-连续钢桁梁桥的 OpenSees 有限元模型，以考虑地震作用影响修正和大跨桥梁影响因素修正的轮重减载率限值和脱轨系数限值为评估指标，考察了不同地震强度及不同行车速度作用下、高速列车桥上运行的安全性。最后利用列车-轨道模型计算不同车速的地震下高速铁路行车安全性评估的 SI_L，提出并验证了一种实用的地震下行车安全性的分级评估方法。其中 SI 指标的建立是从速度谱与最大势能、最大动能之间的关系出发，建立一个基于能量的评估指标来衡量抗力做功与输入能量之间的关系。求解 SI_L 的流程包括：第一步，建立列车-轨道模型，确定车速范围；第二步，计算某一周期为 T_{sin}^i 的正弦激励作用下安全性位移限值 d_L^i，循环直到 T_{sine}^i 小于周期上限；第三步，根据位移限值 d_L^i 计算对应频率的加速度安全限值 A_L^i，生成限值正弦波激励；第四步，求解速度反应谱，对速度反应谱积分，得出速度谱密度限值 SI_L。主要结论如下：

　　①地震荷载对列车的走行安全具有显著影响，地震荷载会导致列车运行安全性下降。高速列车在地震作用下，动车的脱轨系数及轮重减载率极值响应整体上均小于拖车的相关极值响应，原因在于动车上安装了相关机电设备，质量比拖车要重。整体上脱轨系数与轮重减载率均随车速及地震强度的增大而增大。

　　②不考虑地震的离散性及大跨桥上无砟轨道系统的强非线性，在 Taft、El-Centro、人工三条地震动工况分析下，7 度的常遇（0.054 g）地震强度时，郑济铁路郑州黄河特大钢桁桥在速度不大于 285 km/h 运行条件下列车运行安全；七度设计地震（0.151 g）及罕遇地震（0.248 g）强度下，分别应降速至 180 km/h 和 120 km/h 以下才可使列车运行安全。

　　③行车安全性与稳定性指标与正弦激励的幅值和频率正相关，稳定性指标如 Sperling 系数、列车加速度首先达到限值。行车安全性指标中，在激励幅值较低时，各指标以近似线性

的趋势增加;随着幅值增加指标在高频激励下增长较快,近似呈指数型增长,其中横向轮轨力达到限值较早。

④在高频激励时(小于 1.3 Hz)正弦激励加速度限值和 SI_L 随周期的增大逐渐减小,当激励频率逐渐减小时,限值大小趋于稳定。在利用 SI_L 进行行车安全性评估时,主要频率成分在结构基频附近,因此可将结构响应与结构基频的 SI_L 对比,不需要和所有频率的 SI_L 对比。

⑤对不同车速的列车进行正弦激励分析可知:随着车速增加,激励位移限值逐渐降低,并随车速增加位移限值减小的速率越慢。提出了低速和高速下的两种评估指标($S1$ 和 $S2$),可对不同车速的行车安全进行评估,通过将 SI 评估结果与地震下列车-桥梁耦合振动行车安全性评估结果对比验证了 SI 评估方法和 SI_L 的准确性。

⑥行车安全性受频谱特性、地震动强度、墩高等多种因素的影响,可以总结出以下规律:地震动的低频成分对行车安全性具有显著影响;在四种场地类型上,SI 指标均随地震强度增大而增加;随着墩高增加,结构周期将随之增加,在相同地震动的情况下 SI 指标更大,24 m 墩高桥梁的地震下行车安全性最差。

第 7 章

地震下高速铁路列车–轨道–桥梁系统减震防控技术

7.1 概述

我国作为一个地震多发的国家,高速铁路桥梁面临着严峻的潜在地震威胁,地震下高速铁路桥梁–轨道不可避免地会产生刚度退化和残余变形等结构损伤,而这些关键构件的损伤会通过层间相互作用映射至钢轨,引起轨道几何不平顺和刚度不平顺,进而影响高速铁路列车–轨道–桥梁系统的动力学性能,严重时会威胁行车安全。

随着近几十年来对大量桥梁震害的调查和研究,桥梁减震技术获得了快速发展。Ken Yeh 等的研究表明减震技术主要利用减震构件(如耗能支撑)或者减震装置(如阻尼器),在地震作用下产生塑性变形或提供附加阻尼来消耗地震输入的能量,降低结构响应进而控制结构的变形。在已有研究的基础上,本书提出将旋转摩擦阻尼器(rotational friction damper, RFD)、组合耗能限位支座及调谐质量阻尼器(tuned mass damper, TMD)作为减震构件设置于桥梁结构中,并通过实验验证了三种不同减震构件的减震效果。

除了行之有效的减震技术,探寻简单实用的抗震设计方法对保证列车–轨道–桥梁系统在地震下的安全同样具有重要意义。我国桥梁抗震设计方法从以往的地震灾害中总结了大量的经验教训,由早期参照建筑抗震规范设计,发展到现行规范中引入基于性能的设计思想,体现了抗震设计的发展。但在现行规范中,性能设计是通过"小震设计、大震验算"来实现的,即小震下对结构进行弹性设计,而中震和大震下结构的抗震性能仅作为验算指标,并不作为性能设计指标,因此我国铁路桥梁抗震设计理念仍较为落后,目前尚未形成系统的用于高速铁路桥梁性能设计的方法。另外,近年来高速铁路桥梁减隔震技术发展迅速,所研发的减隔震装置迫切需要与先进设计理念相结合,以进一步提升高速铁路桥梁的抗震性能。本书以能量平衡理念为基础,结合理论推导,提出了基于能量平衡的高速铁路桥梁性能设计(equivalent energy-based design procedure, EEDP)方法,并通过实例验证了 EEDP 方法在工程实际中应用的有效性。

7.2　基于 RFD 的轨道–桥梁减震技术

　　结构振动控制是通过在结构中合理地设置耗能装置以减小结构在动力作用下的响应。结构振动控制方法分为被动控制、主动控制、半主动控制和混合控制。摩擦阻尼器属于被动控制，最早发展于 20 世纪 70 年代，为适应不同结构的应用，国内外学者已经研发了多种形式的摩擦阻尼器。Pall 等于 1982 年针对钢框架结构提出了滑动摩擦装置，在地震下该装置产生滑动，使大部分地震能量通过滑动摩擦力机械地耗散，从而保护主要结构不发生屈服。Grigorian 等在 1993 年提出了一种开槽螺栓连接形式，利用钢板和铜板之间的摩擦实现拉压变形中的耗能。Mualla 等提出了 RFD 并设置于钢框架斜撑处，通过增加钢板和摩擦垫的层数，可以很容易地增加阻尼器的滑动力及耗能能力。在耗能装置中，摩擦阻尼器具有维护成本低、易于安装和更换且其耗能机制简单明确等特点。笔者团队将 RFD 作为减震构件，探究了其力学性能，并通过拟动力混合试验研究了 RFD 在高速铁路桥梁–轨道系统的减震性能。

7.2.1　RFD 的基本原理

　　RFD 由两个基本的旋转摩擦节点通过高强螺栓进行连接组合。RFD 耗能的基本原理为通过金属或其他固体摩擦材料的组合，使阻尼器构件之间能够相对运动并产生摩擦力，利用摩擦力做功实现耗能。如图 7-1 所示，RFD 通过预紧螺栓将多层钢板和摩擦板组合为一个旋转摩擦节点，对螺栓施加预紧力对钢板和摩擦板之间形成的摩擦面施加压力从而形成旋转摩擦力。RFD 的旋转摩擦节点需要三个切削成型的长钢板和两个摩擦板，在每两根钢板之间放入一块摩擦板，通过预紧螺栓的锁紧提供摩擦面的均布压力，钢板的一端由此形成一个摩擦节点，而钢板的另一端设置有铰接点与主体结构连接，利用两个铰接点之间的相对位移使旋转摩擦节点产生摩擦力并进行耗能。摩擦面的均布压力可以通过螺栓拧紧扭矩进行调整，并在螺栓连接处设置蝶形弹簧垫片以保持稳定的螺栓预紧力。

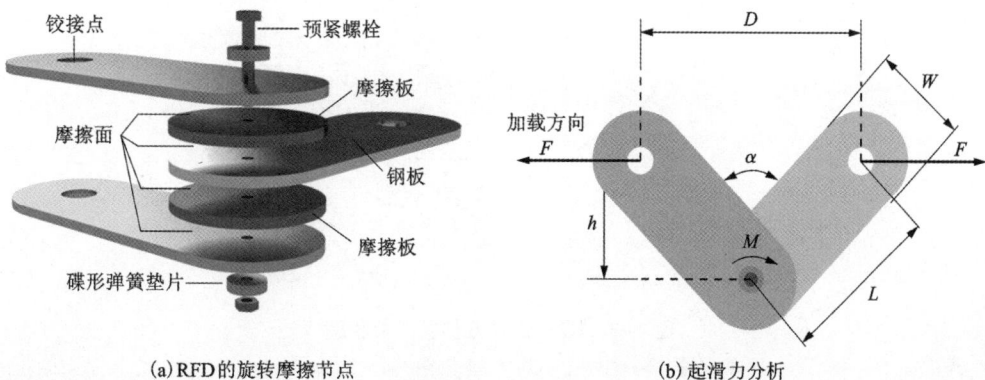

(a) RFD 的旋转摩擦节点　　　　(b) 起滑力分析

图 7-1　旋转摩擦阻尼器构造和受力分析图

　　首先对 RFD 的滑动摩擦力学行为进行数学推导。RFD 遵循库仑摩擦定律，因此可将 RFD 的工作状态分为两个阶段：①启动阶段。当施加的外力小于 RFD 起滑力时，摩擦面之间无相对运动，阻尼器反力与外力大小相同方向相反。②滑动阶段。当施加的外力大于 RFD

起滑力时,摩擦面之间产生相对转动。因此,起滑力是 RFD 的关键指标。RFD 的基本参数如下:钢板有效长度 L(钢板两端连接孔之间的长度)、钢板宽度 W、相邻钢板间夹角 α、铰接点之间的距离 D、摩擦弯矩 M 以及钢板和摩擦板的厚度 t。

起滑力可以通过结构受力分析得到,RFD 的受力平衡见下式,其中 n 为旋转摩擦节点处摩擦面的个数。

$$n \cdot M = F \cdot h \tag{7-1}$$

式中:$h = \sqrt{L^2 - (D/2)^2}$;F 为施加的外力。

根据库仑摩擦定律,摩擦力与作用在摩擦面上的正压力成正比,摩擦面上的摩擦弯矩可通过对摩擦面面积的积分推导得到。求得摩擦弯矩后最终可将 RFD 起滑力 F_{silde} 整理为下式:

$$F_{\text{slide}} = \frac{2}{3} \cdot \frac{n \cdot \mu \cdot P_{\text{bolt}}}{L \cdot \cos\left(\dfrac{\alpha}{2}\right)} \cdot \frac{R_2^3 - R_1^3}{R_2^2 - R_1^2} \tag{7-2}$$

式中:R_2 为摩擦面外径;R_1 为摩擦面内径;μ 为摩擦面的摩擦系数;P_{bolt} 为预紧螺栓竖向力;α 为相邻钢板间夹角。

当 RFD 处于滑动阶段时,可推导出 RFD 的力-位移关系。图 7-2 所示为 RFD 运动几何关系分析图,该图可获得转角与水平位移之间的几何关系。根据虚功原理,在铰接点处的水平力做的功等于旋转摩擦节点处摩擦弯矩做的功,由此可得 RFD 的力-位移关系如下:

$$F = \frac{n \cdot \dfrac{2}{3}\mu \cdot P_{\text{bolt}} \dfrac{R_2^3 - R_1^3}{R_2^2 - R_1^2}}{L \cdot \sqrt{1 - \left(\dfrac{\Delta x}{2L} + \sin\dfrac{\alpha_0}{2}\right)^2}} \tag{7-3}$$

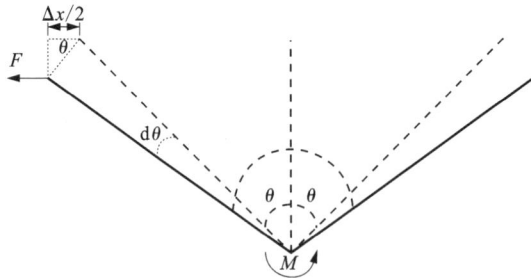

θ—铰接点处转角的 1/2;Δx—水平位移。

图 7-2　RFD 运动几何关系分析图

7.2.2　RFD 的力学性能

为明确 RFD 的真实力学性能,对 RFD 进行力学性能测试。所研究的 RFD 试件如图 7-3 所示,RFD 试件中的钢板由 Q235 钢材切削制作。RFD 试件的具体参数见表 7-1。RFD 试件中的摩擦板由铜板切削成圆形,安装在两两钢板之间。

Bijwe、Österle、Bonfanti 等研究表明，在 RFD 试件中，铜板与钢板之间存在接触的摩擦面，由于在 RFD 中使用的金属摩擦材料具有很高的热摩擦稳定性，且金属材料的延展性可提高摩擦材料的导热性，保证了摩擦材料在长时间工作过程中力学性能的稳定性。

表 7-1　RFD 试件参数

铰接点之间的距离 D/mm	钢板宽度 W/mm	钢板有效长度 L/mm	钢板和摩擦板 的厚度 t/mm	相邻钢板间 的夹角 α/(°)
353.5	150	250	12	90

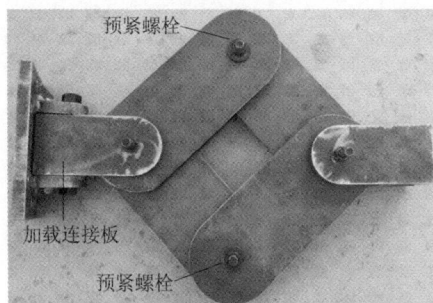

(a)单节点旋转摩擦阻尼器俯视图　　　　(b)单节点旋转摩擦阻尼器正视图

图 7-3　RFD 试件

RFD 试件的测试在中南大学振动台试验室单向振动台上完成。该单向振动台安装了由 SERVOTEST 生产的液压作动器，配置了 MOOG 液压伺服阀，能提供最大 72 kN 的动态推力，工作行程为 250 mm。测试试验装置如图 7-4 所示，RFD 试件的一端通过连接件与作动器铰接，试件的另一端与反力底座铰接，在作动器与试件之间外置了一支直线位移传感器（linear variable differential transformer，LVDT）用于精确地测量阻尼器本身的变形，此外，在作动器与试件之间安装了量程为 50 kN 的力传感器以测量阻尼器的反力。对 RFD 试件进行了循环加载，以测试 RFD 的滞回性能和力学特性。测试的主要目的是表征在不同指标（螺栓拧紧扭矩和加载频率）下 RFD 试件的滞回特性。

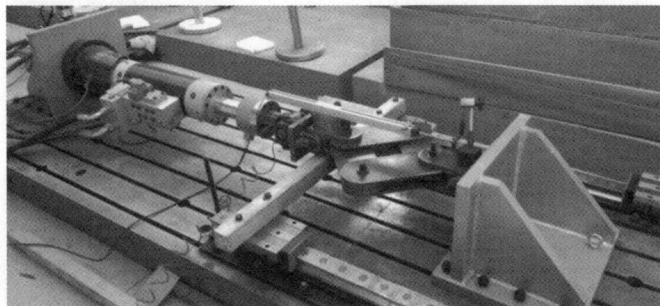

图 7-4　测试试验装置

使用 3 种扭矩不同的螺栓，分别为 50 Nm、100 Nm 和 150 Nm 进行了测试。不同螺栓预紧扭矩下的滞回曲线如图 7-5 所示。从图 7-5 可明显看出，RFD 工作时可分为两个阶段，即启动阶段和滑动阶段。在启动阶段，RFD 表现出较大的初始刚度，此时 RFD 反力随着变形的增加迅速增加，此阶段对应于旋转摩擦节点处发生的静摩擦，当外力大于 RFD 的起滑力时，进入滑动阶段，此时 RFD 的钢板和摩擦板之间产生相对滑动，反力随着位移的增加而缓慢增加。RFD 具有明显的两阶段刚度；当 RFD 变形较小时，RFD 保持线弹性，并具有较大的初始刚度，设置在结构中可提高结构的局部刚度，当 RFD 变形较大时，进入滑动阶段，形成稳定且饱满的滞回曲线。

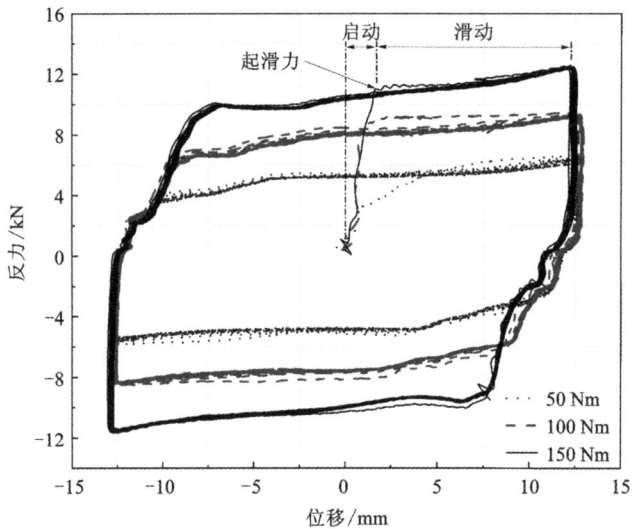

图 7-5　不同螺栓预紧扭矩下的滞回曲线

对影响 RFD 的另一个重要因素加载频率相关性进行验证时，根据加载规则使用具有主频 2 Hz、5 Hz、10 Hz、15 Hz 的简谐波对 RFD 试件进行加载，不同加载频率测试时 RFD 的参数均相同。测试结果表明，加载频率对 RFD 试件的滞回性能影响很小，如图 7-6 所示，在不同的加载下，滞回曲线的形状基本一致，均表现为对称的双折线形。但随着加载频率的增加，滞回曲线出现了一定的横向移位现象，图 7-6(d) 尤为明显，引起这种现象的原因是 RFD 试件中连接件之间的空隙在快速加载下反复碰撞，连接件中不可避免的空隙造成了 RFD 试件在正、反向加载切换时出现了一定的移位现象。

试验结果表明 RFD 滞回曲线饱满，表现为双折线形滞回曲线，通过调整旋转摩擦节点处的螺栓拧紧扭矩即可实现对 RFD 起滑力、反力峰值以及耗能能力的调整，即对 RFD 力学特性的设计可通过快速调整预紧螺栓的拧紧扭矩实现。对 RFD 加载频率的测试结果表明，RFD 为位移相关型阻尼器，其力学性能几乎不受到加载频率的影响。

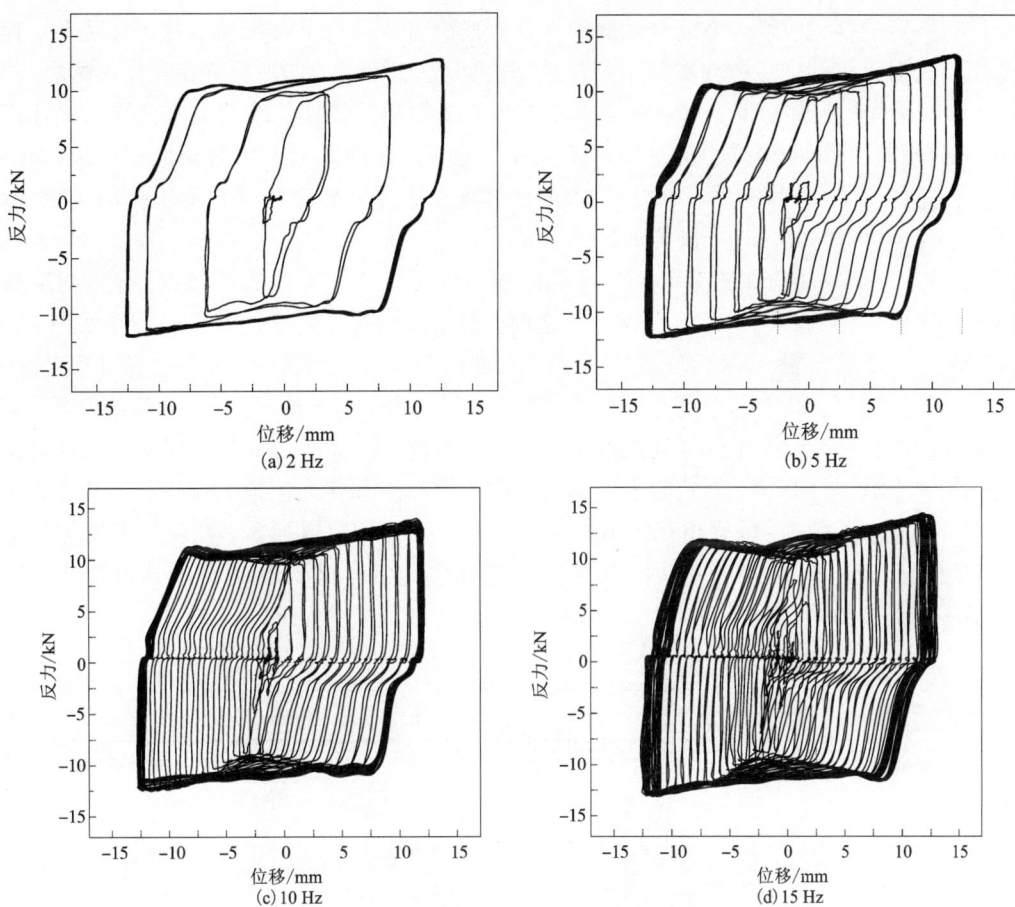

图 7-6　不同加载频率下的滞回曲线

7.2.3　设置 RFD 的高速铁路简支梁桥抗震性能拟动力混合试验

桥墩在地震动下可能出现过大的墩顶位移，导致墩顶处的活动支座出现超过设计变形的响应。为了控制桥墩在地震下产生过大的墩顶位移，使用 RFD 作为结构振动控制装置。如图 7-7(a)所示，将 RFD 通过铰接方式设置在 16 m 桥墩墩顶与梁体 2#之间，利用两者之间的相对变形使 RFD 产生摩擦弯矩进行耗能。RFD 设置细节如图 7-7(b)所示，RFD 与 16 m 桥墩处的活动支座平行设置、共同工作，高度调节板仅作为连接件。

本书将高速铁路轨道-桥梁作为数值子结构进行计算，并以 RFD 试件作为试验子结构进行测试，两个子结构之间的划分界面为 RFD 中的两个铰接点，两个铰接点之间的位移等于 16 m 桥墩墩顶和梁底之间的相对位移。通过有限元方法求解桥梁结构在地震下切分界面过程处的相对位移，将其作为作动器的驱动命令信号输入。作动器带动试验子结构 RFD 试件运动，RFD 试件在运动过程中产生的反力通过力传感器反馈施加在数值子结构的划分界面处，然后进入下一时步的循环，直至整个加载时程结束，如此通过两个子结构之间的数据交互实现 RFD 试件与高速铁路桥梁模型的相互作用。

为了提高混合试验中数值子结构的计算效率，有必要对原有的轨道-桥梁相互作用数值模型进行一定的简化，以提高混合试验的计算效率。将桥梁的下部结构从模型中去除，仅考虑轨道结构对梁体的作用并对梁体进行周期往复加载，以获取轨道-桥梁相互作用的力-位移关系，在对梁体进行加载时，需要将梁体的支座替换为滚动支座，滚动支座允许该梁体产生纵桥向的位移，而其余梁体的支座均替换为铰支座，只允许梁端发生转动。在加载过程中，可以得到梁体外力-位移关系，该力-位移曲线体现了梁体处轨道板结构对梁体的约束关系。同理，对其余桥跨的梁体进行同样的处理，可以得到各桥跨的轨道板结构约束关系，得到的力-位移曲线基本一致，如图 7-8 所示。该曲线中表现出 4 个明显的性能点，分别对应轨道板结构中不同构件的不同状态。在拐点 A 之前，滑动层和剪力齿槽均处于线弹性状态，在拐点 A 之后，滑动层屈服，开始表现出非线性，而此时剪力齿槽仍保持线弹性，经过拐点 C 后，剪力齿槽开始屈服，其中的钢筋开始滑移，拐点 D 变形超过 12.6 mm 后，钢筋被剪断，剪力齿槽破坏，之后只有桥跨中的滑动层产生摩擦力。因此，轨道板结构对相邻梁件的约束作用可简化为一个非线性弹簧，可认为由一个桥跨中的滑动层和剪力齿槽共同组合而成，通过这种方式可将复杂的轨道-桥梁相互作用简化为一个非线性的轨道弹簧，并验证了简化轨道弹簧的准确性，简化方式如图 7-9 所示。最后通过拟动力混合试验研究了 RFD 设置在三跨高速铁路简支梁桥的减震效果。

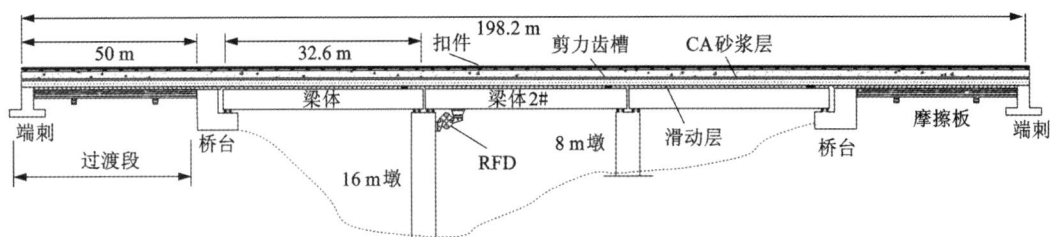

(a) 纵桥向布局

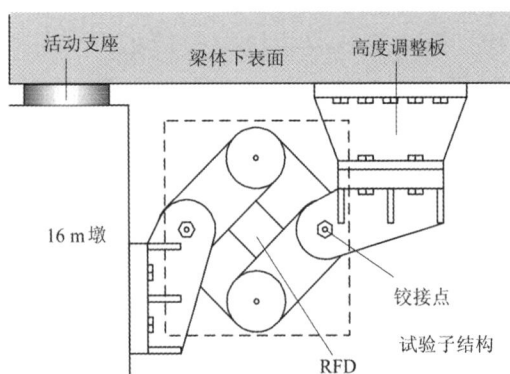

(b) 设置细节

图 7-7　RFD 在高铁简支梁桥中布置示意图

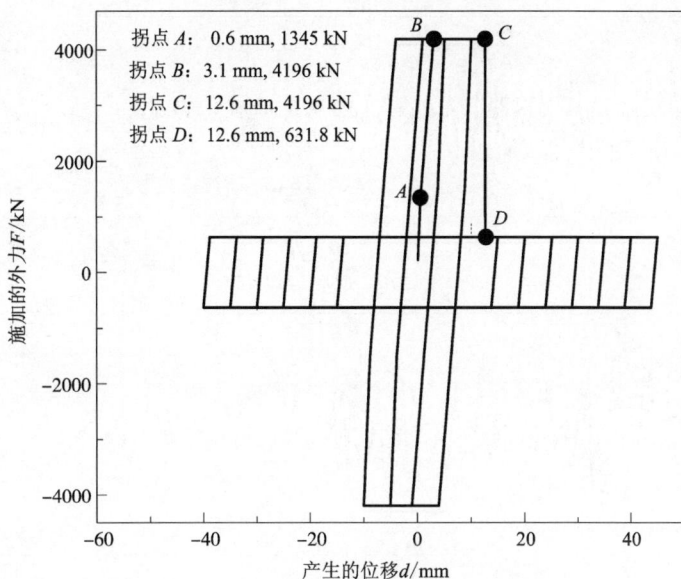

图 7-8　轨道–桥梁相互作用力–位移关系

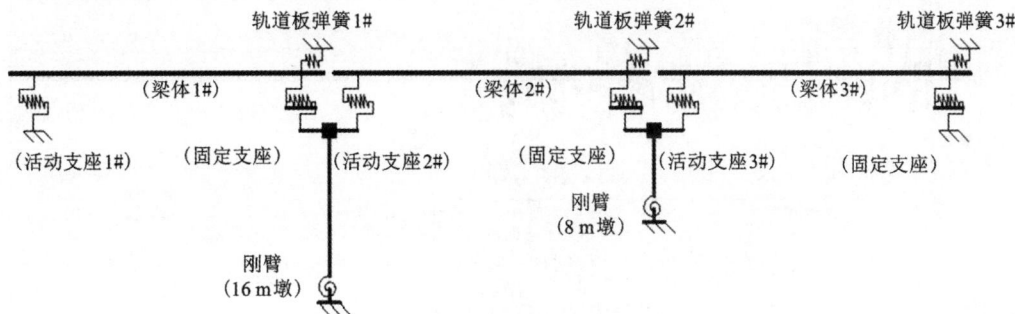

图 7-9　用于混合试验的简化模型

　　为进行拟动力混合试验，按照 50 年超越概率为 2% 对应于罕遇地震的规则，在太平洋地震工程研究中心的地震数据库中选取了三条地震动。选取的三条地震动均按照要求，将峰值加速度调幅至罕遇地震动。选取的地震动依次简称为 GM1、GM2 和 GM3，其参数如图 7-10 所示。

　　由于混合试验方法的灵活性，可以在 RFD 试件响应前乘上对应的正整数系数，代表在桥梁中采用多个 RFD 试件共同工作，形成多节点旋转摩擦阻尼器（multi-joints rotational friction damper，MRFD）。随后在选定的三种地震动下的拟动力混合仿真过程中，研究了 MRFD 起滑力对高速铁路简支梁桥的振动控制效果的影响。起滑力值分别取 450 kN、900 kN、1350 kN、1800 kN 和 2250 kN。起滑力的选择根据它与简支梁每个支座处所承担重力的比值确定，比值分别为 10%、20%、30%、40% 和 50%，并将试验结果与无 MRFD 时的桥梁响应进行对比，即起滑力为零时的工况。

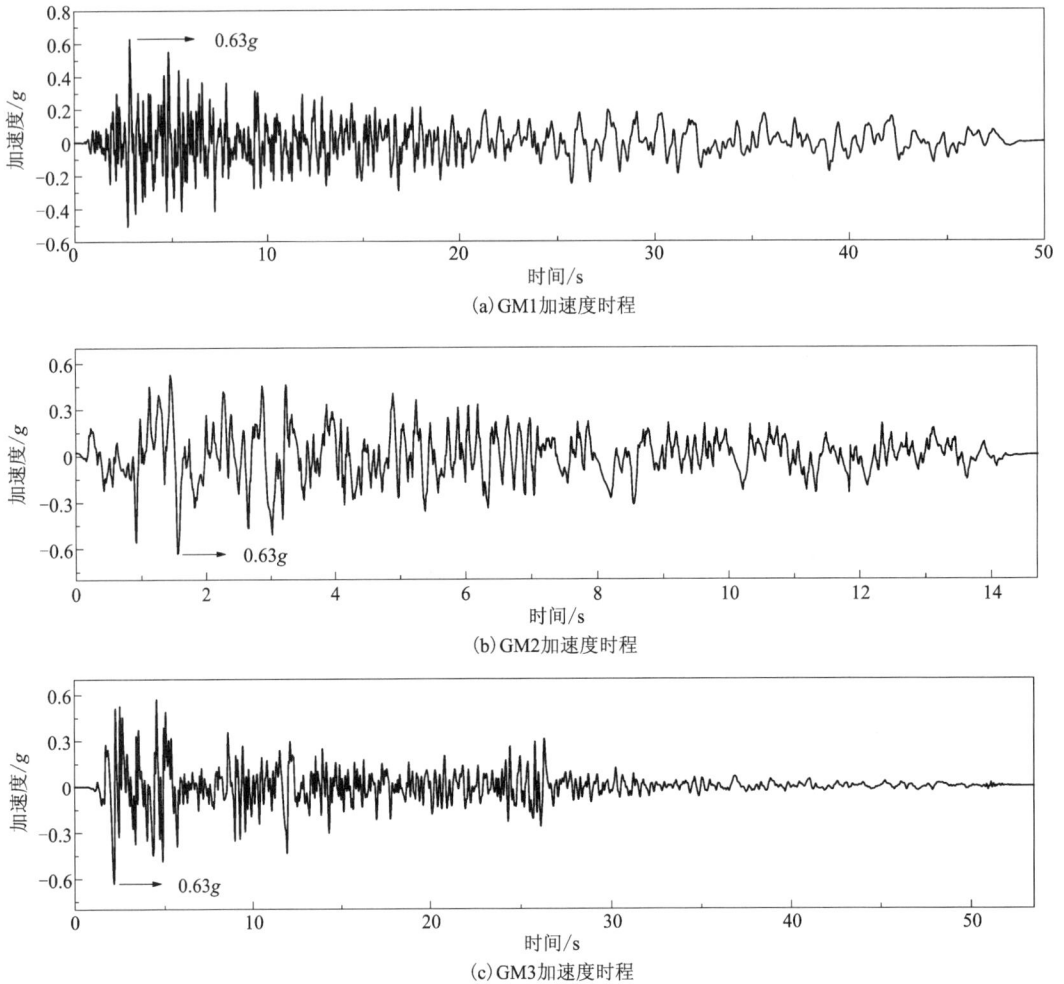

(a)GM1加速度时程

(b)GM2加速度时程

(c)GM3加速度时程

图7-10　选取的地震动参数

　　具有不同起滑力的拟动力混合试验结果如图7-11所示。从图7-11(a)可知，16 m桥墩墩顶位移峰值响应随着MRFD起滑力的增加而持续减小，在地震动GM3作用下，16 m桥墩墩顶位移峰值响应减小了30 mm，但在地震动GM1和GM2作用下，16 m桥墩墩顶位移峰值响应只分别下降了5 mm和10 mm。图7-11(b)给出了8 m桥墩墩顶位移峰值响应的变化趋势。从试验数据可知，随着起滑力的增加，峰值响应先减小后增加，该现象表明，MRFD除了具有良好的耗能能力，还可以将一部分的地震力从16 m桥墩通过梁体向8 m桥墩转移，从而导致8 m桥墩在MRFD起滑力较大的情况下响应增大。

　　地震作用下活动支座和简化后轨道板弹簧的峰值响应如图7-12所示。MRFD起滑力越大，活动支座和简化后轨道板弹簧的峰值响应越小，但是在8 m桥墩处的活动支座3#以及轨道板弹簧2#均在起滑力较大时出现了响应增加的情况。活动支座1#和活动支座2#的响应变化规律与16 m桥墩的相同，且峰值的减小在同一范围内。变化规律的相似性可以通过构件之间的关系来解释，活动支座1#通过梁体1#和16 m桥墩连接，而活动支座2#就安装在16 m桥墩墩顶，因此桥墩的响应将直接和活动支座1#、活动支座2#的响应相关。基于同样的原

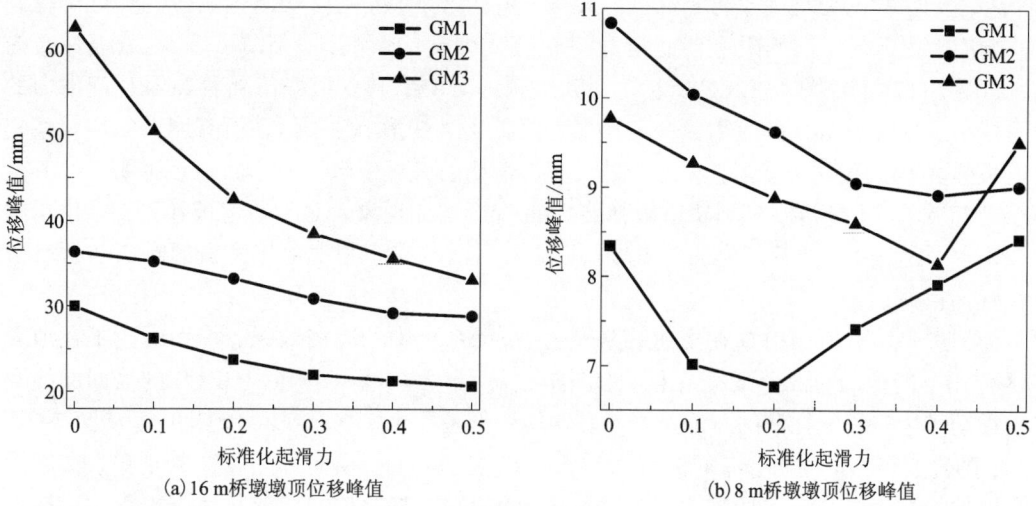

(a) 16 m 桥墩墩顶位移峰值　　　　(b) 8 m 桥墩墩顶位移峰值

图 7-11　地震动作用下墩顶位移响应

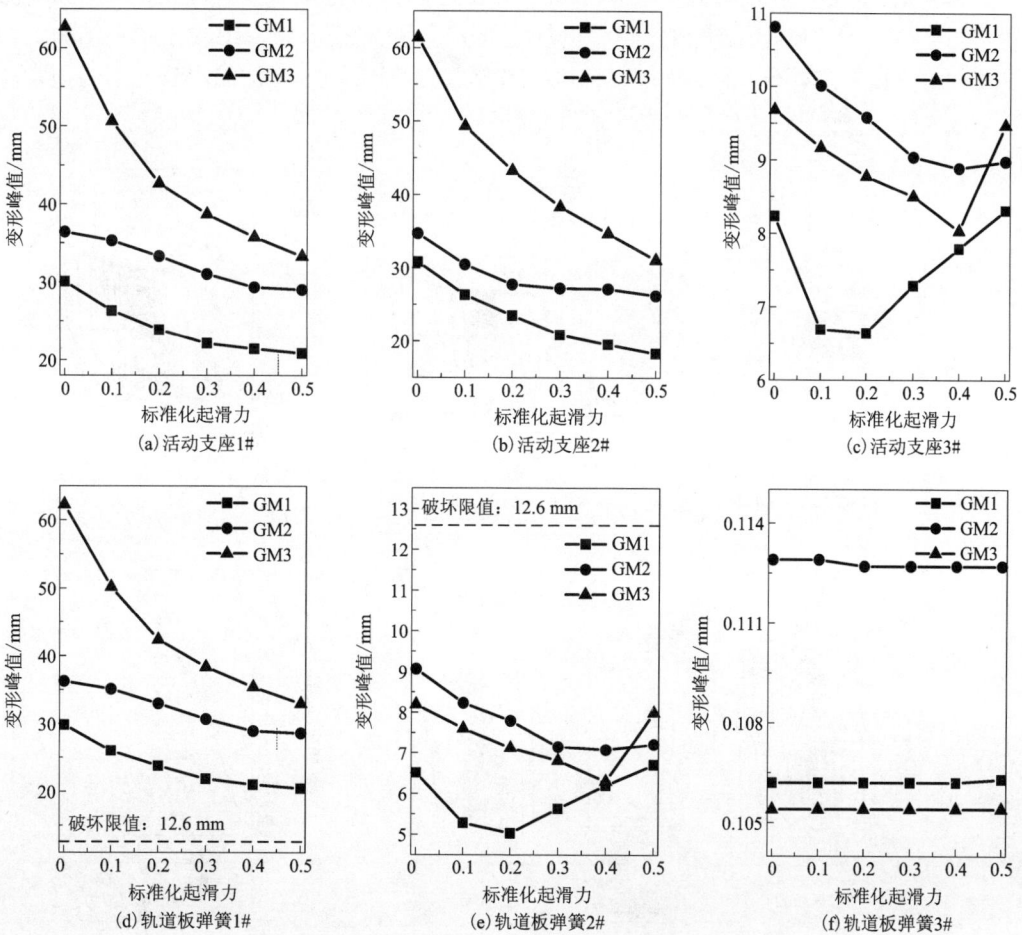

(a) 活动支座1#　　　(b) 活动支座2#　　　(c) 活动支座3#

(d) 轨道板弹簧1#　　　(e) 轨道板弹簧2#　　　(f) 轨道板弹簧3#

图 7-12　地震作用下活动支座和简化后轨道板弹簧的峰值响应

因，活动支座 3#的变化规律与 8 m 桥墩相同，由此可见，控制桥梁结构响应的关键是控制桥墩的响应。为分析不同的阻尼器起滑力对轨道板弹簧的影响，对比了三处轨道板弹簧的响应，如图 7-12(d)、图 7-12(f)所示。对轨道板弹簧 1#，其变形峰值随着 MRFD 起滑力的增加而减小。尽管 MRFD 的应用在一定程度上降低了其变形响应，但在所有测试中均观察到了轨道板弹簧 1#的过大的变形，其值超过了剪力齿槽的破坏极限。对于轨道板弹簧 2#，其变形小于破坏极限，但是可观察到轨道板弹簧 2#的变形增加现象。对于轨道板弹簧 3#，由于梁体 3#与桥台固定连接，故其产生的变形较小。显然，活动支座和轨道板弹簧的响应与桥墩墩顶位移直接相关。

为了进一步分析 MRFD 在高速铁路轨道-桥梁系统中的减震效果，特别讨论了在地震动 GM3 作用下的拟动力混合试验结果。如图 7-13 所示为在地震作用下 MRFD 的滞回曲线及其在地震动作用过程中耗散的总能量。MRFD 的变形主要集中在±20 mm 范围中，从图 7-13 中可知，随着起滑力的增加，滞回曲线表现出竖向逐渐升高、横向逐渐收窄的现象，在起滑力逐渐增加的过程中，16 m 桥墩墩顶位移逐步得到控制；MRFD 的变形在地震过程中耗散的总能量总体上随着起滑力的增加而增加，但在标准化起滑力为 0.5 的工况下，耗散的总能量出现了下降，MRFD 是一种位移相关型阻尼器，其耗能能力与其加载处产生的相对变形有关，在较小的位移下，MRFD 不能表现出最佳的耗能能力，因此，需要将 MRFD 设置在结构中相对变形较大的位置并针对不同的结构调整合适的起滑力。综上所述，增加 MRFD 起滑力通常有利于耗散输入能量，但是过大的起滑力导致阻尼器变形减小，从而减少了能量耗散。

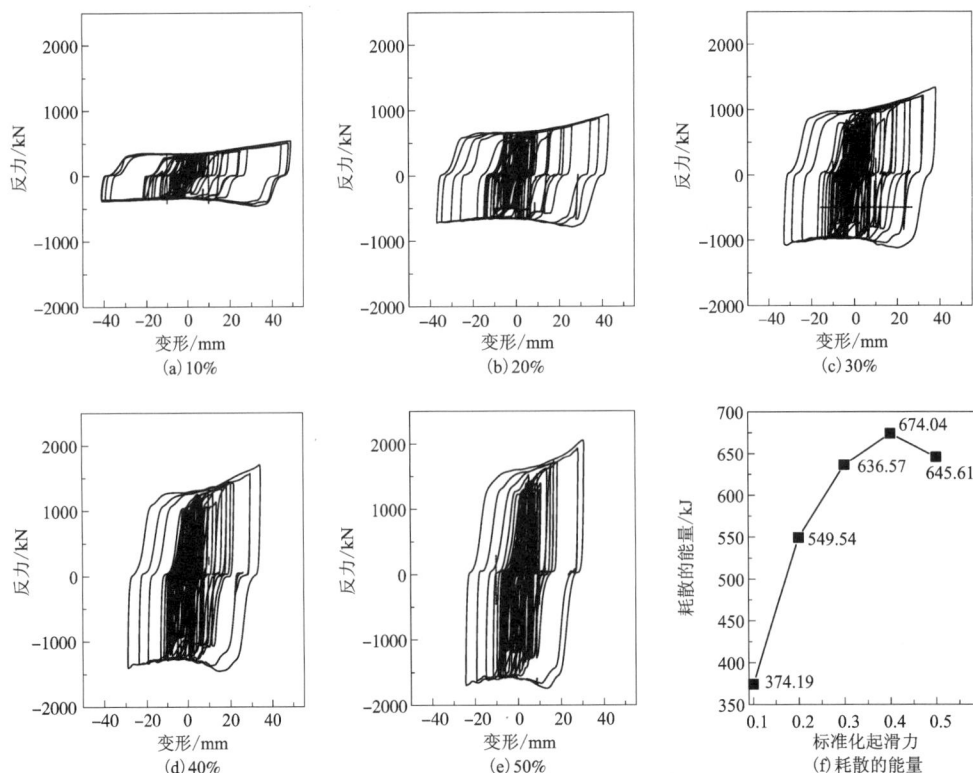

图 7-13   GM3 作用下不同预紧力的滞回曲线及其耗散的能量

对 MRFD 标准化起滑力为 0.5 的工况进行分析。如图 7-14(a)所示，使用 MRFD 后，16 m 桥墩墩顶位移得到了很好的控制，几处峰值位移均明显下降，其峰值从 62.57 mm 下降至 33.15 mm，但其残余变形增加了 3.08 mm。观察图 7-14(b)可得，随着安装在 16 m 墩处

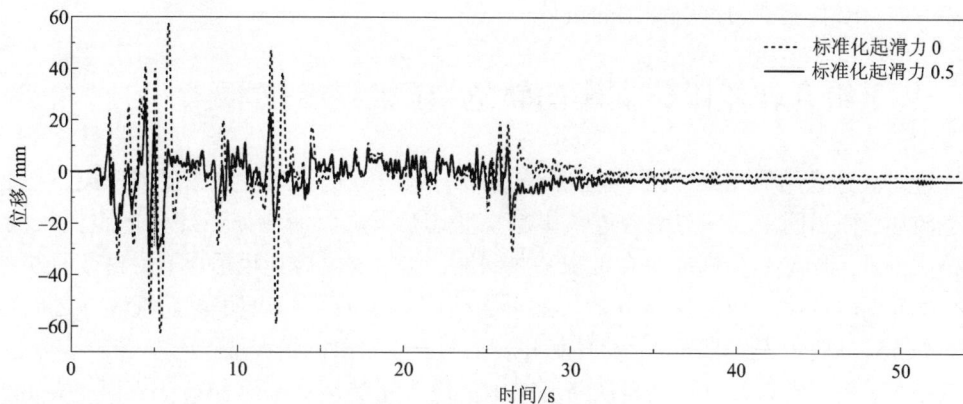

(a)16 m 桥墩墩顶位移时程

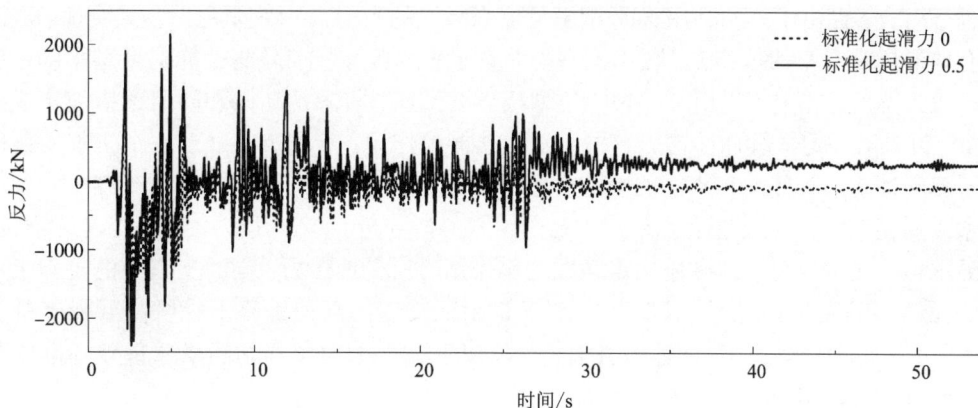

(b)8 m 桥墩墩顶处固定支座反力时程

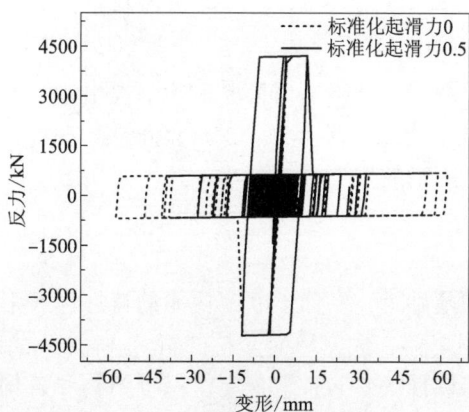

(c)轨道板弹簧1#滞回曲线

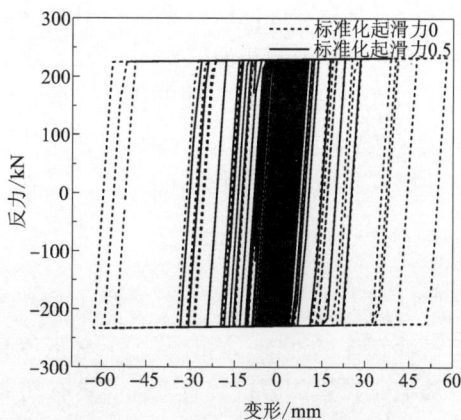

(d)活动支座1#滞回曲线

图 7-14　GM3 作用下高铁简支梁桥响应对比

的 MRFD 的起滑力增加，传递到 8 m 墩处固定支座的力也增加，并导致 8 m 墩的响应增加。如图 7-14(c)、图 7-14(d) 所示，位于第一跨的轨道板弹簧和活动支座的响应也大幅降低。综上所述，拟动力混合试验的结果表明旋转摩擦阻尼器能够在较大的变形下很好地控制桥墩的响应，但可能会增加桥梁结构其他构件的响应。为了更好地保护桥梁结构以及轨道板结构，需要对 MRFD 起滑力进行详细的设计。

7.3　基于组合耗能限位支座的轨道–桥梁减震技术

通过对高速铁路简支梁桥梁–轨道系统的地震响应分析可以发现，强震作用下固定支座会发生破坏，而当固定支座与墩台进入干摩擦状态后，可以消耗掉一部分地震输入的能量，降低桥墩的地震响应。但同样也会带来一些问题，比如支座破坏以后，不易修复且更换时间久，不利于震后救援工作的快速开展。此外，林庆利等的研究表明梁体和墩台之间约束减弱，支座位移响应增大，进而导致梁体错位，甚至发生落梁的情况。

近年来，一些学者针对在高速铁路桥梁中广泛应用的球形支座和盆式支座，提出了不同的改进方案来改善其减震性能和限位能力。王海龙等通过将 X 形钢阻尼器与单向滑动盆式支座进行组合，提出了一种利用 X 形钢阻尼器来耗能的新型 X 形钢阻尼器盆式支座；欧阳柳在已有球形抗震支座的基础上，提出了一种兼具水平隔震和竖向减震性能的新型平动—旋转复合摩擦式支座；郭进等提出了一种限位型减隔震支座，将限位功能和防落梁措施集成到了支座上，且具有一定的缓冲冲击力和提供复位功能的作用；聂利英等通过一个工程实例研究分析了弹塑性防落梁球型钢支座的减隔震效果；袁万城等在盆式橡胶支座的基础上开发了一种拉索减隔震支座，对其进行了试验研究和数值模拟分析，并将其应用到 4 跨连续梁桥中，结果显示该支座可以显著地减小固定墩在地震作用时所受地震力，同时支座中的拉索也可以有效防止落梁的发生；王彤等以设置了 E 形钢阻尼支座的高速铁路不等墩高减隔震桥为对象，建立了桥梁–轨道一体化的非线性有限元分析模型，采用位移和能量双重破坏准则和可靠度概率分析方法进行分析，研究结果表明不同支座在地震作用下各损伤状态下的易损性具有较大差异；高康等为了改善曲线梁桥因弯扭耦合导致的震害，提出了一种拉索摩擦摆支座，并分析了其在实际曲线桥梁工程中的减震效果，结果显示，该支座可以显著改善弯扭耦合作用，能够有效地减小曲线桥梁中边墩和中墩的内力。

为了最大限度地发挥支座的作用，本节在杜乔丹、王阳的研究基础上，提出了一种组合耗能限位支座(本节简称组合支座)，该支座在地震作用下具有稳定的耗能能力，在产生较大位移时能够提供很好的限位功能，可有效地防止落梁的发生。

7.3.1　组成及工作原理

高康的研究表明，组合支座是在球形支座的基础上，组合了摩擦耗能的特性和 S 形钢板阻尼器塑性耗能的性能，同时利用了 S 形钢板阻尼器在大变形时受拉的特点，在桥梁结构中能发挥类似于拉索的限位装置功能，具有功能多样性的特点，组合支座三维结构和各构件分解示意图如图 7-15 和图 7-16 所示。

该组合支座在保持了球形支座的基本结构的情况下，具有如下特征：①在支座的中间衬板上设置了四条滑轨，滑轨外壁上附着一层超高分子量聚乙烯耐磨滑板(M-PE)，保证滑轨

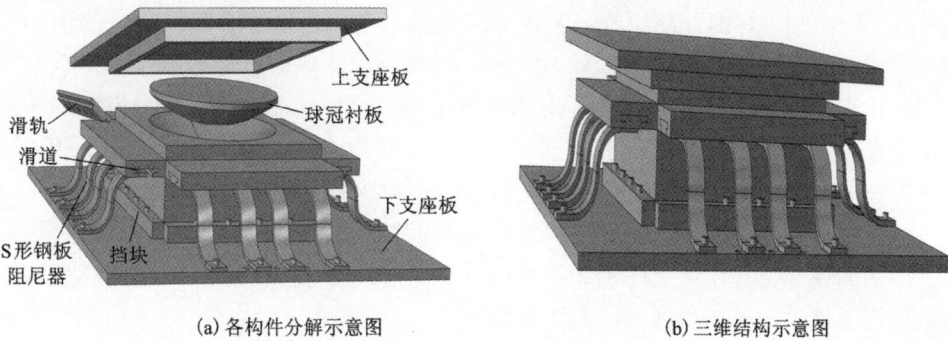

上支座板
球冠衬板
滑轨
滑道
下支座板
S形钢板
阻尼器
挡块

(a) 各构件分解示意图　　　　　(b) 三维结构示意图

图 7-15　组合支座示意图

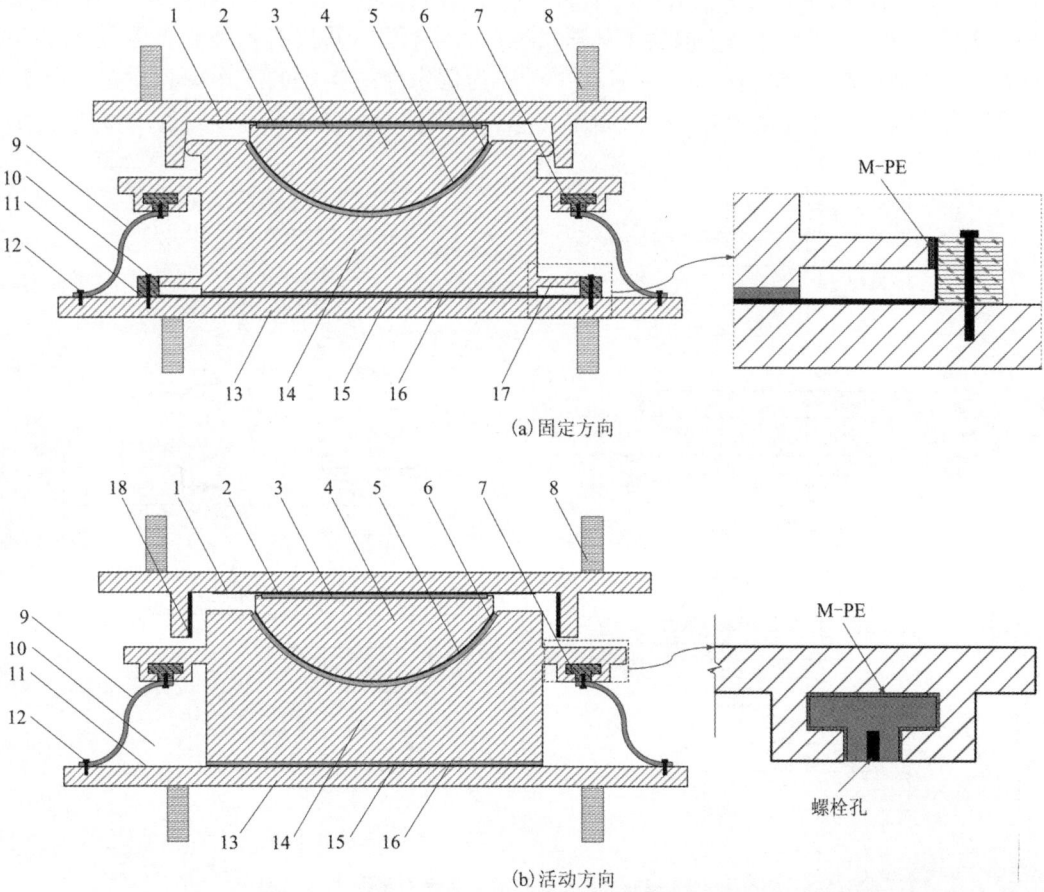

M-PE

(a) 固定方向

M-PE

螺栓孔

(b) 活动方向

1—上支座板；2—平面不锈钢板；3—平面耐磨滑板；4—球冠衬板；5—球面不锈钢；6—球面耐磨滑板；
7—滑轨；8—锚栓；9—S形钢板阻尼器；10—剪力键；11—挡块；12—螺栓；
13—下支座板；14—中间衬板；15—附加不锈钢板；16—附加摩擦面；17—悬挑顶板；18—缓冲橡胶。

图 7-16　组合支座结构组成示意图

的耐磨性以及减小在滑道内滑动时的摩擦系数。滑轨下端留有多个螺栓孔，方便与 S 形钢板阻尼器连接，且在其破坏时能够更换，滑轨可多次循环使用。②S 形钢板阻尼器由多个 S 形钢板排列组成，具体数量根据设计水平力的大小来调整，上端通过螺栓和滑轨连接，下端通过螺栓固定在下支座板上。滑轨保证了支座在其中一个方向运动时，另一个方向的 S 形钢板阻尼器不会发生平面外的变形。③在中间衬板和下支座板之间增设了一个 M-PE 摩擦面，并在支座的固定方向设置了剪力键，当剪力键剪断、挡块失效后，支座固定方向开始滑动。对于支座的活动方向，上支座板与中间衬板之间留有间隙，如图 7-16（b）所示，满足梁体在温度荷载下产生的变形，并在上支座板的下沿内壁上粘贴一层缓冲橡胶，当上支座板和中间衬板在地震作用下接触时，能起到一定的缓冲作用。

组合支座按照使用性能也可以分为固定支座、横向活动支座、顺桥向活动支座、多向活动支座四类，图 7-16（a）和图 7-16（b）给出了支座固定方向和活动方向的示意图，通过不同的组合可以形成上述四类支座。组合支座水平向传力路径如图 7-17 所示，S 形钢板阻尼器、附加摩擦面以及剪力键的加入，改变了球形支座的力学行为，可以有效地改善球形支座的减隔震性能，以及限制梁体的位移。本书以顺桥向为例来介绍支座的工作原理，为了方便起见，将固定支座、横向活动支座统称为固定支座，将顺桥向活动支座、多向活动支座称为活动支座。

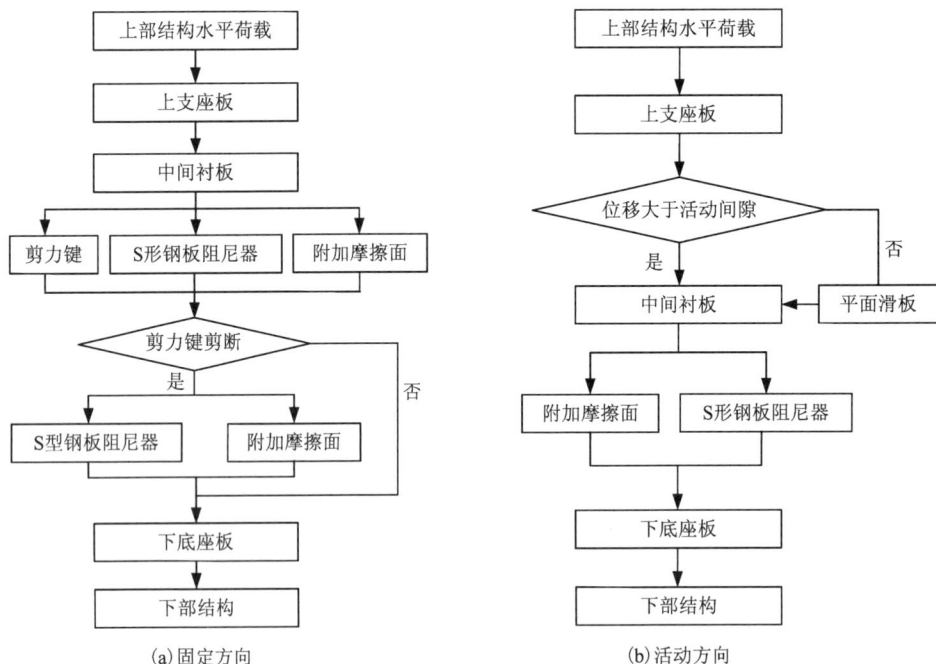

(a)固定方向　　　　　　　　　　　　　(b)活动方向

图 7-17　组合支座水平向传力路径

其工作原理为：在正常工作状态下，固定支座中引入的剪力键可提供足够的水平刚度，以满足正常使用时列车对平顺性和稳定性的要求。同时，活动支座在上支座板和中间衬板之间预留了间隙，可保证结构在荷载、温度变化、混凝土收缩和徐变等因素作用下能自由变形。为了保证组合支座能够有效地发挥减隔震作用，要求支座与梁体、墩台之间连接件的水平抗剪承载力要高于支座水平承载力的极限值。在地震荷载作用下，当梁体和墩顶的水平相对位移超过活动支座的活动间隙，且水平地震力超过活动支座的附加摩擦面的滑动摩擦力时，活动支座中间衬板和下底座板之间的附加摩擦面通过摩擦耗能，且连接于中间衬板和下底座板之间的 S 形钢板阻尼器也通过塑性变形进行耗能，附加摩擦面和 S 形钢板阻尼器组成了双重耗能体系，对结构起到减震作用；在强震作用下，当水平地震力超过固定支座的滑动屈服力时，固定支座的剪力键剪断，降低了桥梁结构体系的整体刚度，对桥梁结构起到隔震作用。对整个桥梁结构体系来说，活动支座和固定支座可以实现在不同地震强度下的分级耗能。

对于组合支座中的 S 形钢板阻尼器，一方面，其初始刚度比较小，很容易产生弯曲塑性变形来消耗输入的地震能量；另一方面，作为弯拉型阻尼器，当发生强震且支座产生的相对位移较大时，S 形钢板阻尼器的变形由弯曲变形转变为拉伸变形，从而在强震下可以提供更高的刚度和强度，此时的功能类似于一些桥梁限位装置中使用的拉索，具有很好的限位效果，可以有效地防止强震下落梁的发生。Conte 表示对于附加摩擦面，可以通过改变摩擦面的粗糙程度和材料的配比来调整不同的摩擦系数，从而满足不同设防烈度下的需求。

7.3.2　力学模型及滞回特性

本书根据组合支座的结构组成以及工作原理，建立了在水平力作用下支座水平方向的简化力学模型，如图 7-18 所示。固定支座的简化力学模型是由 S 形钢板阻尼器、附加摩擦面和剪力键组成的具有空间先后关系的并联体系，如图 7-18(a)所示；活动支座是在 S 形钢板阻尼器、附加摩擦面的并联体系的基础上串联了一个由平面滑板组成的摩擦面，并且这个平面滑板滑动的距离被限制于活动间隙之间，如图 7-18(b)所示。

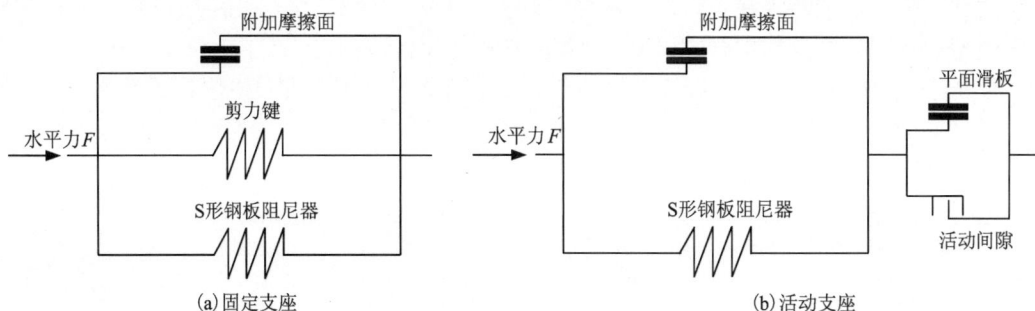

图 7-18　水平力作用下支座水平方向的简化力学模型

图 7-19 给出了组合支座各个构件的骨架曲线(力-位移)示意图。本书认为该支座中剪力键为脆性破坏构件，当水平向的剪力达到其极限承载力时，剪力键破坏，承载力迅速降为零，如图 7-19(a)所示；附加摩擦面的摩擦行为采用库仑摩擦模型来模拟，另外，为了简化计算，假定静摩擦力和滑动摩擦力相等，力学模型采用理想弹塑性的双线性模型，如图 7-19(b)所示，活动支座的平面滑板的摩擦行为，同样采用理想弹塑性的双线性模型。

对于 S 形钢板阻尼器，Zhai 等根据理论推导分析提出了 S 形钢板阻尼器的多线性理论模型，并通过有限元模型和相关实验进行了验证，本节采用其提出的多线性理论模型，其力学模型如图 7-19(c)所示。

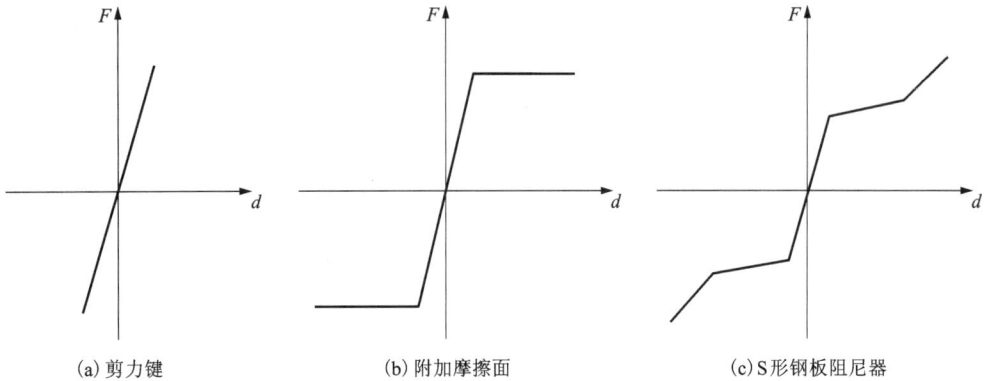

(a) 剪力键　　　　　　　　　　(b) 附加摩擦面　　　　　　　　(c) S形钢板阻尼器

图 7-19　支座各构件的骨架曲线

根据支座各个构件的力学计算模型以及各个构件之间的关系，可以得到单向水平加载时的力–位移关系计算公式以及单向加载时对应的力–位移关系曲线。随后通过有限元数值模拟分析完成了支座的力学行为研究，使用 ABAQUS 有限元软件建立组合球形支座的实体有限元模型，并通过实验数据验证有限元模型的准确性。在验证有限元模型参数的合理性后，建立组合支座的实体有限元模型，其有限元模型单向水平加载采用位移控制的形式。将组合支座的计算模型参数带入力–位移关系计算公式，并把有限元和理论公式计算的结果同时绘制在同一图中，如图 7-20 所示，可以发现两者计算得到的整体曲线吻合得比较好，在弹性工作阶段以及弯曲耗能阶段的误差都很小，当组合支座中的 S 形钢板阻尼器进入拉伸变形阶段，理论解和有限元模拟结果误差略大。这种误差来源于对 S 形钢板阻尼器力–位移关系简化的力学模型和计算公式参数拟合的误差，但误差在可接受的范围内。有限元数值分析的结果表明，所推导出的理论公式能够很好地描述组合支座在单向加载时的力–位移关系，证实了组合支座力学模型的合理性。

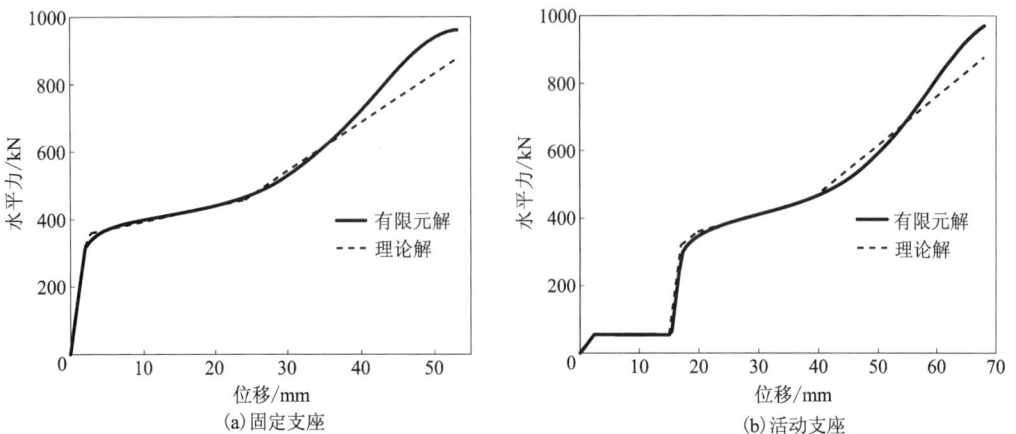

(a) 固定支座　　　　　　　　　　　　　　　(b) 活动支座

图 7-20　组合支座单向加载力–位移关系曲线图

在理论分析和有限元模型分析的基础上，笔者进一步研究了组合支座在循环往复荷载作用下的滞回特性，详细分析了多个支座参数对支座力学性能的影响。其中，S 形钢板阻尼器的数量 n、宽度 b 和厚度 t 与支座的初始刚度、滑动屈服力、屈服滑移后的刚度、耗能能力和极限承载力均呈正相关，S 形钢板阻尼器的高度 D 主要影响支座的变形能力；附加摩擦面的摩擦系数 μ 同样对支座的滞回曲线有很大影响，随着摩擦系数 μ 的增大，滞回环面积更加饱满，进而增强了支座的耗能能力，但其不影响支座屈服滑移后的刚度；另外，活动支座上预留的活动间隙会导致附加摩擦面和 S 形钢板阻尼器发挥作用的时间滞后，进而影响活动支座的耗能能力。

7.3.3　组合耗能限位支座的减隔震性能

为了保证桥梁结构在地震下的安全性，避免出现毁灭性的结构破坏，依据《铁路工程抗震设计规范》（GB 50111—2006）中对铁路工程的工作状态及地震下的受损程度作出的相关规定，并结合对高速铁路简支梁桥梁-轨道中各构件的地震响应分析，给出适用于高速铁路减隔震桥梁在多遇地震、设计地震及罕遇地震下三个性能目标：①多遇地震时，减隔震支座设定为不发挥减隔震作用，功能和设置普通支座时一样，减隔震固定支座中的剪力键保持在未剪断状态，符合性能要求Ⅰ的规定。②设计地震时，桥台处的减隔震固定支座设定为在地震强度达到设计地震之前发挥减隔震作用，减小结构地震响应，经简单修复后可快速恢复运营，符合性能要求Ⅱ的规定。③罕遇地震时，桥墩上部的减隔震固定支座和活动支座均需进入减隔震状态，发挥减隔震作用，降低结构整体响应，避免出现不可修复的损伤，满足性能要求Ⅲ的规定。

1. 设计过程

参考罗华等人的研究，本节根据减隔震支座类型初设一个隔震周期以及相对应的等效阻尼比，确定支座尺寸，随后进行地震响应分析，验证其结果的合理性，如果不符合预期，则对支座参数进行调整，重复上述过程。首先，基于单墩模型通过反应谱法大致确定各墩处支座的支座反力，进而初步设定支座的相关参数，随后对减隔震桥梁整体进行非线性动力时程分析，判断其结果是否满足性能目标要求，如不满足，返回上述过程进行迭代计算，具体计算流程如图 7-21 所示。

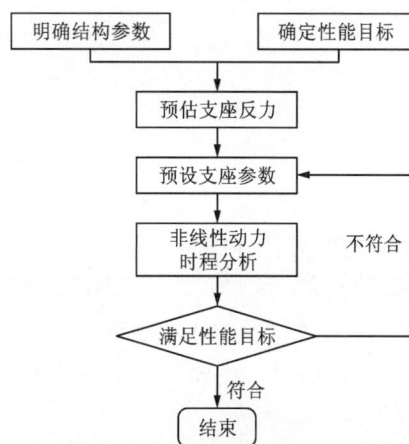

图 7-21　计算流程

2. 计算模型

以 5 跨 32 m 高速铁路简支梁桥-轨道系统为研究对象，如图 7-22(a)所示。值得注意的是，高建强、李臣、张永亮的等研究表明，上部轨道结构作为高速铁路桥梁-轨道系统中的重要组成部分，对桥梁结构有很强的约束作用，同时，轨道结构中各个构件在地震作用后的损伤状态，对震后能否行车有着直接的影响。但在进行高速铁路桥梁减隔震研究时，经常忽略了上部轨道结构的约束作用以及其本身各构件的地震响应。基于此，本书将在考虑上部轨道结构的约束作用的情况下，分析组合支座对高速铁路简支梁桥-轨道系统中的桥梁结构以及上部轨道结构的减隔震效果。

该系统中的普通球形钢支座改成组合支座后，其组合支座固定支座从左到右依次编号为 GXZ1~GXZ5，组合支座活动支座从左到右依次编号为 HXZ1~HXZ5。采用有限元软件 OpenSees 建立具有组合支座的高速铁路简支梁桥-轨道系统有限元模型，如图 7-22(b) 所示。

为了更清楚地探究组合支座的减震效果，考虑以下 3 种工况：①高速铁路简支梁桥-轨道系统中的支座设置为组合支座；②高速铁路简支梁桥梁-轨道系统中的支座为普通 TJQZ-5000 形球型钢支座，同时考虑支座的破坏情况；③高速铁路简支梁桥梁-轨道系统中的支座为普通支座，但经过加固处理，假设其在地震作用下不会发生破坏。

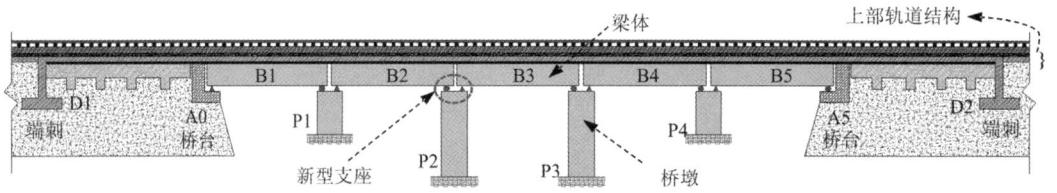

(a)5跨典型高速铁路简支梁桥示意图

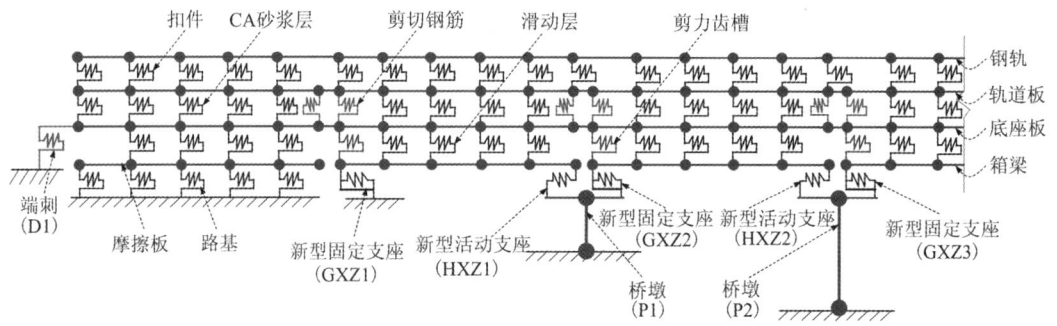

(b)有限元模型示意图(1/2模型)

图 7-22 计算模型

3. 减震有效性分析

根据分析算例所在地设防烈度、场地类别、特征周期，以及对应的设计地震的地震动加速度峰值(PGA)选用 G1~G5 五条地震(表 7-2)，进行非线性动力时程分析，对比分析三种工况下高速铁路桥梁-轨道系统中的桥梁结构和上部轨道结构的顺桥向地震响应，进而验证支座的减震效果。

表 7-2 GM1~GM5 信息表

编号	地震名称	年份	震级	测站名称
G1	Imperial Valley-02	1940	6.95	El Centro Array #9
G2	Northridge-01	1994	6.69	FAI095
G3	Borrego	1942	6.5	El Centro Array #9
G4	San Fernando	1971	6.61	LA-Hollywood Stor FF
G5	Southern Calif	1952	6	San Luis Obispo

对比分析所选的五条地震动作用下,3 种工况的非线性动力时程分析的结果。进一步通过组合支座的地震响应、墩顶位移、墩底剪力、梁体位移等不同桥梁构件的时程计算结果,分析组合支座对高速铁路桥梁-轨道系统中的桥梁结构的减震效果,并得出以下结论:

①组合固定支座和活动支座在罕遇地震作用下基本都进入了减隔震阶段,发挥了减隔震作用,并且滞回曲线饱满,有效地耗散了输入结构中的地震能量,基本实现了设计时设定的性能目标。

②当组合支座发挥减隔震作用并消耗能量时,相较于采用普通支座的高速铁路桥梁-轨道系统,组合支座不但可以有效地降低桥墩的墩顶位移和墩底剪力峰值响应,而且降低了桥墩震后的残余位移,改善了桥墩在罕遇地震作用下的抗震能力。

③组合活动支座在增强耗能能力的同时,也有效限制了自身的位移峰值响应。相较于普通活动支座,组合活动支座的位移峰值响应整体得到了明显的降低。同时,也有效地限制了梁体的位移以及梁缝间距的峰值响应,显著地降低了梁体碰撞的可能性。

④对于上部轨道结构中的填充和连接构件,采用组合支座,对各个构件的减震效果不同。其中,对地震作用下响应较大的滑动层和剪力齿槽有良好的减震效果,位移峰值响应得到了明显的降低,而对 CA 砂浆层、剪切钢筋以及扣件的地震响应减震效果不明显,也无明显的放大效果。

⑤对于上部轨道结构中的纵向连续构件,整体来说减震效果不明显。同时需要注意的是,在罕遇地震作用下,底座板在端刺附近的峰值响应较大,超过了截面平均受拉屈服应力,底座板中的纵向钢筋可能受拉屈服,建议通过延长路桥过渡段的长度来改善底座板在路桥过渡段的受力性能;轨道板在桥台附近的拉应力峰值会略微超过其开裂截面应力值,地震作用时可能会产生裂缝。

7.4　基于 TMD 的列车-轨道-桥梁系统减震技术

土木工程中常用的结构振动控制方式可以通过附加阻尼、隔震或吸震装置实现。近年来研究者开始关注考虑行车安全性的振动控制方法。陈令坤等研究了高铁列车-桥梁系统在有无隔震支座的情况下的地震响应,研究考虑了结构的非线性,结果表明列车的运行安全主要受到列车和桥梁基频附近的地震频率成分的影响。但隔震装置使结构周期增加,导致结构位移偏大,因而可能会进一步增加地震下列车脱轨的概率。TMD 具有安装简单、经济有效、性能可靠的优点,在桥梁抗震、列车-桥梁耦合振动等领域是一种广泛应用的减震措施。陈兆伟等基于桥梁特性利用随机白噪声作为激励代替正弦激励设计了 TMD 的最优刚度和阻尼参数,并通过列车-桥梁耦合振动分析验证了 TMD 对地震下列车振动的控制效果。徐家云等选取了 20 组不同质量比和阻尼比的 TMD 阻尼器进行列车荷载作用下的列车-桥梁动力分析,得出了桥梁峰值位移随装置质量比和阻尼比的变化规律。为了提高能量耗散的速度,Yin 将黏弹性阻尼器与调谐质量阻尼器结合,采用多跨连续刚构桥梁的列车-桥梁系统进行了减震能力验证。TMD 在减震的同时也可以利用其产生的动能进行发电,侯文琦等分别利用 TMD、MTMD 和线圈切割磁感线实现了列车-桥梁系统振动控制和能量的回收利用。本课题组基于震时行车安全性进行高速铁路桥梁减震装置设计,基于桥梁周期、模态特点进行了调谐质量阻尼器减震装置的参数优化设计、布置位置分析和减震效果的计算,对小震作用下 TMD 装置对桥上行车安全性的影响进行了探讨。

7.4.1　TMD 模型及优化方法

　　结构-TMD 的动力模型如图 7-23 所示，主体结构通过弹簧和阻尼连接到地面上，附加的 TMD 质量同样通过弹簧和阻尼与主体结构相连。主体结构可能受到的荷载包括外力 $F(t)$ 激励或基底加速度 U_g 激励作用，在受到正弦外力的动力方程如式（7-4）所示，当受到的荷载向量为基底加速度产生的惯性力时，公式中变量物理含义见表 7-3。

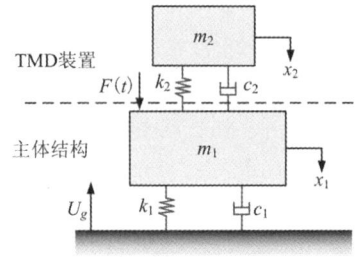

图 7-23　结构-TMD 动力模型

$$\begin{bmatrix} m_1 & \\ & m_2 \end{bmatrix}\begin{Bmatrix} \ddot{x}_1(t) \\ \ddot{x}_2(t) \end{Bmatrix} + \begin{bmatrix} c_1+c_2 & -c_2 \\ -c_2 & c_1 \end{bmatrix}\begin{Bmatrix} \dot{x}_1(t) \\ \dot{x}_2(t) \end{Bmatrix} + \begin{bmatrix} k_1+k_2 & -k_2 \\ -k_2 & k_1 \end{bmatrix}\begin{Bmatrix} x_1(t) \\ x_2(t) \end{Bmatrix} = \begin{Bmatrix} F_0\cos \omega t \\ 0 \end{Bmatrix} \quad (7-4)$$

表 7-3　TMD 表达式的物理含义

符号	物理含义	表达式
m_1	结构质量	—
k_1	结构刚度	—
c_1	结构阻尼	—
ζ_1	结构阻尼比	$\dfrac{c_1}{2\sqrt{k_1/m_1}}$
ω_1	结构基频	$\sqrt{k_1/m_1}$
m_2	TMD 质量	—
k_2	TMD 刚度	—
c_2	TMD 阻尼	—
ω_2	TMD 基频	$\sqrt{k_2/m_2}$
ζ_2	TMD 阻尼比	$\dfrac{c_2}{2\sqrt{k_2/m_2}}$
μ	质量比	m_2/m_1
β	频率比	ω_2/ω_1
$F(t)$	结构外力	—
ω	正弦频率	—
F_0	正弦力幅值	—

　　正弦外力作用下 TMD 参数的优化设计可参考 Den Hartog 提出的 P、Q 两固定定点理论。对于一个在频率为 ω 的正弦外力作用下的无阻尼结构（$c1=0$），常用最大位移 y_{max} 或位移放大系数 R 来评价结构的动力响应。设静力位移大小为 $y_{st}=P_0/k_1$，则动力放大系数 R 的表达

式如式(7-5)所示。式中 $\beta = \omega / \omega_1$，表示激励频率与结构频率之比，位移放大系数 R 是 μ、ζ_2、f 及 β 的函数。

$$R = \frac{y_{max}}{y_{st}} = \sqrt{\frac{(f^2-\beta^2)^2+(2\xi_2 f\beta)^2}{[(f^2-\beta^2)(1-\beta^2)-f^2\beta^2\mu]^2+(2\xi_2 f\beta)^2(1-\beta^2-\beta^2\mu)^2}} \tag{7-5}$$

通过 MATLAB 对两自由度结构在外力作用下的动力响应进行仿真，采用 Newmark 显式积分算法求解，工况计算参数为 $\mu = 0.1$，$f = 1.1$，阻尼比选择了 0.5%、10%、30%、50% 和 ∞，如图 7-24 所示给出了结构最大位移响应随正弦荷载频率的变化规律。观察图中结构最大位移响应随阻尼比增加的变化可以发现，当结构阻尼为 0 时，结构在结构基频和 TMD 基频处各有一个共振点，这是由于没有阻尼存在时 TMD 共振响应对主结构产生了放大作用；当阻尼逐渐增加时，结构响应逐渐减小，但当阻尼增加到极大值时，结构响应无穷大，原因是大阻尼将结构和 TMD 连接在一起，让两者成为一个质量为 $(1+u) \times m_1$ 的单自由度体系，故系统会在新的共振点上产生共振。TMD 的目标是将共振处的响应峰值降到最低，以在较宽频域内实现一个较小的幅值。由图可以观察到无论阻尼比如何变化，曲线均会经过两固定点，记为 P 点和 Q 点，因而可由调节频率比 f 来实现 P、Q 两固定点的高度相等，之后调整 TMD 阻尼比 ζ_2 使曲线切向通过这两点，TMD 最优频率比 f_{opt} 和最优阻尼比 ζ_{opt} 如式(7-6)所示，TMD 的最优刚度和阻尼如式(7-7)所示。

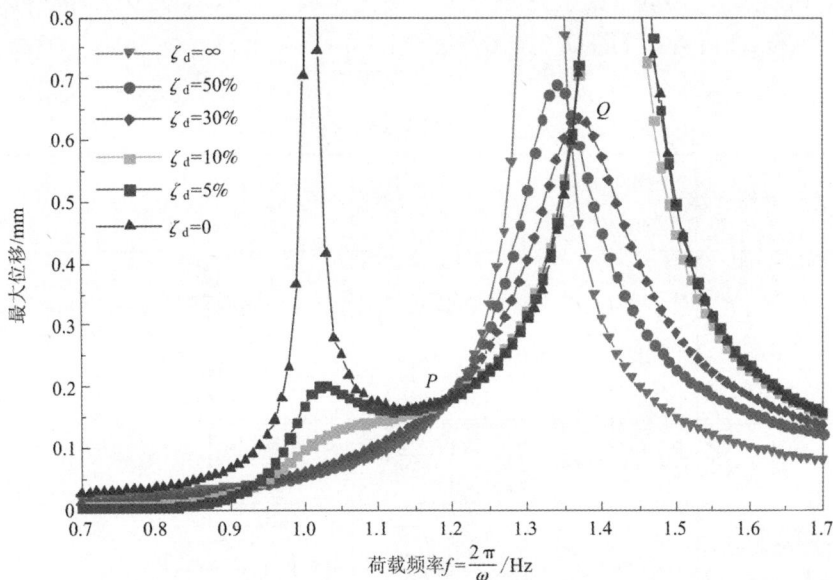

图 7-24　结构的最大位移响应随正弦荷载频率的变化

$$\begin{cases} f_{opt} = \dfrac{1}{1+\mu} \\[2mm] \xi_{opt} = \sqrt{\dfrac{3\mu}{8(1+\mu)}} \end{cases} \tag{7-6}$$

$$\begin{cases} k_2 = m_2 \dfrac{k_1}{m_1}\left(\dfrac{1}{1+\mu}\right)^2 \\ c_2 = 2\, m_2 \sqrt{\dfrac{k_1}{m_1}} \cdot \sqrt{\dfrac{3\mu}{8(1+\mu)^3}} \end{cases} \tag{7-7}$$

利用上述优化设计方法,对结构进行 TMD 减震装置的优化参数设计,有、无 TMD 的结构位移放大系数 R 的对比如图 7-25 所示,结构参数与优化后的 TMD 参数在图中给出。有 TMD 和无 TMD 的曲线相交的两点之间即为 TMD 的工作频域,在工作频域内,结构的响应会显著降低。

当结构阻尼 $c_1 = 0$ 时,结构响应情况如图 7-25(a)所示,安装有优化 TMD 的结构响应分别在 P、Q 两点达到最大值,且在两点处斜率为 0,在工作频域以外结构响应会略有增加,但在结构基频 0.628 Hz 处,共振点被明显消除,结构响应大幅减小;当结构有阻尼时($c_1 = 1 \times 10^4$),同样采用 P、Q 点理论设计的 TMD 参数,减震效果如图 7-25(b)所示,此时由于原结构存在阻尼,P、Q 两点不在相同高度,则此时结果并非最优解。Mohtasham Mohebbi 等学者利用对有阻尼结构的参数进行优化,但按无阻尼结构设计的参数仍有较好的减震效果。因此,虽然 P、Q 固定点理论上是基于无阻尼结构提出的,但实际工程中对小阻尼结构同样适用。

当荷载施加形式不同时,最优频率比和阻尼比参数需做相应的改变;并且当优化目标改变时,最优参数也有所不同,关于各种工况下最优参数的选取有众多学者进行了研究,如 Den Hartog、Soong TT,本节将 TMD 优化解析解总结为表 7-4。

表 7-4 TMD 优化解析解

编号	激励类型	作用位置	优化目标	最优频率比 f_{opt}	最优阻尼比 ζ_{opt}	最优放大系数 R_{opt}
1	正弦力	主体结构	x_1	$\dfrac{1}{1+\mu}$	$\sqrt{\dfrac{3\mu}{8(1+\mu)}}$	$\sqrt{1+\dfrac{2}{\mu}}$
2	正弦力		$\ddot{x}_1$	$\sqrt{\dfrac{1}{1+\mu}}$	$\sqrt{\dfrac{3\mu}{8(1+\mu/2)}}$	$\sqrt{\dfrac{2}{\mu(1+\mu)}}$
3	随机力		x_1^2	$\dfrac{\sqrt{1+\mu/2}}{1+\mu}$	$\sqrt{\dfrac{\mu(1+3\mu/4)}{4(1+\mu)(1+\mu/2)}}$	$\sqrt{\dfrac{1+3\mu/4}{\mu(1+\mu)}}$
4	正弦加速度	基底	x_1	$\dfrac{\sqrt{1-\mu/2}}{1+\mu}$	$\sqrt{\dfrac{3\mu}{8(1+\mu)(1-\mu/2)}}$	$(1+\mu)\sqrt{\dfrac{2}{\mu}}$
5	正弦加速度		$\ddot{x}_1$	$\sqrt{\dfrac{1}{1+\mu}}$	$\sqrt{\dfrac{3\mu}{8(1+\mu)}}$	$\sqrt{1+\dfrac{2}{\mu}}$
6	随机加速度		x_1^2	$\dfrac{\sqrt{1-\mu/2}}{1+\mu}$	$\sqrt{\dfrac{\mu(1-\mu/4)}{4(1+\mu)(1-\mu/2)}}$	$(1+\mu)^{3/2}\sqrt{\dfrac{1}{\mu}-\dfrac{1}{4}}$

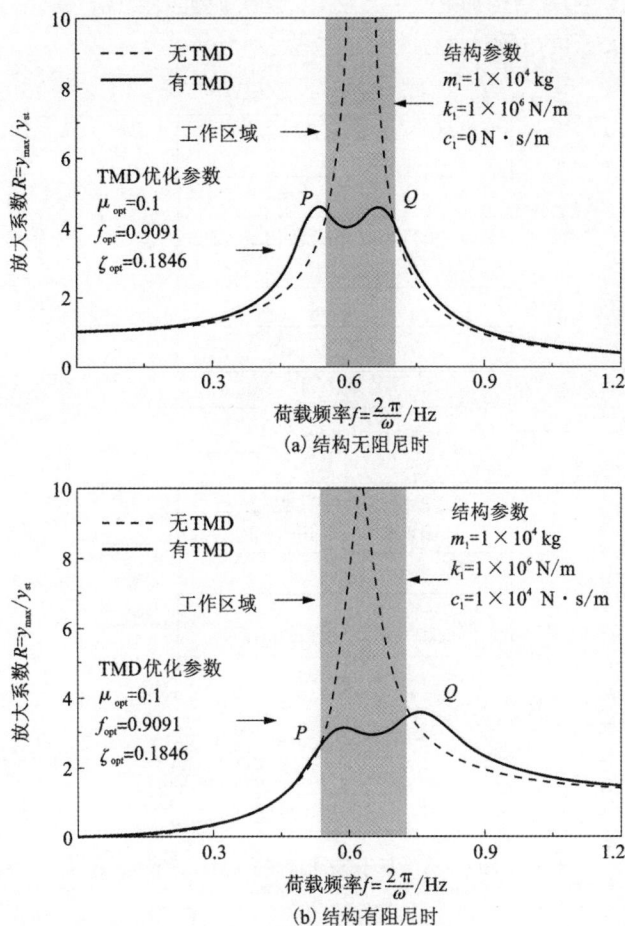

图 7-25 优化设计参数的减震效果

7.4.2 TMD 参数设计及布置

地震下桥上行车安全性的评价结果表明,高墩桥梁上的列车运行安全性比较容易受到地震威胁,尤其是 24 m 墩高桥梁,在设计地震下就可能会出现列车脱轨现象。为了提高地震下高墩桥梁行车安全性,本节将 TMD 装置应用在高墩桥梁中并验证其对桥上行车安全性的影响。TMD 参数采用图 7-26 所示的设计流程,以结构的速度谱强度响应 SI 指标为设计目标进行优化设计,SI 指标的确定与行车安全性限值 SI_L 的相关内容见第 6 章第 4 节(基于谱强度指标和轨道–桥梁模型的地震下桥上行车安全评估)。需要确定的装置设计参数是质量比 μ、频率比 f 和阻尼比 ζ_2。出于经济性的考虑,μ 一般取 $0\sim0.1$,f 和 ζ_2 通过选定的优化设计方法进行计算。TMD 最优参数确定之后,对结构–TMD 模型进行地震下动力时程分析,根据结构响应计算结构的 SI 指标,与行车安全性限值 SI_L 对比,若不满足要求则需要改变质量比或优化方法后重新计算,直到满足安全限值 SI_L 的要求。

基于桥梁的模态参数,利用表 7-4 中的三种设计方法设计了不同质量比的调谐质量阻尼器,桥梁结构质量采用箱梁质量加上 1/2 桥墩质量。采用的三种优化方法分别为:方法 1,基于正弦力激励，优化目标为结构加速度；方法 2，基于随机力激励，优化目标为结构位移；方法 3，基于基底随机加速度激励，目标为结构位移。

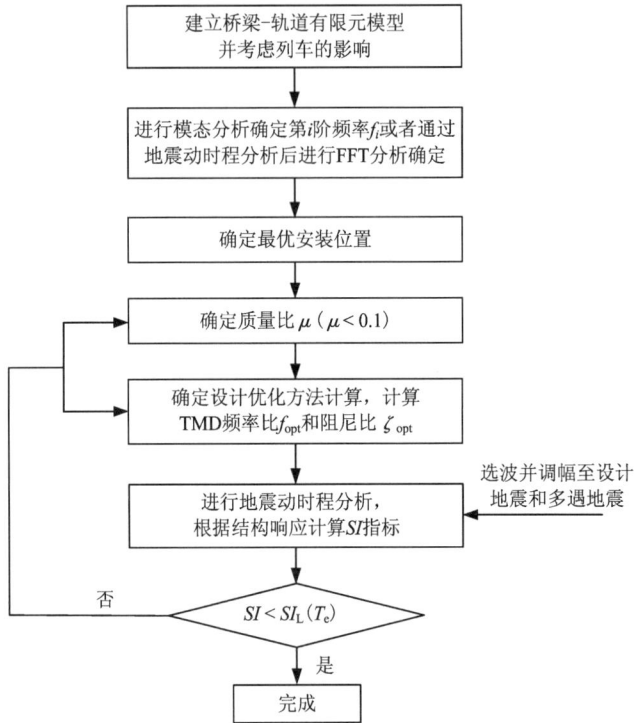

图 7-26　基于 *SI* 指标的 TMD 设计

为了确定 TMD 合理的布置位置，首先对桥梁模型进行模态分析，确定桥梁的基频及模态，安装位置根据计算得到的结构模态来确定。研究表明将 TMD 布置在第 i 阶模态的反弯点上，将对第 i 阶模态的振动有最佳的控制效果，因为对第 i 阶振型来讲反弯点的振动幅度通常是最大的。24 m 墩高的桥梁横向振型如图 7-27 所示。从图中可以看出，对于高墩桥梁第 i 阶模态的振动控制，最优安装位置是墩顶。

但桥墩顶部空间有限，不具备直接安装装置的空间，由于在横桥向梁体通过固定支座与桥墩固结，支座破坏前会保持一致运动，因此可利用墩顶两侧箱梁内部的空间来安装。TMD 装置布置方案如图 7-28 所示。

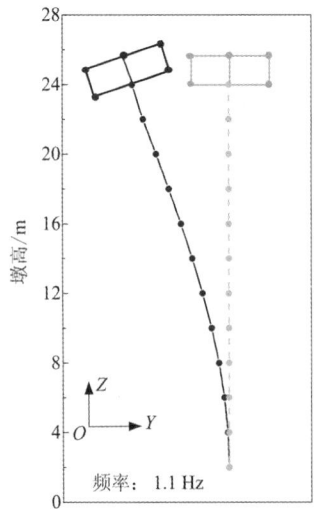

图 7-27　桥梁横向振型(24 m 墩高)

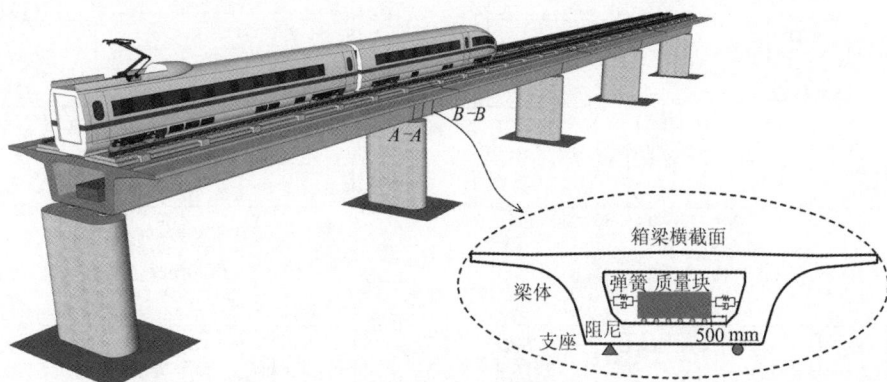

图 7-28　TMD 布置方案

7.4.3　TMD 减震效果

为方便衡量装置的减震效果，定义减震效果参数：指标折减百分比（indicator reduction percentage，*IRP*），如下式所示。

$$IRP = \frac{x - x_r}{x} \times 100\% \qquad (7-8)$$

式中：x 为没有安装 TMD 装置时的结构响应，如峰值位移、峰值加速度和速度谱强度等；x_r 为安装有减震装置后的结构响应。

1. 不同设计方法减震效果

首先比较选择的三种设计方法设计出的 TMD 参数的减震效果，24 m 墩高桥梁在地震作用下时域和频域对比如图 7-29 所示，各方法均采用相同的质量比（$\mu = 0.05$）。从时程对比来看，结构位移响应在不同的 TMD 参数下均有折减，在位移较大时下降程度更多；从频域对比来看，两条地震动在基频位置处（约为 1.1 Hz）有比较明显的折减，对其他频率成分的减小幅度较小，这是由于单频的 TMD 只能在其工作频域内起作用。在 Ⅱ-W1 地震动作用下三种设计方法的减震效果相差不大，但在 Ⅱ-W2 地震动作用下，方法 3 的减震效果大于方法 1 和方法 2，这点在频域图 7-29(d) 上可以明显看出。

为分析在质量比 μ 不同时，不同设计方法对 24 m 墩高桥梁的减震效果，本书分析了在质量比 μ 为 0.1、0.08、0.06、0.05、0.03 和 0.01 时位移和 *SI* 指标的 *IRP* 大小的关系。Ⅱ-W2 地震动作用下 *IRP* 随质量比的变化关系如图 7-30 所示，从图中可以看出，随着质量比的增加 *IRP* 也会随之增加，但实际应用过程中考虑到安装方便、经济性等因素，质量比一般不会超过 10%；另一方面，*SI* 指标的折减率的增速是随质量比的增加而逐渐减小的，从效用经济比角度来看，质量比的取值也不应取值过大。当质量比较小时（$\mu = 0.01$），三种设计方法的 *IRP* 结果相差不大；当质量比增加时，基于随机加速度激励（方法 3）设计方法计算出的 *IRP* 大于基于正弦外力（方法 1）和随机外力（方法 2）设计出的结果，如当 $\mu = 0.05$ 时，三种设计方法的 *SI* 指标 *IRP* 分别是 5.09%、6.75%、10.8%。由此可见采用在基础随机加速度作用下的优化设计参数，具有更好的减震效果。

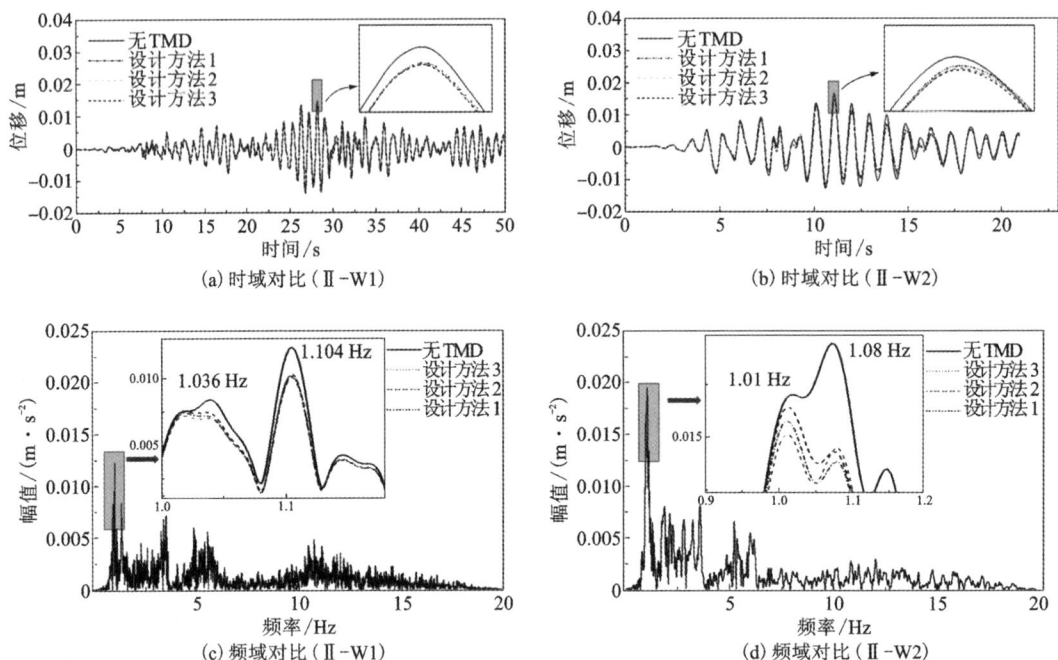

图 7-29 不同设计方法 TMD 减震效果对比($\mu = 0.05$)

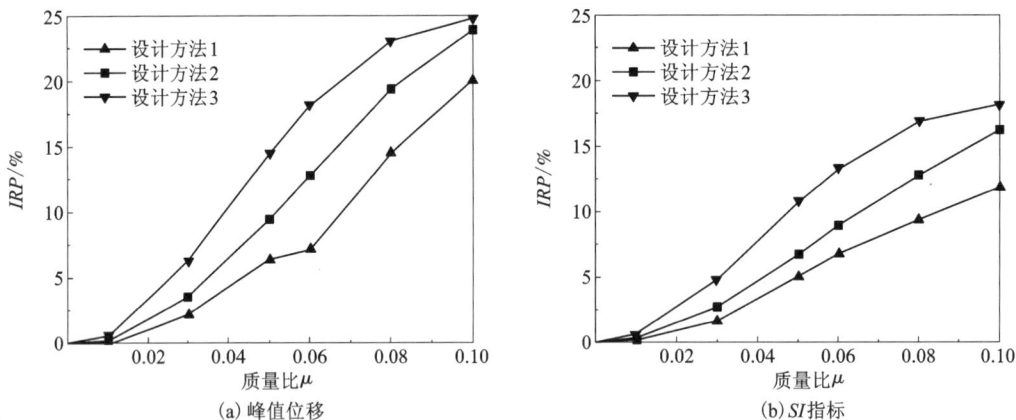

图 7-30 不同设计方法 IPR 随质量比的变化(Ⅱ-W2)

2. 24 m 墩减震效果

对 24 m 桥墩进行减震效果分析,在有、无安装 TMD 的情况下,各地震动作用下 24 m 墩高桥梁跨中轨道位移时程的对比如图 7-31 所示($\mu = 0.1$)。安装优化参数的 TMD 装置之后,桥梁结构在各条地震动下的峰值位移均有明显下降,如在Ⅱ-W1 地震动作用下,安装有 TMD 的结构最大位移响应为 0.0146 m,安装 TMD 之后峰值位移响应为 0.0115 m;在Ⅳ-W1 地震动作用下,峰值位移从 0.0635 m 降低到 0.0517 m,本节所说的峰值位移均指结构的绝对位移。

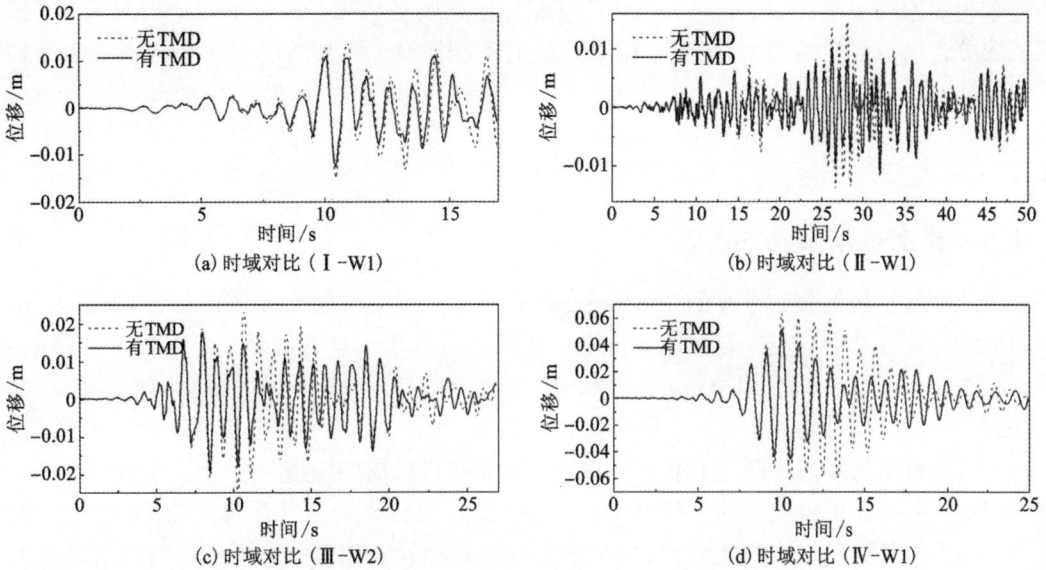

图 7-31　有、无 TMD 结构位移响应时程(24 m 墩, $\mu=0.1$)

图 7-32 从频域上分析了各地震动激励下 TMD 对 24 m 墩高桥梁跨中轨道加速度响应的减震效果。从图中可以看出,结构响应在结构基频 1.1 Hz 附近最大,在安装 TMD 之后基频

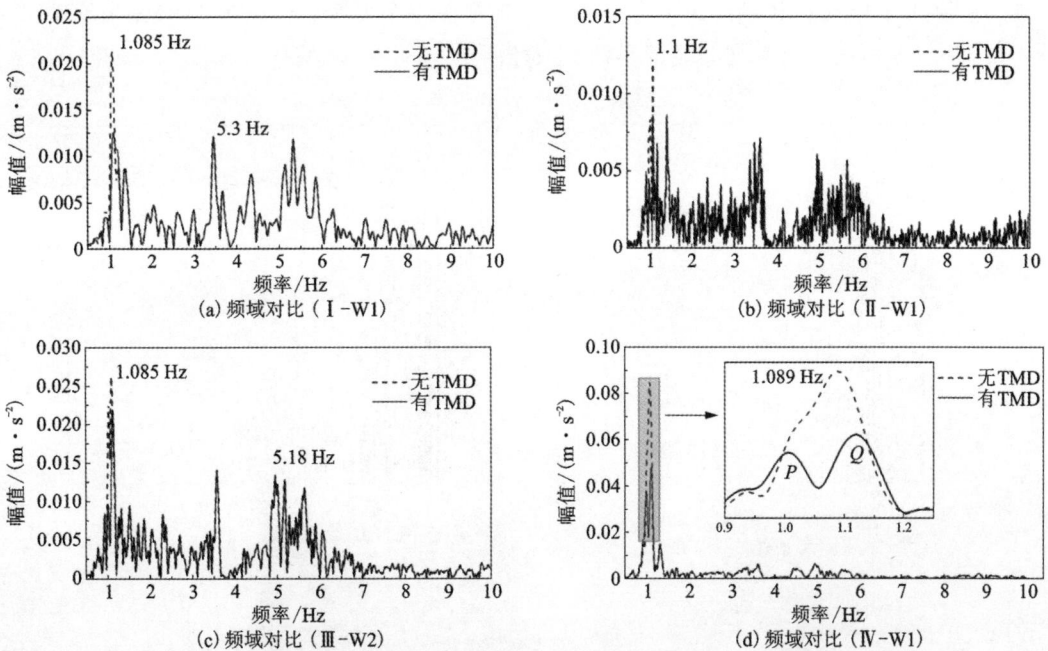

图 7-32　不同 TMD 减震效果分析(24 m 墩, $\mu=0.1$)

附近的加速度频率成分明显降低。由于Ⅳ类场地为软土地基，地震激励以低频激励为主，与桥梁结构的固有频率相接近，此时结构位移和加速度响应较大，对行车安全最为不利；虽然低频成分含量较高的地震动为列车–桥梁系统的不利激励，但其激励频率往往集中在低频区域，有很大概率落在经过合理设计的 TMD 工作频域之内，此时 TMD 装置的减震效果最为明显，从图 7-32(d) 中基频附近的减震效果可看出设计时采用的 P、Q 固定点思想得到了有效体现。

7.4.4　桥上行车安全性影响

传统的基于桥梁参数设计的 TMD 减震效果评价标准为桥梁的峰值位移，但桥梁的位移响应无法直接反映到行车安全性的评价上。若想进行行车安全性的评价，需要建立列车–轨道–桥梁–减震装置的耦合模型，工作量较大，对减震装置设计来说不宜迭代优化。但是可根据地震下桥梁结构动力时程分析，得到安装 TMD 装置前、后桥梁的地震加速度响应时程，然后进行谱分析求解加速度响应时程的速度响应谱，在目标周期内进行积分运算即可得到代表目标周期范围内总能量的谱强度指标，从而进行快速的行车安全性评价。图 7-33 为不同地震动作用下、安装有不同质量比 TMD 的 24 m 墩高桥梁跨中轨道加速度响应时程所求出的速度响应谱，其幅值可以反映出列车激励的能量大小。图中横坐标为速度谱的周期 T_a，纵坐标为 TMD 装置质量比 μ（当 μ 等于 0 时代表不安装阻尼器）。由图可以看出，S_v 峰值均集中在结构基频附近，在软土地基地震动（Ⅳ-W1）作用下能量最为集中，此时低于和高于结构基频的能量成分均较小；当地震动存在一定高频成分时，如Ⅱ-W1 和Ⅱ-W2 地震动，在能量峰值左侧的区域，表示谱的高频部分峰值较高，而大于结构固有周期的能量强度较低。随着 μ 的增加，基频部分 S_v 幅值逐渐降低，能量较高的频宽在逐渐变窄，这说明 TMD 对降低目标周期内桥梁–轨道系统列车激励的能量起到了关键作用。

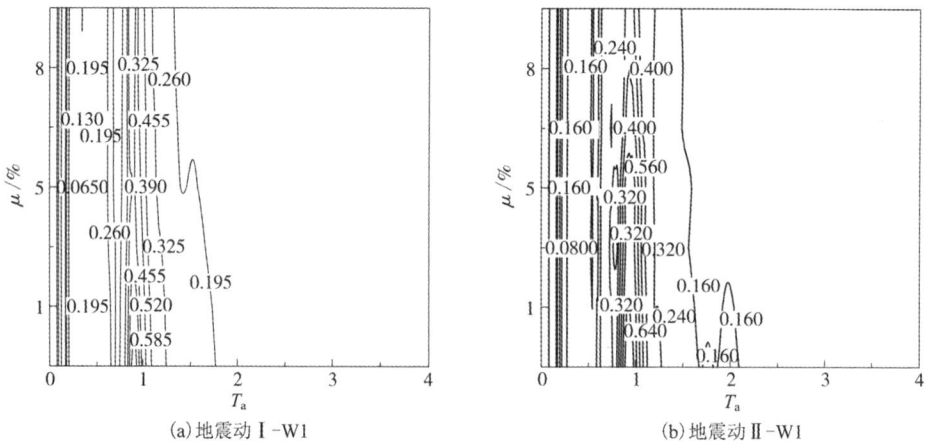

(a) 地震动Ⅰ-W1　　　　　　　　(b) 地震动Ⅱ-W1

(c) 地震动 II–W2

(d) 地震动 III–W2

(e) 地震动 IV–W1

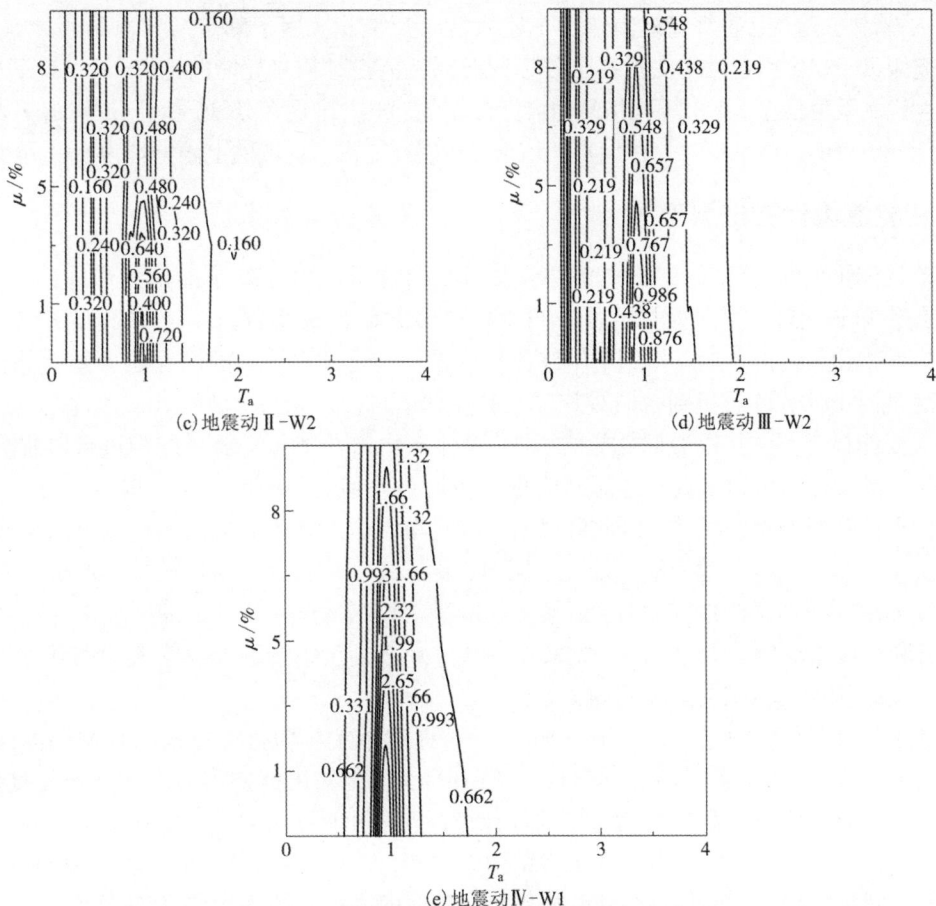

图 7-33　速度响应谱

7.5　基于能量平衡的高速铁路桥梁性能设计方法

本质上，地震动的过程是地面运动产生的能量向结构传递、转化和耗散的过程，Housner 在第一届地震工程世界会议上提出了基于能量的抗震设计思想，即通过对结构的能力曲线、阻尼进行设计，使其耗能能力不小于地震输入能量，实现结构能力与地震需求的平衡。考虑地震输入结构的总能量为 E_i，通过阻尼器耗散的能量为 E_ξ，剩余能量以动能 E_k 和应变能 E_a 的形式储存在结构中。如果结构始终保持弹性，E_a 将以弹性能 E_s 的形式储存，若结构进入屈服，应变能 E_a 将分成弹性能 E_s 和滞回耗能 E_h 两部分。Uang 和 Bertero 用式(7-9)诠释了上述能量之间的关系。

$$E_i = E_k + E_\xi + E_a = E_k + E_\xi + E_s + E_h \tag{7-9}$$

国内外的众多学者对基于能量的性能设计方法展开了众多研究。秋山宏对单、多自由度体系的地震输入能量进行了探究，建立了适用于这两种体系的总输入能量谱，给出结构的滞回与阻尼耗能分析，提出了基于能量的设计方法的步骤。肖明葵等对多种结构体系进行了时程分析以获得总输入能量谱曲线，给出了弹塑性能量分析简化分析方法的建议。江辉用近断层地震动对结构进行分析，得到了近场地震的输入能量设计谱，并给出基于能量的桥梁结构抗震评估设计方法。上述研究集中给出了输入能量反应谱，用于确定结构总的耗能。另外，部分研究侧重于确定引起结构变形甚至破坏的滞回耗能占结构总耗能的比例，Fajfar 等人采用瞬时刚度比例阻尼模型，考虑不同恢复力滞回模型的影响，采用多条地震动记录作为输入所进行的统计分析表明，对 5% 和 2% 的阻尼比取值，滞回耗能占总耗能的上限分别为 80% 和 90%。

7.5.1 能量设计方法原理

本节从能量的角度入手来探讨地震需求和结构抗震能力是基于能量的性能设计方法。Tony 对线性单自由度和其等效非线性单自由度能量之间的关系进行了进一步的探究。对线性单自由度来说，结构在地震作用下始终保持弹性，地震输入结构的应变能为弹性能，这部分能量通过简单计算即可得到。而对其等效非线性单自由度来说，结构进入塑性之后，输入结构的应变能最终被结构以滞回耗能的形式耗散掉，这部分能量需要对结构进行时程分析获得，那么对待设计的结构来说，这部分能量不便通过直接计算得到，而需要进行迭代计算。但上述两种能量具有等量关系，因此可以通过计算单自由度结构的地震输入能量来得到其等效非线性单自由度结构的地震输入能量。同时，对非线性单自由度结构进行单调推覆直至达到同量级的地震所产生的地震力时，所输入的能量与该结构进入塑性的滞回耗能存在比例关系，故可利用能量比例系数建立同一地震动对线性单自由度结构的弹性输入能和其等效非线性单自由度结构的单调推覆能之间的关系。

基于上述能量平衡理念，T. Y. Tony 建立了一种适用于并联抗震体系的新型性能设计方法（equivalent energy-based design procedure，EEDP），该方法依据抗震需求选取设防地震动，将单自由度结构的强度和延性作为直接的设计指标，通过能量比例系数得到结构的弹性能和单调推覆能之间的关系，以获得单自由度结构力-位移曲线，再选定满足上述力-位移曲线的基本结构、附加抗震结构的理想弹塑性屈服机制，继而进行具体的构件设计。该方法无须预设结构的初始周期或者构件尺寸，不需要进行复杂的迭代计算即可获得满足预期性能目标的性能曲线，因此在工程实际应用中具有显著优势。本书希望通过有效的减震防控技术以及切实可行的设计方法实现保护列车-轨道-桥梁系统的防控减震目标，但列车-轨道-桥梁作为一个复杂的大系统，目前在相关方面的研究仍十分欠缺。所以本书提出了基于能量平衡的高速铁路桥梁性能设计方法，该设计方法可以用于设计轨道桥梁结构也可用于设计列车-轨道-桥梁结构，根据黄哲的研究，本书以高速铁路桥梁的桥墩构件作为保护构件对相关设计方法进行了探讨。

1.高速铁路减隔震桥梁性能目标的确定

通过考虑规范中给定的多遇地震、设计地震、罕遇地震作用下桥梁建筑物宏观上的性能表现（弹性、非线性、弹塑性），对高速铁路桥墩构件的抗震性能进行分析研究，由实验和数值模拟分析结果来确定桥墩在三阶段设防地震下的性能状态。基于实验数据，将桥墩的骨架曲线简化为弹塑性双折线，以此得到桥墩的屈服剪力，并通过与规范给出的反应谱计算得到的桥墩地震力进行对比，得到高速铁路桥墩在设计地震下可能发生屈服的结论。随后，通过建立桥墩有限元模型可以获得桥墩钢筋、混凝土的应力、应变数据，从力学本质出发确定屈服点使其更有依据。

通过高速铁路桥墩实验数据和数值模拟，可以得到桥墩在设计地震作用下可能发生屈服的结论。考虑到桥墩在实际设计中往往以刚度控制为设计要点，在不更改桥墩原有设计的前提下，对在地震强度小于设计地震时会发生屈服的桥墩，采用减隔震支座代替原有固定支座，利用减隔震支座实现功能分离。当地震强度小于多遇地震时，减隔震支座等同于普通固定支座，不发挥减隔震作用，以确保桥梁的行车使用功能。在地震强度达到多遇地震时，支座开始发挥减隔震作用，使得原本在地震强度小于设计地震前即发生屈服的桥墩在设计地震作用前保持弹性。在基于规范所提出的性能目标的基础上，将加入减隔震支座的高速铁路桥梁的三阶段设防目标进一步明确如下：在多遇地震下桥梁结构达到性能要求 I，桥墩和支座均保持弹性，地震强度达到多遇地震时，支座开始滑动；在设计地震下桥梁结构达到性能要求 II，桥墩保持弹性，支座开始滑动，地震强度达到设计地震时，桥墩进入目标屈服状态；在罕遇地震下桥梁结构达到性能要求 III，桥墩和支座均进入屈服阶段，对桥墩和支座的最大位移进行验算。

2. 等效单自由度体系的建立

高速铁路简支梁桥可简化为一双自由度模型，如图 7-34(a) 所示，m_1、m_2 其中分别为桥墩质量、上部结构质量。基于能量的角度进行性能设计，计算多自由度结构的能量需要明确结构层间剪力、层间位移，对待设计的结构来说，使用双自由度模型进行能量计算避免不了迭代，故将桥墩–支座–梁体模型串连的双自由度模型简化为单自由度模型。在保证桥墩原有设计的前提下，在桥梁中加入减隔震支座。将减隔震支座的本构简化为如图 7-34(b) 所示的双折线模型，通过对起滑力 F_{yb} 设计，在多遇地震作用下支座地震力达到 F_{yb} 时支座开始滑动，此时桥墩和支座均保持弹性，如图 7-34(b) 所示；通过对减隔震支座滑动刚度 m_{eq} 的设计，在设计地震作用时桥墩开始屈服，此时对应桥墩顶点位移为 F_{yb}，底部剪力为 F_y，桥墩保持弹性，支座开始滑动，如图 7-34(c) 所示，由此明确了桥梁结构多遇地震、设计地震下的两个性能点，结构能力曲线如图 7-34(f) 所示。

在振动过程中，假定多自由度体系的振型矢量 $\{\Phi\}$ 保持不变，侧向位移的模式类似结构的基本振型，且等价单自由度体系的高度由下式确定，如图 7-34(d) 所示：

$$\Gamma_1 \times \Phi_{s1} = 1 \tag{7-10}$$

又 Γ_1 为第一振型参与系数：

$$\Gamma_1 = \frac{\sum_{i=1}^{n} m_i \Phi_{1i}}{\sum_{i=1}^{n} m_i \Phi_{1i}^2} \tag{7-11}$$

式中：Φ_{s1} 为多自由度体系第一振型在等价单自由度结构高度处的对应值；m_i 为多自由度体系在各节点处的质量和位移。由两者按第一振型振动时，最大动能相等，得

$$\frac{1}{2} M_{eq} (\omega_1 x_m)^2 = \frac{1}{2} \sum_{i=1}^{n} m_i (\omega_1 x_i)^2 \tag{7-12}$$

式中：ω_1 为第一振型的自振圆频率；M_{eq} 和 x_m 分别为等价单自由度的等效质量和位移；x_i 为多自由度体系在各节点处的质量的位移。由上式得：

$$M_{eq} = \frac{\sum_{i=1}^{n} m_i x_i^2}{x_m^2} \tag{7-13}$$

（a）桥梁双自由度模型　　　（b）减隔震支座力−位移曲线　　　（c）桥墩力−位移曲线

（d）等效单自由度模型及能力曲线　　　（f）桥梁能力曲线示意图

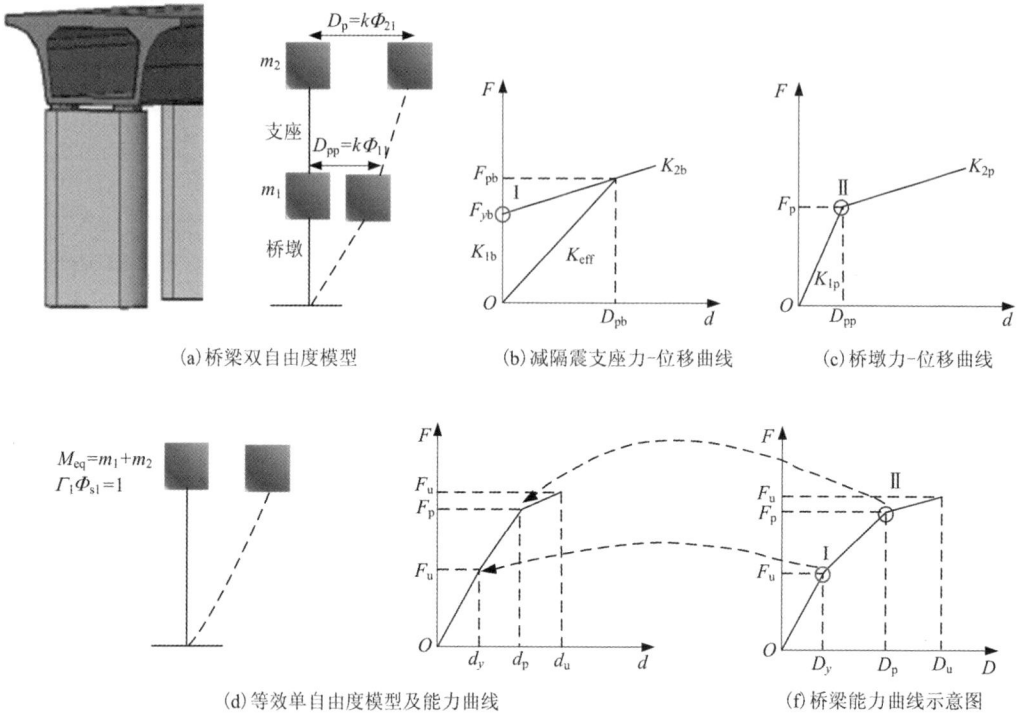

图 7-34　桥墩−支座−梁体模型简化示意图

令 $x_i = k\Phi_{i1}$，$x_m = k\Phi_{s1}$，又因 $\Phi_{s1} = \dfrac{1}{\Gamma_1}$，得

$$M_{eq} = \frac{\left(\sum\limits_{i=1}^{n} m_i \Phi_{i1}\right)^2}{\sum\limits_{i=1}^{n} m_i \Phi_{i1}^2} \tag{7-14}$$

等价单自由度位移为 $d = x_s = k\Phi_{1s}$，多自由度顶点位移为 $D_r = x_n = k\Phi_{1n}$，可得多自由度结构顶点位移和等效单调顶点位移的二者间转化公式：

$$D = d\Gamma_1 \Phi_{1n} \tag{7-15}$$

当地震强度小于多遇地震时，支座不滑动，此时支座刚度 K_{1b} 远大于桥墩刚度 K_{1p}，振型分量 $\Phi_{21} = \Phi_{11} = 1$，则有 $M_{eq} = m_1 + m_2$，$D = d$。因此，将支座−桥墩串联双自由度模型简化为质量为 $M_{eq} = (m_1 + m_2)$、初始刚度为桥墩刚度 Φ_{1p} 的单自由度模型。

当地震强度达到设计地震时，桥墩达到屈服状态，墩底剪力为 F_p，对应墩顶位移为 D_{pp}，支座发生滑动，取与支座最大位移 D_{pb} 对应的支座割线刚度 K_{eff}，与桥墩刚度 K_{1p} 做振型分析，假定振动以第一振型为主，得到 Φ_{11}、Φ_{21}，则有：

$$\frac{D_{pb} + D_{pp}}{D_{pp}} = \frac{1}{\Phi_{11}} \tag{7-16}$$

同时，多自由度与其等效单自由度的顶点位移关系如下：

$$D = d_p \Gamma_1 \Phi_{12} \tag{7-17}$$

$$\Gamma_1 = \frac{m_1 \Phi_{11} + m_2}{m_1 \Phi_{11}^2 + m_2} \tag{7-18}$$

由此建立了支座-桥墩串联系统与等效单自由度在设计地震时位移与支座等效割线刚度间的关系，得到了对应单自由度的能力曲线。

3. 不同地震设防水准下的设计

依据规范确定桥梁的设防地震水准为多遇地震、设计地震、罕遇地震，由桥梁的设防烈度来确定对应的峰值加速度，所在的地区的场地类别和特征周期分区选取对应的反应谱曲线，并将反应谱曲线转化为支座顶部位移 D_y 和桥墩底部剪力 F 的曲线：

$$F = S_a \times (m_1 + m_2) \tag{7-19}$$

$$D = S_a \frac{T^2}{4\pi^2} \tag{7-20}$$

式中：S_a 为简化模型对应的反应谱加速度，T 为等效单自由度结构的周期。

（1）多遇地震。

由（7-18）式可得到多遇地震作用下结构的顶部位移 d_y 和底部剪力 F_y，如图 7-34 所示。F_y 由下式计算：

$$F_y = S_{a1} \times (m_1 + m_2) \tag{7-21}$$

将 F_y 按照质量分配给桥墩和支座，可得支座的起滑力 F_{yb}：

$$F_{yb} = \frac{m_2}{m_1 + m_2} F_y \tag{7-22}$$

另外

$$D_y = d_y = F_y / K_{p1} \tag{7-23}$$

式中：S_{a1} 为多遇地震对应的反应谱加速度；F_y 为多遇地震时结构的基底剪力；F_{yb} 为支座的起滑力；D_y、d_y 为双自由度、单自由度结构在多遇地震下的顶点位移。

（2）设计地震。

设计地震作用下，桥墩开始屈服，对应桥墩的基底剪力为已知的 F_p，对应等效单自由度的位移记为 d_p。假定结构始终保持弹性，地震量级由多遇地震增大到设计地震时，输入结构的弹性能增量为 ΔE_{E1}；而实际上地震量级由多遇地震增加到设计地震时，结构进入塑性后的滞回耗能增量为 ΔE_{ND1}，对进入塑性的结构进行推覆分析直至达到预定的性能目标即底部剪力达到 F_p 时，所输入结构的能量增量为 ΔE_{NM1}。上述三种能量关系如下，其中 γ_a 为在设计地震作用下输入结构的弹性能增量和在单调剪力作用下输入结构的能量增量之比，如图 7-35 所示：

$$\Delta E_{E1} = \Delta E_{ND1} = \gamma_a \Delta E_{NM1} \tag{7-24}$$

$$\Delta E_{E1} = \frac{1}{2} (F_y + F_{DE}) \cdot (d_{DE} - d_y) \tag{7-25}$$

$$\Delta E_{NM1} = \frac{1}{2} (F_p + F_y) \cdot (d_p - d_y) \tag{7-26}$$

联立式（7-24）~式（7-26），得到下式即可确定 d_p。

$$d_p = \frac{2\Delta E_{E1}}{\gamma_a (F_p + F_y)} + d_y \tag{7-27}$$

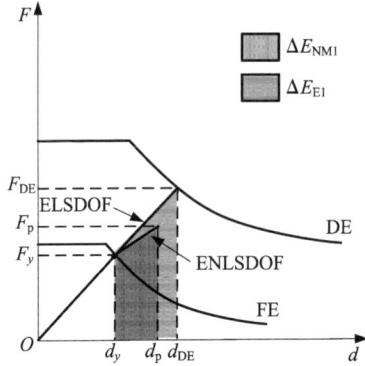

F—等效单自由度结构基底剪力；d—等效单自由度结构顶点位移；ELSDOF—弹性单自由度结构；

ENLSDOF—弹塑性单自由度结构；FE—多遇地震；DE—设计地震。

图7-35　多遇地震、设计地震能量法设计示意图

图中，F_{FE}、d_{FE}为弹性结构在设计地震时的底部剪力、顶点位移；F_p、d_p为等效单自由度结构在设计地震时的底部剪力、顶点位移。得到等效单自由度位移后，由式(7-15)~式(7-17)可得到与支座位移对应的割线刚度，并计算其滑动刚度。至此，通过完成支座的两参数设计实现了性能目标Ⅰ、Ⅱ。

(3)罕遇地震。

在我国的设计规范中，对桥墩在罕遇地震作用下的设计为采用简化方法来验算桥墩的延性系数是否满足要求。前文完成了对支座的设计，且桥梁结构构件的质量、刚度参数均已知，通过能量设计方法确定支座的位移和墩底剪力。

当作用在支座-桥墩模型的地震量级由设计地震增加到罕遇地震时，假定桥墩底部的地震力增量ΔF_1和支座的地震力增量ΔF_2与质量成比例关系，比例系数定义为a、Δd_u、ΔF_u，三者分别为罕遇地震时支座顶部的位移增量、桥墩底部的地震力增量，假定用于能量计算的单自由度模型的第三段刚度为k_u，则有如下关系：

$$\frac{\Delta F_1}{\Delta F_2} = \frac{m_1}{m_2} = a \tag{7-28}$$

$$\Delta d_u = \frac{\Delta F_1 + \Delta F_2}{k_{b2}} + \frac{\Delta F_2}{k_{p2}} \tag{7-29}$$

$$k_u = \frac{\Delta F_u}{\Delta d_u} = \frac{\Delta F_1 + \Delta F_2}{\Delta d_u} = \frac{k_{p2} k_{b2} (a+1)}{k_{p2} + k_{b2} (a+1)} \tag{7-30}$$

若结构均保持弹性，地震量级由设计地震增大到罕遇地震时输入结构的能量增量为ΔE_{E2}，而实际上支座和桥墩在罕遇地震作用时均屈服，结构的滞回耗能增量为ΔE_{ND2}。ΔE_{NM2}为支座和桥墩均进入屈服后，按地震量级由设计地震增大到罕遇地震时，在结构底部作用单调地震剪力所输入的能量增量。γ_b为在大震作用下的输入结构的能量和在单调剪力作用下输入结构的能量之比，如图7-36所示，则有如下关系：

$$\Delta E_{E2} = \Delta E_{ND2} = \gamma_b \Delta E_{NM2} \tag{7-31}$$

$$\Delta E_{E2} = \frac{1}{2} (F_{RE} + F_{FE})(d_{RE} - d_{FE}) \tag{7-32}$$

$$\Delta E_{NM2} = \frac{1}{2}(F_u + F_p)(d_u - d_p) \qquad (7-33)$$

$$F_u = \frac{2\Delta E_{E2}}{\gamma_b(d_u - d_p)} - F_p \qquad (7-34)$$

$$F_u = k_u \Delta d_u + F_p \qquad (7-35)$$

$$\Delta d_u = d_u - d_p \qquad (7-36)$$

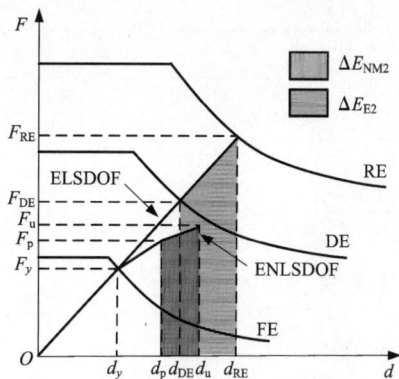

图 7-36　罕遇地震能量法设计示意图

图中，F_{RE}、d_{RE} 为弹性结构在罕遇地震时的底部剪力、顶点位移；F_u、d_u 为等效单自由度结构在罕遇地震时的底部剪力、顶点位移。由前述等效关系可认为底部剪力 F_u 即为支座–桥墩模型的底部剪力，同时计算出桥墩顶点位移进行延性验算，将顶点位移 d_u 近似认作支座位移，为罕遇地震下支座位移最大值提供参考。

4. 能量平衡系数

Housner 认为非线性单自由度结构耗散的能量只是储存在等效线性单自由度结构的一部分，但并没有进一步探究这二者之间的比例关系。Goel 和 Chao 采用由 Newmark 和 Hall 得到的理想弹塑性单自由度结构的非弹性反应谱计算了这二者之间的关系，并用比例系数表示，得到如下公式：

$$\gamma = \frac{2\mu_s - 1}{R_\mu^2} \qquad (7-37)$$

式中：μ_s 为结构的延性系数；R_μ 为结构的强度折减系数。由 Goel 和 Chao 提出的该能量平衡系数基于弹塑性结构的设计方法中，系统目标既要满足最大设防地震，又要满足基本设计地震要求，但同时满足两个震动强度要求很难，最终设计通常由一种强度控制。前文设计了结构在定义的三种不同的地震设防水准下的性能表现。因此，需要两个能量平衡系数来实现结构的地震强度由多遇地震增大到设计地震、设计地震增大到罕遇地震时的能量转换关系。本节所提出的设计方法的核心要点是在不需要迭代的前提下，结构在不同的设防地震作用下具有不同的性能表现，其中最关键的因素在于对能量平衡系数的选取。对已设计好的桥墩，可依据其场地类别、特征周期、设防烈度来确定反应谱，根据该反应谱进行地震动的选取。依据《铁路工程抗震设计规范》(GB 50111—2006)中给定的场地类别、特征周期设防烈度等条件，确定场地类别为 II 类、特征分区为三区、设防烈度为 8 度的反应谱，对应多遇地震、设计地震、罕遇地震的地震动峰值分别为 0.1 g、0.3 g、0.57 g。依据该规范反应谱选取 16 条地震记录(表 7-5)并采用地震动平均谱进行后续计算。

表 7-5　所选地震记录信息

地震名称	年份	烈度	NGA#	记录
Chi-Chi Taiwan-05	1999	6.2	3160	TCU014N
			3191	TCU081N
Imperial Valley-06	1979	6.53	175	E12140
			167	CMP015

续表7-5

地震名称	年份	烈度	NGA#	记录
Northridge-01	1994	6.69	970	FAI095
			1000	PIC090
Kobe_Japan	1995	6.9	1100	ABN000
			1102	CHY000
Landers	1992	7.28	850	DSP000
			3757	NPF090
San Fernando	1971	6.61	57	ORR021
			83	PUD055
Loma Prieta	1989	6.9	762	FRE000
			800	SJW160
Superstition Hills-01	1987	6.2	718	IVW090
			726	WLF225

（1）γ_a 的计算。

在设计地震作用下，性能目标——底部剪力已知，将目标剪力 F_p 与多遇地震时桥墩的底部剪力 F_y 的比定义为屈服比 μ（$\mu=F_p/F_y$）。屈服比要能满足能量平衡和实际使用要求，若屈服比过小，结构在地震力较小时即发生屈服，为耗散输入的地震能量，结构会产生过大位移，当屈服比过大时，结构在地震力相对较大时才会发生屈服，对结构强度要求增大，因此，对于 8 度设防的结构，选取其屈服比为 1.2~2.8。对某一选定的屈服比，γ_a 的取值存在多种情况，如图 7-37 所示。在 γ_a 的取值范围内任取一值，由式（7-25）可得到对应结构的骨架曲线，用所选取的 16 条地震动对该结构进行时程分析可得到设计地震下顶点最大位移的平均值，将该值与式（7-26）计算得到的顶点位移 d_p 进行比较，最为接近的一组即选取为与该结构初始周期、屈服比所对应的 γ_a。图 7-38 给出了 $T=0.39$ s，$\mu=1.8$ 时，γ_a 与设计地震作用下顶点位移的关系。

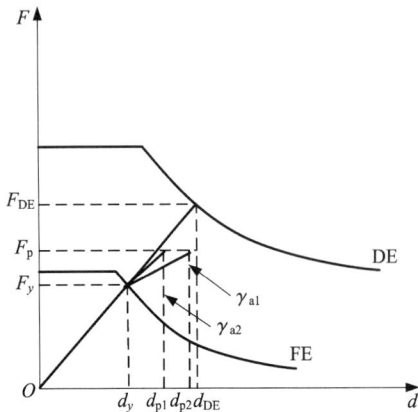

图 7-37 γ_a 的计算示意图

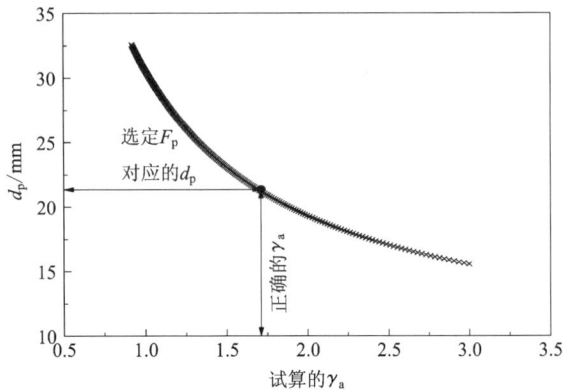

图 7-38 γ_a 对于顶点位移的影响

图 7-39 给出了 γ_a 的计算结果，依照周期，将 γ_a 与 μ 用三次曲线进行拟合，如式(7-38)，相关系数可根据不同周期进行选取。

$$\gamma_a = p_1\mu^3 + p_2\mu^2 + p_3\mu + p_4 \tag{7-38}$$

式中：p_1、p_2、p_3、p_4 为拟合参数，值可查表取得。

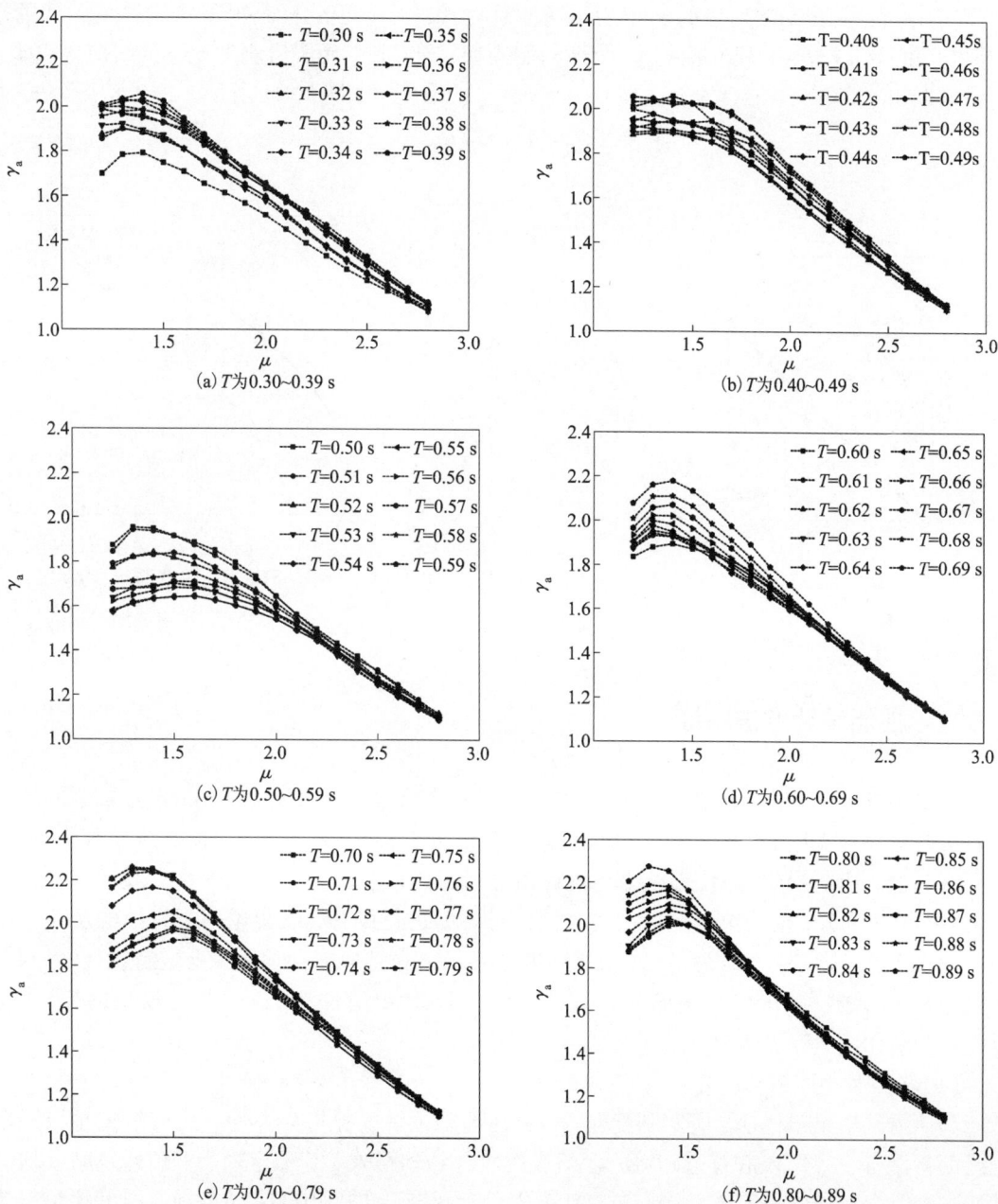

图 7-39　γ_a 的计算结果

(2)γ_b 的计算。

对于由初始周期、屈服比确定的结构，要确定结构的骨架曲线，还需要引入屈服后刚度比的定义，即骨架曲线第三段刚度与第二段刚度的比值 $\nu(\nu=K_2/K_3)$。如图 7-40 所示，与计算 γ_a 相同，若选定某一单自由度结构的初始周期、屈服比、屈服后刚度比，得到其骨架曲线，在选定罕遇地震下结构的基底剪力 F_u 情况下，由刚度可计算出顶点位移 d_u，由式（7-31）~式（7-36）可计算出与之对应的 γ_b。用罕遇地震对其进行时程分析获得顶点位移最大值的平均值，该值与 d_u 最接近则对应的 γ_b 为该初始周期、屈服比、屈服后刚度比下的对应值，本节给出周期 $T=0.831$ s、$\mu=1.9$、$\nu=0.1\sim0.5$ 时 γ_b 的取值，如图 7-41 所示。给出拟合公式。

$$\gamma_b = -2.243\mu^2 + 1.775\mu + 1.755 \tag{7-39}$$

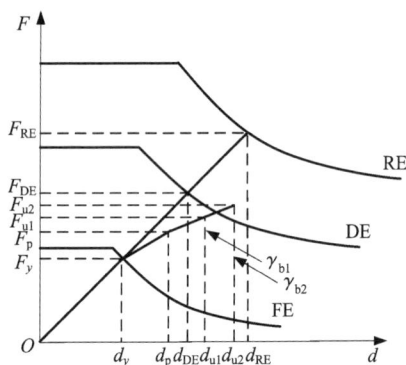

图 7-40　γ_b 的计算示意图

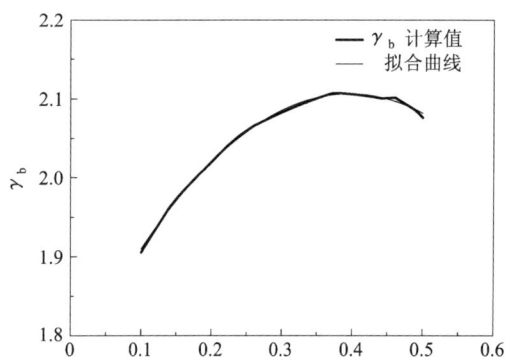

图 7-41　$T=0.831$ s、$\mu=1.9$ 时 γ_b 的取值

7.5.2　性能设计方法验证

为了验证 EEDP 方法在高速铁路桥梁中应用的准确性，本书使用 32 m 简支梁桥的原型桥墩进行减隔震支座的设计，在得到设计参数后建立数值模型对模型进行非线性时程分析，然后将时程分析所得的力-位移结果与设计值进行对比以验证方法的准确性。验证工作分为两部分：第一部分，使用单条地震动的反应谱对模型进行设计，以避免用于设计的反应谱带来的输入误差；第二部分，为了符合工程实际，需要遵循选取多种地震工况进行设计的原则，选取前文 16 条地震动的平均谱进行设计，以此验证 EEDP 方法在工程实际中应用的有效性。

1. 有限元模型的建立

（1）轨道及梁体结构。

高速铁路桥梁梁体横、竖向刚度较大，其在地震下一般保持为弹性。无砟轨道是以混凝土或沥青混合料等取代散粒道砟道床而组成的轨道结构形式，其稳定性、平顺性及刚度均匀性好。结合袁万城的研究以及《铁路工程抗震设计规范》（GB 50111—2006）中指出的对于简支梁桥进行抗震分析时一般采用单墩力学模型，梁部只计入质量影响，因此本节将梁体和轨道等上部结构简化为集中质量。

（2）桥墩。

根据确定桥梁性能目标时关于高速铁路桥墩的一系列实验数据，将桥墩的抗震能力曲线简化成弹塑性双折线，采用单自由度模型对桥墩进行模拟。在 OpenSees 有限元软件中，采用 Two Node Link 单元对桥墩进行模拟，所采用的材料为 Steel 01 材料，以模拟桥墩的双线性，其本构关系如图 7-42 所示。

（3）减隔震支座。

减隔震支座同样采用 Two Node Link 单元、Steel 01 材料对支座进行模拟。在计算中仅考虑水平地震荷载作用，支座在水平荷载作用下一般发生剪切破坏，故在竖向上的荷载-位移关系在此不做探究，同时给予支座较大的竖向刚度用于计算。

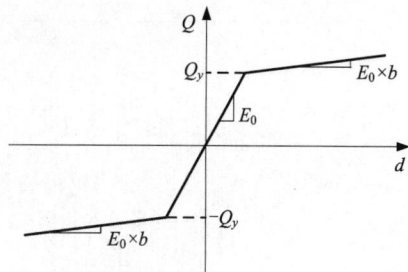

Q_y—屈服强度；E_0—初始刚度；Q—内力；
b—硬化率；d—变形量。

图 7-42　Steel 01 材料本构关系

2. 单条地震动反应谱校核

建立 32 m 简支梁桥对应的桥墩-支座-梁体双自由度简化模型，采用 8 m 桥墩的双折线骨架曲线模型，选取 Chi-Chi 地震动和 San Fernando 地震动，其时程如图 7-43 所示。使用 EEDP 方法对减隔震支座的起滑力和滑动刚度进行设计，由 Chi-Chi 地震动设计得到的模型记为模型 1，由 San Fernando 地震动设计得到的模型记为模型 2。用对应地震动对模型进行时程分析，得到设计地震下桥墩、支座的时程响应如图 7-44 所示。将时程分析得到的桥墩墩底剪力与支座顶点位移的最大值和设计值进行比较，如图 7-45 所示。桥墩和支座在各级设防地震作用下的滞回曲线如图 7-46、图 7-47 所示。

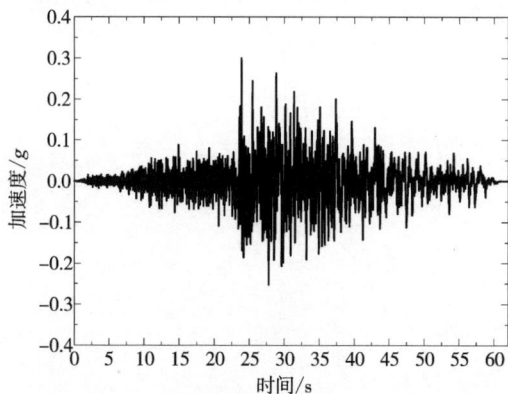

(a) Chi-Chi 地震动

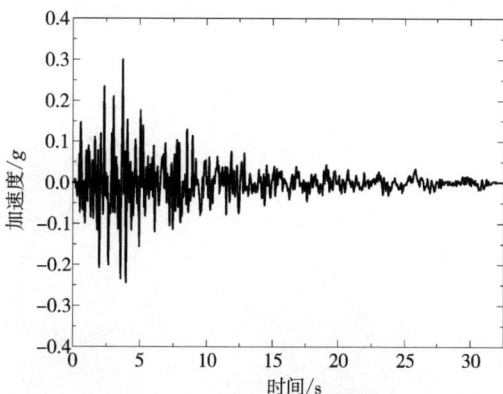

(b) San Fernando 地震动

图 7-43　地震动时程

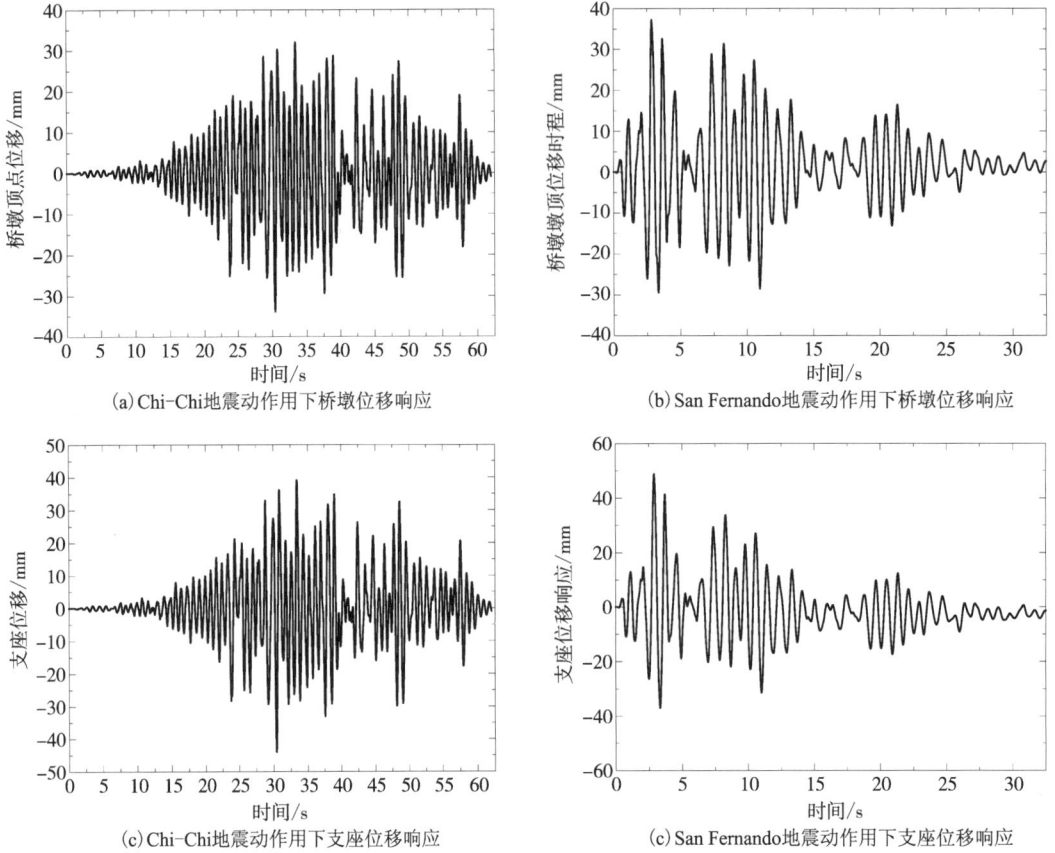

(a) Chi-Chi地震动作用下桥墩位移响应

(b) San Fernando地震动作用下桥墩位移响应

(c) Chi-Chi地震动作用下支座位移响应

(c) San Fernando地震动作用下支座位移响应

图 7-44 桥梁地震时程响应

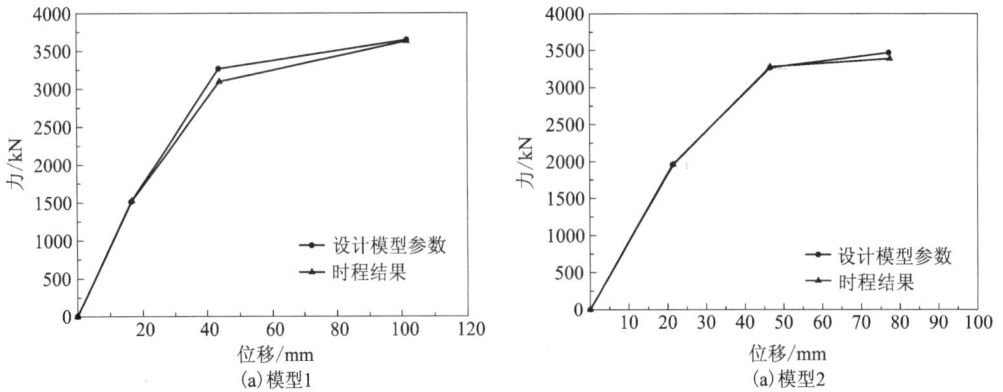

(a) 模型1

(a) 模型2

图 7-45 设计模型与实际模型性能目标对比

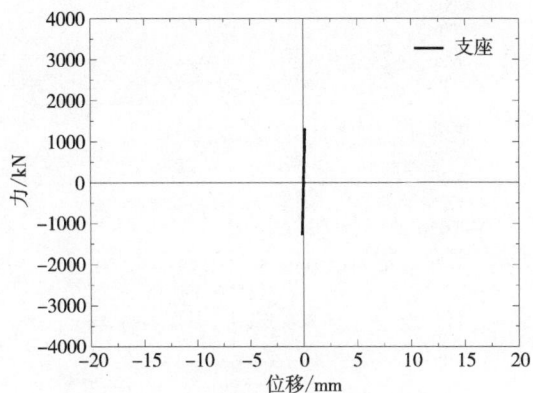

(a) 多遇地震作用下支座滞回曲线

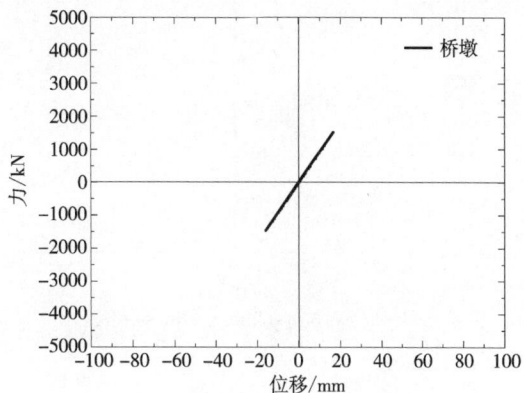

(b) 多遇地震作用下桥墩滞回曲线

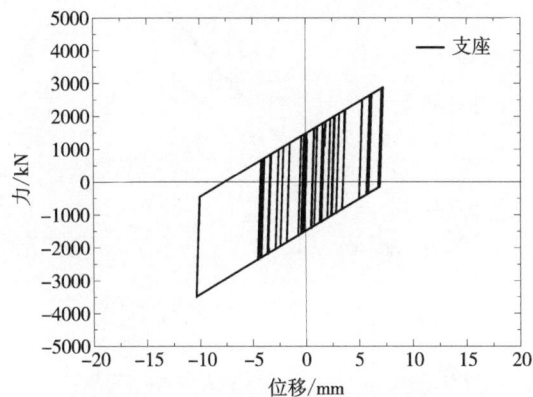

(c) 设计地震作用下支座滞回曲线

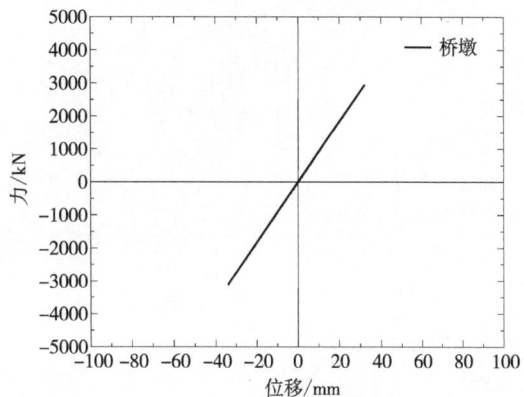

(d) 设计地震作用下桥墩滞回曲线

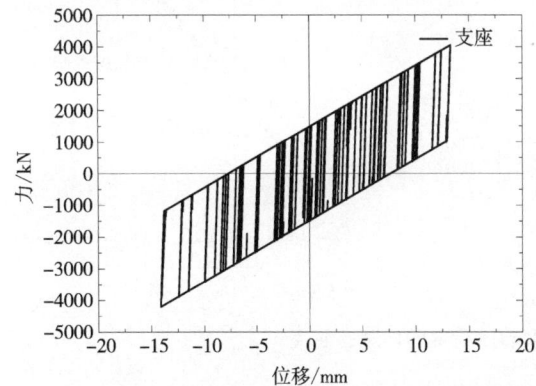

(e) 罕遇地震作用下支座滞回曲线

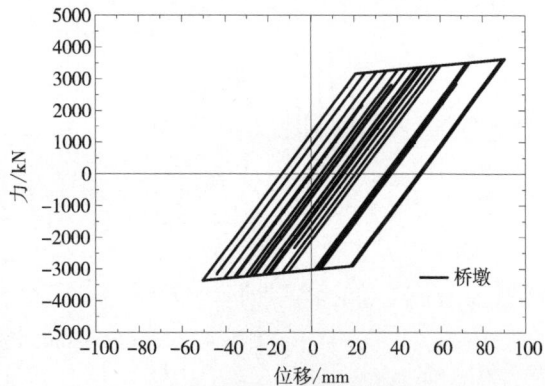

(f) 罕遇地震作用下桥墩滞回曲线

图 7-46　Chi-Chi 地震动作用下构件滞回曲线

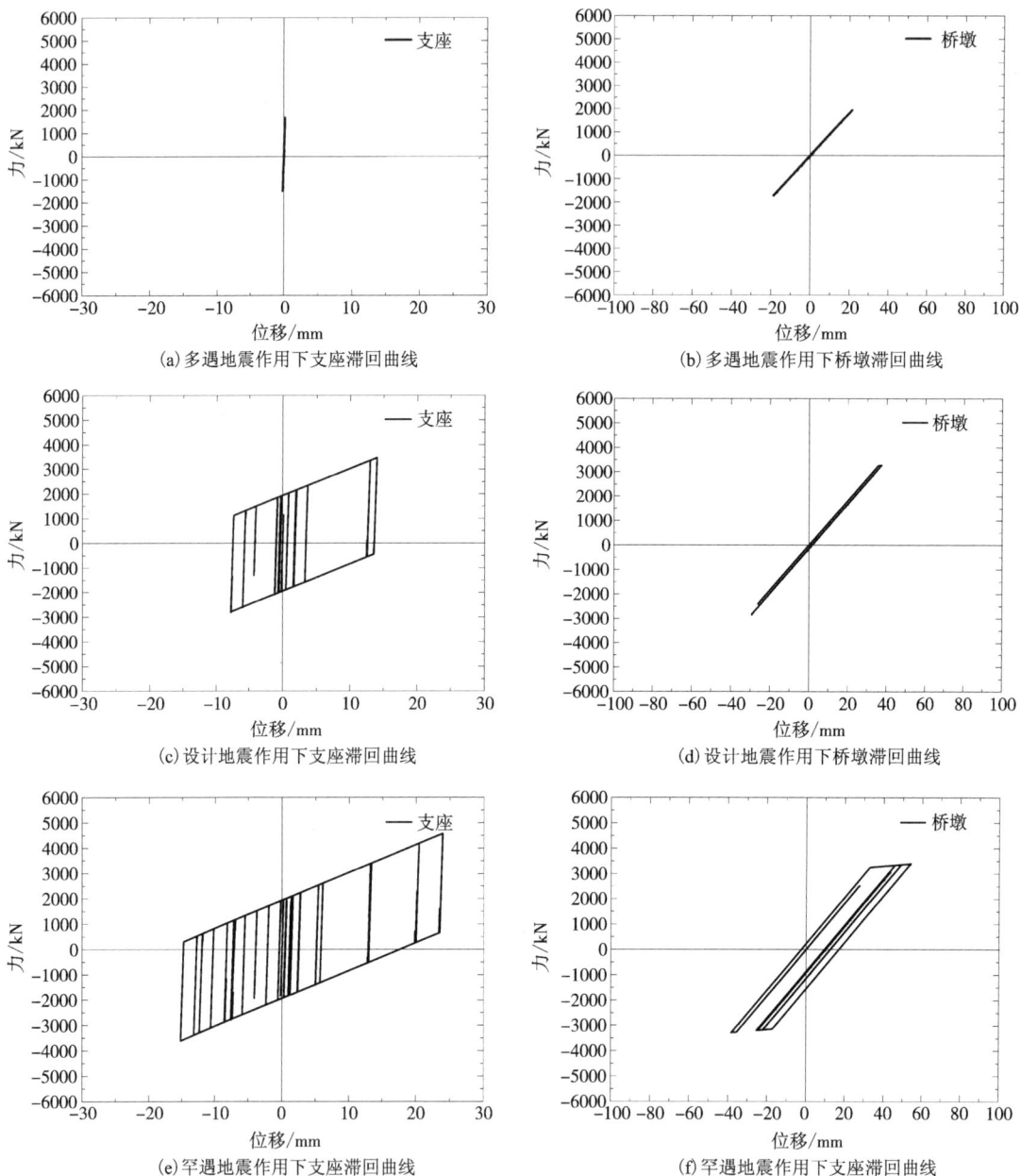

(a)多遇地震作用下支座滞回曲线

(b)多遇地震作用下桥墩滞回曲线

(c)设计地震作用下支座滞回曲线

(d)设计地震作用下桥墩滞回曲线

(e)罕遇地震作用下支座滞回曲线

(f)罕遇地震作用下支座滞回曲线

图 7-47　San Fernando 地震动作用下构件滞回曲线

在多遇地震作用下，模型 1、模型 2 的时程值与设计值一致，墩底剪力、墩顶位移、支座顶部位移几乎无误差，桥墩保持弹性，支座处于即将开始滑动状态，因为当支座地震力小于其摩擦力时，支座尚未滑动，此时将桥梁等效为单自由度并用反应谱直接计算位移和剪力是合适的。在设计地震作用下，对于模型 1，由时程分析得到的桥墩墩底剪力最大值存在 5.71% 的误差而小于预期的屈服剪力，加上桥墩在设计地震下保持弹性，因此对应的桥墩位移、支座位移均略小于设计值，支座处于滑动状态；对于模型 2，桥墩墩底剪力存在 0.34% 的误差而略大于预期的屈服剪力，桥墩顶点位移、支座位移分别存在 4.67%、4.76% 的误差而略大于设计位移，加上桥墩已进入屈服，支座处于滑动状态。在设计地震作用下，产生上述误差的原因是在设计过程中采用了诸多简化计算，如等效线性化等，会引入一定的误差，实际上较难控制桥墩刚好达到对应的性能目标即屈服状态点，在设计地震作用下桥墩进入非线性后，时程墩顶位移与设计墩顶位移将会相差较大。在罕遇地震作用下，模型 1 和模型 2 的墩底剪力计算值均略低于设计值，支座顶部位移与设计值吻合较好，桥墩均处于屈服状态，支座保持滑动。由上述分析可知，当使用同一条地震动对模型进行设计和时程分析时，在避免输入误差的前提下，对比时程结果与设计值可知，在多遇地震作用下，模型能准确达到预期的性能目标，在设计地震及罕遇地震作用下，基底剪力、位移的时程最大值与设计值的误差在 10% 以内，认为该方法是可以较为准确地实现预期的设计目标的。

3. 多条地震动反应平均谱设计分析

工程设计需要考虑多种地震工况，为了验证上述方法在实际工程设计中的可行性，在这一部分选取了前文所述的 16 条地震动的平均谱对 8 m 桥墩进行设计，使用 EEDP 方法进行设计后得到桥梁设计参数见表 7-6，32 m 简支梁桥 EEDP 设计如图 7-48 所示。

表 7-6　32 m 简支梁桥设计参数

参数	数值	备注
m_1/kg	246694	桥墩质量，已知
m_2/kg	1360200	梁体质量，已知
m_{eq}/kg	1606894	等效质量，式(7-13)
F_y/kN	1721.41	多遇地震下墩底剪力，式(7-20)
d_y/mm	18.76	多遇地震下等效单自由度顶点位移，式(7-22)
D_y/mm	18.76	多遇地震下支座顶点位移，式(7-22)
F_{yb}/kN	1454.44	支座起滑力，式(7-21)
γ_a	1.729	能量平衡系数，式(7-37)
F_p/kN	3266.47	桥墩屈服剪力(设计地震下性能目标)
d_p/mm	48.72	设计地震下等效单自由度顶点位移，式(7-26)
D_p/mm	50.40	设计地震下支座顶点位移，式(7-14)~式(7-16)
K_{2b}/kN/mm	91.75	支座滑动刚度，式(7-14)~式(7-16)
γ_b	1.937	能量平衡系数，式(7-38)
F_u/kN	3620.81	罕遇地震下墩底剪力，式(7-33)~式(7-35)
D_u/mm	105.42	罕遇地震下支座顶点位移，式(7-33)~式(7-35)

得到减隔震支座的起滑力和滑动刚度后，建立桥墩–支座–梁体双自由度模型，其桥墩模型采用原型桥墩的双折线骨架曲线模型，用 16 条地震动对该模型进行时程分析，将由时程计算得到的桥墩墩底剪力、墩顶位移、支座顶点位移最大值的平均值和设计值进行比较，所得结果如图 7-49~图 7-51 所示。

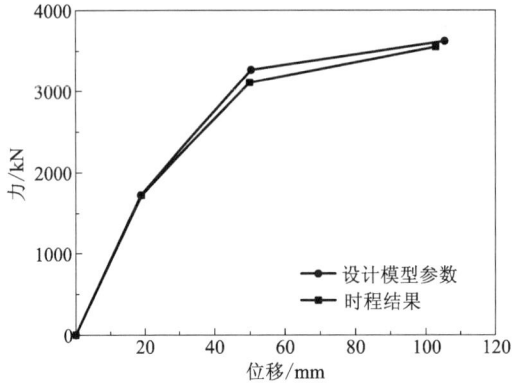

图 7-48　32 m 简支梁桥 EEDP 设计示意图

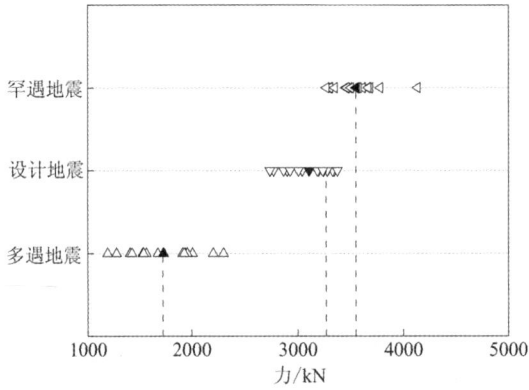

△—多遇地震作用下时程分析最大响应；▽—设计地震作用下时程分析最大响应；
◁—罕遇地震作用下时程分析最大响应；▲—多遇地震作用下时程分析最大响应平均值；
▼—设计地震作用下时程分析最大响应平均值；◀—罕遇地震作用下时程分析最大响应平均值。

图 7-49　桥墩墩底剪力设计值与时程值对比

　　在多遇地震作用下，墩底剪力、桥墩墩顶位移、支座位移时程最大值的平均值均接近设计值，结果吻合较好。在设计地震作用下，墩底剪力以 4.88% 的误差小于设计值，桥墩未达到屈服状态，因此支座顶部位移小于设计值，且误差均在 2% 以内。在罕遇地震作用下，支座顶点位移与预期设计较为吻合，但桥墩墩底剪力略小于预期设计值，墩顶位移以 12.12% 的误差小于预期设计值。由上述结果可知，以多条地震动平均谱进行设计的高速铁路简支梁桥性能设计值与时程分析值误差在 15% 以内，证明能量设计方法能较好地实现高速铁路简支梁桥的性能设计。

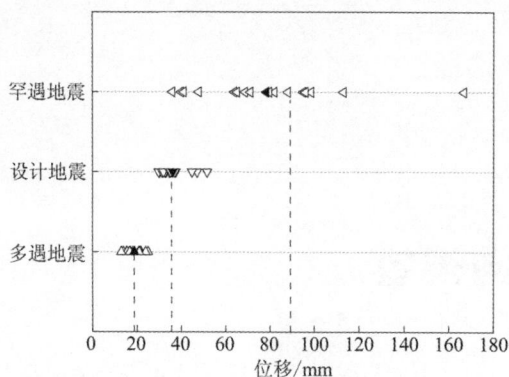

图 7-50　桥墩顶点位移设计值与时程值对比

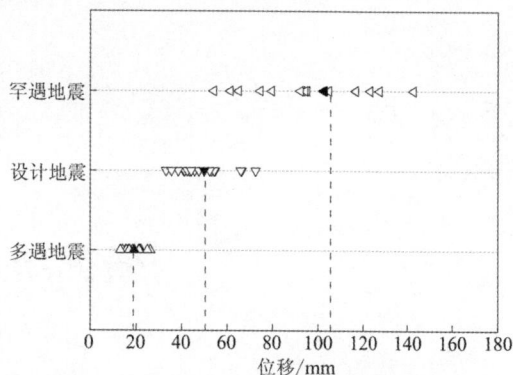

图 7-51　支座位移设计值与时程值对比

7.6　本章小结

我国地震区域分布广泛，高速铁路不可避免地经过地震高发区，高铁线路的正常通行面临着极大的风险。本章围绕地震下列车–轨道–桥梁系统减震防控设计介绍了本课题组所完成的相关工作。

①小震下，高速铁路桥梁通常不会发生破坏，但是桥上行驶的列车有可能会发生脱轨事故。本书在对远场地震下高速铁路简支梁桥行车安全性研究的基础上，通过对 TMD 进行优化参数设计并通过实验验证了 TMD 减震效果：在小震作用下，合理设计的 TMD 装置可以有效降低结构基频附近的振动大小且对高墩桥梁的行车安全性有所改进。

②本课题组采用非线性时程分析方法对考虑轨道结构约束下的桥梁结构的地震响应进行分析，并提出了将新型旋转摩擦阻尼器 RFD 作为高速铁路桥梁振动控制装置的方法。通过建立相应简化模型并进行拟动力混合实验可以发现，RFD 可以很好地控制桥墩响应，但可能会增加桥梁结构其他构件的响应，因此需要对旋转摩擦阻尼器的起滑力进行详细的设计。

③为了改善高速铁路简支梁桥在强震作用下的地震响应，提出了一种组合耗能限位支座。将该支座运用到高速铁路简支梁桥–轨道系统中，考虑了三种工况，对比分析了组合支座的减震效果。可以发现，该支座的引入不但可以有效地降低桥墩的墩顶位移和墩底剪力峰值响应，而且显著改善了桥墩在罕遇地震作用下的抗震能力，降低了桥墩震后的残余位移，具有明显的减震效果。

④本课题组提出了 EEDP 法，用于完成高速铁路减隔震桥梁结构的设计。该方法最大的特点是无须迭代即可实现预期的多级设防目标。基于能量平衡的理念，采用能量平衡系数定义地震强度由多遇地震增大到设计地震、由设计地震增大到罕遇地震时，地震输入非线性单自由度结构及其等效线性单自由度结构的能量关系，并通过大量时程分析计算及数据拟合，给出该系数的建议公式。课题组使用 EEDP 方法对 32 m 简支梁桥进行了设计，建立有限元模型进行分析，将时程分析值与设计值进行对比，验证了该方法的准确性。

第 8 章

研究结论与展望

8.1 研究结论

高速铁路列车–轨道–桥梁系统是复杂的大系统，地震下其行为存在地震和车振耦合的复杂激励，相对于传统建筑结构抗震而言，除了结构本身损坏，我们更会关注列车的安全和性能，如地震下列车脱轨灾害、震后列车无法通行所带来的线路功能失效等。相对于地震所带来的 $10 \sim 20$ Hz 为主的低频结构振动，列车与轨道之间的耦合振动往往呈现高频振动形式，同时行驶的列车看似平稳，实际呈现"蛇行"运动。地震的中低频结构振动与列车的高频振动以及"蛇行"运动，均会影响桥上高速运行列车的安全和性能。因此，高速铁路列车–轨道–桥梁系统地震灾变包括结构灾变和高速运行列车的灾变。这类似于建筑中的大型附属设备所形成的主（建筑结构）–附（设备设施）系统，只是这个大型设备是以 300 km/h 以上速度行驶的，对毫米级的轨道不平顺和结构速度响应非常敏感，在列车–轨道–桥梁系统的设计和灾变防控中均应考虑列车的因素。

本书的技术切入点和特色在于程序开源共享、综合利用已有的成熟仿真平台。通过 CS 技术，综合利用了 OpenSees、Simpack 等软件平台。OpenSees 的优势在于桥梁结构模拟单元丰富、算法成熟，但其无法模拟高速列车及轮轨耦合关系，而 Simpack 在列车多体系统动力学和轮轨耦合计算方面有着丰富的积累，但其无法仿真弹塑性桥梁结构。本书方法综合了两者的优势计算资源，提高了工作效率，避免了在有限元仿真和列车动力学等方面的低水平重复工作。同时，由于国内外研究人员往往有自己的列车–轨道–桥梁计算程序，技术相对封闭，难以相互校核，本书方法某种程度上把仿真拉到了一个层次。另外，本书所开发的 OpenSees 移动单元，利用了 OpenSees 的开源共享优势，其轮轨耦合仿真程序在 OpenSees 官网和库中可直接调用和修改。

本书提出了地震下高速铁路桥上行车物理模拟技术，目的在于解决当前地震下桥上行车仅局限于数值仿真和理论分析的困境。目前我国高速铁路列车桥上脱轨失效的震害记录尚少，从理论、试验和实测闭环相互印证的科学研究角度来说，试验是重要的验证手段。所提出的桥上行车物理模拟技术是一类特殊的地震振动台试验，往往是缩尺试验，所研发系统采用了 1：10 的缩尺比，尽量控制小比例模型所带来的重力失真、制作误差以及相似设计的问题。从物理试验系统的理论论证和实测来看，该物理模拟技术可反映地震下桥上行车的重要特征，可用于相关的理论和仿真校核及验证。

地震下高速铁路桥上行车混合模拟试验技术是可以实现足尺列车测试的有效手段。区别于物理模拟技术，该混合模拟试验将列车作为试验子结构，将桥梁作为数值子结构，采用混合试验的逻辑架构、列车与桥梁相对运动的特征，在实验室搭建了地震下高速铁路桥上行车的混合试验平台。由于桥梁和轨道在数值仿真中实时计算，仅列车作为物理测试部件，所以可以实现足尺的桥上行车试验。该混合试验技术通过执行机构复现每一时刻列车下部桥梁的变形响应，可通过大小转轮的方式模拟轮轨接触关系。核心技术挑战主要是两方面：第一，复杂大型数值模型的实时计算，要求在物理时间内完成桥梁响应的结果输出，其每个时步的计算时间往往是毫秒，对上万自由度的复杂数值结构来说，除了硬件的提升之外，还需要在算法上进行实时化处理；第二，执行结构往往采用大型液压伺服系统，控制液压伺服系统的时滞效应可以有效保障混合试验的稳定性和精度，因此往往采用高阶非线性控制算法来提高执行结构命令的复现精度，同时执行结构的复杂性和多自由度特征往往带来控制方面的挑战。

正如前文所述，高速铁路列车-轨道-桥梁系统的地震灾变往往需要同时考虑结构行为和列车安全。当前的高速铁路桥梁设计往往首先保障桥墩、梁体等核心构件的刚度，控制静态和动态变形以满足列车高速运行的需求，所以高速铁路桥梁结构往往具有较大刚度，其抗震性能类似于重力式桥墩，在重力作用下具有旗帜型自复位特征，但在地震下其延性行为并不明显，而现有铁路规范中桥墩延性系数 4.8 的设计要求则显得格格不入。高铁桥墩由于较低的轴压比和配筋率，其弯剪破坏特征也不同于公路桥墩。本书中给出的桥墩弯剪强度公式可有效说明此点。此外，上部轨道结构往往给相邻梁体之间增加了约束效应和惯性效应，约束效应的影响在相邻不等高墩时更为明显，某种程度上会改变桥梁的简支梁特征，从而其地震响应介于简支梁和连续梁之间。而轨道结构本身的破坏也会进一步影响地震时和地震后的列车行车安全与性能。本书给出了轨道结构的简化设计模型，正是为了在设计和分析中考虑此点。高速运行列车的脱轨可视为列车-轨道-桥梁系统地震失效的模式之一，评估不同地震强度下列车运行的安全速度，可为设计和运维提供参考。本书完成了相关的行车性能评估，给出了行车速度建议。

如何在设计中考虑行车安全，是高速铁路桥梁设计中需要考虑的关键问题，然而，当前设计中未对其充分考虑，采用的仍然是分析替代设计的思想和策略。由于高速铁路列车-轨道-桥梁系统是复杂大系统，在简单运算符的设计操作下很难把列车纳入到设计中，而大系统的数值仿真分析已较为成熟，采用分析代替设计也是顺理成章的。本书把列车脱轨状态映射到桥梁结构响应上，从而建立了列车脱轨的映射关系，即结构地震响应在某些范围内时，列车是安全的。其中的核心指标是响应速度，提出了结构响应 SI 速度谱的强度指标。采用 SI 速度谱指标，相当于在桥梁结构设计中除了考虑位移变形外，还需要控制最大速度响应。因此，本书通过所建立的动态映射关系，将列车运行安全纳入到了高速铁路桥梁结构设计中。

高速铁路桥梁设计首要要求是保障列车的正常行车安全和平顺性，需要满足行车功能需求，因此桥墩、梁体、轨道结构往往是固定型式，很难因为抗震的防灾需求来进行强化、弱化设计。从减震防控角度来说，高速铁路桥梁中唯一可调整的是桥梁支座，其利用功能分离的方式，通过剪力销等措施保障正常行车要求，而减震和隔震装置则在地震下发挥作用。本书提出的旋转摩擦阻尼器放置于活动支座中，实际作用为调节固定墩和活动墩之间梁体惯性力的分配比例，同时消耗地震能量，可以有效控制桥墩的变形和破坏程度。组合减震支座可保障固定支座破坏之后的行为，防止大质量的梁体产生落梁等极端破坏。惯性质量阻尼器实际的防控目标是正在高速运行的列车，通过动态吸能的特点来控制梁体振动速度，进而保障地震下列车行车安全，此处采用了 SI 指标来实现惯性质量阻尼器的设计。

基于性能的抗震设计是当前建筑抗震领域的主流思想，通过构件和结构以及减震器的合理设计，可有效实现预先设置的多级设防目标。然而，铁路规范在这方面的设计仍较为保守，还停留在容许应力设计阶段。本书提出的基于能量的设计方法，对高速铁路桥梁完成了多目标的性能化设计，实现了小震、中震和大震的多个设防目标，通过支座和旋转摩擦阻尼器的合理参数设计，降低了桥墩的损坏程度。基于能量的设计方法的优势在于不需要反复迭代即可实现设计，且是单向设计，易于工程应用。虽然本书尚未示范如何将该方法用于考虑行车安全的设计中，即性能化设计中未考虑将行车安全作为目标之一，但参考仅桥墩保障的性能化设计的思路和方法，可方便推进该方法更广的设防目标的应用。

8.2 研究展望

我国高速铁路发展至今已经度过了建设高峰期，当前及未来很长时间的发展将逐步从建造转向运维并聚焦高速铁路智能化，解决既有线路功能保持和提升的问题，挖掘高速铁路桥梁工程施工、检测和监测的智能化内涵。此外，未来几年，从国家战略层面来看，高速铁路有两个重大工程导向：①面临强地震等多灾害风险的川藏铁路正在积极推进建造，其中蕴含了更为极端地震下的列车–轨道–桥梁系统安全问题；②时速 400 km 等级的 CR450 动车组已列入国家重大科技研发和技术应用项目，成渝中线高速铁路建设已获国家发改委批复，更快的设计时速意味着对桥梁工程更严格的技术标准和要求，列车–轨道–桥梁系统的动力耦合更加显著。在这些国家战略和发展背景下，技术研究将更聚焦于核心问题，体现智能化、信息化、可视化，并积极引入快速迭代发展的机器人技术。对于未来的研究方向和工作重点，我们以为应包含以下几个方面：

在高速铁路桥梁运维方面，如何开展对已有线路的性能评估并采取性能提升策略，是未来的研究重点。这其中蕴含了目前以深度学习为特征的人工智能技术的接入，在传统专业知识约束框架和大数据技术的驱动下，提出新的桥上行车安全性能评估方法，借助于机器人和控制论，形成高速铁路桥梁性能提升新技术。

川藏铁路将对高速铁路列车–轨道–桥梁系统提出了新的挑战。川藏铁路桥梁将面临近断层和跨断层地震的威胁，如不采取减震防控措施将有很大可能出现落梁和列车脱轨等极端灾害。发展新型的应对近断层和跨断层地震冲击的减隔震装置和安全防控措施是防灾减灾的核心技术。同时，近断层和跨断层地震下列车脱轨机制也是尚未明确的关键问题，需要理论、数值和试验等方面的系统研究。此外，川藏铁路虽然地震危险大，但历史地震记录并不多，由于地势高低起伏，必须考虑山谷地震的影响，同时可能需要考虑实验室内模拟地震孕育、发生机制，以从物理机制方面提出近断层和跨断层地震动的模拟方法。

时速 400 km 的列车运行所带来的列车–轨道–桥梁耦合振动问题、列车提速所带来的桥梁结构设计优化问题、既有线路如何实现提速等性能提升问题，都是 CR450 所衍生出来的尚未解决的技术问题。这些技术问题的解决，会促成相应更高列车时速的下部桥梁结构设计标准的更新。

智能化是目前很多行业的新驱动力，高速铁路桥梁智能化体现在建造、检测、监测等很多方面，其基本的实现逻辑在于引入深度神经网络、图神经网络、对抗神经网络、循环神经网络等新算法和技术，借助于高速桥梁建造、运维过程中的大数据优势，推动传统实现能力的快速提升，这方面将是未来快速发展的领域。

采用信息化技术和控制论，可在高速铁路建造和运维中提供新的助力，实现过程自动化和信息化，其中机器人技术的引入是最为标志性的应用成果，如何结合实际工程场景策划技术推动产业，是工程师和研究者都应该思考的问题。同时，实验室环境下的试验测试，如何利用智能化、信息化和控制论提升大型执行机构的试验能力，如何在实验室中完成更为接近于工程现场的工况测试，将能够极大推进参数化研究和桥梁技术迭代，其中数值和物理相结合的混合试验，也称为半实物仿真，是其中典型、颇具潜力的实验室代表性技术。

机器视觉是利用图形处理技术获取有用信息，如结合智能算法实现物体辨识、三维重构和变形测量等，可在某些方面替代人工或者解决传统技术难以解决的问题，相比于传统测量方法，其精度更高且是非接触式测量。机器视觉的深入应用，将推动高速铁路桥梁检测、检测和安全监控领域的技术革新，并与当前颇为热门的数字孪生技术相辅相成，可为数字建造、数字养维提供强有力的技术支撑。此外，相比于传统测量技术，机器视觉在实验室内的非接触式测量中、在不断的技术迭代过程中，已经表现出了明显的优势。

概括而言，在当前技术更新速度越来越快的时代，智能化、信息化、可视化和控制论等多学科知识交叉将为高速铁路的发展提供新的助力，而高速铁路的建造和运维需求将为新技术的应用提供体量巨大的应用场景。未来研究工作应在立足于工程问题解决的同时，主动挖掘新技术的应用和内涵。

参考文献

[1] 陆东福. "交通强国 铁路先行"为促进经济社会持续健康发展作出更大贡献——在中国铁路总公司工作会议上的报告(摘要)[J]. 中国铁路, 2018(1): 1-6.

[2] 钱立新. 世界高速铁路技术[M]. 北京: 中国铁道出版社, 2003.

[3] 钱立新. 世界高速列车技术的最新进展[J]. 中国铁道科学, 2003, 24(4): 1-11.

[4] 钱立新. 速度 350 km·h⁻¹ 等级世界高速列车技术发展综述[J]. 中国铁道科学, 2007(4): 66-72.

[5] 卢春房. 中国高速铁路[M]. 北京: 中国铁道出版社, 2013.

[6] 国家发改委. 中长期铁路网规划[R]. 铁道技术监督, 2016(7): 23. https://zfxxgk.ndrc.gov.cn/web/iteminfo.jsp?id=366.

[7] Kang X, Jiang L, Bai Y, et al. Seismic damage evaluation of high-speed railway bridge components under different intensities of earthquake excitations [J]. Engineering Structures, 2017, 152: 116-128.

[8] He X, Wu T, Zou Y, et al. Recent developments of high-speed railway bridges in China[J]. Structure and Infrastructure Engineering, 2017, 13(12): 1584-1595.

[9] 魏永幸, 左德元. 对高速铁路以桥代路条件及其决策的思考[J]. 铁道勘察, 2004(3): 9-12.

[10] 吴振波, 周献祥, 谢伟, 等. 汶川地震建筑震害调查统计与抗震设计思考[J]. 建筑结构, 2010, S2(40): 144-148.

[11] 林凤仙, 解朝娣, 赵淑芳, 等. 2010 年玉树 Ms7.1 级地震序列的时空特征研究[J]. 高原地震, 2017, 29(4): 12-17.

[12] 曾佐勋, 王杰. 芦山地震: 一个成功的中期预测案例[J]. 地学前缘, 2013, 20(3): 21-24.

[13] 梁厚朗, 申源, 毛利, 等. 芦山 Ms7.0 与九寨沟 Ms7.0 地震灾区房屋震害特征对比研究[J]. 华南地震, 2019, 39(3): 14-22.

[14] 赖敏, 范柱子, 刘学华, 等. 应用于地震灾害人员损失评估的人员分布统计方法试验[J]. 四川地震, 2017(4): 21-23.

[15] 黄孝昆. 中国大陆地震经济损失评估方法研究[D]. 哈尔滨: 中国地震局工程力学研究所, 2015.

[16] Brabie D, Andersson E. An overview of some high-speed train derailments: means of minimizing consequences based on empirical observations[J]. Proceedings of the Institution of Mechanical Engineers, Part F: Journal of Rail and Rapid Transit, 2008, 222(4): 441-463.

[17] 国际在线. 日本熊本发生 6.5 级地震——新干线列车脱轨 [N]. 2016. http://www.xinhuanet.com//world/2016-04/15/c_128898878.htm.

[18] Willis R. Appendix of the report of commissioners appointed to inquire applocation of iron to railway structures [M]. London: His Majesty's Stationary Office, 1849.

[19] Willis R. Preliminary essay to the appendix b：experiments for determining the effects produced by causing weights to travel over bars with different velocities [C]//Clowes W, Sons. Report of the commissions appointed to inquire into the application of iron to railway structures. London，1849.

[20] 王福天. 车辆动力学[M]. 北京：中国铁道出版社，1981.

[21] 崔圣爱. 基于多体系统动力学和有限元法的列车-桥梁耦合振动精细化仿真研究 [D]. 成都：西南交通大学，2009.

[22] Robinson S W. Vibration of bridges[J]. ASCE Transactions，1887，16(1)：42-65.

[23] 央视新闻. 新中国的第一复兴号：开启中国铁路新时代[N]. 2019. https：//baijiahao. baidu. com/s？id= 1641989831017322814&wfr=spider&for=pc.

[24] 央视新闻. 新一代动车组"复兴号"明起运行 [N]. 2017. http：//news. cctv. com/2017/06/26/ARTIjFPHzSAlUKQevUApflEc170626. shtml.

[25] 人民铁道网. 复兴号家族总动员[N]. 2021. https：//baijiahao. baidu. com/s？id=1697438434764020530&wfr=spider&for=pc.

[26] 中国青年网. 我国已启动时速400公里等级高速动车组研制[N]. 2021. https：//baijiahao. baidu. com/s？id=1701330201053029233&wfr=spider&for=pc.

[27] 刘汉云. 基于移动单元模型的地震作用下特大连续钢桁桥动力响应[D]. 长沙：中南大学，2019.

[28] 国巍，李君龙，刘汉云.强地震下高速铁路桥上行车精细化模拟及行车安全性分析[J].工程力学，2018，35(S1)：259-277.

[29] 刘汉云，余志武，国巍，等. 基于OpenSees的车-轨-桥快速仿真分析技术[J].铁道科学与工程学报，2021，18(4)：957-965.

[30] 胡瑶. 高速铁路简支梁桥-轨道系统抗震性能和破坏机理研究[D]. 长沙：中南大学，2019.

[31] Guo W, Hu Y, Gou H Y, et al. Simplified seismic model of CRTS II ballastless track structure on high-speed railway bridges in China[J]. Engineering Structure，2020.

[32] 高霞. 近断层地震下高速铁路简支桥梁-轨道系统损伤特征研究[D]. 长沙：中南大学，2020.

[33] Tang M, Sun H. China's high-speed railway development history[M]. High-Speed Rail：An Analysis of the Chinese Innovation System. 2020：385-424.

[34] 高速铁路CRTS Ⅲ型无砟轨道系统简介[J].铁道学报，2016，38(11)：132.

[35] 刘晓春，余志武，金城，等.CRTS Ⅲ型板式无砟轨道复合板横向弯曲试验研究[J].铁道学报，2018，40(12)：153-160.

[36] 姚晖.路基基础上CRTS Ⅲ型板式无砟轨道受力分析[D].南京：东南大学，2017.

[37] TJGW114—2013,高速铁路CRTS Ⅲ型板式无砟轨道三元乙丙橡胶弹性缓冲垫层暂行技术条件[S].北京：中国铁道出版社，2013.

[38] 李阳春.武汉至咸宁城际铁路CRTS Ⅲ型板式无砟轨道技术[J].铁道工程学报，2013，30(4)：51-55.

[39] 黄宇辰，王军文，王少君.地震作用下高速铁路FPS隔震桥梁无砟轨道力学特性参数研究[J].铁道标准设计，2016，60(01)：27-33.

[40] 袁锦根，余志武.混凝土结构设计基本原理[M].北京：中国铁道出版社，2012.

[41] 中铁第四勘察设计研究院集团有限公司. 新建南昌至赣州客运专线桥梁地段CRTS Ⅲ型板式无砟轨道结构设计图[M]. 北京：铁道经济规划研究院，2015.

[42] 闫龙彪，程泽农，韩冰，等.我国高速铁路桥梁的研究现状与发展趋势[J].铁道建筑，2018，58(12)：1-5.

[43] 看点快报. 兰新客运专线——世界上一次性建成通车里程最长的高速铁路 [N]. 2020. https：//kuaibao. qq. com/s/20200115A0A9YW00？refer=spider.

[44] 中铁十一局集团有限公司. 金台铁路项目灵江特大桥[N]. 2020. https：//www. sohu. com/a/379492970_99972531.

[45] 土木工程网. 世界最大跨度拱桥——万州长江大桥(公路桥)[N]. 2012. http://m. civilcn. com/luqiao/tuku/1353588699169595. html

[46] 刘勇, 戴公连, 康崇杰. 中国高速铁路简支梁综述[J]. 铁道科学与工程学报, 2015, 12 (2): 242-247.

[47] Krylov A N. Mathematical collection of papers of the academy of sciences[M]. St. Petersburg, 1905.

[48] Timoshenko S. On the forced vibrations of bridges [J]. Philosophical Magazine Series, 1922, 6 (43): 1018-1019.

[49] Inglis C E. A mathematical treatise on vibration in railway bridges [M]. Cambridge, 1934.

[50] Biggs J M. Introduction to structural dynamics[M]. New York: McGraw-Hill, 1964.

[51] Bhatti M H. Vertical and lateral dynamic response of railway bridges due to nonlinear vehicle and track irregularities[D]. Chicago: Illinois Institute of Technology, 1982.

[52] Bhatti M H, Garg V K, Chu K H. Dynamic interaction between steel bridge[J]. Journal of Dynamic Systems, Measurement and freight train and Control, 1985, 107(1): 60-66.

[53] Wang T L. Impact in a railway truss bridge [J]. Journal of Computers & Structures. 1993. 49 (6): 1045-1054.

[54] Wang T L. Ramp/bridge interface in railway prestressed concrete bridges[J]. Struct. Engrg, ASCE, 1990, 116(6): 1648-1659.

[55] Wang T L, Garg V K, Chu K H. 2116. Railway bridge/vehicle interaction studies with new vehicle model[J]. Journal of Structural Engineering, 1991, 117(7): 2099-2116.

[56] 蔡成标. 高速铁路列车-线路-桥梁耦合振动理论及应用研究[D]. 成都: 西南交通大学, 2004.

[57] 陈果. 车辆轨道耦合系统随机振动分析[D]. 成都: 西南交通大学, 2000.

[58] Zhai W M, Sun X. A detailed model for investigating vertical interactions between railway vehicle and track [J]. Vehicle System Dynamics, 1994, 23(Suppl): 603-615.

[59] Zhai W M, Cai C B, Guo S Z. Coupling model of vertical and lateral vehicle/track interactions[J]. Vehicle System Dynamics, 1996, 26(1): 61-79.

[60] Zhai W, Wang K. Lateral hunting stability of railway vehicles running on elastic track structures[J]. Journal of Computational & Nonlinear Dynamics, 2010, 5(4): 2040-2049.

[61] 蔡成标, 徐鹏. 高速铁路无砟轨道关键设计参数动力学研究[J]. 西南交通大学学报, 2010, 45(4): 493-497.

[62] 蔡成标, 颜华, 姚力. 遂渝线无砟轨道动力学性能研究[J]. 铁道工程学报, 2007(8): 39-43.

[63] 蔡成标, 翟婉明, 王开云. 遂渝线路基上板式轨道动力性能计算及评估分析[J]. 中国铁道科学, 2006, 27(4): 17-21.

[64] 蔡成标, 翟婉明, 王开云. 高速列车与桥上板式轨道动力学仿真分析[[J]. 中国铁道科学, 2004, 25(5): 57-60.

[65] Iwnicki S. Handbook of railway vehicle dynamics(Ed. S. Iwnicki), 2006, p. 776 (Taylor & Francis Group, BocaRaton, Florida, USA)

[66] Evans J, Iwnicki S D. Vehicle dynamics and the wheel/rail interface [J]. In Proceedings of the IMechE Seminar on Wheels on rails-an update, London, UK, 2002

[67] Bezin Y, Iwnicki S D, Cavalletti M, et al. An investigation of sleeper voids using a flexible track model integrated with railway multi-body dynamics[J]. Proceedings of the Institution of Mechanical Engineers Part F Journal of Rail & Rapid Transit, 2009, 223(6): 597-607.

[68] Xia H, Zhang N, Guido D R. Dynamic analysis of high speed railway bridge under articulated trains[J]. Computers&Structures. 2003, 81(26-27): 2467-2478.

[69] Xia H, Zhang N, Gao R. Experimental analysis of railway under bridge high-speed trains[J]. Journal of Sound

and Vibration. 2005, 282(1–2, 6)：517–528.

[70]Zhang N, Xia H, Guo W W. Vehicle-bridge interaction analysis under high-speed trains[J]. Journal of Sound and Vibration. 2008, 309(3–5, 22)：407–425.

[71]Xia H, Zhang N, Guo W W. Analysis of resonance mechanism and conditions of train-bridge system[J]. Journal of Sound and Vibration. 2006, 297(3–5, 6)：810–822.

[72]Zhan J W, Xia H, Chen S Y, et al. Structural damage identification for railway bridges based on train-induced bridge responses and sensitivity analysis[J]. Journal of Sound and Vibration. 2011, 330 (4, 14)：757–770.

[73]曾庆元, 杨毅, 骆宁安, 等. 列车–桥梁时变系统的横向振动分析[J]. 铁道学报, 1991(2)：40–48.

[74]曾庆元, 郭向荣. 列车桥梁时变系统振动分析理论及应用[M]. 北京：中国铁道出版社, 1999 .

[75]Lou P, Zeng Q Y. Formulation of equations of motion of finite element form for vehicle-track-bridge interaction system with two types of vehicle model[J]. International Journal for Numerical Methods in Engineering. 2005, 62(3, 21)：435–474.

[76]Lou P. Vertical dynamic responses of a simply supported bridge subjected to a moving train with two-wheelset vehicles using modal analysis method[J]. International Journal for Numerical Methods in Engineering. 2005, 64(9, 7)：1207–1235.

[77]张楠, 夏禾, 郭薇薇. 基于轮轨线性相互作用假定的车——桥相互作用理论及应用[J]. 铁道学报, 2010, 32(2)：66–71.

[78]李奇. 地震作用下高速铁路桥上列车走行性研究[D]. 成都：西南交通大学, 2007.

[79]李奇. 车辆—桥梁—轨道系统耦合振动精细分析理论及应用[D]. 上海：同济大学, 2008.

[80]李君龙. 基于 Client-Server 架构的高速铁路桥上行车仿真技术及地震下走行安全分析[D]. 长沙：中南大学, 2018.

[81]Zhai W M, Han Z L, Chen Z W, et al. Train-track-bridge dynamic interaction：a state-of-the-art review[J]. Vehicle System Dynamics, 2019, 57(7)：984–1027.

[82]Zhu Z, Gong W, Wang L, et al. An efficient multi-time-step method for train-track-bridge interaction[J]. Computers and Structures, 2018, 196：36–48.

[83]杨国伟, 魏宇杰, 赵桂林, 等. 高速列车的关键力学问题[J]. 力学进展, 2015(00)：217–460.

[84]吴兴文. 地震条件下车辆脱轨安全性研究[D]. 成都：西南交通大学, 2016.

[85]乔宏. 地震作用下车桥系统动力响应分析的若干关键问题研究[D]. 北京：北京交通大学, 2018.

[86]孙金友. 计算机发展简史[J]. 力学周刊, 2014(13)：234.

[87]Fryba L. Vibration of solids and structures under moving loads：volume 1[M]. Groningen：Noordhoff International Pub, 1973.

[88]Yang Y B, Yau J D, Yao Z D, et al. Vehicle-bridge interaction dynamics：with applications to high-speed railways[M]. Singapore：World Scientific, 2004.

[89]Blejwas T, Feng C, Ayre R. Dynamic interaction of moving vehicles and structures [J]. Journal of Sound and Vibration, 1979, 67(4)：513–521.

[90]Garg V K, Dukkipati R V. Dynamic of railway vehicle systems[M]. Amsterdam：Elsevier, 1984.

[91]Yang Y B, Lin B H. Vehicle-bridge interaction analysis by dynamic condensation method[J]. Journal of Structural Engineering, 1995, 121(11)：1636–1643.

[92]Yang Y B, Wu Y S. A versatile element for analyzing vehicle-bridge interaction response[J]. Engineering Structures, 2001, 23(5)：452–469.

[93]娄平. 列车—轨道(桥梁)系统竖向振动分析[D]. 长沙：中南大学, 2007.

[94]Olsson M. Finite element, modal co-ordinate analysis of structures subjected to moving loads[J]. Journal of Sound and Vibration, 1985, 99(1)：1–12.

[95]Xia H, Zhang N. Dynamic analysis of railway bridge under high-speed trains[J]. Computers & Structures, 2005, 83(23-24): 1891-1901.

[96]Liu K, Zhang N, Xia H, et al. A comparison of different solution algorithms for the numerical analysis of vehicle-bridge interaction [J]. International Journal of Structural Stability and Dynamics, 2014, 14 (2): 1350065.

[97]Li Y, Xu X, Zhou Y, et al. An interactive method for the analysis of the simulation of vehicle-bridge coupling vibration using ANSYS and Simpack [J]. Proceedings of the Institution of Mechanical Engineers, Part F: Journal of Rail and Rapid Transit, 2017: 232(3): 663-679.

[98]Auciello J, Meli E, Falomi S, et al. Dynamic simulation of railway vehicles: wheel/rail contact analysis[J]. Vehicle System Dynamics, 2009, 47(7): 867-899.

[99]翟婉明. 车辆-轨道耦合动力学(第四版)[M]. 北京: 科学出版社, 2015.

[100]曾庆元, 杨平. 形成矩阵的"对号入座"法则与桁梁空间分析的桁段有限元法[J]. 铁道学报, 1986 (2): 48-59.

[101]曾志平. 高速铁路桥上无缝道岔伸缩力及列车—道岔—桥梁系统空间振动研究[D]. 长沙: 中南大学, 2006.

[102]谈遂. 列车-轨道-桥梁耦合系统空间随机振动分析与性能评估[D]. 长沙: 中南大学, 2019.

[103]陈令坤. 地震作用下高速铁路列车-无砟轨道-桥梁系统动力响应及走行安全研究[D]. 长沙: 中南大学, 2012.

[104]毛建锋. 基于概率密度演化理论的列车-轨道-桥梁系统随机振动分析与应用[D]. 长沙: 中南大学, 2016.

[105]国家铁路局. 机车车辆车轮轮缘踏面外形(TBT 449—2016)[S]. 北京: 中国铁道出版社, 2016.

[106]国家铁路局. 高速铁路用钢轨(GTCC-017—2018)[S]. 北京: 中国铁道出版社, 2018.

[107]王阳. 远场地震下高速铁路简支梁桥行车安全性评估与控制[D]. 长沙: 中南大学, 2021.

[108]金学松. 轮轨蠕滑理论及其试验研究[D]. 成都: 西南交通大学, 1999.

[109]任尊松. 轮轨多点接触计算方法研究[J]. 铁道学报, 2011(1): 25-30.

[110]Yang Y B, Yau J D. Vertical and pitching resonance of train cars moving over a series of simple beams[J]. Journal of Sound and Vibration, 2015, 337: 135-149.

[111]Shabana A A, Tobaa M, Sugiyama H, et al. On the computer formulations of the wheel/rail contact problem [J]. Nonlinear Dynamics, 2005, 40(2): 169-193.

[112]Kalker J J. On the rolling contact of two elastic bodies in the presence of dry friction[D]. Delft: Delft, University of Technology, 1967.

[113]Kalker J J. A fast algorithm for the simplified theory of rolling contact[J]. Vehicle System Dynamics, 2007, 11(1): 1-13.

[114]Shen Z Y, Hedrick J K, Elkins J A. A comparison of alternative creep force models for rail vehicle dynamic analysis[J]. Vehicle System Dynamics, 2007, 12(1-3): 79-83.

[115]Carter F W. On the action of a locomotive driving wheel.[J]. Proceedings of the Royal Society of London Series A-Containing Papers of a Mathematical and Physical Character, 1926, 112(760): 151-157.

[116]姚建伟, 孙丽霞. 机车车辆动力学[M]. 北京: 科学出版社, 2014.

[117]陶建华, 刘瑞挺, 徐恪, 等. 中国计算机发展简史[J]. 科技导报, 2016, 34(14): 12-21.

[118]Tanabe M, Yamada Y, Hajime W. Modal method for interaction of train and bridge [J]. Computers & Structures, 1987, 27(1): 119-127.

[119]Mao J F, Yu Z W, Xiao Y J, et al. Random dynamic analysis of a train-bridge coupled system involving random system parameters based on probability density evolution method[J]. Probabilistic Engineering

Mechanics, 2016, 46: 48-61.

[120] Yu Z W, Mao J F, Tan S. Random dynamic analysis of train-bridge system involving system parameters with probability density envolution method[J]. Fundamental Research in Structural Engineering: Retrospective and Prospective, Vols 1 and 2, 2016: 322-330.

[121] Yu Z W, Liu H Y, Guo W, et al. A general spectral difference method for calculating the minimum safety distance to avoid the pounding of adjacent structures during earthquakes[J]. Engineering Structures, 2017, 150: 646-655.

[122] 曾庆元, 田志奇, 杨毅, 等. 桁梁行车空间振动计算的桁段有限元法[J]. 桥梁建设, 1985(04): 1-17.

[123] Zhai W M. Vehicle-track coupled dynamics: theory and applications[M]. Beijing: Science Press, 2020.

[124] Lei X, Mao L. Dynamic response analyses of vehicle and track coupled system on track transition of conventional high speed railway[J]. Journal of Sound and Vibration, 2004, 271(3-5): 1133-1146.

[125] Cheng Y S, Au F T K, Cheung Y K. Vibration of railway bridges under a moving train by using bridge-track-vehicle element[J]. Engineering Structures, 2001, 23(12): 1597-1606.

[126] Bowe C J, Mullarkey T P. Unsprung wheel-beam interactions using modal and finite element models[J]. Advances in Engineering Software, 2008, 39(11): 911-922.

[127] Vermeulen P J, Johnson K L. Contact of nonspherical elastic bodies transmitting tangential forces[J]. Journal of Applied Mechanics, 1964, 31(2): 338.

[128] Johnson K L. The effect of spin upon the rolling motion of an elastic sphere on a plane[J]. J. Appl. Mech, 1958, 25(3): 332-338.

[129] Johnson K L. A note on the influence of elastic compliance on sliding friction in ball bearings[J]. Journal of Basic Engineering, 1960, 82(4): 899.

[130] Schwab A L, 阎锋, 丁军君, 等. 致力于轮轨滚动接触一生的 Joost J. Kalker(1933年—2006年)[J]. 国外铁道车辆, 2011, 48(5): 44-46.

[131] Kalker J J. The computation of three-dimensional rolling contact with dry friction [J]. Int. J. Numer. Meth. Eng., 1979, 14(9): 1293-1307.

[132] Vollebregt D E. User guide for CONTACT, rolling and sliding contact with friction(v19.1)[R]. VORtech Contact Mechanics Computing & Consulting, 2019.

[133] Zhong S, Xiao X, Wen Z, et al. The effect of first-order bending resonance of wheelset at high speed on wheel-rail contact behavior[J]. Advances in Mechanical Engineering, 2013, 5: 296106.

[134] 金学松, 张雪珊, 张剑, 等. 轮轨关系研究中的力学问题[J]. 机械强度, 2005(4): 408-418.

[135] Jin X, Wang K, Wen Z, et al. Effect of rail corrugation on vertical dynamics of railway vehicle coupled with a track[J]. Acta Mechanica Sinica, 2005, 21(1): 95-102.

[136] 金学松, 凌亮, 肖新标, 等. 复杂环境下高速列车动态行为数值仿真和运行安全域分析[J]. 计算机辅助工程, 2011, 20(3): 29-41+59.

[137] Jin X, Shen Z. An analytical solution for adhesion/slip borderline in rolling contact patch under pure spin [C]. Southampton: 1999.

[139] 宁迎智. 国内外高速铁路轨道不平顺谱对比与思考[J]. 铁道技术监督, 2016, 44(4): 11-15.

[139] 国家铁路局. 高速铁路无砟轨道不平顺谱(TBT 3352—2014)[S]. 北京: 中国铁道出版社, 2014.

[140] 陈宪麦. 轨道不平顺时频域分析及预测方法的研究[D]. 北京: 中国铁道科学研究院, 2006.

[141] Knothe K, Stichel S. Rail vehicle dynamics II[M]. Switzerland: Springer International Publishing, 2017.

[142] 罗休. 轨道不平顺紧急补修管理值的研究[M]. 北京: 中国铁道出版社, 1988.

[143] 康熊, 刘秀波, 李红艳, 等. 高速铁路无砟轨道不平顺谱[J]. 中国科学: 技术科学, 2014, 44(7): 687

-696.

[144]星谷胜. 随机振动分析[M]. 北京：地震出版社，1977.

[145]刘晶波，杜修力. 结构动力学[M]. 北京：机械工业出版社，2005.

[146]Chopra A K. Prentice-hall international series in civil engineering and engineering mechanics：dynamics of structures：theory and applications to earthquake engineering[M]. Fourth ed：Prentice Hall, 2011.

[147]Wilson E L. 结构静力与动力分析（中文版）[M]. 北京：中国建筑工业出版社，2001.

[148]韩坤. 高速列车高频振动特性分析[D]. 北京：北京交通大学，2011.

[149]Ripke B, Knothe K. Simulation of high frequency vehicle-track interactions[J]. Vehicle System Dynamics, 1995, 24(S1)：72-85.

[150]Knothe K, Grassie S. Modelling of railway track and vehicle/track interaction at high frequencies[J]. Vehicle System Dynamics, 1993, 22(3-4)：209-262.

[151]翟婉明，黄志辉. 列车动力学的非线性数值分析方法[J]. 西南交通大学学报，1991(1)：82-90.

[152]杜宪亭. 强地震作用下大跨度桥梁空间动力效应及列车运行安全研究[D]. 北京：北京交通大学，2011.

[153]Zhu Z H, Gong W, Wang L D, et al. A hybrid solution for studying vibration of coupled train-track-bridge system[J]. Advances in Structural Engineering, 2017, 20(11)：1699-1711.

[154]Xu L, Zhai W. Cross wind effects on vehicle-track interactions：a methodology for dynamic model construction[J]. Journal of Computational and Nonlinear Dynamics, 2019, 14(3).

[155]Xu L, Zhai W. A model for vehicle-track random interactions on effects of crosswinds and track irregularities[J]. Vehicle System Dynamics, 2019, 57(3)：444-469.

[156]Cai C S, Hu J, Chen S, et al. A coupled wind-vehicle-bridge system and its applications：a review[J]. Wind and Structures, 2015, 20(2)：117-142.

[157]Guo W, Xia H, Karoumi R, et al. Aerodynamic effect of wind barriers and running safety of trains on high-speed railway bridges under cross winds[J]. Wind and Structures, 2015, 20(2)：213-236.

[158]Zhai W, Yang J, Li Z, et al. Dynamics of high-speed train in crosswinds based on an air-train-track interaction model[J]. Wind and Structures, 2015, 20(2)：143-168.

[159]Li Y L, Xiang H Y, Wang B, et al. Dynamic analysis of wind-vehicle-bridge coupling system during the meeting of two trains[J]. Advances in Structural Engineering, 2013, 16(10)：1663-1670.

[160]Lou P, Zhu J, Dai G, et al. Experimental study on bridge-track system temperature actions for Chinese high-speed railway[J]. Archives of Civil and Mechanical Engineering, 2018, 18(2)：451-464.

[161]Gou H Y, Yang L C, Mo Z X, et al. Effect of long-term bridge deformations on safe operation of high-speed railway and vibration of vehicle-bridge coupled system[J]. International Journal of Structural Stability and Dynamics, 2019：1-25.

[162]朱艳. 车桥系统随机振动理论与应用研究[D]. 成都：西南交通大学，2011.

[163]Ricciardi G. Random vibration of beam under moving loads[J]. Journal of Engineering Mechanics, 1994, 120(11)：2361-2380.

[164]Wang R, Lin T. Random vibration of multi-span timoshenko beam due to a moving load[J]. 1998, 213(1)：127-138.

[165]Zibdeh H, Juma H. Dynamic response of a rotating beam subjected to a random moving load[J]. 1999, 223(5)：741-758.

[166]Zibdeh H, Rackwitz R. Response moments of an elastic beam subjected to possionian moving loads[J]. 1995, 188(4)：479-495.

[167]Yu Z W, Mao J F. Probability analysis of train-track-bridge interactions using a random wheel/rail contact

model[J]. Engineering Structures, 2017, 144: 120-138.

[168] 翟婉明. 货物列车动力学性能评定标准的研究和建议方案(二)——轮轨横向力评定标准[J]. 铁道车辆, 2002, 40(2): 9-10.

[169] Zhai W. The explicit scheme of the newmark's integration method for structural dynamic analysis[C]// Proceeding of the International Conference on Vibration Problems in Engineering: volume 1. International Academic Publishers, 1990: 157-162.

[170] Zhai W M. Two simple fast integration methods for large-scale dynamic problems in engineering[J]. International Journal for Numerical Methods in Engineering, 1996, 39(24): 4199-4214.

[171] Miyamoto T, Ishida H, Matsuo M. The dynamic behavior of railway vehicles during earthquakes[J]. The Japan Society of Mechanical Engineers, 1988, 64(626): 236-243.

[172] Chen L K, Jiang L Z, Qin H X, et al. Nonlinear seismic assessment of isolated high-speed railway bridge subjected to near-fault earthquake scenarios[J]. Structure and Infrastructure Engineering, 2019, 15: 11, 1529-1547.

[173] Zeng Q, Dimitrakopoulos E G. Derailment mechanism of trains running over bridges during strong earthquakes [J]. Procedia Engineering, 2017, 199: 2633-2638.

[174] Montenegro P A, Calçada R, Vila Pouca N, et al. Running safety assessment of trains moving over bridges subjected to moderate earthquakes[J]. Earthquake Engineering & Structural Dynamics, 2016, 45(3): 483-504.

[175] Ju S H. Improvement of bridge structures to increase the safety of moving trains during earthquakes[J]. Engineering Structures, 2013, 56: 501-508.

[176] Konstantakopoulos T G, Raftoyiannis I G, Michaltsos G T. Suspended bridges subjected to earthquake and moving loads[J]. Engineering Structures, 2012, 45: 223-237.

[177] Nishimura K, Terumichi Y, Morimura T, et al. Experimental study on the vehicle safety by earthquake track excitation with 1/10 scale vehicle and roller rig[J]. Journal of System Design and Dynamics, 2010, 4(1): 226-237.

[178] Luo X. Study on methodology for running safety assessment of trains in seismic design of railway structures [J]. Soil Dynamics and Earthquake Engineering, 2005, 25(2): 79-91.

[179] Luo X. A practical methodology for running safety assessment of trains during earthquakes based on spectral intensity[J]. IABSE Symposium Report, 2003, 87(1): 8-14.

[180] Zhai W M. Vehicle-track coupled dynamics: theory and applications[M]. Beijing: Science Press, 2020.

[181] 刘汉云, 余志武, 国巍, 等. 空间(3D)轮轨接触关系可视化计算平台 V1.0. 中国: 2019SR0087958 [CP/OL]. 北京: 国家版权局(2019-01-24).

[182] Wakui H, Matsumoto N, Matsuura A, et al. Dynamic interaction analysis for railway vehicles and structures [J]. Journal of Structural Mechanics and Earthquake Engineering JSCE, 1995, 513: 129-138.

[183] Tanabe M, Wakui H, Matsumoto N et al. Computational model of a Shinkansen train running on the railway structure and the industrial applications[J]. Journal of Materials Processing Technology, 2003, 140(1-3, 22): 705-710.

[184] Tanabe M, Komiya S, Wakui H. Simulation and visualization of a high-speed Shinkansen train on the railway structure[J]. Japan Journal of Industrial and Applied Mathematics, 2000, 17(2): 309-320.

[185] Matsuura A. A study of dynamic behavior of bridge girder for high-speed railway[R]. Railway Technology Research Institute, Japanese National Railways, 1978.

[186] Yang Y B, Wu Y S. Dynamic stability of trains moving over bridges shaken by earthquakes[J]. Journal of Sound and Vibration, 2002, 258(1): 65-94.

[187] Miyamoto T, Ishida H, Matsuo M. Running safety of railway vehicle as earthquake occurs[J]. Japanese National Railway Technical Research Institute, 1997, 38(3): 117-122.

[188] Miyamoto T, Matsumoto N, et al. Full-scale experiment on the dynamic behavior of railway vehicles against heavy track vibration[J]. Journal of Environment and Engineering, 2007, 2(2): 419-428.

[189] Luo X, Miyamoto T. Examining the adequacy of the spectral intensity index for running safety assessment of railway vehicles during earthquakes[C]//Beijing, China: The 14th World Conference on Earthquake Engineering, 2008.

[190] 韩艳, 夏禾, 张楠. 考虑非一致地震输入的车-桥系统动力响应分析[J]. 中国铁道科学, 2006(5): 46-53.

[191] Du X T, Xu Y L, Xia H. Dynamic interaction of bridge-train system under non-uniform seismic ground motion[J]. Earthquake Engineering & Structural Dynamics, 2012, 41(1): 139-157.

[192] Kim C W, Kawatani M. Effect of train dynamics on seismic response of steel monorail bridges under moderate ground motion[J]. Earthquake Engineering & Structural Dynamics, 2006, 35(10): 1225-1245.

[193] Yau J. Vibration of arch bridges due to moving loads and vertical ground motions[J]. Journal of the Chinese Institute of Engineers, 2006, 29(6): 1017-1027.

[194] 谭长建, 祝兵. 地震作用下高速列车与桥梁耦合振动分析[J]. 振动与冲击(1): 4-8+191.

[195] Nishimura K, Terumichi Y, et al. Analytical study on the safety of high speed railway vehicle on excited tracks[J]. Journal of System Design and Dynamics, 2010, 4(1): 211-225.

[196] 张志超. 车桥系统耦合振动和地震响应的随机分析[D]. 大连: 大连理工大学, 2010.

[197] Jiahao L. A fast CQC algorithm of psd matrices for random seismic responses[J]. Computers & Structures, 1992, 44(3): 683-687.

[198] 张亚辉, 陈艳, 李丽媛, 等. 桥梁抗震随机响应分析及输入功率谱研究[J]. 大连理工大学学报, 2007(6): 786-792.

[199] 张志超, 张亚辉, 林家浩. 水平地震下列车过桥的非平稳随机响应及其极值估计[J]. 工程力学, 2011, 28(1): 178-185.

[200] 邓子铭, 郭向荣, 张志勇. 地震作用对钢桁梁桥车桥系统耦合振动的影响分析[J]. 中南大学学报(自然科学版), 2011, 42(1): 184-191.

[201] Ju S H. Nonlinear analysis of high-speed trains moving on bridges during earthquakes[J]. Nonlinear Dynamics, 2012, 69(1-2): 173-183.

[202] Chen L k, Zhang N, Jiang L Z, et al. Near-fault directivity pulse-like ground motion effect on high-speed railway bridge[J]. Journal of Central South University, 2014, 21(6): 2425-2436.

[203] Chen L K, Jiang L Z, Guo W, et al. The seismic response of high-speed railway bridges subjected to near-fault forward directivity ground motions using a vehicle-track-bridge element[J]. Shock and Vibration, 2014, 2014(985602): 1-17.

[204] Xiao X, Ling L, Jin X. A study of the derailment mechanism of a high speed train due to an earthquake[J]. Vehicle System Dynamics, 2012, 50(3): 449-470.

[205] 王少林. 地震作用下高速列车—轨道—桥梁耦合振动及行车安全性分析[D]. 成都: 西南交通大学, 2013.

[206] Fu C. Dynamic behavior of a simply supported bridge with a switching crack subjected to seismic excitations and moving trains[J]. Engineering Structures, 2016, 110: 59-69.

[207] Zeng Q, Dimitrakopoulos E G. Seismic response analysis of an interacting curved bridge-train system under frequent earthquakes[J]. Earthquake Engineering & Structural Dynamics, 2016, 45(7): 1129-1148.

[208] 国家铁路局. 高速铁路设计规范(TB 10621-2014)[S]. 北京: 中国铁道出版社, 2014.

[209] Nadal M J. Locomotives a vapeur, collection encyclopedie scientifique[J]. Biblioteque de Meccanique Appliquee et Genie, 1908, 186(1): 56-67.

[210] 王开文. 车轮接触点迹线及轮轨接触几何参数的计算[J]. 西南交通大学学报, 1984(1): 89-99.

[211] Kalker J J. Wheel-rail rolling contact theory[J]. Wear, 1991, 144(1): 243-261.

[212] Yu Z W, Mao J F, Guo F Q, et al. Non-stationary random vibration analysis of a 3D train-bridge system using the probability density evolution method[J]. Journal of Sound and Vibration, 2016, 366: 173-189.

[213] 高浩, 戴焕云, 倪平涛. 考虑轮对弹性的轮轨接触点算法[J]. 铁道学报, 2012, 34(5): 26-31.

[214] 曾宇清, 文彬, 于卫东, 等. 基于投影轮廓的轮轨三维接触几何计算研究[J]. 中国铁道科学, 2012 (6): 51-59.

[215] Biggs JM. Introduction to structural dynamics[M]. New York: McGraw-Hill College, 1964.

[216] Yang Y B, Yau J D. Vehicle-bridge interaction element for dynamic analysis[J]. Journal of Structural Engineering, 1997, 123(11): 1512-1518.

[217] Yang Y B, Wu Y S. A versatile element for analyzing vehicle-bridge interaction response[J]. Engineering Structures, 2001, 23(5): 452-469.

[218] Lou P, Yu Z W, Au F T. Rail-bridge coupling element of unequal lengths for analyzing train-track-bridge interaction systems[J]. Applied Mathematical Modelling, 2012, 36(4): 1395-1414.

[219] Gu Q, Ozcelik O. Integrating OpenSees with other software—with application to coupling problems in civil engineering[J]. Structural Engineering and Mechanics, 2011, 40(1): 85-103.

[220] 刘汉云, 余志武, 国巍. 基于 OpenSees 的车桥耦合竖向振动研究[C]//. 第 26 届全国结构工程学术会议论文集(第Ⅱ册),《工程力学》杂志社, 2017: 470-474.

[221] McKenna F T. Object-oriented finite element programming frameworks for analysis, algorithms and parallel computing[D]. Berkeley: University of California, Berkeley, 1997.

[222] OpenSees official website[EB/OL]. 2020. 06. 15. http://OpenSees. berkeley. edu/wiki/index. php/Modeling_Commands.

[223] Pan P, Hiroshi T, Wang T, et al. Development of peer-to-peer(P2P) internet online hybrid test system[J]. Earthquake Engineering & Structural Dynamics, 2006, 35(7): 867-890.

[224] Liu H Y, Yu Z W, Guo W. A fast modeling technique for the vertical train-track-bridge interactions[J]. Shock and Vibration, 2019, 5392930: 1-14.

[225] 夏禾, 张楠, 郭薇薇. 车桥耦合振动工程[M]. 北京: 科学出版社, 2014.

[226] 缪炳荣, 肖守讷, 金鼎昌. 应用 Simpack 对复杂机车多体系统建模与分析方法的研究[J]. 机械科学与技术, 2006, 25(7): 813-816.

[227] Guyan R J. Reduciton of stiffness and matrics[J]. AIAA, 1965, 3: 380.

[228] 高芒芒. 高速铁路列车—线路—桥梁耦合振动及列车走行性研究[D]. 北京: 铁道科学研究院中国铁道科学研究院, 2001.

[229] 古泉, 李维泉, 国巍, 等. 新型二维轮轨耦合单元及 OpenSees 实现[J]. 铁道学报, 2018, 40(04): 98-105.

[230] Bowe C J, Mullarkey T P. Wheel-rail contact elements in corporating irregularities[J]. Advances in Engineering Software, 2005, 36(11-12): 827-837.

[231] 贺万里. 基于土–结构相互作用的地铁车站抗震的动力有限元响应分析[D]. 长沙: 中南大学出版社, 2011.

[232] 丁叁叁. 高速列车车体设计关键技术研究[D]. 北京: 北京交通大学, 2016.

[233] 余志武, 刘汉云, 国巍, 等. 高速铁路客站站厅结构竖向地震激励的振动台试验研究[J]. 防灾减灾工程学报, 2014, 34(4): 443-450.

[234]刘汉云, 余志武, 国巍, 等. 双向地震下高铁客站抗震性能的振动台试验研究[J]. 土木工程学报, 2016, 49(S2): 69-74.

[235]王燕华, 程文瀼, 陆飞, 等. 地震模拟振动台的发展[J]. 工程抗震与加固改造, 2007(5): 53-56+67.

[236]马永欣, 郑山锁. 结构试验[M]. 北京: 科学出版社, 2009.

[237]赵卫华. 固定辙叉轮轨关系优化及动力学仿真分析研究[D]. 成都: 西南交通大学, 2014.

[238]李成辉. 铁路轨道[M]. 北京: 中国铁道出版社, 2010.

[239]蒋丽忠, 邵光强, 王辉, 等. 高速铁路圆端形空心桥墩抗震性能试验研究[J]. 工程力学, 2014, 31(3): 72-82.

[240]国巍, 余志武, 蒋丽忠, 等. 地震下铁路桥上列车走行安全的动态模拟试验系统[P]. 湖南: CN203616153U, 2014-05-28.

[241]冯玉林. 考虑地震作用损伤的高速铁路连续梁桥桥上 CRTS II 型无砟轨道横向不平顺研究[D]. 长沙: 中南大学, 2019.

[242]刘家锋, 刘春彦. 秦沈客运专线桥梁综述及高速铁路桥梁建设的思考[J]. 铁道标准设计, 2004(7): 134-138+159.

[243]YAN B, DAI G-L, HU N. Recent development of design and construction of short span high-speed railway bridges in China[J]. Engineering Structures, 2015, 100: 707-717.

[244]Guo W, Zeng C, Gou H, et al. Real-time hybrid simulation of high-speed train-track-bridge interactions using the moving load convolution integral method[J]. Engineering Structures, 2021, 228: 111537.

[245]Zhou H, Shao X, Tian Y, et al. Reproducing response spectra in shaking table tests of nonstructural components[J]. Soil Dynamics and Earthquake Engineering, 2019, 127(Dec.): 105835.1-105835.16.

[246]Fricke D, Frost M. Development of a Full-Vehicle Hybrid-Simulation Test using Hybrid System Response Convergence(HSRC)[J]. SAE International Journal of Passenger Cars-Mechanical Systems, 2012, 5(2012-01-0763): 921-936.

[247]罗中宝, 杨志东, 陈良, 等. 大型液压离心振动台控制策略的仿真研究[J]. 振动工程学报, 2015, 28(1): 18-26.

[248]Herbert A. Fixed point equations and nonlinear eigenvalue problems in ordered banach spaces[J]. SIAM Review, 1976, 18(4).

[249]Guo W, Hu Y, Hou W, et al. Seismic damage mechanism of CRTS II slab ballastless track structure on high-speed railway bridges[J]. International Journal of Structural Stability and Dynamics, 2020, 20(01): 2050011.

[250]Wei B, Wang P, Jiang L, et al. Effects of CRTS II slab ballastless track on the seismic responses of a high-speed railway continuous girder bridge[M]//ICRT 2017: Railway Development, Operations, and Maintenance. Reston, VA: American Society of Civil Engineers, 2018: 848-860.

[251]Jiang Y, Wu P, Zeng J, et al. Intelligent batch process method for analyzing the effect of the suspension parameters on the vibration of the suspended monorail[J]. Advances in Mechanical Engineering, 2020, 12(10): 1687814020966421.

[252]Ren S, Romeijn A, Klap K. Dynamic simulation of the maglev vehicle/guideway system[J]. Journal of Bridge Engineering, 2010, 15(3): 269-278.

[253]Zhai W. Vehicle-Track Coupled Dynamics: Theory and Applications[M]. 2020.

[254]邵光强, 黄林胜, 蒋丽忠, 等. 高速铁路低剪跨比桥墩抗震性能对比试验研究[J]. 湖南大学学报(自然科学版), 2019, 46(07): 65-75.

[255]陈小平, 赵坪锐, 王芳芳, 等. 桥上 CRTS II 型板式无砟轨道纵连底座板受力计算模型比较[J]. 铁道标准设计, 2015, 59(12): 14-17.

［256］粟淼. 高速铁路桥上纵连板式无砟轨道层间界面工作性能初探［D］. 长沙：中南大学，2014.

［257］段玉振，张丽平，杨荣山. 隧道内摩擦板和端刺结构方案研究［J］. 铁道建筑，2011（6）：61-64.

［258］臧晓秋，石秋君，佟嘉明，等. 高速铁路桥梁支座概述［C］// 第二十届全国桥梁学术会议论文集（下册）. 2012.

［259］中铁工程设计咨询集团有限公司，铁道科学研究院，中铁二院工程集团有限责任公司，等. 通桥（2007）8360-客运专线铁路常用跨度简支梁盆式橡胶支座安装图［M］. 铁道部经济规划研究院，2007.

［260］株洲时代新材料科技股份有限公司. 公路盆式橡胶支座产品选型手册［M］. 株洲：株洲时代新材料科技股份有限公司.

［261］闫斌，刘施，戴公连，等. 多维地震作用下桥梁-无砟轨道非线性相互作用［J］. 铁道学报，2016，38（5）：74-80.

［262］Newmark NM. A method of computation for structural dynamics［J］. Journal of Engineering Mechanics, ASCE 1959, 85（EM3）：67-94.

［263］Gui Y, Wang J T, Jin F, et al. Development of a family of explicit algorithms for structural dynamics with unconditional stability［J］. Nonlinear Dyn. 2015, 77：1157-1170.

［264］Chen C, Ricles JM. Development of direct integration algorithms using discrete control theory［J］. Journal of Engineering Mechanics, 2008；134（8）：676-683.

［265］Chang S Y. Explicit pseudodynamic algorithm with unconditional stability［J］. Journal of Engineering Mechanics. 2002, 128（9）：935-947.

［266］Chang SY. Improved explicit method for structure dynamics［J］. Journal of Engineering Mechnics. 2007, 8（4）：329-340.

［267］Wilson E L. A COMPUTER PROGRAM FOR THE DYNAMIC STRESS ANALYSIS OF UNDERGROUND STRUCTURES［J］. dynamic loads, 1968.

［268］Hilber HM, Hughes TJR, Taylor RL. Improved numerical dissipation for time integration algorithms in structural mechanics［J］. Earthquake Engineering & Structure Dynamics, 1977, 5：283-292.

［269］Kolay C, Ricles JM. Development of a family of unconditionally stable explicit direct integration algorithms with controllable numerical energy dissipation［J］. Earthquake Engineering and Structural Dynamics 2014, 41：1361-1380.

［270］Chopra A K, et al. Dynamics of structures. ［M］. Vol. 3. Prentice Hall, Englewood Cliffs, NJ. 1995.

［271］陈梦晖. 实时混合模拟试验方法研究与软件开发［D］. 南京：东南大学，2018：8-10.

［272］孙宝印，古泉，张沛洲，等. 考虑 P-△ 效应的框架结构弹塑性数值子结构分析［J］. 工程力学，2018，35（2）：153-159.

［273］孙宝印，张沛洲，古泉，等. 基于数值子结构方法的结构弹塑性分析［J］. 计算力学学报，2015，32（4）：465-472.

［274］SUN B, ZHANG PZ, GU Q, et al. Numercal substructure method for structural nonlinear analysis［J］. Chinese Journal of Computational Mechanics, 2015, 32（4）：465-472.

［275］DARBY A P, WILLIAMS M S, BLAKEBOROUGH A. Stability and delay compensation for real-time substructure testing［J］. Journal of Engineering Mechanics, 2002, 128：1276-1284.

［276］董晓辉，唐贞云，李振宝，等. 应用 GPU 求解的实时子结构试验架构与性能验证［J/OL］. 振动工程学报：1-8［2021-08-28］.

［277］http：//kns. cnki. net/kcms/detail/32. 1349. TB. 20210426. 1758. 002. html.

［278］Horiuchi T, Inoue M, Konno T, et al. Real-time hybrid experimental system with actuatordelay compensation and its application to a piping system with energy absorber［J］. Earthquake Engineering & Structural Dynamics. 1999, 28（10）：1121-1141.

［279］Darby AP, Williams MS, Blakeborough A. Stability and delay compensation for real-time substructure testing. Journal of Engineering Mechanics, 2002.

［280］Wallace M I, Wagg D J, Neild S A. An adaptive polynomial based forward prediction algorithm for multi-actuator real-time dynamic substructuring［J］. Proceedings of the Royal Society A: Mathematical, Physical and Engineering Sciences, 2005.

［281］Wang Z. High performance compensation using an adaptive strategy for real-time hybrid simulation［J］. Mechanical Systems and Signal Processing, 2019.

［282］Bonnet P A, Lim C N, Williams MS, et al. Real-time hybrid experiments with newmark integration, MCSmd outer-loop control and multi-tasking strategies［J］. Earthquake Engineering & Structural Dynamics. 2007, 36 (1): 119−141.

［283］Zhou H, Xu D, Shao X, et al. A robust linear-quadratic-gaussian controller for the real-time hybrid simulation on a benchmark problem［J］. Mechanical Systems and Signal Processing, 2019, 133: 106260−.

［284］Chae Y, Kazemibidokhti K, Ricles JM. Adaptive time series compensator for delay compensation of servo-hydraulic actuator systems for real-time hybrid simulation［J］. Earthquake Engineering & Structural Dynamics. 2013; 42(11): 1697−1715.

［285］Stoten DP, Gómez EG. Adaptive control of shaking tables using the minimal control synthesis algorithm［J］. Philosophical Transactions of the Royal Society of London Series A: Mathematical, Physical and Engineering Sciences. 2001, 359(1786): 1697−1723.

［286］Shao P, Guo W, Lei Q, et al. Adaptive compound control for the real-time hybrid simulation of high-speed railway train-bridge coupling vibration［J］. Structural Control and Health Monitoring, 2021(12).

［287］Phillips B M, Wierschem N E, Spencer Jr B F. Model - based multi - metric control of uniaxial shake tables［J］. Earthquake Engineering & Structural Dynamics, 2014, 43(5): 681−699.

［288］Simon, Dan. Optimal State Estimation (Kalman, H∞, and Nonlinear Approaches) ‖ The unscented Kalman filter［J］. 2006: 433−459.

［289］BISHOP, H Robert. Modern Control Systems［J］. Systems Man & Cybernetics IEEE Transactions on, 2011, 11(8): 580−580.

［290］Wallace, Ian M. Real-time dynamic substructuring for mechanical and aerospace applications : control techniques and experimental methods［D］. University of Bristol, 2005.

［291］Niku S B. Introduction to robotics: analysis, control, applications［M］. John Wiley & Sons, 2020.

［292］Richards M. Software Architecture Patterns［J］. Oreilly Media, 2015.

［293］Chen C, Valdovinos J, Santiallno H. Reliability assessment of real-time hybrid simulation results for seismic hazard mitigation［C］. Structures Congress 2013: Bridging Your Passion with Your Profession, 2013: 2346 −2357.

［294］Chen C, Sharma R. A reliability assessment approach for real-time hybrid simulation results［C］//Canadian Society for Civil Engineering annual conference and 3rd International Structural Specialty Conference, June. 2012: 6−9.

［295］Mosqueda G, Stojadinovic B, Mahin S A. Real-time error monitoring for hybrid simulation. Part II: structural response modification due to errors［J］. Journal of Structural Engineering, 2007, 133(8): 1109−1117.

［296］Mosqueda G, Stojadinovic B, Mahin S A. Real-time error monitoring for hybrid simulation. Part I: methodology and experimental verification［J］. Journal of Structural Engineering, 2007, 133(8): 1100 −1108.

［297］Chopra A K, et al. Dynamics of structures, Vol. 3［M］. Prentice Hall, Englewood Cliffs, NJ. 1995.

［298］吴晓莉. 实时混合试验的数值积分算法研究［D］. 长沙: 中南大学, 2020: 10−14.

[299] Wu X, Guo W, Hu P, et al. Seismic Performance Evaluation of Building-Damper System under Near-Fault Earthquake[J]. Shock and Vibration, 2020, 2020(2): 1–21.

[300] GUO W, Zeng C, GOU H, et al. Rotational friction damper's performance for controlling seismic response of high speed railway bridge-track system[J]. Computer Modeling in Engineering & Sciences, 2019, 120: 491–515.

[301] 古泉, 张德宇, 国巍, 等. 高速铁路车-轨-桥耦合系统实时混合试验的高效计算方法[J]. 华南理工大学学报(自然科学版), 2021, 49(3): 123–130.

[302] Dennis J, John E, Moré J J. Quasi-Newton methods, motivation and theory[J]. SIAM review, 1977, 19(1): 46–89.

[303] Zhai W M, Xia H. Train-track-bridge dynamic interaction: theory and engineering application[M]. China, Science Press, 2011.

[304] 中华人民共和国建设部铁路工程抗震设计规范(GB 50111—2006)[S]. 北京: 北京计划出版社, 2009.

[305] Zhu S, Cai C. Interface damage and its effect on vibrations of slab track under temperature and vehicle dynamic loads[J]. International Journal of Non-Linear Mechanics, 2014, 58: 222–232.

[306] 赵磊. 高速铁路无砟轨道空间精细化分析方法及其应用研究[D]. 北京: 北京交通大学, 2015.

[307] 中华人民共和国铁道部铁路无缝线路设计规范(TB 10015—2012)[S]. 北京: 中国铁路出版社, 2012.

[308] 范超. 地震作用下高速铁路桥墩抗剪性能研究[D]. 长沙: 中南大学, 2020.

[309] Mayes R, Sharpe R. Seismic design guidelines for highway bridges [R]. Berkeley: Final Report Applied Technology Council, Berkeley, CA, 1981.

[310] Guo W, Hu Y, Liu H Y, et al. Seismic performance evaluation of typical piers of China's high-speed railway bridge line using pushover analysis[J]. Mathematical Problems in Engineering, 2019(12), 1–17.

[311] ATC-40. Seismic evaluation and retrofit of concrete buildings volume 1[S]. Applied Technology Council, Redwood City, USA, 1996.

[312] Chopra A K. Dynamics of structures: theory and applications to earthquake engineering[M]. Prentice Hall, Englewood Cliffs, N J, USA, 2000.

[313] Lin Y Y, Chang K C. Effects of site classes on damping reduction factors [J]. Journal of Structural Engineering, 2004, 130 (11), 1667–1675.

[314] Lin Y Y, Miranda E, Chang K C. Evaluation of damping reduction factors for estimating elastic response of structures with high damping [J]. Earthquake Engineering & Structural Dynamics, 2005, 34 (11), 1427–1443.

[315] Hwang H, Liu J B, Chiu Y H. Seismic fragility analysis of highway bridges[R]. Technical Report, Center for Earthquake Research and Information, The University of Memphis, 2001.

[316] HAZUS99 User's Manual[S]. Federal Emergency Management Agency, Washington, D. C., 1999.

[317] Kappos A, Moshonas I, Paraskeva T, et al. A methodology for deviation of seismic fragility curves for bridges with the aid of advanced analysis tools[C]. Proc. 1st ECEES Congress, Geneva.

[318] Vamvatsikos D. Incremental dynamic analysis [J]. Earthquake Engineering and Structural Dynamics, 2002, 31: 491–514.

[319] Hu Y, Guo W. Seismic response of high-speed railway bridge-track system considering unequal-height pier configurations[J]. Soil Dynamics and Earthquake Engineering, 2020.

[320] 张菊辉, 管仲国. 规则连续梁桥地震易损性研究[J]. 振动与冲击, 2014, 33(20): 140–145.

[321] Ledezma C, Hutchinson T, Ashford S A, et al. Effects of ground failure on bridges roads and railroads[J]. Earthquake spectra, 2012, 28(S1): 119–143.

[322] Guo W, Gao X, Hu P, et al. Seismic damage features of high-speed railway simply supported bridge-track system under near-fault earthquake[J]. Advances in structural engineering, 2020, 23(8): 1573–1586.

[323]徐翔，蔡成标，何庆烈，等. 地震作用下悬挂式单轨车-桥系统动力性能分析[J]. 铁道标准设计，2020, 64 (11)：1-7.

[324]Ledezma C, Hutchinson T, Ashford S A, et al. Effects of ground failure on bridges roads and railroads[J]. Earthquake spectra, 2012, 28(S1)：119-143.

[325]Guo W, Gao X, Hu P, et al. Seismic damage features of high-speed railway simply supported bridge-track system under near-fault earthquake[J]. Advances in structural engineering, 2020, 23(8)：1573-1586.

[326]徐翔，蔡成标，何庆烈，等. 地震作用下悬挂式单轨车-桥系统动力性能分析[J]. 铁道标准设计，2020, 64 (11)：1-7.

[327]Xiu L. Study on methodology for running safety assessment of trains in seismic design of railway structures[J]. Soil Dynamics and Earthquake Engineering, 2005, 25：79-91.

[328]Xiu L, Miyamoto T. Method for running safety assessment of railway vehicles against structural vibration displacement during earthquakes[J]. Quart Rep RTTI, 2007, 48(3)：129-135.

[329]翟婉明，陈果. 根据车轮抬升量评判车辆脱轨的方法与准则[J]. 铁道学报，2001, 23(2)：17-26.

[330]曾庆元，向俊，娄平，等. 列车脱轨的力学机理与防止脱轨理论[J]. 铁道科学与工程学报，2014, 1 (1)：19-31.

[331]公斌，孔兵，孙志宏，等. 我军执行汶川地震应急医学救援医疗后送任务分析[J]. 灾害医学与救援（电子版），2017, 6(1)：25-27.

[332]徐爱慧. 我国突发事件紧急救援队伍分类分级研究[D]. 北京：中国地震局地壳应力研究所，2018.

[333]许建华，邓铎. 国内特别重大地震灾害救援情况对比分析研究[J]. 城市与减灾，2019(2)：55-61.

[334]公路工程抗震规范(JT GB2—2013)[S]. 北京：人民交通出版社，2013.

[335]姚京川. 高速铁路常用跨简支箱梁运营性能检定[J]. 中国铁道科学，2017, 38(2)：34-41.

[336]建筑抗震设计规范(2016 版)(GB 50011—2010)[S]. 北京：中国建筑工业出版社，2016.

[337]夏禾. 车辆与结构动力相互作用[M]. 北京：科学出版社，2004.

[338]李娆饶，郭恩栋，孙逊. 地震频谱特性对高速列车车体振动的影响分析[J]. 地震工程与工程振动，2019, 39 (1)：189-198.

[339]蒋丽忠，周旺保，魏标，等. 地震作用下高速铁路车-轨-桥系统安全研究进展[J]. 土木工程学报，2020, 53(9)：1-13.

[340]Ken Yeh. Adaptive fuzzy control for earthquake-excited buildings with lead rubber bearing isolation[J]. International Journal of the Physical Sciences, 2011, 6(6)：1283-1292. .

[341]欧进萍. 结构振动控制：主动、半主动和智能控制[M]. 北京：科学出版社，2003.

[342]PALL A S, MARSH C. Response of friction damped braced frames[J]. Journal of Structural Engineering, 1982, 108(9)：1313-1323.

[343]GRIGORIAN C E, YANG T S, POPOV E P. Slotted bolted connection energy dissipators[J]. Earthquake Spectra, SAGE Publications Ltd STM, 1993, 9(3)：491-504.

[344]MUALLA I H, BELEV B. Performance of steel frames with a new friction damper device under earthquake excitation[J]. Engineering Structures, 2002, 24(3)：365-371.

[345]MUALLA I, BELEV B. Analysis, design and applications of rotational friction dampers for seismic protection [J]. Journal of Civil Engineering, Environment and Architecture, 2016, XXXII：335-346.

[346]曾晨. 高速铁路简支梁桥减震控制及震后行车混合试验研究[D]. 长沙：中南大学，2020.

[347]Guo W, Zeng C, Xie x, Bu D. Pseudodynamic hybrid simulation of high-speed railway bridge-track system with rotational friction damper[J]. International Journal of Structural Stability and Dynamics, 2020, 20(06)：28.

[348]MIRZABAGHERI S, SANATI M, AGHAKOUCHAK A A, et al. Experimental and numerical investigation of

rotational friction dampers with multi units in steel frames subjected to lateral excitation[J]. Archives of Civil and Mechanical Engineering, 2015, 15(2): 479-491.

[349] BIJWE J, KUMAR M, GURUNATH P V, et al. Optimization of brass contents for best combination of tribo-performance and thermal conductivity of nonasbestos organic (NAO) friction composites[J]. Wear, 2008, 265(5): 699-712.

[350] ÖSTERLE W, PRIETZEL C, KLOSS H, et al. On the role of copper in brake friction materials[J]. Tribology International, 2010, 43(12): 2317-2326.

[351] BONFANTI A. Low-impact friction materials for brake pads[D]. University of Trento, 2016.

[352] 林庆利, 林均岐, 刘金龙. 铁路系统的震害分析[C]. 第九届全国地震工程学术会议论文集, 2014: 566-574.

[353] 王海龙, 曹文静, 唐斯聪. X形钢阻尼器盆式支座设计与分析[J]. 铁道建筑, 2018, 58(9): 23-26.

[354] 欧阳柳. 平动-旋转复合摩擦式隔震支座动力学性能研究[D]. 四川: 西南交通大学, 2017.

[355] 郭进, 王冠, 杜彦良, 等. 桥梁限位型减隔震支座试验及其参数敏感性分析[J]. 哈尔滨工程大学学报, 2017, 38(7): 1114-1120.

[356] 聂利英, 朱广甫. 新型弹塑性防落梁球型钢支座在桥梁抗震设计中的应用[J]. 江南大学学报(自然科学版), 2013, 12(2): 200-204.

[357] Yuan W, Wang B, Cheung P, et al. Seismic performance of cable-sliding friction bearing system for isolated bridges[J]. Earthquake Engineering and Engineering Vibration, 2012, 11(2): 173-183.

[358] 王彤, 王炎, 谢旭, 等. 不等高桥墩铁路减隔震桥梁钢阻尼支座地震易损性[J]. 浙江大学学报(工学版), 2014, 48(11): 1909-1916.

[359] 高康, 袁万城. 拉索摩擦摆支座在曲线梁桥中的抗震分析[J]. 地震工程与工程振动, 2014, 34(3): 41-46.

[360] 杜乔丹. 新型组合耗能限位支座在高铁简支梁桥中的减震性能研究[D]. 长沙: 中南大学, 2021: 4.

[361] Guo W, Wang Y, Du Q D. Seismic control of high-speed railway bridge using the S-shaped steel damper bearing

[362] 袁万城, 王斌斌. 拉索减震支座的抗震性能分析[J]. 同济大学学报(自然科学版), 2011, 39(8): 1126-1131.

[363] Conte M, Igartua A. Study of PTFE composites tribological behavior[J]. Wear, 2012, 296(1/2): 5.

[364] Zhai Z P, Guo W, Yu Z W, et al. Experimental and numerical study of S-shaped steel plate damper for seismic resilient application[J]. Engineering Structures, 2020, 221: 111006.

[365] 罗华, 李志华, 王震宇, 等. 高速铁路桥梁减隔震装置研究进展[J]. 湖南理工学院学报(自然科学版), 2020, 33(2): 37-41.

[366] 高建强. 无砟轨道桥梁抗震分析方法研究[D]. 兰州: 兰州交通大学, 2015.

[367] 李臣. 轨道约束对高铁连续梁减隔震性能的影响研究[D]. 北京: 北京交通大学, 2018.

[368] 张永亮, 杨世杰, 陈兴冲. 基于线桥一体化模型的高速铁路桥梁地震反应分析[J]. 桥梁建设, 2016, 46(4): 23-28.

[369] 张磊. 高速铁路摩擦摆支座隔震桥梁地震响应研究[D]. 成都: 西南交通大学, 2018.

[370] 夏修身, 赵会东, 欧阳辉. 高速铁路桥梁基于摩擦摆支座的减隔震研究[J]. 工程抗震与加固改造, 2014, 36(3): 21-26.

[371] 白全安. 新型减隔震装置在高速铁路桥梁中的应用研究[J]. 铁道工程学报, 2019, 36(10): 66-71.

[372] 周友权, 文强, 康炜, 吴延伟, 李承根. 铁路桥梁减震榫与榫形防落梁装置减震效果研究[J]. 铁道标准设计, 2020, 64(S1): 79-84.

[373] Chen Z W, Fang H., Han Z L, et al. Influence of bridge-based designed TMD on running trains[J]. Journal

of Vibration and Control, 2019, 25(1), 182-193.

[374] Leandro F F, Miguel, Rafael H, et al. Robust design optimization of TMDs in vehicle-bridge coupled vibration problems[J]. Engineering Structures, 2016, 126: 703-711.

[375] Chen Z W, Han Z L, Zhai W M, et al. TMD design for seismic vibration control of high-pier bridges in Sichuan-Tibet Railway and its influence on running trains[J]. Vehicle System Dynamics. 2019, 57(2), 207-225.

[376] 徐家云, 胡晶晶, 张璨, 等. 重载列车作用下桥梁振动荷载识别及减振控制[J]. 华中科技大学学报 (自然科学版), 2018, 046(2): 46-50.

[377] Yin X, Song G, Liu Y. Vibration suppression of wind/traffic/bridge coupled system using multiple pounding tuned mass dampers (MPTMD)[J]. Sensors, 2019, 19(5): 1133.

[378] Hou W Q, Li Y K, Guo W., et al. Railway vehicle induced vibration energy harvesting and saving of rail transit segmental prefabricated and assembling bridges[J]. Journal of Cleaner Production, 2018, 182: 946-959.

[379] Hou W Q, Li Y K, Zheng Y, et al. Multi-frequency energy harvesting method for vehicle induced vibration of rail transit continuous rigid bridges[J]. Journal of Cleaner Production, 2020, 254: 119981.

[380] Den H. Mechanical Vibration(4th Edition) [M]. McGraw-Hill, 1956.

[381] Mohebbi M, Joghataie A. Designing optimal tuned mass dampers for nonlinear frames by distributed genetic algorithms[J]. The Structural Design of Tall and Special Buildings, 2012, 21: 57-76.

[382] Soong T T, Dargush G F. Passive energy dissipation systems in structural engineering[M]. Structural Safety, John Wiley & Sons, 1997.

[383] 梁龙腾. 基于 TMD 的高压输电杆塔风振控制研究[D]. 长沙: 长沙理工大学, 2016.

[384] Housner G W. Limit design of structures to resist earthquakes[J]. Proceedings of the 1st World Conference on Earthquake Engineering, 1956: 5.1-5.13.

[385] Uang C, Bertero V V. Use of energy as a design criterion in earthquake-resistant design. Report No. UCB/EERC-88/18, College of Engineering, Berkeley, California, 1988.

[386] 秋山宏. 基于能量平衡的建筑结构抗震设计[M]. 北京: 清华大学出版社, 2010.

[387] 肖明葵, 刘波, 白绍良. 抗震结构总输入能量及其影响因素分析[J]. 土木建筑与环境工程, 1996, 18 (2): 20-33.

[388] 江辉, 朱晞. 近断层区的输入能量设计谱及其在基于能量抗震设计中的应用[J]. 地震工程与工程振动, 2006, 26(5): 102-108.

[389] Fajfar P, Vidic T, Fishinger F. Seismic demand in medium and long period structures[J]. Earthquake Engineering & Structural Dynamics, 2010, 18(8): 1133-1144.

[390] 黄哲. 高速铁路减隔震桥梁性能设计的等效能量方法[D]. 长沙: 中南大学, 2018: 5.

[391] Guo W et al. An improved equivalent energy-based design procedure for seismic isolation system of simply supported bridge in China's high-speed railway[J]. Soil Dynamics and Earthquake Engineering, 2020, 134.

[392] Housner G W. The Plastic failure of frames during earthquakes[J]. Proceedings of the 2nd World Conference on Earthquake Engineering, 1960: 997-1012.

[393] Newmark N M, Hall W J. Earthquake spectra and design[M]. Earthquake Engineering Research Institute, El Cerrito, California, 1982.

[394] Goel S C, Chao S. Performance-based plastic design earthquake-resistant steel structures[J]. International Code Council, Washington, DC, 2008.